최고의 적중률로 합격을 보장하는

국제인증 자격증 ICDL 2016

International Computer Driving Licence

| 김종철 지음 |

BM 성안당
www.cyber.co.kr

■ 도서 A/S 안내

머리말

국내에 ICDL이 도입된 초창기부터 교육현장에서 직접 학생들을 교육하면서 가장 아쉬웠던 점은 수험생들을 위한 체계적인 수험교재가 없다는 것이었습니다. 이에 필자는 수업 도중에 학생들로부터 가장 많이 받았던 질문과 시험을 준비하면서 학생들이 어려워했던 점을 체계적으로 정리함으로써 이 책으로 공부하는 수험생들이 고득점으로 합격할 수 있도록 준비하였습니다. 필자를 믿고 하나하나 따라하다 보면 반드시 합격의 기쁨을 만끽하실 수 있을 것입니다.

1. 초보자도 쉽게 따라하고 이해하기 쉬운 문제 위주의 해설

ICDL Syllabus에 기초하여 전 과정을 자세한 설명과 실전문제 풀이 위주로 집필하였습니다. 문제들은 ICDL 시험에서 자주 출제되는 문제로 실제 고사장에서 당황하지 않도록 작성되었습니다. ICDL에서 공식으로 제시한 평가 항목을 문제 형식으로 바꾼 것으로 어느 문제 하나 버릴 것 없는 귀중한 문제만을 담았습니다.

2. 자격증 취득은 물론 MS 오피스의 고급 기능까지 습득

필자는 자격증 취득만을 위해서 집필하지 않았습니다. 자격증 취득은 물론 MS 오피스의 숨어 있는, 하지만 실제 업무에 곧바로 적용해 유용하게 사용할 수 있는 다양한 기능들을 이 책의 '멘토의 한 수'를 통해 설명하였습니다. 'MS 오피스의 고급 기능 습득', '고득점으로 자격증 획득'은 필자가 교육 시 가장 우선으로 하는 교육목표입니다. 두 마리 토끼를 모두 잡으세요.

3. 한 번에 합격할 수 있는 노하우 제시

ICDL에 응시하려면 고가의 응시료를 지불해야 합니다. 또한 아깝게 한 문제 차이로 불합격이 되면 그 아쉬움은 상상할 수 없을 정도로 큰 타격이 되어 돌아올 것입니다. 물론 재시험을 치러도 되겠지만 시간낭비, 돈낭비… 더구나 다시 본다고 해도 합격을 보장받지는 못할 것입니다. ICDL은 불필요한 작업 시 에러 메시지를 나타나게 하여 합격하는데 최대 걸림돌이 될 수 있습니다. 응시생들이 가장 궁금해하는 시험 중 하지 말아야 할 내용을 최대한 수록하였습니다. 이제, 아쉽게 낙방하는 일은 결코 일어나지 않기를 바랍니다.

4. 해설과 정답이 포함된 최신 경향의 문제 풀이 수록

ICDL은 100% 실기시험으로, 시험의 가장 큰 특징 중 하나는 다양한 작업방법 중 어떤 것을 선택해야 하는지 이해하기 어렵다는 것입니다. 이제는 '이런 방법으로?', '저런 방법으로?', '어떻게 풀어야 하는 건지?' 등의 고민은 다 지워버리기 바랍니다. 자주 출제되는 최신 문제들만 수록하여, 자세한 해설과 정확한 답으로 단단히 무장할 수 있도록 구성한 만큼 이 책만 성실히 공부한다면 고득점은 바로 여러분의 것이 될 것입니다.

끝으로 이 책으로 공부하는 모든 분들에게 고득점 합격의 행운이 함께하기를 기원합니다.

저자 김종철

ICDL | 응시 방법 |

Step 1 ICDL 홈페이지 회원 가입 및 응시 과목을 결정한다.

- www.icdl.or.kr 접속 후 회원 가입을 합니다.
- 응시하고자 하는 ICDL 모듈을 선택합니다.

Step 2 일정, 지역센터와 고사장(ATC)을 선택합니다.

- 응시하고자 하는 지역센터와 고사장을 결정합니다.
- 전국의 ICDL 지사에서 응시가 가능합니다.
- 공인테스트센터(ATC)가 개설된 대학의 고사장에서 응시가 가능합니다.

시험 형태	내용	접수 기간
수시 시험	수시 접수·시행	1주일 전
정기 시험	정해진 날짜에 시행	2~3주일 전
특별 시험	단체가 원하는 일정과 장소에서 시행	2주일 전

Step 3 응시한 과목에 따라 결제를 한다.

- 신용카드, 실시간 계좌 이체, 응시권 결제 방법 중 하나를 선택하여 결제합니다.

Step 4 신분증과 수험표를 지참하여 해당 장소에서 응시한다.

Step 5 합격 여부를 확인한다.

- 합격 시 자격등록카드에 합격 여부가 기록됩니다.
- 불합격 시에도 자격등록카드 번호는 남아있으나 기록은 되지 않습니다.
- 4과목 이상 합격 시 자격증서(ICDL START)를 발급합니다.

※ ICDL 고객 센터 전화번호 및 웹 사이트 : 1577-9401, www.icdl.or.kr

Q 취득 점수를 다시 보고 싶습니다.

A. http://www.icdl.or.kr 홈페이지에서 확인합니다. 홈페이지의 [My Page]→[자격취득 내역]에서 확인할 수 있습니다.

Q 합격했는데 자격증을 받지 못했어요.

A. 과목별로 부여되는 ICDL 자격등록카드(ICDL Profile Certificate)는 ICDL 홈페이지에서 바로 출력이 가능하지만 별도로 배송되지는 않습니다. ICDL Start 및 Certificate는 홈페이지의 [My Page]→[자격증 신청현황]→[자격증 발급신청]에서 신청합니다.

Q 시험 결과는 언제 확인 할 수 있나요?

A. 시험 종료 후 감독관의 컴퓨터(서버)에서 바로 결과를 확인할 수 있습니다.

Q 한글 및 영문 오피스 2010, 2016을 혼합해서 ICDL Start 및 Certificate 자격을 받을 수 있나요?

A. ICDL은 버전과 상관없이 각 4개 및 7개의 모듈을 취득하면 ICDL Start 및 Certificate 자격을 받을 수 있습니다.

Q 현재 작업 중인 문제를 나중에 작업할 수 있는지요?

A. ICDL 응시 화면에 있는 목차 및 〈다음〉 단추를 클릭하면 나중에 다시 작업할 수 있습니다. 현재 작업 중인 문제가 어렵거나 시간이 많이 소요되는 문제일 경우 이용하면 편리합니다.

Q 시험 난이도는 버전별로 많이 다른가요?

A. 현재 시행중인 ICDL은 각 버전별로 Syllabus에 기준하기 때문에 어떤 버전이 특별히 쉽거나 어렵지는 않습니다. 다만 각 버전에서 특별히 다루는 분야가 있기 때문에 취득하려는 버전을 정한 후 해당 버전에 맞게 공부하는 것이 좋습니다.

Q 합격 점수는 어떻게 되나요?

A. 합격점수는 모두 75% 이상 취득해야 합격할 수 있습니다.

Q 불합격하는 가장 큰 원인은 무엇인가요?

A. 여러 가지 원인이 있을 수 있지만 시간이 부족해서 떨어지는 경우가 아주 많습니다. 응시 시간 45분 중 30분 이내에 끝내는 경우에는 그렇지 못한 경우보다 합격률이 상당히 높습니다. 따라서 어려운 문제는 목차나 〈다음〉 단추를 클릭하여 쉬운 것부터 작업하는 것이 합격의 지름길입니다.

Q 국제자격증은 일정한 기간이 지나면 자격증을 갱신해야 하는데 ICDL도 그런가요?

A. ICDL은 자격증을 갱신할 필요가 없습니다.

Q ICDL Start 및 Certificate를 취득해야만 자격증이 나오는지요?

A. ICDL은 한 과목을 합격하면 자격등록카드(ICDL Profile Certificate)가 부여됩니다. 이는 온라인으로 세계 어디에서나 열람 및 출력이 가능합니다.

Q 채점은 누가 하는지요?

A. ICDL은 채점을 컴퓨터가 자동으로 합니다. 따라서 결과도 시험 종료 후 바로 알 수 있습니다. 단, 감독관 컴퓨터(서버)에서만 확인이 가능하며 1~2일이 지난 후 ICDL 홈페이지에서도 확인이 가능합니다.

Q 시험 문제는 프린트물을 배포하는지요?

A. 아닙니다. 문제는 시험 화면(컴퓨터 모니터)에 나타납니다. 따라서 화면을 보면서 작업을 해야 합니다.

목차

PART 2 2016 ICDL CORE

PART

1

2016 ICDL ADVANCED

○ 학습목표

ICDL 2016 ADVANCED인 AM3(MS WORD), AM4(EXCEL), AM6(POWERPOINT)와
ICDL 2016 CORE인 M5(ACCESS)의 기본적인 사용법 및 예상 문제를 통하여 ICDL 2016
ADVANCED 응시를 완벽하게 준비하는 방법에 대해 알아봅니다.

International
Computer
Driving
Licence

CHAPTER
1

Advanced AM3

학습목표

워드 문서의 서식, 참조, 생산성 향상, 공동 문서 편집, 출력 비교 등에 대해서 알아봅니다.

Section **01** 서식

1 청중과 환경 분석

1-1 그래픽 개체의 본문 배치 옵션

워드 문서에 삽입한 그래픽 개체는 문서의 텍스트와 별개의 개체 형식으로 삽입됩니다. 이는 부자연스러운 문서가 야기될 수 있으므로 텍스트 배치 스타일 설정을 통해 문서에 보다 어우러지도록 구성합니다. 삽입된 그래픽 개체는 [정렬] 그룹의 '위치'와 '텍스트 줄 바꿈' 기능을 이용하며, 문서에서 그래픽 개체의 위치와 문서 내의 텍스트 줄 바꿈 형식을 결정하게 됩니다.

❶ [위치] 탭 : 그래픽 개체의 가로/세로 위치 및 옵션 설정

[그림 도구]→[서식] 탭→[정렬] 그룹→[위치]→[기타 레이아웃 옵션]→[위치] 탭

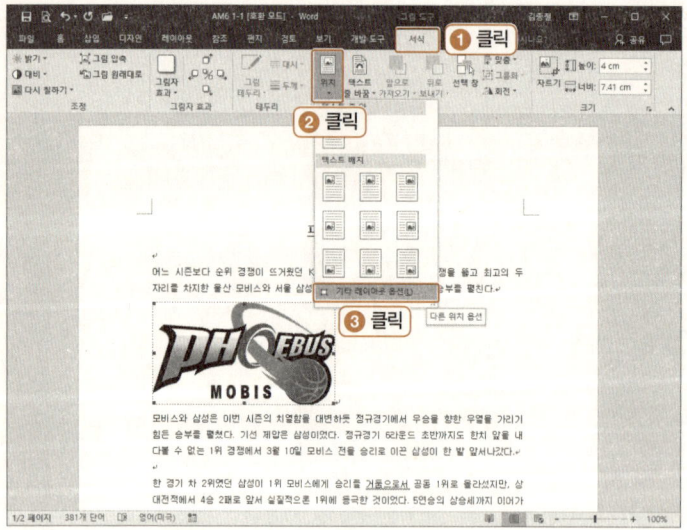
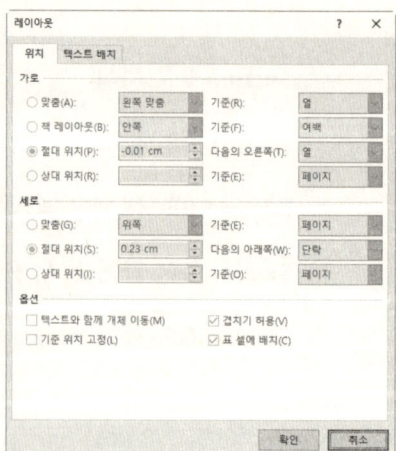

❷ [텍스트 배치] 탭 : 그래픽 개체의 배치 스타일, 줄 바꿈 및 텍스트와의 간격 설정

[그림 도구]→[서식] 탭→[정렬] 그룹→[위치]→[기타 레이아웃 옵션]→[텍스트 배치] 탭

❸ [크기] 탭 : 그래픽 개체의 절대 크기, 너비 및 회전 설정(정확한 수치 값(cm)으로 변경해야 할 경우 우선 '가로 세로 비율 고정' 옵션 해제)

[그림 도구]→[서식] 탭→[크기] 그룹→[자세히]→[크기] 탭

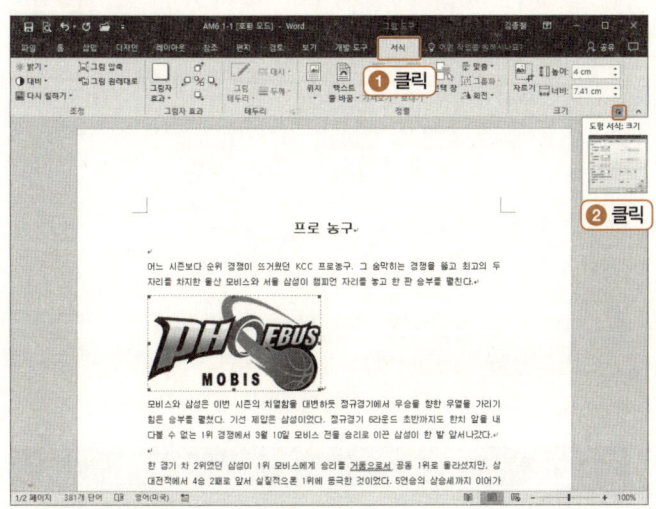

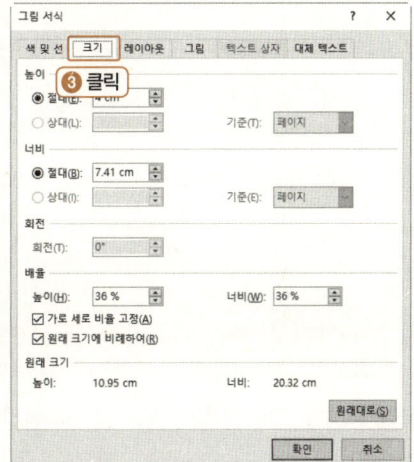

1-2 찾기 및 바꾸기

'찾기' 기능은 문서에 포함된 텍스트 및 단어를 찾아주는 기능으로 탐색 창에 입력하면 자동으로 검색하여 강조 표시합니다. '바꾸기' 기능은 기존의 내용에서 다른 내용으로 변경하고자하는 경우 사용하는 기능으로, 일치하는 단어를 찾아 변경할 다른 단어로 변경하며 선택적 변경 및 모두 변경 기능을 제공합니다. 또한 바꾸기의 서식 기능을 통해 기존 서식을 다른 서식으로 변경하거나 옵션 기능을 통해 문서에 사용된 편집 기호 변경 기능까지 다양하게 제공합니다.

❶ 찾기 : 검색할 단어 입력

[홈] 탭→[편집] 그룹→[찾기]

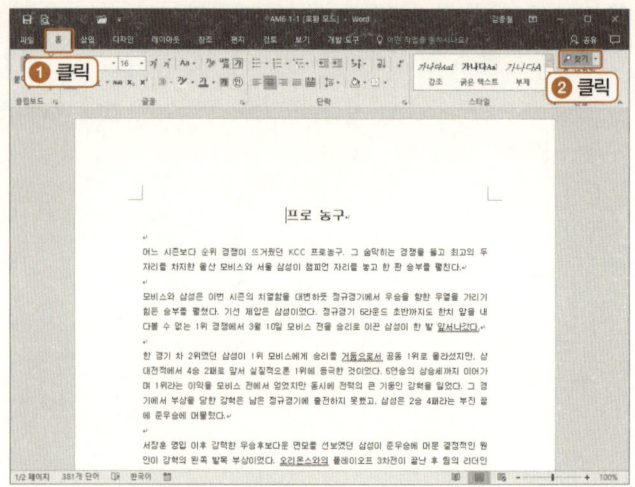

❷ 고급 찾기 : 강조 표시 및 찾을 위치를 결정하여 순서별로 찾기

[홈] 탭→[편집] 그룹→[찾기]→[고급 찾기]

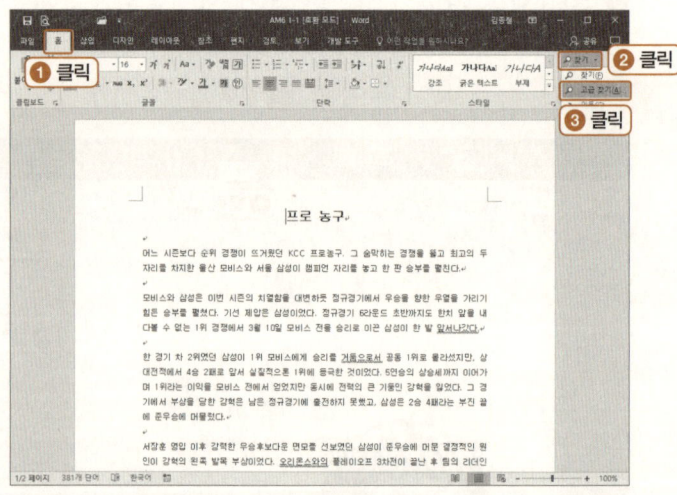

❸ 바꾸기 : 기존 단어를 찾아 다른 단어로 변경

[홈] 탭→[편집] 그룹→[바꾸기]

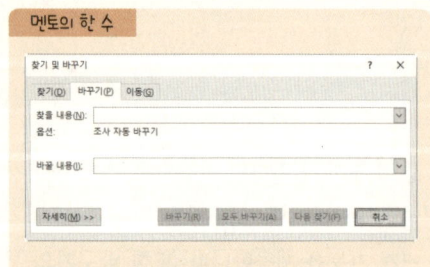

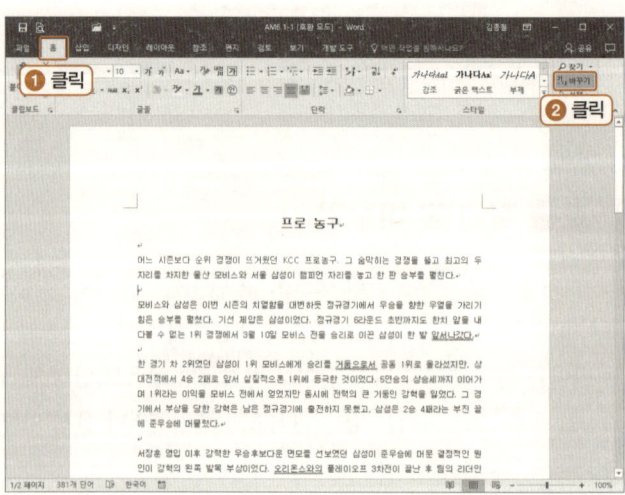

– 자세히 : 검색에 대한 옵션 설정 및 서식 변경
– 바꾸기 : 현재 검색된 단어만 변경
– 모두 바꾸기 : 찾을 내용과 일치하는 모든 단어 변경
– 다음 찾기 : 다음 찾을 내용 검색

❹ 이동 : 페이지, 구역, 줄, 책갈피 등의 위치로 이동

[홈] 탭→[편집] 그룹→[바꾸기]→[이동] 탭

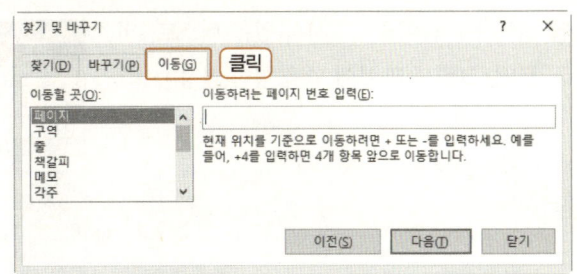

❺ 선택 : 문서 전체, 개체(그림, 표, 도형, 차트 등) 및 선택 창 열기

[홈] 탭→[편집] 그룹→[선택]

– 모두 선택 : 문서의 텍스트 및 개체 모두 선택

– 개체 선택 : 텍스트를 제외한 개체 선택

– 서식이 비슷한 텍스트 선택 : 커서의 유사 서식 자동 선택

– 선택 창 : 선택 창 열기

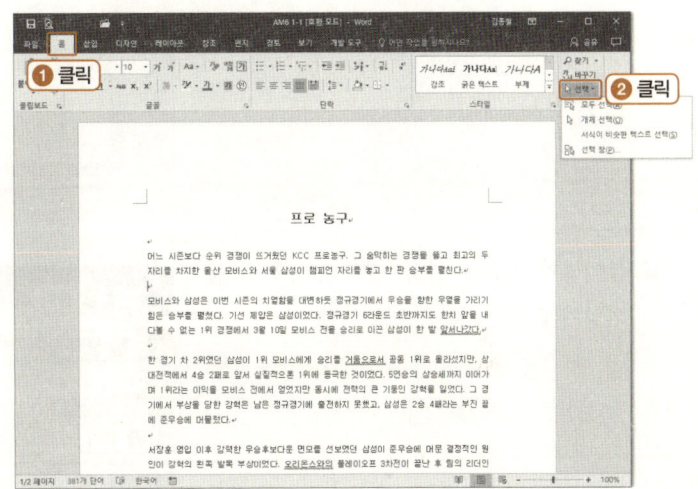

1-3 선택하여 붙여넣기

문서의 내용 중 재사용이 필요하거나 특정 개체를 활용해야하는 경우에 복사 기능을 이용하게 됩니다. 워드 문서의 내용 이외에도 워드가 아닌 다른 프로그램으로 작성된 텍스트나 개체를 복사하여 워드 문서에 붙여 넣는 형태가 가능하며, 이때 워드에서는 붙여 넣는 방법에 대한 여러 가지 다양한 기능을 제공합니다. 이 기능은 미리보기를 제공하므로 문서에 어울리는 형식을 미리 확인한 후 붙여 넣기를 실행합니다.

❶ 붙여넣기 옵션 : 대상 테마 사용, 원본 서식 유지, 서식 병합, 그림, 텍스트만 유지

[홈] 탭→[클립보드] 그룹→[붙여넣기] 목록 단추 →[붙여넣기 옵션]

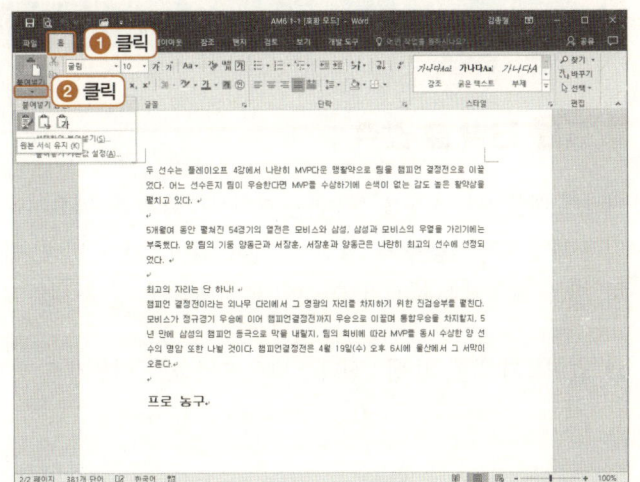

❷ 선택하여 붙여넣기 : 서식 있는 텍스트, 비
트맵, 그림 등의 붙여 넣을 형식 설정

[홈] 탭→[클립보드] 그룹→[붙여넣기] 목록 단추
→[선택하여 붙여넣기]

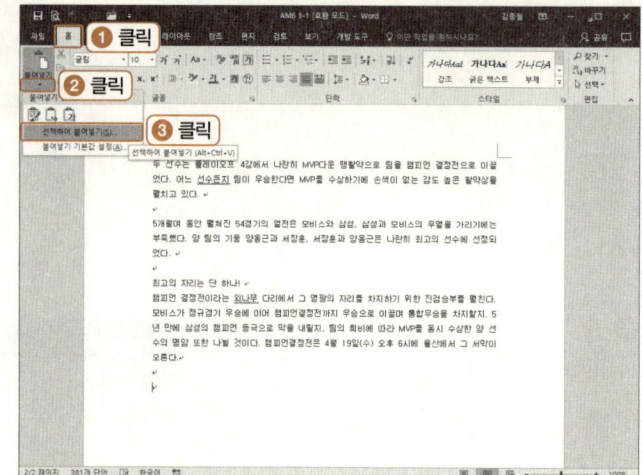

❸ 붙여넣기 기본값 설정: 잘라내기/복사/붙
여넣기에 대한 기본값으로 설정

[홈] 탭→[클립보드] 그룹→[붙여넣기] 목록 단추
→[붙여넣기 기본값 설정]

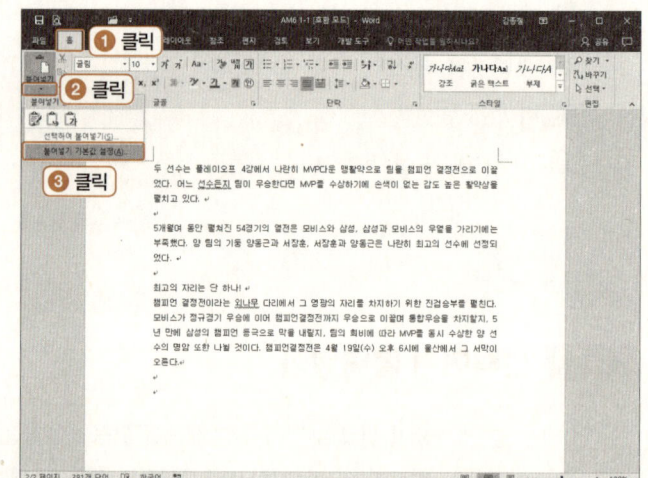

2 단락 서식

2-1 단락 줄 간격

단락에 대한 모든 서식을 설정하는 대화상자로 맞춤, 개요 수준, 들여쓰기 및 간격, 줄 및 페이지 나누기, 한글
입력 체계 설정 기능을 제공합니다. 특히 [들여쓰기 및 간격] 탭에서는 단락의 서식 설정 기능 이외에도 탭의 위
치, 맞춤, 채움선 등을 설정하는 [탭] 설정 대화상자를 추가로 제공합니다.

❶ [들여쓰기 및 간격] 탭 : 선택한 단락의 맞춤, 들여쓰기 및 간격, 줄 간격 설정

[홈] 탭→[단락] 그룹→[자세히]→[들여쓰기 및 간격] 탭

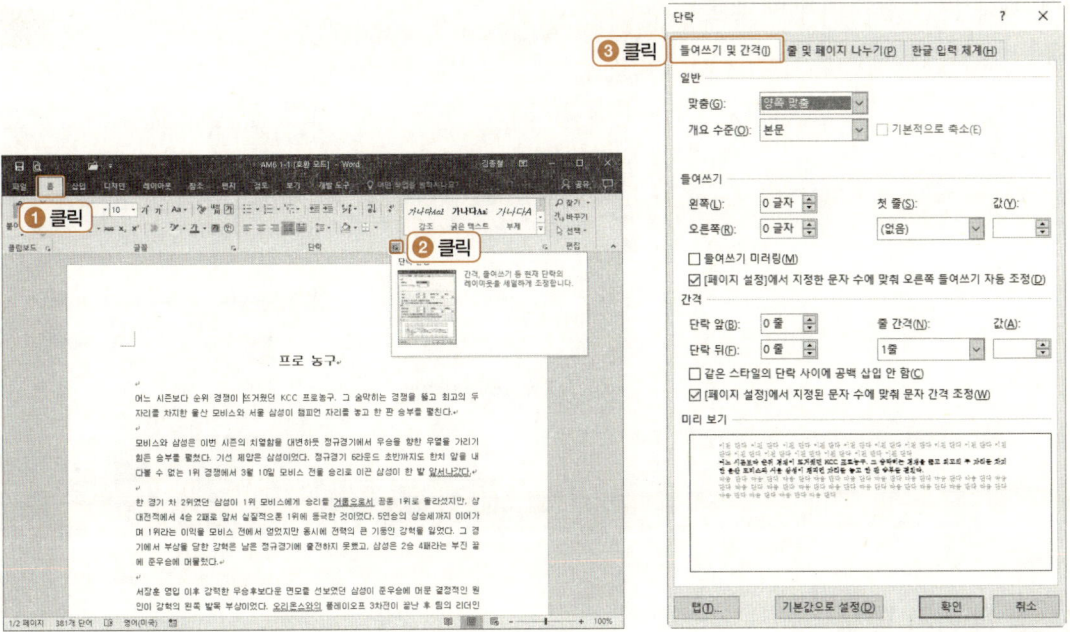

❷ [줄 및 페이지 나누기] 탭 : 단락에 대한 페이지
매김 방법에 대한 설정

[홈] 탭→[단락] 그룹→[자세히]→[줄 및 페이지 나누기] 탭

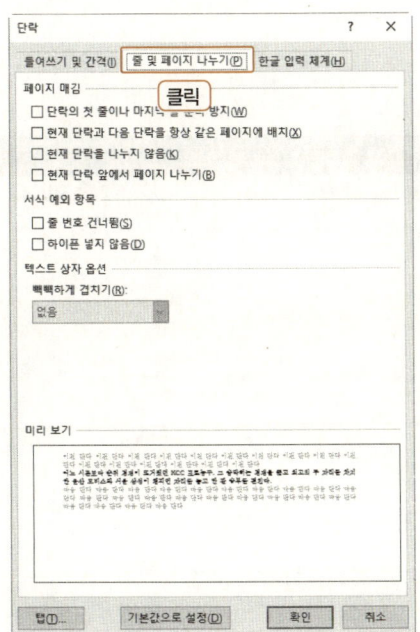

❸ [한글 입력 체계] 탭 : 줄 바꿈에 대한 허용 및 문자 간격에 대한 조절 설정

[홈] 탭→[단락] 그룹→[자세히]→[한글 입력 체계] 탭

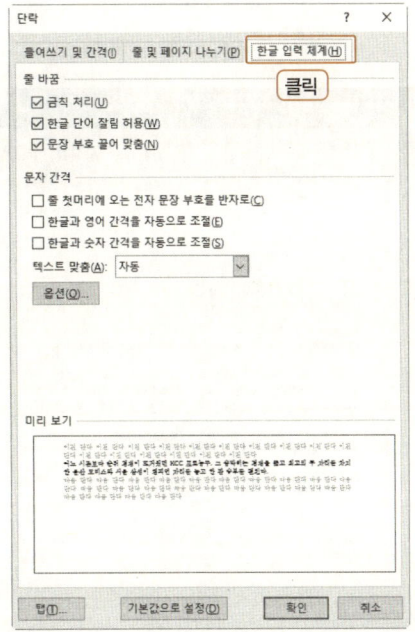

❹ [탭] 대화상자 : 탭의 위치 및 맞춤,
채움선 등에 대한 설정

[홈] 탭→[단락] 그룹→[단락] 대화상자 표시
단추→[탭] 버튼

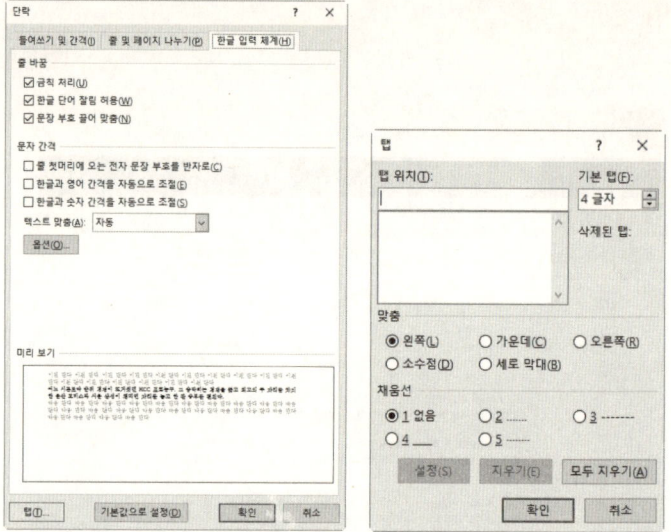

2-2 페이지 번호

문서의 내용이 2페이지 이상인 경우에는 페이지 번호를 표시하여 현재 페이지의 위치와 전체 페이지를 표시하여 문서의 구성을 이해하는 데 많은 도움을 줄 수 있습니다. 워드에서는 기본 설정 값으로 페이지 상단이나 하단 또는 여백이나 현재 위치에 페이지 번호를 표시하며, 사용자가 필요에 따라 페이지 번호 서식을 통해 번호 서식, 장 번호 포함 방법, 시작 번호 등의 설정도 가능합니다.

❶ 페이지 번호 삽입 : 페이지 번호를 표시할 위치 결정

[삽입] 탭→[머리글/바닥글] 그룹→[페이지 번호]

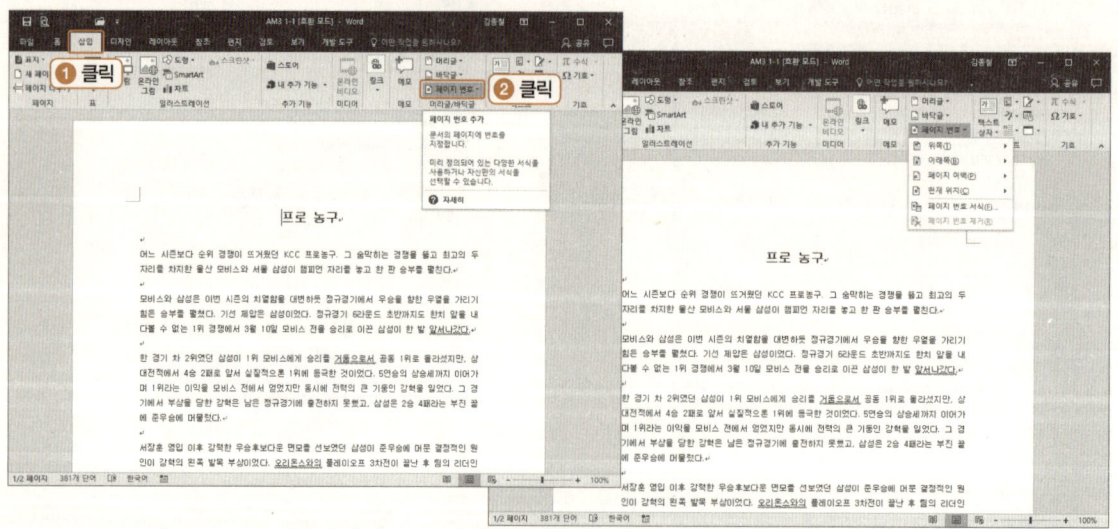

– 위쪽 : 페이지 상단의 왼쪽, 가운데, 오른쪽 중 선택하여 표시
– 아래쪽 : 페이지 하단의 왼쪽, 가운데, 오른쪽 중 선택하여 표시
– 페이지 여백 : 페이지 여백 중 선택하여 표시
– 현재 위치 : 문서 내의 현재 커서 위치에 표시

❷ 페이지 번호 디자인 : 삽입한 페이지 번호에 대한 표시 방법 및 위치 등의 편집

[페이지 번호] 더블 클릭

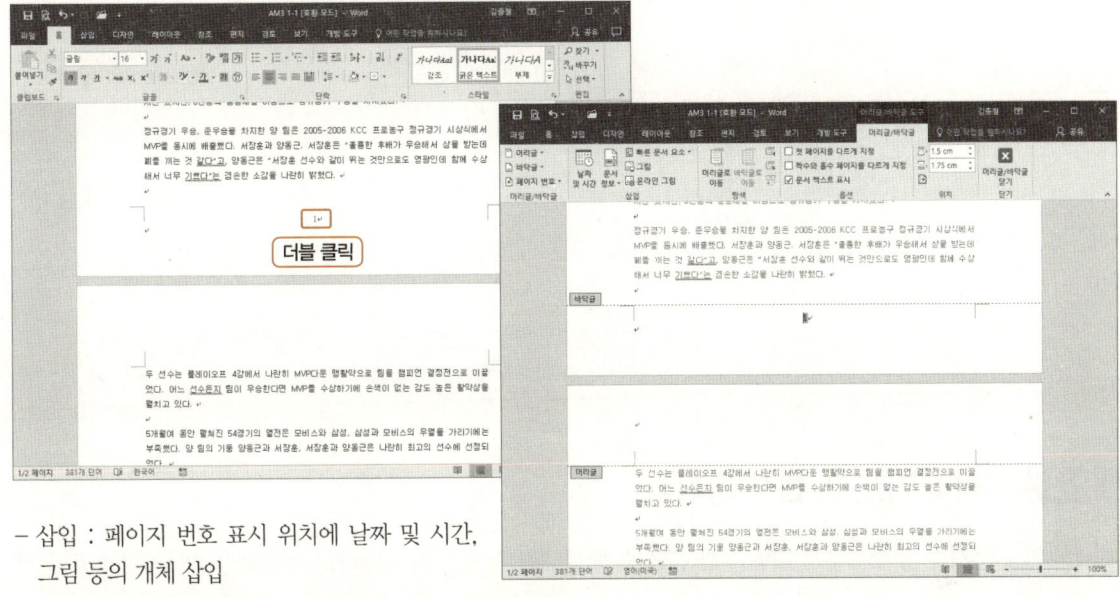

- 삽입 : 페이지 번호 표시 위치에 날짜 및 시간,
  그림 등의 개체 삽입
- 탐색 : 머리글 및 바닥글, 이전 및 다음 페이지 번호로 이동
- 옵션 : 페이지 번호의 표시 방법 설정
- 위치 : 페이지 번호의 위쪽과 아래쪽에 대한 위치 설정
- 머리글/바닥글 닫기 : 페이지 번호 디자인 수정 완료

❸ 페이지 번호 서식 : 삽입할 페이지 번호의 서식 설정

　　[삽입] 탭→[머리글/바닥글] 그룹→[페이지 번호]→[페이지 번호 서식]

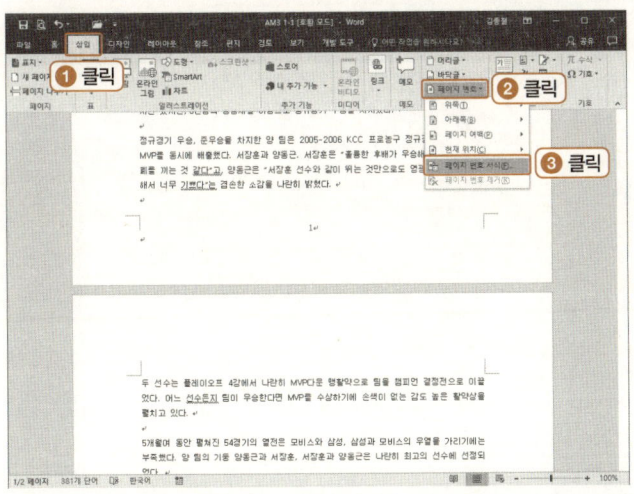
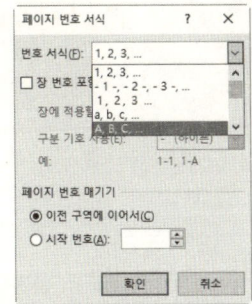

- 번호 서식 : '1, 2, 3, …', 'a, b, c, …', 'i, ii, iii, …' 등의 번호 서식 설정
- 장 번호 포함 : 페이지 번호에 장 번호 포함 유무
- 페이지 번호 매기기 : 구역별 페이지 번호 및 시작 번호 변경

❹ 페이지 번호 제거 : 삽입된 페이지 번호 제거

[삽입] 탭→[머리글/바닥글] 그룹→[페이지 번호]→[페이지 번호 제거]

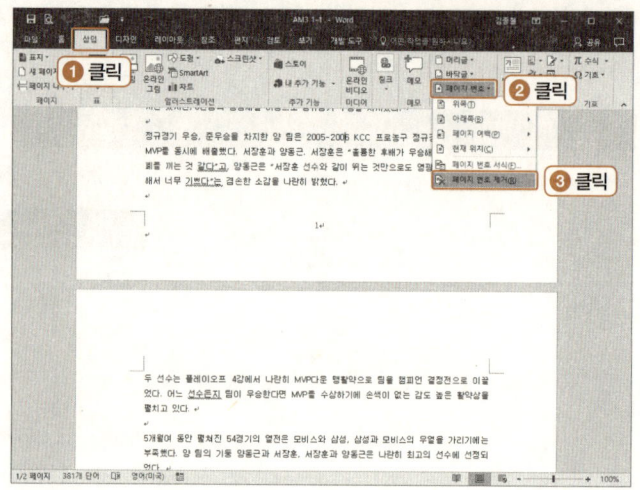

2-3 글머리 기호 및 번호 매기기

자세히 기술된 서술 형식의 문서 내용을 한 눈에 쉽게 이해할 수 있도록 요약하고 함축적인 표현 방법으로 글머리 기호 및 번호 매기기를 사용합니다. 단락에 대한 글머리 기호 및 번호 매기기 서식은 그 형식 및 수준에 따라 다르게 설정할 수 있는데, 특히 문서의 내용이 연관된 주제에 소주제 및 세부 내용 등의 수준별로 구성되는 경우 다단계 번호 매기기가 효율적으로 활용될 수 있습니다.

❶ 글머리 기호 : 단락에 선택 기호 변경 및 새 글머리 기호 정의

[홈] 탭→[단락] 그룹→[글머리 기호] 목록 단추

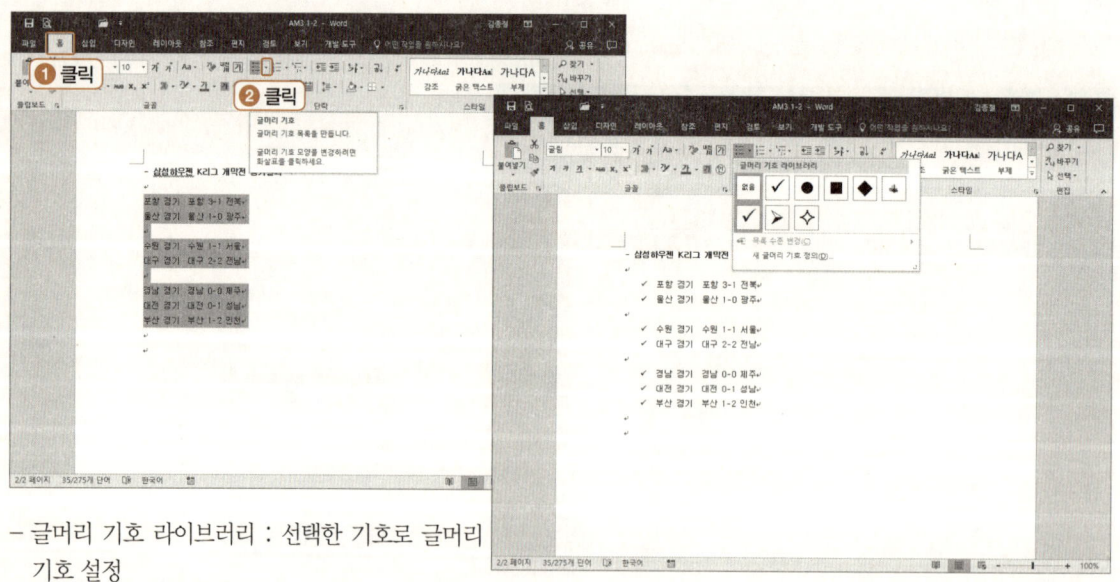

– 글머리 기호 라이브러리 : 선택한 기호로 글머리 기호 설정

– 목록 수준 변경 : 선택한 기호의 수준 1, 2, 3... 등으로 수준 설정

– 새 글머리 기호 정의 : 라이브러리 이외의 글머리 기호 설정

❷ 번호 매기기 : 번호 매기기 번호 서식 설정 및 새 번호 서식 정의

[홈] 탭→[단락] 그룹→[번호 매기기] 목록 단추

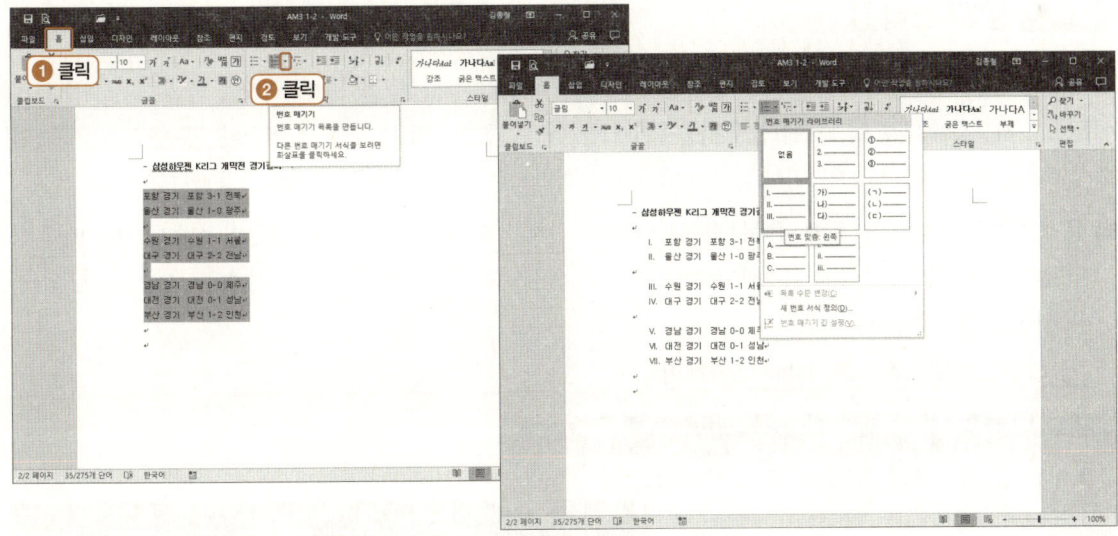

– 번호 매기기 라이브러리 : 선택한 번호로 번호 매기기 숫자 서식 설정

– 목록 수준 변경 : 선택한 기호의 수준 1, 2, 3... 등으로 수준 설정

– 새 번호 서식 정의 : 라이브러리 이외의 숫자 서식으로 설정

– 번호 매기기 값 설정 : 번호 새로 매기기 및 이전 목록에 이어서 선택 설정

❸ 다단계 목록 : 다단계 목록 서식 설정 및 새 다단계 목록 정의

[홈] 탭→[단락] 그룹→[다단계 목록] 목록 단추

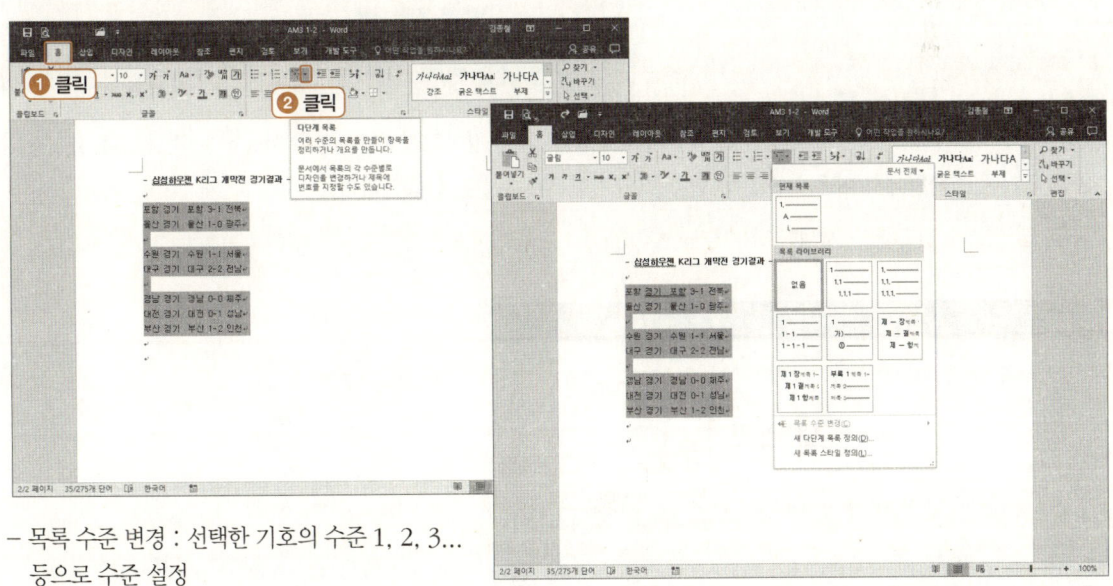

– 목록 수준 변경 : 선택한 기호의 수준 1, 2, 3...
  등으로 수준 설정

– 새 다단계 목록 정의 : 라이브러리 이외의 다단
  계 번호 서식으로 설정

– 새 목록 스타일 정의 : 새 목록 스타일 생성 및 등록

3-1 문자 스타일

워드에서 제공하는 4가지 스타일 형식 중 문자 스타일은 텍스트가 가진 글꼴, 크기, 색상 등의 서식 정보를 특정 이름으로 저장하여 다른 텍스트에 쉽게 적용하기 위한 서식 그룹입니다. 등록된 문자 스타일은 문서 내용 중 임의의 텍스트에 커서를 위치시키거나 블록 선택한 후 클릭만으로 생성한 스타일 서식을 적용합니다.

❶ 문자 스타일 생성 : 스타일에 등록할 문자에 커서를 위치한 후 새 스타일 만들기 기능을 실행합니다. 이때 스타일 형식은 반드시 '문자'로 설정해야 하며, 추가로 설정할 서식은 서식 목록 단추를 눌러 글꼴, 단락, 탭 등의 서식을 설정합니다.

[홈] 탭→[스타일] 그룹→[자세히]→[스타일 만들기]

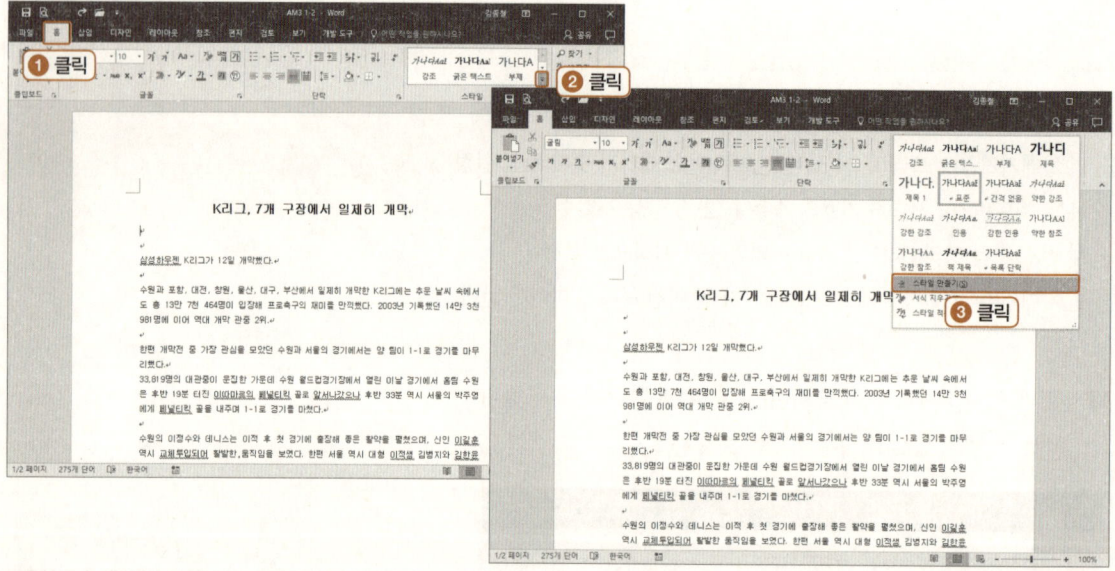

❷ 문자 스타일 수정 : 기존에 작성한 스타일의 일부 서식을 변경하고자 하는 경우 사용하는 기능으로, [스타일] 창의 기존 스타일에서 마우스 오른쪽 단추를 클릭한 후 '수정'을 선택합니다.

[홈] 탭→[스타일] 그룹→[자세히]→[수정]

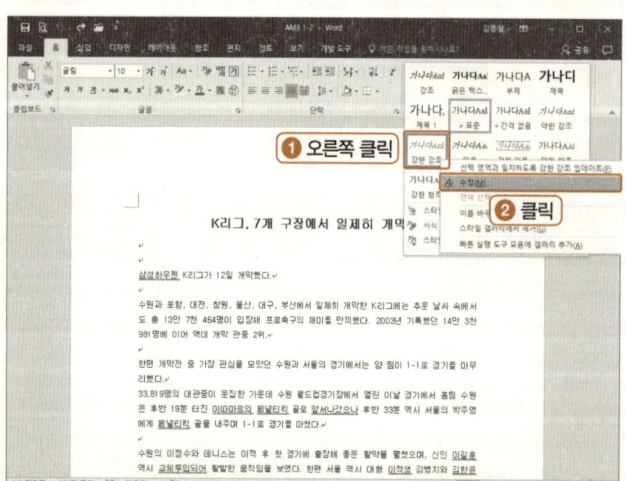
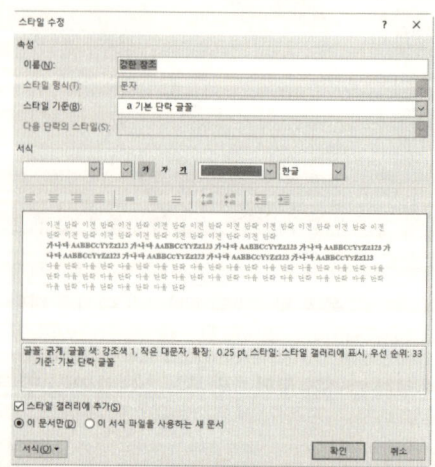

❸ 문자 스타일 업데이트 : 기존 스타일을 수 정하는 방법 이외에 문서의 내용 중 이미 서식이 설정된 문자의 서식으로 기존 스타 일을 업데이트할 수 있습니다. 이때 업데 이트 하고자 하는 문자에 커서를 위치한 후 [스타일] 창의 기존 스타일 목록 단추에서 마우스 오른쪽 단추를 클릭한 후 '선택 영역 과 일치하도록 업데이트'를 선택합니다.

[홈] 탭→[스타일] 그룹→[자세히]→[선택 영역 과 일치하도록 업데이트]

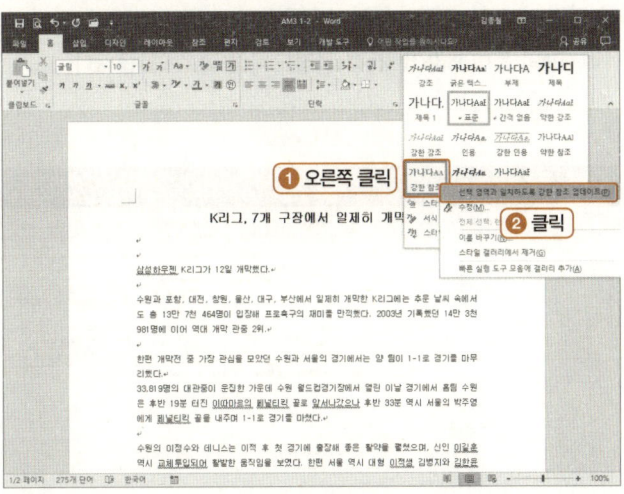

3-2 단락 스타일

문자 스타일과 마찬가지로 워드에서 제공하는 4가지 형식 중 1가지로 문자 스타일과 달리 맞춤, 들여쓰기 및 단 락 앞, 뒤 간격 등의 단락 서식까지 포함되는 차이점을 가지고 있습니다. 이외에 나머지는 문자 스타일과 생성, 수정, 업데이트 방법이 동일합니다.

❶ 단락 스타일 생성 : 스타일에 등록할 단락에 커서를 위치하거나 블록 선택한 후 새 스타일 만들기 기능을 실 행합니다. 이때 스타일 형식을 반드시 '단락'으로 설정하며, [서식] 목록 단추를 눌러 기타 단락 서식을 추가 설정합니다.

[홈] 탭→[스타일] 그룹→[자세히]→[스타일 만들기]

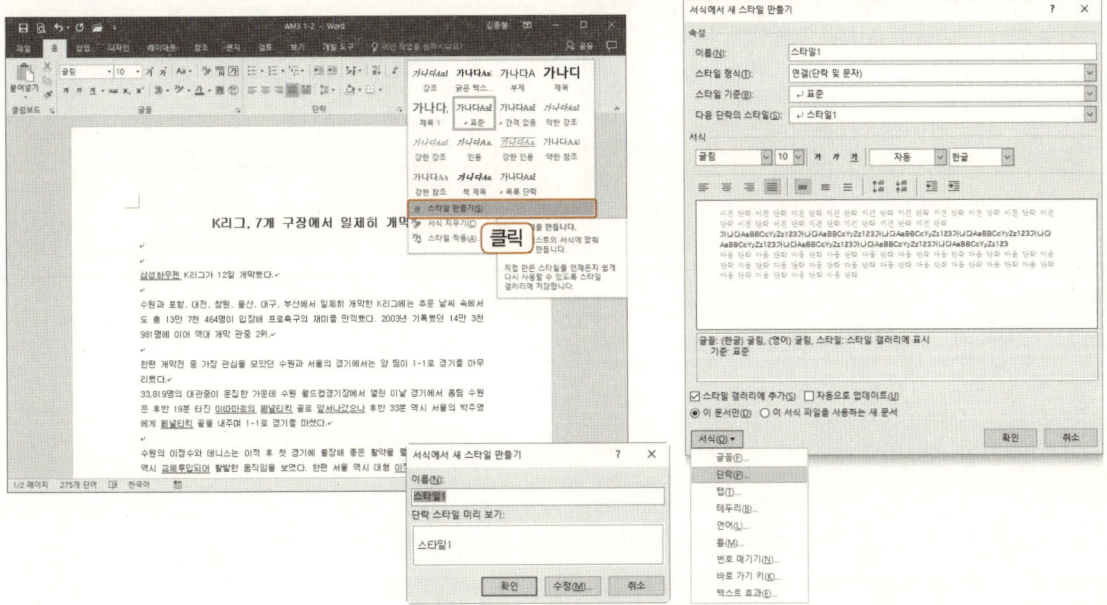

❷ 단락 스타일 수정 : 문자 스타일과 동일한 방법으로 단락 스타일을 수정하며, 추가로 [단락] 대화상자를 통해 단락의 들여쓰기 및 간격 설정도 수정할 수 있습니다.

[홈] 탭→[스타일] 그룹→[자세히]→[수정]

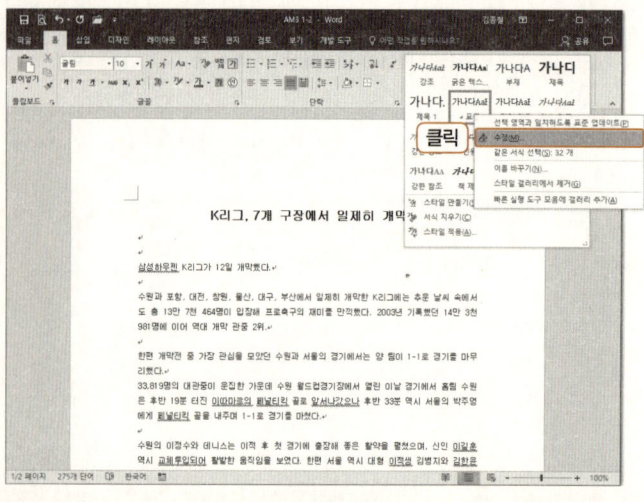
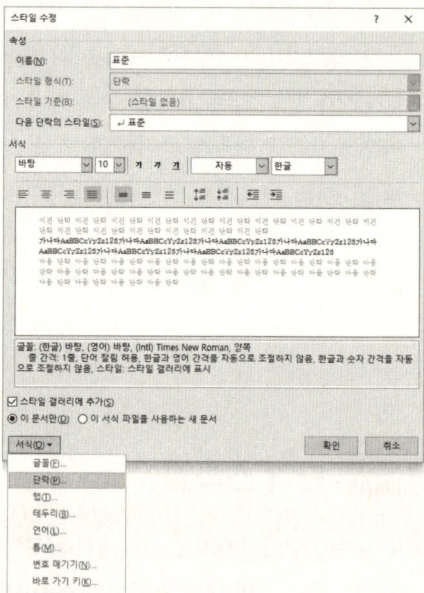

❸ 단락 스타일 업데이트 : 문자 스타일 업데이트와 마찬가지로 동일한 방법으로 업데이트를 실행하며, 이때 단락의 서식까지 함께 업데이트된다는 차이가 있습니다.

[홈] 탭→[스타일] 그룹→[자세히]→[선택 영역과 일치하도록 업데이트]

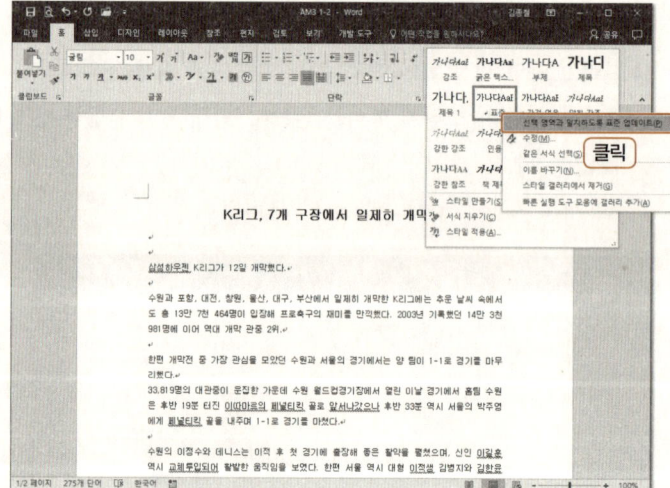

❹ 스타일 삭제 : 사용자가 생성한 문자 및 단락 스타일을 제거하는 기능으로, 스타일을 삭제하면 문서에 해당 스타일이 적용된 문자 및 단락은 스타일의 서식이 모두 제거되고, 기본 서식의 문자 및 단락으로 표시됩니다.

[홈] 탭→[스타일] 그룹→[자세히]→[스타일 갤러리에서 제거]

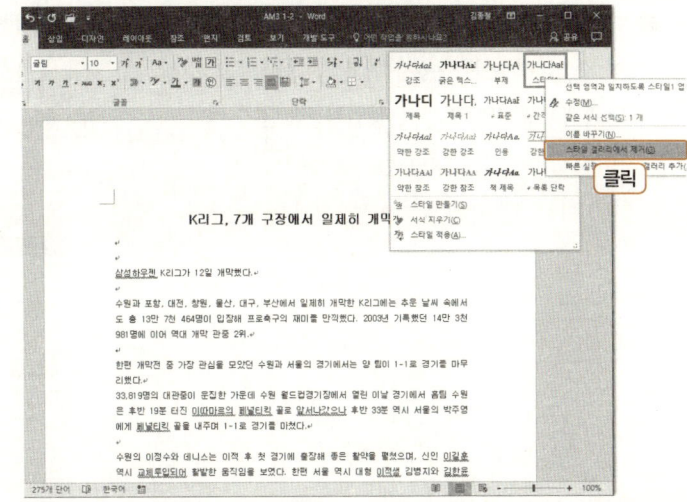

---

4 단

4-1 단 설정

워드의 기본 문서는 하나의 단으로 구성되어 왼쪽 여백을 시작으로 텍스트를 입력하고 오른쪽 여백에 도달하게 되면 자동으로 다음 줄로 이동하게 됩니다. 이때 단은 둘 이상의 단으로 나누어 페이지를 구성할 수 있으며, 각각의 단의 너비와 간격 조정을 사용자가 설정할 수 있습니다.

❶ 단 삽입 : 단을 설정하기 이전 우선 어느 영역에 대해 몇 개의 열로 내용을 구성할 것인지에 대해 결정한 후 해당 영역을 선택하고 단을 삽입합니다. 이때 블록으로 영역을 선택하지 않으면 문서 전체가 해당 단으로 삽입됩니다.

[레이아웃] 탭→[페이지 설정] 그룹→[단]

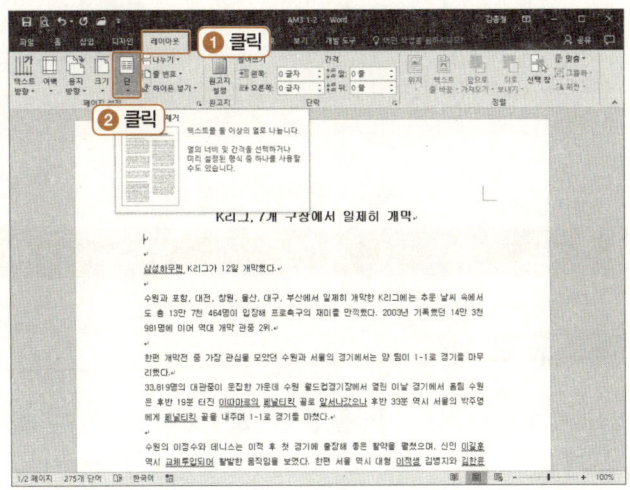

❷ 단 개수 및 간격 : [단] 대화상자를 이용하여 단의 개수를 사용자가 직접 선택하고, 단과 단 사이의 경계선 삽입과 각 단의 너비 및 간격을 설정합니다.

[레이아웃] 탭→[페이지 설정] 그룹→[단]→[기타 단]

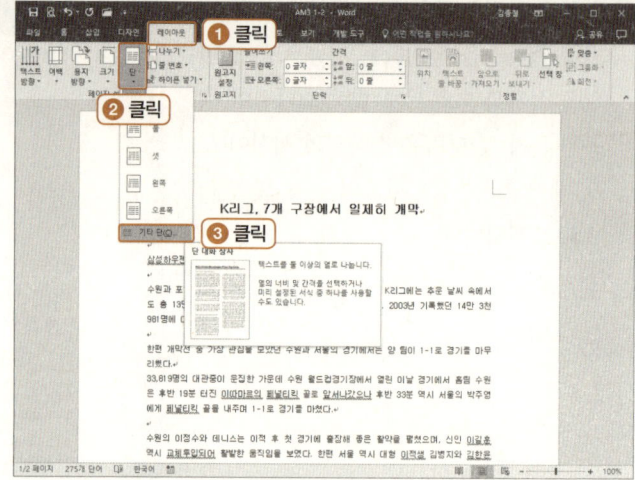

❸ 단 나누기 : 단이 삽입된 단락 및 문서에서 커서의 위치를 기준으로 해당 텍스트부터 다음 단으로 시작되도록 단을 나누는 기능입니다.

[레이아웃] 탭→[페이지 설정] 그룹→[나누기]→[단]

– 페이지 나누기 : 페이지, 단 및 텍스트 배치 등의 나눌 위치 설정
– 구역 나누기 : 다음 페이지 또는 동일 페이지 내에서의 구역 설정

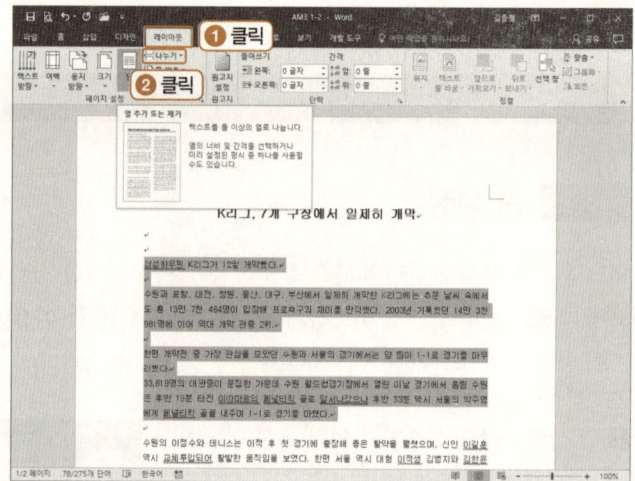

5 표

5-1 표 서식

일반 텍스트나 단락에 서식을 설정하듯이 표 개체에도 서식을 설정하여 가독성을 높이는 데 활용합니다. 표는 셀, 행 및 열, 표의 구성 요소별로 테두리 및 음영에 대한 서식을 설정하거나 표 스타일을 통해 손쉽게 서식을 설정하게 됩니다. 또한 정렬 기능을 통해 특정 열을 기준으로 순서대로 배치할 수 있습니다.

❶ 테두리 및 음영 : 삽입된 표는 기본 서식으로 설정된 테두리와 색상이 없는 음영으로 생성되는데, 이에 대해 가독성을 높이기 위하여 셀, 행 및 열 또는 표 전체를 선택한 후 사용자가 직접 테두리와 음영을 설정하게 됩니다.

[표 도구]→[디자인] 탭→[표 스타일] 그룹→[자세히] 단추)

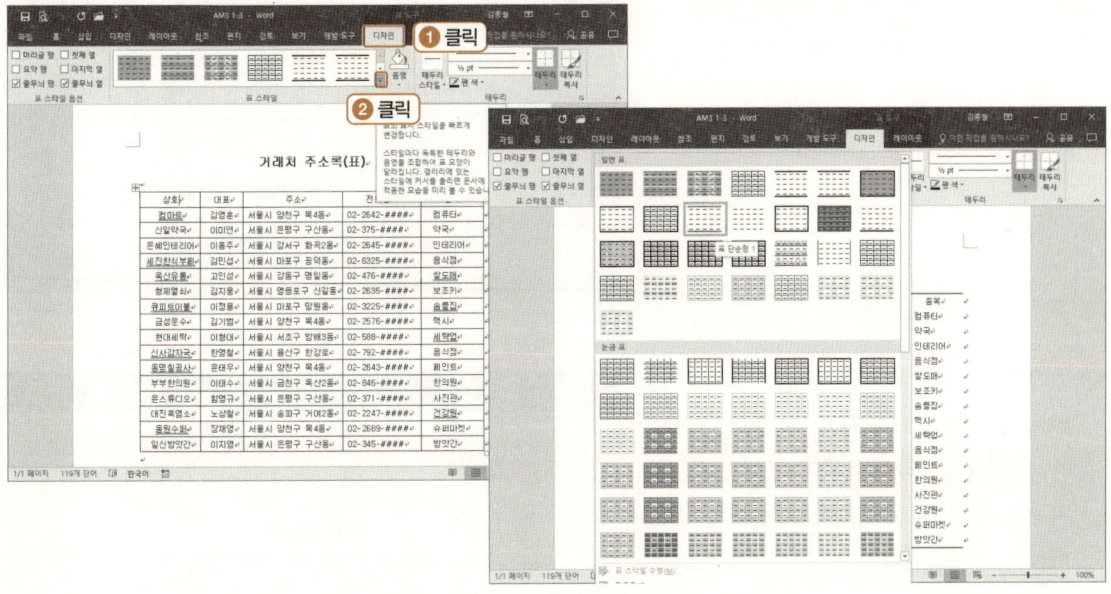

❷ 표 스타일 : 문자 및 단락 스타일과 마찬가지로 표 또한 표 스타일을 제공합니다. 표 스타일에서는 미리 설정해 둔 표의 테두리, 두께, 음영 등의 표 서식을 하나의 이름으로 등록하여 다양한 종류의 표 스타일에 대해 사용자가 클릭만으로 해당 스타일을 적용할 수 있도록 지원합니다.

[표 도구]→[디자인] 탭→[표 스타일]/[테두리] 그룹→[음영]/[테두리]

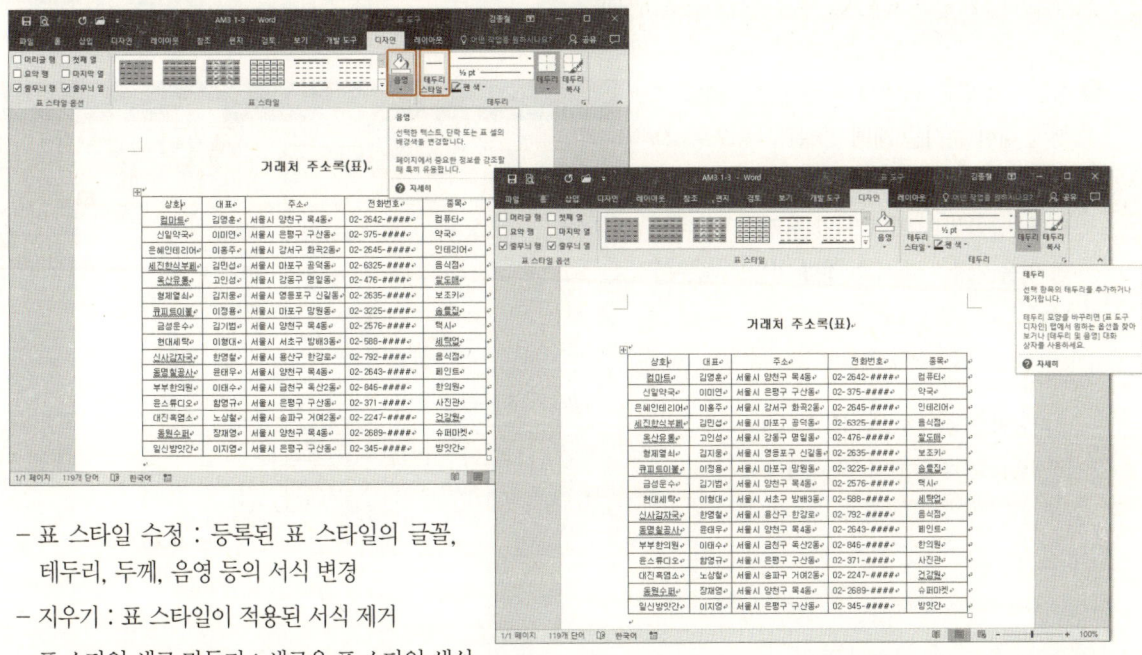

– 표 스타일 수정 : 등록된 표 스타일의 글꼴, 테두리, 두께, 음영 등의 서식 변경

– 지우기 : 표 스타일이 적용된 서식 제거

– 표 스타일 새로 만들기 : 새로운 표 스타일 생성

❸ 셀 맞춤 및 여백 : 기본으로 삽입된 표의 셀 안에 데이터를 입력하면 왼쪽 상단에 맞춤 설정되는데, 이는 사용자가 선택한 영역에 대해 가로와 세로 맞춤을 설정할 수 있습니다. 또한 표 옵션을 통해 각 셀의 위쪽, 아래쪽, 왼쪽, 오른쪽에 대한 여백을 설정하도록 지원합니다.

[표 도구]→[레이아웃] 탭→[맞춤] 그룹

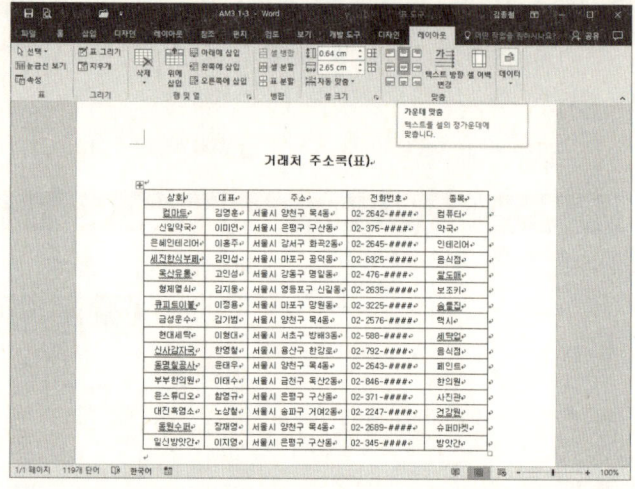

❹ 셀 병합과 분할 : 여러 개의 셀을 하나로 합치는 것을 '병합'이라 하고, 이를 다시 나누는 것을 '분할'이라고 합니다. 또한 '표 분할' 기능을 통해 하나의 표를 여러 개의 표로 나눌 수도 있습니다.

[표 도구]→[레이아웃] 탭→[병합] 그룹

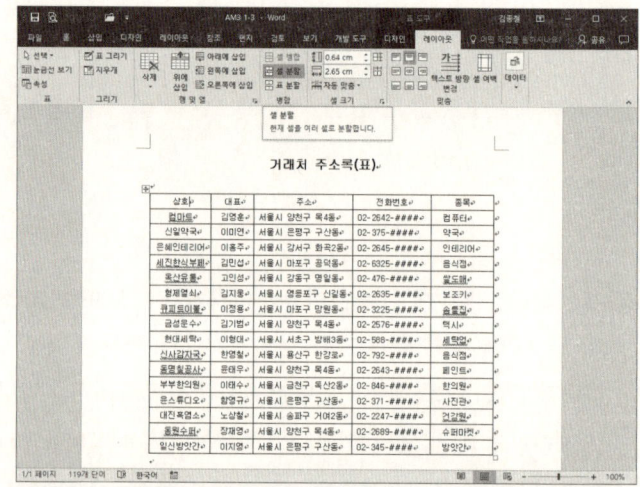

❺ 정렬 : 정렬은 표에서 특정 열을 기준으로 행에 대한 순서를 재배치하는 기능으로, 오름차순 또는 내림차순으로 설정할 수 있습니다. 중복된 데이터가 있는 경우 둘 이상의 열을 기준으로 복수 정렬 기능도 제공합니다.

[표 도구]→[레이아웃] 탭→[데이터]→[정렬]

– 오름차순: ㄱ~ㅎ, A~Z, 1~10...
– 내림차순: ㅎ~ㄱ, Z~A, ...10~1

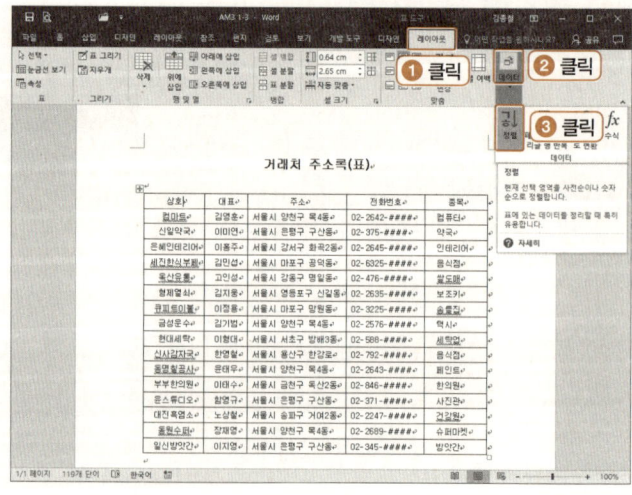

5-2 표 변환

문서에서 필요에 의해 표를 작성해야 할 경우 우선 표를 만들고 각 셀에 데이터를 입력하는 방법도 있지만 기존 텍스트를 표로 자동 변환하는 방법으로 이용하면 편리합니다. 이와 반대로 기존의 표를 다시 텍스트로 변환하는 기능을 제공하여 작업 시간을 많이 절약할 수 있습니다.

❶ 텍스트를 표로 변환 : 표로 변환할 범위를 선택하되, 이때 각 셀에 자동으로 변환되기 위해서는 각 텍스트 사이에 텍스트 구분 기호가 입력되어 있어야 합니다.

[삽입] 탭→[표] 그룹→[표]→[텍스트를 표로 변환]

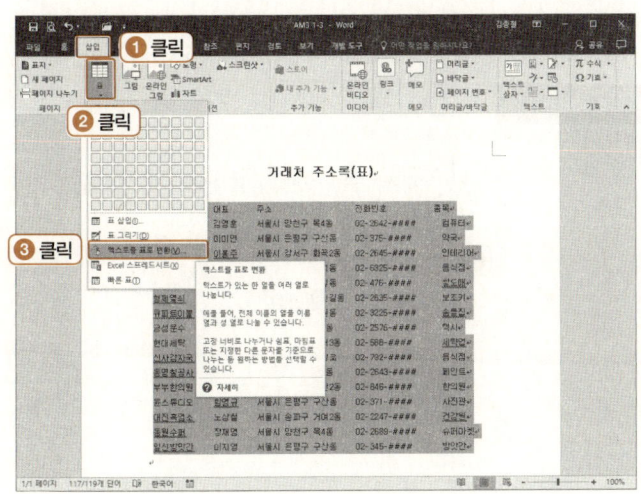
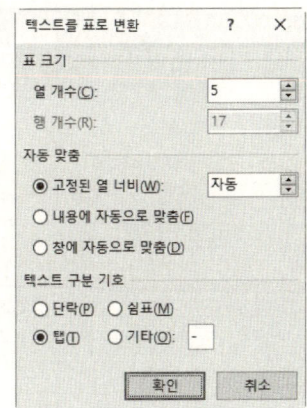

❷ 표를 텍스트로 변환 : 기존의 표를 텍스트로 변환하는 기능으로, 텍스트를 표로 변환하는 반대 기능입니다. 이때 사용자는 각 셀의 구분 기호를 선택하여 변환할 수 있습니다.

[표] 도구→[레이아웃] 탭→[데이터]→[텍스트로 변환]

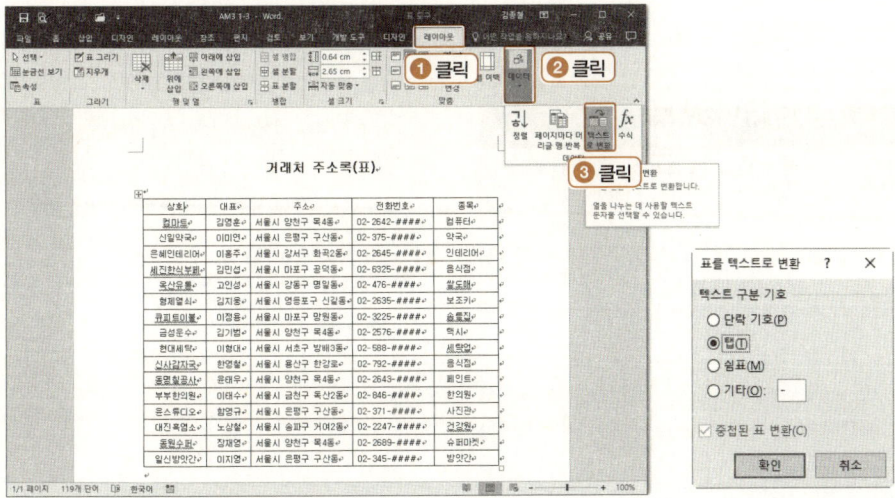

5-3 표 속성

표 속성은 표, 행, 열, 셀 등에 대한 맞춤, 텍스트 배치, 높이 및 너비 등을 세부적으로 설정하는 기능으로 표 각 요소별 속성 값을 설정할 경우에 유용하게 사용됩니다. 특히 표의 내용이 많아 두 페이지 이상이 되는 경우에는 행의 자동 나누기 및 머리글 행 반복 기능이 필수 기능입니다.

❶ 머리글 행 반복 : 표의 내용이 많아 두 페이지 이상을 차지하는 경우 두 번째 페이지에서부터 각 열의 내용을 이해하기가 쉽지 않을 것입니다. 이때 페이지마다 머리글 행이 반복되도록 설정하면 매 페이지 첫 행은 자동 으로 표의 머리글 행이 표시됩니다.

[표 도구]→[레이아웃] 탭→[표] 그룹→[속성]→[페이지마다 머리글 행 반복]

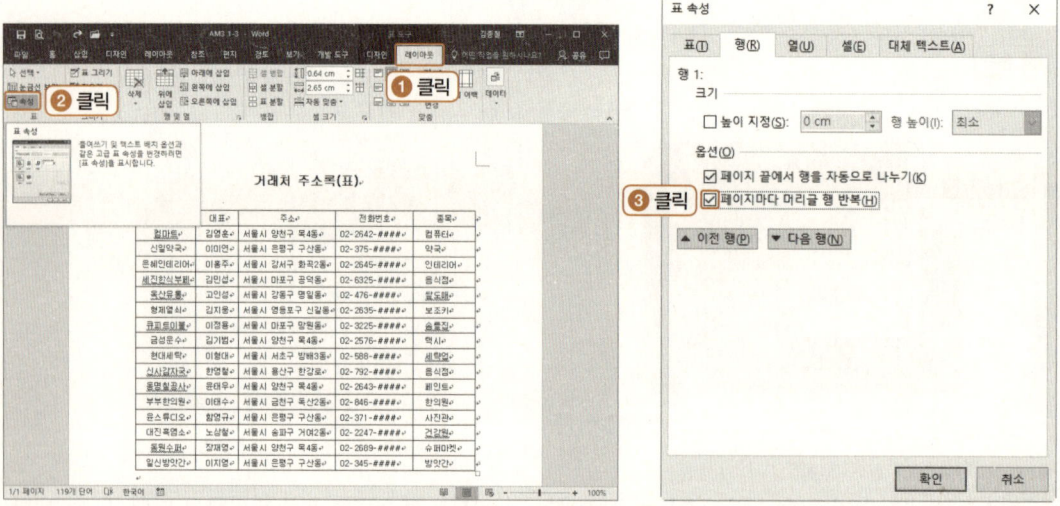

❷ 행 자동 나누기 : 행 자동 나누기 기능은 위와 마찬가지로 두 페이지 이상의 내용을 담은 표에서 유용하게 사 용할 수 있는 기능입니다. 페이지 마지막 위치에 도달하게 되면 자동으로 표의 행을 분할하는 기능입니다.

[표 도구]→[레이아웃] 탭→[표] 그룹→[속성]→[페이지 끝에서 행을 자동으로 나누기]

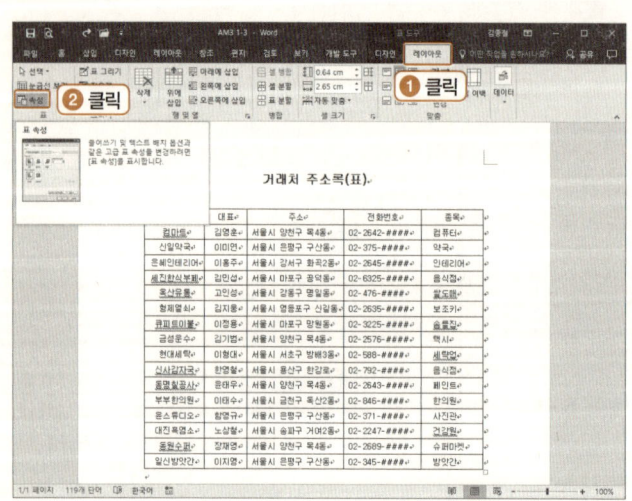
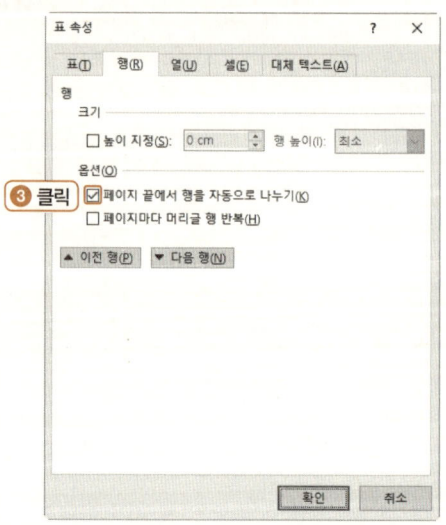

⊙ 예제: C:\CDL2016A\AM3 e1-1.docx

① 1페이지의 그래픽 개체에 대해 '빽빽하게'의 텍스트 배치 스타일을 설정하고 텍스트와의 왼쪽, 오른쪽 간격을 각각 '0.5cm'로 설정하시오.

❶ 1페이지의 그래픽 개체를 선택하고 [그림 도구]→[서식] 탭→[정렬] 그룹→[텍스트 줄 바꿈]→[기타 레이아웃 옵션]을 클릭합니다.

❷ [레이아웃] 대화상자의 [텍스트 배치] 탭에서 배치 스타일을 '빽빽하게'로 선택하고, 텍스트와의 간격에서 왼쪽과 오른쪽을 각각 '0.5cm'로 설정한 후 [확인] 버튼을 클릭합니다.

② 문서의 내용 중 '프로농구'를 워드의 적절한 기능을 이용하여 'KBL'로 모두 변경하시오. 이때 변경된 'KBL'의 글꼴 색을 '빨강'으로 설정하시오.

❶ [홈] 탭→[편집] 그룹→[바꾸기]를 클릭합니다.

❷ [찾기 및 바꾸기] 대화상자의 [바꾸기] 탭에서 찾을 내용에 '프로농구', 바꿀 내용에 'KBL'을 입력한 후 [자세히] 버튼을 클릭합니다.

❸ 바꾸기 항목의 [서식]→[글꼴]을 클릭합니다.

❹ [글꼴 바꾸기] 대화상자에서 글꼴 색을 '빨강'으로 변경한 후 [확인] 버튼을 클릭합니다.

❺ [찾기 및 바꾸기] 대화상자에서 [모두 바꾸기] 버튼을 클릭합니다.

❻ 바뀐 항목 수를 확인하고 [확인] 버튼을 클릭한 후 [찾기 및 바꾸기] 대화상자의 [닫기] 버튼을 클릭합니다.

③ 엑셀에서 '순위.xlsx' 파일을 열어 'A1:C11'의 표를 복사하고, 이를 워드 본문의 마지막 단락에 그림으로 붙여 넣으시오.

❶ 엑셀에서 '순위.xlsx' 파일을 열고 'A1:C11' 영역을 선택한 후 [홈] 탭→[클립보드] 그룹→[복사]를 클릭합니다.

❷ 워드 문서로 복귀하여 마지막 단락에 커서를 위치한 후 [홈] 탭→[클립보드] 그룹→[붙여넣기]→[그림]을 클릭합니다.

④ 표 그림의 크기를 높이 '5cm', 너비 '8cm'로 수정하시오.

❶ 표 그림을 선택하고 [그림 도구]→[서식] 탭→[크기] 그룹에서 [크기] 대화상자 표시 단추를 클릭합니다.

❷ [레이아웃] 대화상자의 [크기] 탭에서 '가로 세로 비율 고정' 항목 체크를 해제하고, 높이와 너비를 각각 '5cm', '8cm'로 설정한 후 [확인] 버튼을 클릭합니다.

⑤ 2페이지의 '최고의 자리는 단 하나!' 단락에서 다음 단락 뒤의 간격을 '1줄'로 설정하시오.

❶ 2페이지의 '최고의 자리는 단 하나!'에 커서를 놓고 [홈] 탭→[단락] 그룹에서 [단락] 대화상자 표시 단추를 클릭합니다.

❷ [단락] 대화상자의 [들여쓰기 및 간격] 탭에서 단락 뒤를 '1줄'로 설정한 후 [확인] 버튼을 클릭합니다.

⑥ 현재 문서에 '- 1 -, - 2 -' 형식의 페이지 번호를 가운데 아래에 표시되도록 삽입하고, 이때 페이지 번호 시작은 '2'로 설정하시오.

❶ [삽입] 탭→[머리글/바닥글] 그룹→[페이지 번호]→[페이지 번호 서식]을 클릭합니다.

❷ [페이지 번호 서식] 대화상자의 번호 서식을 '- 1 -, - 2 -, - 3 -'으로 설정하고 시작 번호를 '- 2 -'로 변경한 후 [확인] 버튼을 클릭합니다.

❸ [삽입] 탭→[머리글/바닥글] 그룹→[페이지 번호]→[아래쪽]→[일반 번호 2]를 클릭합니다.

❹ [머리글/바닥글 도구]→[디자인] 탭→[닫기] 그룹→[머리글/바닥글 닫기]를 클릭합니다.

⑦ 2페이지의 '경기결과' 내용 단락에 다단계 번호 매기기를 첫째 수준과 둘째 수준에 각각 '1, 2, 3', '1-1, 1-2, 1-3' 형식으로 설정하시오.

❶ 2페이지의 '경기결과' 단락을 선택하고 [홈] 탭→[단락] 그룹→[다단계 목록]→[새 다단계 목록 정의]를 클릭합니다.

❷ [새 다단계 목록 정의] 대화상자의 수정할 단계에서 '2' 단계를 선택하고 번호 서식을 '1-1'로 수정한 후 [확인] 버튼을 클릭합니다.

8 다음과 같은 형식의 문자 스타일을 생성하시오.

스타일 이름	글꼴 서식
강조문자	HY견고딕, 진한 빨강, 굵게

❶ 임의의 빈 단락에 커서를 위치하고 [홈] 탭→[스타일] 그룹→[스타일 창 표시] 단추를 클릭합니다.

❷ [스타일] 창에서 [새 스타일] 단추를 클릭합니다.

❸ [서식에서 새 스타일 만들기] 대화상자에서 [서식]→[글꼴]을 클릭합니다.

❹ [글꼴] 대화상자의 [글꼴] 탭에서 한글 글꼴을 'HY견고딕', '진한 빨강', 글꼴 스타일 '굵게'를 클릭합니다.

❺ '이름 : 글꼴 서식'을 입력한 후 [확인] 버튼을 클릭합니다.

9 페이지의 제목을 기준으로 다음과 같은 형식의 단락 스타일을 생성한 후 단락 스타일을 적용하시오.

스타일 이름	제목 테두리
테두리	상자

❶ 2페이지의 제목 단락을 선택하고 [홈] 탭→[스타일] 그룹→[스타일 창 표시] 단추를 클릭합니다.

❷ [스타일] 창에서 [새 스타일] 단추를 클릭합니다.

❸ [서식에서 새 스타일 만들기] 대화상자에서 [서식]→[테두리]를 클릭합니다.

❹ [테두리 및 음영] 대화상자의 [테두리] 탭에서 설정은 '상자'를 선택한 후 [확인] 버튼을 클릭합니다.

❺ [확인] 버튼을 클릭합니다.

⑩ 2페이지 제목 단락에 '기울임꼴', '가운데 맞춤' 서식을 설정한 후 스타일을 업데이트 하시오.

❶ 2페이지의 제목 단락을 선택하고 [홈] 탭→[글꼴] 그룹→[기울임꼴], [단락] 그룹→[가운데 맞춤]을 클릭합니다.

❷ [스타일] 창에서 [제목 테두리]→[선택 영역과 일치하도록 업데이트]를 클릭합니다.

⑪ 1페이지의 내용에 '2'단과 경계선을 삽입하시오.

❶ 1페이지를 선택하고 [레이아웃] 탭→[페이지 설정] 그룹→[단]→[기타 단]을 클릭합니다.

❷ [단] 대화상자의 미리 설정에서 '둘'을 선택하고, '경계선 삽입'을 체크한 후 [확인] 버튼을 클릭합니다.

⑫ '이밖에 포항은' 내용 단락에서 '지난 시즌'으로 시작하는 단락부터 다음 단에서 시작되도록 단을 나누시오.

❶ '이밖에 포항은' 내용 단락 중 '지난 시즌'으로 시작하는 단락 앞에 커서를 위치하고 [레이아웃] 탭→[페이지 설정] 그룹→[나누기]→[단]을 클릭합니다.

❷ 단 나누기 설정을 확인합니다.

⑬ '거래처 주소록' 내용 단락을 표로 변환하고 '첫째 열' 옵션을 제외한 '눈금 표 4 - 강조색 2' 표 스타일을 적용하시오.

❶ '거래처 주소록' 내용 단락을 선택하고 [삽입] 탭→[표] 그룹→[표]→[텍스트를 표로 변환]을 클릭합니다.

❷ [텍스트를 표로 변환] 대화상자에서 열 개수를 '5', 텍스트 구분 기호를 '탭'으로 설정한 후 [확인] 버튼을 클릭합니다.

❸ 변환된 표를 선택하고 [표 도구]→[디자인] 탭→[표 스타일] 그룹→[눈금 표 4 - 강조색 2]를 클릭합니다.

❹ [표 도구]→[디자인] 탭→[표 스타일 옵션] 그룹에서 '첫째 열' 옵션을 체크 해제합니다.

⑭ 표에서 표의 머리글 행이 페이지마다 반복 표시되도록 설정하시오.

❶ 1페이지의 표에서 1행을 선택한 후 [표 도구]→[레이아웃] 탭→[표] 그룹→[속성]을 클릭합니다.

❷ [표 속성] 대화상자에서 '행' 탭의 '페이지마다 머리글 행 반복'을 선택한 후 [확인] 버튼을 클릭합니다.

⑮ 1페이지 표에서 '상호'를 기준으로 '내림차순' 정렬하고, 동일 데이터는 '대표'를 기준으로 '오름차순' 정렬하시오.

❶ 표 안에 커서를 이동한 후 [표 도구]→[레이아웃] 탭→[데이터] 그룹→[정렬]을 클릭합니다.

❷ [정렬] 대화상자에서 첫째 기준을 '상호', '내림차순'으로 선택하고, 둘째 기준을 '대표', '오름차순'으로 선택한 후 [확인] 버튼을 클릭합니다.

Section 02 참조

1 캡션, 각주, 미주

1-1 그래픽 개체 및 표에 대한 위/아래 캡션 추가

캡션은 그림이나 표, 기타 개체 등에 추가하는 레이블로 개체의 위 또는 아래에 번호를 매겨 표시할 수 있습니다. 이처럼 삽입한 캡션 레이블은 추가, 삭제, 이동 시에도 손쉽게 업데이트가 가능합니다.

[참조] 탭→[캡션] 그룹→[캡션 삽입]

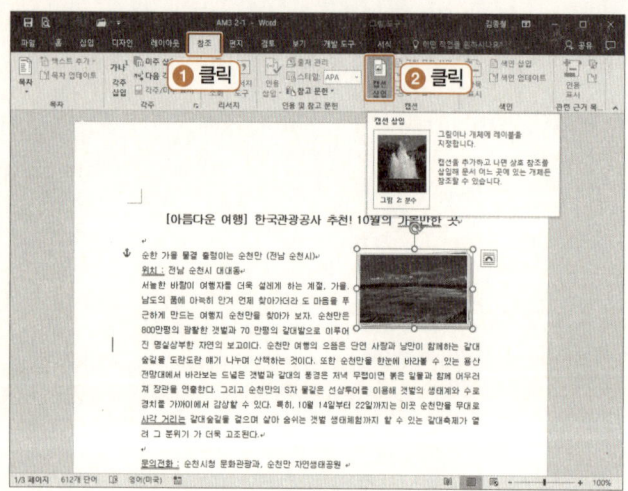

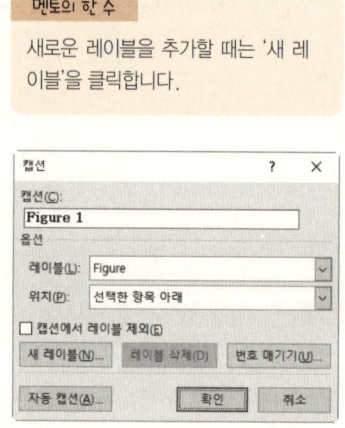

멘토의 한 수

새로운 레이블을 추가할 때는 '새 레이블'을 클릭합니다.

1-2 캡션 레이블 추가/삭제

삽입된 캡션 레이블은 언제든 추가 및 수정할 수 있습니다. 또한 불필요한 레이블은 간편하게 삭제할 수도 있습니다.

'캡션' 선택→수정/삭제

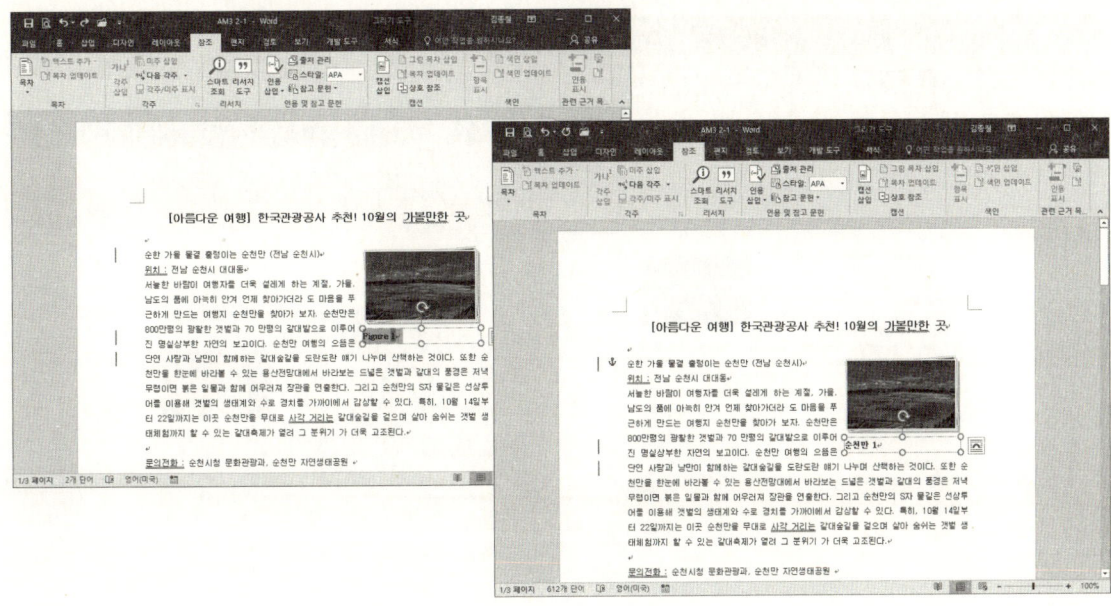

1-3 캡션 번호 서식 변경

캡션 번호는 기본적으로 '1, 2, 3, …'으로 설정되어 있지만 경우에 따라서 다른 번호 매기기 형식으로 변경할 수 있습니다.

[캡션] 대화상자→번호 매기기

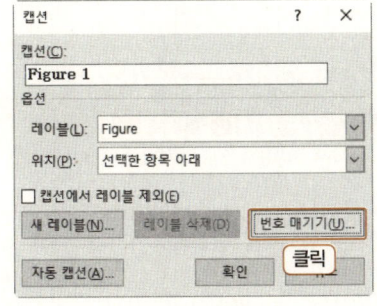

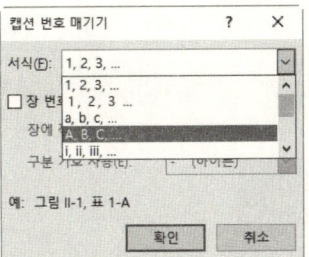

1-4 각주/미주의 삽입 및 변경

각주는 문서에 포함된 텍스트의 참조나 설명을 기술할 경우 사용하는 기능으로 일반적으로 해당 텍스트의 페이지 하단에 표시됩니다. 미주는 각주와 마찬가지로 문서에 포함된 텍스트의 참조나 설명을 기술할 경우 사용하며, 일반적으로 문서 마지막에 표시되는 차이점이 있습니다.

[참조] 탭→[각주] 그룹→[각주 삽입/미주 삽입]

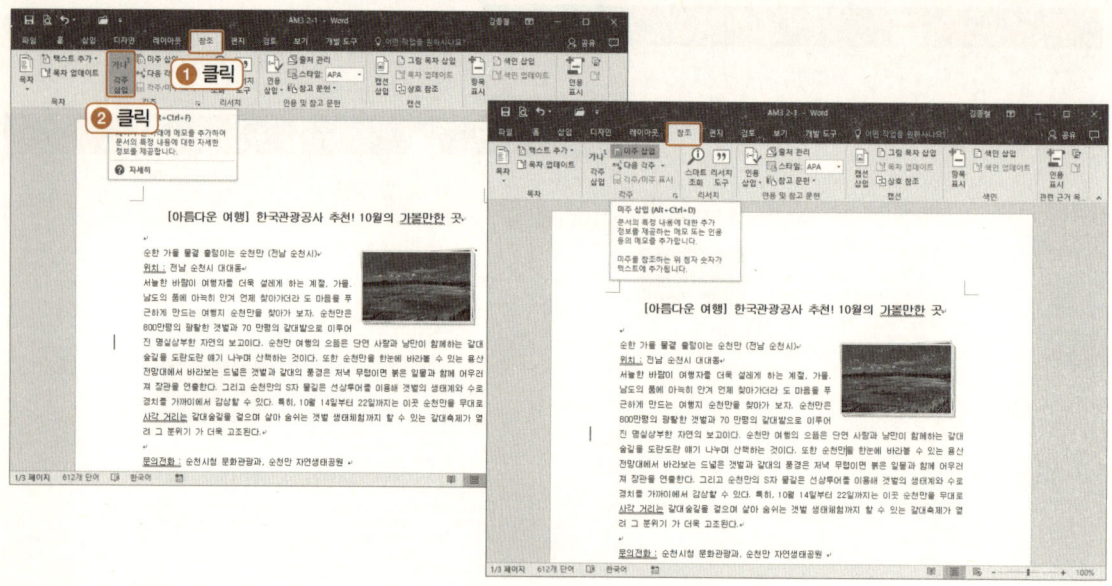

1-5　각주를 미주로 변환, 미주를 각주로 변환

각주 또는 미주를 변환하는 기능으로 옵션을 통해 모든 각주 또는 미주 및 바꾸기 기능을 제공합니다.

[참조] 탭→[각주] 그룹→[자세히]→[변환]→[각주와 미주 맞바꾸기]

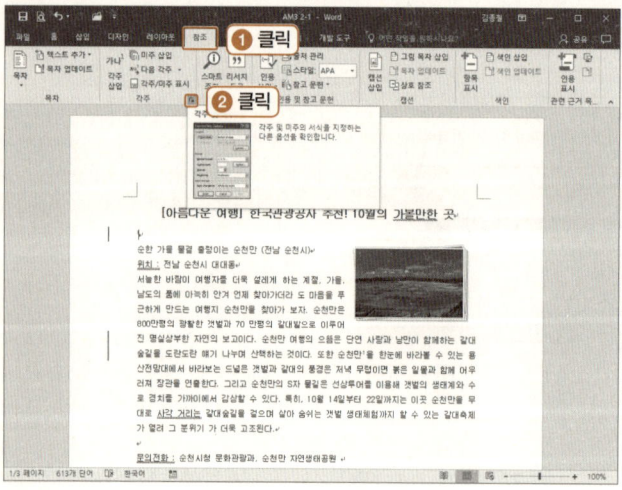

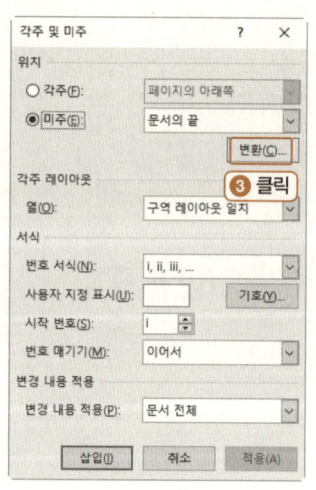

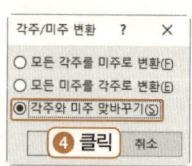

2 참조, 목차와 색인

2-1 지정된 스타일 및 서식을 이용한 목차 생성 및 업데이트

제목 스타일이 설정된 텍스트를 대상으로 목차를 만들 수 있습니다. 목차를 통해 각 제목의 페이지를 표시하며 페이지 추가 및 삭제를 통한 변경사항에 대해 업데이트가 가능합니다. 목차를 삽입할 위치에 커서를 두고 목차의 서식 및 수준을 결정한 후 삽입합니다.

[참조] 탭→[목차] 그룹→[목차]→[사용자 지정 목차]/[참조] 탭→[목차] 그룹→[목차 업데이트]

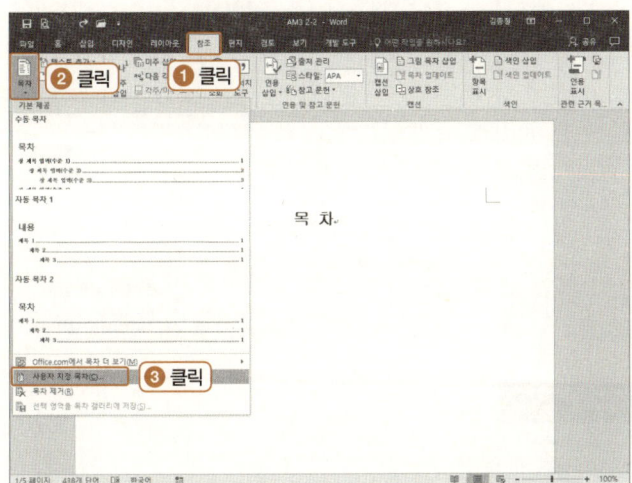

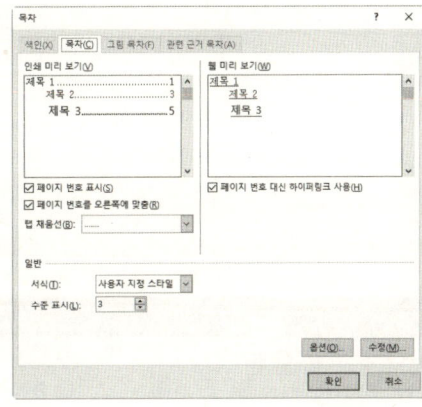

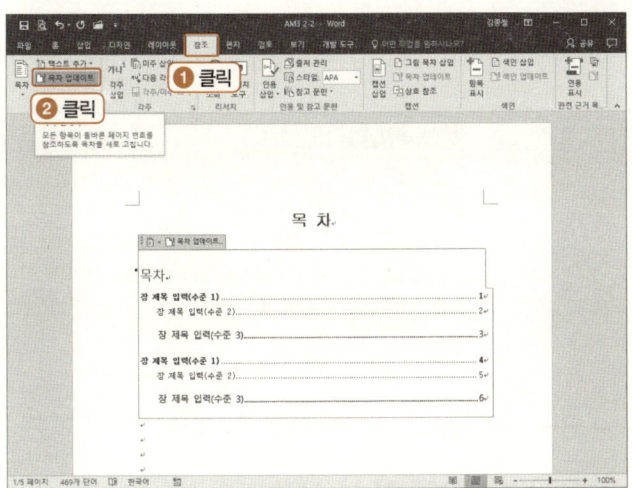

– 탭 채움선 : 제목 텍스트에서 페이지 번호까지 연결할 선의 형식 설정

– 서식 : 기본형, 장식형, 꾸밈형, 정형 등의 목차 스타일 서식 설정

– 수준 표시 : 목차에 포함할 제목 텍스트의 수준 설정

2-2 지정된 스타일 및 서식을 이용한 그림 목차 생성 및 업데이트

그림 스타일이 설정된 그림을 대상으로 목차를 만들 수 있습니다. 목차를 통해 각 그림의 페이지를 표시하며 페이지 추가 및 삭제를 통한 변경사항에 대해 업데이트가 가능합니다.

[참조] 탭→[캡션] 그룹→[그림 목차 삽입]/[참조] 탭→[캡션] 그룹→[목차 업데이트]

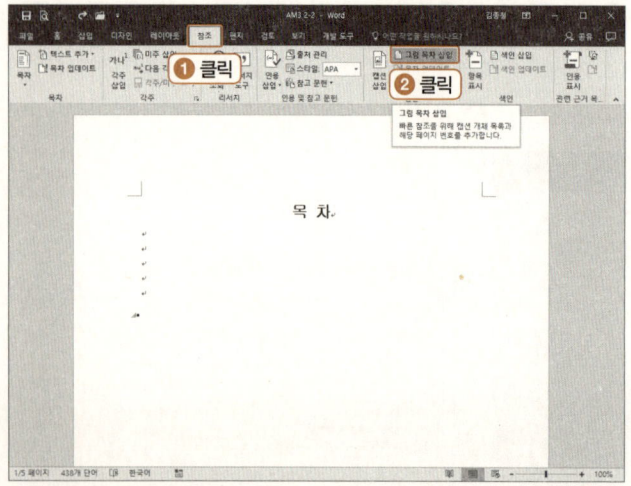
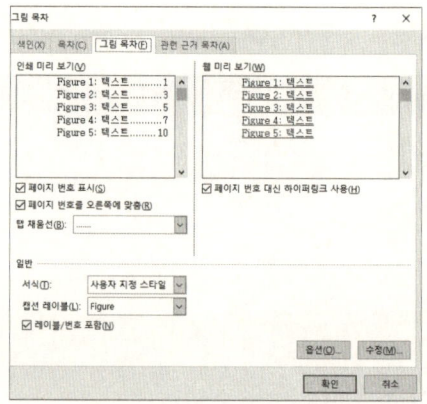

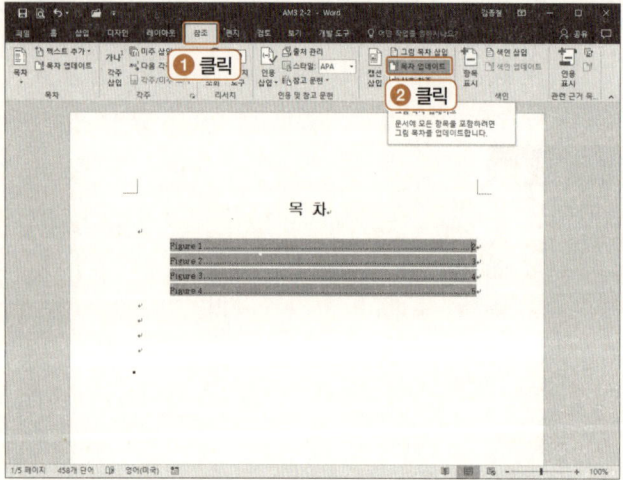

> **멘토의 한 수**
>
> 그림 목차는 목차와 마찬가지로 문서에 캡션이 설정된 그림 개체가 있는 경우 이를 목차 형식으로 생성할 수 있습니다. 또한 일반 목차와 마찬가지로 변경사항에 대해 페이지 번호만 또는 전체 목차에 대해 업데이트가 가능합니다.

2-3 색인 항목 표시 : 주 항목, 부 항목, 색인 항목 표시 삭제

문서에 포함된 단어에 대해 목록과 페이지 번호를 표시하는 기능으로, 색인을 만들기 전 우선 색인 항목으로 표시해야 합니다.

❶ 색인 항목 표시 : 주 항목 및 부 항목 입력 후 표시

[참조] 탭→[색인] 그룹→[항목 표시]

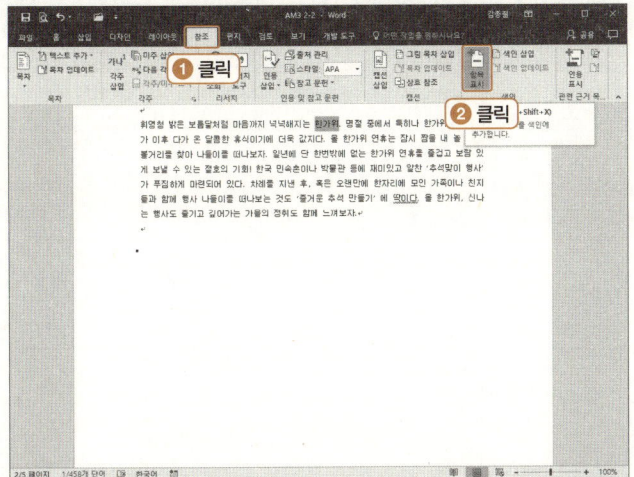

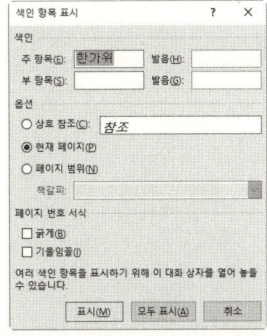

❷ 색인 항목 삭제 : 색인 항목 필드를 직접
삭제

[색인 항목 필드] 선택 후 `Delete`

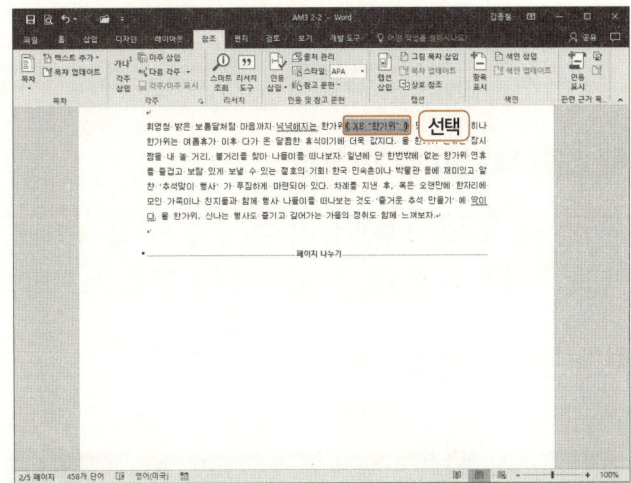

2-4 표시된 색인 항목을 이용한 색인 생성 및 업데이트

❶ 색인 생성 : 색인을 삽입할 위치에 커서를 두고 색인의 형식, 단 개수 등을 설정한 후 삽입

[참조] 탭→[색인] 그룹→[색인 삽입]

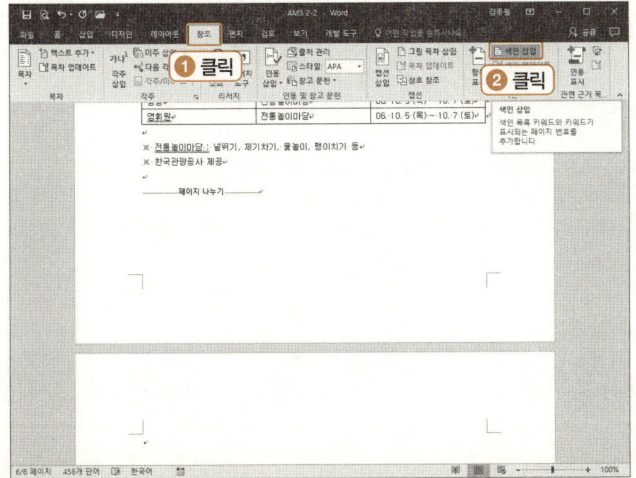

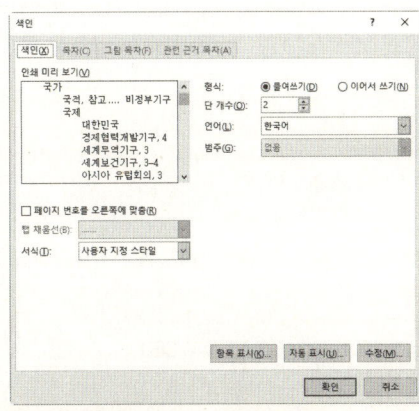

❷ 색인 업데이트 : 색인을 선택한 후 색인에
대한 페이지 변경사항을 업데이트

[참조] 탭→[색인] 그룹→[색인 업데이트]

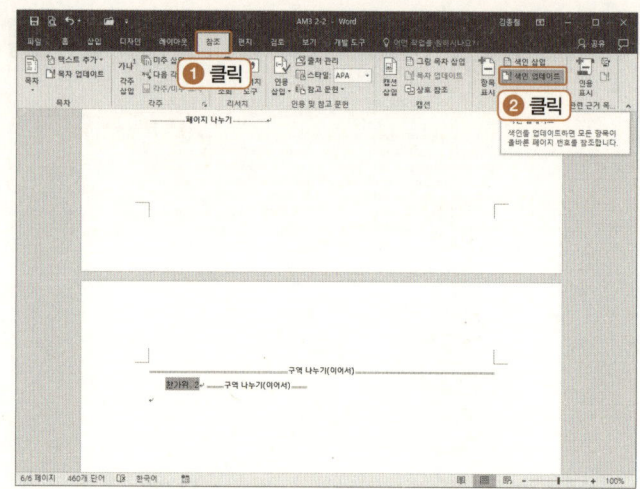

3-1 책갈피 추가/삭제

문서의 내용 중 검토한 위치까지를 구별할 수 있도록 책갈피를 추가할 수 있습니다. 이때 책갈피는 텍스트의 위
치나 선택 영역으로 지정할 수 있으며, 삽입한 책갈피는 바로 이동이 가능합니다.

❶ 책갈피 추가 : 책갈피 이름을 입력한 후 추가

[삽입] 탭→[링크]→[책갈피]

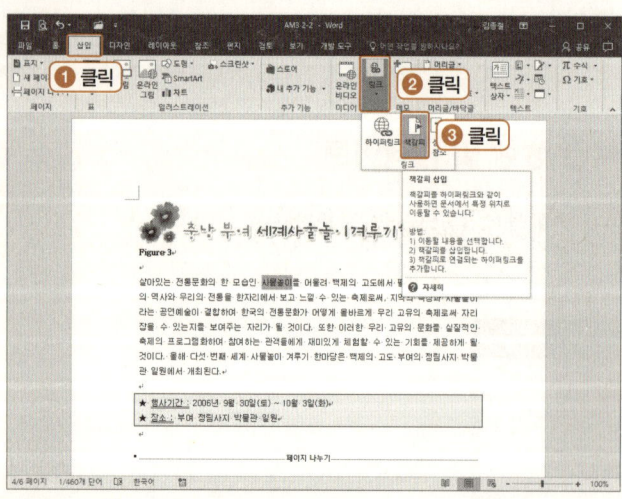

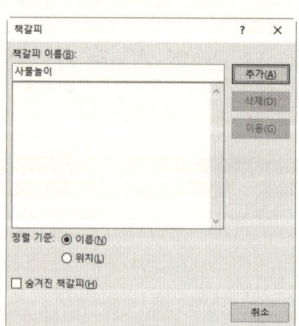

멘토의 한 수

책갈피 이름은 띄어쓰기가 불가능합니다.

❷ 책갈피 이동 : 이동할 책갈피의 이름을 선택한 후 이동

[삽입] 탭→[링크] 그룹→[책갈피]

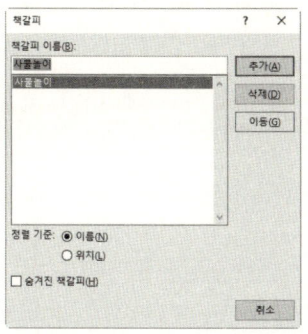

❸ 책갈피 삭제 : 삭제할 책갈피의 이름을 선택한 후 삭제

[삽입] 탭→[링크] 그룹→[책갈피]

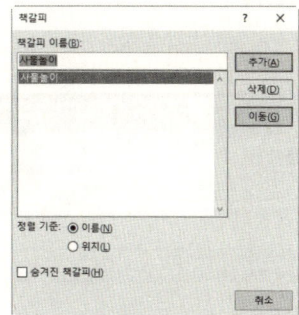

3-2 상호 참조 삽입/삭제

상호 참조는 문서에 포함된 제목, 번호매기기, 책갈피, 하이퍼링크, 각주 및 미주 등에 대한 정보를 특정 위치에 삽입하는 기능으로, 참조할 대상을 결정한 후 이어서 참조 내용을 선택하여 삽입합니다. 이때 삽입한 상호 참조는 하이퍼링크 기능을 통해 연결이 가능하고, 불필요한 상호 참조는 하이퍼링크 기능을 통해 연결이 가능하며, 불필요한 상호 참조는 선택한 후 직접 [Delete]를 통해 삭제합니다.

[삽입] 탭→[링크]→[상호 참조]

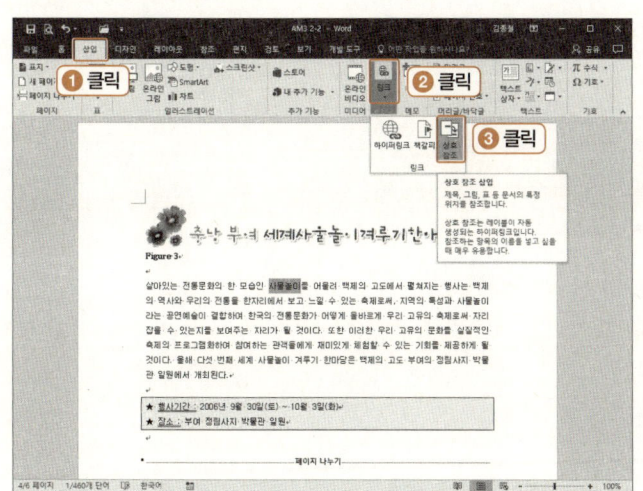

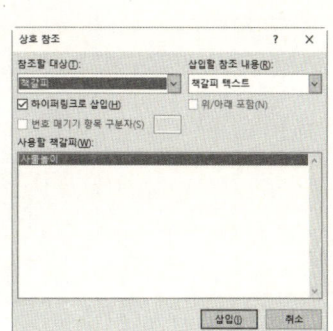

3-3 색인 항목으로 상호참조 추가

색인 항목 작성 시 상호 참조 형식으로 색인 항목을 표시할 수 있으며, 이는 색인 삽입 시 참조와 페이지 번호로 구분하여 표시하게 됩니다.

[삽입] 탭→[색인] 그룹→[항목 표시]

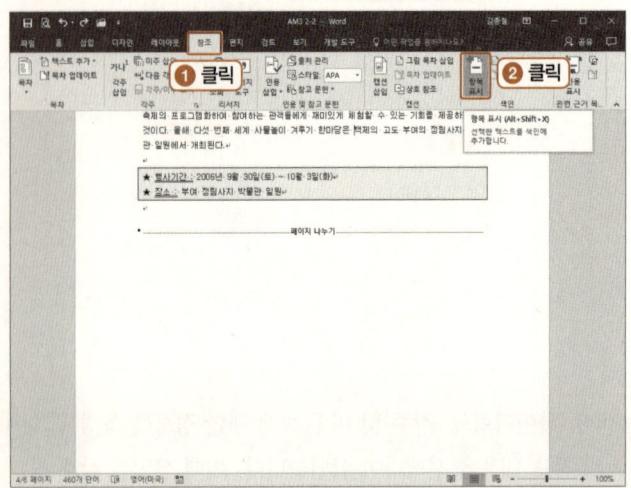

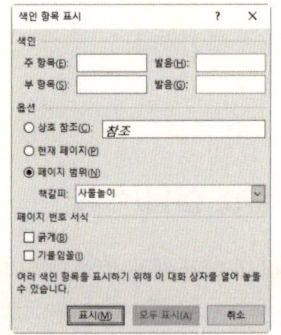

👆 단원 평가

1 첫 번째 이미지에 '순천만' 캡션을 삽입하시오.

❶ 첫 번째 이미지를 선택한 후 [참조] 탭→[캡션] 그룹→[캡션 삽입]을 클릭합니다.

❷ 캡션에 '순천만'을 입력한 후 [확인] 버튼을 클릭합니다.

2 첫 번째 이미지에 설정되어 있는 'Figure' 레이블을 '그림'으로 변경하시오.

❶ 'Figure' 레이블을 선택합니다.

❷ '그림'으로 변경합니다.

3 캡션 번호 서식을 'a, b, c, …'로 변경하시오.

❶ 첫 번째 이미지를 선택한 후 [참조] 탭→[캡션] 그룹→[캡션 삽입]을 클릭합니다.

❷ '번호 매기기'를 클릭합니다.

❸ '서식'을 클릭한 후 'a, b, c, …'를 선택합니다.

❹ [확인] 버튼을 클릭합니다.

❺ [확인] 버튼을 클릭합니다.

4 1페이지 제목에 있는 '한국관광공사'에 '각주 : 강원도 원주시 세계로'를, 미주에 '한국관광공사 : www.visitkorea.or.kr'을 삽입하시오.

❶ 1페이지 제목의 '한국관광공사'를 선택한 후 [참조] 탭→[캡션] 그룹→[각주 삽입]을 클릭합니다.

❷ '강원도 원주시 세계로'를 입력합니다.

❸ [참조] 탭→[캡션] 그룹→[미주 삽입]을 클릭합니다.

❹ '한국관광공사 : www.visitkorea.or.kr'을 입력합니다.

⑤ 문서에 있는 모든 각주를 미주로 교환하시오.

❶ [참조] 탭→[각주] 그룹→[자세히]→[변환]→[모든 각주를 미주로 변환]을 선택한 후 [확인] 버튼을 클릭합니다.

❷ [닫기] 버튼을 클릭합니다.

⑥ 1페이지에 다음과 같은 목차를 삽입하시오.

서식	수준 표시
장식형	2

❶ [참조] 탭→[목차] 그룹→[목차]→[사용자 지정 목차]를 선택합니다.

❷ '서식 : 장식형, 수준 표시 : 2'로 설정한 후 [확인] 버튼을 클릭합니다.

⑦ '한가위'라는 색인 항목을 표시하시오.

❶ '한가위'를 선택한 후 [참조] 탭→[색인] 그룹→[항목 표시]를 클릭합니다.

❷ [표시]를 클릭합니다.

⑧ 문서의 마지막에 다음과 같은 색인을 삽입하시오.

서식	단 개수
꾸밈형	3

❶ 문서의 마지막 단락에 커서를 이동한 후 [참조] 탭→[색인] 그룹→[색인 삽입]을 클릭합니다.

❷ '서식 : 꾸밈형, 단 개수 : 3'으로 설정한 후 [확인] 버튼을 클릭합니다.

9 5페이지 3줄에 있는 '전주전통문화센터'에 책갈피(전주전통문화센터)를 삽입하시오.

❶ [삽입] 탭→[링크]→[책갈피]를 클릭합니다.

❷ '책갈피 이름 : 전주전통문화센터'를 입력한 후 〈추가〉를 클릭합니다.

10 1페이지의 마지막 이미지에 책갈피(전주전통문화센터)를 상호 참조하시오.

❶ [삽입] 탭→[링크]→[상호 참조]를 클릭합니다.

❷ '참조할 대상 : 책갈피, 사용할 책갈피 : 전주전통문화센터'를 선택한 후 〈삽입〉을 클릭합니다.

Section 03 생산성 향상

1 필드 사용

1-1 필드 삽입/삭제

필드는 표의 수식이나 편지 병합과 같은 양식 문서 등에 삽입되는 개체 틀로, 자동 업데이트 및 자동으로 변경될 수 있는 대상일 경우 사용하게 됩니다. 또한 필드를 이용하여 저자, 파일명, 경로, 파일 크기, 채우기 등으로 사용될 수 있습니다.

[삽입] 탭→[텍스트] 그룹→[빠른 문서 요소 탐색]→[필드]

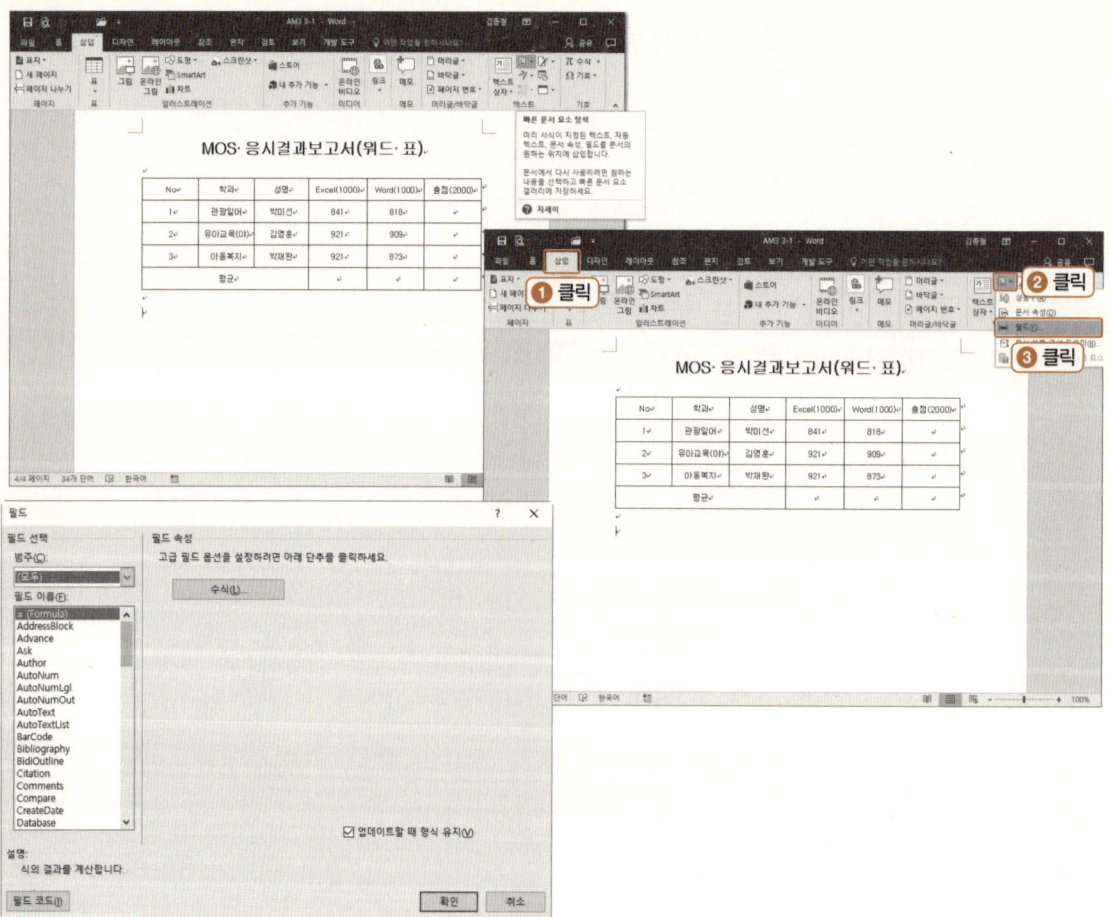

1-2 표에 합계 수식 필드 코드 삽입

필드는 특히 표에서 유용하게 사용할 수 있습니다. 엑셀과 유사한 수식을 이용하여 표의 수치값에 대한 합계, 평균, 최대값 등을 계산할 수 있으며, 숫자 형식 및 함수 마법사 사용이 가능합니다.

[삽입] 탭→[텍스트] 그룹→[빠른 문서 요소]→[필드]→[수식]

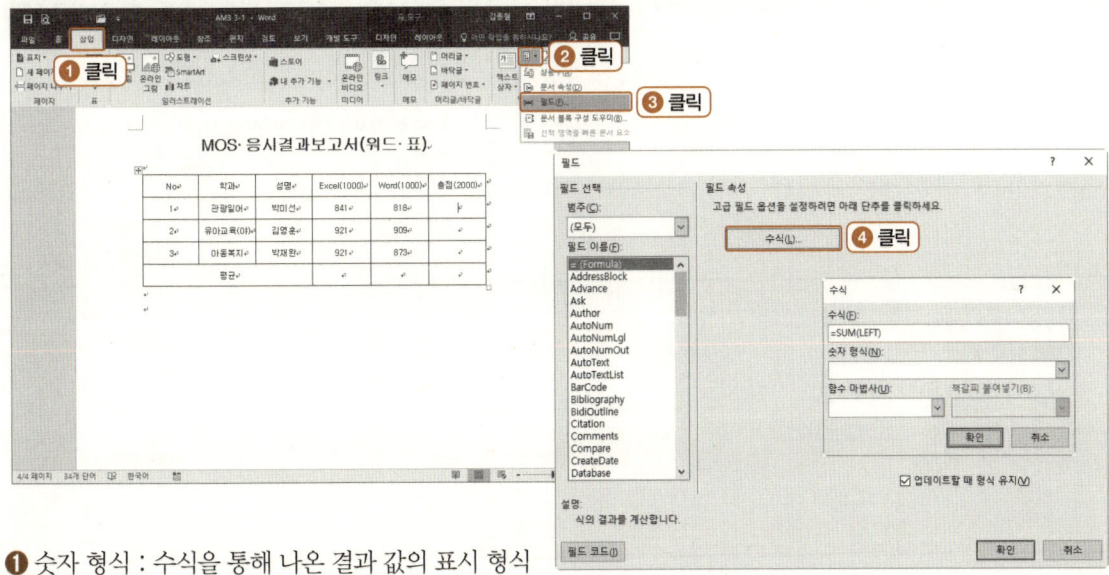

❶ 숫자 형식 : 수식을 통해 나온 결과 값의 표시 형식

❷ 함수 마법사 : 사용할 함수를 목록에서 선택

1-3 필드 번호 서식 변경

삽입된 필드에서 번호의 표시 형식 및 다른 함수로 변경할 경우 필드 편집 기능을 통해 가능합니다. 편집할 필드를 마우스 오른쪽 단추를 클릭한 후 '필드 편집'을 선택하거나 Alt + F9 를 눌러 필드 코드로 표시하여 변경합니다. 이때 숫자 형식에 사용되는 스위치는 'W# 표시형식'이 사용됩니다. (Alt + F9)

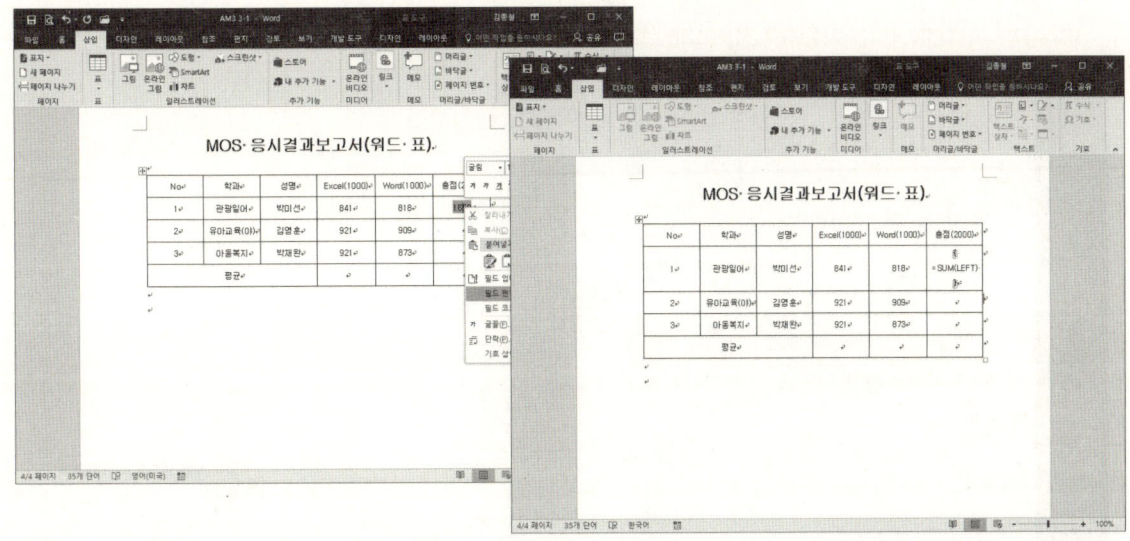

1-4 필드 잠금, 잠금 해제, 업데이트

필드의 서식 및 코드 형식을 변경하더라도 바로 반영되지는 않습니다. 이는 업데이트를 통해 변경사항을 적용하며, 반대로 필드의 잠금 설정을 통해 필드 코드 수정 및 업데이트를 제한할 수 있습니다.

❶ 필드 업데이트 : F9 또는 마우스 오른쪽
  단추를 클릭한 후 '필드 업데이트' 선택

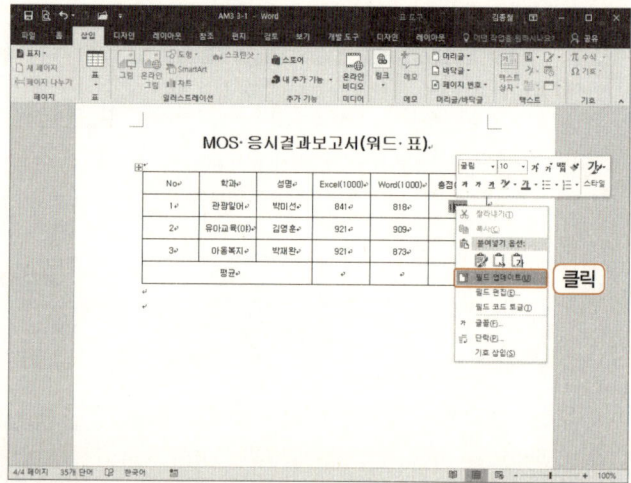

멘토의 한 수
- 필드 잠금 : Ctrl + Shift + F11
- 필드 잠금 해제 : Ctrl + Shift + F11

2 폼, 서식 파일

2-1 폼 필드 옵션을 사용한 폼 생성 및 수정

서식 파일을 이용하여 폼 문서를 작성하고 이에 확인란, 텍스트 상자, 날짜 선택 등의 컨트롤을 추가할 수 있습니다. 폼 문서의 다양한 컨트롤을 추가하기 위해서는 우선 [개발 도구] 탭을 표시해야 합니다.

❶ [개발 도구] 탭 표시 : 기본 설정에서는 [개발 도구] 탭이 표시되지 않으므로 옵션을 이용하여 [개발 도구] 탭
  을 먼저 표시해야 합니다.

  [파일] 탭→[옵션]→[리본 사용자 지정]→[개발 도구] 체크)

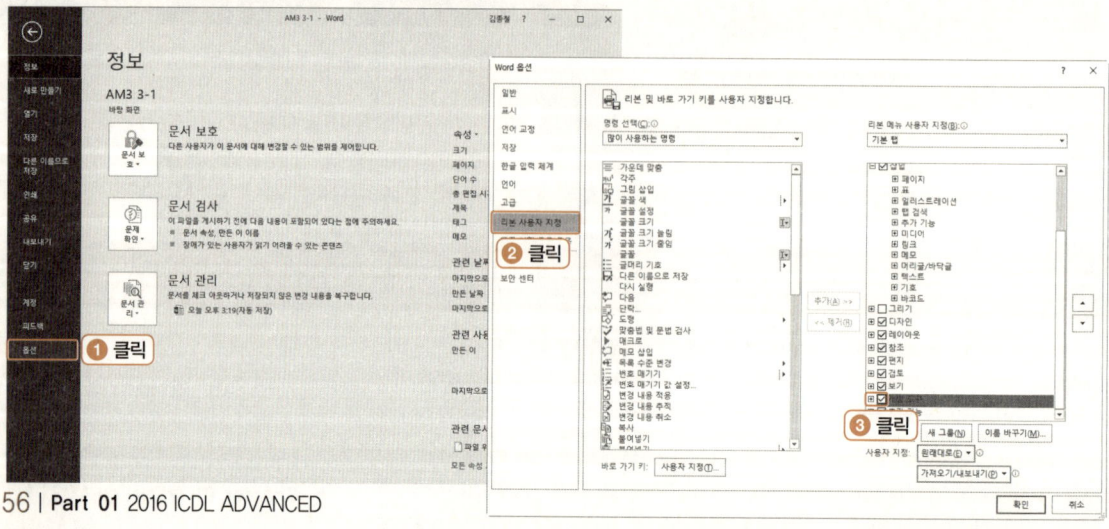

❷ 컨트롤 삽입 : 이전 양식 컨트롤 중 폼의 형
식에 맞는 컨트롤을 선택하여 커서가 위치
한 곳에 삽입합니다.

[개발 도구] 탭→[컨트롤]→[이전 도구]

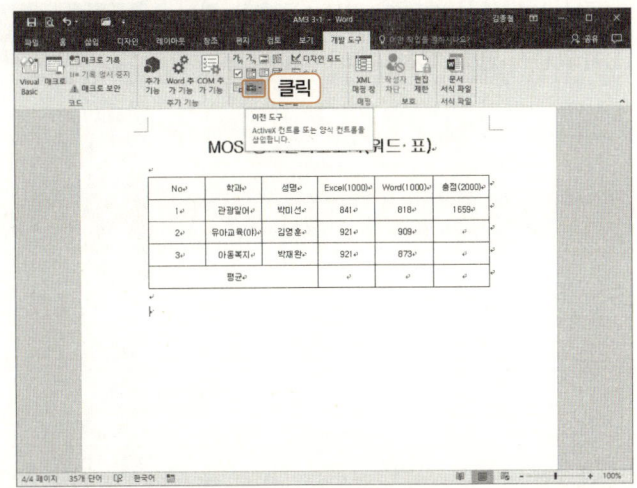

– 텍스트 양식 필드 : 텍스트, 숫자, 날짜
등의 입력 형식을 선택하여 길이 제한
가능

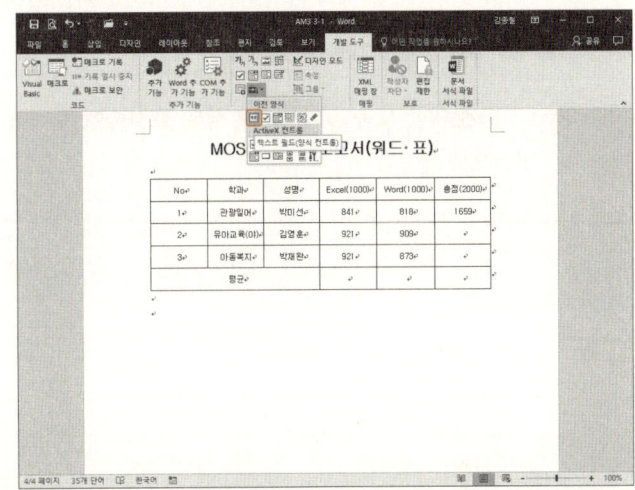

– 확인란 양식 필드 : 선택 및 선택하지 않
은 상태 설정

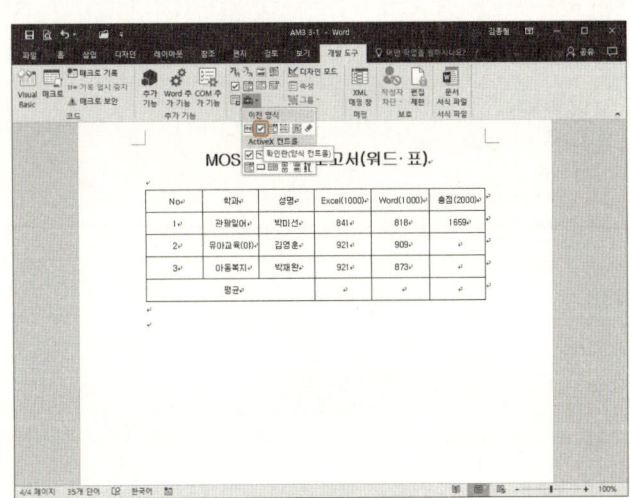

– 콤보 상자(양식 컨트롤) 필드 : 목록을 생성
하고 순서 변경 가능

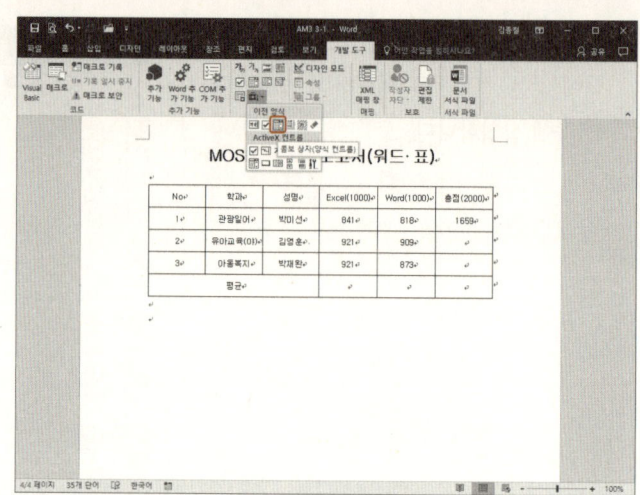

2-2 폼 필드에 도움말 추가

해당 양식 필드에 대한 도움말 기능으로 상태 표시줄에 표시하거나 도움말
대화상자 형식으로 제공합니다.

[필드 더블 클릭]→[도움말 추가]

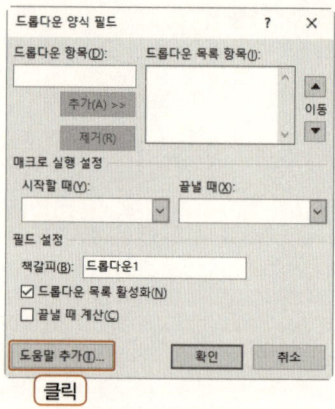

❶ [상태 표시줄] 탭 : 워드 프로그램 하단의 상태
표시줄에 내용 표시

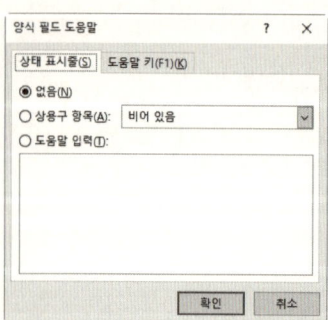

❷ [도움말 키] 탭 : F1 키를 누르면 해당 설명을
도움말 대화상자로 표시

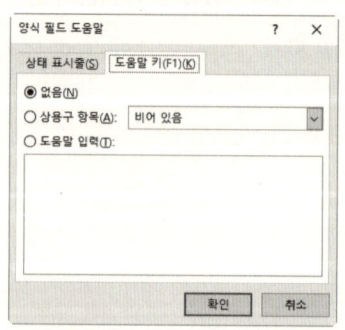

2-3 폼 보호/해제

폼 보호 중인 상태에서 보호 중지를 실행하고 설정한 암호를 입력하여 해제합니다.

[개발 도구] 탭→[보호] 그룹→[편집 제한]

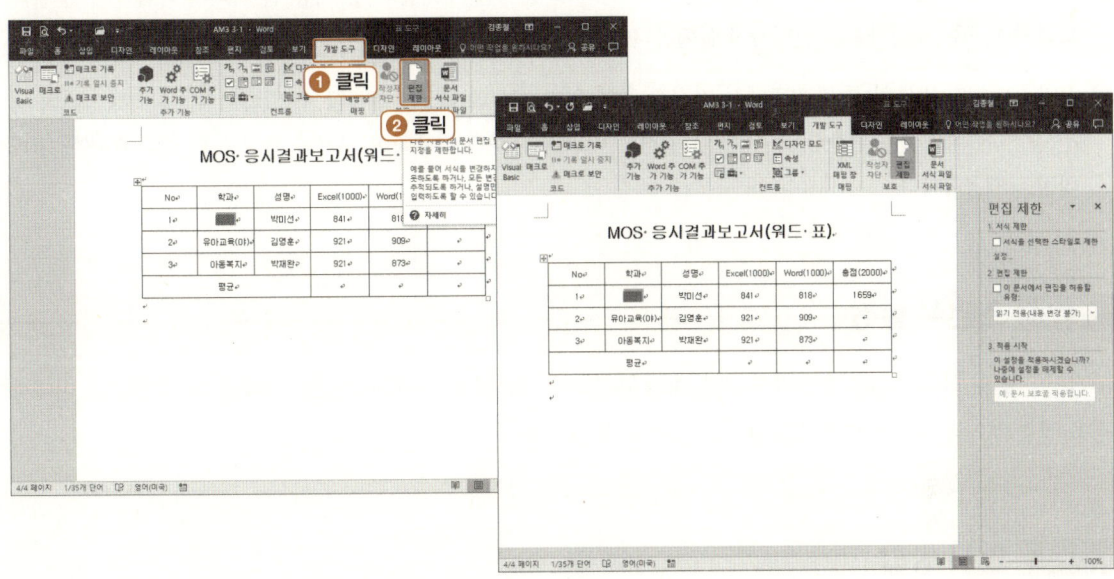

3 편지 병합

3-1 데이터 원본

편지 병합으로 연결된 데이터 원본은 워드, 엑셀, 주소록 등을 활용할 수 있으며, 원본 내용 중 특정 레코드 값을 필터하거나 정렬하는 기능을 제공합니다.

[편지] 탭→[편지 병합 시작] 그룹→[받는 사람 목록 편집]

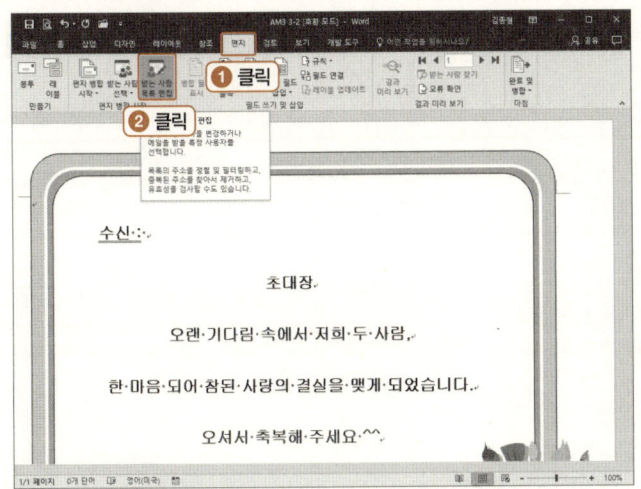

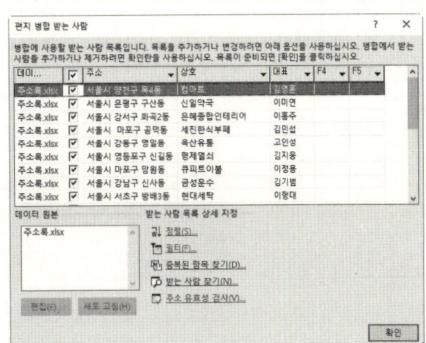

❶ 데이터 원본 편집 : 편지 병합으로 포함된 데이터 원본은 해당 프로그램을 열지 않고도 원본 내용을 편집할 수 있습니다. [편지 병합 받는 사람] 대화상자의 데이터 원본에서 [편집] 버튼을 클릭하면 워드 프로그램 안에서의 편집 기능을 제공합니다.

❷ 정렬 : 데이터 원본에서 특정 필드를 기준으로 레코드 순서를 재배열하며, 해당 열 머리의 목록 단추를 눌러 오름차순 또는 내림차순을 선택하여 실행합니다.

❸ 필터 : 데이터 원본의 특정 필드에서 지정한 값에 일치하는 레코드만 추출할 수 있습니다. 문자 데이터의 경우 같거나 다른 것을 추출하고, 수치 값의 경우 비교 연산자를 이용하여 크거나 작고 등의 범위에 대한 필터 설정을 제공합니다.

3-2 조건식 설정

조건식을 통해 데이터 원본에서 원본 값에 대한 규칙을 지정하여 다른 결과 값으로 표시할 수 있습니다. 이러한 경우 직접 데이터 원본을 편집하는 불편을 없앨 수 있습니다.

3-3 편지 병합

데이터 원본의 설정이 완료되면 편지 병합을 진행합니다. 편지 병합 완료 작업은 새 문서로 병합하거나 바로 프린터로 출력이 가능합니다. 또한 레코드 범위를 설정하여 새 문서 또는 프린터로 설정한 영역 또는 모든 레코드를 설정하여 인쇄합니다.

[편지] 탭→[마침] 그룹→[완료 및 병합]

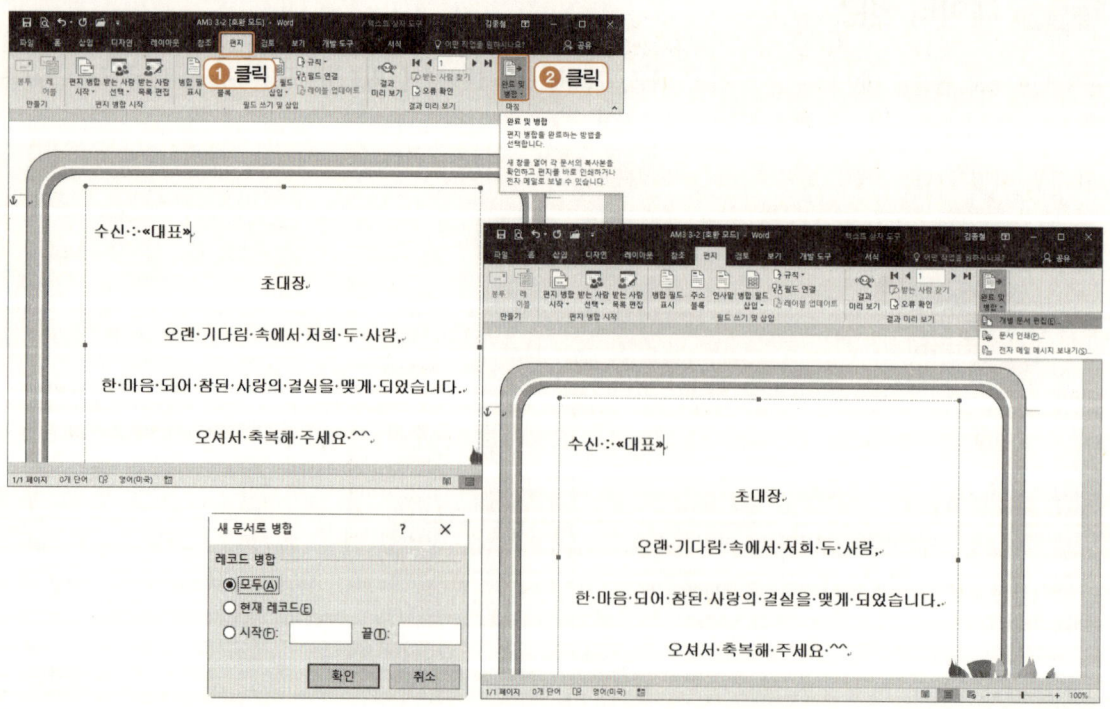

4 개체 연결 및 포함

4-1 하이퍼링크

문서 내용 중 텍스트, 그림, 도형 등의 개체에 하이퍼링크 설정을 통해 다른 페이지 또는 다른 파일을 연결할 수 있습니다. 이때 Ctrl 을 누른 상태에서 해당 텍스트 또는 개체를 클릭해야 이동됩니다.

❶ 하이퍼링크 삽입 : 하이퍼링크를 연결할 텍스트 및 개체를 선택한 후 연결 대상 설정

[삽입] 탭→[링크]→[하이퍼링크]

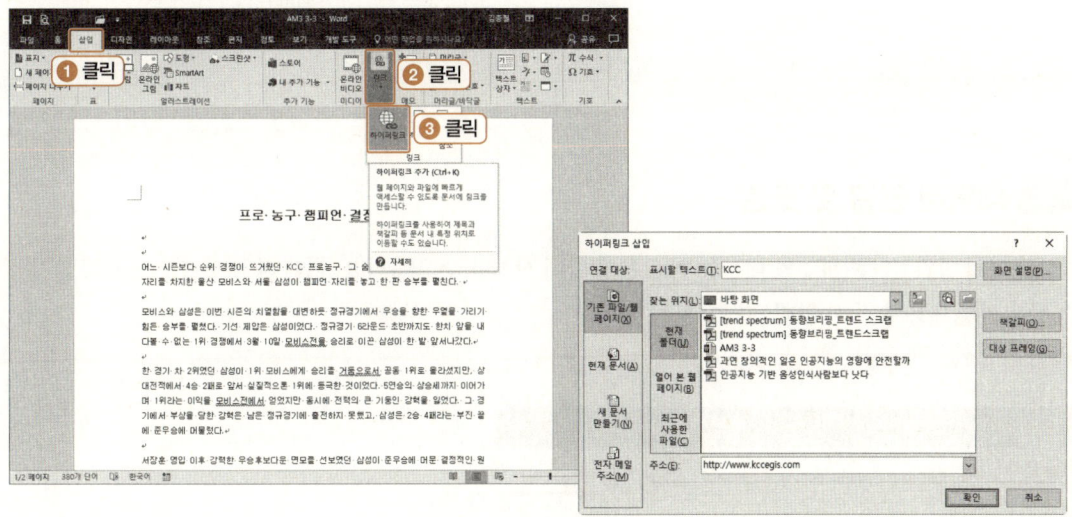

❷ 하이퍼링크 편집 : 설정된 하이퍼링크 편집

마우스 오른쪽 단추 클릭 후 [하이퍼링크 편집]

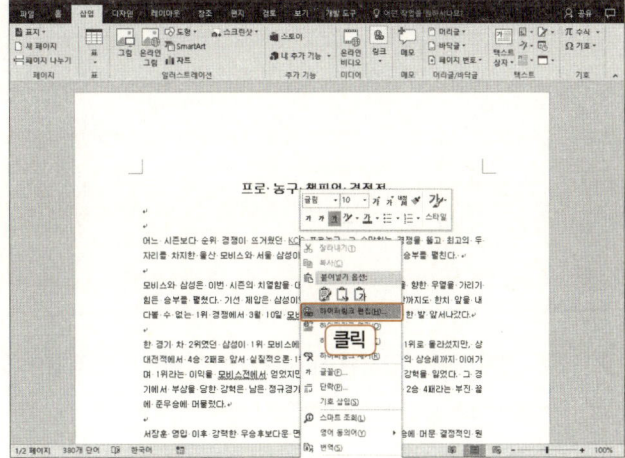

❸ 하이퍼링크 삭제 : 설정된 하이퍼링크 제거

마우스 오른쪽 단추 클릭 후 [하이퍼링크 제거]

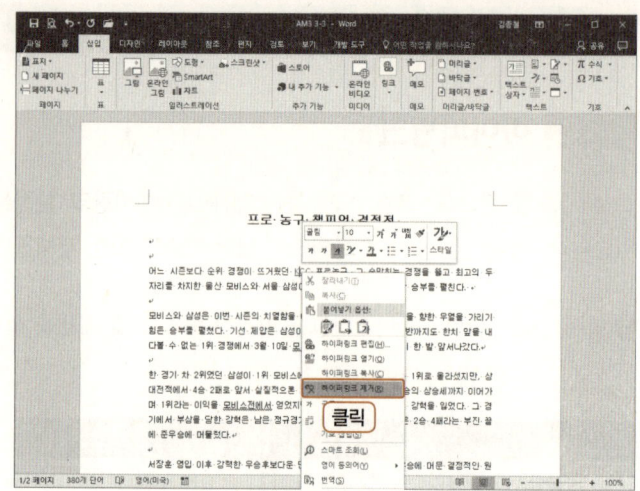

4-2 데이터 연결 및 포함

❶ 연결된 파일 삽입 : 다른 파일의 내용을 워드 문서 안에 삽입할 수 있습니다. 이때 파일 연결 기능으로 삽입하면 원본 파일 내용 수정 시 함께 업데이트 됩니다.

[삽입] 탭→[텍스트] 그룹→[개체]→[개체]→[파일에 연결] 체크

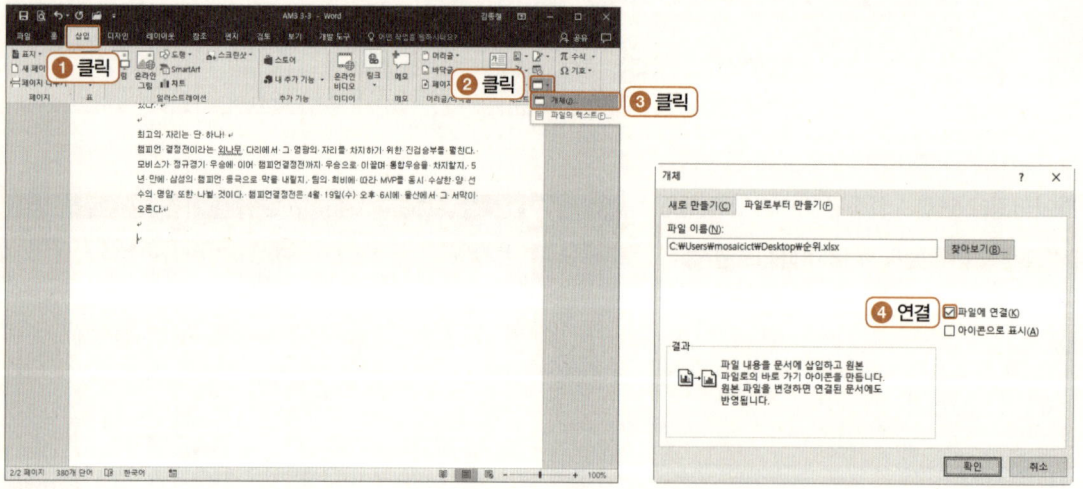

❷ 연결된 개체 해제 : 연결된 파일은 자동 업데이트의 장점이 있으나 불필요한 경우 연결을 끊을 수 있습니다.

마우스 오른쪽 단추 클릭 후 [연결된 문서 개체]→[연결]

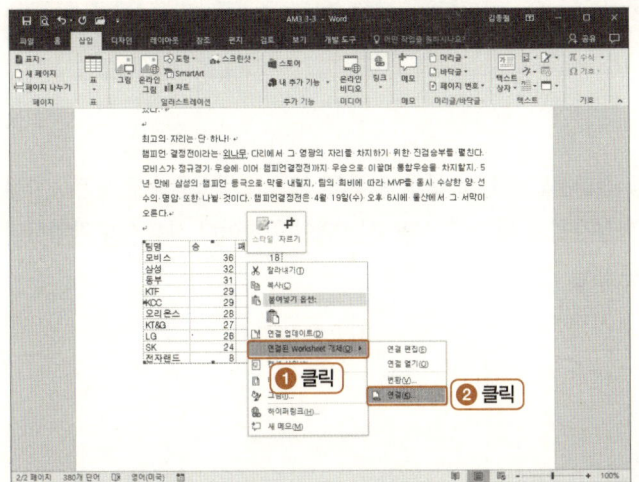
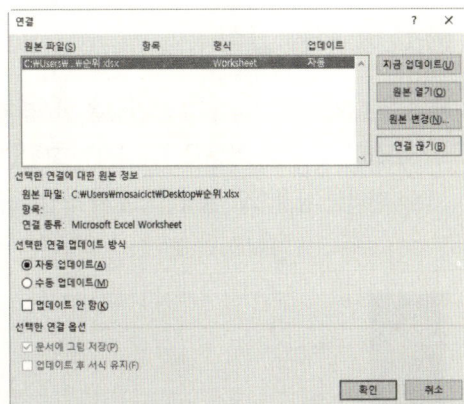

❸ 문서에 개체 포함 : 연결하지 않고 삽입한 파일은 문서에 개체 형식으로 포함되어 삽입됩니다. 따라서 원본 문서의 내용이 수정되더라도 함께 업데이트되지 않습니다.

마우스 오른쪽 단추 클릭 후 [워크시트 개체]→ [변환]

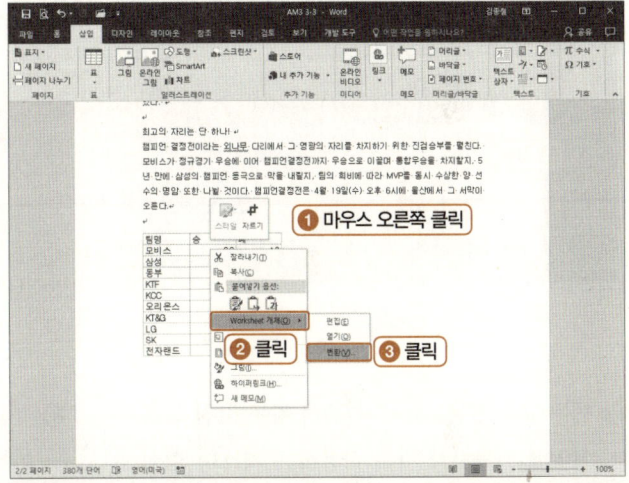

❹ 포함된 개체 편집 : 포함된 개체를 편집하기 위해서는 마우스 오른쪽 버튼을 클릭한 후 개체 편집을 실행하거나 더블 클릭하여 편집 상태로 전환합니다. 이때 편집 기능은 해당 프로그램 창으로 전환되어 동일한 프로그램의 기능을 제공합니다.

마우스 오른쪽 단추 클릭 후 [워크시트 개체]→[편집]

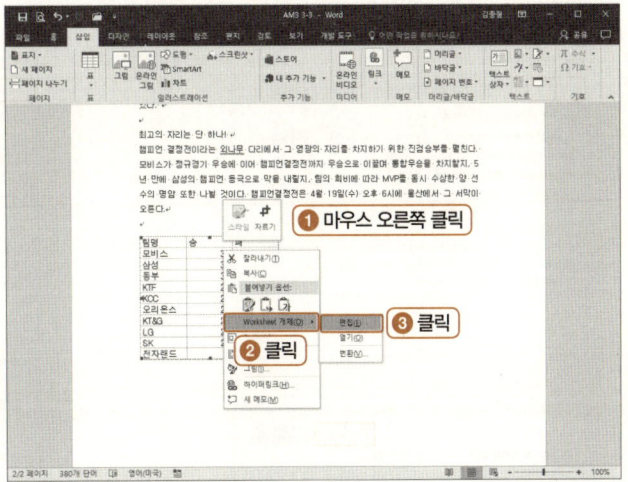

5-1 자동 고침

❶ 자동 고침 옵션 : 자동 고침 기능은 한/영 자동 전환뿐만 아니라 문법 오류 및 영문의 대소문자 변환 기능까지 제공하는 편리한 기능입니다. [자동 고침] 대화상자를 통해 자주 사용하는 단어 등록이나 사용자가 작업하기에 편리한 환경으로 설정함으로써 작업 효율을 높일 수 있습니다.

[파일] 탭→[옵션]→[언어 교정]→[자동 고침 옵션]

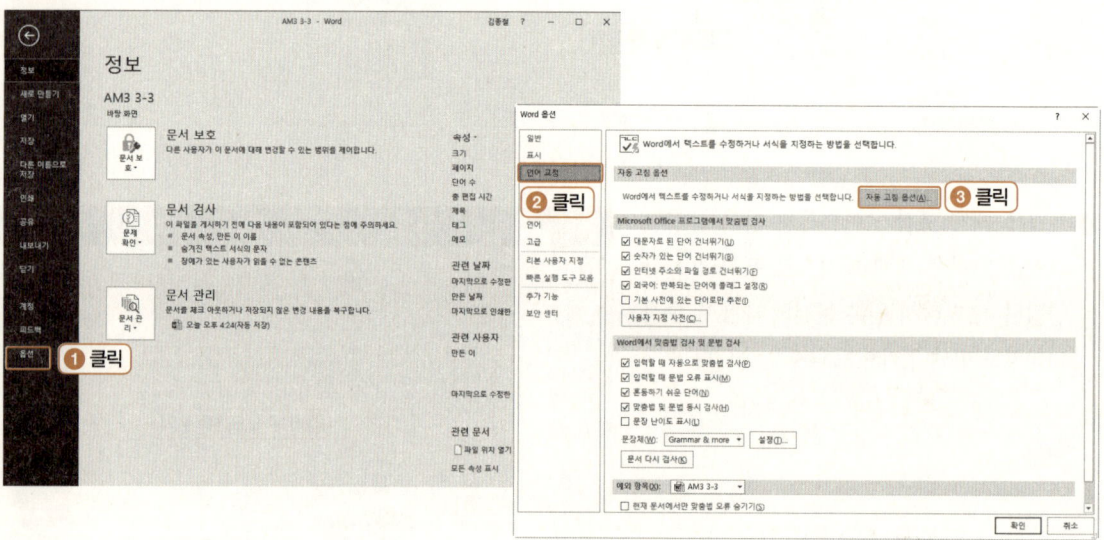

❷ 자동 고침 항목 추가 : 기존의 자동 고침 목록 이외에 사용자가 자주 사용하는 기호나 형식을 미리 추가하여 사용

[파일] 탭→[옵션]→[언어 교정]→[자동 고침 옵션]

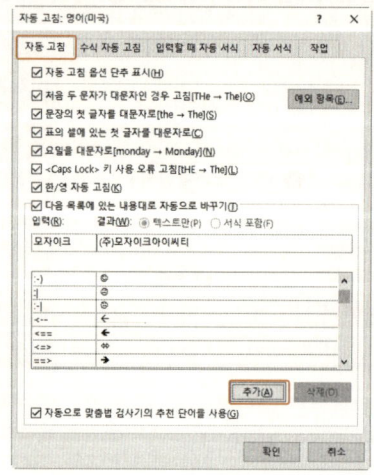

❸ 자동 고침 항목 삭제 : 사용자가 등록하거나 기존 목록에 대해 불필요한 경우 선택하여 직접 삭제

[파일] 탭→[옵션]→[언어 교정]→[자동 고침 옵션]

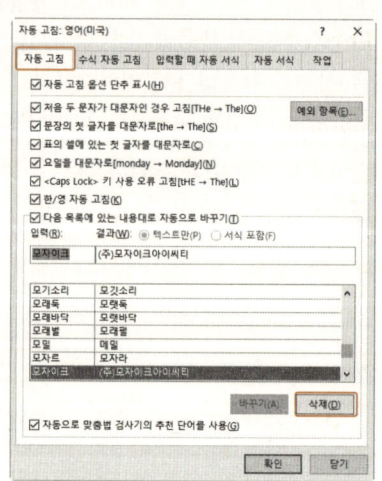

5-2 매크로

매크로는 자주 사용하는 반복 기능에 대해 단축키나 명령 단추로 바로 실행하는 자동화 기능입니다. 매크로는 실제 VBA 프로그래밍 되어 작성되며, 워드 프로그램에 내장된 VBE를 통해 편집 기능도 제공합니다.

❶ 매크로 기록 : 매크로의 기록이 시작되면 커서의 이동 및 모든 실행 기능이 기록됩니다. 따라서 매크로 기록 전 매크로의 이름 및 저장 위치를 결정하고 해당 기능에 꼭 필요한 작업만 실시합니다.

[개발 도구] 탭→[코드] 그룹→[매크로 기록]

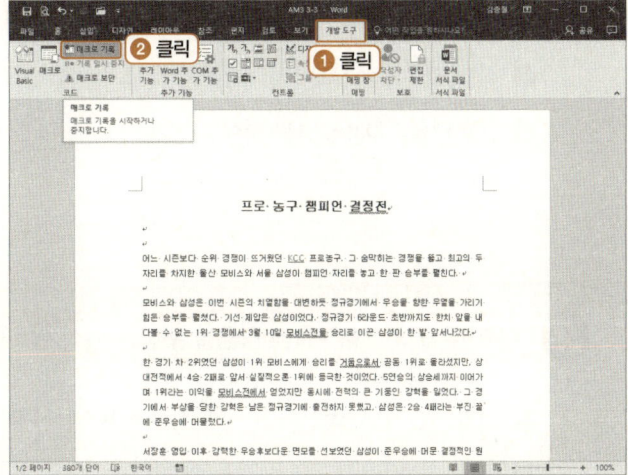

❷ 매크로 단추 : 매크로 기록 시 매크로 단추를 선택하여 빠른 실행 도구 모음의 단추로 매크로 단추를 추가할 수 있습니다. 이렇게 삽입된 단추는 프로그램 상단에 빠른 실행 도구 모음으로 표시되므로 언제든지 바로 매크로를 실행할 수 있는 장점을 가집니다.

[개발 도구] 탭→[코드] 그룹→[매크로 기록]→[단추]

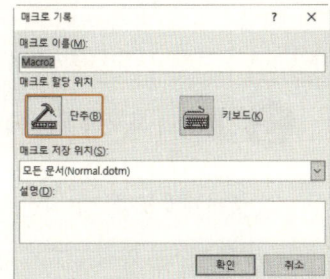

◉ 예제: C:\ICDL2016A\AM3 e3-1.docx

① 4페이지의 2줄에 '날짜(yyyy-mm-dd)' 필드를 삽입하시오.

❶ [삽입] 탭→[텍스트] 그룹→[빠른 문서 요소 탐색]→[필드]를 클릭합니다.
❷ '필드 이름 : Date, 날짜 형식 : yyyy-mm-dd'를 선택한 후 [확인] 버튼을 클릭합니다.

② 4페이지 표의 5행 4열에 평균을 구하는 수식 필드를 삽입하시오.

❶ [삽입] 탭→[텍스트] 그룹→[빠른 문서 요소]→[필드]→[수식]을 클릭합니다.
❷ '수식 : =AVERAGE(ABOVE)'를 입력한 후 [확인] 버튼을 클릭합니다.

③ 문서의 마지막 문단에 텍스트 양식 필드를 삽입하시오.

❶ [개발 도구] 탭→[컨트롤]→[이전 도구]→[이전 양식]→[텍스트 필드(양식 컨트롤)]를 클릭합니다.
❷ 텍스트 양식 필드가 삽입됩니다.

④ 3번 문제에서 삽입한 텍스트 양식 필드에 도움말(작성자를 입력하세요)을 삽입하시오.

❶ 텍스트 양식 필드를 더블 클릭합니다.
❷ '도움말 추가'를 클릭합니다.
❸ '도움말 입력 : 작성자를 입력하세요'를 입력한 후 [확인] 버튼을 클릭합니다.
❹ [확인] 버튼을 클릭합니다.

◉ 예제 : C:\CDL2016A\AM3 e3-2.docx

⑤ 문서를 편지로 설정하시오.

❶ [편지] 탭→[편지 병합 시작] 그룹→[편지 병합 시작]→[편지]를 선택합니다.

❷ 문서 종류가 '편지'로 변경됩니다.

◉ 예제 : C:\CDL2016A\AM3 e3-3.docx

⑥ 제목에 있는 '프로 농구'를 클릭하면 'www.kbl.or.kr'로 이동되도록 하이퍼링크를 설정하시오.

❶ 제목에 있는 '프로 농구'를 선택한 후 [삽입] 탭→[링크]→[하이퍼링크]를 선택합니다.

❷ '주소 : www.kbl.or.kr'을 입력한 후 [확인] 버튼을 클릭합니다.

⑦ 문서의 마지막에 '엑셀 파일(순위)'을 연결하여 삽입하시오.

❶ [삽입] 탭→[텍스트] 그룹→[개체]→[개체]를 클릭합니다.

❷ [파일로부터 만들기] 탭을 클릭한 후 '찾아보기'를 클릭합니다.

❸ '엑셀 파일(순위)'을 지정한 후 [열기] 버튼을 클릭합니다.

❹ '파일에 연결'을 체크 표시한 후 [확인] 버튼을 클릭합니다.

⑧ 글자를 '굵게, 기울임꼴'로 변경되는 매크로(글자변경)를 삽입하시오.

❶ [개발 도구] 탭→[코드] 그룹→[매크로 기록]을 클릭합니다.

❷ '매크로 이름 : 글자변경'을 입력한 후 [확인] 버튼을 클릭합니다.

❸ [홈] 탭→[글꼴] 그룹→[굵게, 기울임꼴]을 클릭합니다.

❹ [개발 도구] 탭→[코드] 그룹→[기록 중지]를 클릭합니다.

Section **04** 공동 문서 편집

1 변경 내용 추적 및 검토

1-1 변경 내용 추적

변경 내용 추적 기능 설정을 통해 문서의 삽입, 삭제, 편집 등의 내용을 표시할 수 있습니다. 특히 공유된 문서이거나 여러 검토자를 통해 문서를 지시하거나 검토를 받는 경우 변경 내용 적용 및 취소 기능을 통해 적용 여부를 선택할 수 있는 기능을 제공합니다.

❶ 변경 내용 추적 : 변경 내용 추적 기능 실행 전 변경사항에 대한 표시 방법 및 사용자 이름 변경 등의 정보를 확인한 후 변경 내용 추적 기능을 실행합니다.

[검토] 탭→[추적] 그룹→[변경 내용 추적]→[변경 내용 추적]

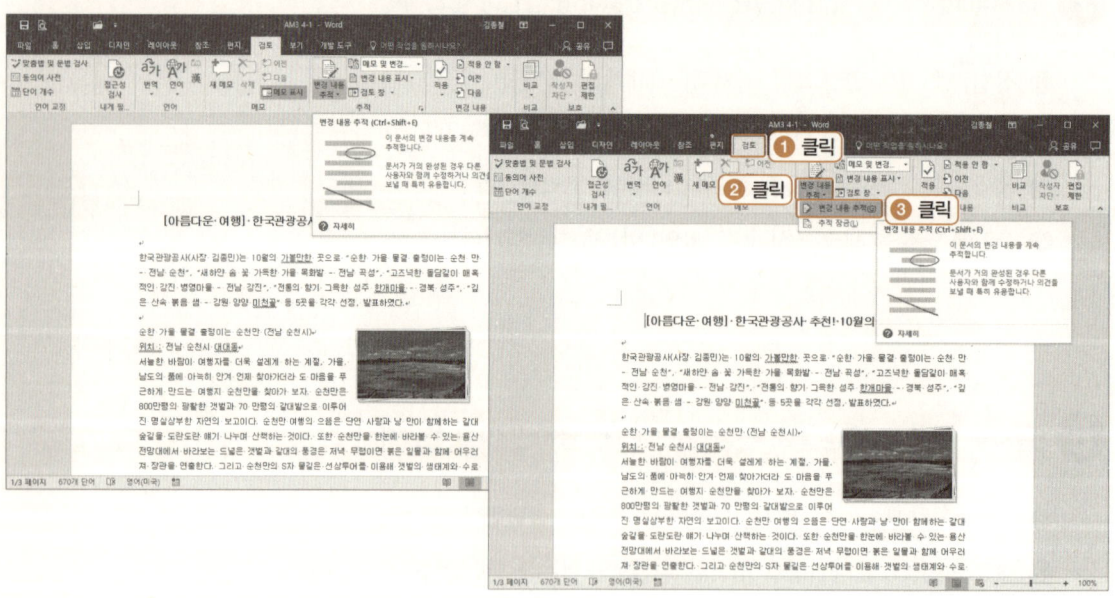

❷ 변경 내용 작용 및 취소 : 변경 내용 추적 기능을 통해 표시된 내용은 검색하고 사용자의 선택에 따라 적용하거나 취소가 가능합니다. 또한 사용자는 문서에서 검색된 내용만 적용할 것인지 또는 문서의 모든 내용을 적용할 것인지에 대한 기능을 실행합니다.

[검토] 탭→[변경 내용] 그룹→[적용]

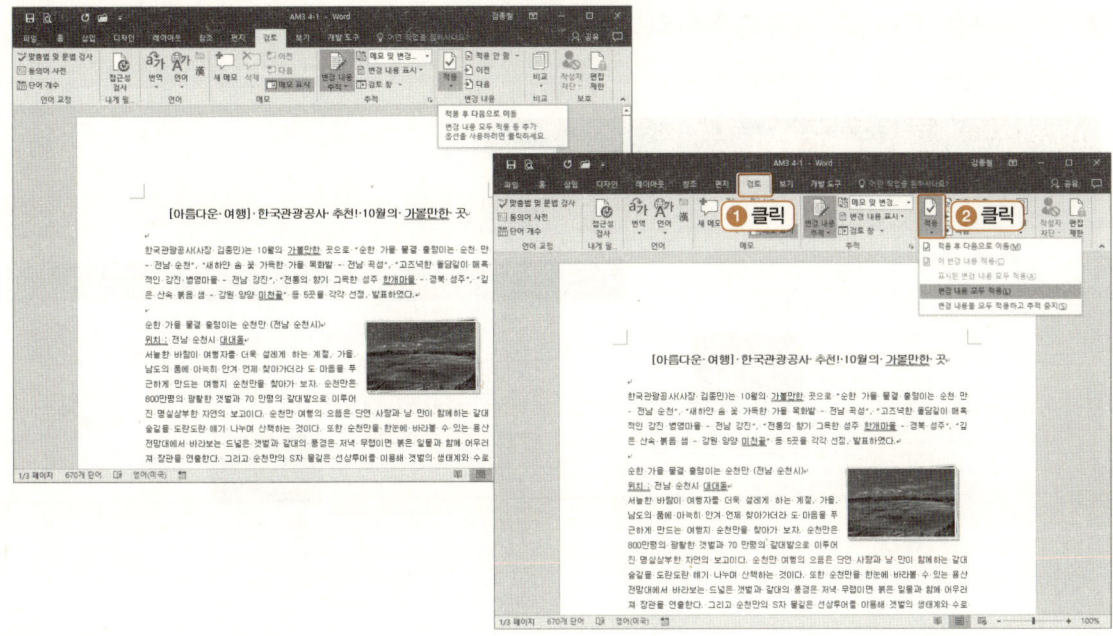

1-2 메모

변경 내용 추적 기능은 특정 사용자가 직접 문서의 내용을 편집한다면 메모는 검토자가 지시사항을 표기한다는 차이점을 보입니다. 또한 메모에 사용자 이름이 표시되어 메모의 이름을 통해 지시를 내린 검토자가 누구인지의 확인이 가능합니다.

❶ 메모 삽입 : 메모를 삽입할 영역 및 텍스트 뒤에 커서를 위치한 후 삽입

[검토] 탭→[메모] 그룹→[새 메모]

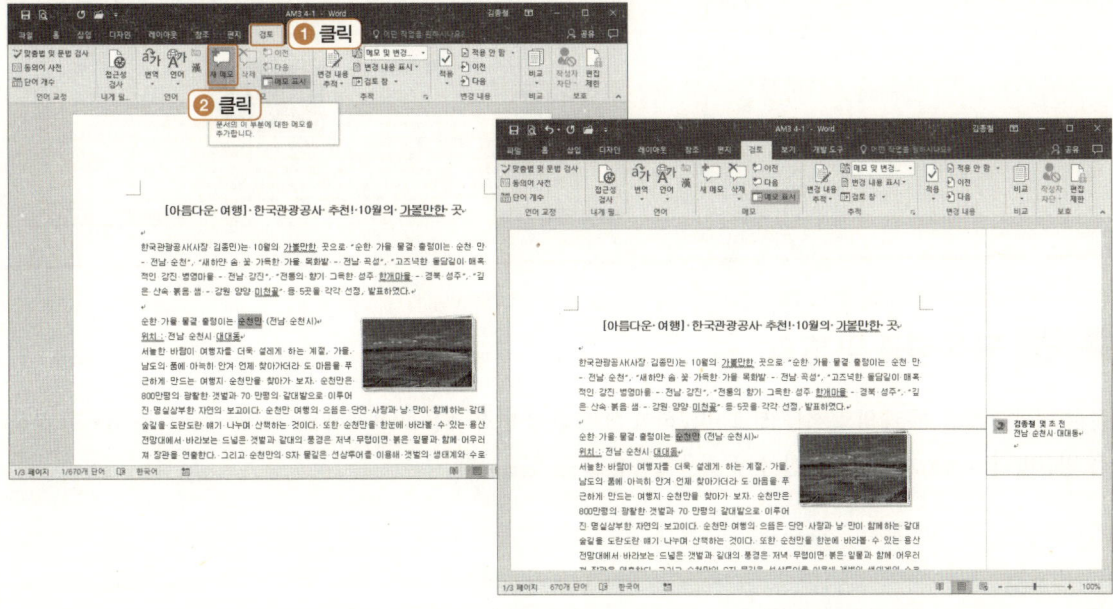

❷ 이동 및 편집 : 이전과 다음 단추를 통해 메모를 이동하며, 직접 내용 수정

[검토] 탭→[메모] 그룹→[이전]/[다음]

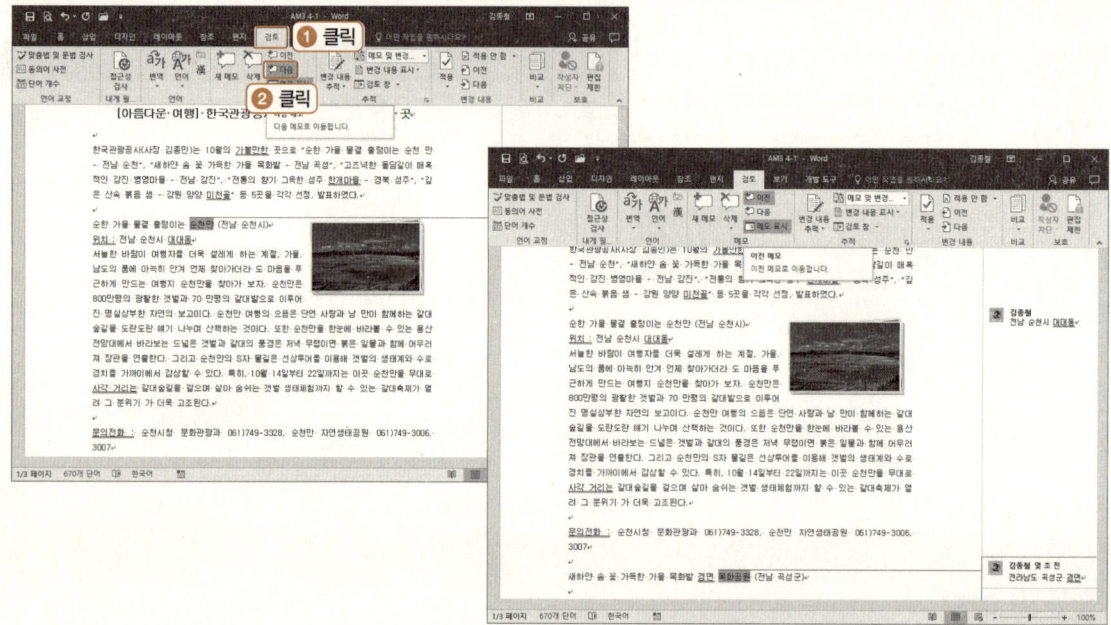

❸ 메모 삭제 : 이동을 통해 검색한 메모 또는
메모 삭제

[검토] 탭→[메모] 그룹→[삭제]

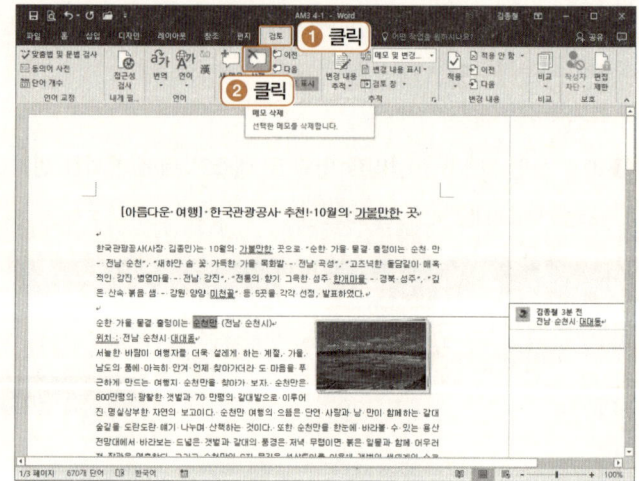

1-3 문서 비교 및 병합

문서 비교 기능은 두 개의 문서를 서로 비교하여 상호 간의 변경 내용을 표시하고, 이 중 사용자는 필요한 부분을 병합하여 적용하거나 불필요한 경우 적용하지 않을 수 있습니다.

❶ 문서 비교 : 원본 문서와 수정한 문서를 설정하며, 두 문서가 열리지 않은 상태인 경우 직접 해당 문서를 연결할 수 있습니다.

[검토] 탭→[비교] 그룹→[비교]→[비교]

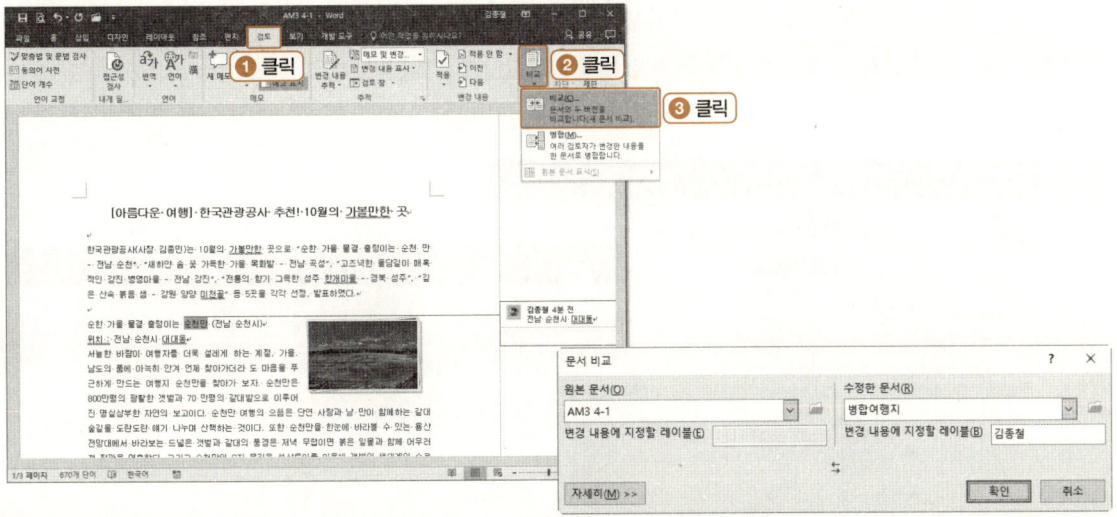

❷ 문서 병합 : 문서를 상호 비교하지 않고 병합하는 기능으로, 병합을 시도할 문서를 선택한 후 병합 결과를 표시합니다.

[검토] 탭→[비교] 그룹→[비교]→[병합]

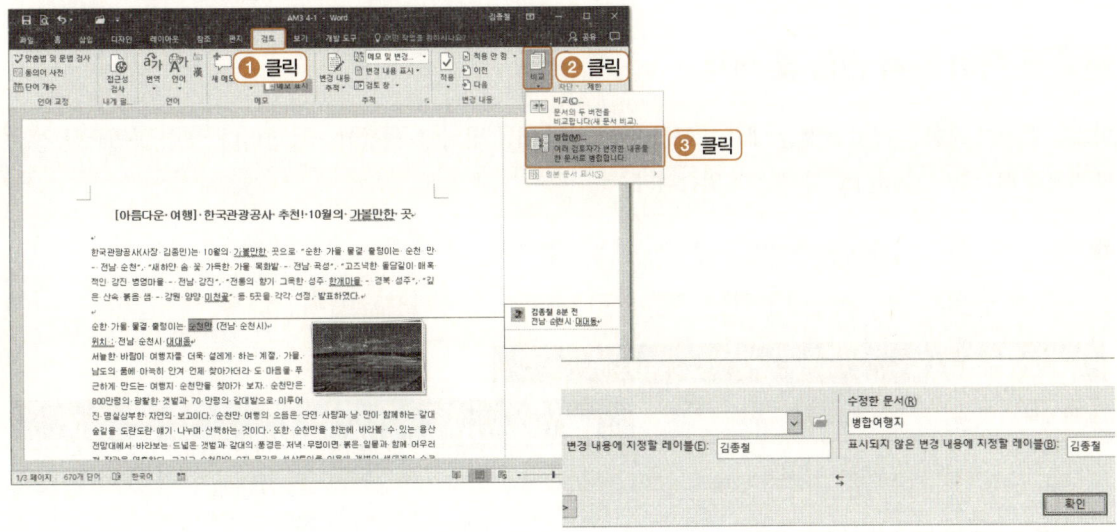

2 마스터 문서 활용

2-1 하위 문서 삽입

하위 문서는 마스터 문서에 포함되는 각각의 개별 문서를 의미하며, 하위 문서는 마스터 문서의 스타일 및 서식이 반영됩니다. 하위 문서는 '개요 보기'를 통해 만들거나 삽입이 가능합니다.

[보기] 탭→[보기] 그룹→[개요], [개요] 탭→[마스터 문서] 그룹→[삽입]

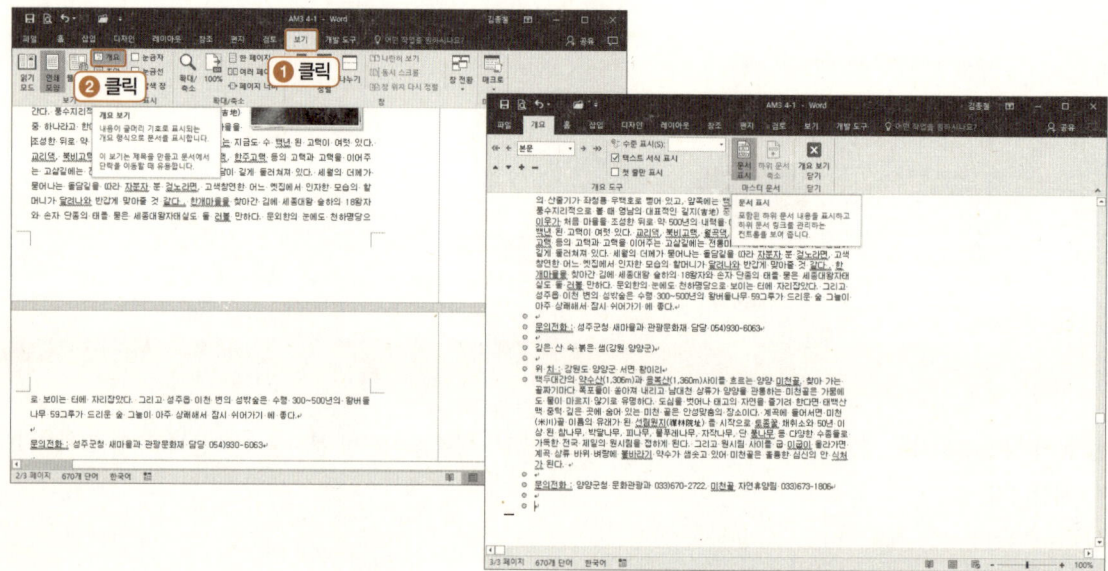

2-2 하위 문서 편집 및 삭제

마스터 문서에 포함된 하위 문서는 개요 도구를 통해 위치 이동 및 수준 설정이 가능합니다. 또한 불필요한 경우 섹션별로 선택하여 Delete 로 삭제할 수 있습니다.

❶ 하위 문서 이동 : 섹션(하위 문서)별로 문서의 위치 변경 가능

[개요] 탭→[개요 도구] 그룹→[위로 이동/아래로 이동]

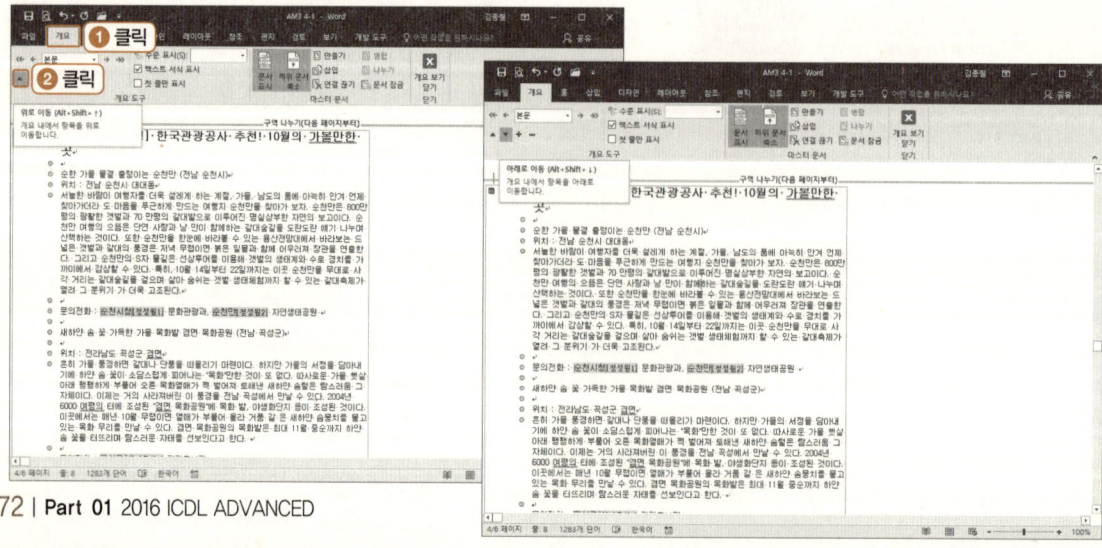

❷ 하위 문서 삭제 : 확장 단추를 눌러 섹션(하위 문서)으로 삭제 가능

[개요] 탭→[마스터 문서] 그룹→[하위 문서 확장/축소]

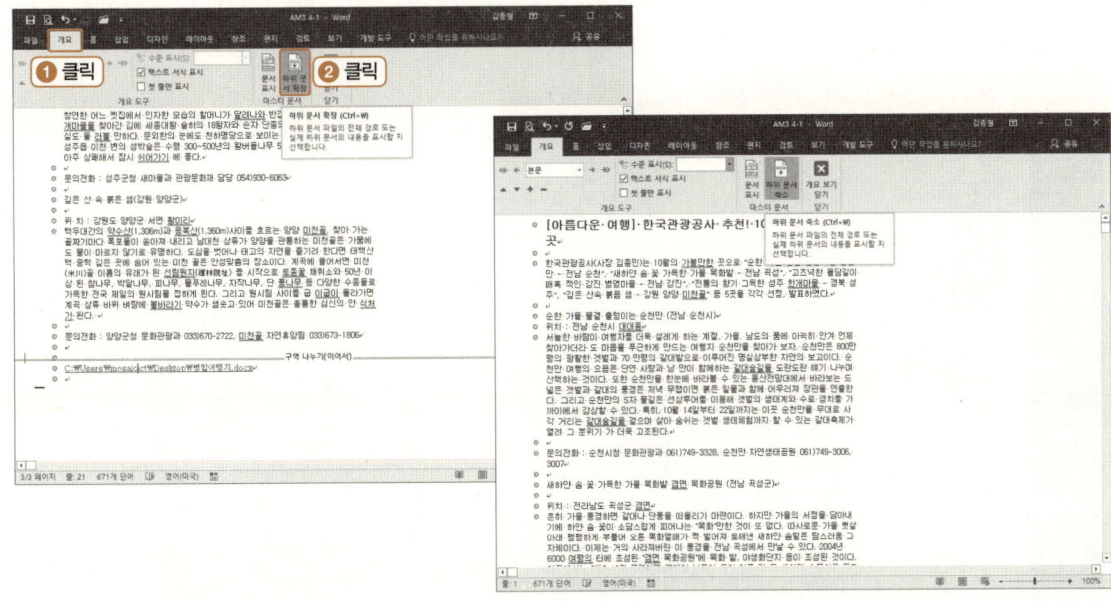

3 문서 보완

3-1 암호 설정

문서의 내용을 보호하기 위한 편집 제한 기능 이외에도 암호를 통해 문서의 열람을 제한할 수 있습니다. 암호 설정은 저장 시에 설정하거나 문서 보호 기능을 통해 설정할 수 있습니다.

[파일] 탭→[정보]→[문서 보호]→[암호 설정]

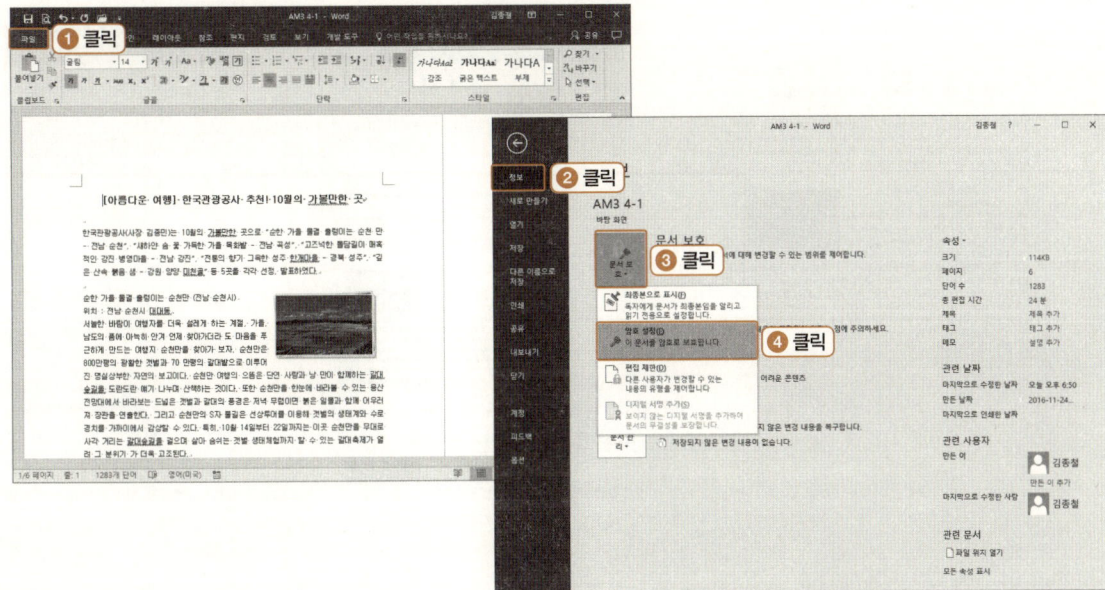

3-2 암호 변경

암호가 설정된 문서는 다른 이름으로 저장을 통해 암호를 변경할 수 있습니다. [다른 이름으로 저장] 대화상자의 '일반 옵션'을 이용하여 암호를 변경한 후 덮어 씌어 저장합니다.

[파일] 탭→[정보]→[문서 보호]→[암호 설정]

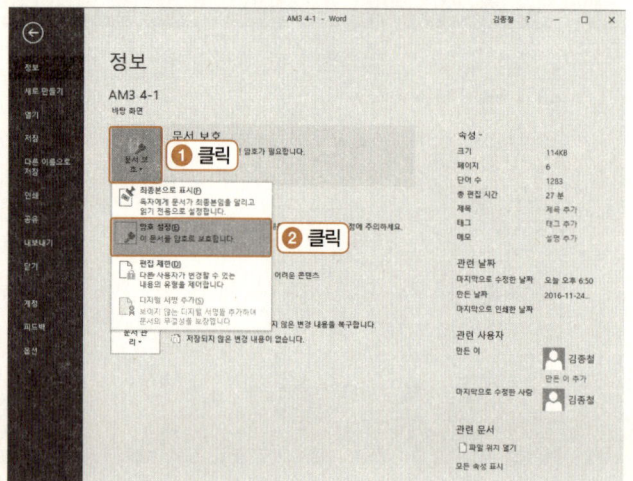

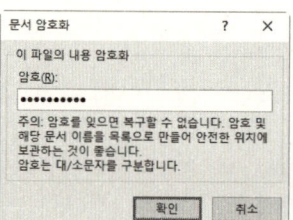

3-3 문서 보호

양식 보호를 위해 설정한 편집 제한 기능은 해당 기능뿐만 아니라 다양한 범위에 이를 활용할 수 있습니다. 변경 내용, 메모, 양식 채우기, 읽기 전용 등의 편집에 대한 4가지 기능을 허용합니다.

[검토] 탭→[보호] 그룹→[편집 제한]

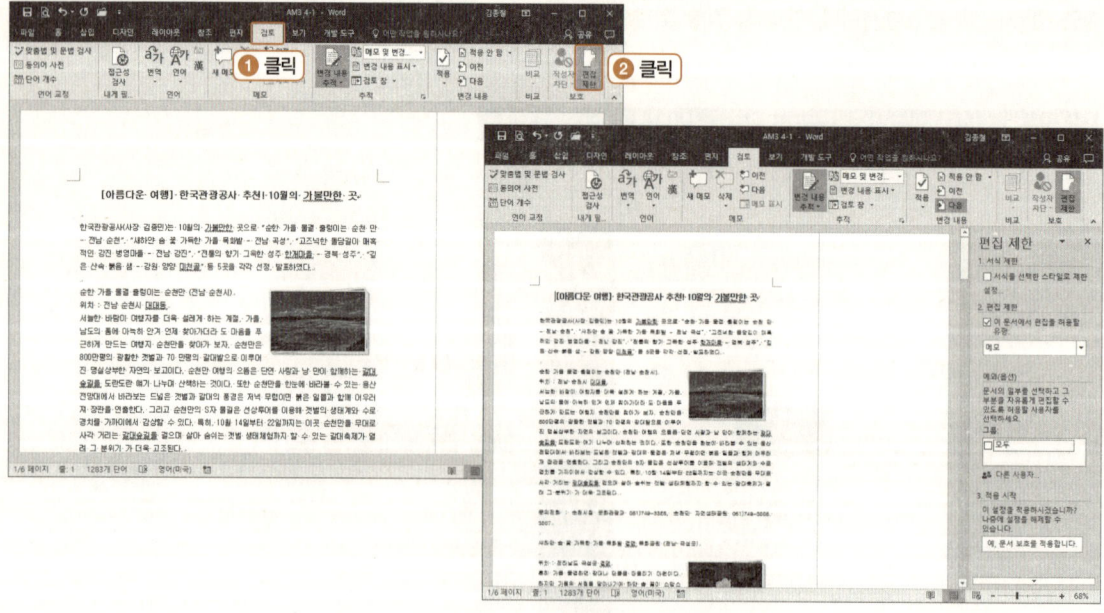

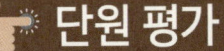 **단원 평가**

◉ 예제: C:\ICDL2016A\AM3 e4-1.docx

1 문서에 '변경 내용 추적 기능'을 설정하시오.

❶ [검토] 탭→[추적] 그룹→[변경 내용 추적]→[변경 내용 추적]을 선택합니다.

❷ '변경 내용 추적' 기능이 실행됩니다.

2 2페이지 21줄에 있는 '한개마을'에 메모(경북 성주군)를 삽입하시오.

❶ 2페이지 21줄에 있는 '한개마을'을 선택한 후 [검토] 탭→[메모] 그룹→[새 메모]를 클릭합니다.

❷ 메모 '경북 성주군'을 입력합니다.

3 문서를 '병합여행지' 문서와 비교하시오.

❶ [검토] 탭→[비교] 그룹→[비교]→[비교]를 선택합니다.

❷ '원본 문서 : e4-1, 수정한 문서 : 병합여행지'를 지정한 후 [확인] 버튼을 클릭합니다('병합여행지' 문서가 열려 있어야 함).

4 하위 문서(병합여행지)를 삽입하시오.

❶ [보기] 탭→[보기] 그룹→[개요]를 선택한 후 [개요] 탭→[마스터 문서] 그룹→[삽입]을 클릭합니다.

❷ '병합여행지' 파일을 선택한 후 [열기] 버튼을 클릭합니다.

5 문서에 암호(mosaic)를 설정하시오.

❶ [파일] 탭→[문서 보호]→[암호 설정]을 클릭합니다.

❷ 암호(mosaic)를 입력한 후 [확인] 버튼을 클릭합니다.

❸ 암호(mosaic)를 한 번 더 입력한 후 [확인] 버튼을 클릭합니다.

6 메모만 변경할 수 있도록 문서를 설정하시오.

❶ [검토] 탭→[보호] 그룹→[편집 제한]을 선택합니다.

❷ '편집 제한'을 선택한 후 '이 문서에서 편집을 허용할 유형 : 메모'로 설정합니다.

Section 05 출력 비교

1 구역 설정

1-1 구역 나누기

단을 나누면 자동으로 구역이 나누어지지만 페이지별로 서로 다른 페이지 설정을 해야 하는 경우에도 구역 나누기를 사용하게 됩니다. 이때는 '다음 페이지부터' 구역 나누기를 실행해야 합니다.

[레이아웃] 탭→[페이지 설정] 그룹→[나누기]→[다음 페이지부터]

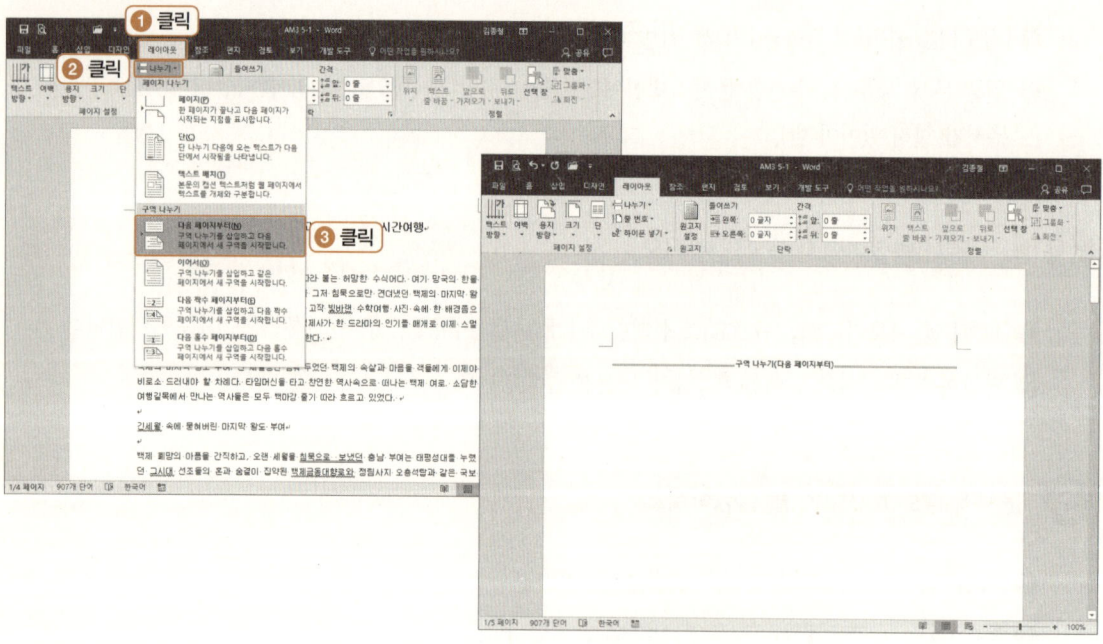

1-2 구역별 페이지 설정

구역이 나누어진 페이지라면 해당 구역 페이지별로 여백, 용지 방향 등의 페이지 설정이 가능합니다. 이때 적용 대상을 반드시 '이 구역'으로 설정해야 합니다.

[레이아웃] 탭→[페이지 설정] 그룹→[나누기]→[이어서]

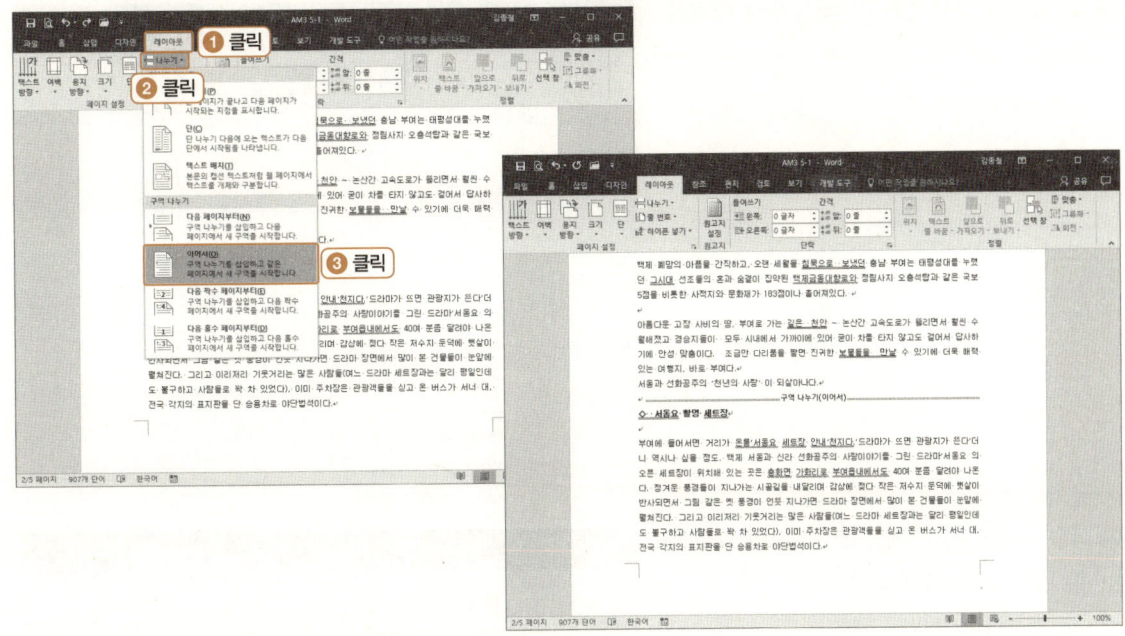

2 문서 설정

2-1 구역별 머리글/바닥글

구역을 페이지별로 다르게 설정한 경우 페이지 설정 이외에도 머리글/바닥글의 개별 설정이 가능합니다. 이를 통해 첫 페이지 또는 짝수와 홀수 페이지에 대한 별도의 머리글/바닥글에 설정이 가능합니다.

[삽입] 탭→[머리글/바닥글] 그룹→[머리글/바닥글]→[머리글/바닥글 편집]

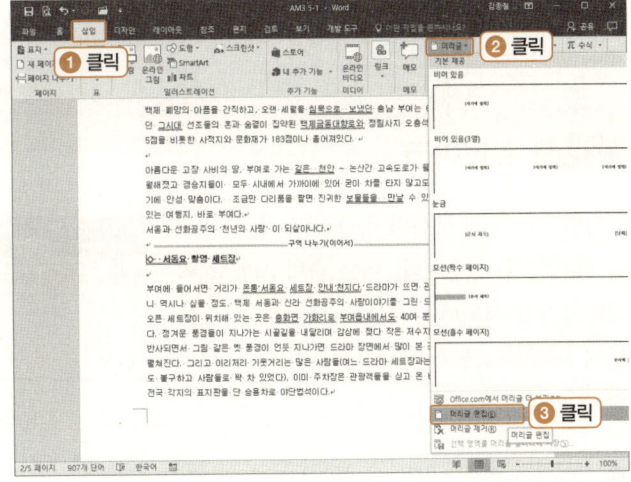

① 첫 페이지 : 문서의 첫 페이지만 다르게 설정

[머리글/바닥글 도구]→[옵션] 그룹→[첫 페이지를 다르게 지정]

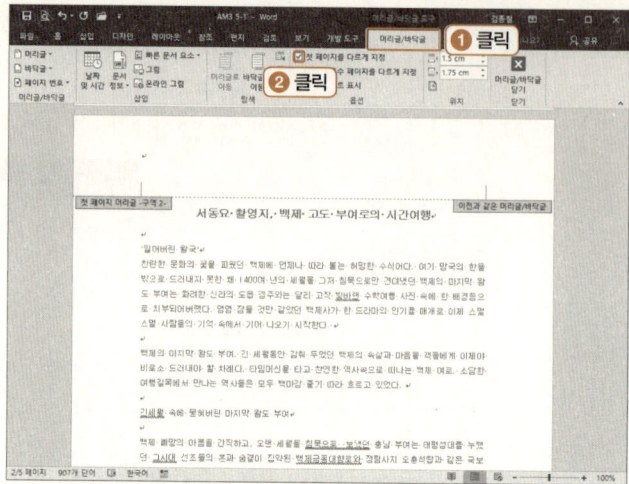

② 짝수 페이지/홀수 페이지 : 문서의 짝수와 홀수 페이지를 다르게 설정

[머리글/바닥글 도구]→[옵션] 그룹→[짝수와 홀수 페이지를 다르게 지정]

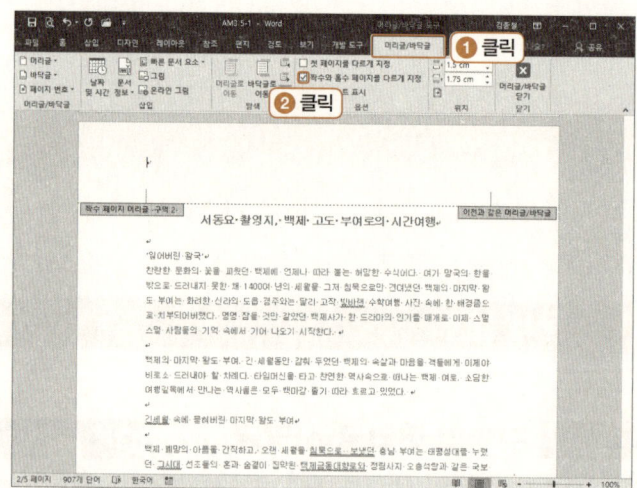

2-2 워터마크

워터마크를 통해 문서의 복사 방지 및 중요도를 표시할 수 있습니다. 이는 출력 시에도 워터마크가 표시되며, 사용자 지정 워터마크를 통해 워터마크를 수정하거나 그림 등을 설정할 수 있습니다.

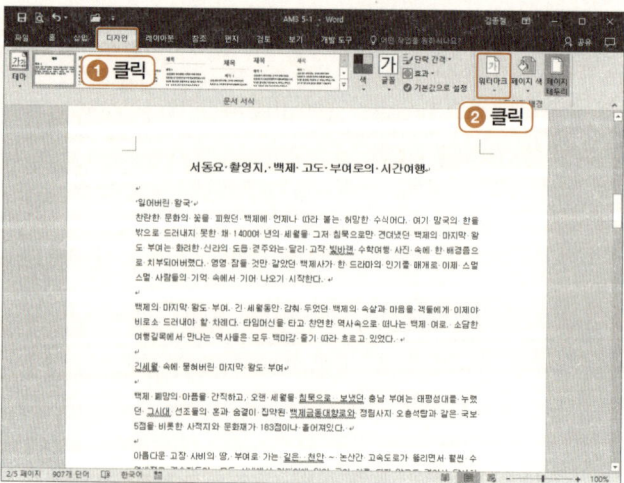

① 워터마크 추가 : 기본 워터마크 추가

[디자인] 탭→[페이지 배경] 그룹→[워터마크]

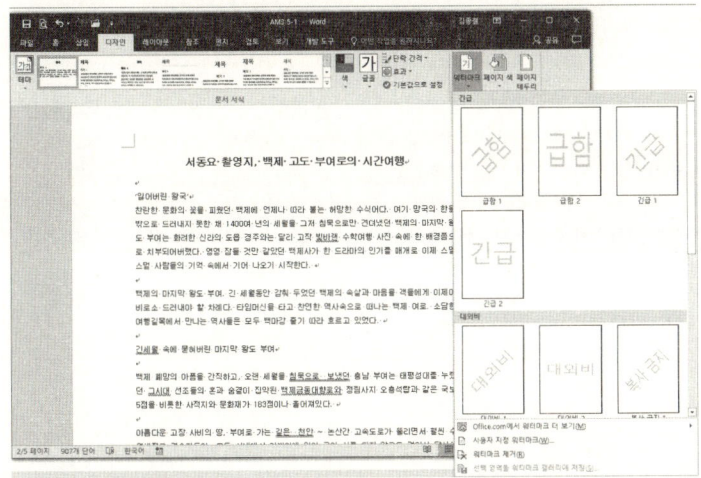

❷ 워터마크 수정 : 사용자 지정 텍스트 및 그림 워터마크 설정

[디자인] 탭→[페이지 배경] 그룹→[워터마크]→[사용자 지정 워터마크]

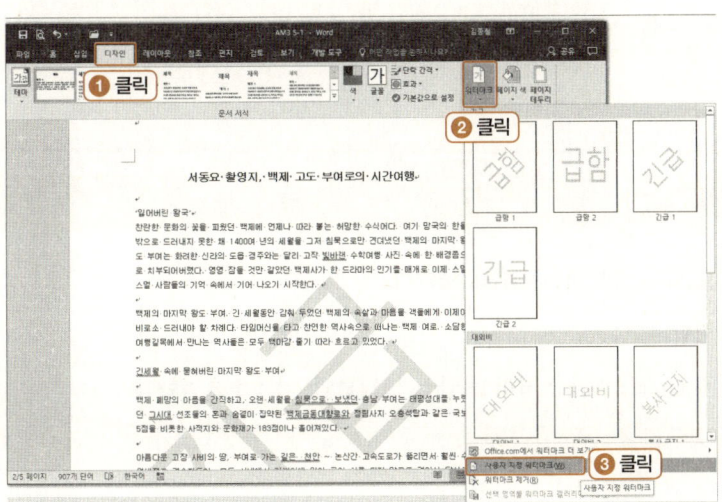

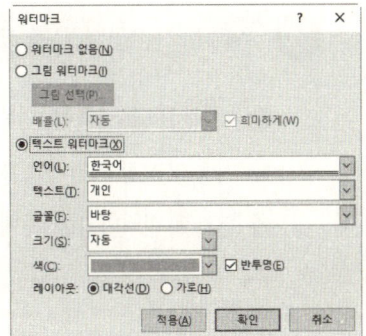

❸ 워터마크 삭제 : 설정된 워터마크 제거

[디자인] 탭→[페이지 배경] 그룹→[워터마크]→[워터마크 제거]

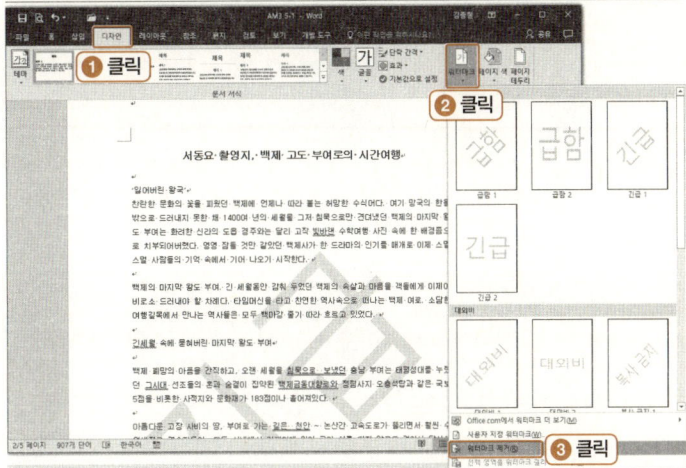

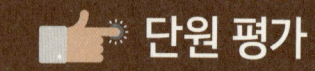

단원 평가

◉ 예제: C:₩ICDL2016A₩AM3 e5-1.docx

❶ 2페이지 15줄에 구역 나누기를 설정하시오.

❶ 2페이지 15줄에 커서를 이동한 후 [레이아웃] 탭→[페이지 설정] 그룹→[나누기]→[다음 페이지
부터]를 클릭합니다.

❷ 구역이 나누어집니다.

❷ 바닥글(첫 페이지를 다르게 지정)이 삽입되도록 설정하시오.

❶ [삽입] 탭→[머리글/바닥글] 그룹→[바닥글]→[바닥글 편집]을 클릭합니다.

❷ [머리글/바닥글 도구]→[옵션] 그룹→[첫 페이지를 다르게 지정]을 체크 표시합니다.

❸ 워터마크(긴급처리)를 삽입하시오.

❶ [디자인] 탭→[페이지 배경] 그룹→[워터마크]를 클릭합니다.

❷ '사용자 지정 워터마크'를 클릭합니다.

❸ '텍스트 워터마크'를 선택한 후 '텍스트 : 긴급 처리'를 입력하고 [확인] 버튼을 클릭합니다.

CHAPTER 2

Advanced AM4

Section **01** 서식

1 셀

1-1 스타일

스타일은 글꼴, 테두리, 음영 등 셀에 적용할 서식을 한 번에 설정할 수 있도록 미리 만들어 놓은 것입니다. 엑셀 2016에서는 셀 스타일이 미리 만들어져 있어 간단하게 적용할 수 있는 다양한 스타일이 만들어져 있습니다.

❶ '셀 스타일'을 이용한 셀 꾸미기 : '셀 스타일'은 셀에 적용 가능한 글꼴, 채우기 색 등을 미리 저장해 놓고 필요할 때 언제든지 간편하게 사용이 가능한 기능입니다.

[홈] 탭→[스타일] 그룹→[셀 스타일]

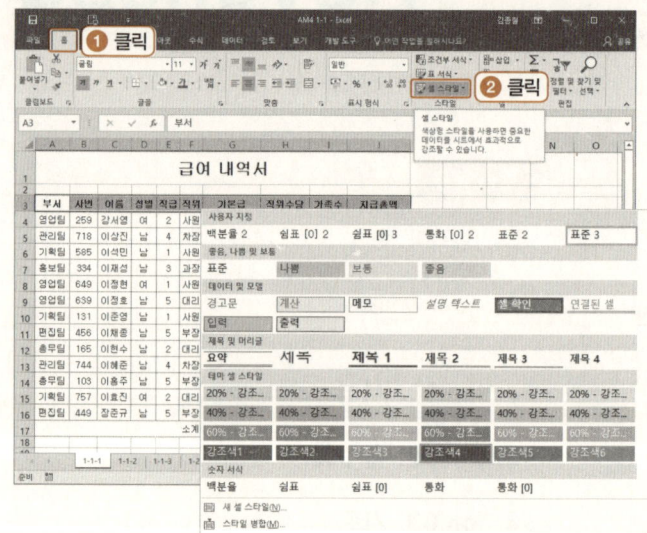

- 엑셀 화면이 넓으면 [셀 스타일] 명령 단추가 나타나지 않습니다. 이럴 경우에는 '자세히'를 클릭하면 됩니다.
- 지정할 '셀 스타일'에 마우스를 올려놓으면 '실시간 미리 보기'에 의해 셀 영역이 변경되는 것을 볼 수 있습니다.

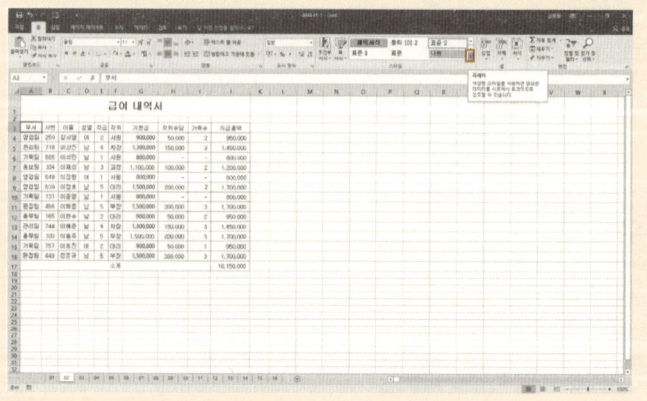

❷ 새로운 '셀 스타일' 만들기 : 기본적으로 엑셀에서 제공하는 '셀 스타일'의 종류는 다양하지만 사용자가 원하는 스타일이 있으면 별도로 만들어서 저장할 수 있습니다.

[홈] 탭→[스타일] 그룹→[셀 스타일]→[새 셀 스타일]

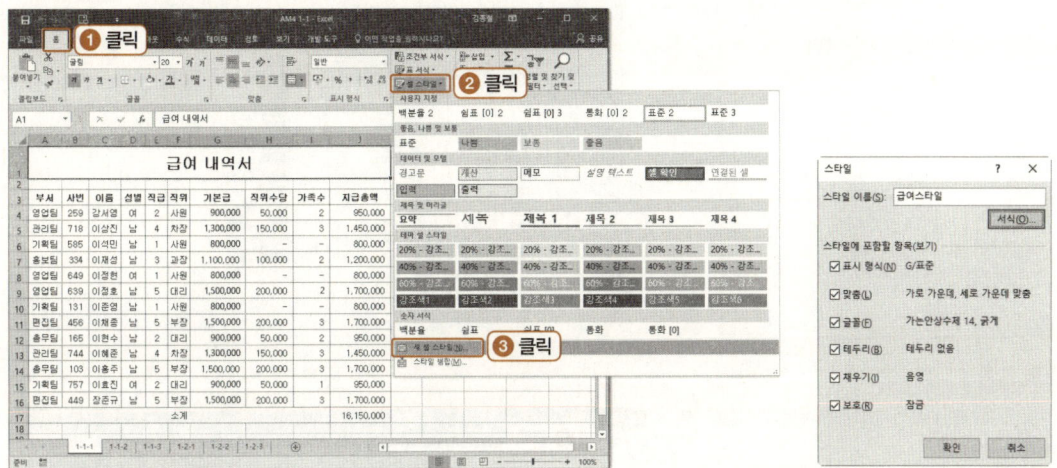

❸ 표 스타일 지정하기 : 엑셀 데이터를 표로 만들면 표 서식을 간단하게 설정할 수 있습니다. 이전 버전의 '자동 서식'과 같은 기능으로 표 전체에 일괄적으로 서식을 지정할 수 있습니다.

[홈] 탭→[스타일] 그룹→[표 서식]

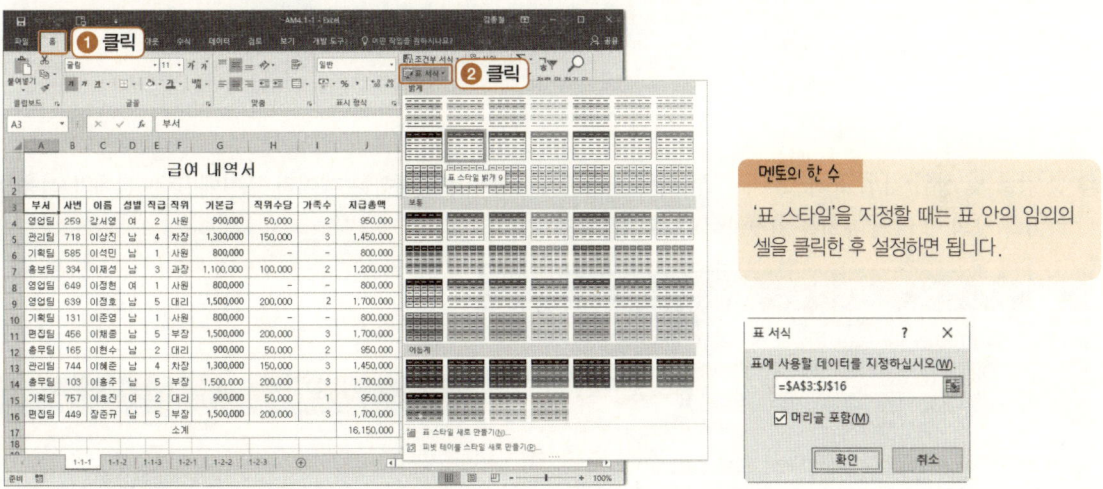

멘토의 한 수

'표 스타일'을 지정할 때는 표 안의 임의의 셀을 클릭한 후 설정하면 됩니다.

1-2 조건부 서식

'조건부 서식'은 사용자가 원하는 조건을 만족하는 셀에 미리 지정한 서식을 적용하는 기능입니다. 따라서 조건부 서식을 이용하면 원하는 데이터만 추출해서 편리하게 서식을 지정할 수 있습니다. 특히 데이터에 따라 데이터 막대, 색조, 아이콘 등으로 표시할 수 있습니다.

[홈] 탭→[스타일] 그룹→[조건부 서식]

❶ 데이터 막대로 조건부 서식 지정하기 : 셀에 데이터 양이 많을 때는 한 눈에 들어오지 않을 경우가 있습니다. 이럴 경우에는 '데이터 막대'를 이용하면 데이터의 양을 보기 좋게 표시할 수 있습니다.

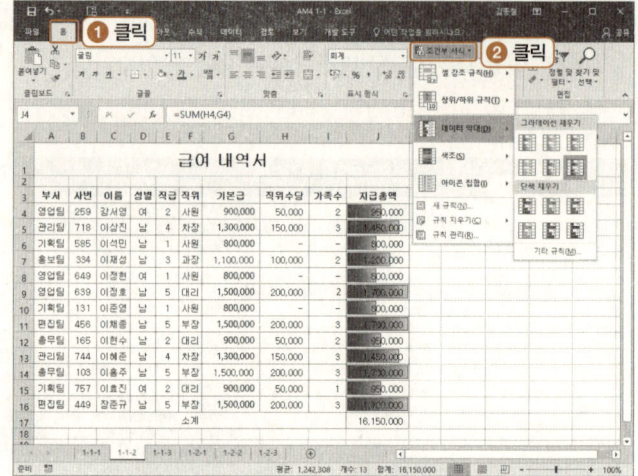

멘토의 한 수

• '조건부 서식'을 지정할 때는 셀 영역을 선택한 후 설정합니다.
• '조건부 서식' 변경하기
  데이터 막대를 이용하여 설정한 서식을 변경할 때는 [홈] 탭→[스타일] 그룹→[조건부 서식]→[데이터 막대]를 클릭한 후 '규칙 관리'를 선택합니다.

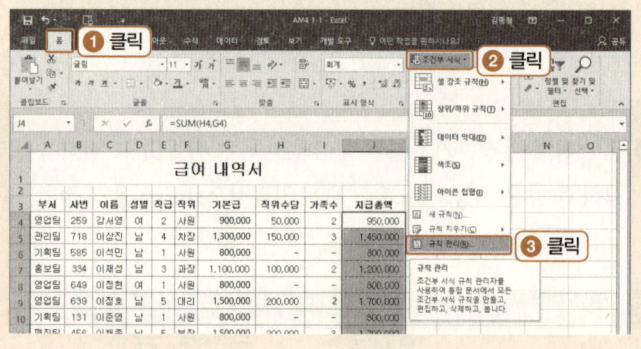

❷ 셀 강조 및 상위/하위 규칙으로 조건부 서식 지정하기 : 사용자가 원하는 데이터 조건에 맞는 셀에만 적용한다거나 상위 및 하위 규칙을 지정하여 서식을 설정하는 방법입니다.

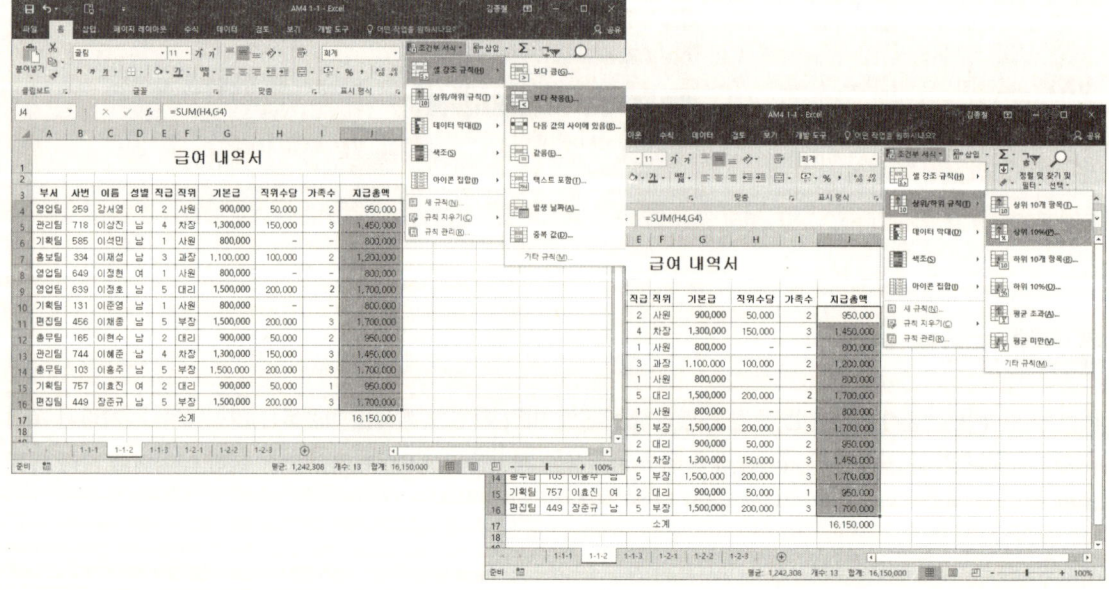

❸ 색조 및 아이콘으로 조건부 서식 지정하기 : 데이터의 양을 색조나 아이콘으로 구분하여 보여줄 때 사용합니다.

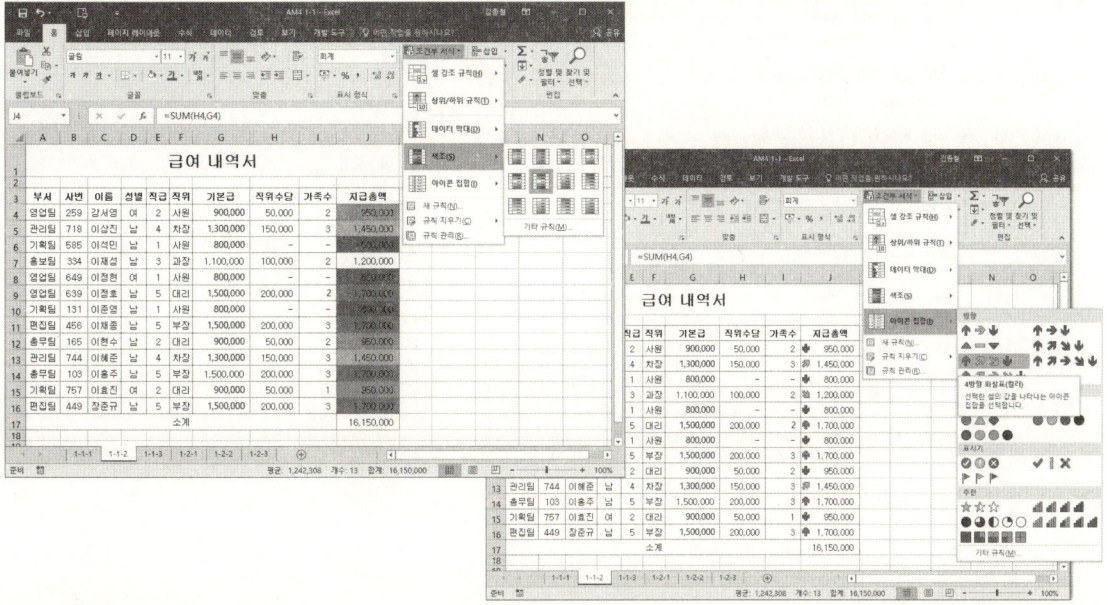

멘토의 한 수

'조건부 서식' 지우기

설정된 조건부 서식을 지울 때는 [홈] 탭→[스타일] 그룹→[조건부 서식]→[규칙 지우기]를 클릭한 후 '선택한 셀의 규칙 지우기'를 선택합니다. 워크시트 내에 있는 모든 조건부 서식을 지울 때는 '시트 전체에서 규칙 지우기'를 선택하면 됩니다.

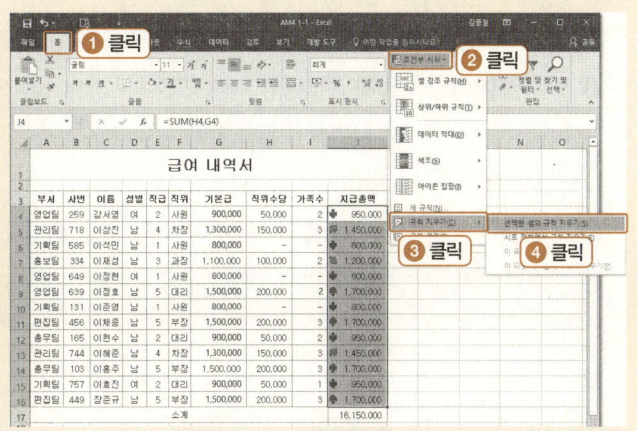

1-3 사용자 지정 표시 형식

숫자 데이터에는 통화 기호나 천 단위 구분 기호 등을 삽입할 수 있습니다. 다양한 기호를 적절히 이용하면 문서의 이해도가 높아지며 깔끔하게 꾸밀 수 있습니다. 특히 '표시 형식'은 숫자나 문자를 셀에 입력했을 때 화면에 나타나는 형식으로, 사용자 지정 표시 형식을 이용하면 다양한 서식을 표시할 수 있습니다. 만일 '범주'에서 '사용자 지정'을 선택했을 때 원하는 형식이 없다면 직접 만들어서 사용할 수 있는데, 예를 들어 '1' 앞에 'KOR'을 표시하려고 할 때 사용자 지정 표시 형식에 'KOR'을 추가하면 됩니다.

[홈] 탭→[표시 형식] 그룹→[자세히]

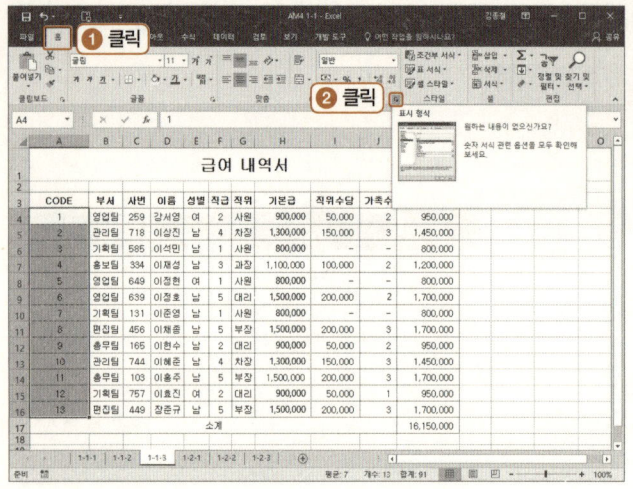

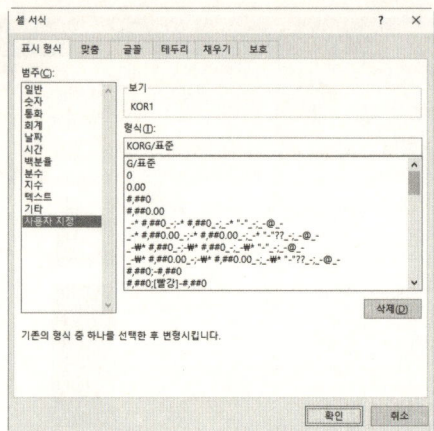

❶ 사용자 지정 표시 형식

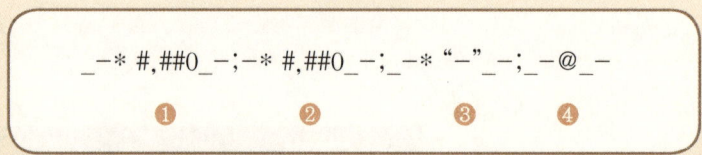

_-* #,##0_-;-* #,##0_-;_-* "-"_-;_-@_-

❶   ❷   ❸   ❹

❶ 숫자(양수) 부분 : 양쪽 끝부분의 '_-'는 좌우 한 칸씩 들여쓰기 하라는 뜻입니다. 기호는 숫자로 된 데이터가 나타날 때까지 공백을 두고 숫자가 나타나면 오른쪽으로 정렬을 하라는 뜻이다. '#,##0'는 천 단위마다 쉼표를 넣으라는 의미입니다.

❷ 숫자(음수) 부분 : '-' 기호를 표시하고 나머지는 숫자(양수)와 동일합니다.

❸ 0 부분 : 셀에 입력되는 값이 '0'일 때는 '-'으로 표시하라는 뜻이다. 나머지는 숫자(양수)와 동일합니다.

❹ 문자 부분 : 양쪽 끝부분의 '_-'는 좌우 한 칸씩 들여쓰기 하라는 뜻입니다. '@'는 문자를 표시하는 기호이며, 문자는 입력 시 왼쪽으로 정렬됩니다.

❷ 숫자 앞에 0 나타내기 : 숫자 앞에 자동으로 원하는 만큼 0을 추가해서 나타낼 때 사용합니다. [셀 서식] 대화상자에서 [표시 형식] 탭의 범주에서 '사용자 지정'을, 형식에 '000'을 입력한 후 [확인] 단추를 클릭합니다.

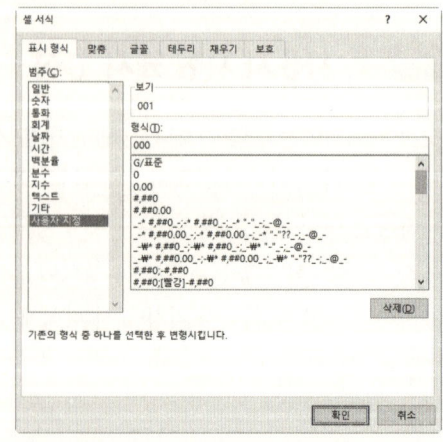

멘토의 한 수

사용자 지정 표시 형식을 나타낼 때는 단축키 Ctrl + 1 을 눌러도 됩니다.

③ 날짜 표시 형식 : 날짜를 사용자 지정 표시 형식으로 지정할 때는 다음과 같습니다.

표시 형식	결과 표시
yyyy-mm-dd(ddd)	2016-08-15(Mon)
yyyy-mm-dd(aaa)	2016-08-15(월)
yyyy-mm-dd(dddd)	2016-08-15(Monday)
yyyy-mm-dd(aaaa)	2016-08-15(월요일)

2 워크시트

2-1 통합 문서 간 시트 관리

워크시트는 문서를 작업하는 공간으로, 많은 셀들로 구성되어 있습니다. 엑셀을 처음 실행하면 기본 값으로 한 개의 워크시트가 만들어지는데, 워크시트의 개수를 새롭게 추가할 수도, 불필요한 시트를 삭제할 수도 있습니다. 또한 다른 통합 문서 간에도 워크시트를 자유롭게 이동, 복사할 수 있습니다.

[홈] 탭→[셀] 그룹→[서식]→[시트 이동/복사]를 선택하거나, 시트 탭 위에서 마우스 오른쪽 단추를 클릭한 후 바로 가기 메뉴에서 '이동/복사' 선택

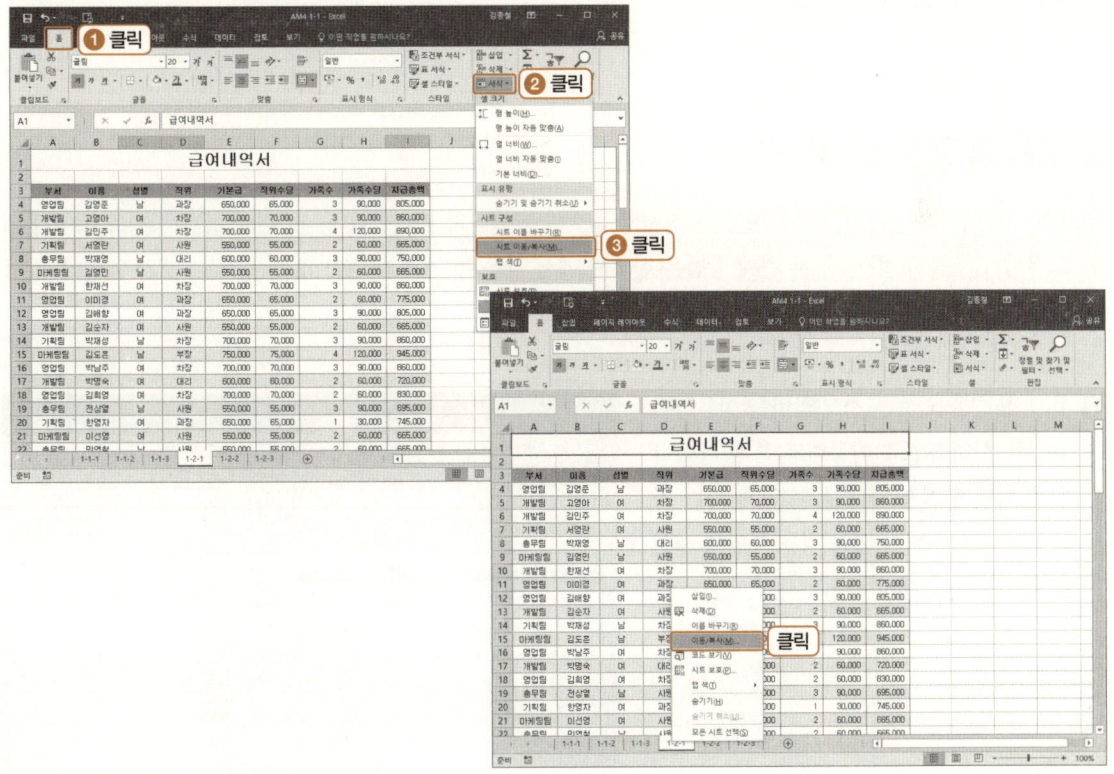

❶ 통합 문서 내에서 이동/복사 : 동일한 통합 문서 내에서 워크시트를 이동 및 복사합니다.

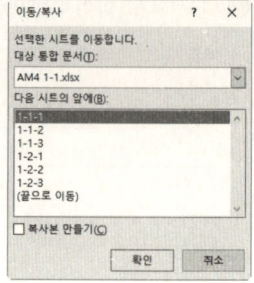

❷ 다른 통합 문서로 이동/복사 : 다른 통합 문서로 워크시트를 이동 및 복사합니다. '대상 통합 문서'의 목록 단추를 클릭한 후 이동할 통합 문서를 선택합니다.

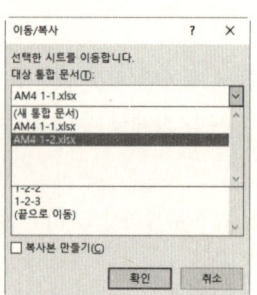

❸ 새 통합 문서로 워크시트 복사 : 워크시트를 복사할 때 새로운 통합 문서를 만들면서 이동합니다. '대상 통합 문서'의 목록 단추를 클릭한 후 '(새 통합 문서)'를 선택합니다.

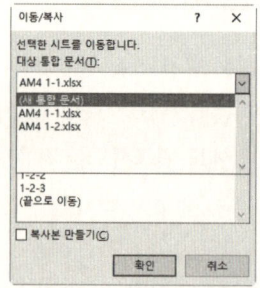

2-2 틀 고정/창 나누기

워크시트에 데이터가 많을 경우 화면을 고정시켜 놓으면 작업하기 편리합니다. 첫 번째 방법은 제목 행이나 열을 고정시키는 '틀 고정'이며, 두 번째 방법은 한 화면에서 창을 두 개로 나누어 보는 '창 나누기'가 있습니다. 틀 고정이나 나누기를 해도 인쇄 시에는 영향을 주지 않습니다.

❶ 틀 고정 : '틀 고정'은 스크롤 바를 이용하여 화면을 상하좌우로 이동해도 특정 행이나 열은 화면에 계속 나타날 수 있게 하는 기능입니다. 데이터가 많을 경우 화면에 표시할 때 사용하면 편리합니다.

[보기] 탭→[창] 그룹→[틀 고정]

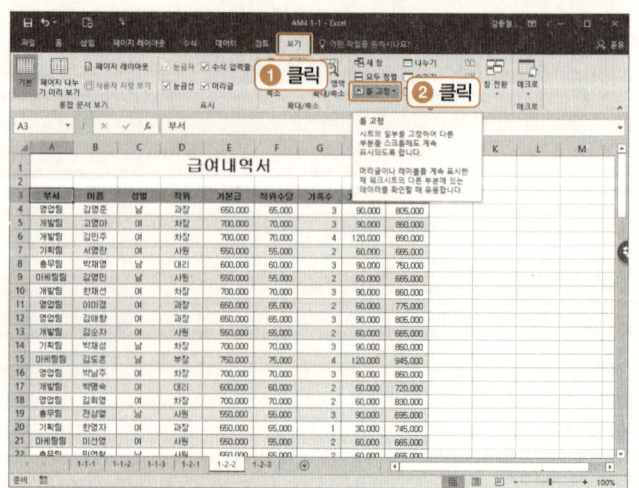

멘토의 한 수

설정된 틀 고정을 취소 할 때는 [보기] 탭→[창] 그룹→[틀 고정]을 클릭한 후 '틀 고정 취소'를 선택합니다.

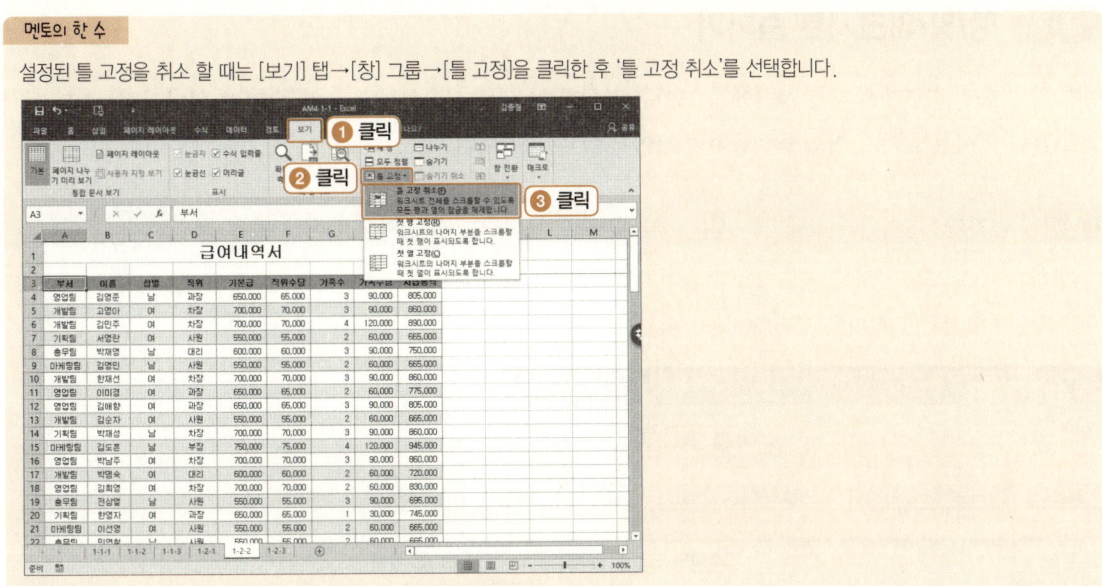

❷ 창 나누기 : 데이터가 많을 때 한 쪽 창은 고정해 놓고 다른 창을 스크롤해서 볼 때 사용하는 기능입니다. '틀 고정'과는 비슷하지만 다른 기능으로 동일한 워크시트를 하나 더 보여주는 기능입니다.

[보기] 탭→[창] 그룹→[나누기]

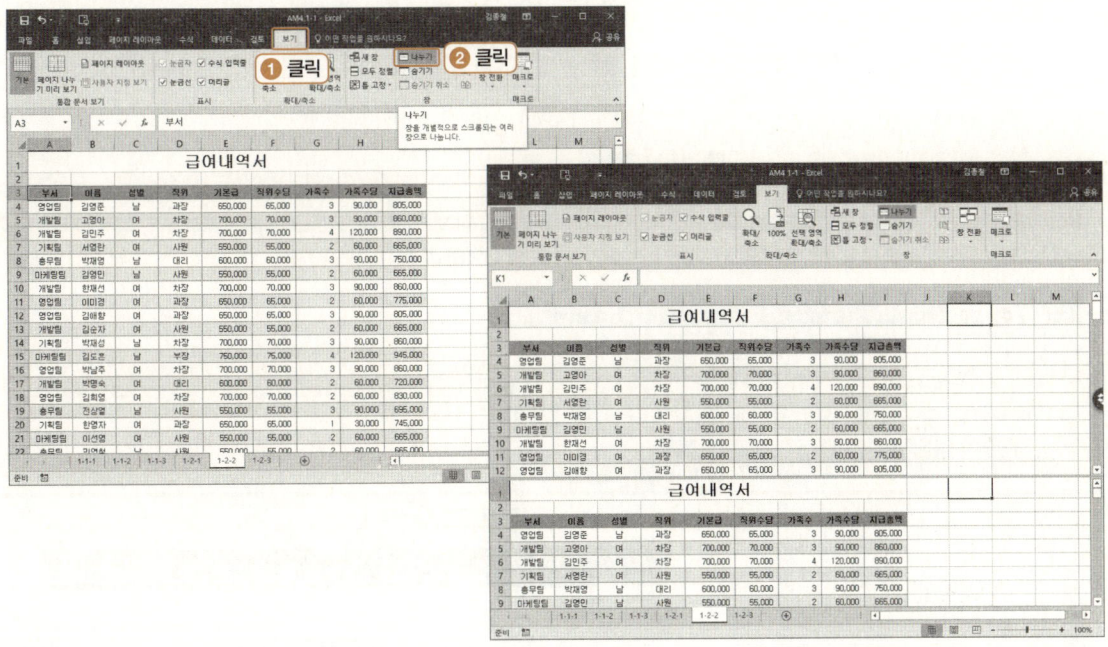

2-3 행/열/워크시트 숨기기

현재 작업 중인 화면에서 다른 사람에게 보여주고 싶지 않을 때 사용하는 기능이 '숨기기'입니다. 물론 다시 필요할 때는 언제든 '숨기기 취소'를 이용하여 보이게 할 수 있습니다.

❶ 행/열 숨기기 : 데이터가 삭제되는 것은 아니며, 잠시 보여주고 싶지 않은 행이나 열을 숨기는 기능입니다.

[홈] 탭→[셀] 그룹→[서식]→[숨기기 및 숨기기 취소]→[행/열 숨기기]를 선택하거나, 행/열 머리글 위에서 마우스 오른쪽 단추를 클릭한 후 바로 가기 메뉴에서 '숨기기' 선택

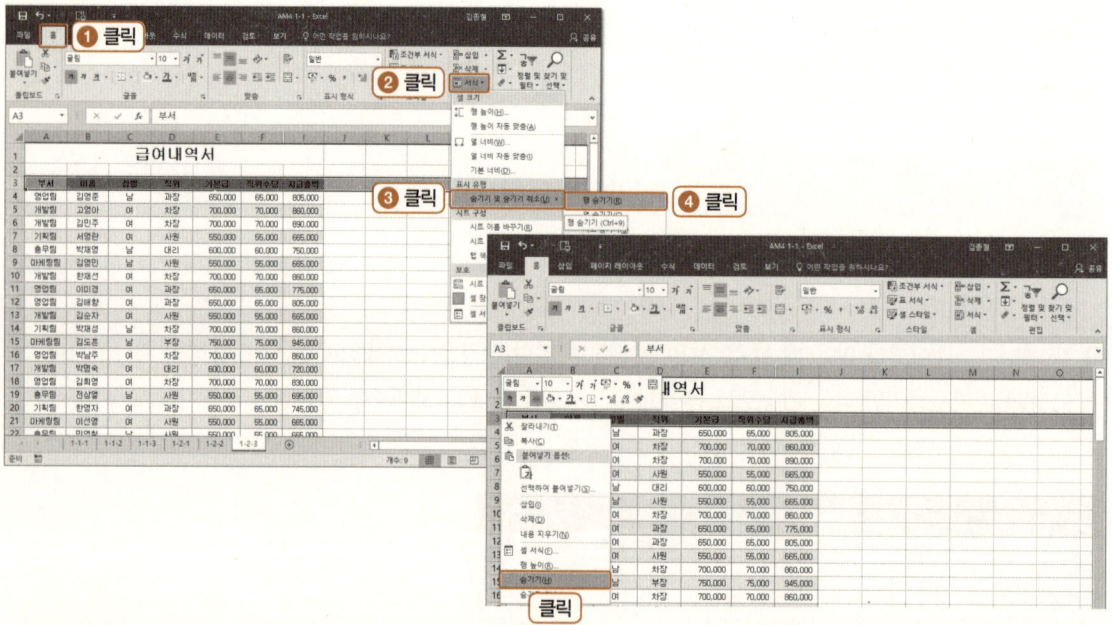

멘토의 한 수

설정된 숨기기를 취소 할 때는 [홈] 탭→[셀] 그룹→[서식]→[숨기기 및 숨기기 취소]→[행/열 숨기기 취소]를 선택하거나, 행/열 머리글 위에서 마우스 오른쪽 단추를 클릭한 후 바로 가기 메뉴에서 '숨기기 취소'를 선택합니다.

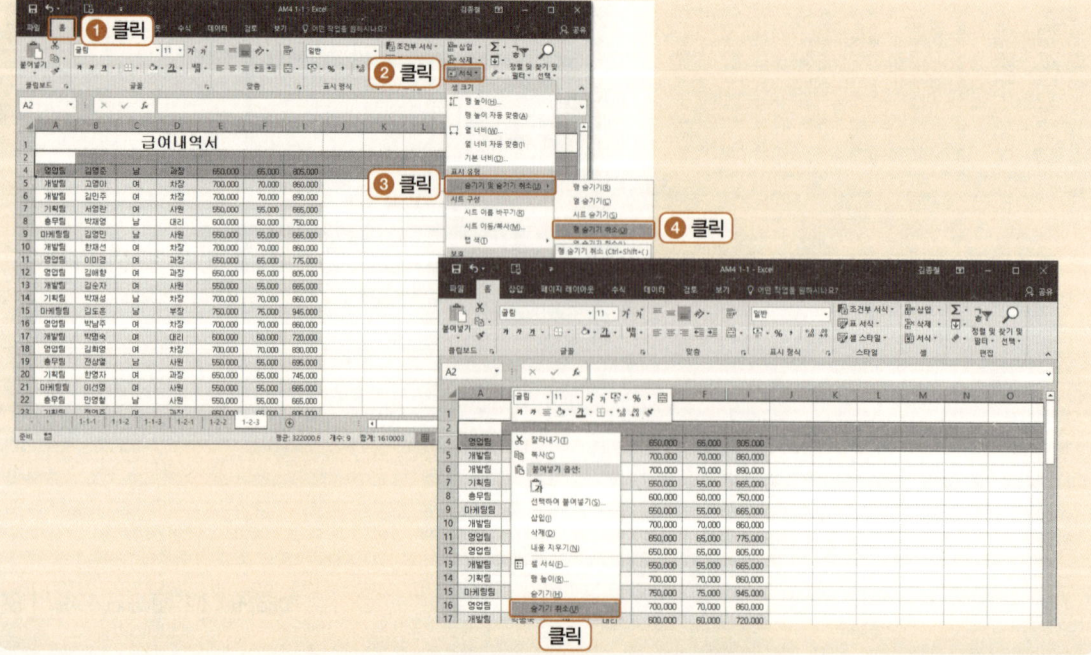

❷ 워크시트 숨기기 : 보여주고 싶지 않은 워크시트를 숨기는 기능으로 언제든지 숨긴 워크시트는 다시 나타나게 할 수 있습니다.

[홈] 탭→[셀] 그룹→[서식]→[숨기기 및 숨기기 취소]→[시트 숨기기]를 선택하거나, 워크시트 탭 위에서 마우스 오른쪽 단추를 클릭한 후 바로 가기 메뉴의 '숨기기' 선택

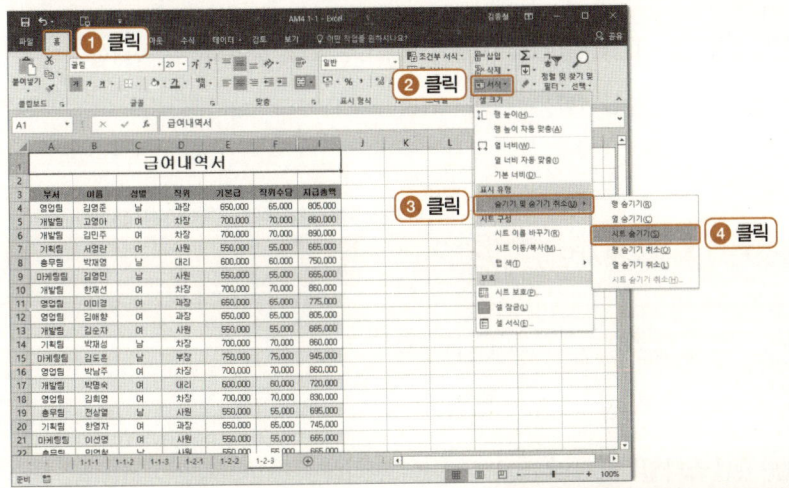

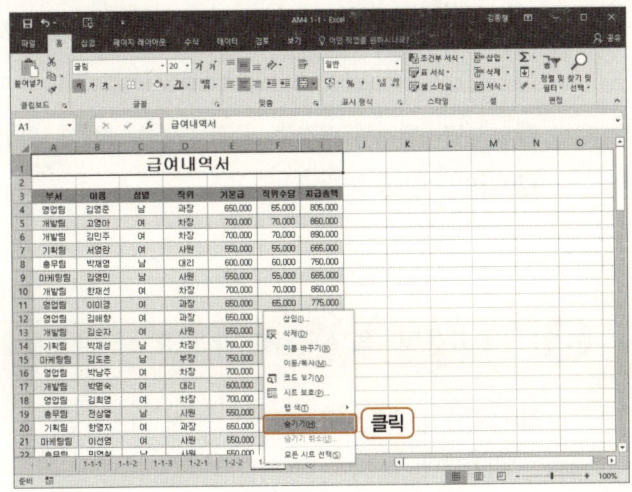

○ 예제: C:\ICDL2016A\AM4 e1-1.xlsx→01 워크시트

1 [A3:J3]과 [A17:J17] 영역의 셀 스타일을 '빨강, 강조색2'로 설정하시오.

❶ [A3:J3] 영역을 선택한 후 [홈] 탭→[스타일] 그룹→[셀 스타일]→[빨강, 강조색2]를 클릭합니다.

❷ [A17:J17] 영역을 선택한 후 F4를 누릅니다.

○ 예제: C:\ICDL2016A\AM4 e1-1.xlsx→02 워크시트

2 다음과 같이 새로운 셀 스타일을 등록하시오.

스타일 이름	글꼴 스타일	배경색
항목서식	굵게	주황

❶ [홈] 탭→[스타일] 그룹→[셀 스타일]→[새 셀 스타일]을 클릭합니다.

❷ '스타일 이름'에 '항목서식'을 입력한 후 [서식]을 클릭합니다.

❸ [글꼴] 탭에서 '글꼴 스타일 : 굵게'로 설정합니다.

❹ [채우기] 탭에서 '배경색 : 주황'으로 설정한 후 [확인] 버튼을 클릭합니다.

❺ [확인] 버튼을 클릭합니다.

○ 예제: C:\ICDL2016A\AM4 e1-1.xlsx→03 워크시트

3 [A3:J17] 영역의 스타일을 '파랑, 표 스타일 보통 2'로 변경하시오.

❶ [A3:J17] 영역을 선택한 후 [홈] 탭→[스타일] 그룹→[표 서식]→[파랑, 표 스타일 보통 2]를 클릭합니다.

❷ [확인] 버튼을 클릭합니다.

❸ 표 스타일이 변경됩니다.

○ 예제: C:\ICDL2016A\AM4 e1-1.xlsx→04 워크시트

4 [I4:I23] 영역에 조건부 서식을 이용하여 '그라데이션 자주 데이터 막대'로 변경하시오.

❶ [I4:I23] 영역을 선택한 후 [홈] 탭→[스타일] 그룹→[조건부 서식]→[데이터 막대]→[그라데이션 채우기]→[자주 데이터 막대]를 클릭합니다.

❷ 그라데이션 자주색 막대가 채워집니다.

◉ 예제: C:\ICDL2016A\AM4 e1-1.xlsx→05 워크시트

⑤ [I4:I23] 영역에 조건부 서식을 이용하여 하위 10%에 '진한 노랑 텍스트가 있는 노랑 채우기'로 변경하시오.

❶ [I4:I23] 영역을 선택한 후 [홈] 탭→[스타일] 그룹→[조건부 서식]→[상위/하위 규칙]→[하위 10%]를 클릭합니다.
❷ '적용할 서식'의 목록 단추를 클릭한 후 '진한 노랑 텍스트가 있는 노랑 채우기'를 선택합니다.
❸ [확인] 버튼을 클릭합니다.
❹ 하위 10%에 '진한 노랑 텍스트가 있는 노랑 채우기'가 채워집니다.

◉ 예제: C:\ICDL2016A\AM4 e1-1.xlsx→06 워크시트

⑥ [H4:H23] 영역에 조건부 서식을 이용하여 다음과 같이 변경하시오.

3 미만	3~5 사이
파랑 글꼴 색	빨강 글꼴 색

❶ [H4:H23] 영역을 선택한 후 [홈] 탭→[스타일] 그룹→[조건부 서식]을 클릭한 후 '새 규칙'을 선택합니다.
❷ '다음을 포함하는 셀만 서식 지정'을 선택합니다.
❸ '셀 값, 〈, 3'을 설정한 후 [서식]을 클릭합니다.
❹ [글꼴] 탭에서 '색 : 파랑'으로 설정한 후 [확인] 버튼을 클릭합니다.
❺ [확인] 버튼을 클릭합니다.
❻ [홈] 탭→[스타일] 그룹→[조건부 서식]을 클릭한 후 '새 규칙'을 선택합니다.
❼ '다음을 포함하는 셀만 서식 지정'을 선택합니다.
❽ '셀 값, 해당 범위, 3, 5'를 설정한 후 [서식]을 클릭합니다.
❾ [글꼴] 탭에서 '색 : 빨강'으로 설정한 후 [확인] 버튼을 클릭합니다.

◉ 예제: C:\ICDL2016A\AM4 e1-1.xlsx→07 워크시트

⑦ [B4:B23] 영역에서 부서명 앞에 '모자이크'가 나타나도록 설정하시오.

❶ [B4:B23] 영역을 선택한 후 [홈] 탭→[표시 형식] 그룹→[자세히]를 클릭합니다.
❷ [표시 형식] 탭의 '범주 : 사용자 지정'을 선택한 후 '형식'에 '모자이크'를 추가하고 [확인] 버튼을 클릭합니다.
❸ 부서명 앞에 '모자이크'가 모두 표시됩니다.

◉ 예제: C:\ICDL2016A\AM4 e1-1.xlsx→08 워크시트

⑧ [A4:A13] 영역의 숫자가 '001, 002 …' 형식으로 나타나도록 설정하시오.

❶ [A4:A13] 영역에서 마우스 오른쪽 단추를 클릭한 후 '셀 서식'을 선택합니다.

❷ [표시 형식] 탭의 '범주 : 사용자 지정'을 선택한 후 '형식'에 '000'을 입력하고 [확인] 버튼을 클릭합니다.

❸ 번호가 '001' 형식으로 변경됩니다.

◉ 예제: C:\ICDL2016A\AM4 e1-1.xlsx→09 워크시트

⑨ [A4:A23] 영역의 날짜 데이터가 '2016-08-15(월)' 형식으로 나타나도록 설정하시오.

❶ [A4:A23] 영역을 선택한 후 단축 키 Ctrl + 1 을 누릅니다.

❷ [표시 형식] 탭의 '범주 : 사용자 지정'을 선택한 후 '형식'에 'yyyy-mm-dd(aaa)'를 입력하고 [확인] 버튼을 클릭합니다.

❸ 날짜가 '2016-08-15(월)' 형식으로 나타납니다.

◉ 예제: C:\ICDL2016A\AM4 e1-1.xlsx→10 워크시트

⑩ 워크시트 '10'을 맨 앞에 복사하시오.

❶ 워크시트 '10'을 선택한 후 [홈] 탭→[셀] 그룹→[서식]→[시트 이동/복사]를 클릭합니다.

❷ '다음 시트의 앞에 : 01', '복사본 만들기'를 체크 표시한 후 [확인] 버튼을 클릭합니다.

❸ 동일한 워크시트가 복사됩니다.

◉ 예제: C:\ICDL2016A\AM4 e1-1.xlsx→11 워크시트

⑪ 워크시트 '11'을 통합 문서 'AM4 e1-2.xlsx'의 맨 끝에 복사하시오('AM4 e1-2.xlsx' 파일을 불러온 후 작업할 것).

❶ 워크시트 '11' 탭 위에서 마우스 오른쪽 단추를 클릭한 '이동/복사'를 선택합니다.

❷ '대상 통합 문서'의 목록 단추를 클릭한 후 'AM4 e1-2.xlsx'를 선택합니다.

❸ '다음 시트의 앞에 : (끝으로 이동)', '복사본 만들기'를 체크 표시한 후 [확인] 버튼을 클릭합니다.

❹ 워크시트 '11'이 통합 문서 'AM4 e1-2.xlsx'의 마지막 위치에 복사됩니다.

◉ 예제: C:₩CDL2016A₩AM4 e1-1.xlsx→12 워크시트

⑫ 워크시트 '12'를 새로운 통합 문서를 만들어서 복사하시오.

❶ 워크시트 '12'를 선택한 후 [홈] 탭→[셀] 그룹→[서식]→[시트 이동/복사]를 클릭합니다.

❷ '대상 통합 문서'의 목록 단추를 클릭한 후 '(새 통합 문서)'를 선택합니다.

❸ '복사본 만들기'를 체크 표시한 후 [확인] 버튼을 클릭합니다.

◉ 예제: C:₩CDL2016A₩AM4 e1-1.xlsx→13 워크시트

⑬ 1행부터 3행은 화면에 항상 나타나도록 '틀 고정'하시오.

❶ 4행을 선택한 후 [보기] 탭→[창] 그룹→[틀 고정]→[틀 고정]을 클릭합니다.

❷ 스크롤 바를 이용하여 화면을 아래로 이동해도 1~3행은 화면에 나타납니다.

◉ 예제: C:₩CDL2016A₩AM4 e1-1.xlsx→14 워크시트

⑭ 15행부터 창을 나누시오.

❶ '15행'을 선택한 후 [보기] 탭→[창] 그룹→[나누기]를 클릭합니다.

❷ 창이 두 개로 나누어집니다.

◉ 예제: C:₩CDL2016A₩AM4 e1-1.xlsx→15 워크시트

⑮ 숨겨져 있는 H, I열을 보이게 하시오.

❶ G~J열을 선택한 후 [홈] 탭→[셀] 그룹→[서식]→[숨기기 및 숨기기 취소]→[열 숨기기 취소]를 클릭합니다.

❷ 숨겨져 있던 열이 나타납니다.

◉ 예제: C:₩CDL2016A₩AM4 e1-1.xlsx→16 워크시트

⑯ '16' 시트를 숨긴 후 시트를 다시 나타나게 하시오.

❶ [홈] 탭→[셀] 그룹→[서식]→[숨기기 및 숨기기 취소]→[시트 숨기기]를 클릭합니다.

❷ [홈] 탭→[셀] 그룹→[서식]→[숨기기 및 숨기기 취소]→[시트 숨기기 취소]를 클릭합니다.

❸ [확인] 버튼을 클릭합니다.

Section 02 함수와 수식

1 함수와 수식 사용

1-1 날짜 및 시간 함수

NOW, TODAY, DATE, HOUR, SECOND와 같은 날짜 및 시간 함수는 통합 문서를 열 때마다 날짜 및 시간이 자동으로 현재 날짜 및 날짜로 입력되는 유용한 함수입니다. 문서를 만들 때 날짜 및 시간 함수는 많이 사용되기 때문에 그 사용법을 반드시 알아두어야 합니다.

❶ TODAY( ) : 현재 날짜를 표시합니다.

[수식] 탭→[함수 라이브러리] 그룹→[날짜 및 시간]→[TODAY]

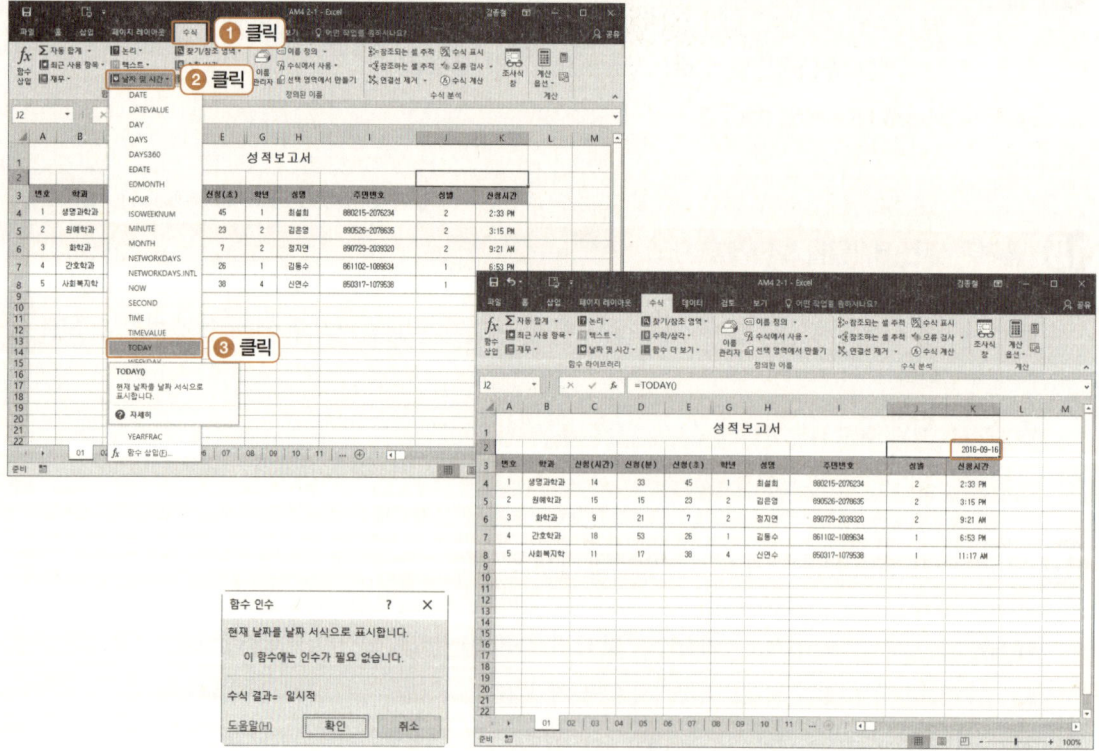

❷ NOW( ) : 현재 날짜와 시간을 표시합니다.

[수식] 탭→[함수 라이브러리] 그룹→[날짜 및 시간]→[NOW]

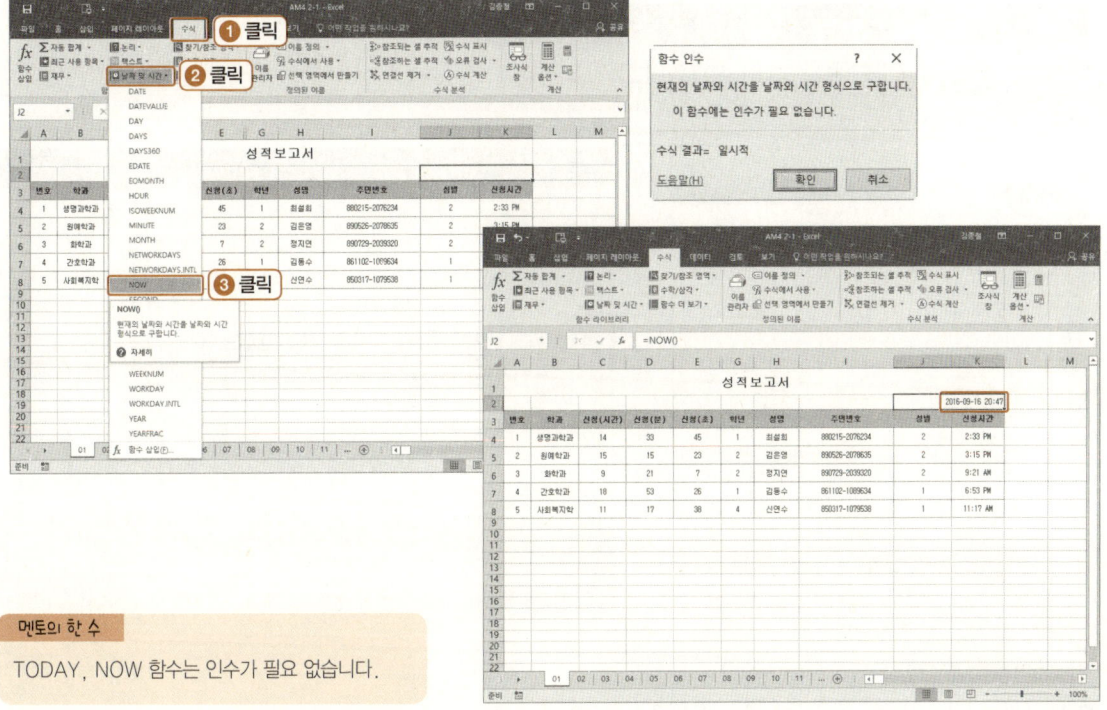

❸ YEAR(Serial_number) : 날짜 데이터에서 연도(年)를 추출합니다.

[수식] 탭→[함수 라이브러리] 그룹→[날짜 및 시간]→[YEAR]

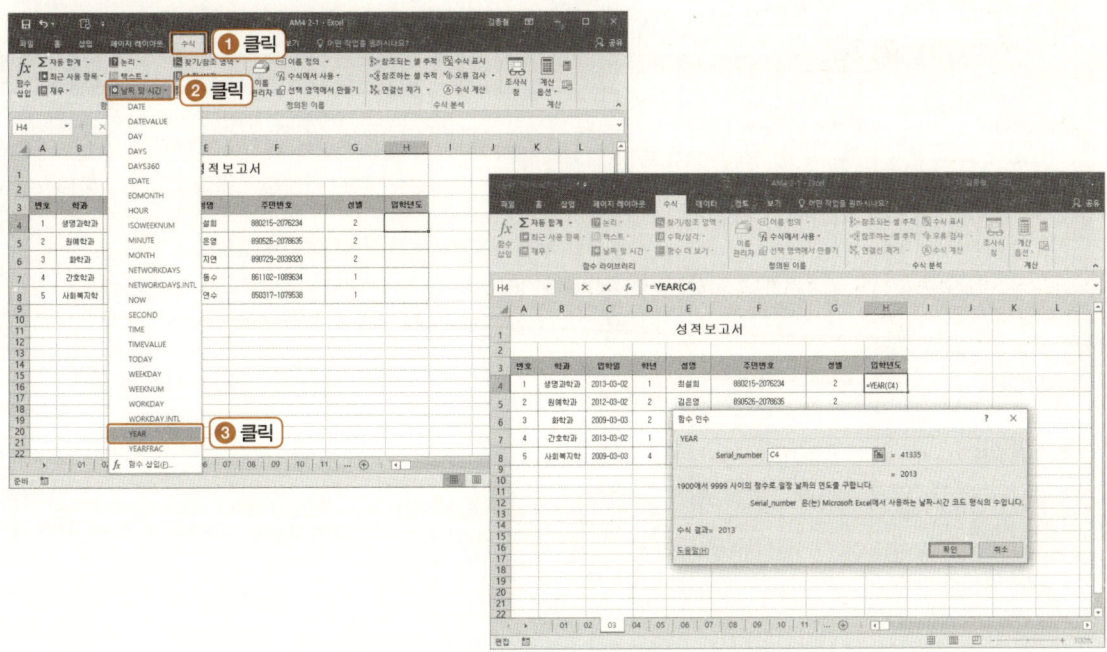

❹ MONTH(Serial_number) : 날짜 데이터에서 월(月)을 추출합니다.

[수식] 탭→[함수 라이브러리] 그룹→[날짜 및 시간]→[MONTH]

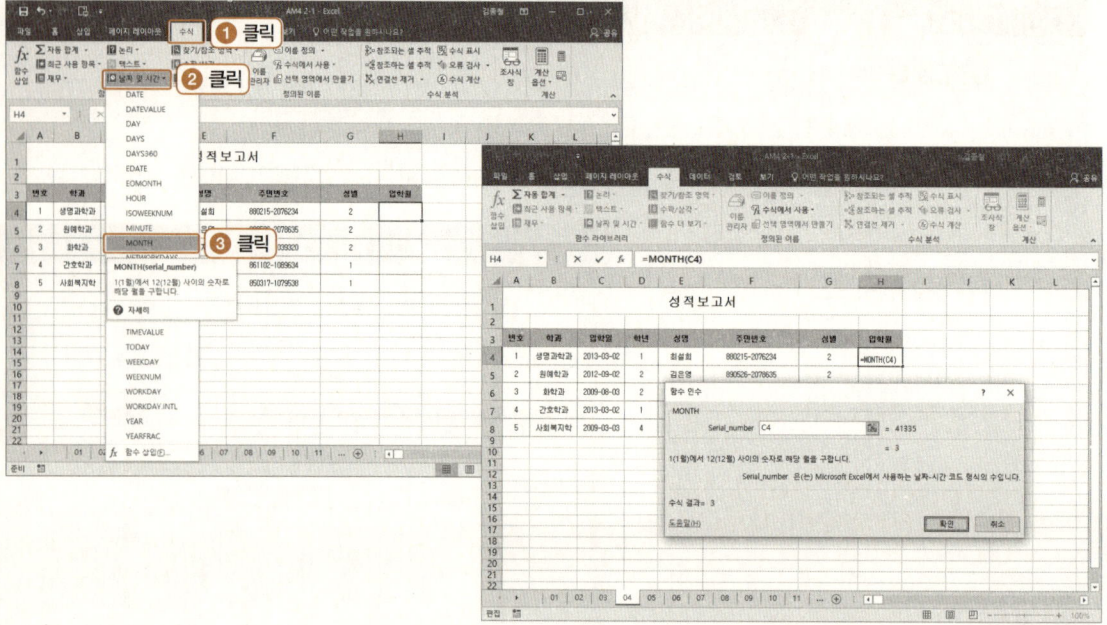

❺ DAY(Serial_number) : 날짜 데이터에서 일(日)을 추출합니다.

[수식] 탭→[함수 라이브러리] 그룹→[날짜 및 시간]→[DAY]

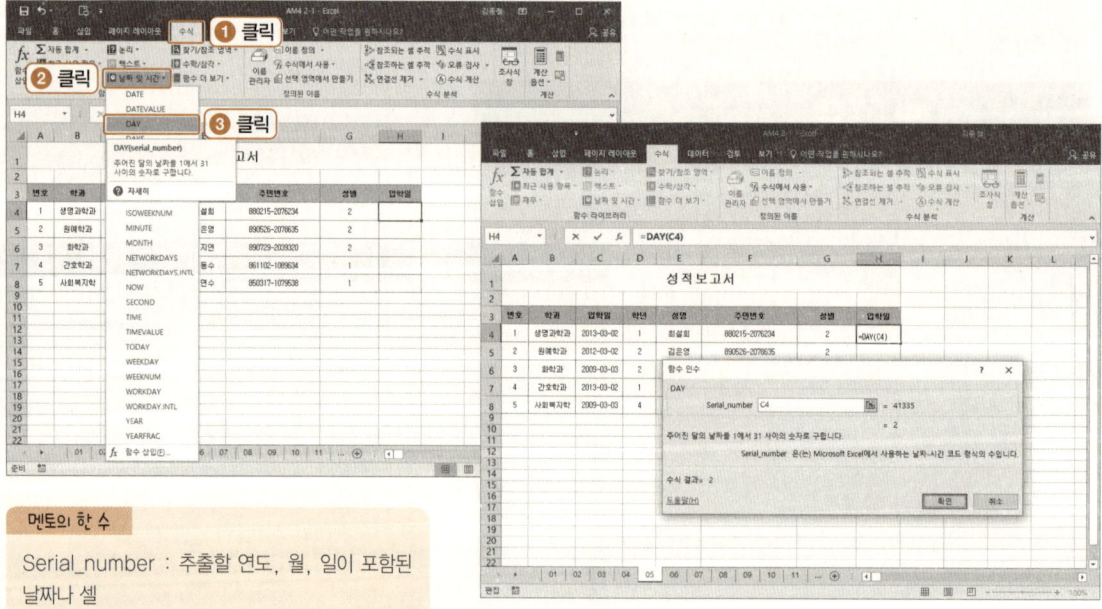

멘토의 한 수

Serial_number : 추출할 연도, 월, 일이 포함된
날짜나 셀

❻ DATE(Year, Month, Day) : 연, 월, 일을 합해서 연월일 데이터로 만듭니다.

[수식] 탭→[함수 라이브러리] 그룹→[날짜 및 시간]→[DATE]

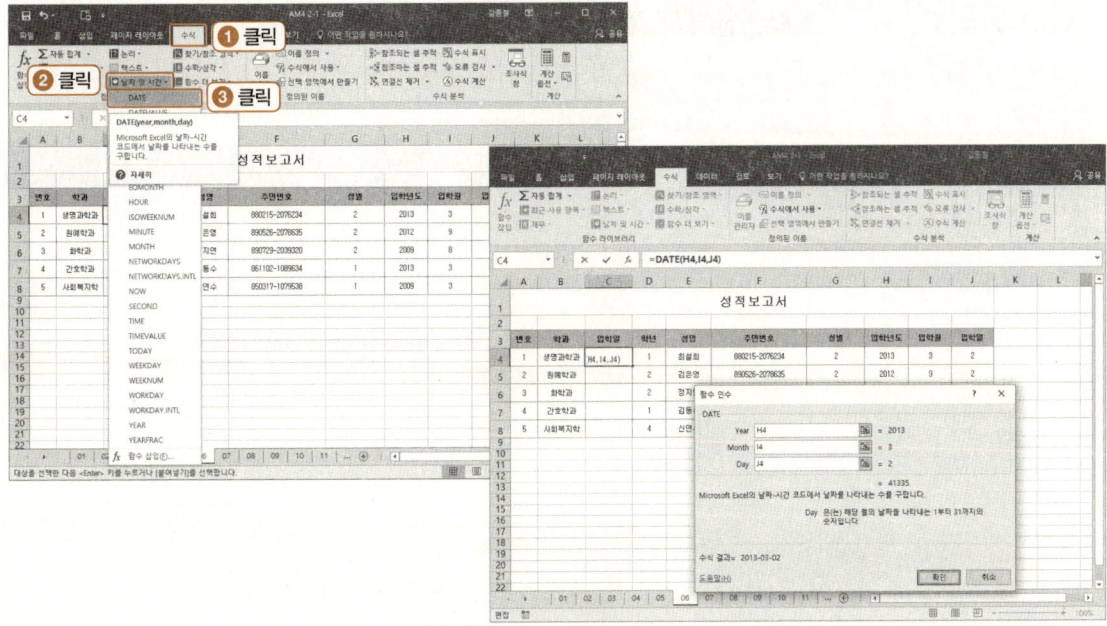

❼ HOUR(Serial_number) : 날짜 데이터에서 시(時)를 추출합니다.

[수식] 탭→[함수 라이브러리] 그룹→[날짜 및 시간]→[HOUR]

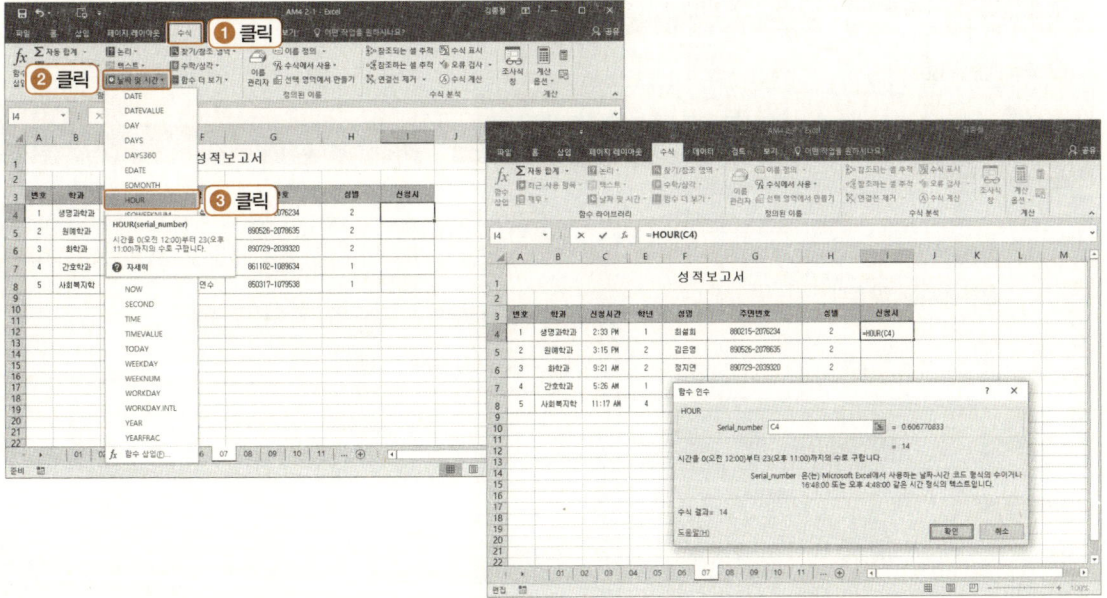

❽ MINUTE(Serial_number) : 날짜 데이터에서 분(分)을 추출합니다.

[수식] 탭→[함수 라이브러리] 그룹→[날짜 및 시간]→[MINUTE]

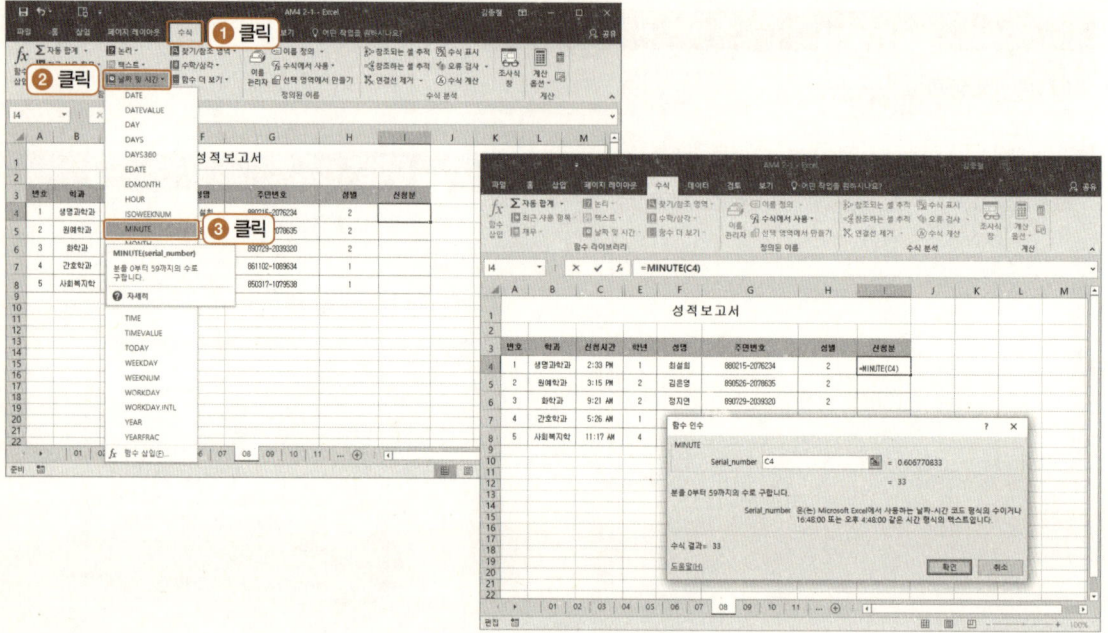

❾ SECOND(Serial_number) : 날짜 데이터에서 초(秒)를 추출합니다.

[수식] 탭→[함수 라이브러리] 그룹→[날짜 및 시간]→[SECOND]

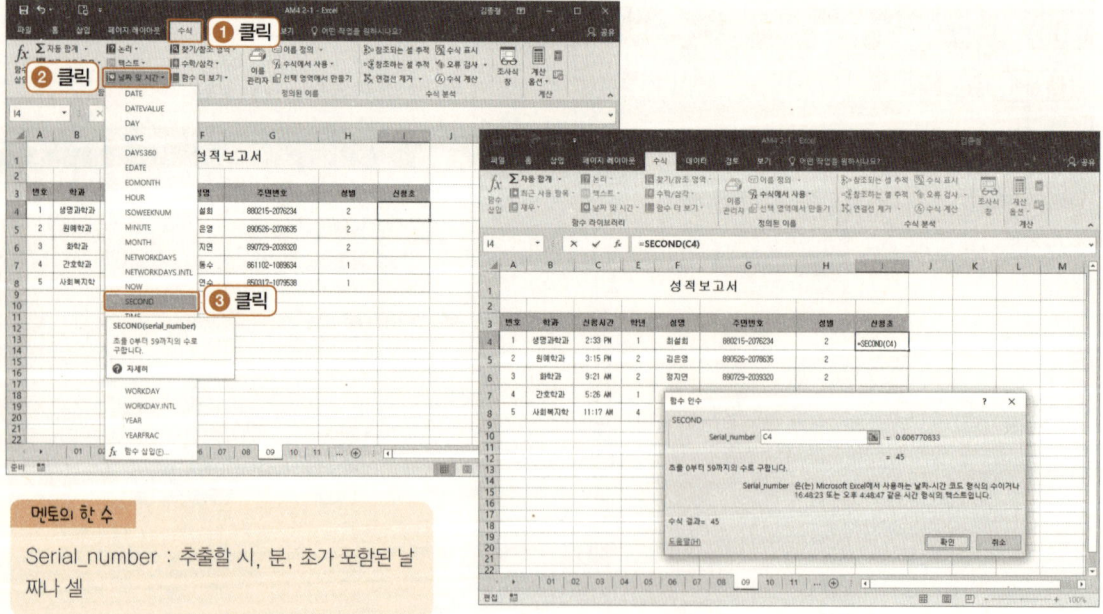

멘토의 한 수

Serial_number : 추출할 시, 분, 초가 포함된 날짜나 셀

❿ WEEKDAY(Serial_number, Return_type) : 요일을 숫자로 바꿔줍니다.

[수식] 탭→[함수 라이브러리] 그룹→[날짜 및 시간]→[WEEKDAY]

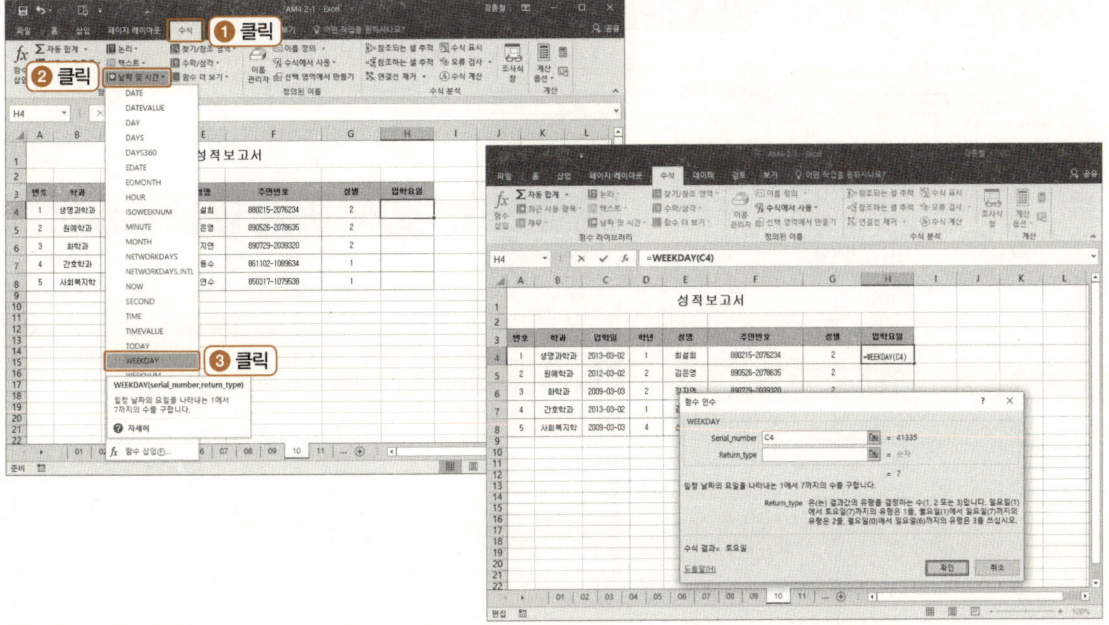

멘토의 한 수

• Serial_number : 요일을 숫자로 참조할 날짜나 입력된 셀
• Return_type : 일요일이 '1'일 경우 입력하거나 생략, 월요일이 '1'로 표시될 경우 '2', 월요일이 '0'으로 표시될 경우 '3'을 입력

'입학 요일' 셀의 사용자 지정 형식을 'aaaa'로 지정하면 요일이
나타납니다.

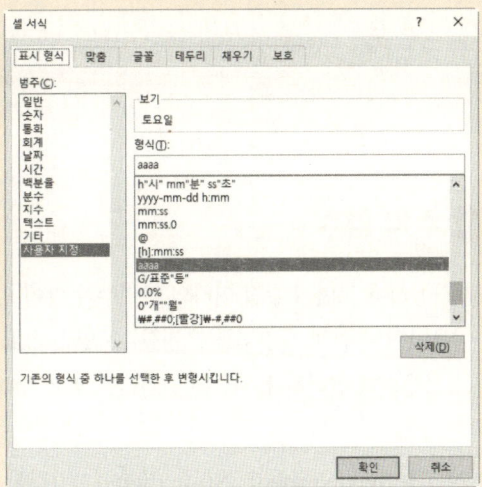

⓫ DATEDIF(Start_date, End_date, Interval) : 시작일과 종료일 사이의 연, 월, 일 수를 구함
'=DATEDIF(C4,TODAY( ),"M")'을 입력한 후 Enter 를 누릅니다.

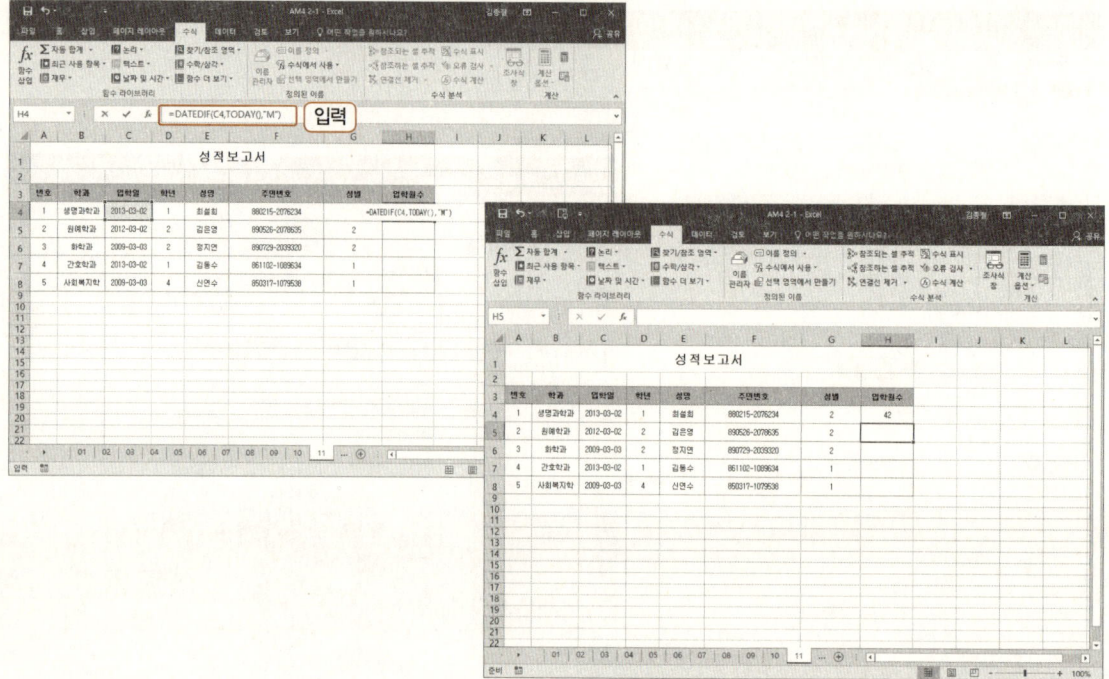

• Start_date : 날짜 수를 계산할 시작 날짜 입력
• End_date : 날짜 수를 계산할 마지막 날짜 입력
• Interval : 'Y'는 연도, 'M'은 월, 'D'는 일을 표시

'DATEDIF' 함수는 함수 마법사나 라이브러리에 없기 때문에 직접 수식을 입력해야 합니다.

1-2 수학 함수

계산식을 사용하다 보면 소수점 이하의 자릿수가 많이 나타납니다. 이럴 경우 ROUNDDOWN 및 ROUNDUP 함수를 이용하면 손쉽게 자릿수를 조정할 수 있습니다. 또한 많은 데이터 중에서 조건에 맞는 합계를 구할 때 SUMIF를 사용하면 편리하게 원하는 결과값을 얻을 수 있습니다.

❶ ROUNDDOWN(Number, Num_digits) : 지정한 자릿수가 되도록 무조건 내립니다.

[수식] 탭→[함수 라이브러리] 그룹→[수학/삼각]→[ROUNDDOWN]

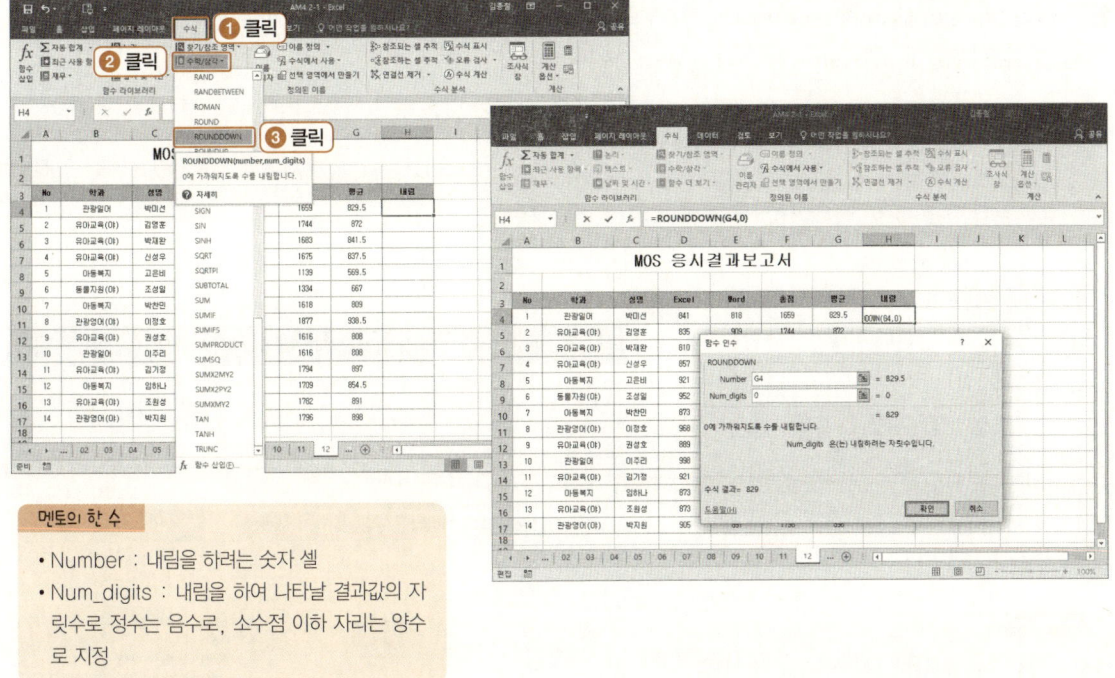

- Number : 내림을 하려는 숫자 셀
- Num_digits : 내림을 하여 나타날 결과값의 자릿수로 정수는 음수로, 소수점 이하 자리는 양수로 지정

❷ ROUNDUP(Number, Num_digits) : 지정한 자릿수가 되도록 무조건 올립니다.

[수식] 탭→[함수 라이브러리] 그룹→[수학/삼각]→[ROUNDUP]

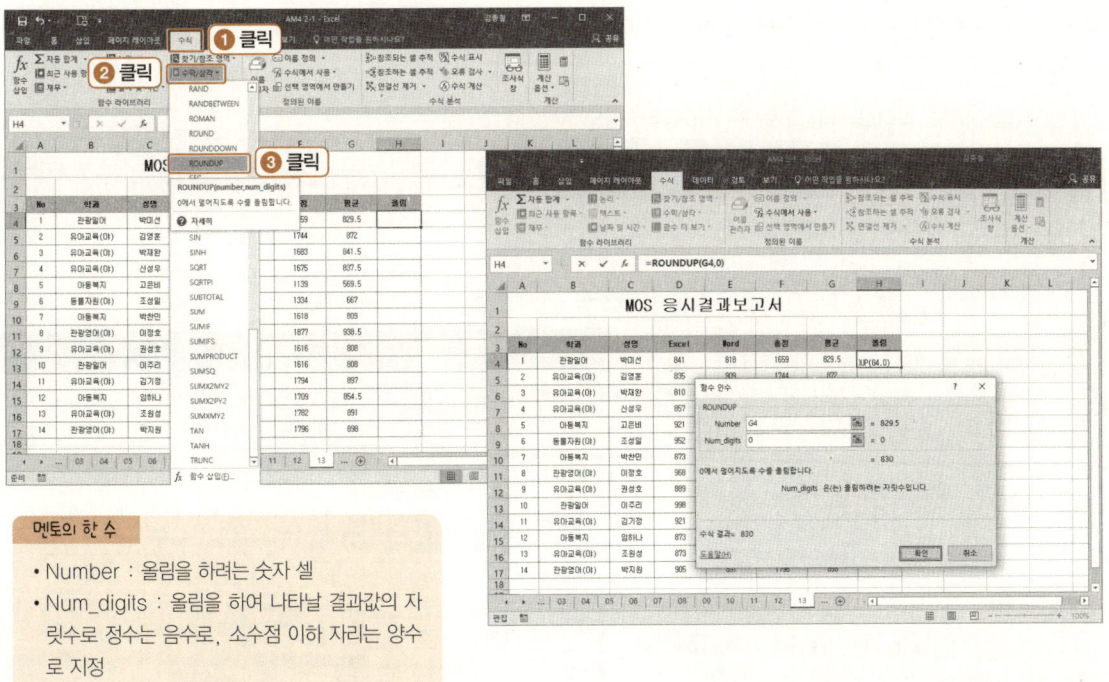

- Number : 올림을 하려는 숫자 셀
- Num_digits : 올림을 하여 나타날 결과값의 자릿수로 정수는 음수로, 소수점 이하 자리는 양수로 지정

❸ SUMIF(Range, Criteria, Sum_range) : 참조한 셀 영역에서 조건에 맞는 셀의 합계를 구합니다.

[수식] 탭→[함수 라이브러리] 그룹→[수학/삼각]→[SUMIF]

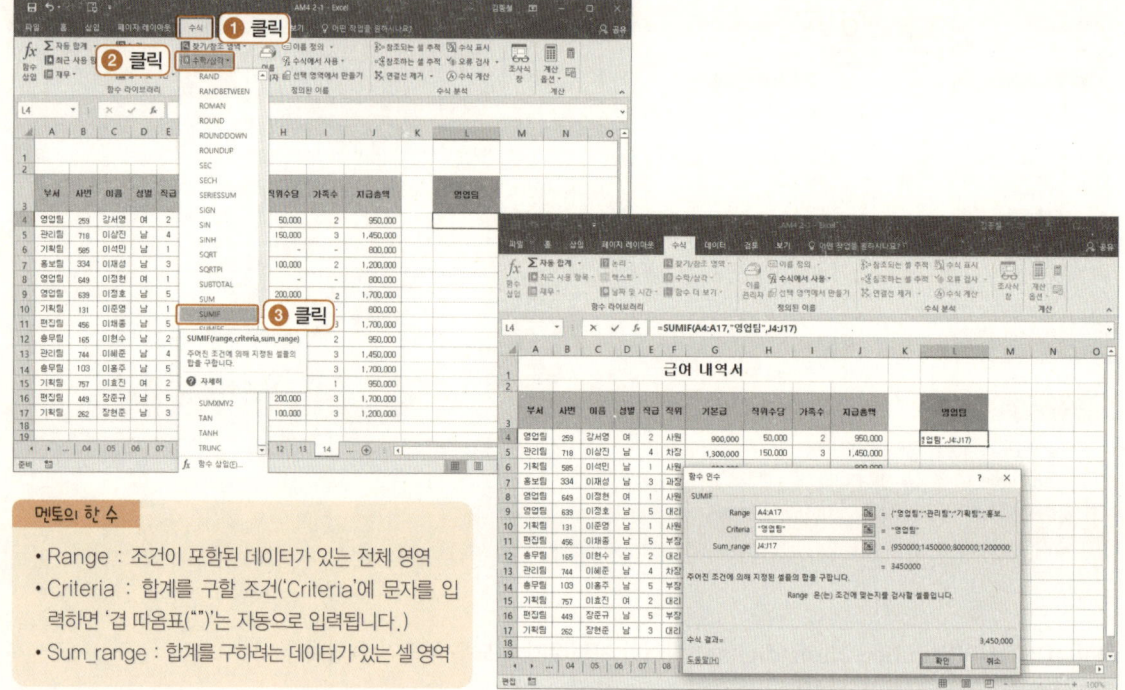

멘토의 한 수

- Range : 조건이 포함된 데이터가 있는 전체 영역
- Criteria : 합계를 구할 조건('Criteria'에 문자를 입력하면 '겹 따옴표("")'는 자동으로 입력됩니다.)
- Sum_range : 합계를 구하려는 데이터가 있는 셀 영역

❹ SUMIFS(Sum_range, Criteria range1, Criteria1, Criteria range2, Criteria2…) : 참조한 셀 영역에서 여러 조건에 맞는 셀의 합계를 구합니다.

[수식] 탭→[함수 라이브러리] 그룹→[수학/삼각]→[SUMIFS]

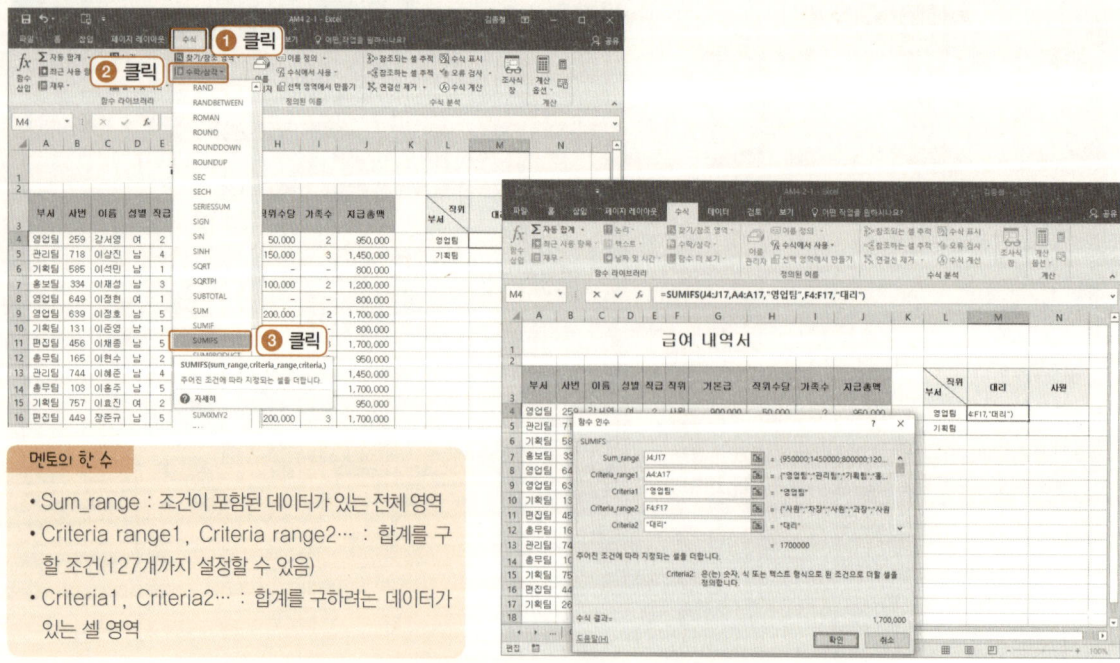

멘토의 한 수

- Sum_range : 조건이 포함된 데이터가 있는 전체 영역
- Criteria range1, Criteria range2… : 합계를 구할 조건(127개까지 설정할 수 있음)
- Criteria1, Criteria2… : 합계를 구하려는 데이터가 있는 셀 영역

1-3 통계 함수

많은 데이터 중에서 원하는 조건에 맞는 데이터만 뽑아서 개수를 셀 경우에는 COUNTIF 함수를 사용합니다. 비슷한 함수로는 자료가 없는 셀의 개수를 구하는 COUNTBLANK 함수가 있습니다. RANK 함수는 데이터를 주어진 조건에 맞게 순위를 구하는 함수로 오름차순/내림차순으로 구할 수 있습니다.

❶ COUNTIF(Range, Criteria) : 지정한 범위 내에서 조건에 맞는 셀의 개수를 구합니다.

[수식] 탭→[함수 라이브러리] 그룹→[함수 더 보기]→[통계]→[COUNTIF]

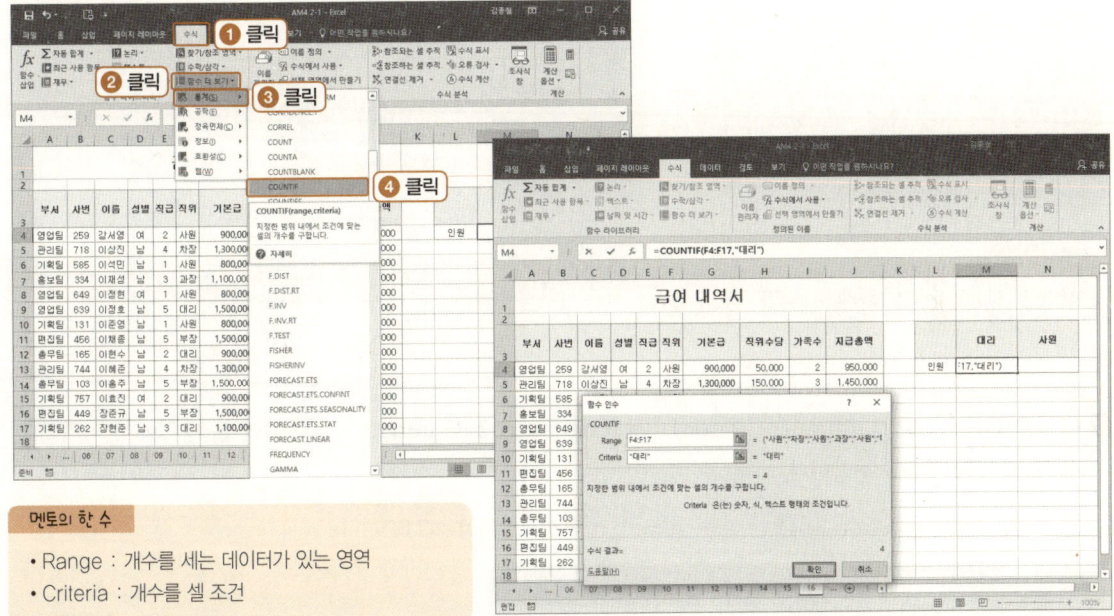

멘토의 한 수

• Range : 개수를 세는 데이터가 있는 영역
• Criteria : 개수를 셀 조건

❷ COUNTBLANK(Range) : 지정한 범위 내에서 비어 있는 셀의 개수를 구합니다.

[수식] 탭→[함수 라이브러리] 그룹→[함수 더 보기]→[통계]→[COUNTBLANK]

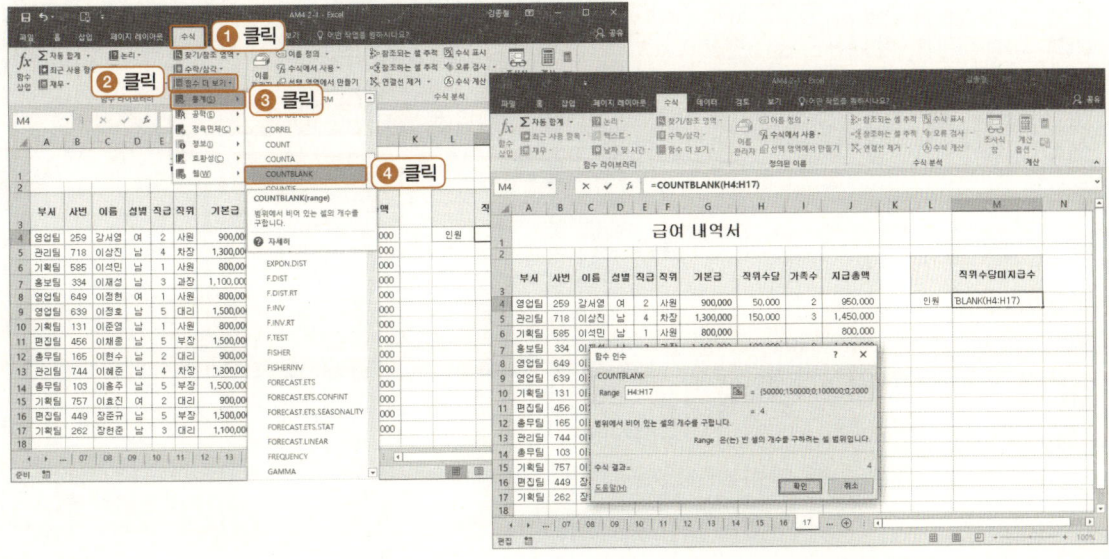

❸ COUNTA(Value1, Value2,…) : 지정한 범위 내에서 비어 있어 있지 않은 셀의 개수를 구합니다.

[수식] 탭→[함수 라이브러리] 그룹→[함수 더 보기]→[통계]→[COUNTA]

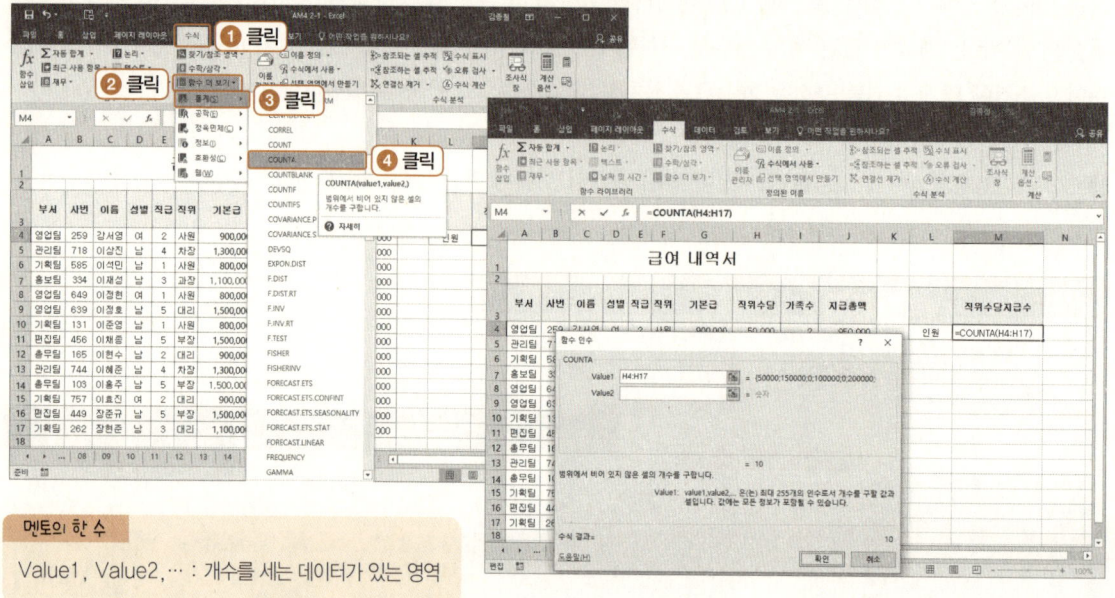

멘토의 한 수

Value1, Value2,… : 개수를 세는 데이터가 있는 영역

❹ COUNTIFS(Criteria_range1, Criteria1, Criteria_range2, Criteria2…) : 참조한 셀 영역에서 여러 조건에 맞는 셀의 개수를 구합니다.

[수식] 탭→[함수 라이브러리] 그룹→[함수 더 보기]→[통계]→[COUNTIFS]

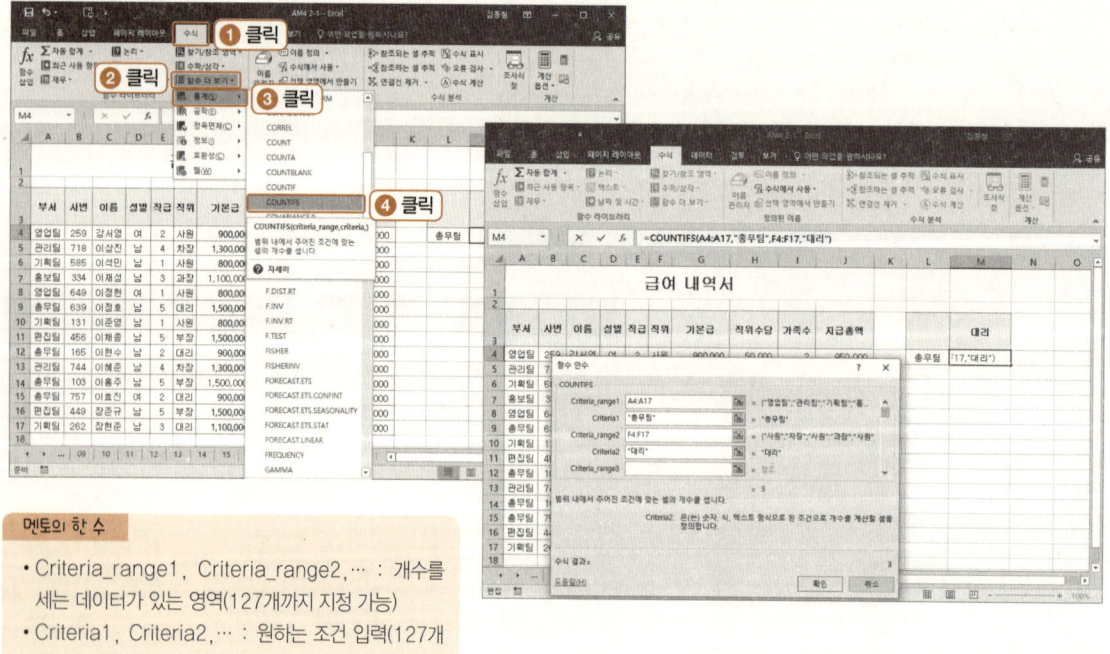

멘토의 한 수

• Criteria_range1, Criteria_range2, … : 개수를
  세는 데이터가 있는 영역(127개까지 지정 가능)
• Criteria1, Criteria2, … : 원하는 조건 입력(127개
  까지 지정 가능)

❺ RANK(Number, Ref, Order) : 선택한 셀이 지정한 범위 내에서 몇 번째인지를 구합니다.

[수식] 탭→[함수 라이브러리] 그룹→[함수 삽입]→'범주 선택:모두, 함수 선택:RANK')

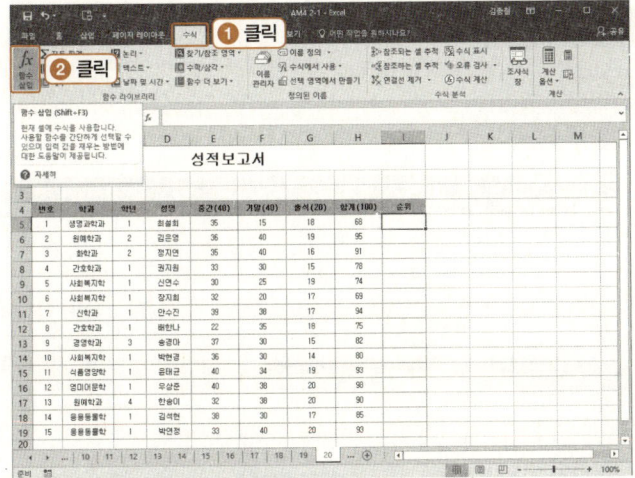

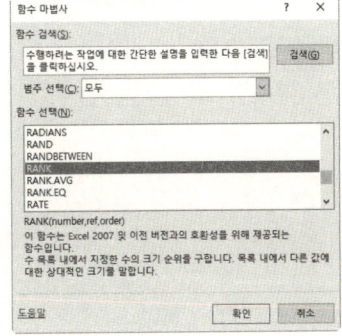

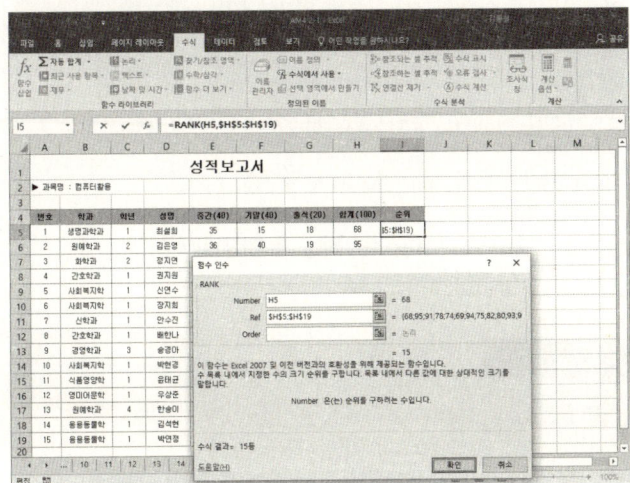

멘토의 한 수

• Number : 순위를 구할 셀
• Ref : 순위를 구하기 위해 비교할 수치가 있는 영역
• Order : 순위를 결정하는 옵션으로 0이나 생략하면 내림차순, 0 이외의 수를 입력하면 오름차순으로 순위를 부여

성적 순위는 일반적으로 내림차순으로 구하기 때문에 생략합니다.

1-4 텍스트 함수

문자열에서 원하는 문자수만큼 추출하여 원하는 데이터를 표시하는 방법으로 LEFT, RIGHT, MID 함수가 있습니다. 또한 텍스트 사이의 공백을 제거하는 TRIM, 여러 셀에 있는 텍스트를 하나의 셀로 합칠 때 사용하는 CONCATENATE 함수가 있습니다.

❶ LEFT(Text, Num_chars) : 문자열에서 왼쪽을 기준으로 지정한 개수만큼 추출합니다.

[수식] 탭→[함수 라이브러리] 그룹→[텍스트]→[LEFT]

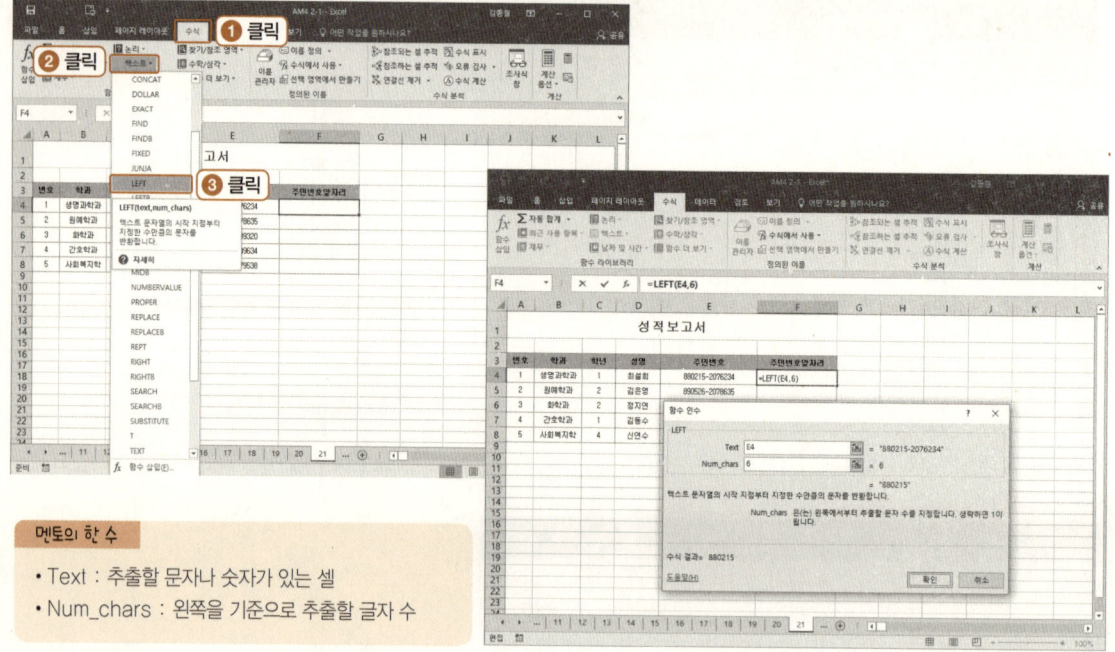

❷ RIGHT(Text, Num_chars) : 문자열에서 오른쪽을 기준으로 지정한 개수만큼 추출합니다.

[수식] 탭→[함수 라이브러리] 그룹→[텍스트]→[RIGHT]

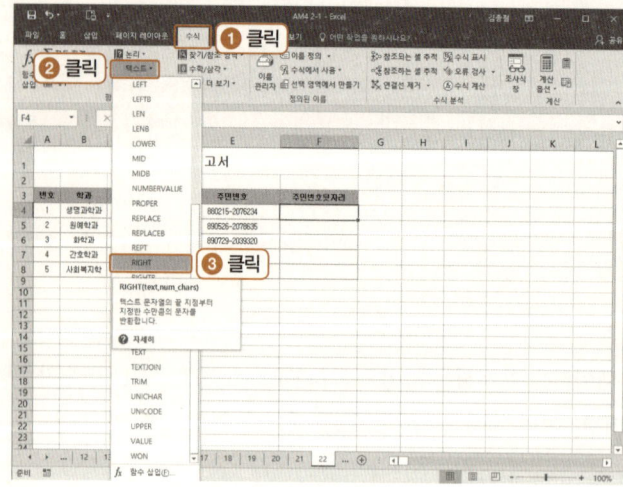

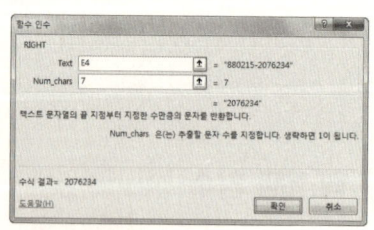

❸ MID(Text, Start_num, Num_chars) : 문자열에서 지정한 시작 위치에서 지정한 개수만큼 추출합니다.

[수식] 탭→[함수 라이브러리] 그룹→[텍스트]→[MID]

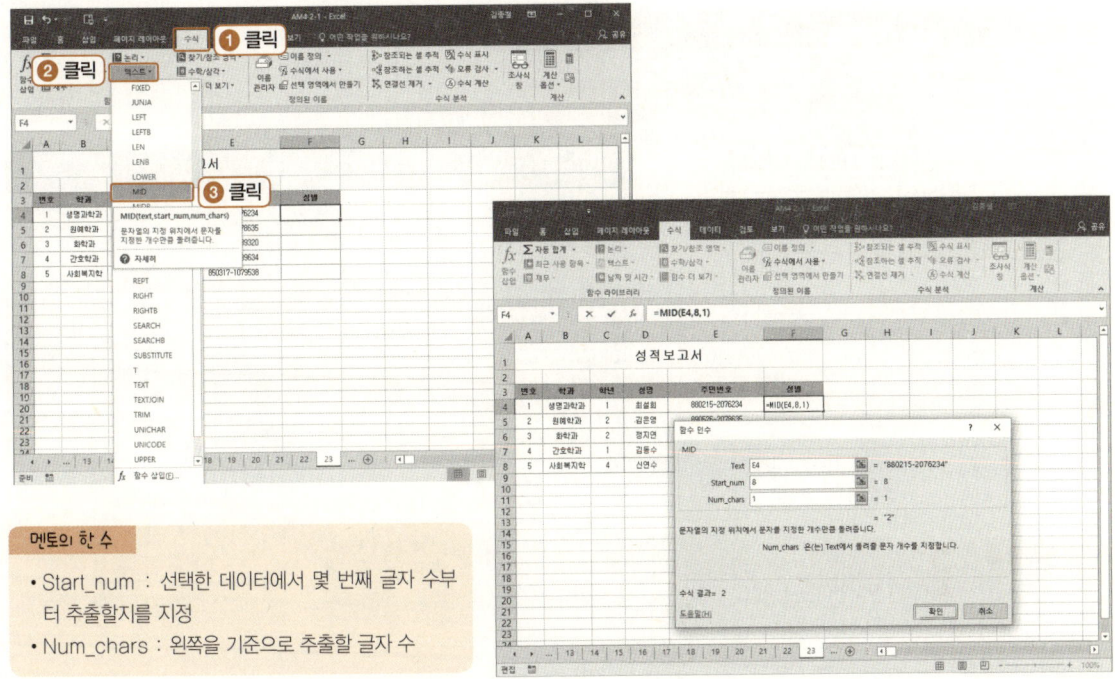

멘토의 한 수

• Start_num : 선택한 데이터에서 몇 번째 글자 수부
  터 추출할지를 지정
• Num_chars : 왼쪽을 기준으로 추출할 글자 수

❹ TRIM(Text) : 단어 사이에 있는 한 칸의 공백을 제외하고 문자열에 있는 모든 공백을 제거합니다.

[수식] 탭→[함수 라이브러리] 그룹→[텍스트]→[TRIM]

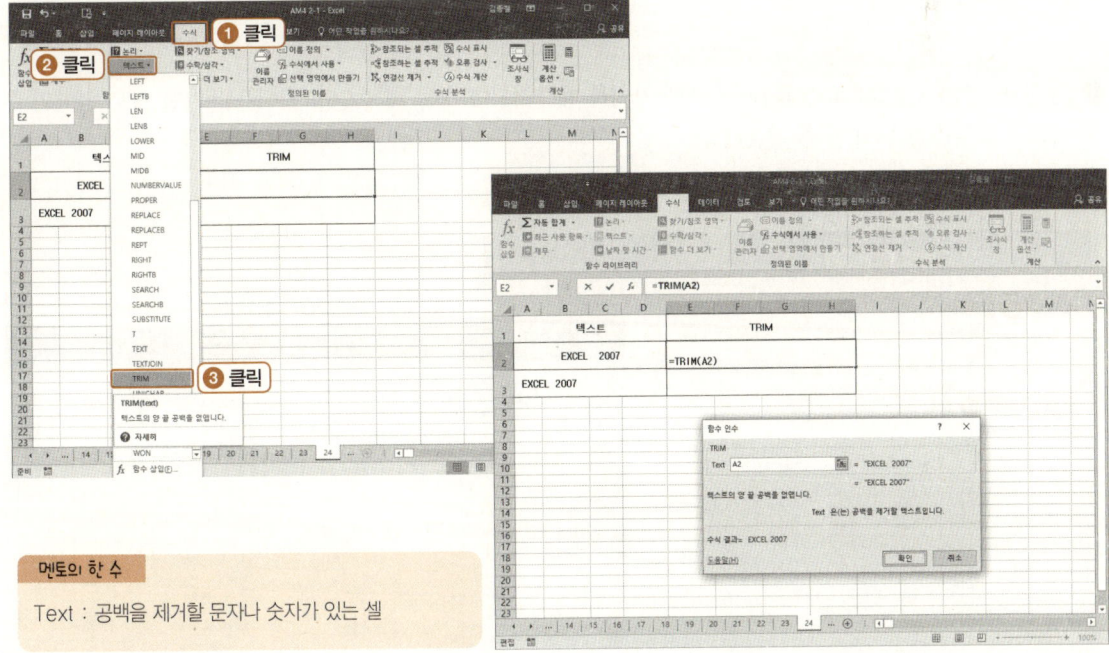

멘토의 한 수

Text : 공백을 제거할 문자나 숫자가 있는 셀

❺ CONCAT(Text1, Text2···) : 여러 개의 텍스트를 하나의 텍스트 문자열로 합칠 수 있습니다.

[수식] 탭→[함수 라이브러리] 그룹→[텍스트]→[CONCAT]

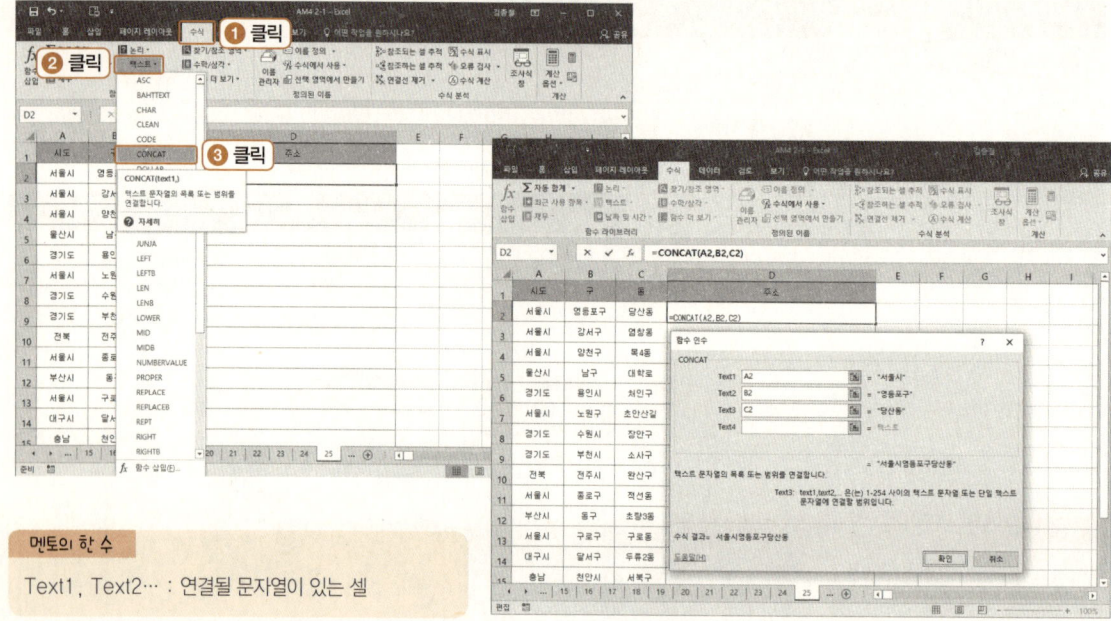

1-5 재무 함수

정기적으로 일정기간 금액을 납입하거나 대출을 받을 경우 상환액을 구하는 것으로 FV, PMT 등이 있습니다. 또한 투자액에 대한 현재 가치를 계산하는 PV 함수가 있습니다. 실생활과 연관되어 있는 함수를 활용해서 재테크에 도움이 될 수 있습니다.

❶ FV(Rate, Nper, Pmt, Pv, Type) : 미래 가치를 계산하는 함수로 매월 일정 금액을 투자할 경우 얼마의 수익금을 얻을 수 있는지 알 수 있습니다.

[수식] 탭→[함수 라이브러리] 그룹→[재무]→[FV]

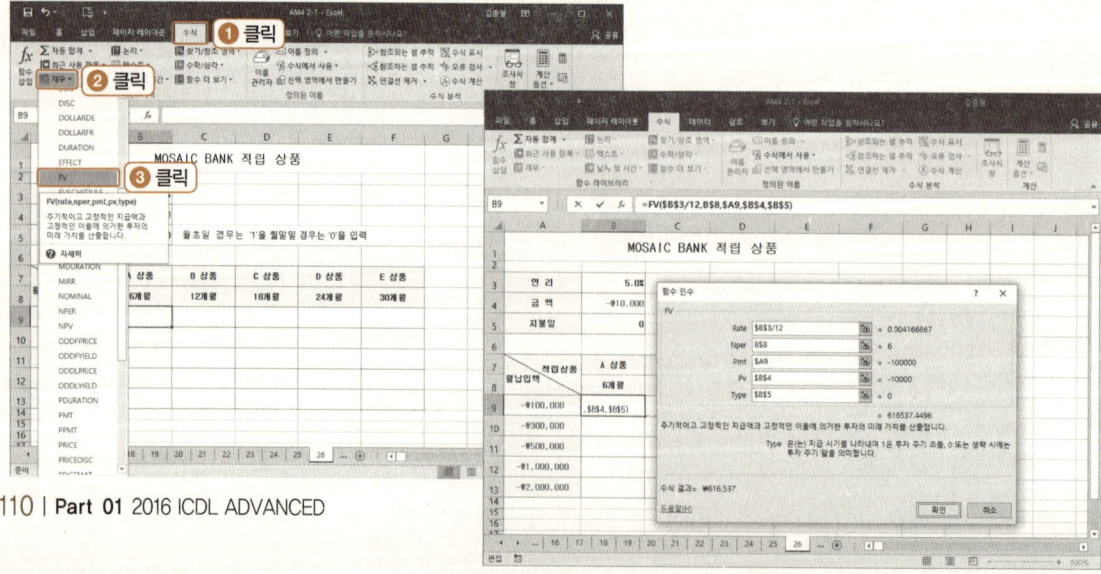

❷ PV(Rate, Nper, Pmt, Fv, Type) : 투자액에 대한 현재 가치를 알 수 있습니다.

[수식] 탭→[함수 라이브러리] 그룹→[재무]→[PV]

❸ PMT(Rate, Nper, Pv, Fv, Type) : 정기적으로 상환할 경우 이율을 포함한 상환 금액을 알 수 있습니다.

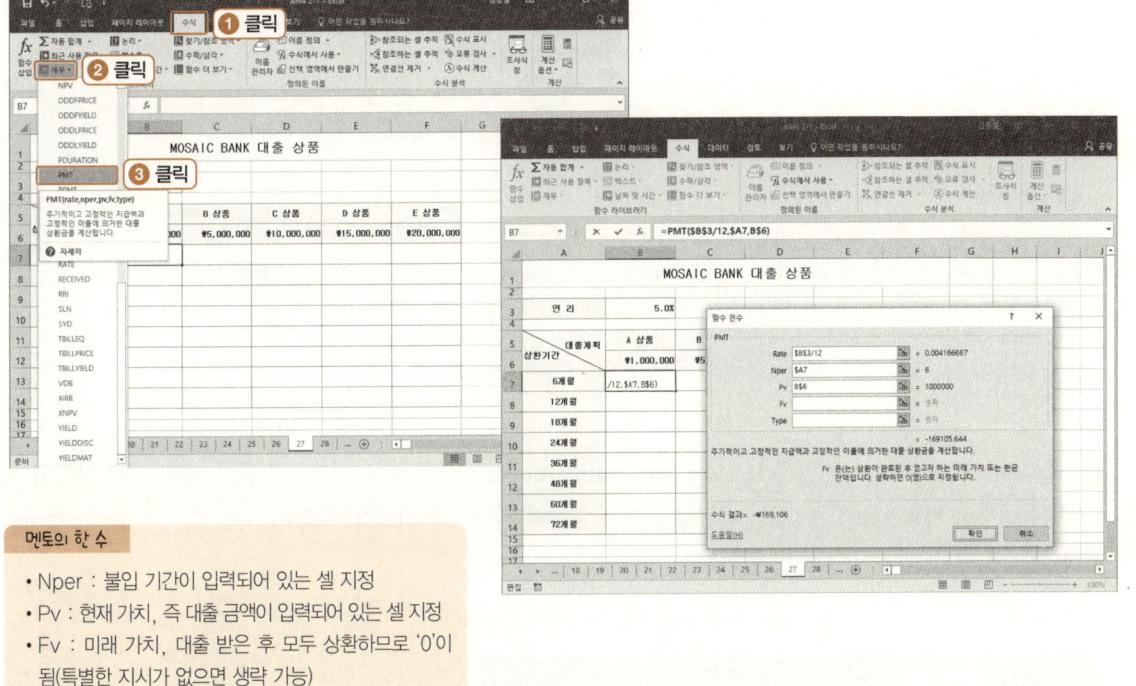

1-6 찾기 함수

참조한 범위에서 비교값을 찾아 선택한 셀에 값을 구하는 것으로, 조건이 있는 별도의 표를 만들어서 사용해야 합니다.

❶ VLOOKUP(Lookup_value, Table_array, Col_index_num, Range_lookup) : 지정한 셀 영역의 첫 번째 셀에서 비교값을 찾은 다음, 비교값과 같은 행에서 사용자가 지정한 열의 위치에 있는 데이터를 가져오는 함수입니다.

[수식] 탭→[함수 라이브러리] 그룹→[찾기/참조 영역]→[VLOOKUP]

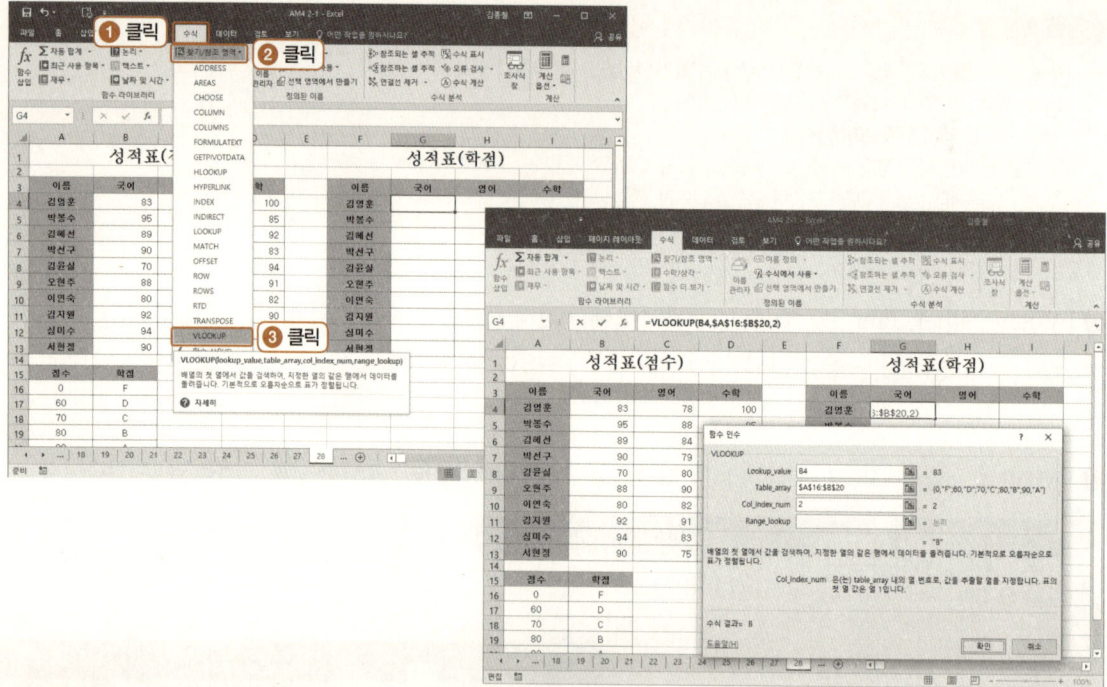

- Lookup_value : 데이터 목록에서 검색할 데이터 지정
- Table_array : Lookup_value에서 지정한 데이터를 검색할 셀 영역 지정('열 머리글'은 제외하고 선택해야 함)
- Col_index_num : Lookup_value에서 지정한 데이터를 Table_array의 첫 번째 열에서 검색해 같은 행에 있는 몇 번째 열의 데이터를 가져올 것인지 숫자로 지정
- Range_lookup : Lookup_value와 정확하게 일치하는 값을 검색하려면 'False'를, 비슷하게 찾으려면 'TRUE'를 입력하거나 생략

❷ HLOOKUP(Lookup_value, Table_array, Row_index_num, Range_lookup) : 지정한 셀 영역의 첫 번째 셀에서 비교값을 찾은 다음, 비교값과 같은 열에서 사용자가 지정한 행의 위치에 있는 데이터를 가져오는 함수입니다.

[수식] 탭→[함수 라이브러리] 그룹→[찾기/참조 영역]→[HLOOKUP]

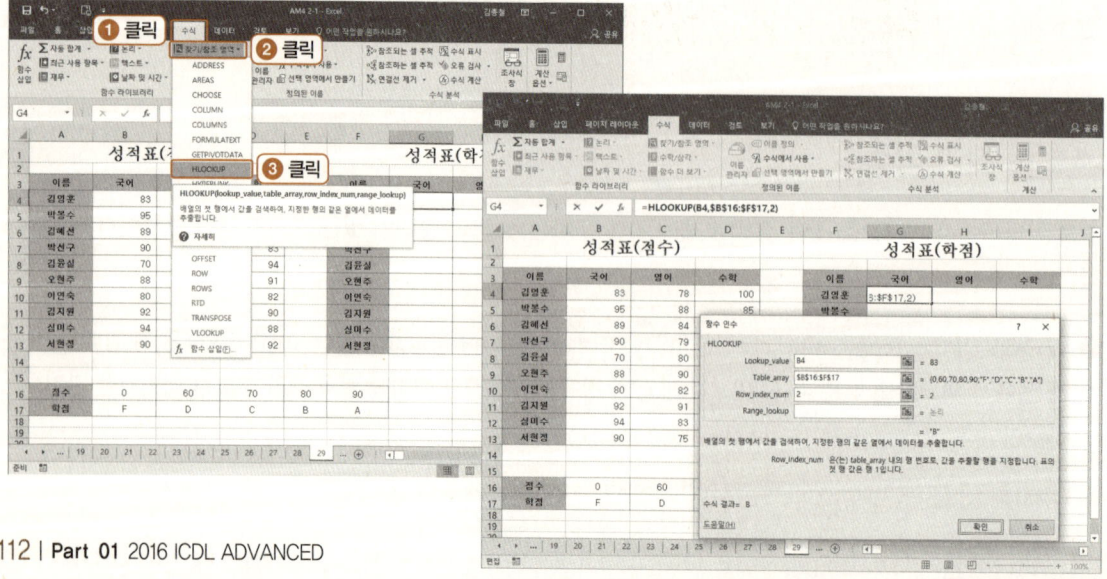

데이터베이스 함수

데이터 목록 중에서 조건식에 충족하는 데이터만 추출해서 계산합니다. 모든 데이터베이스 함수는 동일한 함수식을 사용하며, 함수 이름에 의해서 사용하려는 함수를 선택하면 됩니다.

❶ DSUM(Database, Field, Criteria) : 데이터 목록 중에서 조건에 맞는 자료들의 합계를 계산합니다.

[수식] 탭→[함수 라이브러리] 그룹→[함수 삽입]→'범주 선택:데이터베이스, 함수 선택:DSUM')

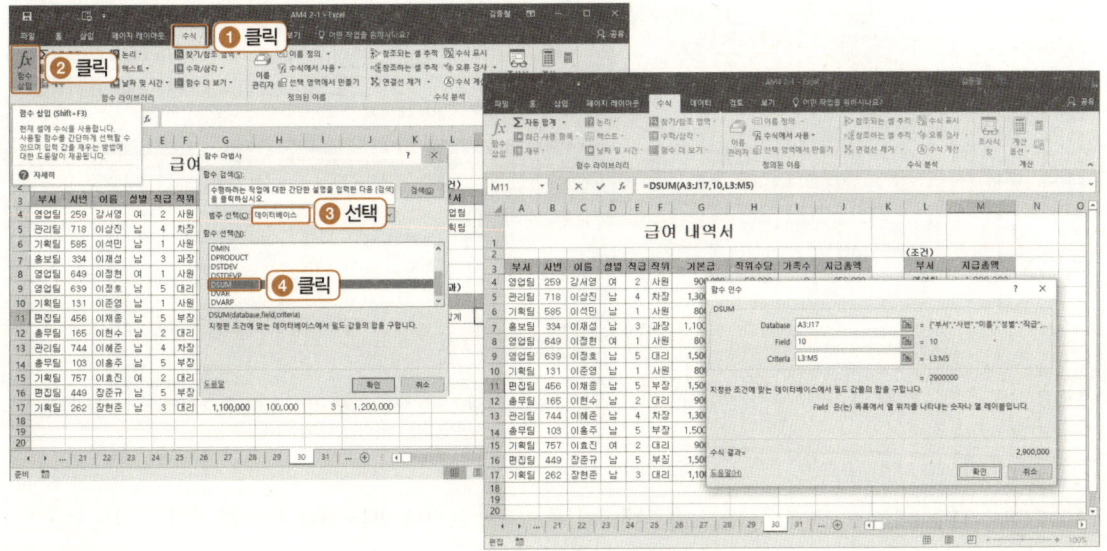

멘토의 한 수

• Database : 데이터베이스 목록
• Field : 계산한 열의 번호나 이름
• Criteria : 데이터베이스에서 찾을 조건, 같은 행에 있으면 AND, 다른 행에 있으면 OR 조건

❷ DMIN(Database, Field, Criteria) : 데이터 목록에서 조건에 맞는 자료 중에서 최소값을 계산합니다.

[수식] 탭→[함수 라이브러리] 그룹→[함수 삽입]→'범주 선택:데이터베이스, 함수 선택:DMIN')

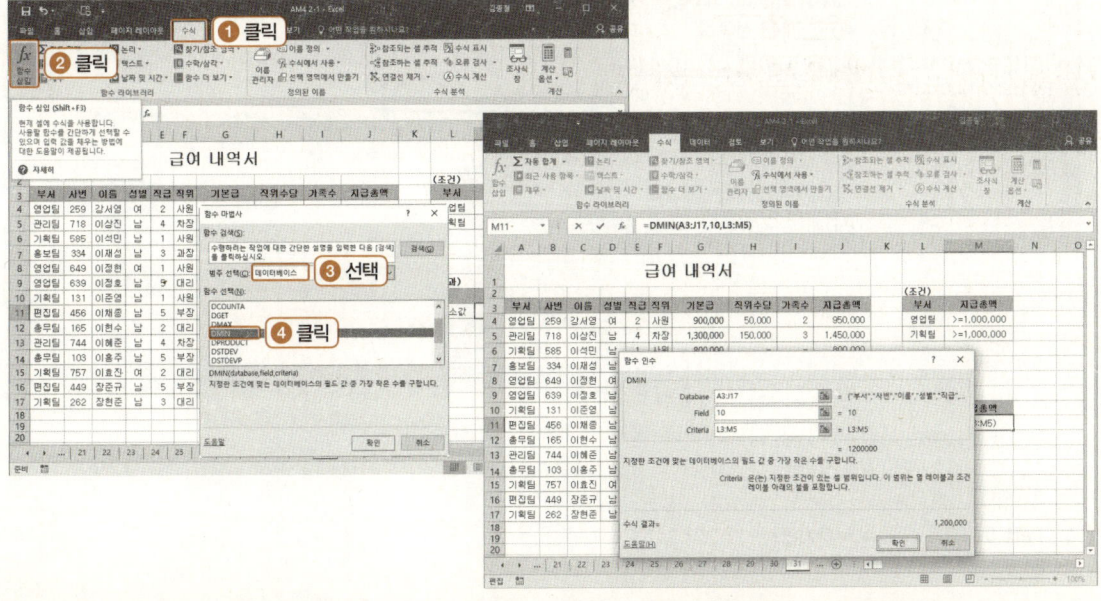

❸ DMAX(Database, Field, Criteria) : 데이터 목록에서 조건에 맞는 자료 중에서 최대값을 계산합니다.

[수식] 탭→[함수 라이브러리] 그룹→[함수 삽입]→'범주 선택:데이터베이스, 함수 선택:DMAX')

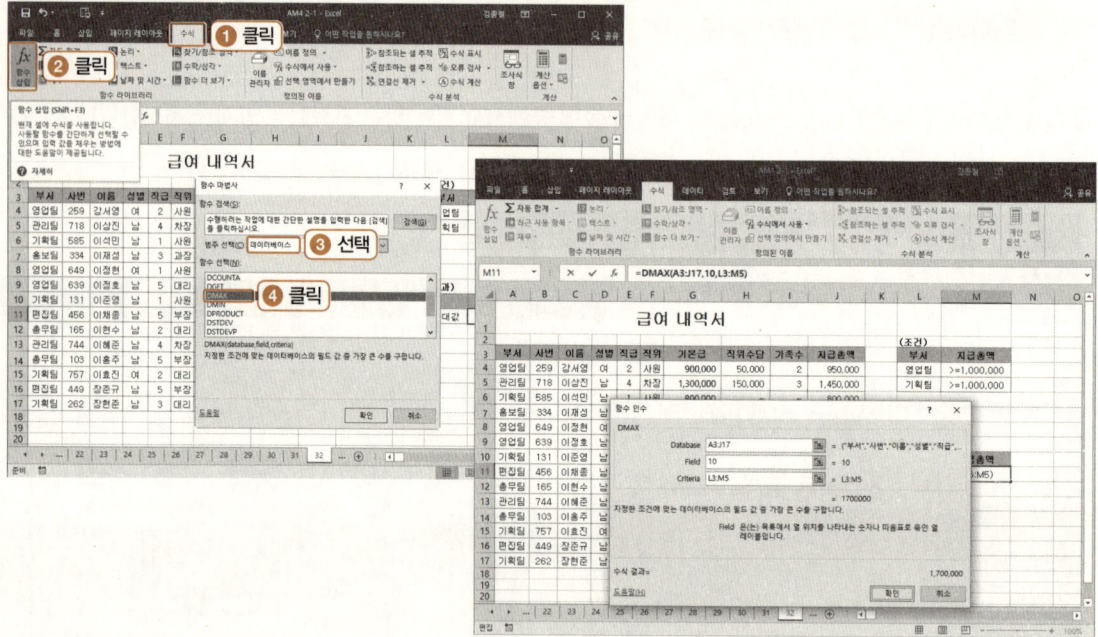

❹ DCOUNT(Database, Field, Criteria) : 데이터 목록에서 조건에 맞는 자료 중에서 숫자가 있는 레코드의 개수를 계산합니다.

[수식] 탭→[함수 라이브러리] 그룹→[함수 삽입]→'범주 선택:데이터베이스, 함수 선택:DCOUNT')

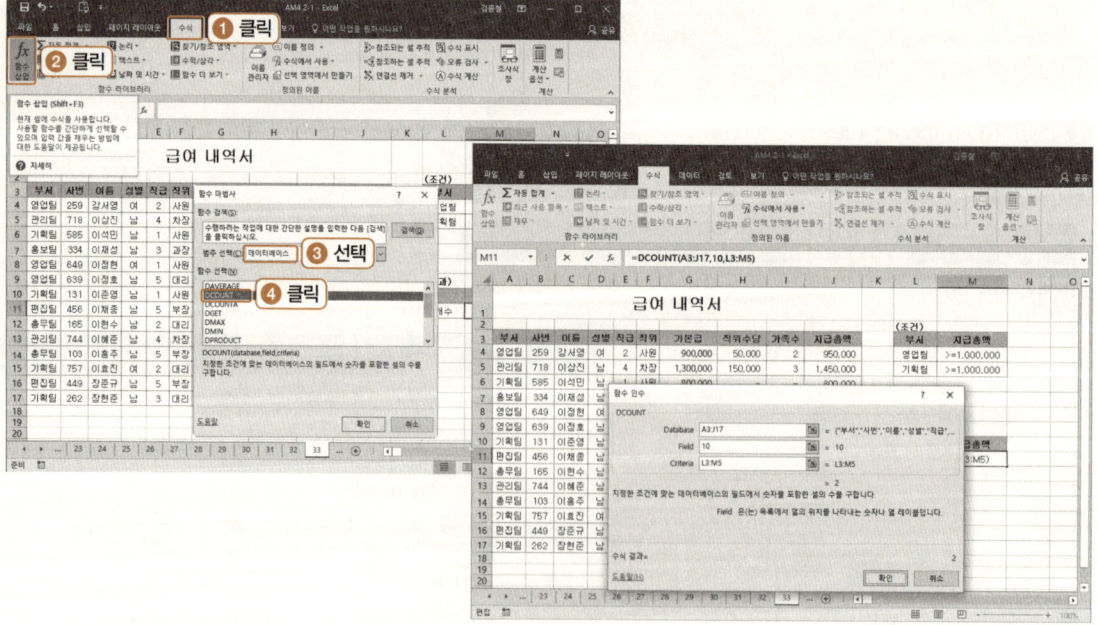

❺ DAVERAGE(Database, Field, Criteria) : 데이터 목록에서 조건에 맞는 자료들의 평균을 계산합니다.

[수식] 탭→[함수 라이브러리] 그룹→[함수 삽입]→'범주 선택:데이터베이스, 함수 선택:DAVERAGE')

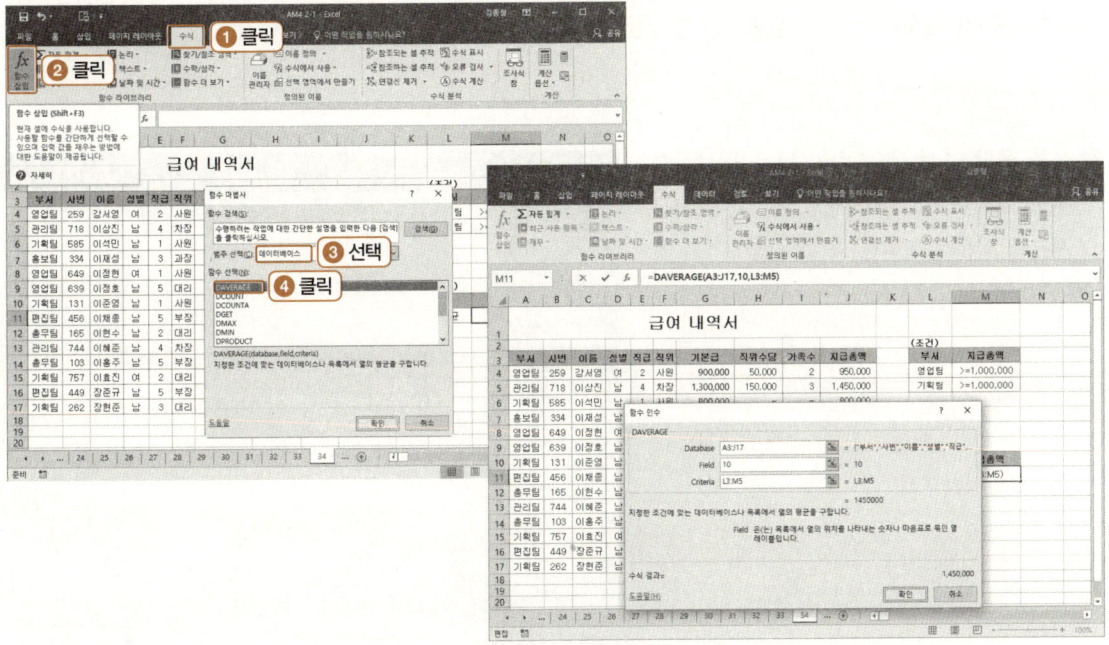

1-8 중첩 함수

함수를 사용하다보면 하나의 함수로는 원하는 결과값을 얻지 못할 경우가 종종 발생합니다. 이럴 경우를 대비해서 여러 개의 함수를 중첩해서 사용할 수 있습니다. 중첩 함수를 이용하면 도저히 얻지 못할 것 같은 결과값도 의외로 쉽게 처리할 수 있습니다. 가장 많이 사용하는 중첩 함수 중 하나는 IF와 AND/OR 함수를 같이 사용하는 방법입니다.

[수식] 탭→[함수 라이브러리] 그룹→[논리]→[IFS]

일반적으로 같은 워크시트 내에서 셀을 참조하지만 경우에 따라서는 다른 워크시트나 통합 문서를 활용해서 참조를 할 경우가 있습니다. 이럴 경우 '3D 참조'를 이용하면 편리하게 다른 워크시트에 있는 합계를 구할 수 있게 됩니다.

❶ 같은 통합 문서 내에 있는 다른 워크시트 참조 : 같은 통합 문서 내에 있는 다른 워크시트의 셀을 참조하면 셀 주소 앞에 '!'가 추가됩니다.

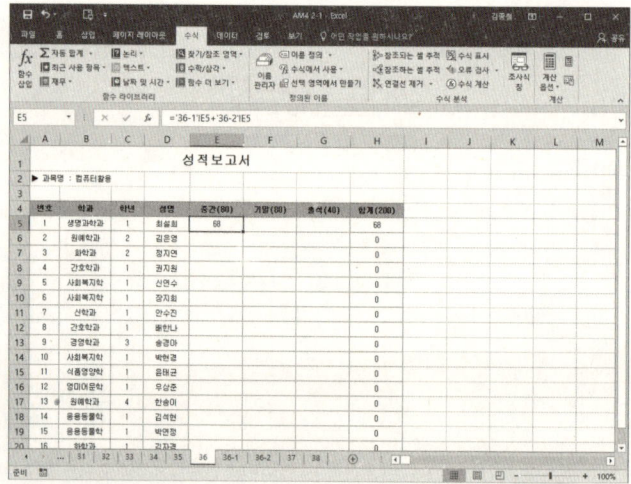

❷ 다른 통합 문서 내에 있는 다른 워크시트 참조 : 다른 통합 문서에 있는 다른 워크시트의 셀을 참조하면 '[ ]'로 묶여 추가됩니다.

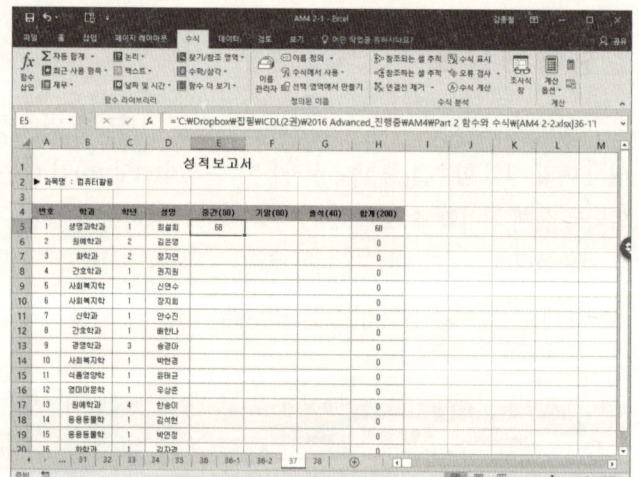

1-10 혼합 참조

셀을 참조하는 방법으로 상대 참조, 절대 참조, 혼합 참조가 있습니다. 상대 참조는 수식에 있던 셀 주소들이 옮겨지는 위치에 맞게 자동으로 변경되지만 절대 참조는 수식을 다른 셀에 복사하더라도 수식에 있던 셀 주소들이 바뀌지 않습니다. 혼합 참조는 상대 참조와 절대 참조를 섞어서 사용하는 방식으로 열이나 행 중에 하나만 절대 참조로 설정되는 것을 말합니다. 혼합 참조를 사용할 때에는 행이나 열 중에 하나만 '$'를 붙이면 됩니다.

절대 참조를 지정하는 단축키는 F4이며, 한 번 누를 때마다 절대→혼합→상대 참조로 변환됩니다.

셀 주소	단축키	내용
A1	처음 셀 주소	열(A)과 행(1)이 모두 바뀌는 상대 참조
$A$1	F4 한 번 누름	열($A)과 행($1)이 모두 바뀌지 않는 절대 참조
A$1	F4 두 번 누름	열(A)은 바뀌지만, 행($1)이 바뀌지 않는 혼합 참조
$A1	F4 세 번 누름	열($A)은 바뀌지 않지만, 행(1)이 바뀌는 혼합 참조
A1	F4 네 번 누름	열(A)과 행(1)이 모두 바뀌는 상대 참조

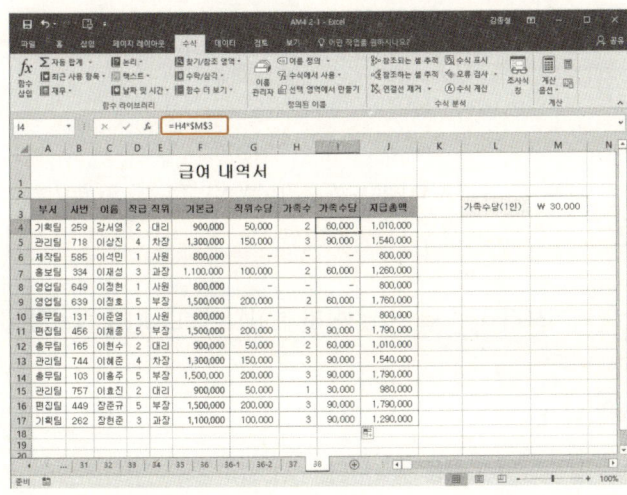

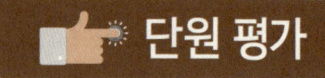

◉ 예제: C:₩ICDL2016A₩AM4 e2-1.xlsx→01 워크시트

❶ [J2] 셀에 현재 날짜를 삽입하시오.

❶ [J2] 셀을 선택한 후 [수식] 탭→[함수 라이브러리] 그룹→[날짜 및 시간]→[TODAY]를 클릭합니다.

❷ [확인] 버튼을 클릭합니다.

❸ 현재 날짜가 삽입됩니다.

◉ 예제: C:₩ICDL2016A₩AM4 e2-1.xlsx→02 워크시트

❷ [J2] 셀에 현재 날짜와 시간을 삽입하시오.

❶ [J2] 셀을 선택한 후 [수식] 탭→[함수 라이브러리] 그룹→[날짜 및 시간]→[NOW]를 클릭합니다.

❷ [확인] 버튼을 클릭합니다.

❸ 현재 날짜와 시간이 삽입됩니다.

◉ 예제: C:₩ICDL2016A₩AM4 e2-1.xlsx→03 워크시트

❸ [H4:H8] 영역에 입학년도를 구하시오.

❶ [H4] 셀을 선택한 후 [수식] 탭→[함수 라이브러리] 그룹→[날짜 및 시간]→[YEAR]를 클릭합니다.

❷ [C4] 셀을 클릭한 후 [확인] 버튼을 클릭합니다.

❸ 입학년도가 추출되면 자동 채우기를 이용하여 나머지 셀을 채웁니다.

◉ 예제: C:₩ICDL2016A₩AM4 e2-1.xlsx→04 워크시트

❹ [H4:H8] 영역에 입학월을 구하시오.

❶ [H4] 셀을 선택한 후 [수식] 탭→[함수 라이브러리] 그룹→[날짜 및 시간]→[MONTH]를 클릭합니다.

❷ [C4] 셀을 클릭한 후 [확인] 버튼을 클릭합니다.

❸ 입학월이 추출되면 자동 채우기를 이용하여 나머지 셀을 채웁니다.

◉ 예제: C:\CDL2016A\AM4 e2-1.xlsx→05 워크시트

5 [H4:H8] 영역에 입학일을 구하시오.

❶ [H4] 셀을 선택한 후 [수식] 탭→[함수 라이브러리] 그룹→[날짜 및 시간]→[DAY]를 클릭합니다.

❷ [C4] 셀을 클릭한 후 [확인] 버튼을 클릭합니다.

❸ 입학일이 추출되면 자동 채우기를 이용하여 나머지 셀을 채웁니다.

◉ 예제: C:\CDL2016A\AM4 e2-1.xlsx→06 워크시트

6 [C4:C8] 영역에 입학 날짜를 구하시오.

❶ [C4] 셀을 선택한 후 [수식] 탭→[함수 라이브러리] 그룹→[날짜 및 시간]→[DATE]를 클릭합니다.

❷ 'Year : H4, Month : I4, Day : J4'를 설정한 후 [확인] 버튼을 클릭합니다.

❸ 입학 날짜가 추출되면 자동 채우기를 이용하여 나머지 셀을 채웁니다.

◉ 예제: C:\CDL2016A\AM4 e2-1.xlsx→07 워크시트

7 [I4:I8] 영역에 신청된 시간을 구하시오.

❶ [I4] 셀을 선택한 후 [수식] 탭→[함수 라이브러리] 그룹→[날짜 및 시간]→[HOUR]를 클릭합니다.

❷ [C4] 셀을 클릭한 후 [확인] 버튼을 클릭합니다.

❸ 신청된 시간이 추출되면 자동 채우기를 이용하여 나머지 셀을 채웁니다.

◉ 예제: C:\CDL2016A\AM4 e2-1.xlsx→08 워크시트

8 [I4:I8] 영역에 신청된 분을 구하시오.

❶ [I4] 셀을 선택한 후 [수식] 탭→[함수 라이브러리] 그룹→[날짜 및 시간]→[MINUTE]를 클릭합니다.

❷ [C4] 셀을 클릭한 후 [확인] 버튼을 클릭합니다.

❸ 신청된 분이 추출되면 자동 채우기를 이용하여 나머지 셀을 채웁니다.

◉ 예제: C:₩ICDL2016A₩AM4 e2-1.xlsx→09 워크시트

⑨ [I4:I8] 영역에 신청된 초를 구하시오.

❶ [I4] 셀을 선택한 후 [수식] 탭→[함수 라이브러리] 그룹→[날짜 및 시간]→[SECOND]를 클릭합니다.

❷ [C4] 셀을 클릭한 후 [확인] 버튼을 클릭합니다.

❸ 신청된 초가 추출되면 자동 채우기를 이용하여 나머지 셀을 채웁니다.

◉ 예제: C:₩ICDL2016A₩AM4 e2-1.xlsx→10 워크시트

⑩ [H4:H8] 영역에 요일이 나타나도록 하시오.

❶ [H4] 셀을 선택한 후 [수식] 탭→[함수 라이브러리] 그룹→[날짜 및 시간]→[WEEKDAY]를 클릭합니다.

❷ 'Serial_number'에 [C4] 셀을 클릭한 후 [확인] 버튼을 클릭합니다.

❸ 요일이 구해지면 자동 채우기를 이용하여 나머지 셀을 채웁니다.

◉ 예제: C:₩ICDL2016A₩AM4 e2-1.xlsx→11 워크시트

⑪ [H4:H8] 영역에 입학일 수를 구하시오.

❶ [H4] 셀에 '=DATEDIF(C4,TODAY( ),"D")'를 입력한 후 Enter 를 누릅니다.

❷ 입학일 수가 구해지면 자동 채우기를 이용하여 나머지 셀을 채웁니다.

◉ 예제: C:₩ICDL2016A₩AM4 e2-1.xlsx→12 워크시트

⑫ [H4:H17] 영역에 평균값을 내림으로 구하시오(소수 자릿수는 없음으로 할 것).

❶ [H4] 셀을 선택한 후 [수식] 탭→[함수 라이브러리] 그룹→[수학/삼각]→[ROUNDDOWN]을 클릭합니다.

❷ 'Number : G4, Num_digits : 0'을 설정한 후 [확인] 버튼을 클릭합니다.

❸ 평균값이 구해지면 자동 채우기를 이용하여 나머지 셀을 채웁니다.

◉ 예제: C:₩CDL2016A₩AM4 e2−1.xlsx→13 워크시트

⑬ [H4:H17] 영역에 평균값을 올림으로 구하시오(소수 자릿수는 없음으로 할 것).

❶ [H4] 셀을 선택한 후 [수식] 탭→[함수 라이브러리] 그룹→[수학/삼각]→[ROUNDUP]을 클릭합니다.

❷ 'Number : G4, Num_digits : 0'을 설정한 후 [확인] 버튼을 클릭합니다.

❸ 평균값이 구해지면 자동 채우기를 이용하여 나머지 셀을 채웁니다.

◉ 예제: C:₩CDL2016A₩AM4 e2−1.xlsx→14 워크시트

⑭ [L4] 셀에 영업팀의 지급총액을 구하시오.

❶ [L4] 셀을 선택한 후 [수식] 탭→[함수 라이브러리] 그룹→[수학/삼각]→[SUMIF]를 클릭합니다.

❷ 'Range : A4:A17, Criteria : 영업팀, Sum_range : J4:J17'을 설정한 후 [확인] 버튼을 클릭합니다.

❸ 영업팀의 지급총액이 구해집니다.

◉ 예제: C:₩CDL2016A₩AM4 e2−1.xlsx→15 워크시트

⑮ [M4] 셀에 영업팀의 대리인 직원의 지급총액을 구하시오.

❶ [M4] 셀을 선택한 후 [수식] 탭→[함수 라이브러리] 그룹→[수학/삼각]→[SUMIFS]를 클릭합니다.

❷ 'Sum_range : J4:J17, Criteria range1 : A4:A17, Criteria1 : 영업팀, Criteria range1 : F4:F17, Criteria1 : 대리'를 설정한 후 [확인] 버튼을 클릭합니다.

❸ 영업팀 대리의 지급총액이 구해집니다.

◉ 예제: C:₩CDL2016A₩AM4 e2−1.xlsx→16 워크시트

⑯ [M4] 셀에 직위가 대리인 직원의 수를 구하시오.

❶ [M4] 셀을 선택한 후 [수식] 탭→[함수 라이브러리] 그룹→[함수 더 보기]→[통계]→[COUNTIF]를 클릭합니다.

❷ 'Range : F4:F17, Criteria : 대리'를 설정한 후 [확인] 버튼을 클릭합니다.

❸ 직위가 대리인 수가 구해집니다.

◉ 예제: C:\ICDL2016A\AM4 e2-1.xlsx→17 워크시트

⑰ [M4] 셀에 직위 수당이 없는 인원의 수를 구하시오.

❶ [M4] 셀을 선택한 후 [수식] 탭→[함수 라이브러리] 그룹→[함수 더 보기]→[통계]→[COUNTBLANK]를 클릭합니다.

❷ 'Range : H4:H17'을 설정한 후 [확인] 버튼을 클릭합니다.

❸ 직위 수당이 없는 직원의 수가 구해집니다.

◉ 예제: C:\ICDL2016A\AM4 e2-1.xlsx→18 워크시트

⑱ [M4] 셀에 직위 수당을 지급하는 인원의 수를 구하시오.

❶ [M4] 셀을 선택한 후 [수식] 탭→[함수 라이브러리] 그룹→[함수 더 보기]→[통계]→[COUNTA]를 클릭합니다.

❷ 'Value1 : H4:H17'을 설정한 후 [확인] 버튼을 클릭합니다.

❸ 직위 수당을 지급하는 직원의 수가 구해집니다.

◉ 예제: C:\ICDL2016A\AM4 e2-1.xlsx→19 워크시트

⑲ [M4] 셀에 총무팀의 대리인 직원의 수를 구하시오.

❶ [M4] 셀을 선택한 후 [수식] 탭→[함수 라이브러리] 그룹→[함수 더 보기]→[통계]→[COUNTIFS]를 클릭합니다.

❷ 'Criteria_range1 : A4:A17, Criteria1 : 총무팀, Criteria_range2 : F4:F17, Criteria2 : 대리'를 설정한 후 [확인] 버튼을 클릭합니다.

◉ 예제: C:\ICDL2016A\AM4 e2-1.xlsx→20 워크시트

⑳ [I5:I19] 영역에 순위를 구하시오(합계가 높을수록 순위가 높도록 할 것).

❶ [I5] 셀을 선택한 후 [수식] 탭→[함수 라이브러리] 그룹→[함수 삽입]을 클릭합니다.

❷ '범주 선택 : 모두, 함수 선택 : RANK'를 선택한 후 [확인] 버튼을 클릭합니다.

❸ 'Number : H5, Ref : H5:H19'를 설정한 후 [확인] 버튼을 클릭합니다.

❹ 순위가 구해지면 자동 채우기를 이용하여 나머지 셀을 채웁니다.

◉ 예제: C:₩ICDL2016A₩AM4 e2-1.xlsx→21 워크시트

㉑ [F4:F8] 영역에 주민등록번호의 앞 6자리를 추출하시오.

❶ [F4] 셀을 선택한 후 [수식] 탭→[함수 라이브러리] 그룹→[텍스트]→[LEFT]를 클릭합니다.

❷ 'Text : E4, Num_chars : 6'을 설정한 후 [확인] 버튼을 클릭합니다.

❸ 주민등록번호의 앞 6자리가 구해지면 자동 채우기를 이용하여 나머지 셀을 채웁니다.

◉ 예제: C:₩ICDL2016A₩AM4 e2-1.xlsx→22 워크시트

㉒ [F4:F8] 영역에 주민등록번호의 뒤 7자리를 추출하시오.

❶ [F4] 셀을 선택한 후 [수식] 탭→[함수 라이브러리] 그룹→[텍스트]→[RIGHT]를 클릭합니다.

❷ 'Text : E4, Num_chars : 7'을 설정한 후 [확인] 버튼을 클릭합니다.

❸ 주민등록번호의 뒤 7자리가 구해지면 자동 채우기를 이용하여 나머지 셀을 채웁니다.

◉ 예제: C:₩ICDL2016A₩AM4 e2-1.xlsx→23 워크시트

㉓ [F4:F8] 영역에 주민등록번호에서 성별을 구분할 수 있는 1자리를 추출하시오.

❶ [F2] 셀을 선택한 후 [수식] 탭→[함수 라이브러리] 그룹→[텍스트]→[MID]를 클릭합니다.

❷ 'Text : E4, Start_num : 8, Num_chars : 1'을 설정한 후 [확인] 버튼을 클릭합니다.

❸ 성별을 구분할 수 있는 1자리가 구해지면 자동 채우기를 이용하여 나머지 셀을 채웁니다.

◉ 예제: C:₩ICDL2016A₩AM4 e2-1.xlsx→24 워크시트

㉔ [E2:E3] 영역에 [A2:A3] 영역에서 한 칸의 공백을 제외한 모든 공백을 제거하시오.

❶ [E2] 셀을 선택한 후 [수식] 탭→[함수 라이브러리] 그룹→[텍스트]→[TRIM]을 클릭합니다.

❷ 'A2'를 설정한 후 [확인] 버튼을 클릭합니다.

❸ 공백이 제거되면 자동 채우기를 이용하여 [E3] 셀을 채웁니다.

◎ 예제: C:\ICDL2016A\AM4 e2-1.xlsx→25 워크시트

㉕ [D2:D15] 영역에 [A1:C15] 영역의 데이터를 이용하여 주소를 완성하시오.

❶ [D2] 셀을 선택한 후 [수식] 탭→[함수 라이브러리] 그룹→[텍스트]→[CONCAT]를 클릭합니다.

❷ 'Text1 : A2, Text2 : B2, Text3 : C2'를 설정한 후 [확인] 버튼을 클릭합니다.

❸ 주소가 완성되면 자동 채우기를 이용하여 나머지 셀을 채웁니다.

◎ 예제: C:\ICDL2016A\AM4 e2-1.xlsx→26 워크시트

㉖ [B9:F13] 영역에 FV 함수를 이용하여 적립 금액을 구하시오.

❶ [B9] 셀을 선택한 후 [수식] 탭→[함수 라이브러리] 그룹→[재무]→[FV]를 클릭합니다.

❷ 'Rate : $B$3/12, Nper : B$8, Pmt : $A9, Pv : $B$4, Type : $B$5'를 설정한 후 [확인] 버튼을 클릭합니다.

❸ 적립 금액이 구해지면 자동 채우기를 이용하여 나머지 셀을 채웁니다.

◎ 예제: C:\ICDL2016A\AM4 e2-1.xlsx→27 워크시트

㉗ [B7:F14] 영역에 PMT 함수를 이용하여 대출 금액을 구하시오.

❶ [B7] 셀을 선택한 후 [수식] 탭→[함수 라이브러리] 그룹→[재무]→[PMT]를 클릭합니다.

❷ 'Rate : $B$3/12, Nper : $A7, Pv : B$6'을 설정한 후 [확인] 버튼을 클릭합니다.

❸ 대출 금액이 구해지면 자동 채우기를 이용하여 나머지 셀을 채웁니다.

◎ 예제: C:\ICDL2016A\AM4 e2-1.xlsx→28 워크시트

㉘ [G4:I13] 영역에 VLOOKUP 함수를 이용하여 학점을 구하시오.

❶ [G4] 셀을 선택한 후 [수식] 탭→[함수 라이브러리] 그룹→[찾기/참조 영역]→[VLOOKUP]을 클릭합니다.

❷ 'Lookup_value : B4, Table_array : $A$16:$B$20, Col_index_num : 2'를 설정한 후 [확인] 버튼을 클릭합니다.

❸ 성적이 구해지면 자동 채우기를 이용하여 나머지 셀을 채웁니다.

◉ 예제: C:₩ICDL2016A₩AM4 e2-1.xlsx→29 워크시트

㉙ [G4:I13] 영역에 HLOOKUP 함수를 이용하여 학점을 구하시오.

❶ [G4] 셀을 선택한 후 [수식] 탭→[함수 라이브러리] 그룹→[찾기/참조 영역]→[HLOOKUP]을 클릭합니다.

❷ 'Lookup_value : B4, Table_array : $B$16:$F$17, Col_index_num : 2'를 설정한 후 [확인] 버튼을 클릭합니다.

❸ 성적이 구해지면 자동 채우기를 이용하여 나머지 셀을 채웁니다.

◉ 예제: C:₩ICDL2016A₩AM4 e2-1.xlsx→30 워크시트

㉚ [M11] 셀에 조건에 맞는 지급총액을 구하시오.

❶ [M11] 셀을 선택한 후 [수식] 탭→[함수 라이브러리] 그룹→[함수 삽입]을 클릭합니다.

❷ '범주 선택 : 데이터베이스, 함수 선택 : DSUM'을 선택한 후 [확인] 버튼을 클릭합니다.

❸ 'Database : A3:J17, Field : 10, Criteria : L3:M5'를 설정한 후 [확인] 버튼을 클릭합니다.

❹ 지급총액의 합계가 구해집니다.

◉ 예제: C:₩ICDL2016A₩AM4 e2-1.xlsx→31 워크시트

㉛ [M11] 셀에 조건에 맞는 지급총액을 구하시오.

❶ [M11] 셀을 선택한 후 [수식] 탭→[함수 라이브러리] 그룹→[함수 삽입]을 클릭합니다.

❷ '범주 선택 : 데이터베이스, 함수 선택 : DMIN'을 선택한 후 [확인] 버튼을 클릭합니다.

❸ 'Database : A3:J17, Field : 10, Criteria : L3:M5'를 설정한 후 [확인] 버튼을 클릭합니다.

❹ 지급총액의 최소값이 구해집니다.

◉ 예제: C:₩ICDL2016A₩AM4 e2-1.xlsx→32 워크시트

㉜ [M11] 셀에 조건에 맞는 지급총액을 구하시오.

❶ [M11] 셀을 선택한 후 [수식] 탭→[함수 라이브러리] 그룹→[함수 삽입]을 클릭합니다.

❷ '범주 선택 : 데이터베이스, 함수 선택 : DMAX'를 선택한 후 [확인] 버튼을 클릭합니다.

❸ 'Database : A3:J17, Field : 10, Criteria : L3:M5'를 설정한 후 [확인] 버튼을 클릭합니다.

❹ 지급총액의 최대값이 구해집니다.

예제: C:\ICDL2016A\AM4 e2-1.xlsx→33 워크시트

㉝ **[M11] 셀에 조건에 맞는 지급총액을 구하시오.**

❶ [M11] 셀을 선택한 후 [수식] 탭→[함수 라이브러리] 그룹→[함수 삽입]을 클릭합니다.

❷ '범주 선택 : 데이터베이스, 함수 선택 : DCOUNT'를 선택한 후 [확인] 버튼을 클릭합니다.

❸ 'Database : A3:J17, Field : 10, Criteria : L3:M5'를 설정한 후 [확인] 버튼을 클릭합니다.

❹ 지급총액의 개수가 구해집니다.

예제: C:\ICDL2016A\AM4 e2-1.xlsx→34 워크시트

㉞ **[M11] 셀에 조건에 맞는 지급총액을 구하시오.**

❶ [M11] 셀을 선택한 후 [수식] 탭→[함수 라이브러리] 그룹→[함수 삽입]을 클릭합니다.

❷ '범주 선택 : 데이터베이스, 함수 선택 : DAVERAGE'를 선택한 후 [확인] 버튼을 클릭합니다.

❸ 'Database : A3:J17, Field : 10, Criteria : L3:M5'를 설정한 후 [확인] 버튼을 클릭합니다.

❹ 지급총액의 평균값이 구해집니다.

예제: C:\ICDL2016A\AM4 e2-1.xlsx→35 워크시트

㉟ **[G4:I13] 영역에 중첩 함수를 이용하여 학점을 구하시오.**

❶ [G4] 셀을 선택한 후 [수식] 탭→[함수 라이브러리] 그룹→[논리]→[IFS]를 클릭합니다.

❷ 'Logical_test1 : B4>=90, Value_if_true1 : A'를 설정합니다.

❸ 'Logical_test2 : B4>=80, Value_if_true2 : B'를 설정합니다.

❹ 'Logical_test3 : B4>=70, Value_if_true3 : C'를 설정합니다.

❺ 'Logical_test4 : B4>=60, Value_if_true4 : D'를 설정합니다.

❻ 'Logical_test5 : B4<60, Value_if_true5 : F'를 설정합니다.

예제: C:\ICDL2016A\AM4 e2-1.xlsx→36 워크시트

㊱ **[E5:G20] 영역에 '36-1과 36-2' 워크시트를 이용하여 합계를 구하시오.**

❶ [E5] 셀을 선택한 후 '='을 입력합니다.

❷ '36-1' 워크시트의 [E5] 셀을 클릭합니다.

❸ '+'를 입력한 후 '36-2' 워크시트의 [E5] 셀을 클릭한다. 그런 다음 [Enter]를 누릅니다.

❹ 합계가 구해지면 자동 채우기를 이용하여 나머지 셀을 채웁니다.

◉ 예제: C:\ICDL2016A\AM4 e2-1.xlsx→37 워크시트

37 [E5:G20] 영역에 'AM4 e2-2.xlsx' 통합문서의 '37-1과 37-2' 워크시트를 이용하여 합계를 구하시오.

❶ [E5] 셀을 선택한 후 '='을 입력합니다.

❷ [보기] 탭→[창] 그룹→[창 전환]→[AM4 e2-2]를 클릭합니다('AM4 e2-2.xlsx' 통합 문서를 불러온 후 작업).

❸ '37-1' 워크시트의 [E5] 셀을 클릭합니다.

❹ 절대 주소를 상대 주소로 변경하기 위해 F4를 세 번 누릅니다.

❺ '+'를 입력한 후 '37-2' 워크시트의 [E5] 셀을 클릭합니다.

❻ 절대 주소를 상대 주소로 변경하기 위해 F4를 세 번 누릅니다. 그런 다음 Enter를 누릅니다.

❼ 합계가 구해지면 자동 채우기를 이용하여 나머지 셀을 채웁니다.

◉ 예제: C:\ICDL2016A\AM4 e2-1.xlsx→38 워크시트

38 [I4:I17] 영역에 가족 수당이 올바르게 구해지도록 [I4] 셀의 참조를 수정하시오.

❶ 커서를 [M3] 셀의 가운데로 이동한 후 F4를 누릅니다.

❷ Enter를 누릅니다.

◉ 예제: C:\ICDL2016A\AM4 e2-1.xlsx→39 워크시트

39 [H4:H17] 영역에 평균이 Excel과 Word의 점수가 800 이상이면 'Pass', 그렇지 않으면 'Fail'이 나타나도록 설정하시오.

❶ [H4] 셀을 선택한 후 [수식] 탭-[함수 라이브러리] 그룹-[논리]의 목록 단추를 클릭한 후 'IF'를 선택합니다.

❷ '함수 추가'의 목록 단추를 클릭한 후 '함수 추가'를 선택합니다.

❸ '범주 선택 : 논리, 함수 선택 : AND'를 선택한 후 〈확인〉을 클릭합니다.

❹ 'Logical1' 항목에 'D4〉=800', 'Logical2' 항목에 'E4〉=800'을 입력한 후 '수식 입력줄'에 있는 'IF'를 클릭합니다.

❺ 'Value_if_true' 항목에 'Pass', 'Value_if_false' 항목에 'Fail'을 입력한 후 〈확인〉을 클릭합니다.

❻ '채우기 핸들'에 마우스를 올려놓은 후 더블 클릭합니다.

Section 03 차트

1 차트 생성

1-1 데이터 계열에 대한 차트 종류 변경

차트를 만들 때 데이터 계열에 따라 차트 종류를 변경할 수 있습니다. 경우에 따라서는 데이터 계열에 따라 차트를 만들면 전달력을 높일 수 있기 때문에 많이 사용됩니다.

차트를 변경하려는 데이터 계열을 선택한 후 [차트 도구]→[디자인] 탭→[종류]→[차트 종류 변경]

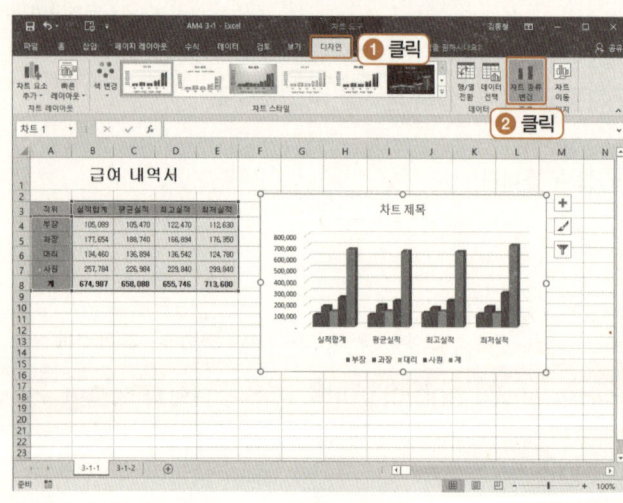

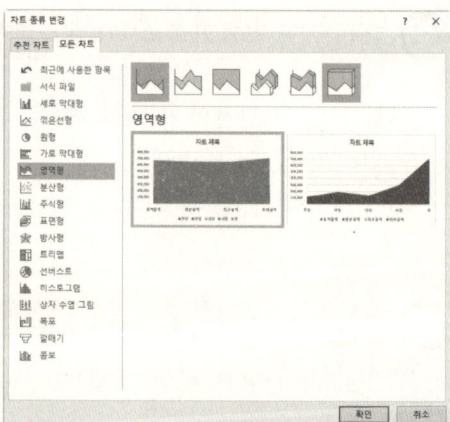

1-2 차트에 보조 축 추가

직위별 실적과 소계의 데이터 값이 현저하게 차이가 나는 것을 볼 수 있습니다. 이럴 경우 하나의 데이터 계열의 차트 종류를 변경한 후 보조 축을 설정하면 보기 좋게 차트를 만들 수 있습니다.

보조 축으로 설정하려는 데이터 계열을 선택한 후 [차트 도구]의 상황별 탭인 [서식] 탭→[현재 선택 영역] 그룹→[선택 영역 서식]

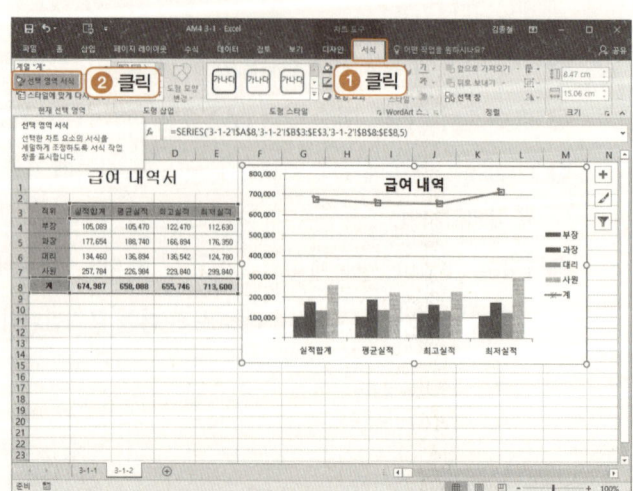

1-3 데이터 추가 및 제거

차트를 만들 때 사용한 데이터 계열은 언제든지 삭제 및 추가를 할 수 있습니다. 데이터 계열을 변경할 때마다 새롭게 차트를 만들 필요 없이 간단히 기존 차트에 데이터 계열을 편집할 수 있습니다.

차트를 선택한 후 [차트 도구]의 상황별 탭인 [디자인] 탭→[데이터] 그룹→[데이터 선택]

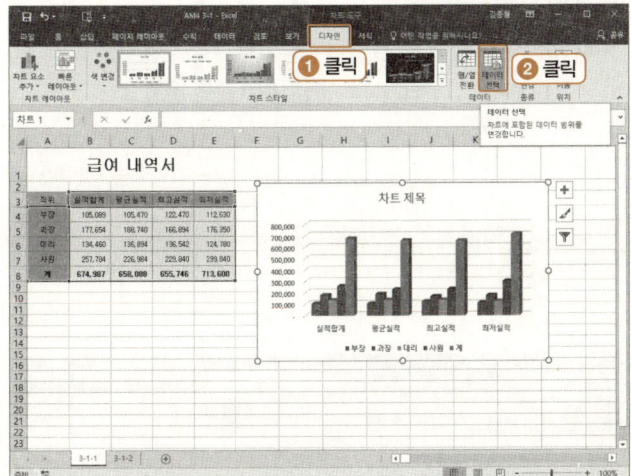

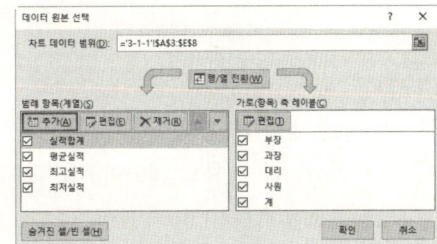

2 차트 구성

2-1 차트 제목, 범례, 레이블 위치 변경

차트를 만든 후 기본적으로 만들어진 제목, 범례, 레이블의 위치는 사용자가 다르게 배치할 수 있습니다. 차트의 모양을 꾸밀 때 적절한 위치에 만들면 전달력을 높일 수 있게 됩니다.

❶ 차트 제목 위치 변경 : ([차트 도구]의 상황
별 탭인 [디자인] 탭→[차트 레이아웃] 그
룹→[차트 요소 추가]→[차트 제목])

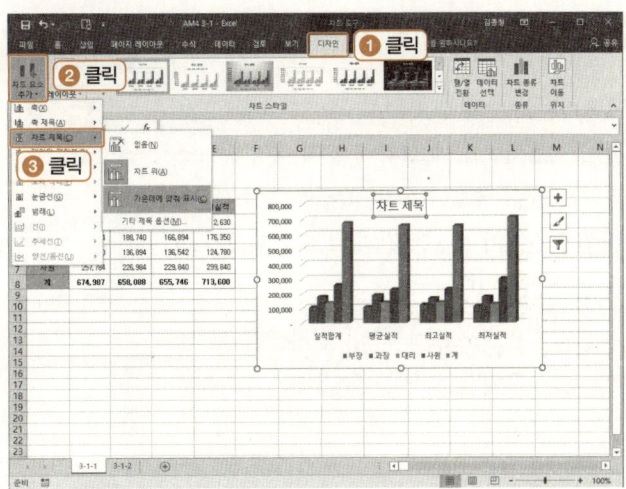

❷ 범례 위치 변경 : ([차트 도구]의 상황별
  탭인 [디자인] 탭→[차트 레이아웃] 그룹
  →[차트 요소 추가]→[범례])

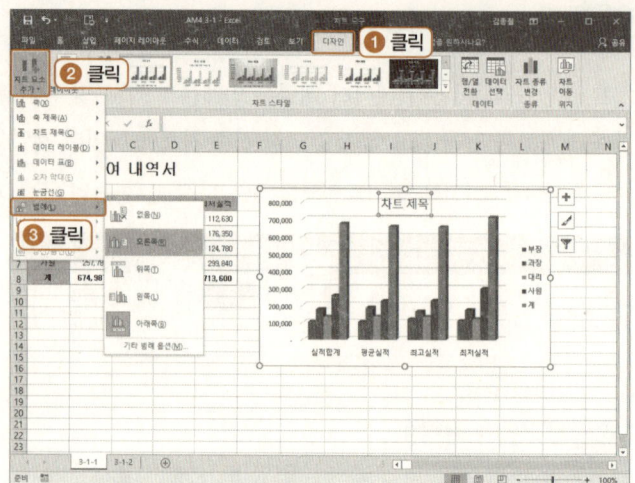

❸ 레이블 위치 변경 : ([차트 도구]의 상황별
  탭인 [디자인] 탭→[차트 레이아웃] 그룹
  →[차트 요소 추가]→[데이터 레이블])

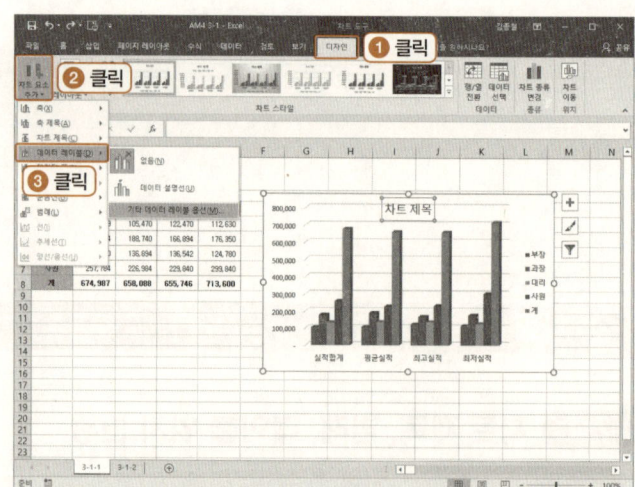

2-2 축 값의 범위 변경

축 값의 눈금 간격이 너무 크면 데이터 값을
알기 어렵기 때문에 상황에 맞게 적당하게 조
정하는 것이 좋습니다. 축 눈금은 최소값, 최
대값과 간격의 주 단위값과 보조 단위값을 설
정할 수 있습니다.

축 선택 후 [차트 도구]→[서식] 탭→[현재 선택 영
역] 그룹→[선택 영역 서식]→[축 옵션]→[축 옵션]

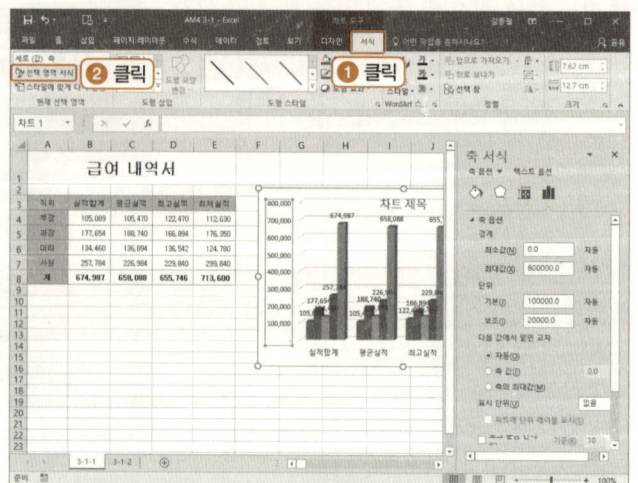

2-3 축 값의 표시 단위 변경

축 값이 큰 숫자로 되어 있을 경우 축에 표시되는 값을 짧게 설정하면 보기가 좋을 것입니다. 예를 들어 10,000,000보다는 10으로 표시하는 것이 차트를 꾸밀 때 편리할 수 있습니다.

축 선택 후 [차트 도구]→[서식] 탭→[현재 선택 영역] 그룹→[선택 영역 서식]→[축 옵션]→[표시 단위]

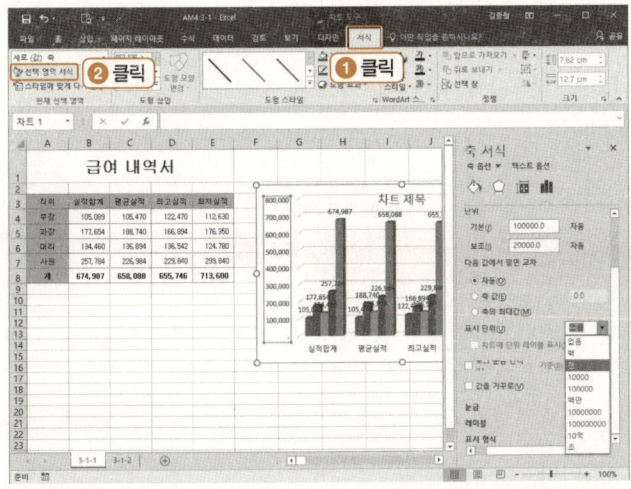

2-4 차트 영역에 이미지 표시

데이터 계열의 색상은 기본적으로 설정되어 있지만 사용자가 임의로 색상을 변경할 수 있습니다. 특히 이미지로 표현하면 차트 모양을 예쁘게 꾸밀 수 있습니다.

데이터 계열을 선택한 후 [차트 도구]→[서식] 탭→[현재 선택 영역] 그룹→[선택 영역 서식]→[채우기]

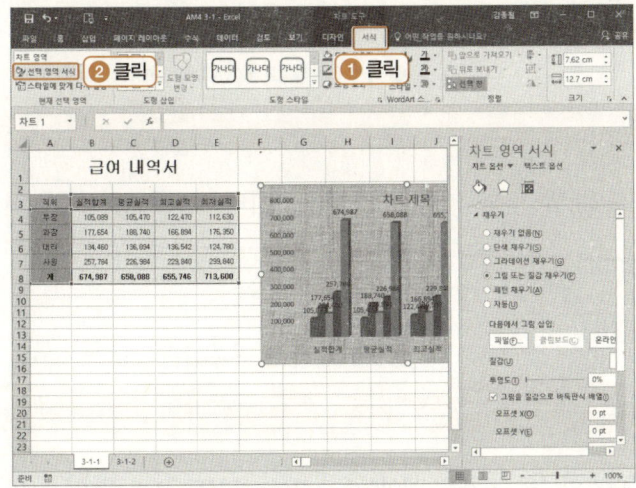

 **단원 평가**

◎ 예제: C:\ICDL2016A\AM4 e3-1.xlsx→01 워크시트

1 '소계' 데이터 계열만 '표식이 있는 꺾은선형'으로 변경하시오.

❶ '소계' 데이터 계열을 선택한 후 [차트 도구]→[디자인] 탭→[종류] 그룹→[차트 종류 변경]을 클릭합니다.
❷ '표식이 있는 꺾은선형'을 선택한 후 [확인] 버튼을 클릭합니다.
❸ '소계' 데이터 계열의 차트가 변경됩니다.

◎ 예제: C:\ICDL2016A\AM4 e3-1.xlsx→02 워크시트

2 '소계' 데이터 계열을 보조 축으로 설정하시오.

❶ '소계' 데이터 계열을 선택한 후 [차트 도구]→[서식] 탭→[현재 선택 영역] 그룹→[선택 영역 서식]을 클릭합니다.
❷ '계열 옵션'에서 '보조 축'을 선택합니다.
❸ 소계 데이터 계열이 보조 축으로 변경됩니다.

◎ 예제: C:\ICDL2016A\AM4 e3-1.xlsx→03 워크시트

3 차트에서 '실적합계' 데이터 계열만 제거하시오.

❶ 차트를 선택한 후 [차트 도구]→[디자인] 탭→[데이터] 그룹→[데이터 선택]을 클릭합니다.
❷ '실적합계' 데이터 계열을 선택한 후 [제거] 버튼을 클릭합니다.
❸ [확인] 버튼을 클릭합니다.
❹ '실적합계' 데이터 계열이 삭제됩니다.

◎ 예제: C:\ICDL2016A\AM4 e3-1.xlsx→04 워크시트

4 차트 제목을 '차트 위'로 이동하시오.

❶ 차트를 선택한 후 [차트 도구]→[디자인] 탭→[차트 레이아웃] 그룹→[차트 요소 추가]→[차트 제목]→[차트 위]를 클릭합니다.
❷ 제목이 차트 위로 이동합니다.

◎ 예제: C:\ICDL2016A\AM4 e3-1.xlsx→05 워크시트

5 차트 범례를 '아래쪽'으로 이동하시오.

❶ 차트를 선택한 후 [차트 도구]→[디자인] 탭→[차트 레이아웃] 그룹→[차트 요소 추가]→[범례]→[아래쪽]을 클릭합니다.
❷ 범례가 아래쪽으로 이동합니다.

◐ 예제: C:\CDL2016A\AM4 e3-1.xlsx→06 워크시트

6 차트 레이블의 위치를 바깥쪽 끝으로 이동하시오.

❶ 차트를 선택한 후 [차트 도구]→[디자인] 탭→[차트 레이아웃] 그룹→[차트 요소 추가]→[데이터 레이블]→[바깥쪽 끝에]를 클릭합니다.

❷ 레이블이 바깥쪽 끝으로 이동합니다.

◐ 예제: C:\CDL2016A\AM4 e3-1.xlsx→07 워크시트

7 세로 축의 최소값을 '50000'으로 설정하시오.

❶ 세로 축을 선택한 후 [차트 도구]→[서식] 탭→[현재 선택 영역] 그룹→[선택 영역 서식]→[축 옵션]→[축 옵션]을 클릭합니다.

❷ '최소값 : 50000'으로 설정합니다.

❸ 세로 축이 50,000부터 시작합니다.

◐ 예제: C:\CDL2016A\AM4 e3-1.xlsx→08 워크시트

8 세로 축의 단위를 '천'으로 설정하시오.

❶ 세로 축을 선택한 후 [차트 도구]→[레이아웃] 탭→[현재 선택 영역] 그룹→[선택 영역 서식]→[축 옵션]→[축 옵션]을 클릭합니다.

❷ '표시단위 : 천'으로 설정한 후 [닫기] 버튼을 클릭합니다.

❸ 세로 축의 단위가 천 단위로 변경됩니다.

◐ 예제: C:\CDL2016A\AM4 e3-1.xlsx→09 워크시트

9 '소계' 데이터 계열을 '넓은 체크 보드' 패턴으로 설정하시오.

❶ '소계' 데이터 계열을 선택한 후 [차트 도구]→[서식] 탭→[현재 선택 영역] 그룹→[선택 영역 서식]을 클릭합니다.

❷ '채우기'에서 '패턴 채우기'를 선택합니다.

❸ '넓은 체크 보드'를 선택합니다.

Section 04 분석

1 테이블 사용

1-1 피벗 테이블 작성

피벗 테이블은 데이터가 많을 때 데이터를 요약해서 워크시트를 분석하는 편리한 도구입니다. 간단하게 몇 번의 클릭만으로 보고서를 만들어주는 기능으로, 사용자가 원하는 목록만을 뽑아서 관리와 분석이 편한 표로 재구성해 줍니다.

[삽입] 탭→[표] 그룹→[피벗 테이블]

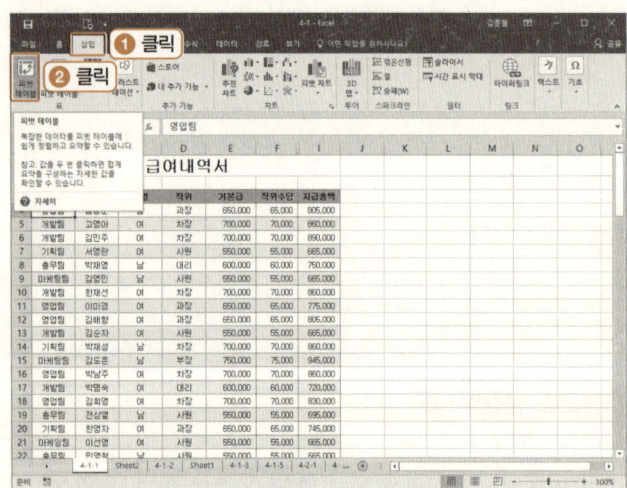

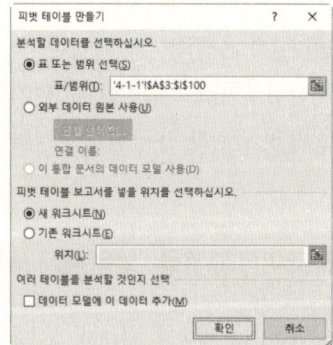

멘토의 한 수

• '피벗 테이블'을 삽입할 때는 테이블 안의 임의의 셀을 클릭하면 자동으로 범위가 선택됩니다.
• '피벗 테이블'을 삽입할 때 위치를 '기존 워크시트'로 선택하면 새로운 시트가 만들어지지 않고 동일한 시트에 삽입할 수 있습니다.

1-2 원본 데이터 수정

피벗 테이블은 특정 데이터를 원본으로 작성하는 것인데, 원본 데이터가 변경되어도 피벗 테이블은 자동으로 반영되지 않습니다. 따라서 원본 데이터가 변경되면 피벗 테이블에서 새로 고침을 해야 됩니다.

[피벗 테이블 도구]→[분석] 탭→[데이터] 그룹→[새로 고침]

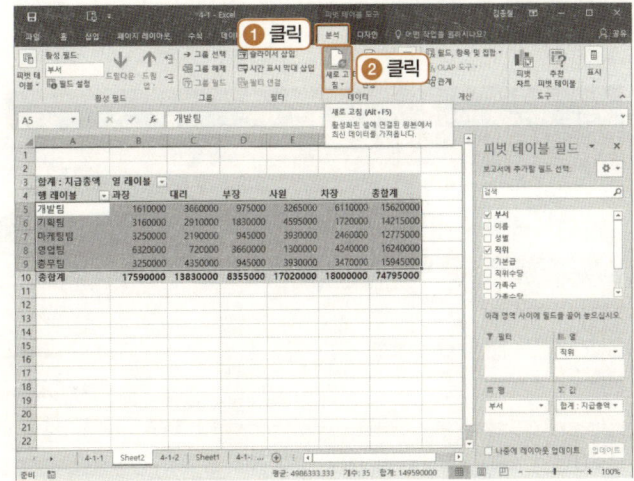

1-3 데이터 정렬 및 필터

피벗 테이블을 만들면 기본적으로 행/열 레이블을 기준으로 정렬되는데, 사용자가 임의로 특정 필드를 기준으로 정렬할 수 있습니다. 또한, 만들어진 피벗 테이블에서 원하는 자료만 추출할 때는 필터 기능을 이용해서 다양한 보고서를 만들 수 있습니다.

❶ 데이터 정렬 : 데이터 정렬은 오름차순/내림차순으로 정렬할 수 있습니다.

[행/열 레이블]→[오름차순/내림차순 정렬]

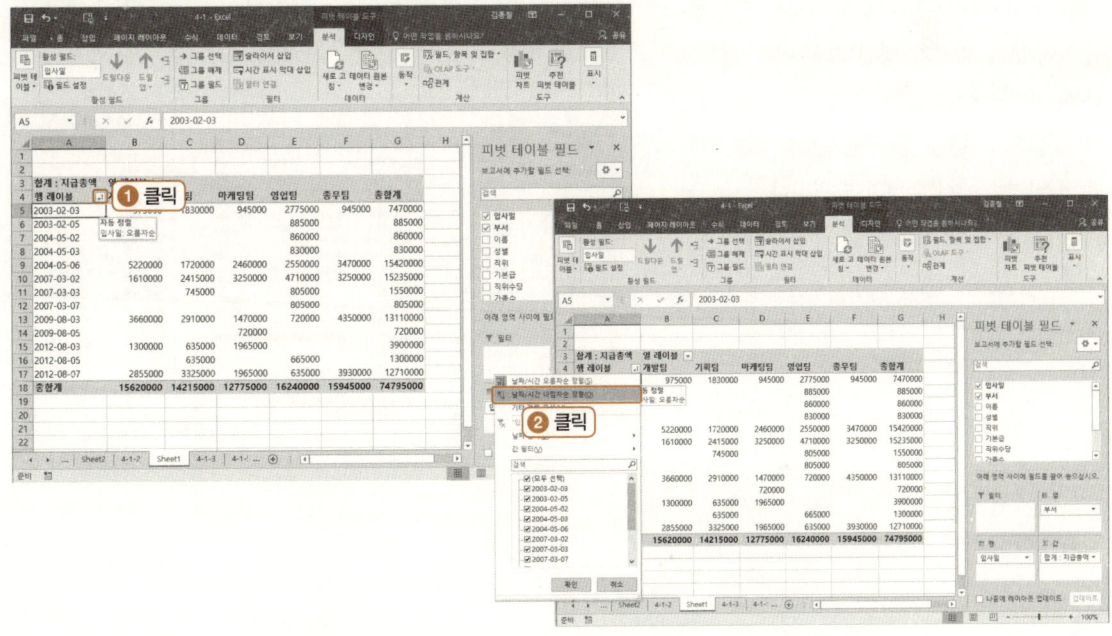

❷ 데이터 필터 : 원본 테이블 필드 목록에서 필터를 수행할 필드를 선택한 후 목록 단추를 클릭합니다. 그런 다음 필터를 수행할 값을 선택합니다.

[행/열 레이블]→[레이블 필터]

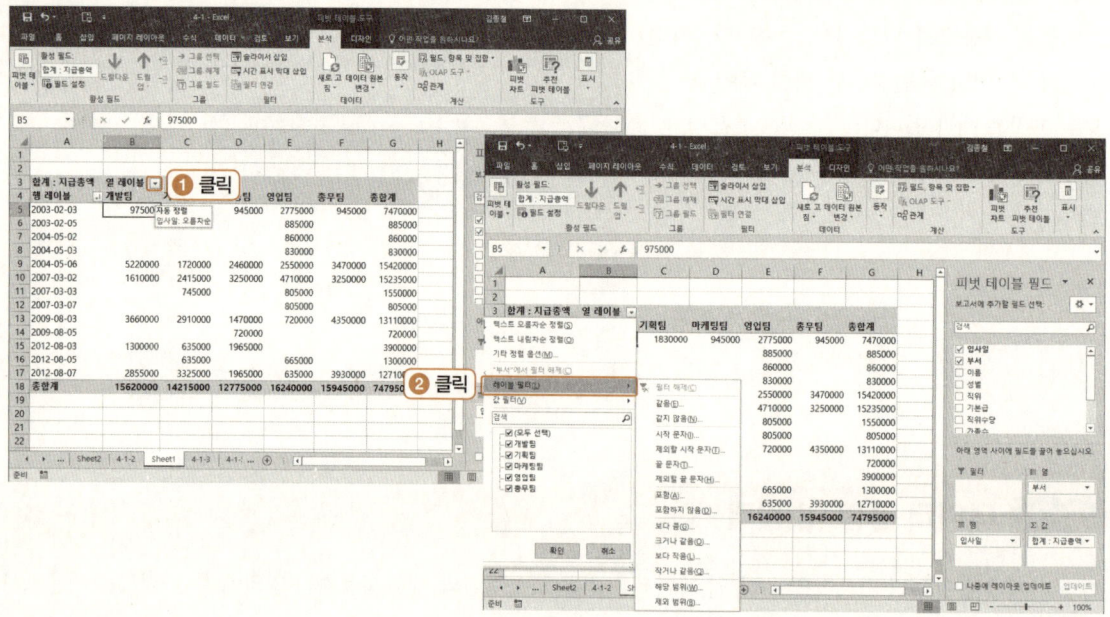

1-4 그룹화

피벗 테이블을 만들면 기본적으로 데이터는 모두 표시되지만 경우에 따라서는 일정한 그룹으로 묶을 필요가 생깁니다. 이럴 경우에는 날짜, 숫자, 시간 같은 수치 데이터를 이용하여 그룹으로 묶을 수 있습니다. 그룹 이름은 '수식 입력줄'에서 수정하면 됩니다.

[피벗 테이블 도구]→[분석] 탭→[그룹] 그룹→[그룹 선택]

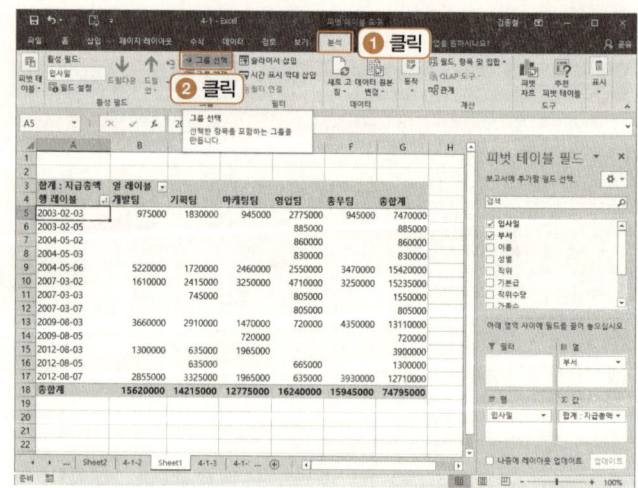

1-5 데이터 표

수식의 특정 값이 변할 경우 다른 셀에 영향을 주는 값을 한 번에 계산할 수 있는 기능입니다. 예를 들어, 1차 시기에서 평균 150점을 맞았다면 2차 시기에서 기술 점수가 160점을 맞으면 평균은 얼마일까? 170점, 180점을 맞으면... 이렇게 많은 변수를 가정해서 한꺼번에 결과값을 얻을 수 있는 것입니다.

[데이터] 탭→[예측] 그룹→[가상 분석]→[데이터 표]

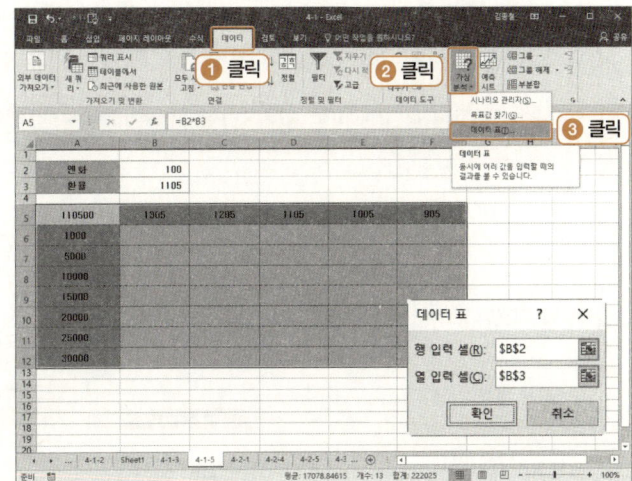

---

2 정렬과 필터링

2-1 데이터 정렬(여러 열 기준)

엑셀을 사용하는 여러 가지 목적이 있지만 '정렬'은 가장 많이 사용하는 기능 중 하나일 것입니다. 특히, 여러 조건을 기준으로 정렬하는 기능은 자료를 일목요연하게 표현할 때 꼭 필요한 기능입니다.

[데이터] 탭→[정렬 및 필터] 그룹→[정렬]

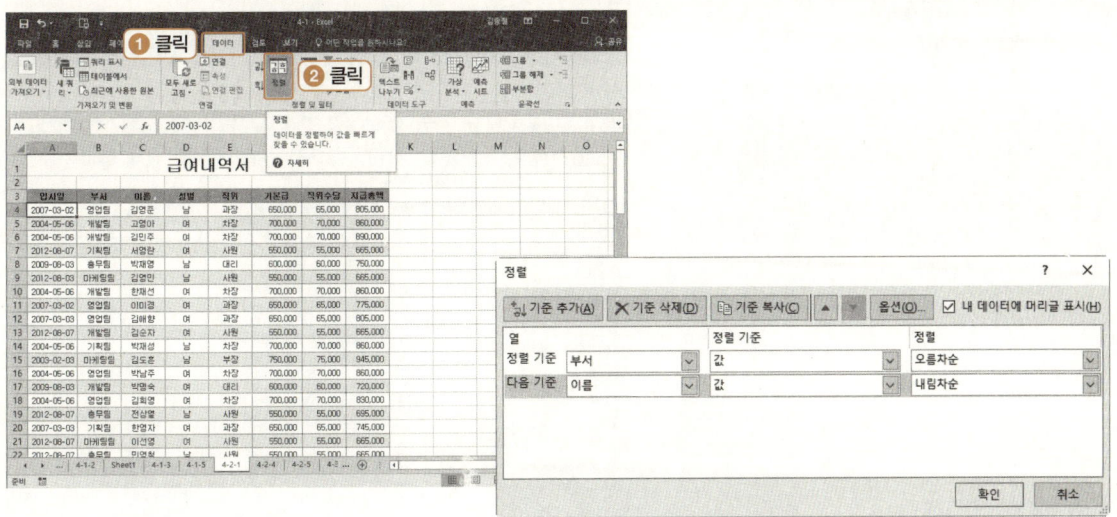

2-2 사용자 지정 정렬

데이터 정렬은 오름차순/내림차순으로 정렬하는 것이 일반적이나 특정한 기준(부서명, 직위 등)으로 정렬할 수 있습니다. 이럴 경우에는 미리 '사용자 지정 목록'에 정렬 기준이 등록되어 있어야 합니다.

[데이터] 탭→[정렬 및 필터] 그룹→[정렬]→[사용자 지정 목록]

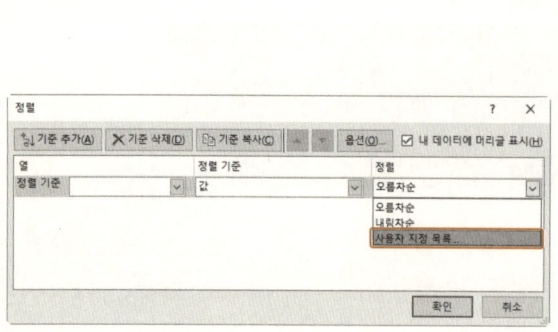
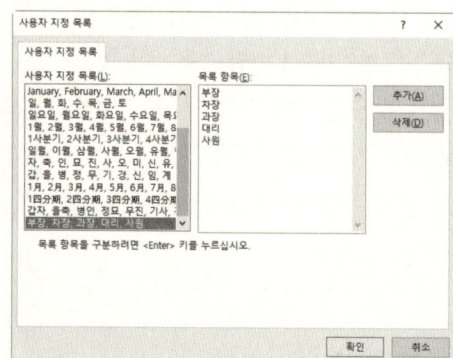

2-3 자동 필터

필터는 여러 데이터 중에서 내가 원하는 자료만 보고 싶을 때 사용합니다. 예를 들어 부서가 영업팀, 성별이 남인 데이터만 추출할 때 자동 필터를 사용하면 간단하게 표시할 수 있습니다.

[데이터] 탭→[정렬 및 필터] 그룹→[필터]

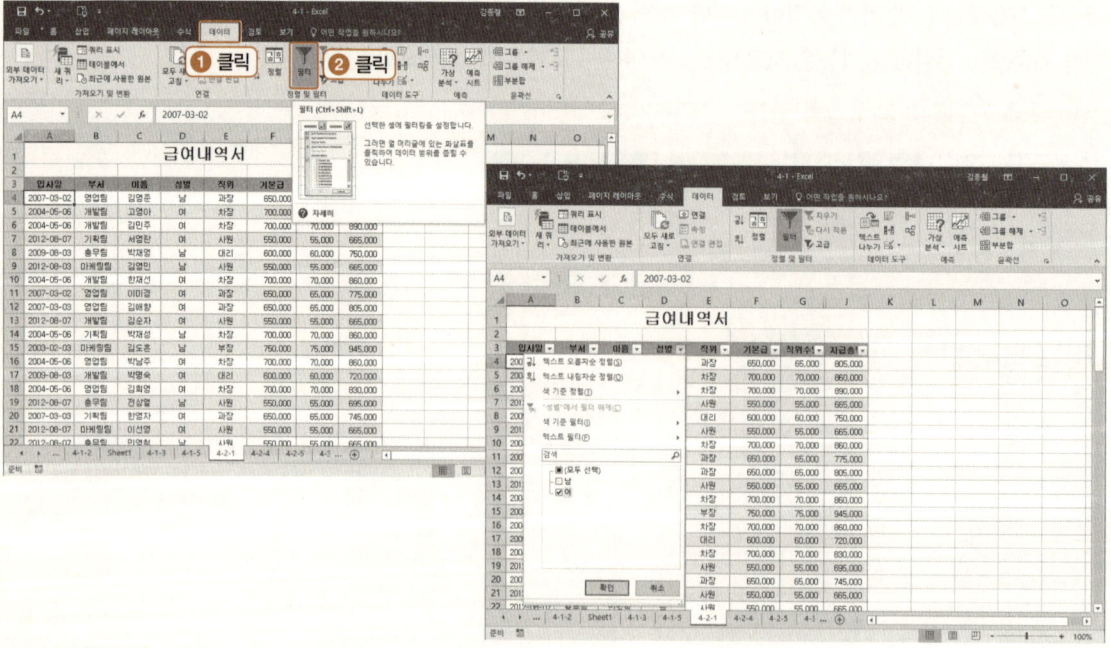

2-4 고급 필터

고급 필터는 자동 필터보다 조금 더 세밀하게 원하는 자료를 추출할 때 사용하는 기능입니다. 또한 사용자가 조건식을 직접 입력해서 만들 수 있어 다양한 방법으로 필터를 활용할 수 있습니다. 조건식을 만들 때는 같은 행에 있으면 'AND' 조건으로, 다른 행에 있으면 'OR' 조건으로 데이터를 추출할 수 있습니다.

[데이터] 탭→[정렬 및 필터] 그룹→[고급]

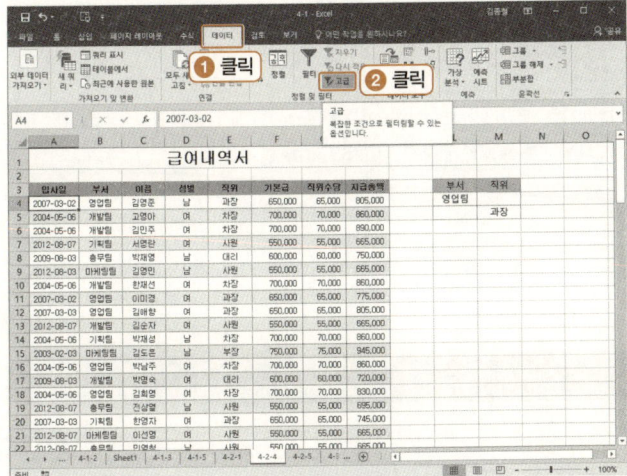
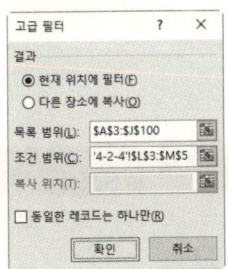

2-5 부분합

데이터를 특정한 필드를 기준으로 그룹으로 묶은 다음 계산하는 방법으로, 다양한 옵션과 계산식을 사용해서 보고서를 만들 수 있습니다. 단, 부분합 기능을 이용하려면 계산하려는 그룹의 필드를 미리 오름차순이나 내림차순으로 정렬이 되어 있어야 합니다.

[데이터] 탭→[윤곽선] 그룹→[부분합]

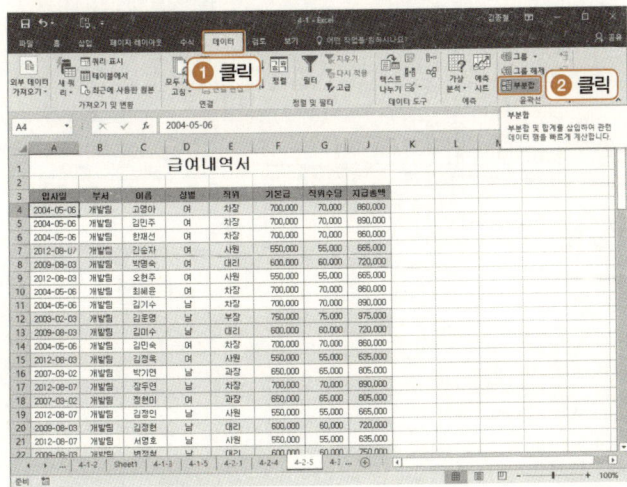
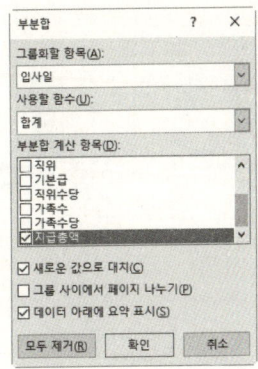

2-6 윤곽 설정

그룹별로 요약되어 있는 데이터에 대해 그룹별 데이터의 표시 여부를 설정하는 기능입니다. 윤곽 기호를 설정하면 그룹의 필요한 데이터만 확인할 수 있어 편리합니다.

[데이터] 탭→[윤곽선] 그룹→[그룹]→[그룹]

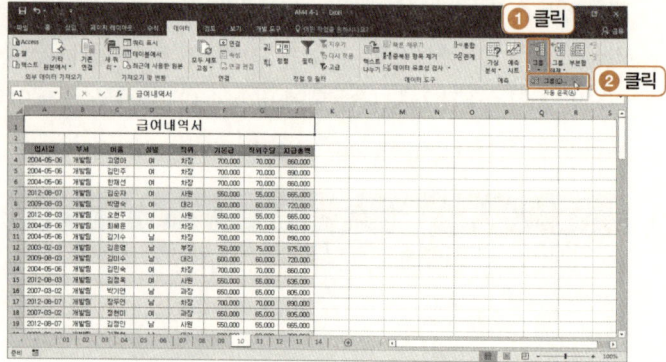

3 시나리오

3-1 시나리오 작성

다양한 조건을 부여해서 그 결과를 예측하는 것으로, 아직 일어나지 않은 상황을 예측하여 데이터를 분석하는 방법입니다.

[데이터] 탭→[데이터 도구] 그룹→[가상 분석]→[시나리오 관리자]

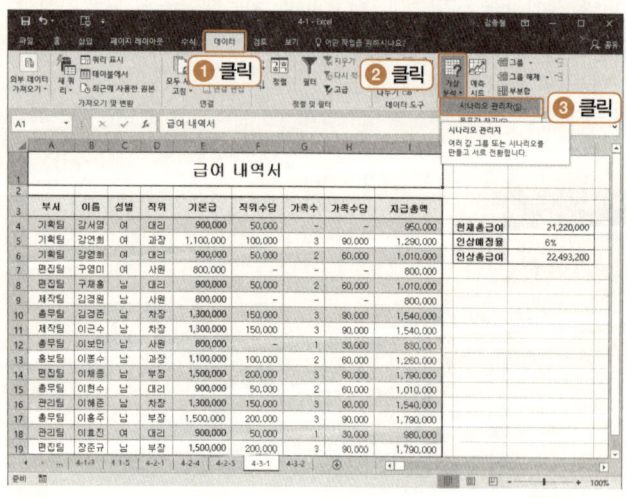

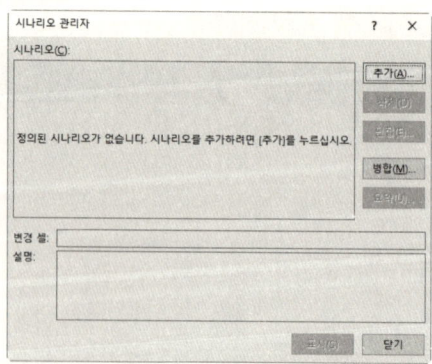

3-2 시나리오 편집

기존에 만들어진 시나리오는 새로운 조건에 맞게 언제든 수정이 가능합니다.
또한 새로운 조건을 추가하거나 더 이상 사용하지 않은 조건은 삭제할 수 있
습니다. 시나리오를 만드는 방법과 비슷하게 진행됩니다.

[데이터] 탭→[데이터 도구] 그룹→[가상 분석]→[시나리오 관리자]→[편집/삭제]

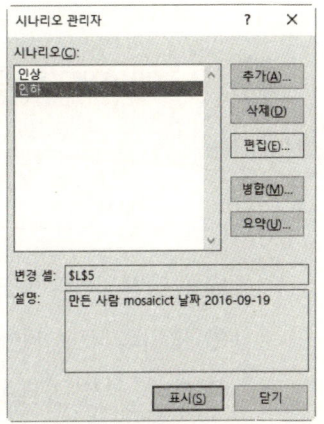

3-3 시나리오 요약 보고서

각 시나리오에 대한 결과값이 표로 정리되어 셀의 변화를 한 눈에 볼 수 있는 방법입니다.

[데이터] 탭→[데이터 도구] 그룹→[가상 분석]→[시나리오 관리자]→[요약]

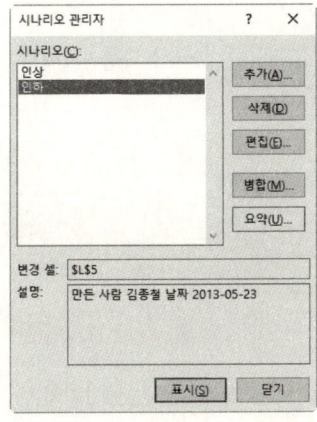
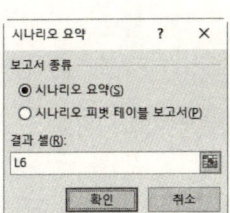

 단원 평가

● 예제: C:₩ICDL2016A₩AM4 e4-1.xlsx→01 워크시트

1 [A3:I100] 영역을 이용하여 다음과 같이 새로운 워크시트에 피벗 테이블을 삽입하시오.

필터	열 레이블	행 레이블	값
부서	성별	직위	지급총액

❶ 표 안의 임의의 셀을 클릭한 후 [삽입] 탭→[표] 그룹→[피벗 테이블]을 클릭합니다.

❷ '새 워크시트'로 되어 있는지 확인한 후 [확인] 버튼을 클릭합니다.

❸ '필터 : 부서, 열 레이블 : 성별, 행 레이블 : 직위, 값 : 지급총액'을 드래그하면 피벗 테이블에 만들어집니다.

● 예제: C:₩ICDL2016A₩AM4 e4-1.xlsx→02 워크시트

2 [E4] 셀을 '750000'으로 수정한 후 피벗 테이블을 새로 고침하시오.

❶ [E4] 셀에 '750000'을 입력합니다.

❷ 피벗 테이블 안의 임의의 셀을 클릭한 후 [피벗 테이블 도구]→[분석] 탭→[데이터] 그룹→[새로 고침]을 클릭합니다.

❸ 피벗 테이블이 변경됩니다.

● 예제: C:₩ICDL2016A₩AM4 e4-1.xlsx→03 워크시트

3 '행 레이블'이 '여'인 데이터를 내림차순으로 정렬하시오.

❶ '행 레이블 : 여'인 임의의 셀을 선택한 후 마우스 오른쪽 단추를 클릭한 후 '정렬'→'숫자 내림차순 정렬'을 클릭합니다.

❷ 피벗 테이블이 정렬됩니다.

● 예제: C:₩ICDL2016A₩AM4 e4-1.xlsx→04 워크시트

4 '과장과 부장' 데이터만 나타내시오.

❶ '행 레이블'을 클릭합니다.

❷ '과장과 부장'만 남겨 두고 나머지는 체크를 해제한 후 [확인] 버튼을 클릭합니다.

❸ 과장과 부장인 데이터만 나타납니다.

◉ 예제: C:\ICDL2016A\AM4 e4-1.xlsx→05 워크시트

5 데이터를 '연간' 단위로 나타내시오.

❶ 임의의 날짜 데이터를 클릭한 후 [피벗 테이블 도구]→[분석] 탭→[그룹] 그룹→[선택 항목 그룹화]를 클릭합니다.

❷ 그룹화의 단위를 '연'으로 선택한 후 [확인] 버튼을 클릭합니다.

❸ 피벗 테이블의 데이터가 연 단위로 나타납니다.

◉ 예제: C:\ICDL2016A\AM4 e4-1.xlsx→06 워크시트

6 [A5:F12] 영역에 [A2:B3] 영역의 변수에 따른 '데이터 표'를 만드시오.

❶ [A5:F12] 영역을 선택한 후 [데이터] 탭→[예측] 그룹→[가상 분석]→[데이터 표]를 클릭합니다.

❷ '행 입력 셀 : B2, 열 입력 셀 : B3'을 지정한 후 [확인] 버튼을 클릭합니다.

❸ 데이터 표가 완성됩니다.

◉ 예제: C:\ICDL2016A\AM4 e4-1.xlsx→07 워크시트

7 다음과 같은 조건으로 정렬하시오.

성별	이름
오름차순	내림차순

❶ 표 안의 임의의 셀을 선택한 후 [데이터] 탭→[정렬 및 필터] 그룹→[정렬]을 클릭합니다.

❷ '정렬 기준 : 성별, 정렬 : 오름차순'으로 설정한 후 [기준 추가] 버튼을 클릭합니다.

❸ '정렬 기준 : 이름, 정렬 : 내림차순'으로 설정한 후 [확인] 버튼을 클릭합니다.

❹ 데이터를 성별을 기준으로 정렬한 후 이름순으로 정렬합니다.

◉ 예제: C:\ICDL2016A\AM4 e4-1.xlsx→08 워크시트

8 '지급총액'이 '800000' 이상인 데이터만 나타내시오.

❶ 표 안의 임의의 셀을 선택한 후 [데이터] 탭→[정렬 및 필터] 그룹→[필터]를 클릭합니다.

❷ '지급총액' 필드 목록을 클릭한 후 [숫자 필터]→[크거나 같음]을 클릭합니다.

❸ '찾을 조건 : >=800000'을 설정한 후 [확인] 버튼을 클릭합니다.

❹ 지급총액이 '800000' 이상인 데이터만 나타납니다.

◉ 예제: C:\ICDL2016A\AM4 e4-1.xlsx→09 워크시트

⑨ [L3:M5] 영역의 조건을 이용하여 [A102] 셀에 필터를 적용하시오.

❶ 표 안의 임의의 셀을 선택한 후 [데이터] 탭→[정렬 및 필터] 그룹→[고급]을 클릭합니다.

❷ '결과 : 다른 장소에 복사, 목록 범위 : A3:J100, 조건 범위 : L3:M5, 복사 위치 : A102'로 설정한 후 [확인] 버튼을 클릭합니다.

❸ 결과값이 나타납니다.

◉ 예제: C:\ICDL2016A\AM4 e4-1.xlsx→10 워크시트

⑩ 부분합을 이용하여 부서별 지급총액의 합을 구하시오.

❶ 표 안의 임의의 셀을 선택한 후 [데이터] 탭→[윤곽선] 그룹→[부분합]을 클릭합니다.

❷ '그룹화할 항목 : 부서, 사용할 함수 : 합계, 부분합 계산 항목 : 지급총액'으로 설정한 후 [확인] 버튼을 클릭합니다.

❸ 부분합 결과가 나타납니다.

◉ 예제: C:\ICDL2016A\AM4 e4-1.xlsx→11 워크시트

⑪ '개발팀'을 기준으로 그룹으로 묶으시오.

❶ 개발팀을 선택한 후 [데이터] 탭→[윤곽선] 그룹→[그룹]→[그룹]을 클릭합니다.

❷ 개발팀이 그룹으로 묶여집니다.

◉ 예제: C:\ICDL2016A\AM4 e4-1.xlsx→12 워크시트

⑫ 인상률(10, 2%)에 대한 각각의 총급여의 시나리오를 작성하시오(시나리오 이름은 '인상', '인하'로 할 것).

❶ [데이터] 탭→[데이터 도구] 그룹→[가상 분석]→[시나리오 관리자]를 클릭합니다.

❷ [시나리오 관리자] 대화상자가 나타나면 [추가] 버튼을 클릭합니다.

❸ '시나리오 이름' 항목에 '인상'을, '변경 셀' 항목에서 [L5] 셀을 선택한 후 [확인] 버튼을 클릭합니다.

❹ '0.1'을 입력한 후 [추가] 버튼을 클릭합니다.

❺ '시나리오 이름' 항목에 '인하'를 입력한 후 [확인] 버튼을 클릭합니다. '변경 셀' 항목에 [L5] 셀이 선택되어 있는지 확인합니다.

❻ '0.02'를 입력한 후 [확인] 버튼을 클릭합니다.

❼ [닫기] 버튼을 클릭합니다.

◉ 예제: C:₩ICDL2016A₩AM4 e4-1.xlsx→13 워크시트

⓭ '인하' 시나리오의 값을 '3%'로 수정하시오.

❶ [데이터] 탭→[데이터 도구] 그룹→[가상 분석]→[시나리오 관리자]를 클릭합니다.

❷ '인하' 시나리오를 선택한 후 [편집] 버튼을 클릭합니다.

❸ [확인] 버튼을 클릭합니다.

❹ 값을 '0.03'으로 수정한 후 [확인] 버튼을 클릭합니다.

❺ [닫기] 버튼을 클릭합니다.

◉ 예제: C:₩ICDL2016A₩AM4 e4-1.xlsx→14 워크시트

⓮ 시나리오에 대한 '요약 보고서'를 작성하시오.

❶ [데이터] 탭→[데이터 도구] 그룹→[가상 분석]→[시나리오 관리자]를 클릭합니다.

❷ [요약] 버튼을 클릭합니다.

❸ '결과 셀' 항목에서 [L6] 셀을 선택한 후 [확인] 버튼을 클릭합니다.

❹ 급여 인상률에 대한 인상 및 인하금액을 확인할 수 있는 요약 보고서가 만들어집니다.

◉ 예제: C:₩ICDL2016A₩AM4 e4-1.xlsx→15 워크시트

⓯ '인하' 시나리오를 표시하시오.

❶ [데이터] 탭→[데이터 도구] 그룹→[가상 분석]→[시나리오 관리자]를 클릭합니다.

❷ '인하' 시나리오를 선택한 후 [표시] 버튼을 클릭합니다.

Section 05 데이터 유효성 검사

1 유효성

1-1 데이터 유효성 검사 설정

데이터를 입력하다 보면 뜻하지 않게 잘못 입력하는 경우가 많은데, '데이터 유효성 검사'를 이용하면 이러한 입력 오류를 예방할 수 있게 됩니다. 즉, 데이터를 입력할 때 데이터의 대상과 범위를 설정하여 원하지 않는 데이터는 처음부터 입력하지 못하게 차단할 수 있어 매우 유용하게 사용할 수 있습니다.

[데이터] 탭→[데이터 도구] 그룹→[데이터 유효성 검사]→[데이터 유효성 검사]

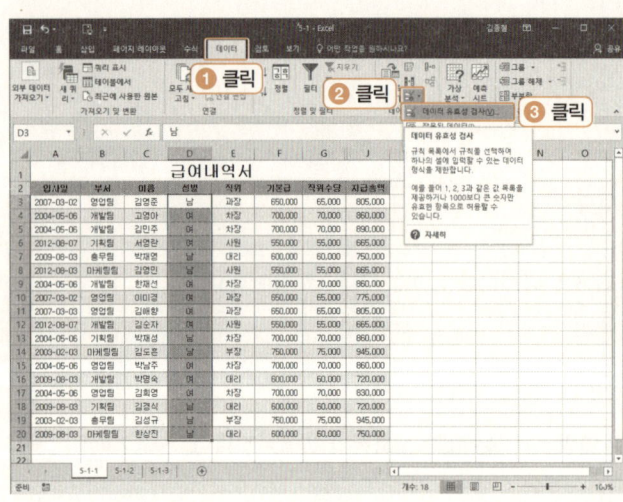

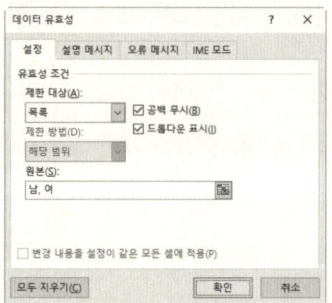

1-2 설명 메시지/오류 메시지

'데이터 유효성 검사'를 이용해 설정한 규칙에 어긋나는 입력을 할 때 자동으로 미리 설정한 메시지가 나타나게 하는 기능입니다. 데이터가 왜 입력이 안 되는지 메시지를 알려주면 입력하는 사용자가 편리할 것입니다. 또한 입력할 때 주의사항 등을 '설명 메시지'를 통해 미리 설정해 두면 입력 오류를 차단할 수 있어 편리합니다.

[데이터] 탭→[데이터 도구] 그룹→[데이터 유효성 검사]→[데이터 유효성 검사]→[설명 메시지/오류 메시지]

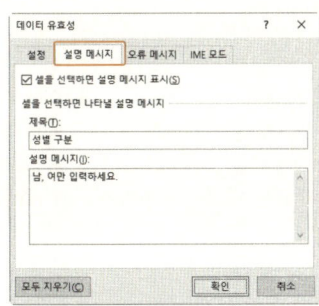
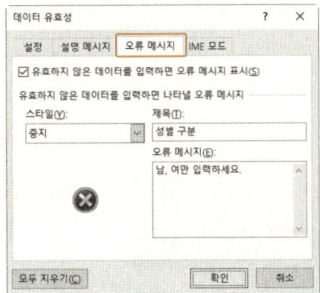

2 검사

2-1 참조되는 셀/참조하는 셀 추적

통합 문서가 복잡할 경우 수식을 만든 후에 오류가 발생하면 수정하기가 쉽지 않습니다. 이런 경우 '분석' 도구를 이용하면 잘못된 수식에 어떤 점이 잘못되었는지 쉽게 파악할 수 있어 편리합니다.

❶ 참조되는 셀 : 현재 선택한 셀 값에 영향을 주는 셀을 나타내는 화살표를 표시합니다.

[수식] 탭→[수식 분석] 그룹→[참조되는 셀 추적]

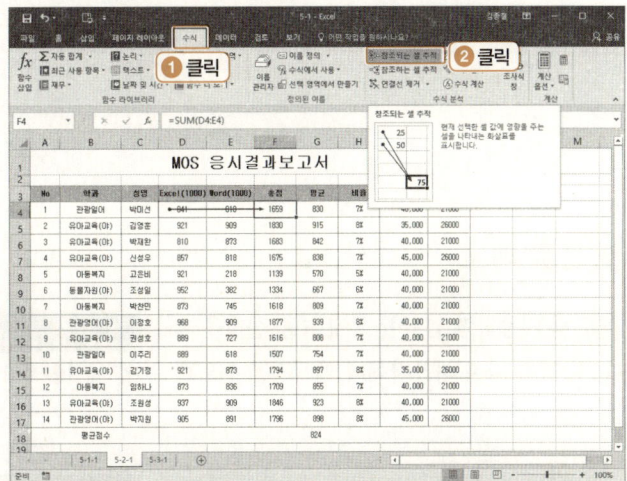

❷ 참조하는 셀 : 현재 선택한 셀 값의 영향을 받는 셀을 나타내는 화살표를 표시합니다.

[수식] 탭→[수식 분석] 그룹→[참조하는 셀 추적]

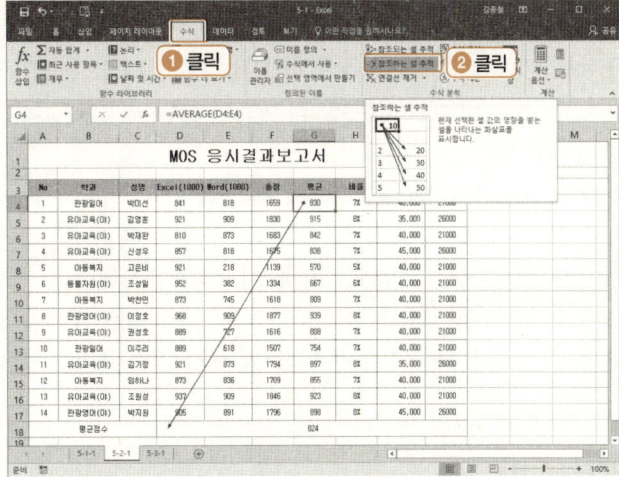

2-2 수식 표시

'수식 표시'는 결과값이 아닌 워크시트 내의 모든 수식을 표시하는 것으로 수식에 오류가 있을 때 혹은 다른 사용자가 설정한 수식을 보고자 할 때 사용합니다.

[수식] 탭→[수식 분석] 그룹→[수식 표시]

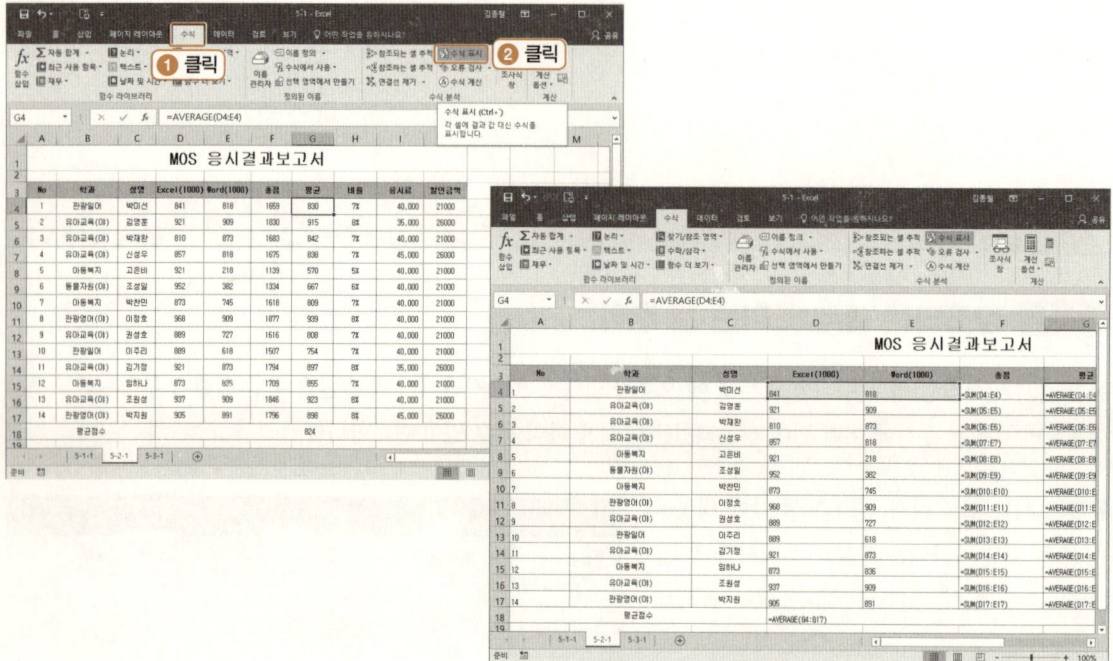

2-3 메모

'메모'를 사용하면 입력한 셀에 보충 설명을 넣을 수 있어 다른 사용자에게 메시지를 전달할 수 있습니다.

[검토] 탭→[메모] 그룹→[새 메모]

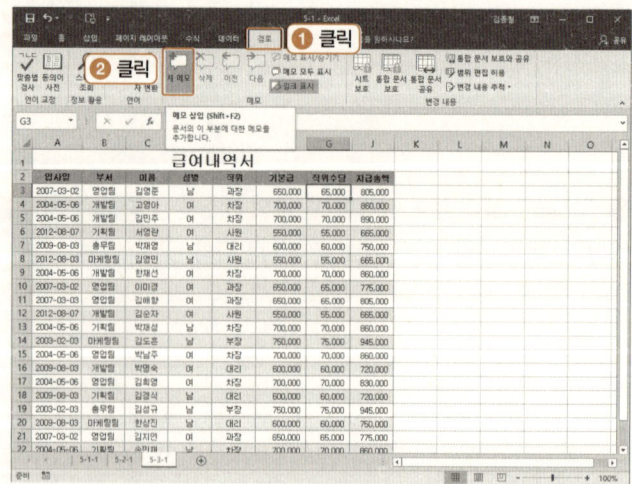

- 새 메모 : 새로운 메모를 삽입합니다.
- 삭제 : 기존에 작성한 메모를 삭제합니다.
- 이전 : 현재 선택하고 있는 메모의 이전 메모로 이동합니다.
- 다음 : 현재 선택하고 있는 메모의 다음 메모로 이동합니다.
- 메모 표시/숨기기 : 한번 클릭할 때마다 메모를 표시하거나 숨깁니다.
- 메모 모두 표시 : 워크시트 내의 모든 메모를 표시하거나 숨깁니다.

단원 평가

● 예제: C:\CDL2016A\AM4 e5-1.xlsx→01 워크시트

1 [E3:E23] 영역의 '직위'가 '부장, 차장, 과장, 대리, 사원'만 입력되도록 설정하시오.

❶ [E3:E23] 영역을 선택한 후 [데이터] 탭→[데이터 도구] 그룹→[데이터 유효성 검사]→[데이터 유효성 검사]를 클릭합니다.

❷ [설정] 탭에서 '제한 대상'의 목록 단추를 클릭한 후 '목록'을 선택합니다.

❸ '원본'을 '부장, 차장, 과장, 대리, 사원'으로 설정한 후 [확인] 버튼을 클릭합니다.

❹ 셀의 목록 단추를 클릭하면 정해진 데이터만 입력할 수 있게 됩니다.

● 예제: C:\CDL2016A\AM4 e5-1.xlsx→02 워크시트

2 [D3:D23] 영역에 '제목 : 성별 입력 오류', '오류 메시지 : 남 Or 여 입력 요망'과 같은 오류 메시지를 설정하시오.

❶ [D3:D23] 영역을 선택한 후 [데이터] 탭→[데이터 도구] 그룹→[데이터 유효성 검사]→[데이터 유효성 검사]를 클릭합니다.

❷ [오류 메시지] 탭에서 '유효하지 않은 데이터를 입력하면 오류 메시지 표시'를 선택한 후 '제목 : 성별 입력 오류', '오류 메시지 : 남 Or 여 입력 요망'을 설정하고 [확인] 버튼을 클릭합니다.

❸ [D3] 셀에 '남성'을 입력하면 데이터가 잘못 입력되었다는 메시지가 나타납니다.

● 예제: C:\CDL2016A\AM4 e5-1.xlsx→03 워크시트

3 [D18] 셀에 참조되는 모든 셀을 추적하시오.

❶ [D18] 셀을 선택한 후 [수식] 탭→[수식 분석] 그룹→[참조되는 셀 추적]을 클릭합니다.

❷ [수식] 탭 → [수식 분석] 그룹 → [참조되는 셀 추적]을 한 번 더 클릭합니다.

❸ 참조되는 셀이 모두 표시됩니다.

예제: C:\ICDL2016A\AM4 e5-1.xlsx→04 워크시트

4 [D4] 셀이 참조하는 모든 셀을 추적하시오.

❶ [D4] 셀을 선택한 후 [수식] 탭→[수식 분석] 그룹→[참조하는 셀 추적]을 클릭합니다.

❷ [수식] 탭 → [수식 분석] 그룹 → [참조하는 셀 추적]을 한 번 더 클릭합니다.

❸ 참조하는 셀이 모두 표시됩니다.

예제: C:\ICDL2016A\AM4 e5-1.xlsx→05 워크시트

5 워크시트 안에 있는 모든 수식을 나타내시오.

❶ [수식] 탭→[수식 분석] 그룹→[수식 표시]를 클릭합니다.

❷ 모든 수식이 표시됩니다.

예제: C:\ICDL2016A\AM4 e5-1.xlsx→06 워크시트

6 [G2] 셀에 메모(직위수당 정확히 입력하세요)를 삽입하시오.

❶ [G2] 셀을 선택한 후 [검토] 탭→[메모] 그룹→[새 메모]를 클릭합니다.

❷ '직위수당 정확히 입력하세요'를 입력합니다.

예제: C:\ICDL2016A\AM4 e7-3.xlsx→07 워크시트

7 워크시트 안에 있는 메모를 표시하시오.

❶ [검토] 탭→[메모] 그룹→[메모 모두 표시]를 클릭합니다.

❷ 메모가 표시됩니다.

Section 06 생산성 향상

1 셀 이름 정의

1-1 이름 정의

함수를 사용하다보면 참조할 범위의 셀이 많아지면 실수할 경우가 많이 발생합니다. 이럴 때 셀에 이름을 정의해 놓으면 매우 편리하게 사용할 수 있습니다.

❶ 이름 정의 : ([수식] 탭→[정의된 이름] 그룹→[이름 정의])

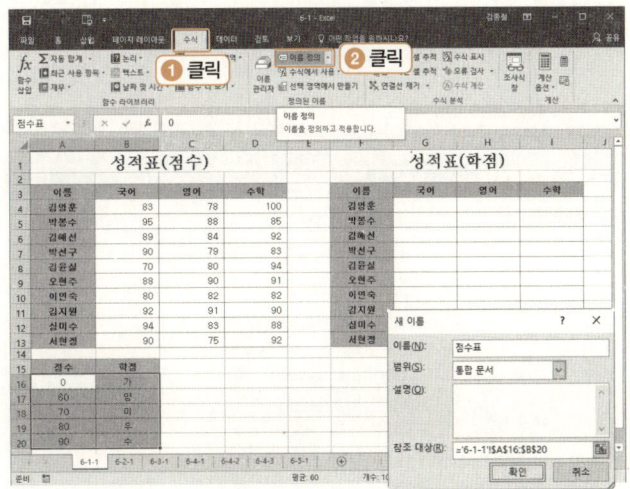

❷ 이름 삭제 : ([수식] 탭→[정의된 이름] 그룹→[이름 관리자])

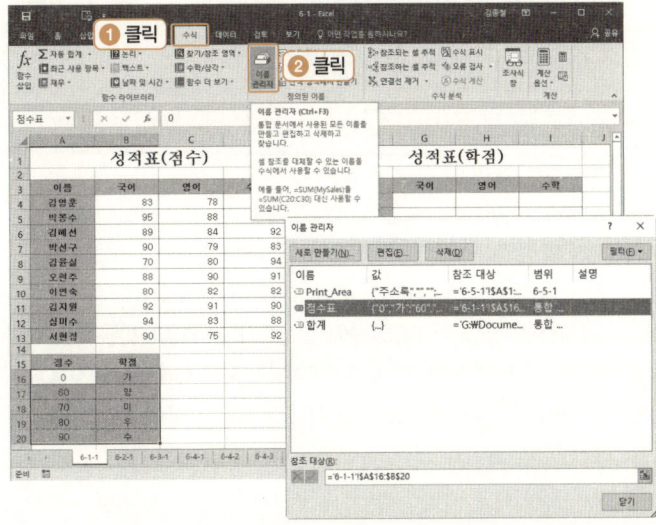

1-2 이름 사용

정의된 이름은 수식을 만들 때 절대 참조/상대 참조로 변경하지 않아도 되기 때문에 편리하게 사용할 수 있습니다.

VLOOKUP 함수 사용 시 이름 활용 예

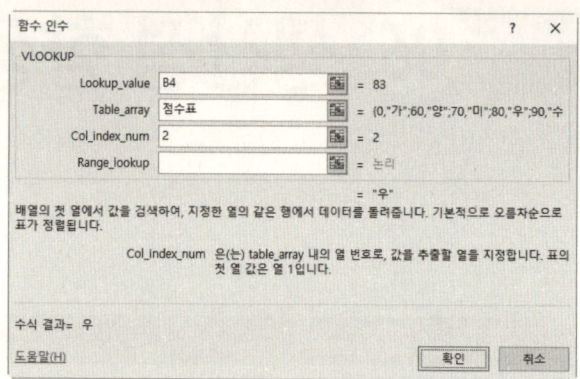

2 선택하여 붙여넣기

2-1 선택하여 붙여넣기(더하기, 빼기, 곱하기, 나누기)

복사한 데이터를 다른 곳에 붙여넣기 할 때 사용자가 원하는 작업을 선택할 수 있습니다.

[홈] 탭→[클립보드] 그룹→[붙여넣기] 목록 단추→[선택하여 붙여넣기]

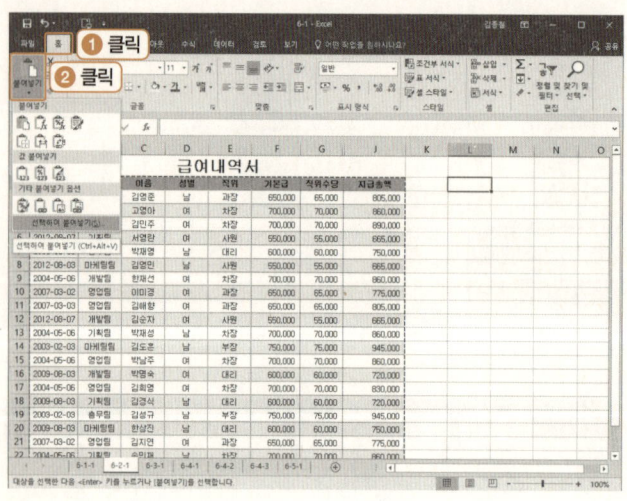

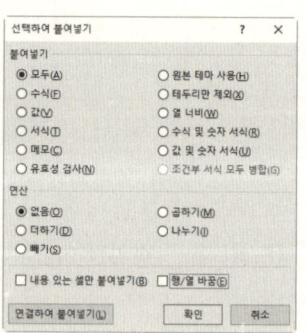

❶ 모두 : '붙여넣기' 옵션과 같음

❷ 메모 : 셀에 삽입된 메모만 붙여넣기 함

❸ 유효성 검사 : 셀에 설정되어 있는 유효성 검사만 붙여넣기 함

❹ 원본 테마 사용 : 원본 데이터와 함께 테마도 붙여넣기 함

❺ 조건부 서식 모두 병합 : 현재 셀 영역에 설정되어 있는 조건부 서식을 적용

❻ 연산 : 원본 데이터의 숫자와 붙여넣기 할 위치에 있는 숫자를 사칙연산 함

❼ 내용 있는 셀만 붙여넣기 : 내용 있는 셀만(빈 셀은 제외) 붙여넣기 함

❽ 행/열 바꿈 : 데이터의 행과 열을 바꿔서 붙여넣기 함

3 템플릿(서식 파일)

3-1 템플릿(서식 파일)

엑셀은 많은 서식 파일을 제공합니다. 계약서, 보고서, 양식 등 무료로 사용할 수 있는 서식을 제공하고 있으며, 엑셀에서 제공하지 않는 서식은 사용자가 직접 서식 파일을 만들어서 사용할 수 있습니다. 이러한 서식 파일은 작업 후 새로운 통합 문서로 만들어서 저장할 수 있습니다. 엑셀 2016의 기본 서식 파일은 확장자가 '.xltx'이며, 기본 파일 형식은 '.xlsx'입니다.

[파일] 탭→[다른 이름으로 저장]→[파일 형식:Excel 서식 파일]

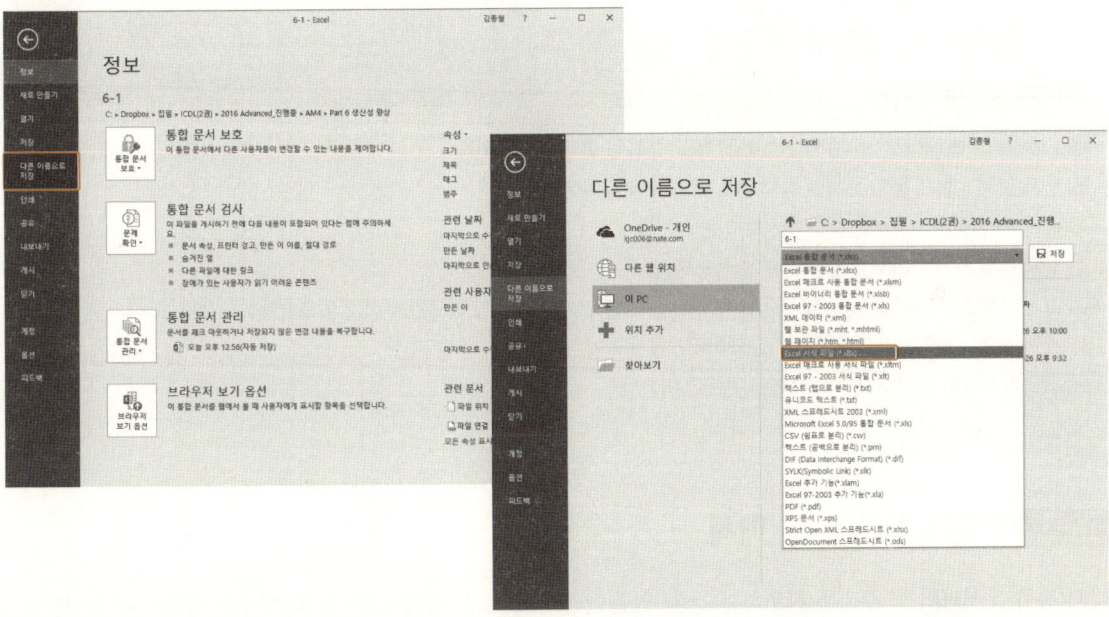

4 연결(linking), 포함(embedding), 임포팅(importing)

4-1 하이퍼링크

❶ 엑셀 작업 중 워크시트 내에서 다른 곳으로 이동할 때 사용하는 방법이 '하이퍼링크'입니다. 하이퍼링크가 삽입된 셀을 클릭하면 다른 워크시트는 물론 웹 사이트, 다른 통합 문서 등 다양한 방법으로 링크를 설정할 수 있습니다.

[삽입] 탭→[링크] 그룹→[하이퍼링크]

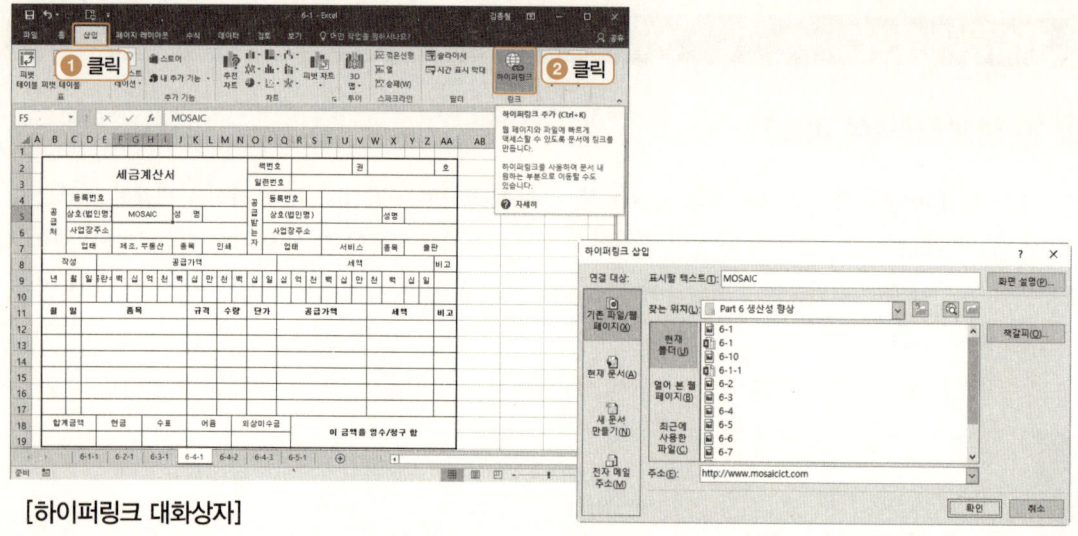

[하이퍼링크 대화상자]

❶ 기존 파일/웹 페이지 : 기존에 만들어진 파일 및 특정 홈페이지로 이동

❷ 현재 문서 : 현재 통합 문서의 특정 셀로 이동(가장 많이 사용)

❸ 새 문서 만들기 : 새로운 통합 문서로 이동

❹ 전자 메일 주소 : 전자 우편을 보낼 수 있도록 함

❺ 표시할 텍스트 : 하이퍼링크를 연결할 텍스트 입력(셀에 기존 내용이 있으면 수정할 필요 없음)

❻ 화면 설명 : 하이퍼링크가 설정된 곳에 마우스를 올려놓으면 나타나는 문구

❼ 책갈피 : 다른 셀이나 이름이 정의된 곳으로 이동

4-2 연결 업데이트 및 해제

다른 통합 문서와의 셀 주소를 참조하는 것을 '연결'이라고 하는데, 파일이 연결되어 있으면 통합 문서를 불러올 때 자동으로 업데이트를 수행합니다. 다만 보안 경고 메시지가 표시됩니다. 더 이상 연결이 필요 없을 때는 언제든 연결을 해제할 수 있습니다.

[데이터] 탭→[연결] 그룹→[연결]

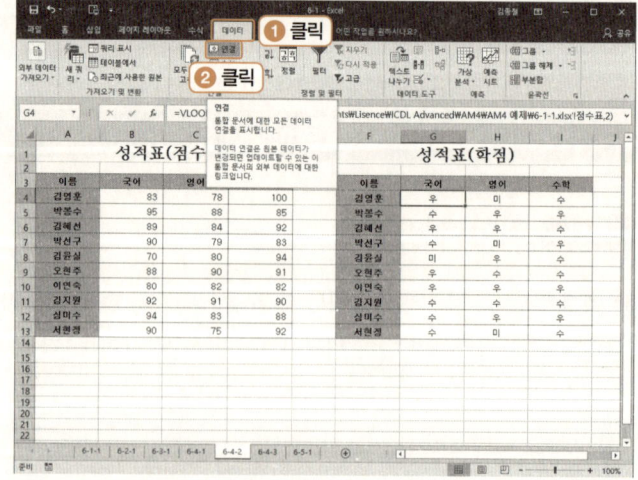

4-3 텍스트 파일 가져오기

엑셀은 Access, 웹 페이지, 텍스트, XML 파일 등을 가져올 수 있습니다. 특히 텍스트 파일을 가져오는 방법이 많이 활용되는데, 필드 사이에 구분 기호가 있거나 일정한 너비로 구분되어 있는 파일이면 워크시트로 가져와서 각 필드를 구분하여 입력할 수 있습니다.

[데이터] 탭→[외부 데이터 가져오기]→[텍스트]

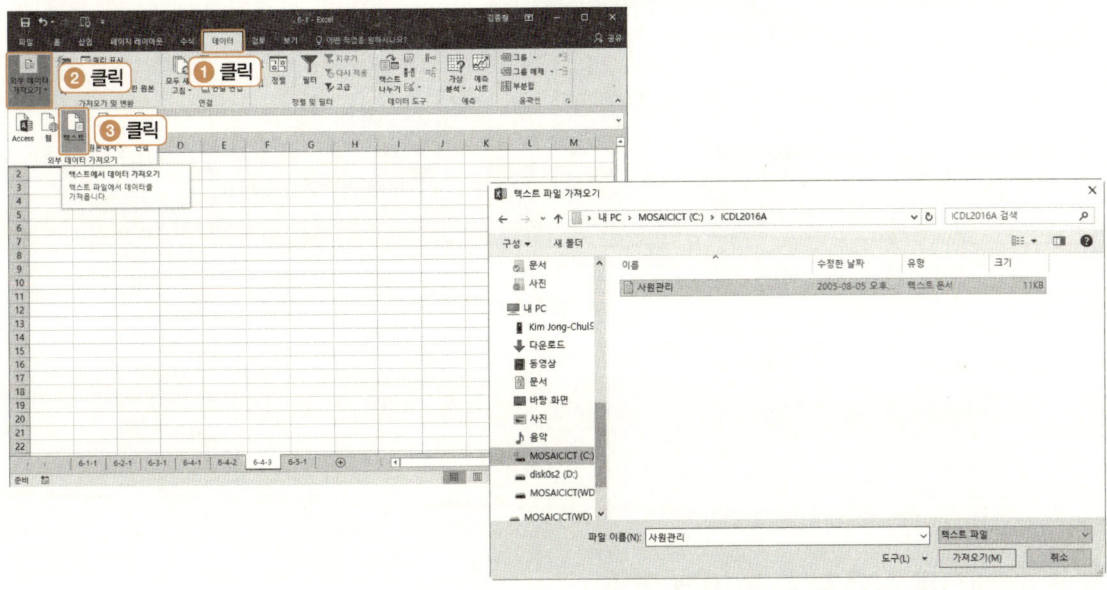

5 자동화

5-1 매크로 기록

엑셀 문서를 만들다 보면 항상 똑같은 작업을 반복할 때가 있습니다. 이렇게 매번 동일한 명령을 수행해야 할 때 매크로(Macro)를 만들어 두면 한 번만 실행해도 기록해 두었던 명령들이 실행되어 문서 작업 시간을 단축시킬 수 있습니다. 매크로를 사용하기 위해서는 [Excel 옵션]에서 리본 메뉴에 '개발 도구'를 추가해 주어야 합니다.

[개발도구] 탭→[코드] 그룹→[매크로 기록]

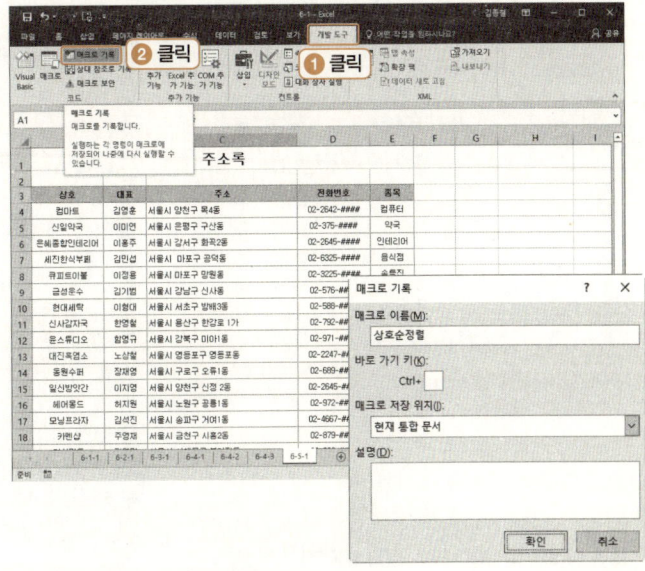

5-2 매크로 실행

기록된 매크로를 실행하는 방법은 여러 가지가 있지만 가장 기본적인 방법은 [매크로] 대화상자를 이용하는 것입니다.

[개발도구] 탭→[코드] 그룹→[매크로]

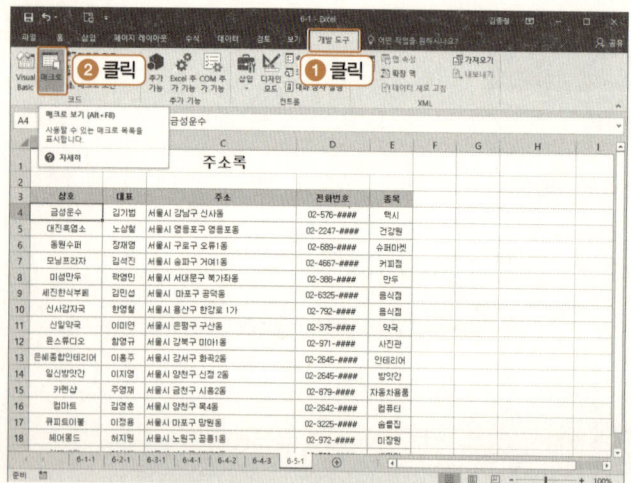

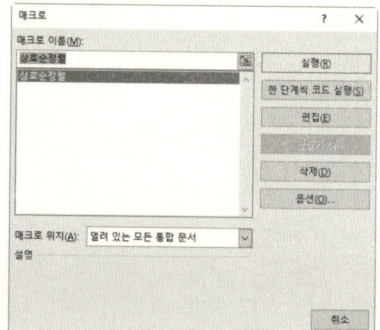

5-3 매크로 사용자 지정 버튼 연결

매크로를 실행할 때 양식 컨트롤을 삽입하면 편리하게 매크로를 실행할 수 있습니다. 매크로에 대해 잘 모르는 사용자라면 통합 문서에 양식 컨트롤을 이용하면 별다른 설명 없이도 매크로를 실행할 수 있습니다. 양식 컨트롤을 삽입한 후 매크로를 지정해 보겠습니다.

[개발도구] 탭→[컨트롤] 그룹→[삽입]

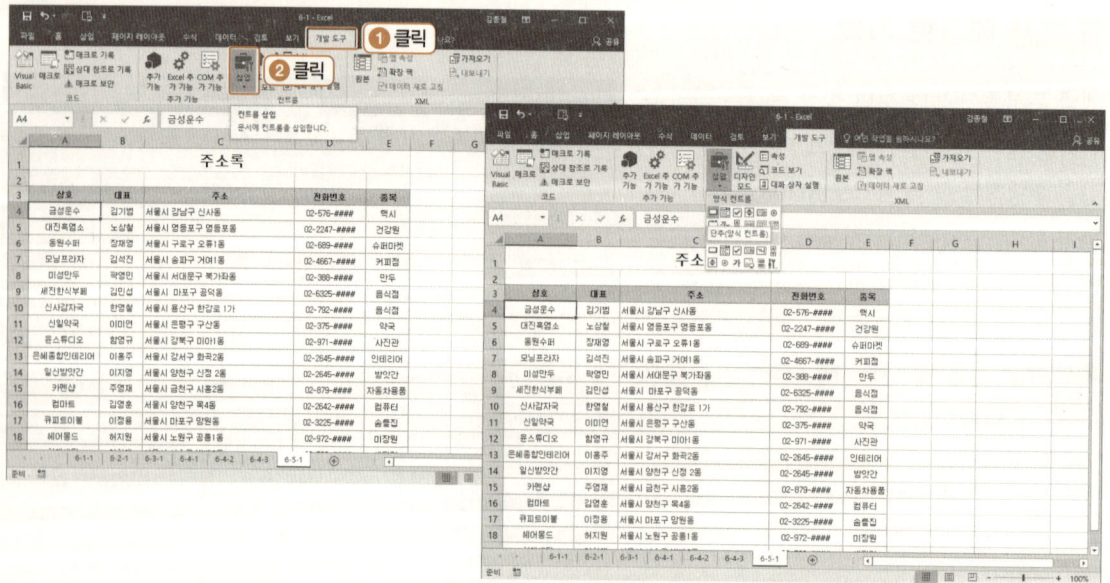

5-4 Excel 매크로 사용 통합 문서로 저장하기

매크로를 포함해서 저장하려면 엑셀의 기본 파일 형식인 '.XLSX'는 사용할 수 없습니다. 따라서 작업한 통합 문서에 매크로가 포함되었을 경우 매크로를 포함할 수 있는 확장자인 '.XLSM'으로 저장해야 합니다.

[파일] 탭→[내보내기]→[파일 형식 변경]→[매크로 사용 통합 문서]

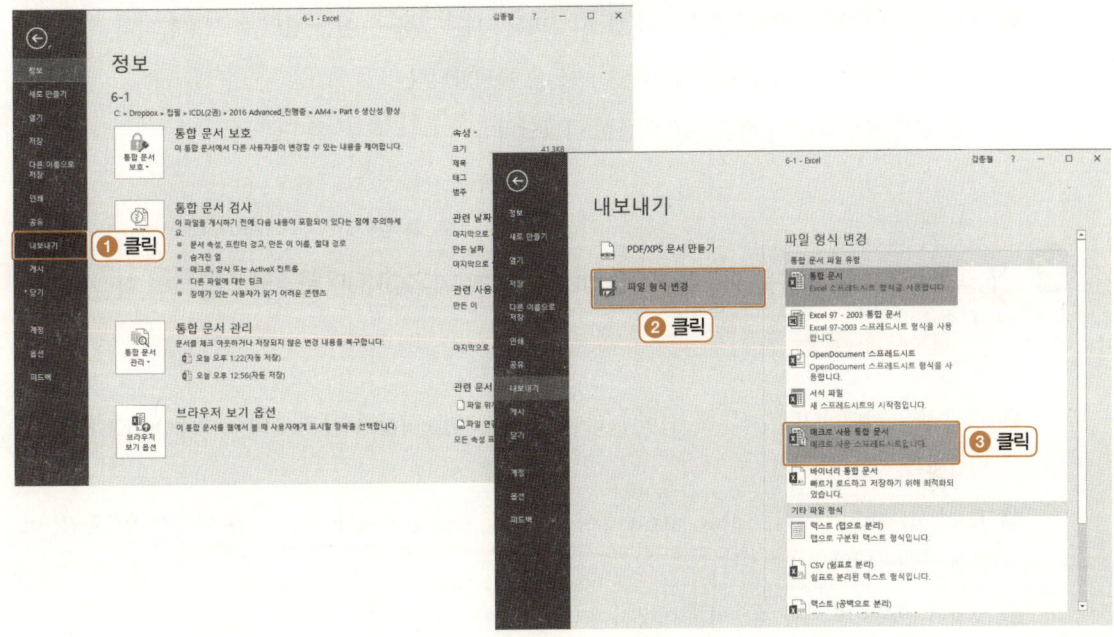

◉ 예제 : C:₩ICDL2016A₩AM4 e6-1.xlsx→01 워크시트

① [A16:B20] 영역에 '성적점수표'라는 이름을 정의하시오.

❶ [A16:B20] 영역을 선택한 후 [수식] 탭→[정의된 이름] 그룹→[이름 정의]를 클릭합니다.

❷ '이름'에 '성적점수표'를 입력한 후 [확인] 버튼을 클릭합니다.

❸ '이름 상자'에 등록한 '성적점수표' 이름이 나타납니다.

◉ 예제 : C:₩ICDL2016A₩AM4 e6-1.xlsx→02 워크시트

② '성적점수표'라는 이름을 이용하여 [G4:I13] 영역에 VLOOKUP 함수를 이용하여 학점을 구하시오.

❶ [G4] 셀을 선택한 후 [수식] 탭→[함수 라이브러리] 그룹→[찾기/참조 영역]→[VLOOKUP]을 클릭합니다.

❷ 'Lookup_value : B4, Table_array : 성적점수표, Col_index_num : 2'를 설정한 후 [확인] 버튼을 클릭합니다.

❸ 성적이 구해지면 자동 채우기를 이용하여 나머지 셀을 채웁니다.

◉ 예제 : C:₩ICDL2016A₩AM4 e6-1.xlsx→03 워크시트

③ [G] 열의 너비를 [J] 열에 복사하시오.

❶ [G2] 셀을 선택한 후 [홈] 탭→[클립보드]→[복사]를 클릭합니다.

❷ [J2] 셀을 선택한 후 [홈] 탭→[클립보드]→[붙여넣기]→[선택하여 붙여넣기]를 클릭합니다.

❸ '붙여넣기' 항목에서 '열 너비'를 선택한 후 [확인] 버튼을 클릭합니다.

❹ [G] 열의 너비가 [J] 열에 복사됩니다.

◉ 예제 : C:₩ICDL2016A₩AM4 e6-1.xlsx→04 워크시트

④ 통합 문서를 서식 파일로 저장하시오.

❶ [파일] 탭→[다른 이름으로 저장]을 클릭합니다.

❷ '파일 형식'의 목록 단추를 클릭한 후 [Excel 서식 파일]을 선택합니다.

❸ [저장] 버튼을 클릭합니다.

◉ 예제: C:\ICDL2016A\AM4 e6-1.xlsx→05 워크시트

5 [F5] 셀을 클릭하면 'www.icdl.or.kr'로 이동되도록 하이퍼링크를 설정하시오.

❶ [F5] 셀을 선택한 후 [삽입] 탭→[링크] 그룹→[하이퍼링크]를 클릭합니다.

❷ '주소' 항목에 'www.icdl.or.kr'을 입력한 후 [확인] 버튼을 클릭합니다.

❸ [F5] 셀을 클릭하면 설정한 'www.icdl.or.kr'로 이동합니다.

◉ 예제: C:\ICDL2016A\AM4 e6-1.xlsx→06 워크시트

6 '06' 워크시트에 설정되어 있는 연결을 제거하시오.

❶ [데이터] 탭→[연결] 그룹→[연결 편집]을 클릭합니다.

❷ [연결 끊기] 버튼을 클릭합니다.

❸ [연결 끊기] 버튼을 한 번 더 클릭합니다.

❹ 연결이 끊어진 화면이 나타나면 [닫기] 버튼을 클릭합니다.

◉ 예제: C:\ICDL2016A\AM4 e6-1.xlsx→07 워크시트

7 '사원관리' 텍스트 파일을 워크시트에 가져오시오([A1] 셀부터 시작하도록 할 것).

❶ [데이터] 탭→[외부 데이터 가져오기] 그룹→[텍스트]를 클릭합니다.

❷ 텍스트 파일(사원관리)을 선택한 후 [가져오기] 버튼을 클릭합니다.

❸ '너비가 일정함'을 선택한 후 [다음] 버튼을 클릭합니다.

❹ [다음] 버튼을 클릭합니다.

❺ [마침] 버튼을 클릭합니다.

❻ [A1] 셀을 지정한 후 [확인] 버튼을 클릭합니다.

❼ 텍스트 파일을 가져옵니다.

● 예제: C:\ICDL2016A\AM4 e6-1.xlsx→08 워크시트

8 '상호별'로 오름차순으로 정렬하는 매크로를 작성하시오(매크로 이름은 '상호순'으로 할 것).

❶ [개발도구] 탭→[코드]→[매크로 기록]을 클릭합니다.

❷ '매크로 이름' 항목에 '상호순'을 입력한 후 [확인] 버튼을 클릭합니다.

❸ [A4] 셀을 선택한 후 [데이터] 탭→[정렬 및 필터]→[텍스트 오름차순 정렬]을 클릭합니다.

❹ [개발도구] 탭→[코드]→[기록 중지]를 클릭합니다.

※ 다음 문제를 풀기 위해 동일한 방법으로 '대표순'으로 오름차순으로 정렬되는 매크로를 저장하세요.

● 예제: C:\ICDL2016A\AM4 e6-1.xlsx→08 워크시트

9 '대표순' 매크로를 실행하시오.

❶ [개발도구] 탭→[코드]→[매크로]를 클릭합니다.

❷ '대표순' 매크로를 선택한 후 [실행] 버튼을 클릭합니다.

❸ '대표순' 매크로가 실행됩니다.

● 예제: C:\ICDL2016A\AM4 e6-1.xlsx→08 워크시트

10 [G3:G4] 영역에 [상호순] 매크로를 실행하는 '단추'를 만드시오.

❶ [개발도구] 탭→[컨트롤] 그룹→[삽입]을 클릭합니다.

❷ [단추(양식 컨트롤)]를 클릭합니다.

❸ [G3:G4] 영역에 마우스로 드래그하여 다음과 같이 그립니다.

❹ '상호순' 매크로를 선택한 후 [확인] 버튼을 클릭합니다.

❺ 상호순으로 정렬되는 버튼이 만들어진다. 버튼을 클릭하면 상호순으로 정렬됩니다.

● 예제: C:\ICDL2016A\AM4 e6-1.xlsx→08 워크시트

11 통합 문서를 '매크로 사용 통합 문서'로 저장하시오.

❶ [파일] 탭→[내보내기]→[파일 형식 변경]→[매크로 사용 통합 문서]를 더블 클릭합니다.

❷ [저장] 버튼을 클릭합니다.

Section 07 공동 문서 편집

1 추적과 검토

1-1 변경 내용 추적/취소

변경 내용 추적은 사용자가 셀 내용에 대해 변경한 내역 등을 기록합니다. 따라서 내가 만든 통합 문서를 다른 사용자에게 주었을 때 언제, 누가 어떻게 편집했는지를 기록할 경우에 유용하게 사용할 수 있습니다.

[검토] 탭→[변경 내용] 그룹→[변경 내용 추적]→[변경 내용 표시]

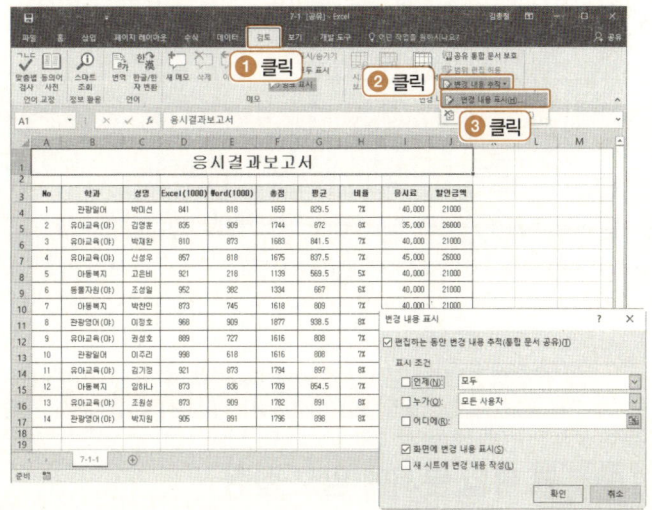

1-2 워크시트에서 변경 허용/거부

변경 내용 추적을 허용한 문서라도 중간에 언제든지 추적을 취소할 수 있습니다.

[검토] 탭→[변경 내용] 그룹→[변경 내용 추적]→[변경 내용 적용/취소]

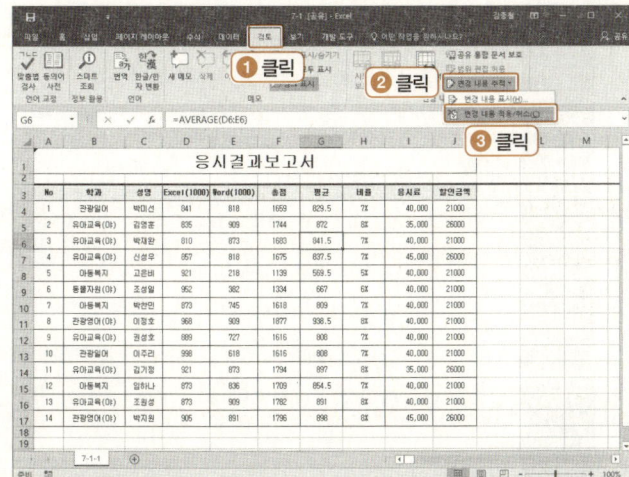

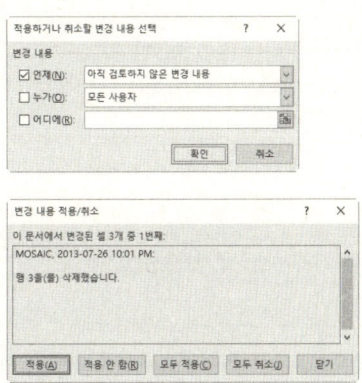

1-3 통합 문서 비교 및 병합

두 개의 통합 문서를 비교해서 적용할 것과 그렇지 않은 것을 비교해서 더 나은 문서를 만들기 위해서는 '통합 문서 비교 및 병합' 기능을 이용하면 됩니다. 물론 동일한 문서이지만 서로 다른 사용자가 수정한 파일이어야 합니다. 통합 문서 비교 및 병합을 사용하기 위해서는 [Excel 옵션]에서 빠른 실행 도구 모음에 '통합 문서 비교 및 병합'을 추가해 주어야 합니다.

[빠른 실행 도구 모음]→[통합 문서 비교 및 병합]

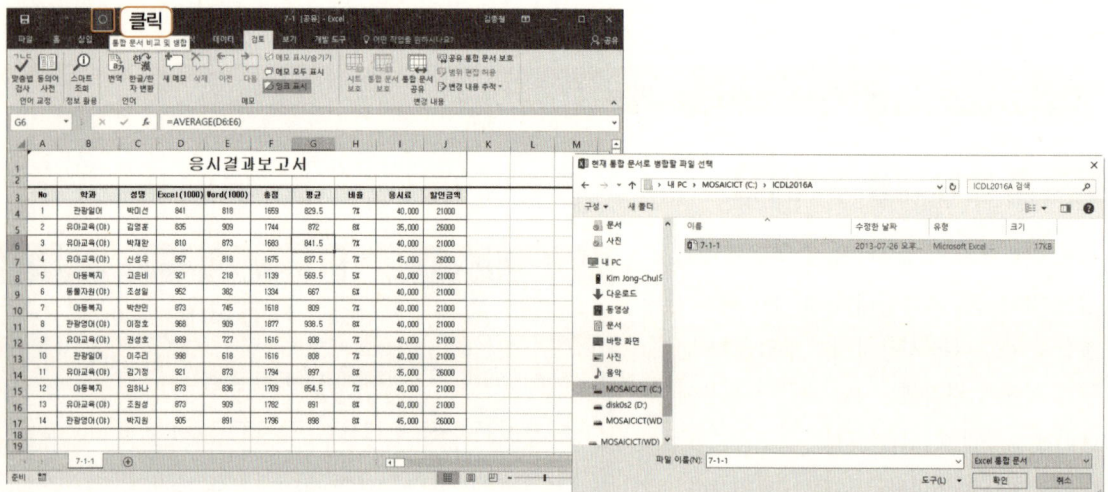

2 보안

2-1 통합 문서에 암호 설정

통합 문서에 암호를 설정하면 암호를 모르는 사용자는 문서에 접근할 수 없기 때문에 안전하게 파일을 관리할 수 있습니다. 중요한 문서라면 반드시 암호를 설정해서 보호하는 것이 중요합니다.

[파일] 탭→[다른 이름으로 저장]→[기타 옵션]→[도구]→[일반 옵션]

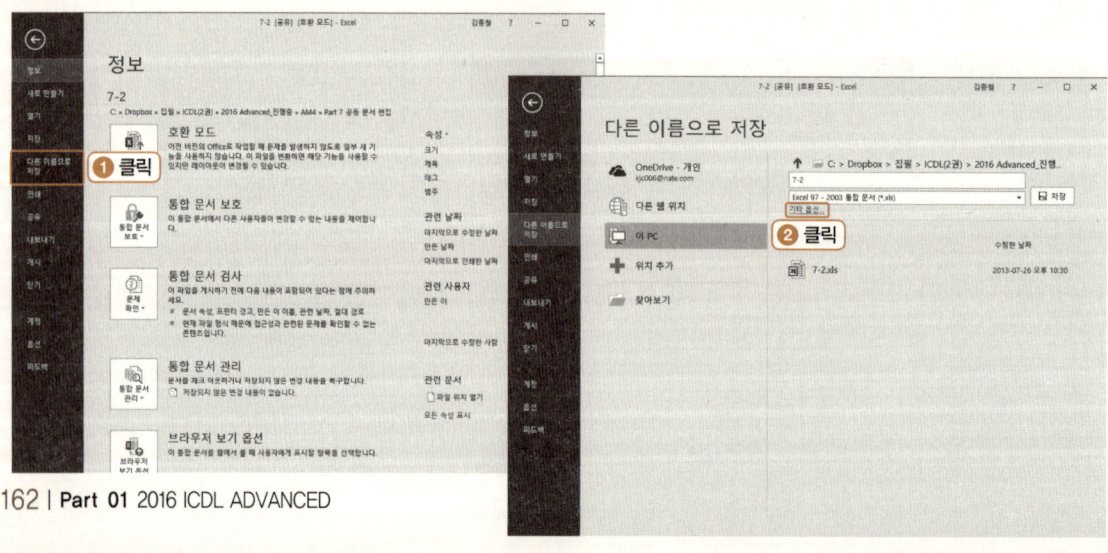

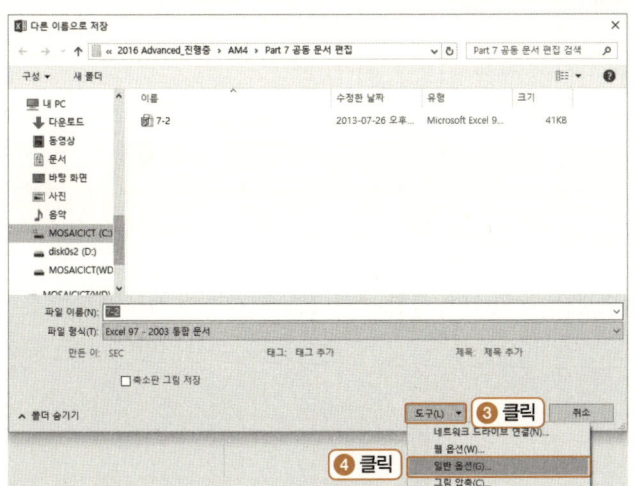
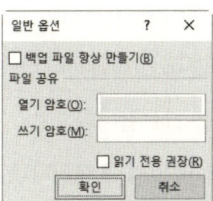

2-2 셀/워크시트 보호하기

셀이나 워크시트에 입력된 수식이나 내용 등을 다른 사용자가 보기만 하고 수정은 하지 못하게 하기 위해서는 '보호' 기능을 이용하면 됩니다. [홈] 탭에서 셀 잠금을 해제하고, [검토] 탭에서 시트 보호를 클릭하면 됩니다.

[홈] 탭→[셀] 그룹→[서식]→[셀 잠금] / [검토] 탭→[변경 내용] 그룹→[시트 보호]

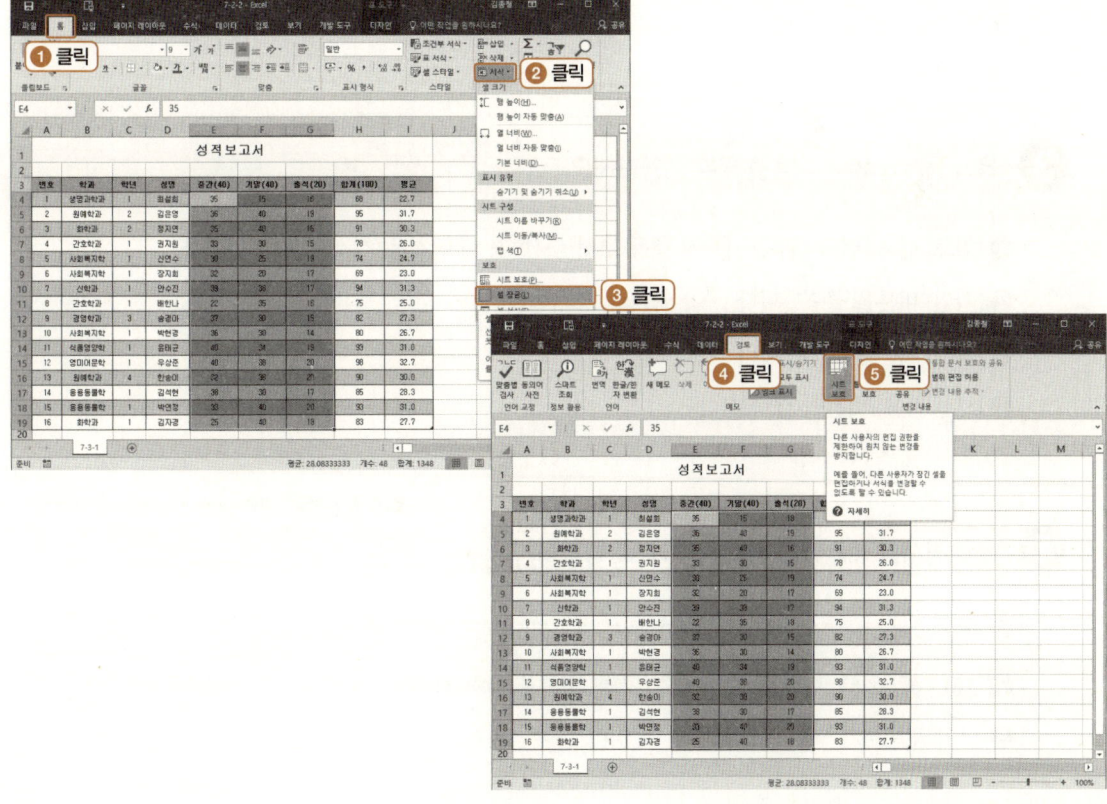

 단원 평가

◉ 예제: C:\ICDL2016A\AM4 e7-1.xlsx→01 워크시트

① 통합 문서를 공유하시오.

❶ [검토] 탭→[변경 내용]→[통합 문서 공유]를 클릭합니다.

❷ [편집] 탭에서 '여러 사용자가 동시에 변경할 수 있으며, 통합 문서 병합도 가능'에 체크 표시를 한 후 [확인] 버튼을 클릭합니다.

❸ [확인] 버튼을 클릭합니다.

❹ 화면 상단에 '공유'가 표시됩니다.

◉ 예제: C:\ICDL2016A\AM4 e7-1.xlsx→01 워크시트

② [D6] 셀을 '913'으로, [E8] 셀을 '802'로 변경한 후 변경 내용을 추적하시오.

❶ [D6] 셀을 '913'으로, [E8] 셀을 '802'로 변경한 후 [검토] 탭→[변경 내용]→[변경 내용 추적]을 클릭합니다.

❷ [변경 내용 표시]를 클릭합니다.

❸ [확인] 버튼을 클릭합니다.

❹ 변경한 셀을 클릭하면 변경된 내용을 알 수 있습니다.

◉ 예제: C:\ICDL2016A\AM4 e7-1.xlsx→01 워크시트

③ 통합 문서의 변경 내용을 모두 적용하시오.

❶ [검토] 탭→[변경 내용]→[변경 내용 추적]→[변경 내용 적용/취소]를 클릭합니다.

❷ [확인] 버튼을 클릭합니다.

❸ [확인] 버튼을 클릭합니다.

❹ [모두 적용] 버튼을 클릭합니다.

◉ 예제: C:\IDL2016A\AM4 e7-2.xlsx→01 워크시트

④ 통합 문서를 'e7-2-1' 파일과 비교 및 병합하시오.

❶ 빠른 실행 도구 모음에 있는 [통합 문서 비교 및 병합]을 클릭합니다.

❷ 'AM4 e7-2-1' 파일을 지정한 후 [확인] 버튼을 클릭합니다.

❸ 두 개의 문서가 병합됩니다.

◉ 예제: :₩ICDL2016A₩AM4 e7-3.xlsx→01 워크시트

⑤ 통합 문서를 암호(1234)를 설정하여 저장하시오.

❶ [파일] 탭→[다른 이름으로 저장]을 클릭합니다.

❷ '기타 옵션'을 클릭합니다.

❸ [도구]→[일반 옵션]을 클릭합니다.

❹ '열기 암호'를 입력한 후 [확인] 버튼을 클릭합니다.

❺ 한 번 더 암호를 입력한 후 [확인] 버튼을 클릭합니다.

◉ 예제: C:₩ICDL2016A₩AM4 e7-3.xlsx→01 워크시트

⑥ [E4:G19] 영역을 제외한 다른 셀은 편집할 수 없도록 통합 문서를 보호하시오(암호는 사용하지 말 것).

❶ [E4:G19] 영역을 선택한 후 [홈] 탭→[셀]→[서식]→[셀 잠금]을 클릭합니다.

❷ [홈]탭→[셀]→[서식]→[시트 보호]를 클릭합니다.

❸ '잠긴 셀 선택'의 체크 표시를 해제한 후 [확인] 버튼을 클릭합니다.

❹ [E4:G19] 영역은 편집할 수 있지만 다른 셀들은 수정할 수 없게 됩니다.

◉ 예제: C:₩ICDL2016A₩AM4 e7-3.xlsx→02 워크시트

⑦ [E4:G19] 영역만 셀 보호를 적용하시오(암호는 'mosaic'로 할 것).

❶ Ctrl + A 를 눌러 셀 전체를 선택합니다.

❷ [홈] 탭→[셀] 그룹→[서식]→[셀 잠금]을 클릭합니다.

❸ [E4:G19] 영역을 선택한 후 [홈] 탭→[셀] 그룹→[서식]→[셀 잠금]을 클릭합니다.

❹ [홈]탭→[셀] 그룹→[서식]→[시트 보호]를 클릭합니다.

❺ '잠기지 않은 셀 선택'이 체크되어 있는지 확인한 후 '시트 보호 해제 암호 : mosaic'을 입력합니다.

❻ [확인] 버튼을 클릭합니다.

❼ 'mosaic'을 한 번 더 입력한 후 [확인] 버튼을 클릭합니다.

❽ 다른 셀들은 수정할 수가 있지만 [E4:G19] 영역은 편집할 수 없게 됩니다.

CHAPTER
3

Advanced AM6

○ 학습목표

프레젠테이션 기획, 슬라이드 마스터와 테마, 그래픽 개체, 차트와 SmartArt, 멀티미디어, 생산성 향상, 프레젠테이션 관리 등 Advanced Presentation인 파워포인트에 대해서 알아 봅니다.

Section 01 프레젠테이션 기획

1 청중과 환경 분석

1-1 청중 분석

동일한 주제의 프레젠테이션이라 할지라도 청중의 나이, 교육수준, 직업, 문화적 배경의 차이에 따라 전달 방법이 다를 수 있습니다. 따라서 프레젠테이션 기획 단계에서는 정확한 청중 분석을 통해 청중 그룹의 수준에 맞는 자료를 수집하고 스토리 구성 및 절차를 수립해야 합니다.

[청중 분석을 위한 고려 사항]

❶ 청중 인원 : 청중 인원에 따른 유인물 및 스토리 구성

❷ 연령 : 청중의 연령층에 맞는 자료 수집 및 스토리 구성

❸ 교육 수준 : 전문 또는 비전문 용어 및 자료 구성

❹ 핵심 인물 : 결정권자 미리 파악

1-2 환경 분석

프레젠테이션을 진행할 장소의 환경적인 요소를 미리 파악하는 것은 기획 단계에서 없어서는 안 될 매우 중요한 요소 중 하나입니다. 미리 프레젠테이션 장소에 대한 위치, 크기, 장비 등의 분석을 통해 프레젠테이션 제작 시 배경 및 텍스트의 색상 및 크기 정도를 결정짓게 됩니다.

[환경 분석을 위한 고려 사항]

❶ 밝기 : 슬라이드의 배경 및 텍스트 색상 결정

❷ 장비 : 빔 프로젝트의 사용, PC의 사양 및 사운드 등의 가용 여부

❸ 크기 : 유인물 준비 및 텍스트 크기

❹ 좌석 배치 : 프레젠테이션 발표자의 위치 결정

1-3 시간 분석

거의 대부분의 프레젠테이션은 시간이 정해져있는 경우가 많습니다. 발표자의 욕심에 의해 너무 많은 슬라이드를 준비한 경우에는 슬라이드 간 전환 시간이 짧아 청중이 해당 내용에 대한 이해와 정리 시간의 부족이 우려될 수 있고, 너무 적은 양의 슬라이드는 발표자의 무성의로 비춰질 수 있습니다. 따라서 발표자는 충분한 리허설을 통해 각 슬라이드별 전환 시간과 총 프레젠테이션 진행 시간을 주어진 시간에 최대한 맞추어야 합니다.

[시간 분석을 위한 고려 사항]

❶ 총 진행 시간 : 전체 시간에 맞는 슬라이드 수량 구성

❷ 전환 시간 : 해당 슬라이드 난이도에 따른 적절한 전환 시간 구성

---

2 디자인, 콘텐츠, 레이아웃의 활용

2-1 디자인

앞서 준비한 청중 및 환경 분석을 통해 기획된 내용을 토대로 디자인 설계 계획을 수립합니다. 화려하고 세련된 배경 활용으로 슬라이드를 구성하는 것도 나쁘지 않지만 무엇보다도 일관성 있는 디자인과 그에 대한 가독성 있는 텍스트 색상의 고려가 필요합니다.

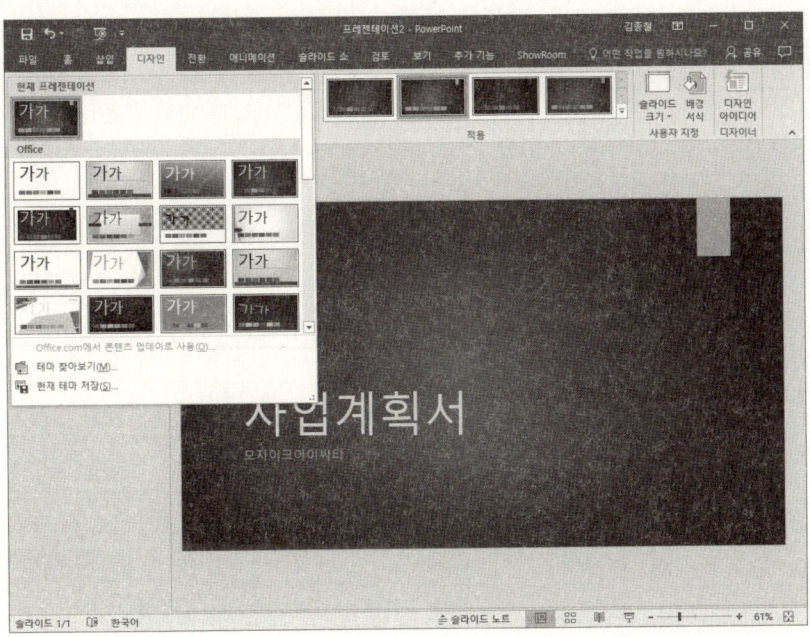

2-2 콘텐츠

청중에 대한 분석을 마친 후 그에 맞는 적절한 개체 활용이 필요하게 됩니다. 특히 나이 및 학력 등의 수준을 고려한 적절한 개체 활용은 성공적인 프레젠테이션의 중요한 요건이 됩니다. 따라서 각 개체별 특성 및 기능에 대한 이해가 우선시 되어야 할 것이고, 그를 통한 개체 활용으로 청중의 이해를 높이고 이를 통해 발표자의 목적 및 목표를 달성하게 될 것입니다.

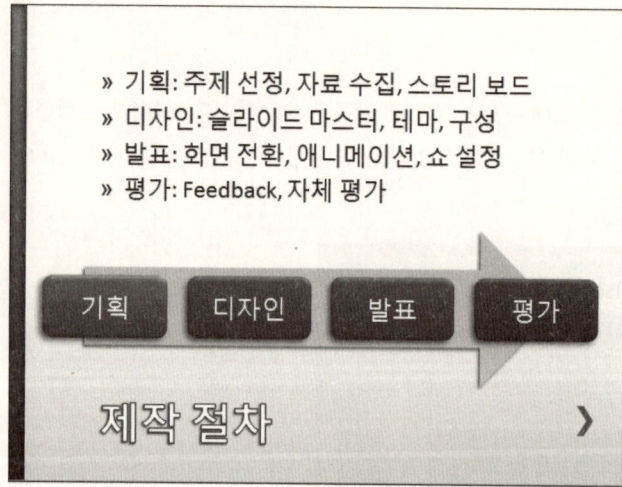

┌─ **[콘텐츠 구성 및 활용]** ─────────────────────────────────

❶ 텍스트 : 메시지 전달의 가장 기본적인 수단으로 함축적인 키워드 사용 권장

❷ 그래픽 개체 : 연관된 그래픽 개체 활용으로 청중의 이해도를 높이며, 시각 장애가 있는 청중 대상인 경우 대체 텍
　스트 사용

❸ 차트 : 항목 간의 수치 비교에 가장 적절한 개체로 비교 형식에 따라 올바른 차트의 종류 사용

❹ SmartArt : 텍스트와 도형이 결합된 개체로 청중에게 방향성을 제시하거나 시각적 유도에 유리

❺ 멀티미디어 : 동영상 및 소리 파일을 활용하여 신뢰성을 높이고 현실감을 줌

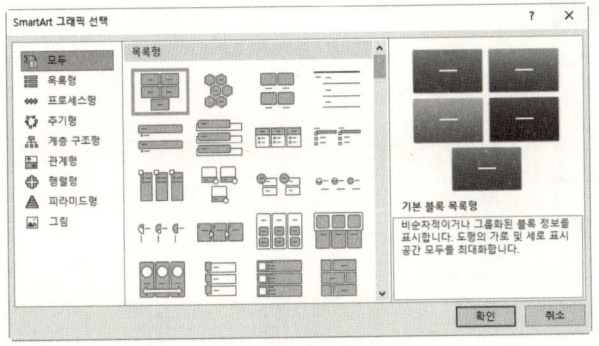

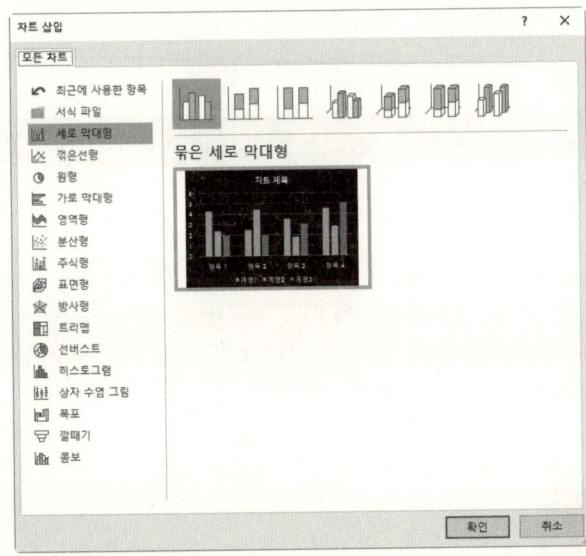

2-3 레이아웃

슬라이드를 구성하는 개체들의 배치 스타일로 제목의 위치나 크기, 개체의 위치, 바닥글 등의 표시 정보 등이 이
에 해당합니다. 통일성 있는 프레젠테이션을 위해서는 각 슬라이드별로 작성하기보다는 슬라이드 마스터를 활
용하는 것이 좋습니다.

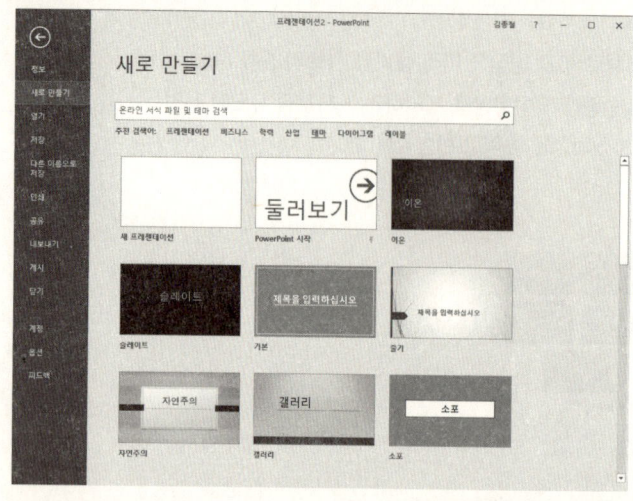

3 파워포인트 시작

3-1 프레젠테이션 시작

기획 단계에서 준비한 내용을 파워포인트로 옮기는 작업으로 사용할 형식에 따라 파워포인트에서 제공하는 서식 파일 및 테마를 선택하게 됩니다. 파워포인트에서는 새 프레젠테이션, 최근 서식 파일, 예제 서식 파일, 테마 등의 시작하는 방법을 제공합니다.

❶ 새 프레젠테이션 : 서식과 배경 테마가 적용되지 않은 기본 서식 파일에 해당하며, 사용자가 배경 및 글꼴 등의 서식을 직접 설정합니다.

   [파일] 탭→[새로 만들기]→[새 프레젠테이션]

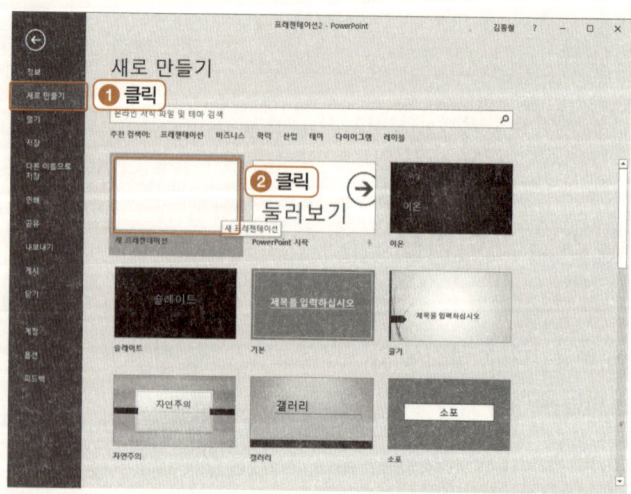

❷ 예제 서식 파일 : 파워포인트에서 제공하는 예제 서식 파일로 주제별로 내용과 배경 디자인이 설정된 파일입니다.

[파일] 탭→[새로 만들기]→'예제 서식 파일' 클릭

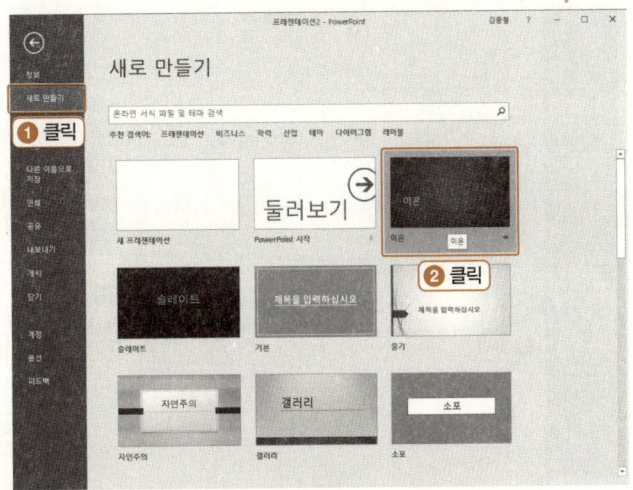

❸ 테마 : 파워포인트에서 제공하는 테마 서식 파일로 내용은 없지만 주제별로 배경 디자인과 개체의 서식이 미리 설정된 파일입니다.

[파일] 탭→[새로 만들기]→'테마'

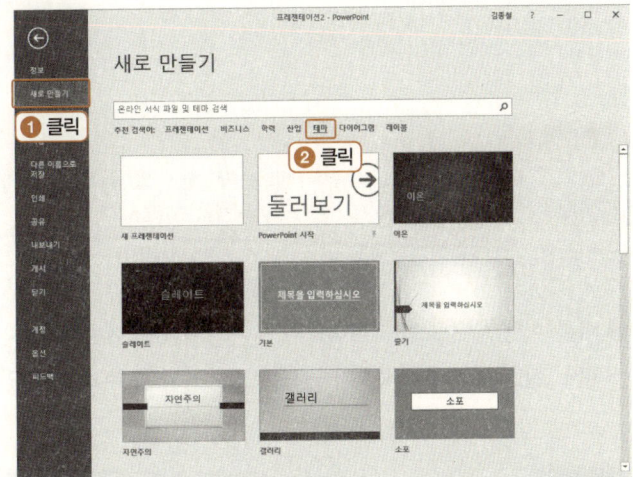

3-2 환경 설정

파워포인트 2016은 이전 하위 버전에 비해 막강한 디자인 및 오디오, 비디오 편집 기능을 제공합니다. 복잡한 디자인 편집 기능이 아니라면 별도의 외부 프로그램을 사용할 필요 없이 파워포인트 내에서 모두 가능합니다. 이러한 다양한 편집 기능을 올바르게 사용하기 위해서는 리본 메뉴의 이해와 추가 메뉴 구성 설정 방법에 대해 이해하고 있어야 합니다.

❶ 리본 메뉴 : 파워포인트 2016에서는 기본 9개의 리본 메뉴로 구성됩니다. 이는 사용자가 필요한 리본 메뉴를 추가하거나 제거할 수 있도록 지원합니다.

[파일] 탭→[옵션]→[리본 사용자 지정]

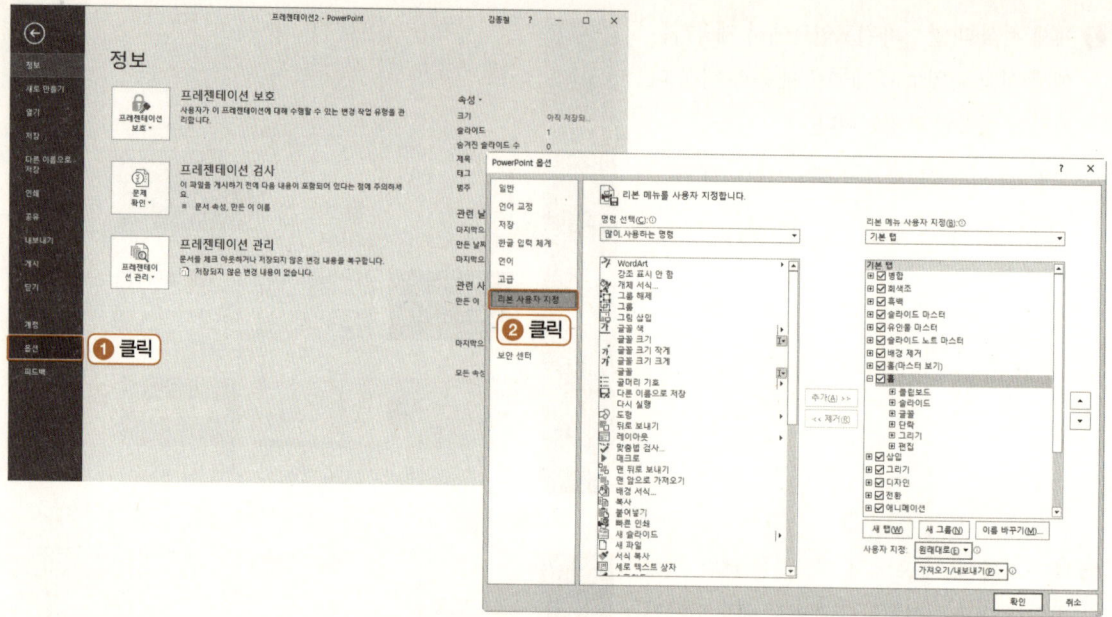

기본으로 제공하는 리본 메뉴는 사용자가 별도로 제거할 수 없습니다. 단, 체크 해제를 통해 화면상에서 숨길 수 있으며, [새 탭] 또는 [새 그룹]을 이용하여 사용자가 필요한 기능만 묶어 사용할 수 있습니다.

❷ 빠른 실행 도구 모음 : 파워포인트 작업에 있어 자주 사용하는 명령을 추가하는 기능으로 '저장, 실행 취소, 다시 실행' 기능에 사용자가 필요한 명령 도구를 추가할 수 있습니다.

[파일] 탭→[옵션]→[빠른 실행 도구 모음]

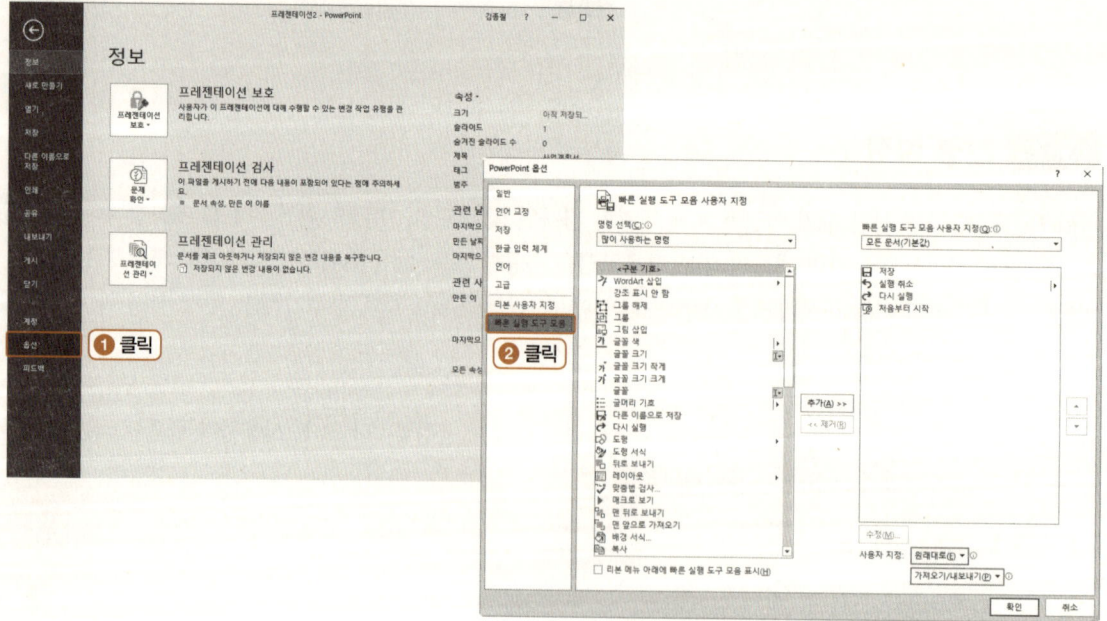

❸ 리본 메뉴 최소화 : 파워포인트 2016에서 제공하는 리본 메뉴는 9개의 탭으로 구성되어 빠르고 쉽게 기능을 사용할 수 있지만 작업 공간을 많이 차지합니다. 필요에 따라 사용자는 리본 메뉴를 최소화하고 다시 확장할 수 있습니다.

(리본 메뉴 축소/리본 메뉴 고정)

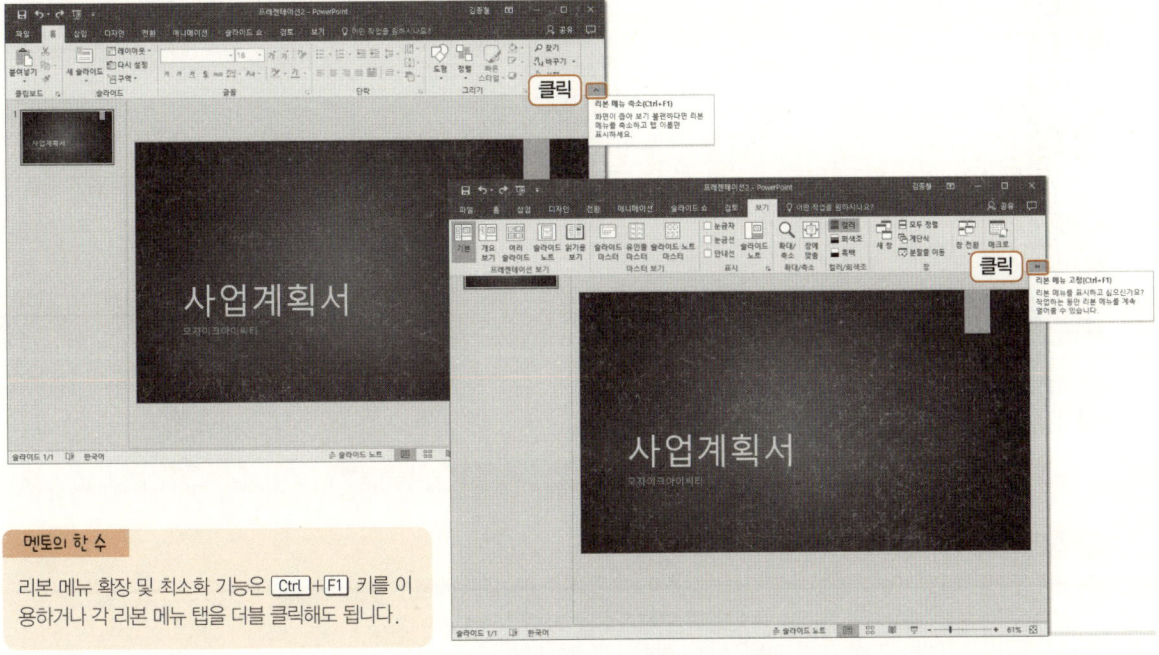

멘토의 한 수

리본 메뉴 확장 및 최소화 기능은 Ctrl + F1 키를 이용하거나 각 리본 메뉴 탭을 더블 클릭해도 됩니다.

❹ 빠른 실행 도구 모음 이동 : 빠른 실행 도구 모음의 명령은 리본 메뉴의 기능보다 더 자주 빠르게 사용할 때 사용하는 도구 모음으로 그 위치를 변경할 수 있습니다.

[빠른 실행 도구 모음 사용자·지정]→[리본 메뉴 아래에 표시]/[리본 메뉴 위에 표시]

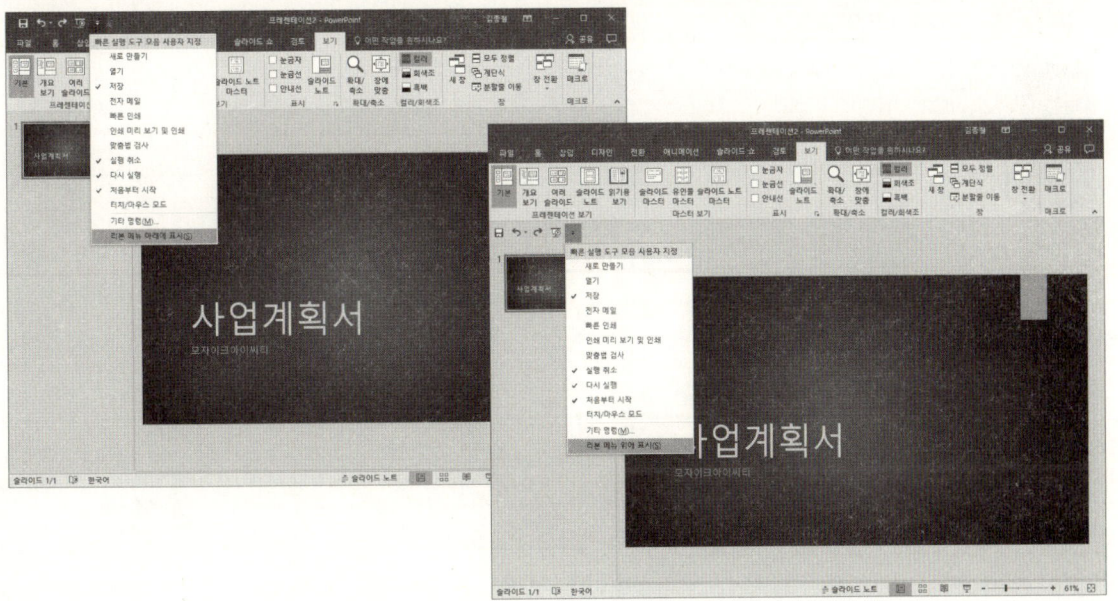

❺ 일반 옵션 : 파워포인트 작업에 있어 사용되는 기본 옵션으로 사용자 인터페이스 옵션과 개인 이름 등의 설정을 제공합니다.

[파일] 탭→[옵션]→[일반]

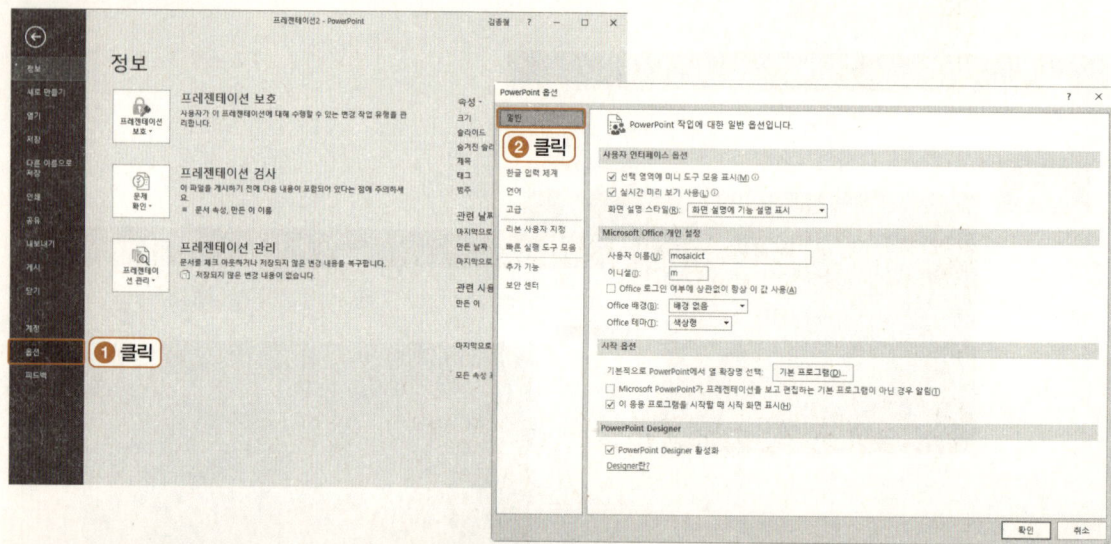

❻ 언어 교정 옵션 : 슬라이드에 입력되는 텍스트에 대한 맞춤법 및 자동 고침 옵션에 대한 설정 기능으로 사용자가 직접 단어를 추가할 수 있습니다.

[파일] 탭→[옵션]→[언어 교정]

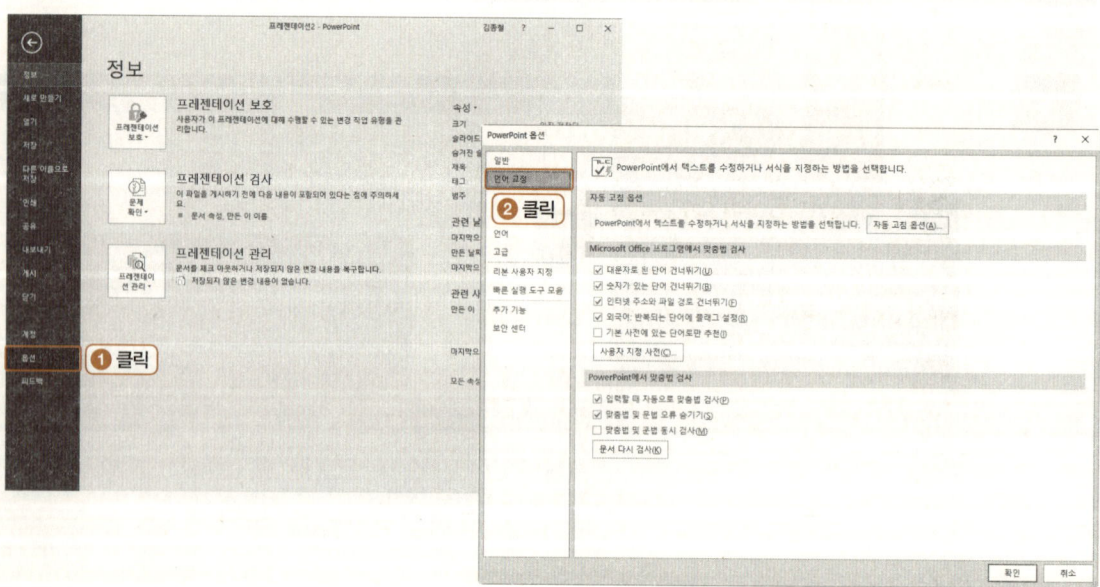

❼ 저장 옵션 : 저장에 대한 설정 기능으로, 기본 파일 저장 형식을 설정하고 파일의 유실을 막기 위한 자동 복구 저장 간격을 설정할 수 있습니다.

[파일] 탭→[옵션]→[저장]

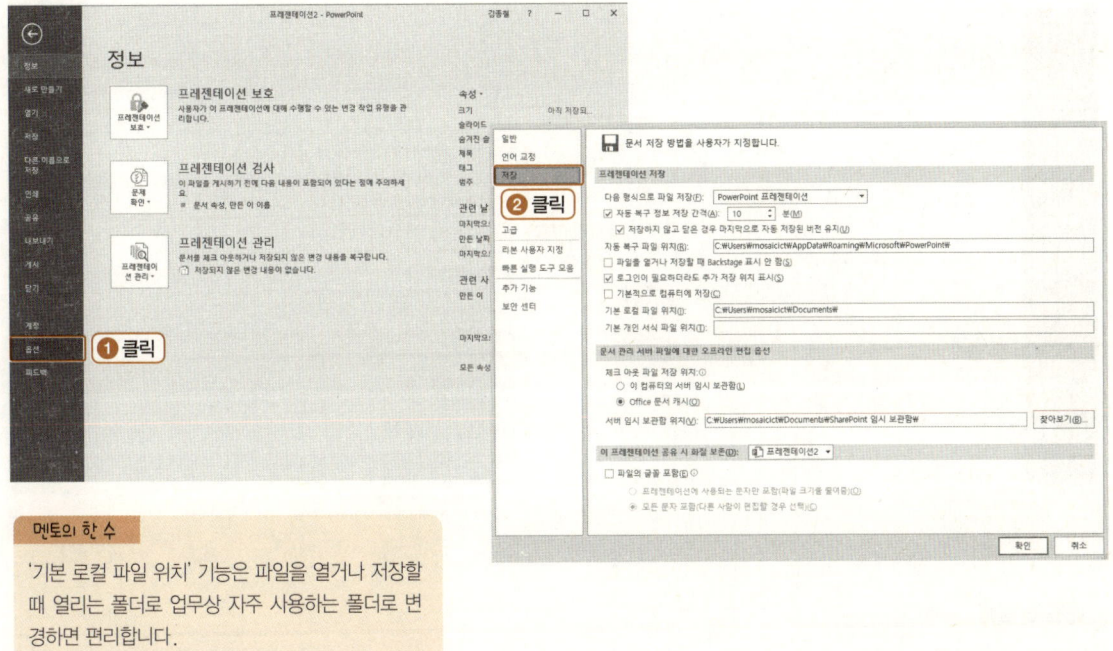

멘토의 한 수
'기본 로컬 파일 위치' 기능은 파일을 열거나 저장할 때 열리는 폴더로 업무상 자주 사용하는 폴더로 변경하면 편리합니다.

❽ 언어 옵션 : 파워포인트의 기본 언어를 설정하는 기능으로, 다양한 언어를 사용할 경우에 추가하여 사용할 수 있습니다.

[파일] 탭→[옵션]→[언어]

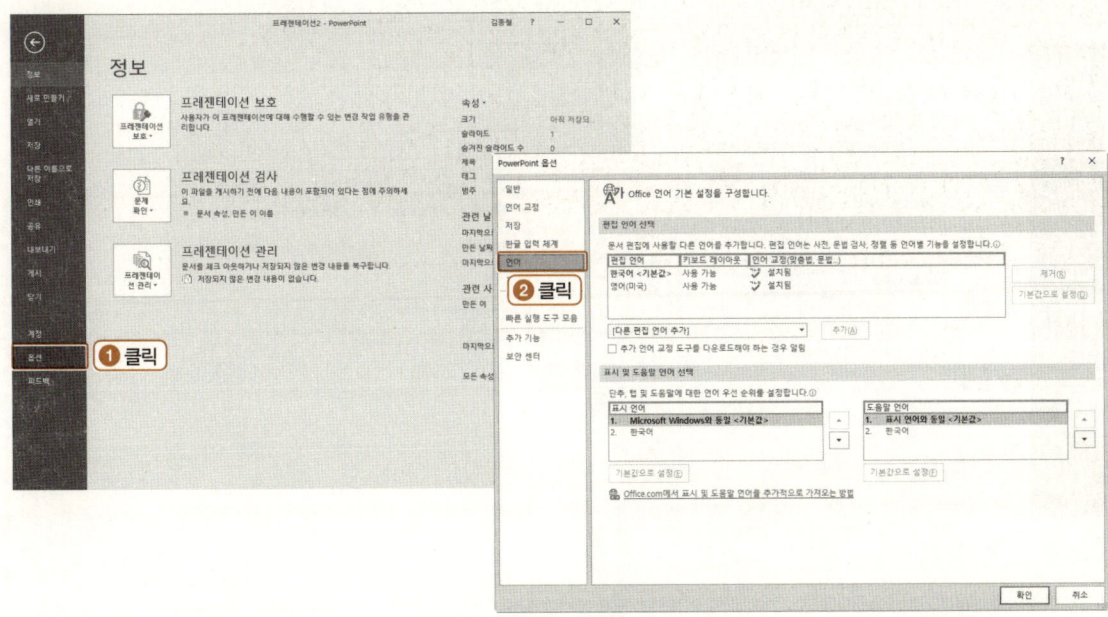

❾ 고급 옵션 : 파워포인트에 사용되는 고급 옵션 기능으로 실행 취소의 횟수나 잘라내기, 복사, 붙여넣기에 대한 옵션을 설정합니다.

[파일] 탭→[옵션]→[고급]

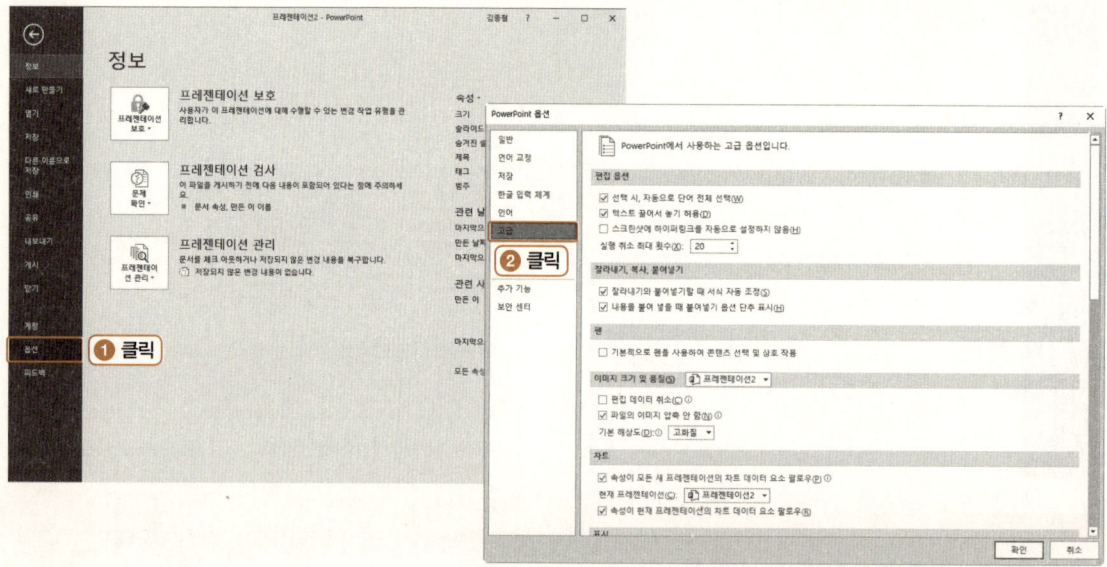

[실행 취소 최대 횟수] 기능은 파워포인트를 이용하여 개체의 미세한 편집 기능에 유리한 기능입니다. 횟수를 높일 수 있지만 메모리를 많이 차지할 수 있으므로 컴퓨터의 성능에 맞추어 적절히 설정합니다.

❿ 보안 옵션 : 파워포인트 프로그램의 보안 및 개인 정보 설정을 확인하는 기능으로, 매크로를 사용하는 경우 제외 및 포함 옵션을 추가 설정해야 합니다.

[파일] 탭→[옵션]→[보안 센터]

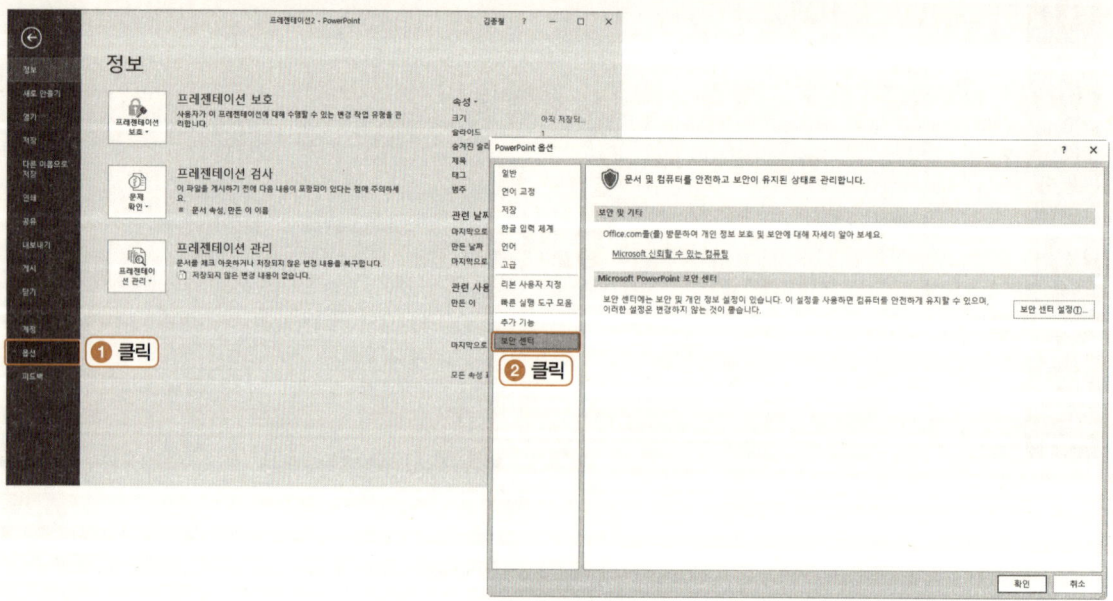

3-3 리본 메뉴

이전 파워포인트 버전과 달리 새롭게 추가된 2016 버전은 리본 메뉴를 통해 보다 쉽고 빠르게 기능을 활용할 수 있습니다. 리본 메뉴는 9개의 주요 탭과 각 메뉴 안의 그룹으로 설정됩니다.

❶ 리본 메뉴 : 파워포인트 2016에서는 기본 9개의 리본 메뉴로 구성됩니다. 이는 사용자가 필요한 리본 메뉴를 추가하거나 제거할 수 있도록 지원합니다.

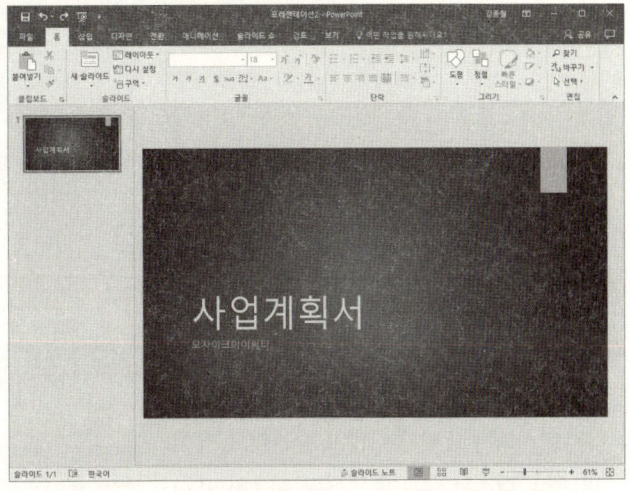

❷ 상황별 탭 : 파워포인트의 기본 9개 주요 탭 이외에 개체에 따른 상황별 탭을 제공합니다. 상황별 탭은 도형, 그림, 차트, 표, SmartArt 등의 개체를 선택하면 자동으로 표시됩니다.

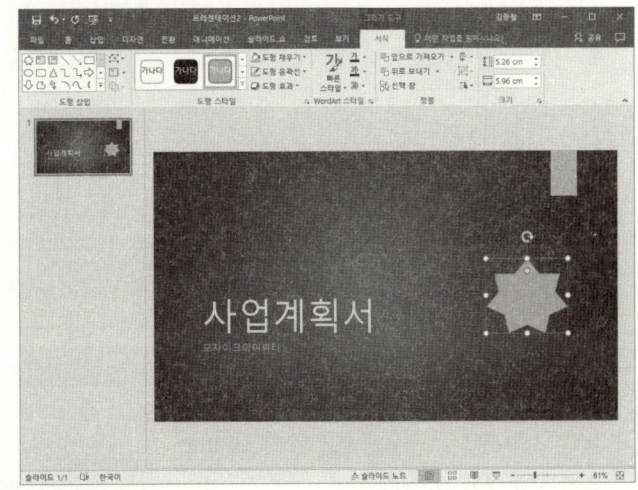

3-4 작업 영역

새롭게 시작한 파워포인트 2016은 기본 보기 화면으로 열립니다. 파워포인트는 한 화면에 슬라이드 창, 슬라이드 보기 및 개요 보기 탭, 슬라이드 노트 창의 3개의 영역으로 나누어집니다. 각 영역별 기능을 이해한다면 파워포인트에서의 작업이 한층 더 수월해 집니다.

❶ 슬라이드 창 : 실제 가장 많은 작업이 이루어지는 창으로 텍스트 입력 및 서식 설정, 개체 삽입 및 편집 작업을 실행합니다.

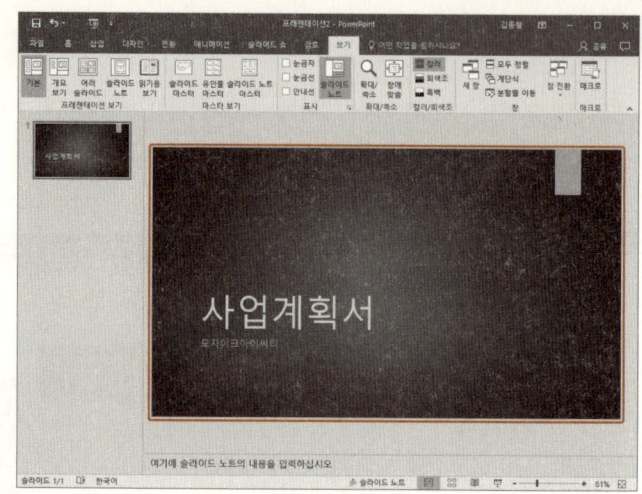

❷ 개요 보기 탭 : 각 슬라이드에 입력된 텍스트를 표시하는 보기 화면으로, 개체에 입력된 텍스트는 표시하지 않고 슬라이드 레이아웃의 텍스트 상자에 입력된 내용만 표시됩니다.

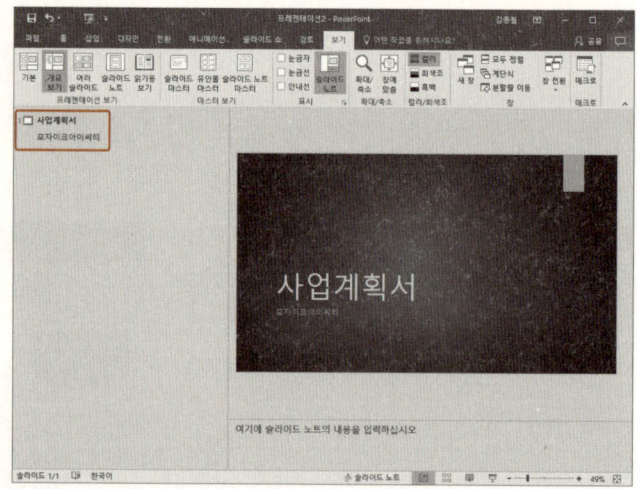

❸ 슬라이드 보기 탭 : 현재 프레젠테이션의 슬라이드를 축소하여 표시하고 선택하여 해당 슬라이드로 이동하거나 위치 변경에 유리한 보기 탭입니다.

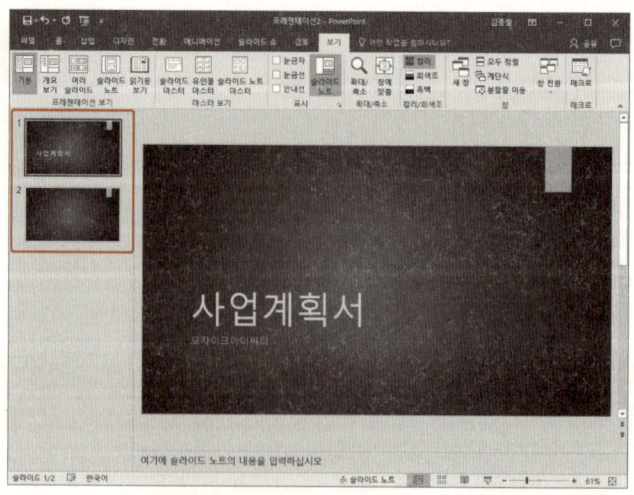

❹ 슬라이드 노트 창 : 발표자가 청중에게 전 달할 내용을 작성하는 공간으로, 각 슬라이 드별로 작성하여 이를 인쇄 시에 발표자용 에 인쇄물로 사용할 수 있습니다.

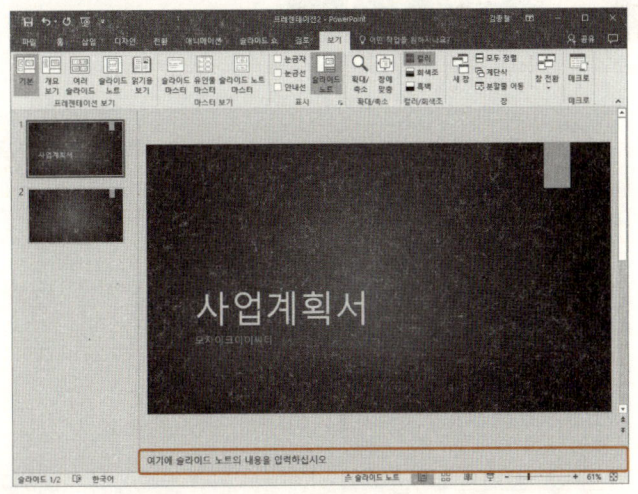

멘토의 한 수

슬라이드 노트는 '발표자 노트'라고도 하며, [보기] 탭→[프레젠테이션 보기] 그룹→[슬라이드 노트] 를 클릭하여 보기 화면을 전환한 후 입력할 수도 있 습니다.

1 프레젠테이션 기획 단계에서 청중 분석에서 고려해야 할 사항 중 가장 거리가 먼 것은?

❶ 청중 인원　　　　　　　　❷ 교육 수준

❸ 신장　　　　　　　　　　❹ 핵심 인물

2 프레젠테이션 기획 단계에서 환경 분석에서 고려해야 할 사항 중 가장 거리가 먼 것은?

❶ 밝기　　　　　　　　　　❷ 청중 인원

❸ 장비　　　　　　　　　　❹ 좌석 배치

3 프레젠테이션 기획 단계의 시간 분석에서 고려해야 할 사항 중 가장 거리가 먼 것은?

❶ 같은 주제라도 청중의 교육 수준에 따라 내용을 다르게 구성한다.

❷ 시간에 관계없이 많은 슬라이드를 빠른 시간에 청중에게 보여준다.

❸ 각 슬라이드의 난이도에 따라 서로 다른 화면 전환 시간을 설정한다.

❹ 슬라이드에 핵심 문구만 담고 필요한 내용은 발표자가 적절한 시간으로 설명한다.

4 디자인 구성 및 활용 방법에 대한 설명 중 올바르지 않은 것은?

❶ 모든 슬라이드에 화면 전환과 애니메이션을 이용하여 화려한 쇼 설정

❷ 장소 및 청중과의 거리를 고려하여 적절한 텍스트의 크기 및 간격 설정

❸ 배경의 그림이 부각되지 않도록 흐리거나 그라데이션 처리

❹ 배경과 텍스트는 대비 색상을 사용하여 가독성을 높임

⑤ 콘텐츠 구성 및 활용 방법에 대한 설명 중 올바르지 않은 것은?

❶ 차트 : 항목 간의 수치 비교에 가장 적절한 개체로 비교 형식에 따라 올바른 차트의 종류 사용

❷ 그래픽 개체 : 연관된 그래픽 개체 활용으로 청중의 이해도를 높이며, 시각 장애가 있는 청중 대상
인 경우 대체 텍스트 사용

❸ 텍스트 : 메시지 전달의 가장 기본적인 수단으로 자세한 내용을 기술함

❹ 멀티미디어 : 동영상 및 소리 파일을 활용하여 신뢰성을 높이고 현실감을 줌

⑥ 제목의 위치나 크기, 개체의 위치, 바닥글 등의 개체 배치 스타일을 무엇이라고 하는가?

❶ SmartArt

❷ 레이아웃

❸ 쇼 재구성

❹ 테마

Section 02 슬라이드 마스터와 테마

1 슬라이드 마스터 이해와 활용

1-1 슬라이드 마스터

슬라이드 마스터는 모든 슬라이드에 공통된 서식과 각 개체의 위치 등을 설정하여 통일성 있는 슬라이드를 구성하는 데 필수 요소입니다. 슬라이드 마스터를 통해 모든 슬라이드의 제목 및 내용의 글꼴 서식 설정과 제목, 바닥글 등의 위치를 수정할 수 있으며, 불필요한 개체는 제거할 수 있습니다.

❶ 슬라이드 마스터 보기 : 모든 슬라이드에 공통된 서식을 설정하기 위해서는 슬라이드 마스터 전용 보기 화면으로 전환해야 합니다.

[보기] 탭→[마스터 보기] 그룹→[슬라이드 마스터]

> **멘토의 한 수**
>
> 슬라이드 마스터 보기 전환은 [보기] 탭의 [슬라이드 마스터]를 클릭하는 방법과 Shift 를 누른 상태에서 프로그램 창 오른쪽 아래의 [기본] 보기 단추(〔기본〕)를 클릭해도 됩니다.

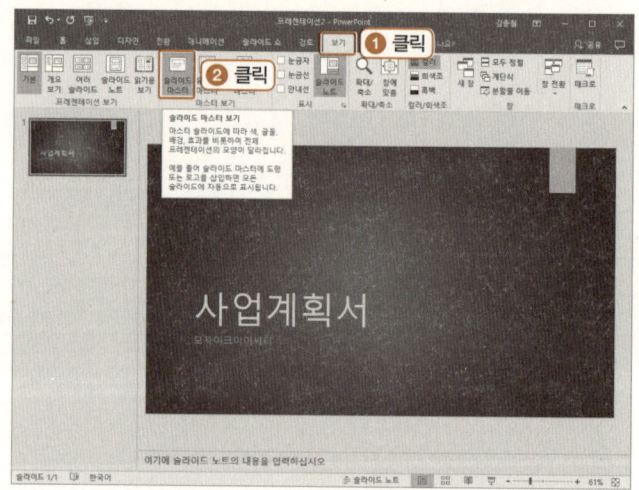

❷ 슬라이드 마스터 : 슬라이드 마스터 보기 화면에서는 모든 슬라이드를 대표하는 슬라이드 마스터와 각 레이아웃별로 마스터를 제공합니다.

> **멘토의 한 수**
>
> 모든 슬라이드에 공통된 서식 등을 설정할 경우에는 슬라이드 마스터에서 작업을 하고 각 레이아웃별로 다른 서식을 설정할 경우에는 해당 레이아웃 마스터에서 작업하면 됩니다.

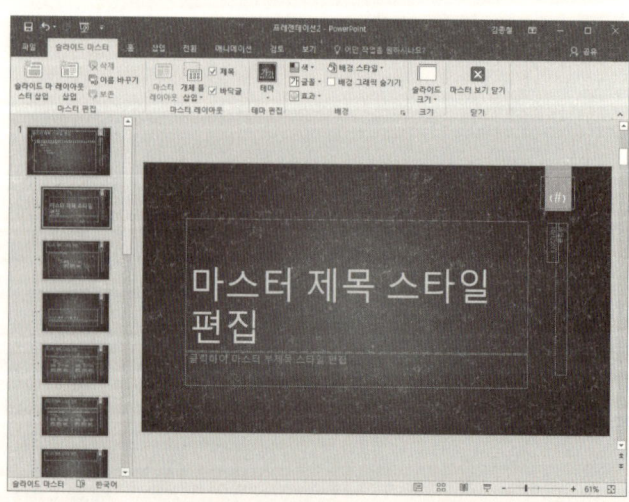

1-2 슬라이드 마스터 편집

슬라이드 마스터 보기 화면에서 슬라이드 마스터와 각 레이아웃별 마스터를 편집할 수 있습니다. 예를 들어, 새로운 슬라이드 마스터나 레이아웃, 각 마스터별 이름을 변경하는 등의 편집 작업을 제공합니다.

❶ 마스터 삽입 : 하나의 프레젠테이션 파일에 두 가지 이상의 디자인 및 테마를 사용할 경우 새 마스터를 삽입하여 구성합니다.

[슬라이드 마스터] 탭→[마스터 편집] 그룹→[슬라이드 마스터 삽입]

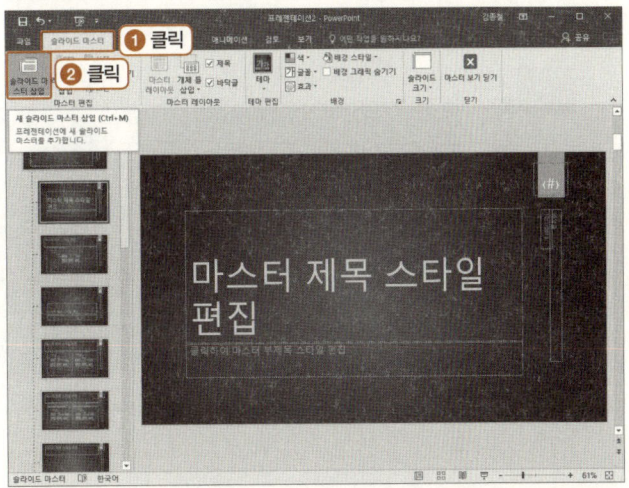

멘토의 한 수

슬라이드 마스터를 삽입하는 또 다른 방법은 슬라이드에 서로 다른 테마를 적용하면 자동으로 마스터가 추가됩니다.

❷ 레이아웃 삽입 : 파워포인트에서 제공하는 11가지의 레이아웃 이외에 사용자가 업무상 자주 사용하는 형식의 레이아웃을 직접 추가하여 구성합니다.

[슬라이드 마스터] 탭→[마스터 편집] 그룹→[레이아웃 삽입]

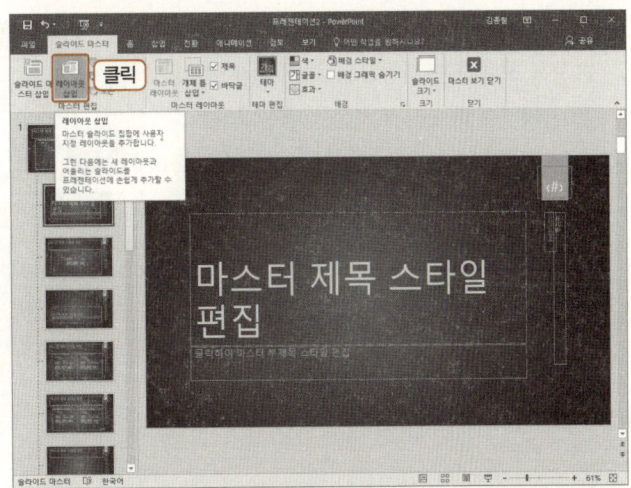

멘토의 한 수

새로운 레이아웃을 추가하고 [마스터 레이아웃] 그룹의 [개체 틀 삽입] 목록 단추를 눌러 콘텐츠, 텍스트, 그림 등 필요한 개체를 선택하여 직접 드래그하여 삽입합니다.

❸ 이름 바꾸기 : 슬라이드 마스터와 각 슬라이드 레이아웃 마스터를 사용자가 쉽게 이해하고 기억할 수 있는 이름으로 변경합니다.

[슬라이드 마스터] 탭→[마스터 편집] 그룹→[이름 바꾸기]

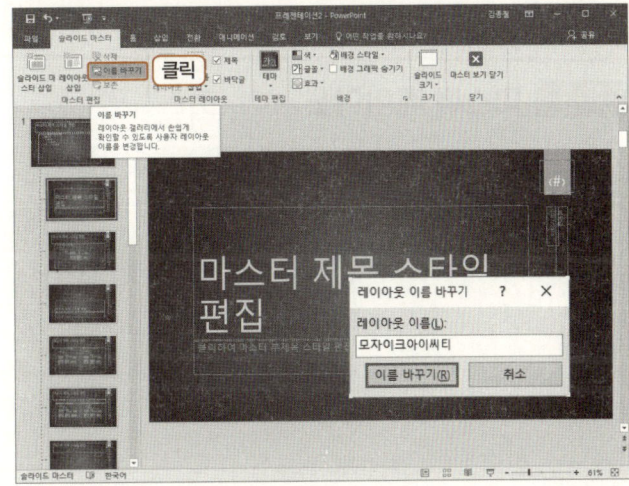

레이아웃별 마스터에 이름을 설정하고 추가로 사용하지 않는 레이아웃 마스터는 제거함으로써 더욱 손쉽게 슬라이드 마스터를 관리할 수 있습니다.
([슬라이드 마스터] 탭→[마스터 편집] 그룹→[삭제])

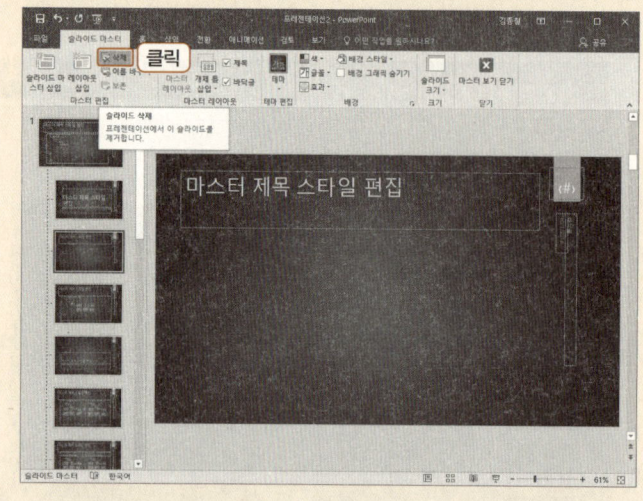

❹ 마스터 유지 : 슬라이드 마스터가 삭제되지 않도록 보존하는 기능으로, 보호할 마스터를 선택하여 마스터 유지를 실행합니다.

[슬라이드 마스터] 탭→[마스터 편집] 그룹 →[보전]

슬라이드 마스터 보호를 위해 유지한 마스터는 불필요한 경우 다시 유지 단추를 클릭하여 마스터를 제거할 수 있습니다.

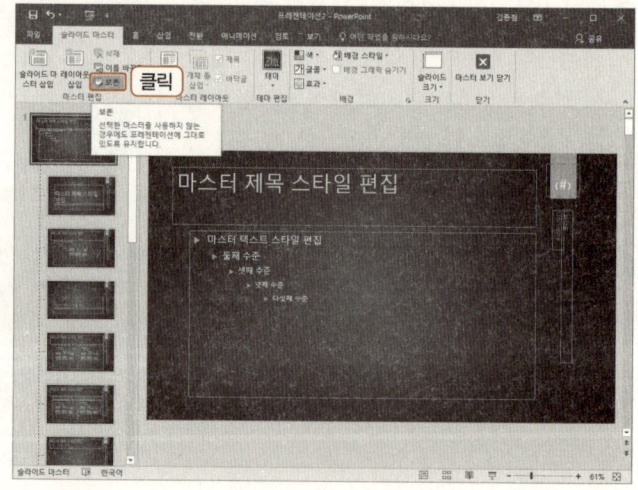

1-3 마스터 레이아웃

슬라이드 마스터 보기 화면에서 사용자가 불필요한 제목, 내용, 그림 등의 개체 틀을 이동하거나 제거할 수 있습니다. 이처럼 삭제된 개체 틀은 [마스터 레이아웃] 그룹을 이용하여 다시 표시하거나 숨길 수 있습니다.

❶ 마스터 레이아웃 : 슬라이드 마스터에서 제거된 개체 틀을 다시 표시합니다.

[슬라이드 마스터] 탭→[마스터 레이아웃] 그룹→[마스터 레이아웃]

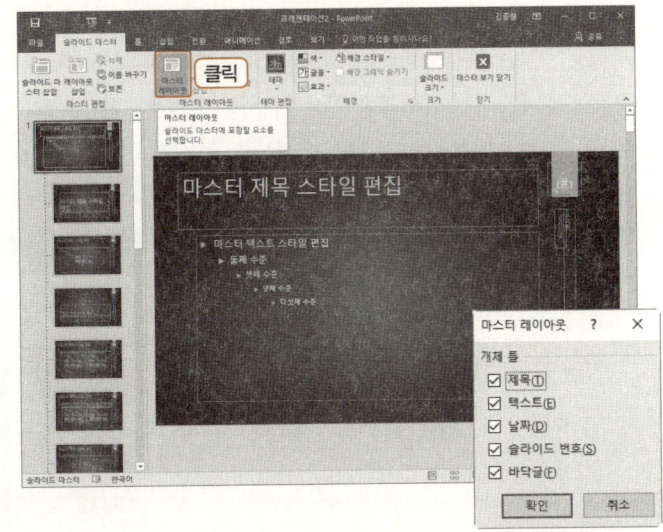

멘토의 한 수

마스터 레이아웃에 체크 및 체크 해제가 안 되는 것은 이미 슬라이드 마스터의 모든 요소(개체 틀)가 삭제되지 않고 표시되어 있기 때문입니다.

❷ 개체 틀 삽입 : 사용자가 필요에 따라 추가한 레이아웃에 개별 개체 틀을 삽입할 경우 선택하여 직접 드래그하여 삽입합니다.

[슬라이드 마스터] 탭→[마스터 레이아웃] 그룹→[개체 틀 삽입]

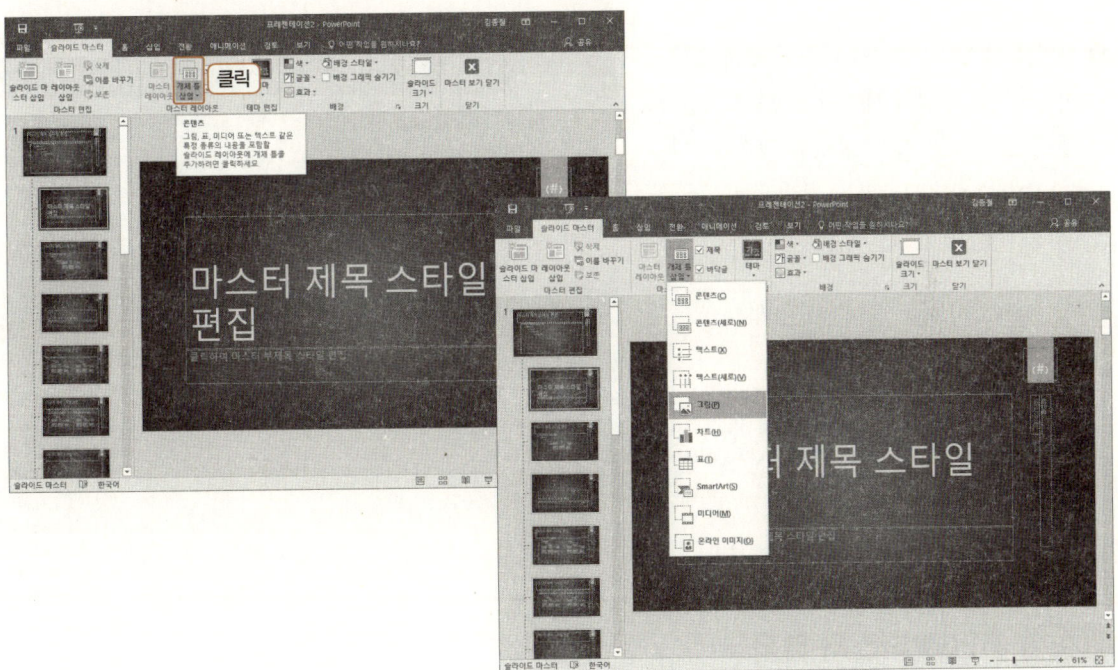

멘토의 한 수

추가한 레이아웃에 개체 틀을 클릭해도 삽입할 수 있지만 직접 드래그하면 원하는 위치와 크기로 정확하게 개체 틀을 삽입할 수 있습니다.

1-4 유인물 마스터

청중에게 배포하는 유인물은 인쇄 기능을 이용하여 한 페이지에 포함할 슬라이드 수를 결정하고 인쇄하게 됩니다. 이러한 유인물에 대한 구성 및 서식 등을 설정하기 위해서는 유인물 마스터 보기로 전환해야 합니다.

❶ 유인물 마스터 보기 : 슬라이드 마스터 보기와 마찬가지로 유인물 마스터 보기 화면으로 전환하여 유인물의 인쇄에 대하여 세부적인 인쇄 방법을 설정합니다.

[보기] 탭→[마스터 보기] 그룹→[유인물 마스터]

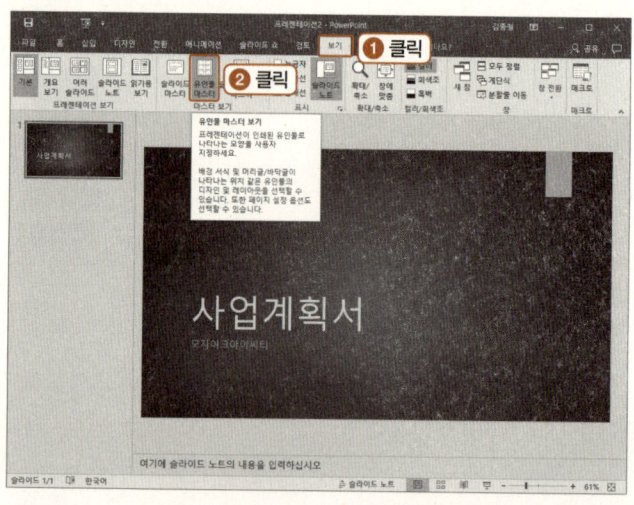

> **멘토의 한 수**
>
> 유인물 마스터 보기 전환은 [보기] 탭의 [유인물 마스터]를 클릭하는 방법과 Shift 를 누른 상태에서 프로그램 창 오른쪽 아래의 [여러 슬라이드] 보기 단추( )를 클릭해도 됩니다.

❷ 유인물 마스터 : 유인물 마스터 보기 화면을 이용하여 유인물의 페이지 설정, 표시할 개체 틀 선택, 테마 및 배경 등을 결정합니다.

[유인물 마스터] 탭→[페이지 설정] 그룹

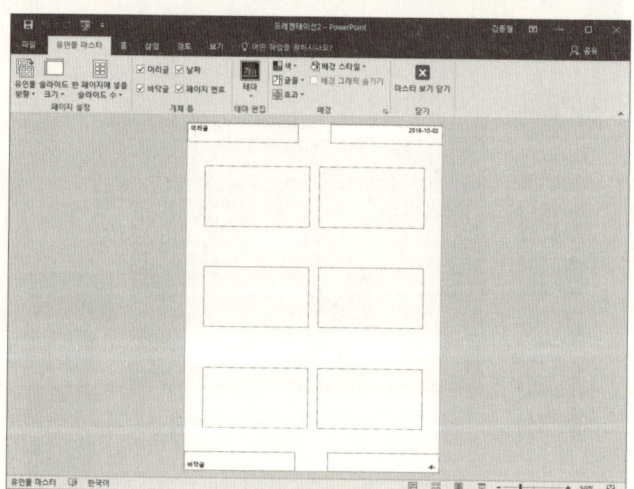

> **멘토의 한 수**
>
> 유인물 마스터 보기에서는 각 슬라이드 내용은 표시되지 않습니다. 인쇄 내용과 순서 등을 확인하기 위해서는 [파일] 탭→[인쇄]를 클릭한 후 유인물을 선택해야 표시됩니다.

1-5 유인물 마스터 편집

유인물 마스터 편집 기능을 이용하여 인쇄에 대한 페이지 설정 및 유인물 방향, 슬라이드 방향 등을 결정하고 표시할 개체 틀과 배경 등을 설정하게 됩니다. 특히, 원하는 위치에 특정 텍스트 내용을 표시하고자 하는 경우 텍스트 상자를 통해 직접 입력하면 모든 인쇄물에 동일한 내용이 함께 인쇄됩니다.

❶ 유인물 방향 : 인쇄 시에 페이지의 방향이 아닌 그 안에 인쇄되는 슬라이드 방향을 결정하는 기능으로 세로와 가로 중 선택합니다.

[유인물 마스터] 탭→[페이지 설정] 그룹→[유인물 방향]

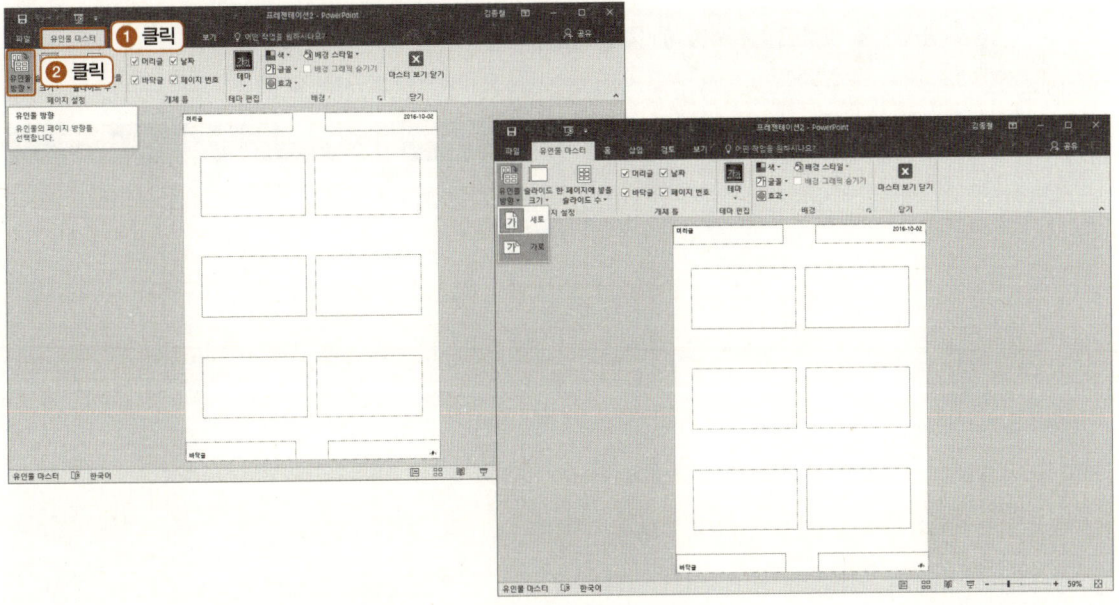

❷ 슬라이드 크기 : 프레젠테이션의 슬라이드 크기를 설정합니다.

[유인물 마스터] 탭→[페이지 설정] 그룹→[슬라이드 크기]

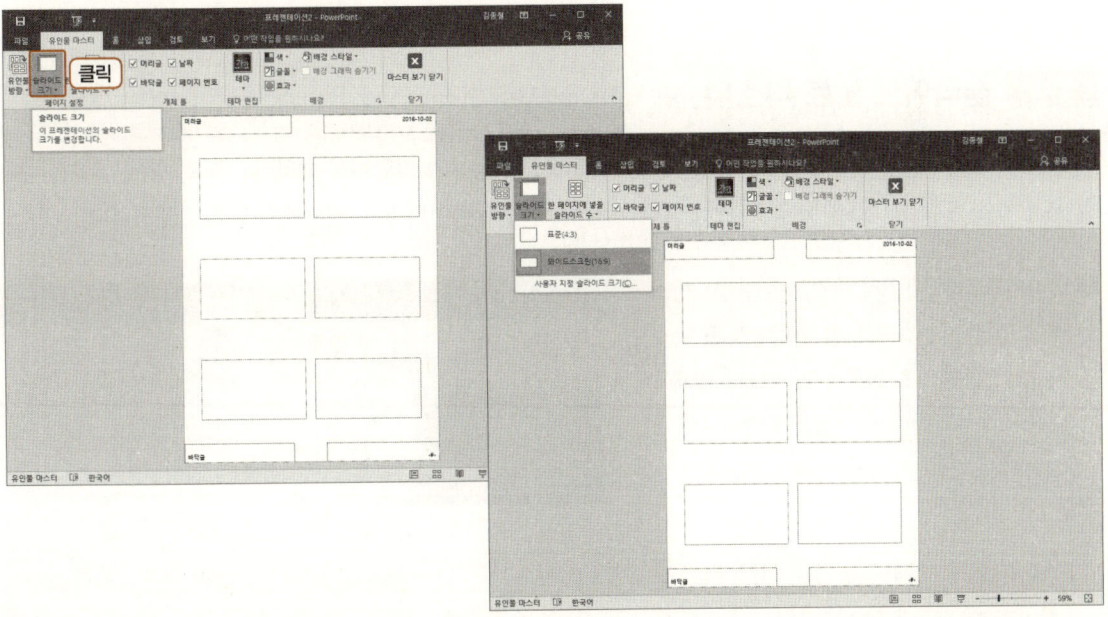

❸ 한 페이지에 넣을 슬라이드 수 : 인쇄 시 용지 한 페이지에 넣을 슬라이드 개수를 결정하는 기능으로, 1장에서 최대 9장까지 인쇄 설정이 가능합니다.

[유인물 마스터] 탭→[페이지 설정] 그룹→[한 페이지에 넣을 슬라이드 수]

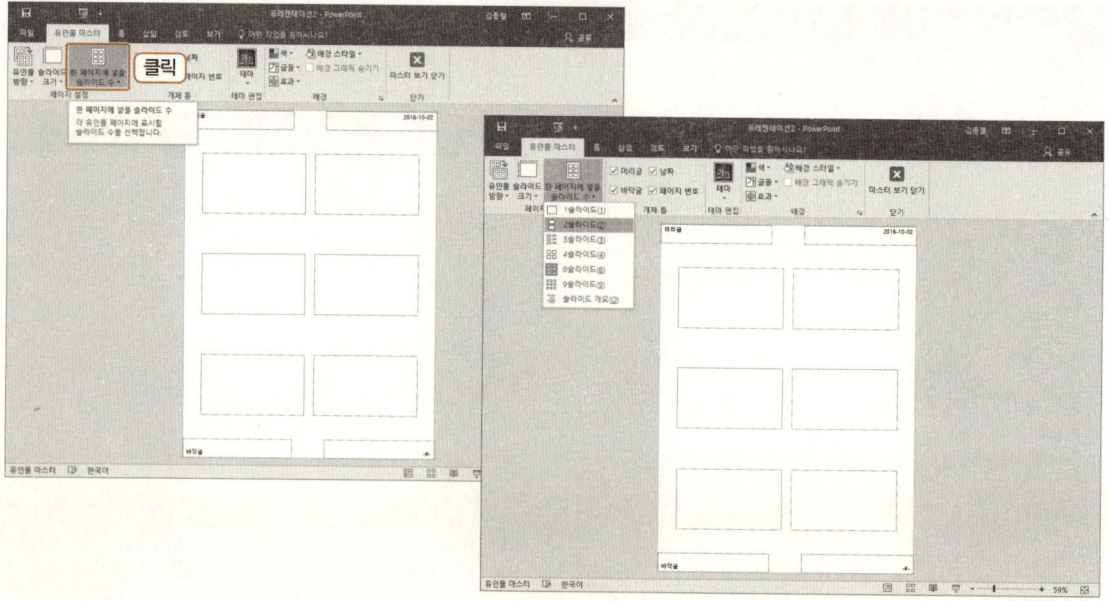

멘토의 한 수

한 페이지에 넣을 슬라이드 수는 [파일] 탭→[인쇄]를 클릭하여 인쇄 기능을 실행하면서 설정해도 됩니다. 하지만 유인물 마스터에는 해당 설정 값이 저장되어 항상 파일을 열어 인쇄할 경우 자동으로 설정된 형식으로만 인쇄됩니다.

1-6 슬라이드 노트 마스터

발표자가 각 슬라이드에서 설명할 내용을 기록한 노트로, 기본 보기 화면에서 슬라이드 노트 창에 입력한 내용입니다. 이는 슬라이드 인쇄 및 유인물에는 표시되지 않으며, 슬라이드 노트 인쇄에만 함께 인쇄됩니다.

❶ 슬라이드 노트 마스터 보기 : 슬라이드 마스터 보기와 마찬가지로 슬라이드 노트 마스터 보기 화면으로 전환하여 노트의 인쇄에 대하여 세부적인 인쇄 방법을 설정합니다.

[보기] 탭→[마스터 보기] 그룹→[슬라이드 노트 마스터]

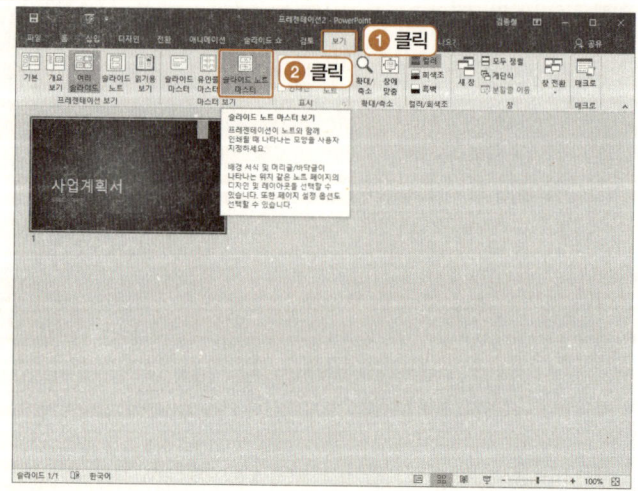

멘토의 한 수

슬라이드 노트의 내용 입력은 기본 보기의 슬라이드 노트 창을 이용하거나 [보기] 탭→[프레젠테이션 보기] 그룹→[슬라이드 노트]를 클릭하여 슬라이드 노트 보기 화면에서 입력합니다.

❷ 슬라이드 노트 마스터 : 슬라이드 노트 마스터 보기 화면을 이용하여 슬라이드 노트의 페이지 설정, 표시할 개체 틀 선택, 테마 및 배경 등을 결정합니다.

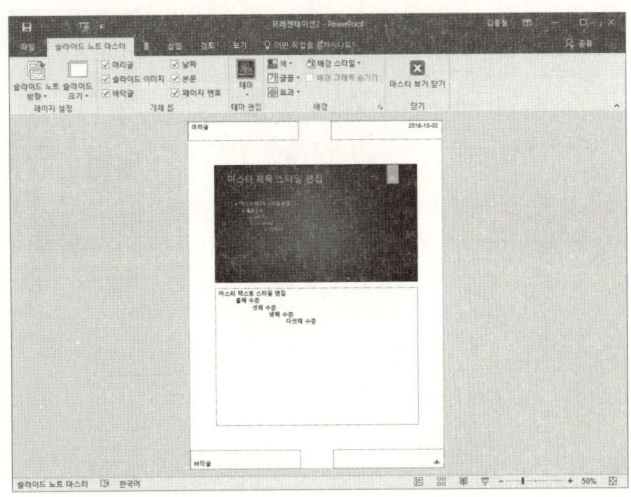

2 테마의 생성과 수정

2-1 테마

테마는 파워포인트 프로그램에서 미리 구성한 배경 서식으로, 슬라이드 마스터에 미리 배경 그림과 글꼴 서식, 개체 틀의 배치 스타일이 서로 다르게 구성된 서식 그룹입니다. 전문가 수준보다는 약간 부족하나 초보자도 사용하기 쉽고 빠르게 디자인을 구성해야 할 경우에 유용한 기능입니다.

❶ 테마 적용 : 테마는 선택한 슬라이드에만 또는 모든 슬라이드에 테마를 적용합니다. 적용할 테마를 클릭하면 모든 슬라이드에, 마우스 오른쪽 버튼을 클릭한 후 '선택한 슬라이드 적용'을 클릭하면 현재 슬라이드에만 적용됩니다.

[디자인] 탭→[테마] 그룹→[자세히 단추]

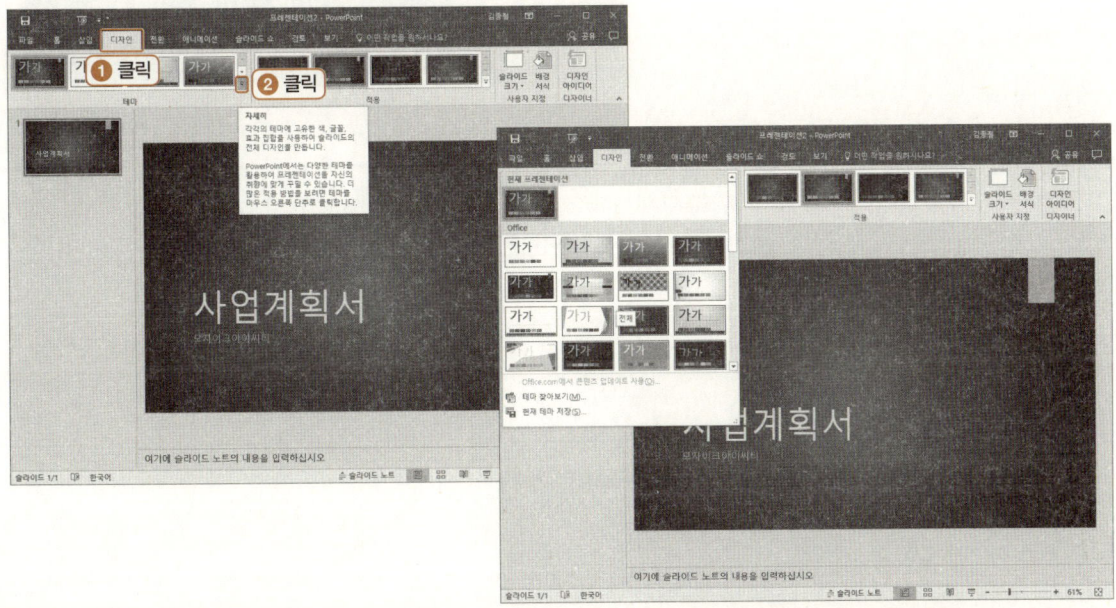

❷ 테마 찾아보기 : 기존에 저장한 테마를 가
  져오는 기능으로, 저장된 경로를 찾아 테마
  파일을 선택하여 열면 자동으로 테마 그룹
  에 추가됩니다.

  [디자인] 탭→[테마] 그룹→[자세히 단추]→[테마
  찾아보기]

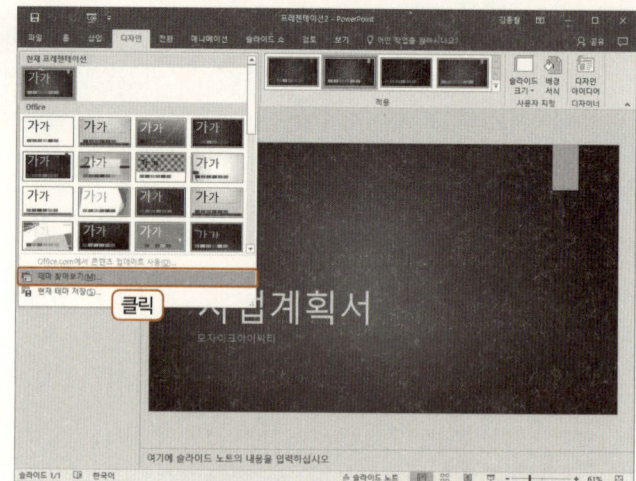

버전별 테마/서식 파일 확장자

Office 2007 이상	테마 확장자	*.thmx
	서식 파일	*.potx
Office 2003 이하	서식 파일	*.pot

❸ 현재 테마 저장 : 사용자가 직접 생성한 디
  자인이나 기존의 테마를 수정한 경우 이를
  저장하여 보관하거나 다른 프레젠테이션에
  도 적용 가능합니다.

  [디자인] 탭→[테마] 그룹→[자세히 단
  추]→[현재 테마 저장]

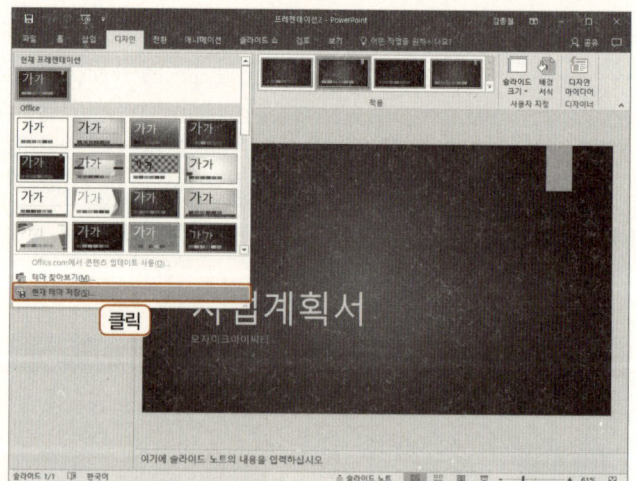

❹ 테마 색 : 파워포인트에서 제공하는 테마에 추가로 미리 구성된 테마 색을 제공하므로 이를 통하여 빠르게 테마의 색상을 변경할 수 있습니다.

[디자인] 탭→[적용] 그룹→[자세히 단추]→[색]

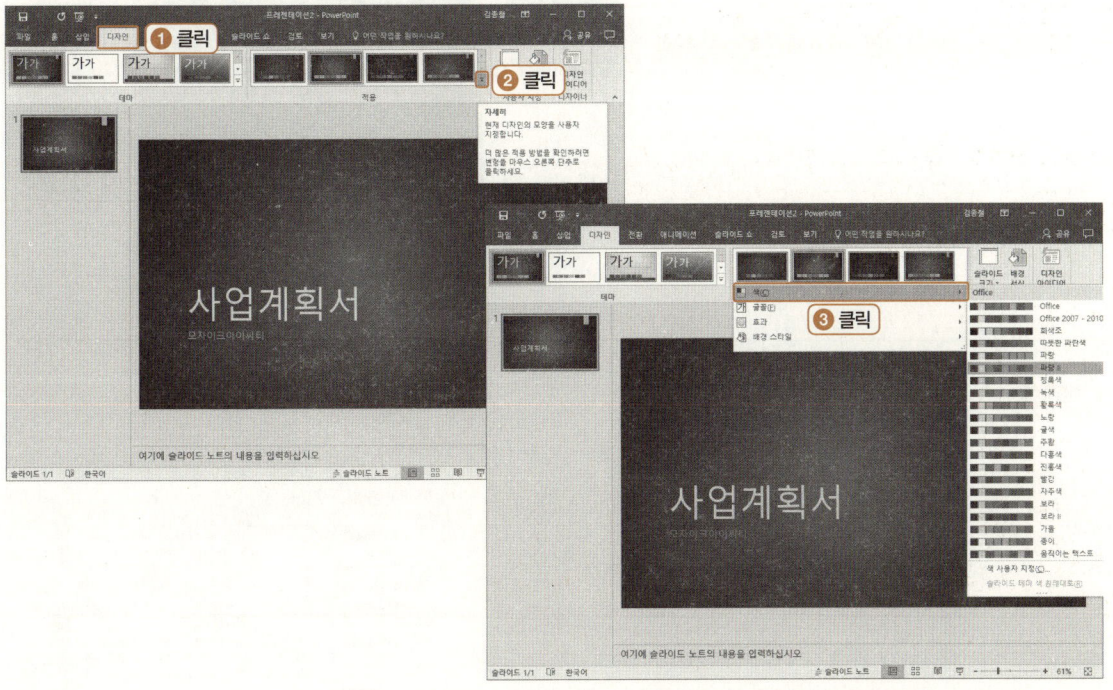

멘토의 한 수

파워포인트에서 제공하는 미리 설정된 테마 색 이외에도 사용자가 직접 텍스트/배경 색, 강조, 하이퍼링크 등의 색상 설정과 테마 색에 대한 테마 이름을 설정할 수 있습니다.

[디자인] 탭→[적용] 그룹→[색]→[색 사용자 지정]

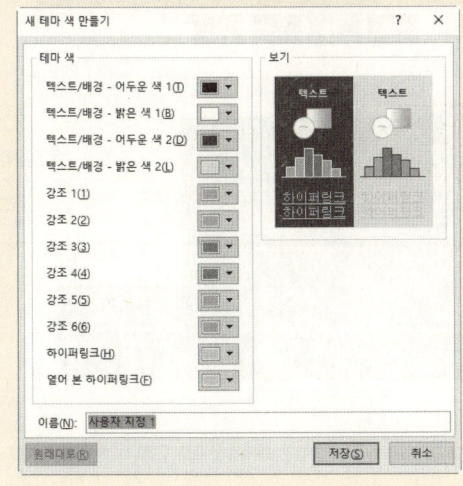

❺ 테마 글꼴 : 테마 색과 마찬가지로 각 슬라이드의 제목과 내용으로 사용되는 글꼴 서식을 미리 구성하여 테마 글꼴로 제공합니다.

[디자인] 탭→[적용] 그룹→[자세히 단추]→[글꼴]

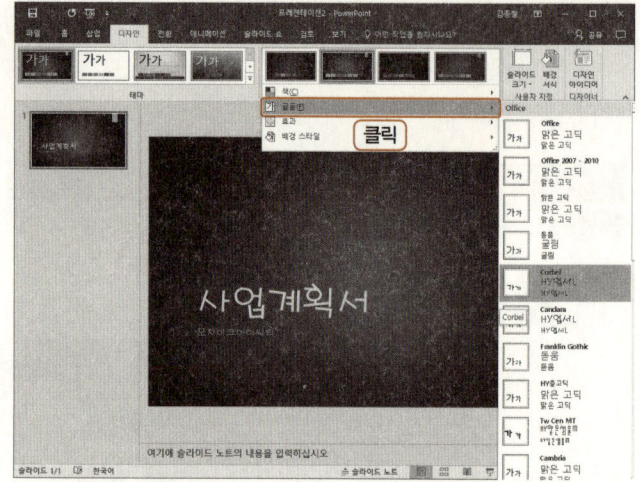

멘토의 한 수

테마 글꼴에 현재 프레젠테이션과 어울리는 글꼴이 없으면 '글꼴 사용자 지정'을 이용하면 됩니다. 영어와 한글의 제목과 본문을 구분하여 설정 가능하며, 글꼴 이름을 결정하여 저장합니다.

[디자인] 탭→[적용] 그룹→[자세히 단추]→[글꼴]→[글꼴 사용자 지정]

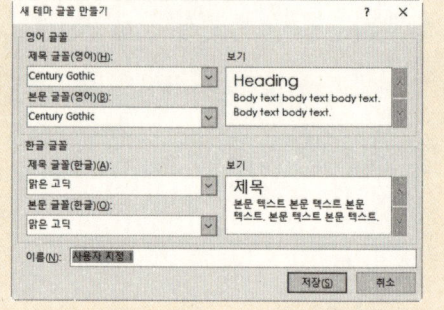

---

❻ 테마 효과 : 프레젠테이션에 포함된 차트, SmartArt 그래픽, 도형, 그림, 표, WordArt 등에 효과가 적용되는 방법을 설정합니다.

[디자인] 탭→[적용] 그룹→[자세히 단추]→[효과]

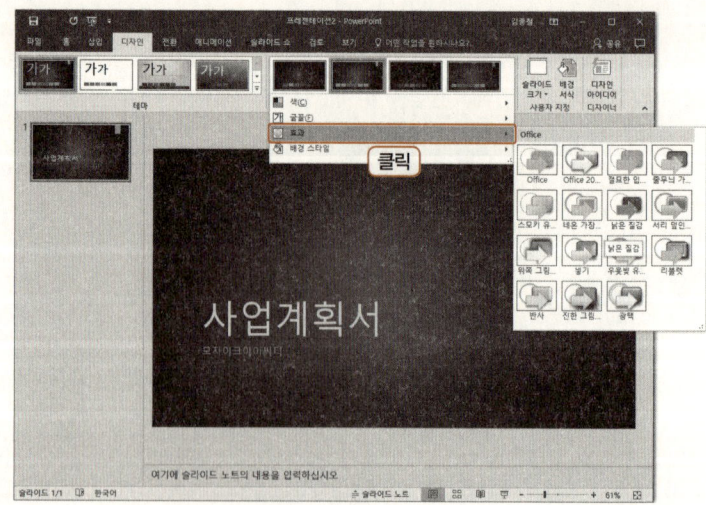

2-2 배경 서식

파워포인트에서 제공하는 테마를 이용한 디자인 설정 방법 이외에 사용자가 직접 배경 스타일, 배경 서식을 이용하여 스타일 설정 및 채우기 색, 그라데이션, 그림 등을 설정할 수 있습니다. 이때, 배경이 내용보다 더 강조되거나 글꼴의 색상과 유사하여 가독성이 떨어지는 상황을 주의합니다.

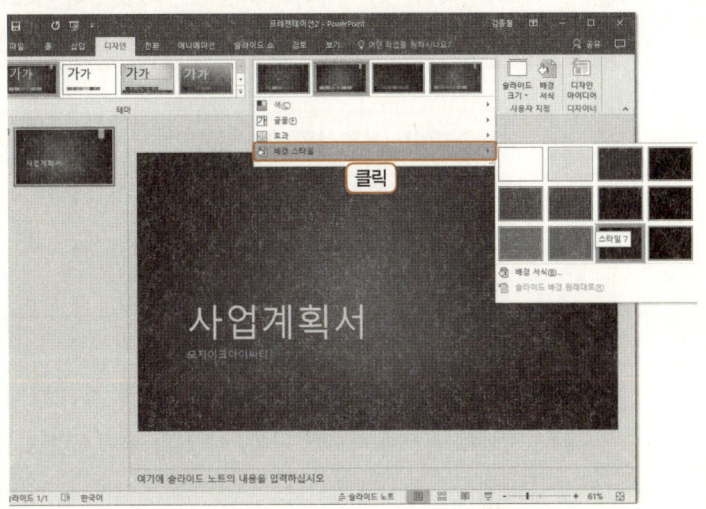

❶ 배경 스타일 : 파워포인트에서 제공하는 테마에 따라 제공되는 채우기 색, 그라데이션, 무늬 스타일 등의 목록에서 클릭하여 적용합니다.

[디자인] 탭→[적용] 그룹→[자세히 단추]→[배경 스타일]

멘토의 한 수
배경 스타일을 기존의 테마와 중복되어 설정되는 기능이므로 만일 테마의 특정 개체 및 색상이 영향을 주는 경우 '배경 그래픽 숨기기'를 체크합니다.

❷ 배경 서식 : 슬라이드 배경의 단색, 그라데이션, 그림, 질감 채우기, 패턴 등에 대한 상세 설정 대화상자입니다.

[디자인] 탭→[적용] 그룹→[자세히 단추]→[배경 스타일]→[배경 서식]

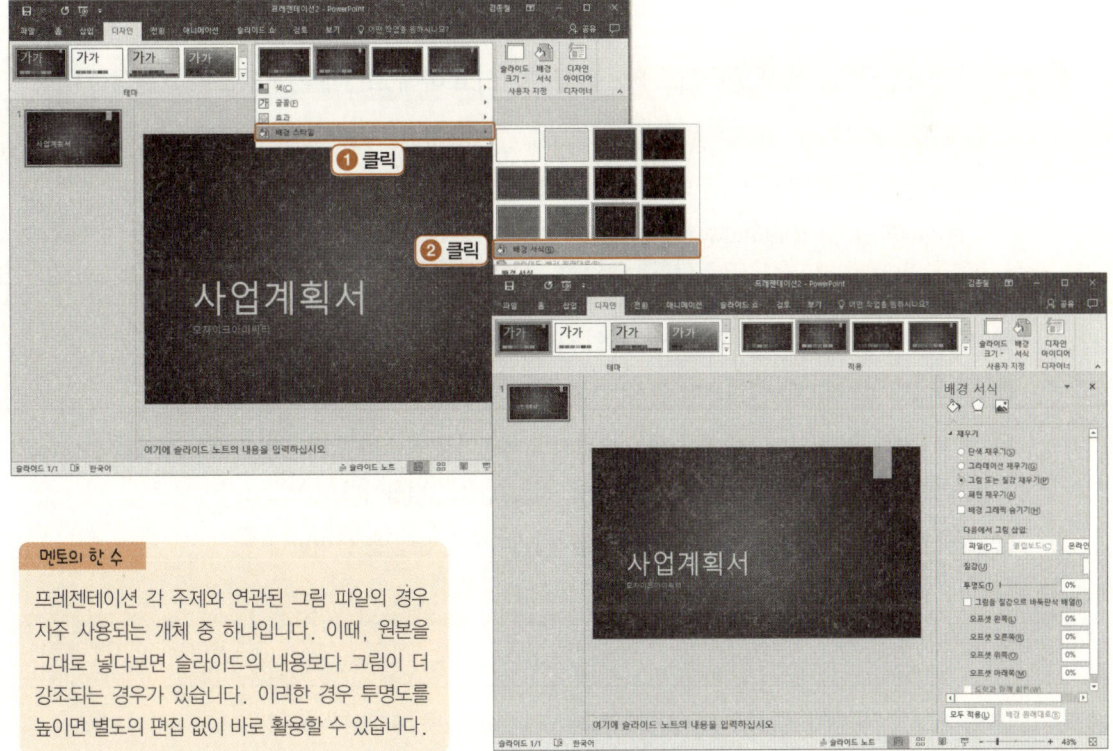

멘토의 한 수
프레젠테이션 각 주제와 연관된 그림 파일의 경우 자주 사용되는 개체 중 하나입니다. 이때, 원본을 그대로 넣다보면 슬라이드의 내용보다 그림이 더 강조되는 경우가 있습니다. 이러한 경우 투명도를 높이면 별도의 편집 없이 바로 활용할 수 있습니다.

1 새 프레젠테이션을 시작하고 다음 조건에 맞도록 마스터를 설정한 후 문서(내문서) 폴더에 저장하시오.

- 모든 슬라이드 제목 글꼴 : HY견고딕
- 개체 틀 제거 : 날짜, 바닥글, 페이지 번호 개체 틀
- 저장 폴더/파일명 : 문서/AM6 e2-1(완성).pptx

❶ 새 프레젠테이션을 시작하고 [보기] 탭→[마스터 보기] 그룹→[슬라이드 마스터]를 클릭합니다.

❷ 슬라이드 마스터의 제목을 선택하고 [홈] 탭→[글꼴] 그룹→[글꼴]→[HY견고딕]을 클릭합니다.

❸ 슬라이드 마스터 하단의 날짜, 바닥글, 페이지 번호 개체 틀을 Shift 를 누른 상태로 선택한 후 Delete 를 눌러 삭제합니다.

❹ 빠른 실행 도구 모음의 [저장] 단추를 클릭합니다.

❺ '문서' 폴더로 이동하여 파일 이름에 'AM6 e2-1(완성).pptx'를 입력한 후 [저장] 버튼을 클릭합니다.

2 현재 프레젠테이션에 새 슬라이드 마스터를 추가하고 아래 조건에 맞게 마스터를 편집하시오.

- 레이아웃 마스터 삭제 : 모든 레이아웃 마스터(제목 슬라이드 마스터 제외)
- 레이아웃 삽입 : 새 레이아웃 마스터 추가

❶ [보기] 탭→[마스터 보기] 그룹→[슬라이드 마스터]를 클릭합니다.

❷ [슬라이드 마스터] 탭→[마스터 편집] 그룹→[슬라이드 마스터 삽입]을 클릭합니다.

❸ 삽입된 새 슬라이드 마스터에서 제목 슬라이드 레이아웃 마스터를 제외한 모든 마스터를 선택하고 [슬라이드 마스터] 탭→[마스터 편집] 그룹→[삭제]를 클릭합니다.

❹ [슬라이드 마스터] 탭→[마스터 편집] 그룹→[레이아웃 삽입]을 클릭합니다.

③ 현재 프레젠테이션에서 2번째 마스터에 대해 아래 조건에 맞추어 마스터 이름을 변경하시오.

> – 제목 슬라이드 레이아웃 마스터 이름 : 표지
>
> – 사용자 지정 레이아웃 마스터 이름 : 간지

❶ [보기] 탭→[마스터 보기] 그룹→[슬라이드 마스터]를 클릭합니다.

❷ 2번째 마스터의 제목 슬라이드 레이아웃 마스터를 선택하고 [슬라이드 마스터] 탭→[마스터 편집] 그룹→[이름 바꾸기]를 클릭합니다.

❸ [레이아웃 이름 바꾸기] 대화상자에서 레이아웃 이름을 '표지'로 입력하고 [이름 바꾸기] 버튼을 클릭합니다.

❹ 마찬가지로 사용자 지정 레이아웃 마스터를 선택하고 [슬라이드 마스터] 탭→[마스터 편집] 그룹→[이름 바꾸기]를 클릭한 후 레이아웃 이름을 '간지'로 변경합니다.

④ 현재 프레젠테이션의 '간지' 레이아웃 마스터의 제목 개체 틀을 제거하고 '그림' 개체 틀을 슬라이드 전체 크기로 삽입하시오.

❶ [보기] 탭→[마스터 보기] 그룹→[슬라이드 마스터]를 클릭합니다.

❷ '간지' 레이아웃 마스터의 제목 개체 틀을 선택하고 Delete 를 눌러 삭제합니다.

❸ [슬라이드 마스터] 탭→[마스터 레이아웃] 그룹→[개체 틀 삽입]→[그림]을 클릭합니다.

❹ 슬라이드 크기와 동일하도록 드래그하여 '그림' 개체 틀을 삽입합니다.

⑤ 새로운 프레젠테이션을 추가한 후 아래 조건에 맞추어 유인물 마스터를 수정하시오.

> – 유인물 크기 : A4(최대화)
>
> – 유인물 방향 : 가로
>
> – 한 페이지에 넣을 슬라이드 수 : 4장
>
> – 개체 틀 : 날짜, 페이지 번호 제거

❶ 새 프레젠테이션을 시작하고 [보기] 탭→[마스터 보기] 그룹→[유인물 마스터]를 클릭합니다.

❷ [유인물 마스터] 탭→[페이지 설정] 그룹→[슬라이드 크기]를 클릭한 후 '사용자 지정 슬라이드 크기'를 선택합니다.

❸ '슬라이드 크기'의 목록 단추를 클릭한 후 'A4 용지(210×297mm)'를 선택합니다. [확인] 단추를 클릭합니다.

❹ '최대화'를 클릭합니다.

❺ [유인물 마스터] 탭→[페이지 설정] 그룹→[유인물 방향]을 클릭한 후 '가로'를 선택합니다.

❻ [유인물 마스터] 탭→[페이지 설정] 그룹→[한 페이지에 넣을 슬라이드 수]→[4슬라이드(4)]를 클릭합니다.

❼ [유인물 마스터] 탭→[개체 틀] 그룹에서 '날짜, 페이지 번호' 항목을 체크 해제합니다.

❻ 아래 조건에 맞추어 슬라이드 노트 마스터를 수정하시오.

– 슬라이드 노트 방향 : 가로

– 배경 서식 : 임의의 그라데이션

❶ [보기] 탭→[마스터 보기] 그룹→[슬라이드 노트 마스터]를 클릭합니다.

❷ [슬라이드 노트 마스터] 탭→[페이지 설정] 그룹→[슬라이드 노트 방향]→[가로]를 클릭합니다.

❸ [슬라이드 노트 마스터] 탭→[배경] 그룹→[배경 서식] 대화상자 표시 단추를 클릭합니다.

❹ [배경 서식] 대화상자의 채우기 항목에서 '그라데이션 채우기'를 선택합니다.

❺ [슬라이드 노트 마스터] 탭→[닫기] 그룹→[마스터 보기 닫기]를 클릭합니다.

❼ 현재 테마를 '테마1.thmx'의 이름으로 저장하시오.

❶ [디자인] 탭→[테마] 그룹→[자세히]를 클릭한 후 [현재 테마 저장]을 클릭합니다.

❷ [현재 테마 저장] 대화상자에서 파일 이름 '테마1.thmx'를 입력한 후 [저장] 버튼을 클릭합니다.

8 새 프레젠테이션을 시작하여 아래 조건에 맞게 테마를 설정하시오.

– 테마 : 테마1

– 테마 색 : 모양

– 테마 글꼴 : 돋움
---

❶ [파일] 탭→[새로 만들기]→[새 프레젠테이션]→[만들기]를 클릭합니다.

❷ [디자인] 탭→[테마] 그룹→[테마1]을 클릭합니다.

❸ [디자인] 탭→[테마] 그룹→[색]→[모양]을 클릭합니다.

❹ [디자인] 탭→[테마] 그룹→[글꼴]→[돋움]을 클릭합니다.

9 제목 슬라이드에 아래의 조건대로 배경 서식을 설정하시오.

– 배경 채우기 : '코르크' 질감

– 투명도 : 20%

– 밝기 : -50%

– 배경 그래픽 숨기기
---

❶ 제목 슬라이드를 선택하고 [디자인] 탭→[적용] 그룹→[자세히]→[배경 스타일]을 클릭한 후 '배경 서식'을 선택합니다.

❷ 채우기 항목의 '그림 또는 질감 채우기'를 선택하고 질감 목록에서 '코르크'를 클릭합니다.

❸ '배경 그래픽 숨기기' 항목을 체크하고 투명도를 '20%'로 설정합니다.

❹ 그림 항목에서 밝기를 '-50%'로 설정합니다.

Section 03 그래픽 개체

1 도형 개체의 활용

1-1 채우기

도형에는 기본적으로 도형의 채우기 색, 윤곽선, 그림자, 반사 등의 도형 효과 서식을 설정할 수 있으며, 또한 현재 슬라이드의 배경 자체를 도형에 채울 수 있습니다. 이는 미리 배경 그림을 설정하고 도형의 중첩 및 다양한 효과 설정을 통하여 세련된 디자인 연출이 가능합니다.

❶ 단색 채우기 : 한 가지 색상으로 도형 안의 색상을 설정하는 기능으로, 테마 색과 표준 색 또는 다른 색을 통해 색상을 변경하고 투명도를 설정합니다.

[그리기 도구]→[서식] 탭→[도형 스타일] 그룹→[도형 서식] 대화상자 표시 단추→[단색 채우기]

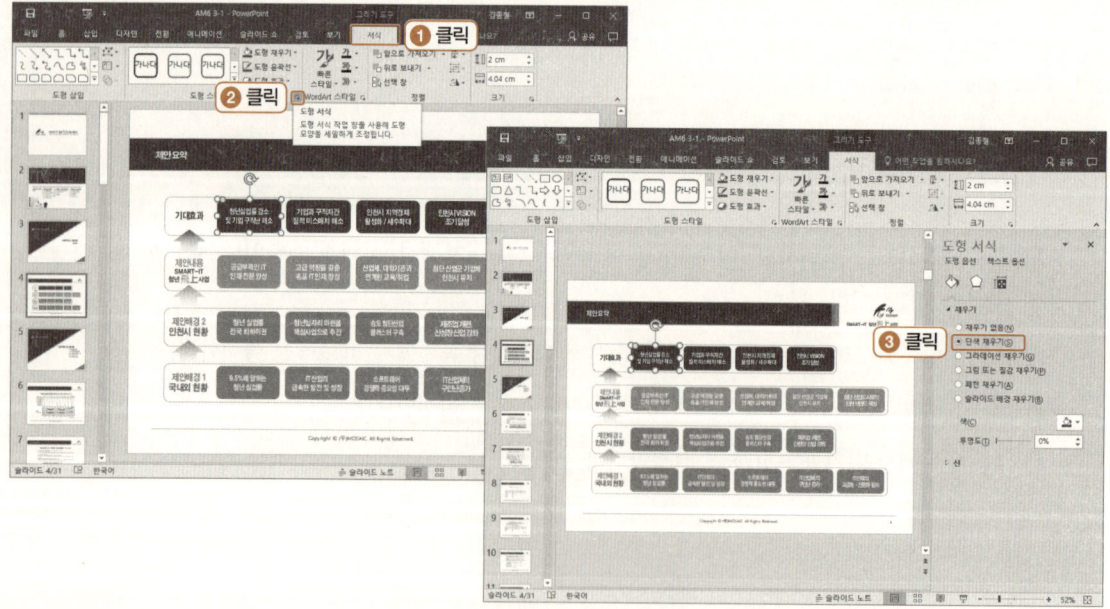

멘토의 한 수

- 색 : 테마 색, 표준 색, 다른 색
- 투명도 : 도형의 픽셀을 통과하는 빛의 양으로 0%는 완전 불투명, 100%이면 완전 투명

❷ 그라데이션 채우기 : 둘 이상의 색상으로 도형 안의 색상을 설정하는 기능으로 종류, 방향, 각도 등의 세부 설정 기능을 제공합니다.

[그리기 도구]→[서식] 탭→[도형 스타일] 그룹→[도형 서식] 대화상자 표시 단추→[그라데이션 채우기]

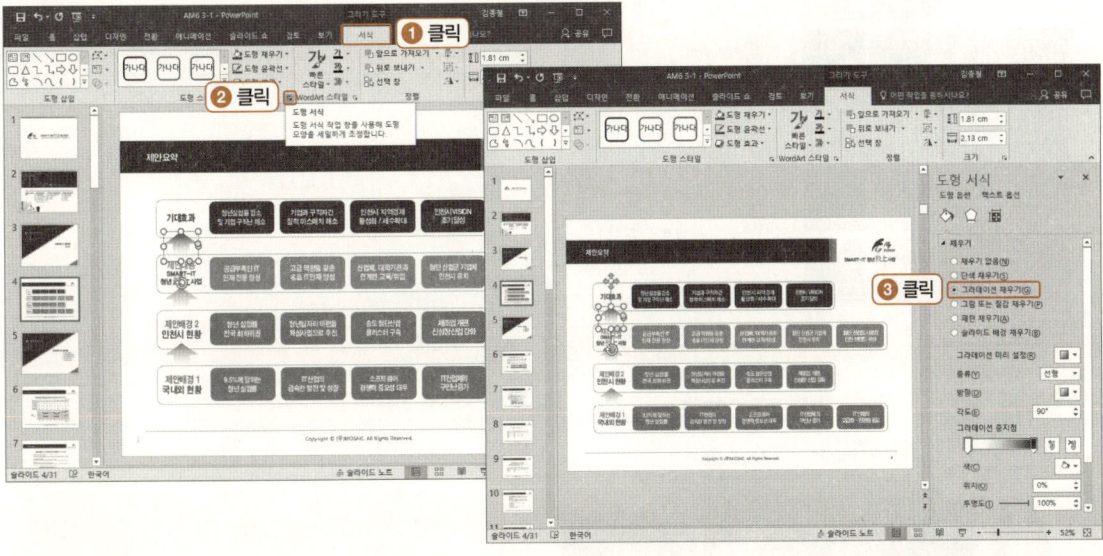

멘토의 한 수

- 기본 설정 색 : 미리 구성한 그라데이션 스타일
- 종류 : 선형, 방사형, 사각형, 경로형 등의 그라데이션 종류
- 방향 : 그라데이션의 시작 위치 및 방향
- 그라데이션 중지점 : 그라데이션 시작 위치 설정과 추가 및 제거

❸ 그림 또는 질감 채우기 : 내 컴퓨터에 저장된 그림 파일 또는 파워포인트에서 제공하는 질감으로 도형 안의 크기에 따라 배열 및 맞춤 등의 설정 기능을 제공합니다.

[그리기 도구]→[서식] 탭→[도형 스타일] 그룹→[도형 서식] 대화상자 표시 단추→[그림 또는 질감 채우기]

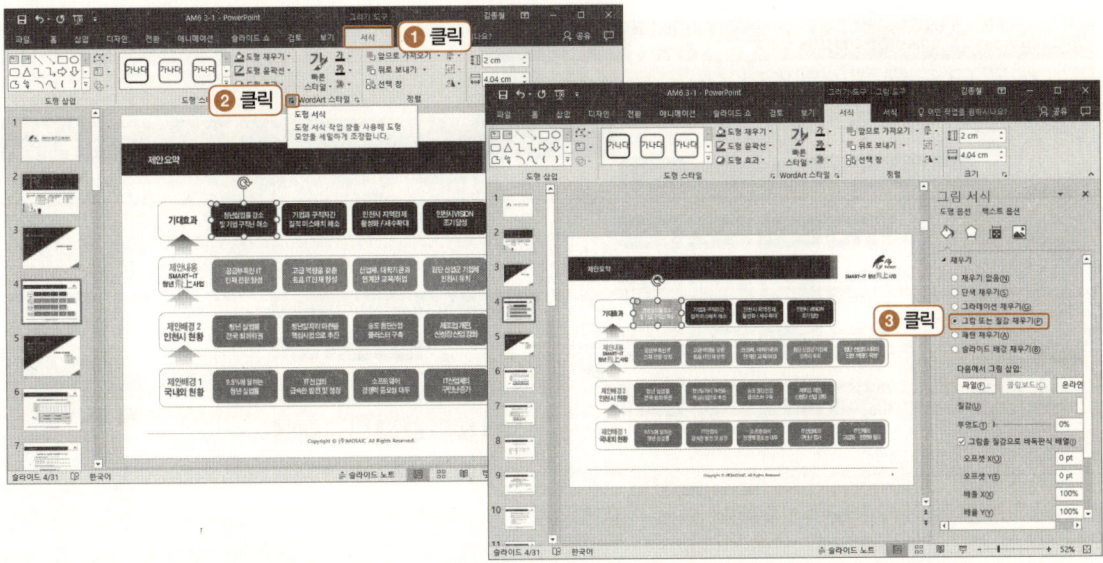

멘토의 한 수

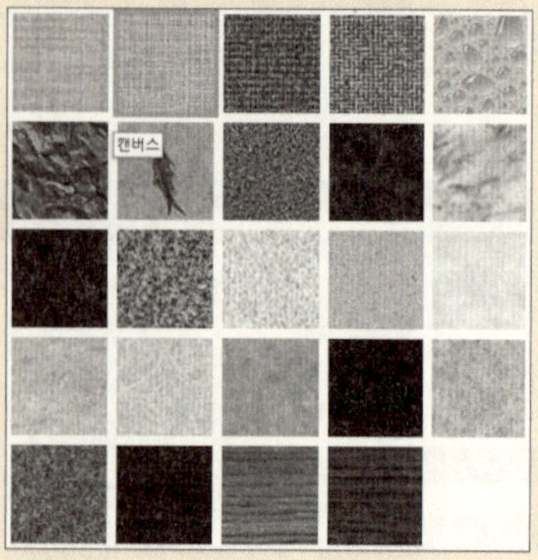

▲ 질감

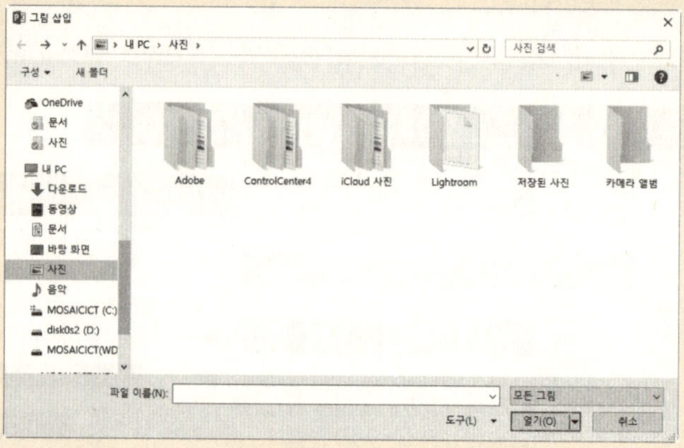

▲ 그림 파일

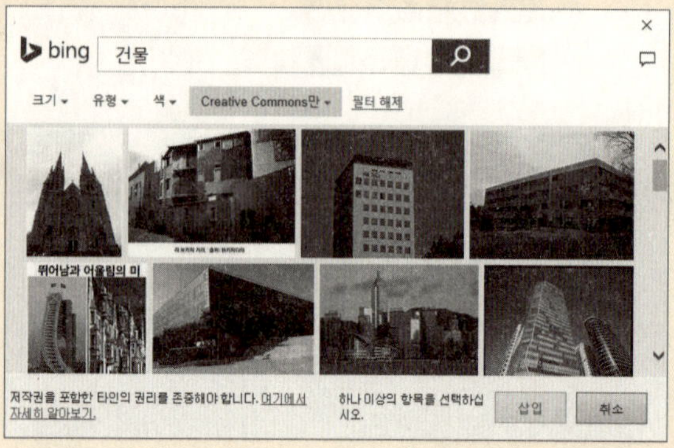

▲ 온라인

❹ 슬라이드 배경 채우기 : 현재 프레젠테이션에 사용되는 배경과 동일한 색상을 도형에 적용합니다.

[그리기 도구]→[서식] 탭→[도형 스타일] 그룹→[도형 서식] 대화상자 표시 단추→[슬라이드 배경 채우기]

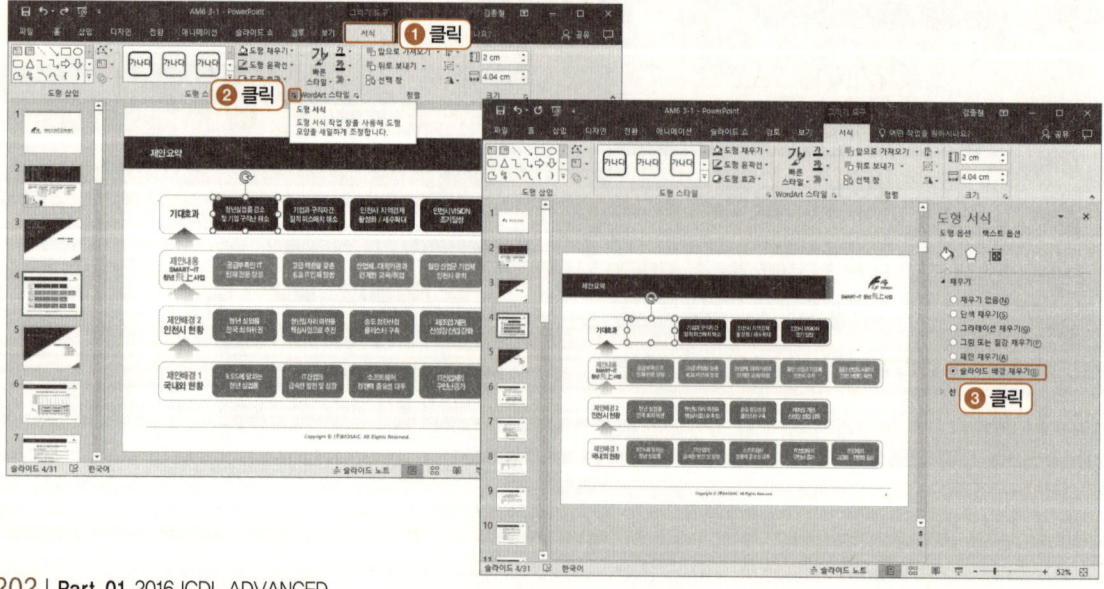

1-2 3차원 효과

슬라이드에 삽입되는 도형은 모두 2차원 도형으로 과거 세련된 도형을 작성하기 위해서는 파워포인트 이외의 이미지 편집 프로그램을 이용하거나 그라데이션을 이용하여 입체적인 도형처럼 보이도록 처리합니다. 현재 Office 2016에서는 3차원 서식 및 회전 설정을 통해 완벽한 입체 도형 제작이 가능합니다.

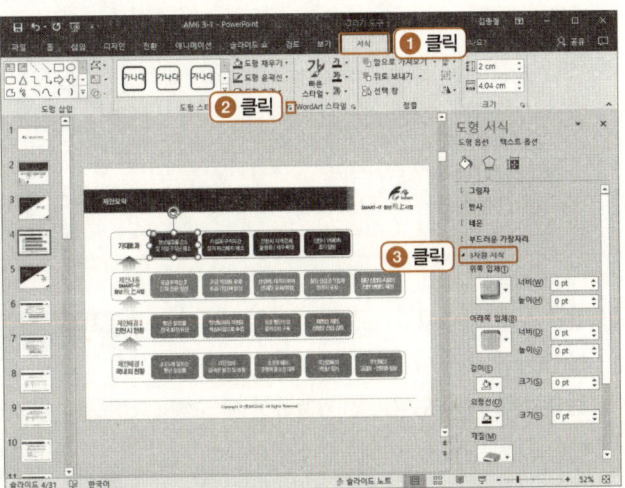

❶ 3차원 서식 : 2차원 도형에 대하여 입체감을 설정하기 위해 입체 효과, 깊이, 외형선, 표면 등에 대한 효과 설정 값을 입력합니다.

[그리기 도구]→[서식] 탭→[도형 스타일] 그룹 →[도형 서식] 대화상자 표시 단추→[3차원 회전]

> **멘토의 한 수**
> • 입체 효과 : 위쪽 및 아래쪽에 대한 너비 및 높이 값 설정
> • 깊이 : 두께의 값과 색상 설정
> • 외형선 : 3차원 도형의 테두리 두께 및 색상 설정
> • 표면 : 표준, 특수 효과, 반투명의 표면 재질과 조명 각도 등의 방향 설정

❷ 3차원 회전 : 미리 설정된 회전 값을 이용하거나 사용자가 직접 X, Y, Z축에 대한 회전 값을 설정합니다.

[그리기 도구]→[서식] 탭→[도형 스타일] 그룹 →[도형 서식] 대화상자 표시 단추→[3차원 회전]

> **멘토의 한 수**
> 텍스트 3차원 회전 안 함 : 도형에 텍스트를 입력한 경우 도형만 회전하고 텍스트는 유지

1-3 기타 서식

도형은 프레젠테이션 제작에 있어 가장 많이 사용되는 개체 중 하나입니다. 특히, 다른 개체에 비해 둘 이상의 도형을 조합하여 청중의 시선을 유도하거나 방향성을 표현하기에 더욱 적절합니다. 도형에 서식을 설정하고 다른 도형에도 동일 또는 유사한 서식을 설정해야 하는 경우에 서식 복사 기능이 매우 유용하게 활용될 것입니다.

❶ 서식 복사 : 서식을 복사할 원본을 선택하여 서식 복사 단추를 클릭하고 적용할 도형을 클릭합니다.

[홈] 탭→[클립보드] 그룹→[서식 복사]

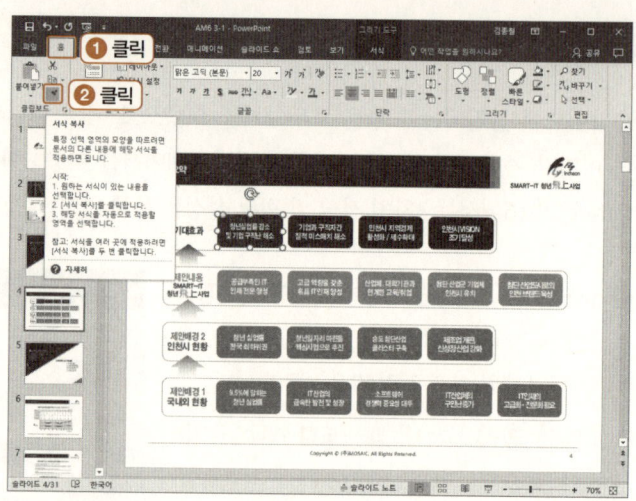

❷ 기본 도형으로 설정 : 자주 사용하는 도형에 대한 채우기 색, 테두리, 효과 등을 설정하고 이를 기본 도형으로 설정하면 새 도형삽입 시 해당 도형 서식으로 삽입됩니다.

마우스 오른쪽 버튼→[기본 도형으로 설정]

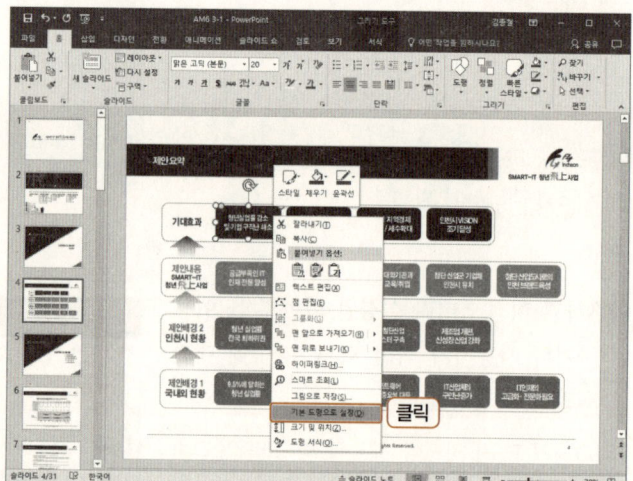

2 그래픽 개체 편집

2-1 그림 조정

파워포인트 2016은 전문 그래픽 편집 프로그램만큼은 아니지만 그림에 대한 다양한 편집 기능을 제공합니다. 이로써 별도 작업 없이 원본 그림 파일을 파워포인트로 가져와 수정하여 슬라이드의 배경 및 연관 이미지로 활용할 수 있습니다.

❶ 배경 제거 : 그림 파일의 배경을 자동으로
   제거하는 기능으로 제거될 부분이 분홍 색
   상으로 표시되며, 원활치 않을 경우 보관할
   영역과 제거할 영역을 사용자가 수정할 수
   있습니다.

   [그림 도구]→[서식] 탭→[조정] 그룹→[배경
   제거]

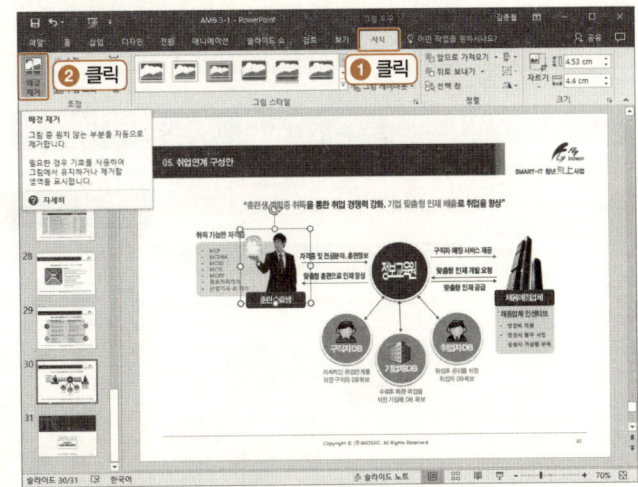

멘토의 한 수

• 보관할 영역 표시 : 제거하지 않을 영역을 드래그하여 추가
• 제거할 영역 표시 : 제거할 영역을 드래그하여 추가
• 표시 삭제 : 보관 및 제거 영역 표시 삭제
• 변경 내용 모두 취소 : 변경 내용 모두 제거
• 변경 내용 유지 : 보관 및 제거할 영역 적용

❷ 수정 : 선명도 조절과 밝기 및 대비를 이용하여 그림 파일을 수정합니다.

   [그림 도구]→[서식] 탭→[조정] 그룹→[수정]

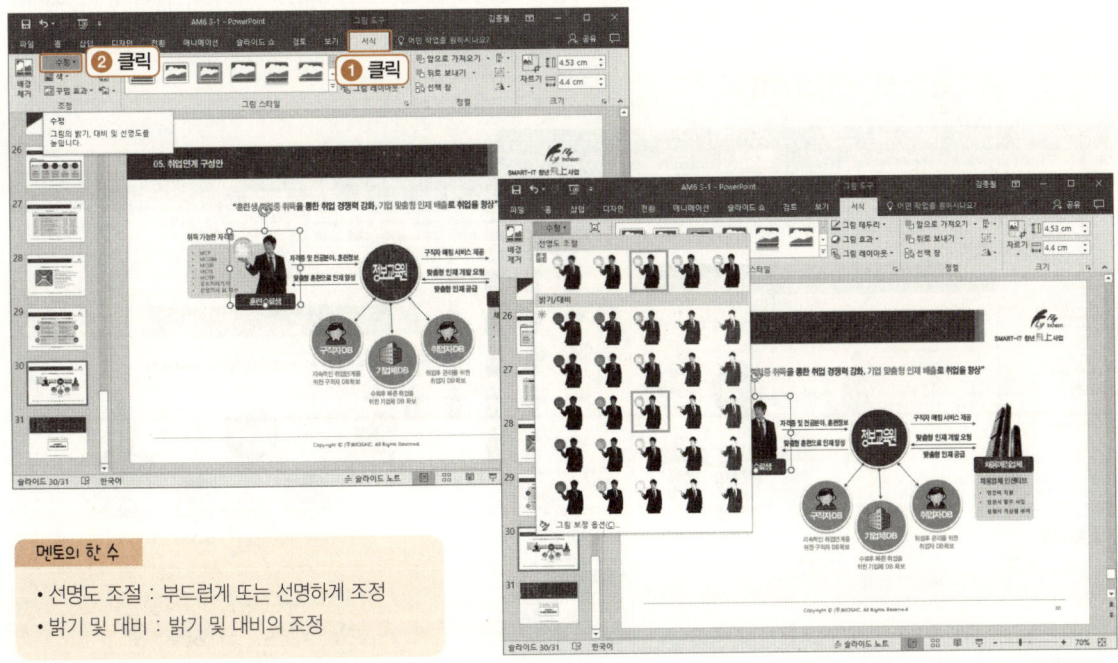

멘토의 한 수

• 선명도 조절 : 부드럽게 또는 선명하게 조정
• 밝기 및 대비 : 밝기 및 대비의 조정

❸ 색 : 그림 원본 파일에 대한 색 채도, 색조, 다시 칠하기 등을 설정합니다.

[그림 도구]→[서식] 탭→[조정] 그룹→[색]

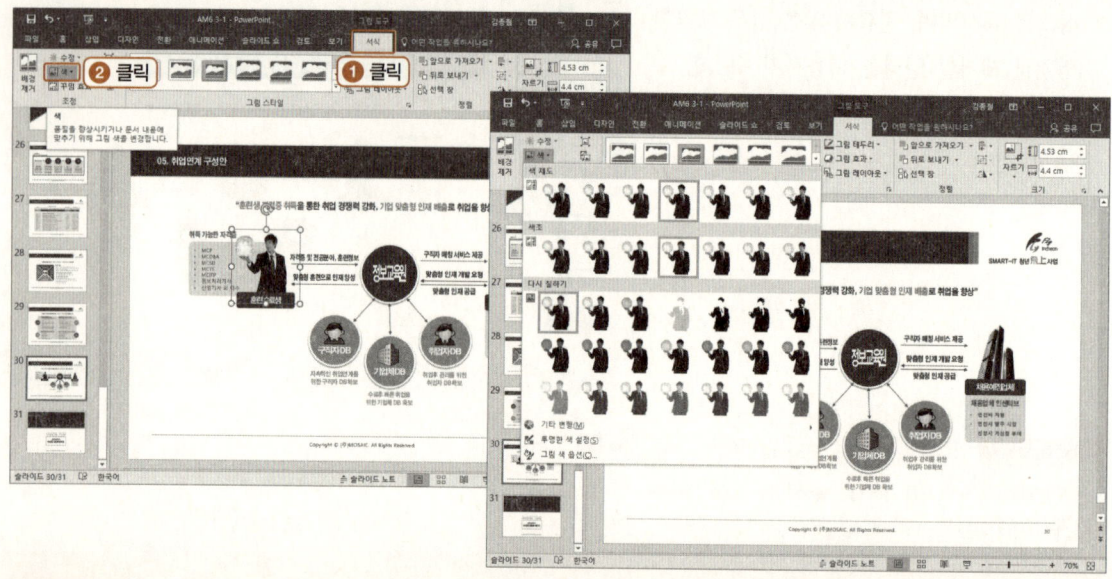

❹ 꾸밈 효과 : 그래픽 편집 프로그램의 필터와 같은 기능으로 연필 스케치, 수채화, 모자이크, 유리 등의 효과를
설정합니다.

[그림 도구]→[서식] 탭→[조정] 그룹→[꾸밈 효과]

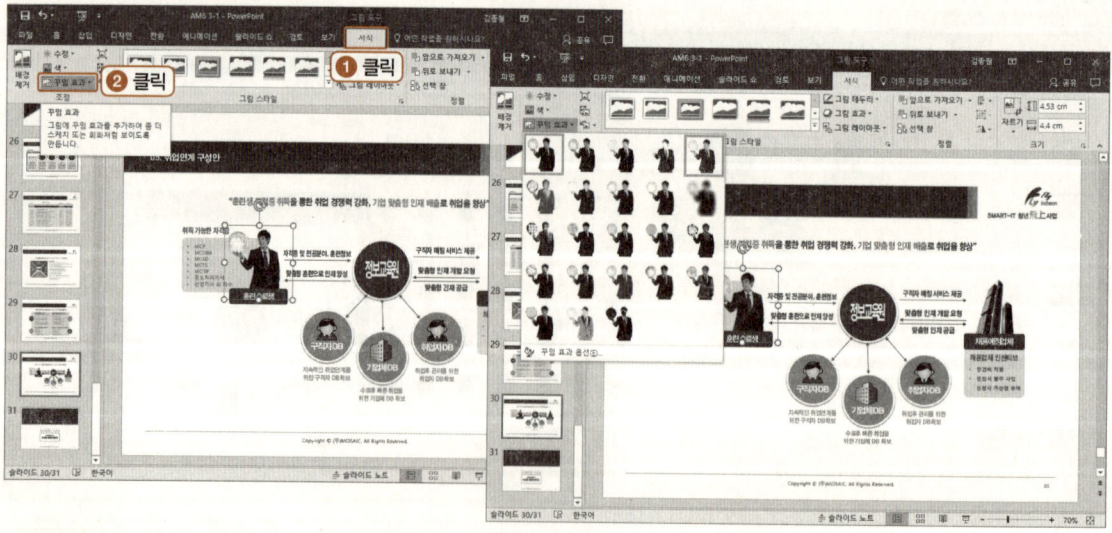

그림 스타일

그림 스타일은 그림에 대한 테두리, 효과, 레이아웃 등의 자주 사용하는 그림 서식을 미리 설정하여 등록해 둠으로써 빠르고 쉽게 그림 서식을 설정하는 기능입니다. 그림 스타일 이외에 추가로 수정할 사항은 그림 테두리, 그림 효과, 그림 레이아웃으로 세부 설정이 가능합니다.

❶ 그림 스타일 : 자주 사용되는 그림 서식을 등록한 스타일 그룹으로, 적용할 그림 파일을 선택한 후 적용할 스타일을 클릭하면 바로 적용됩니다.

[그림 도구]→[서식] 탭→[그림 스타일] 그룹→[자세히] 단추)

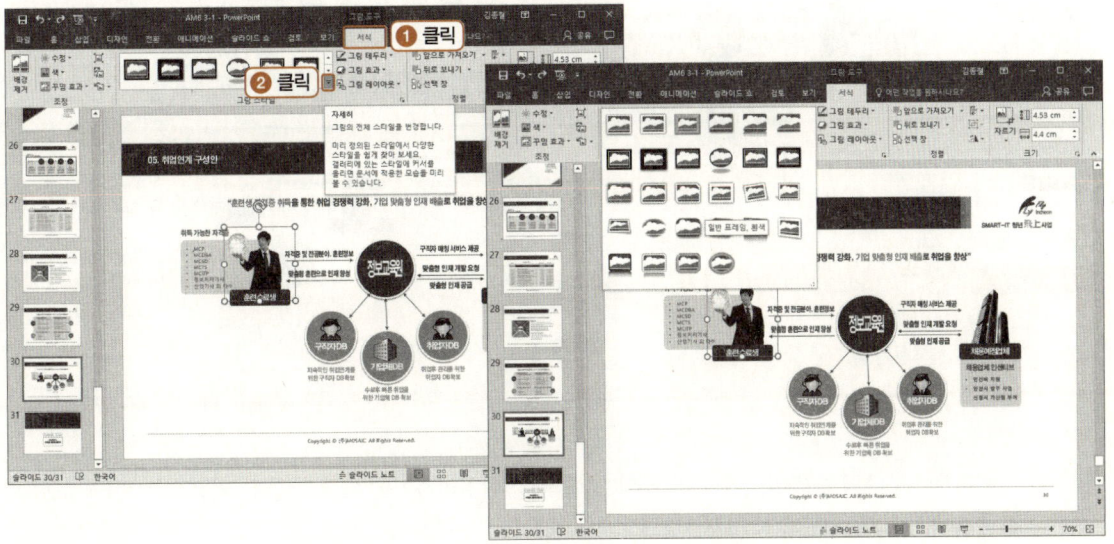

❷ 그림 테두리 : 선택한 그림 파일에 테두리 색, 두께, 대시 스타일을 설정합니다.

[그림 도구]→[서식] 탭→[그림 스타일] 그룹→[그림 테두리]

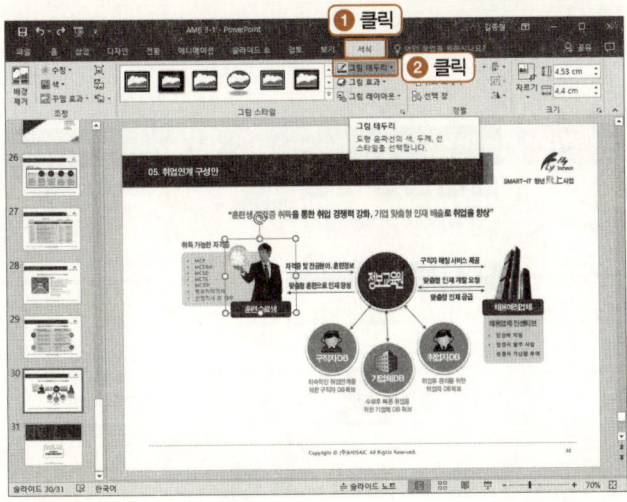

멘토의 한 수

그림 테두리는 그림 파일 원본의 모양(일반적으로 사각형 형태)으로 테두리가 적용되므로 슬라이드와 조화롭게 어울리지 않을 수 있습니다. 이때 그림 테두리를 '윤곽선 없음'으로 설정하면 됩니다.

❸ 그림 효과 : 입체감과 조화로운 어울림을 위해 그림 파일 편집에서 가장 많이 사용되는 기능으로, 그림자 및 부드러운 가장자리, 입체 효과 등의 효과를 제공합니다.

[그림 도구]→[서식] 탭→[그림 스타일] 그룹→[그림 효과]

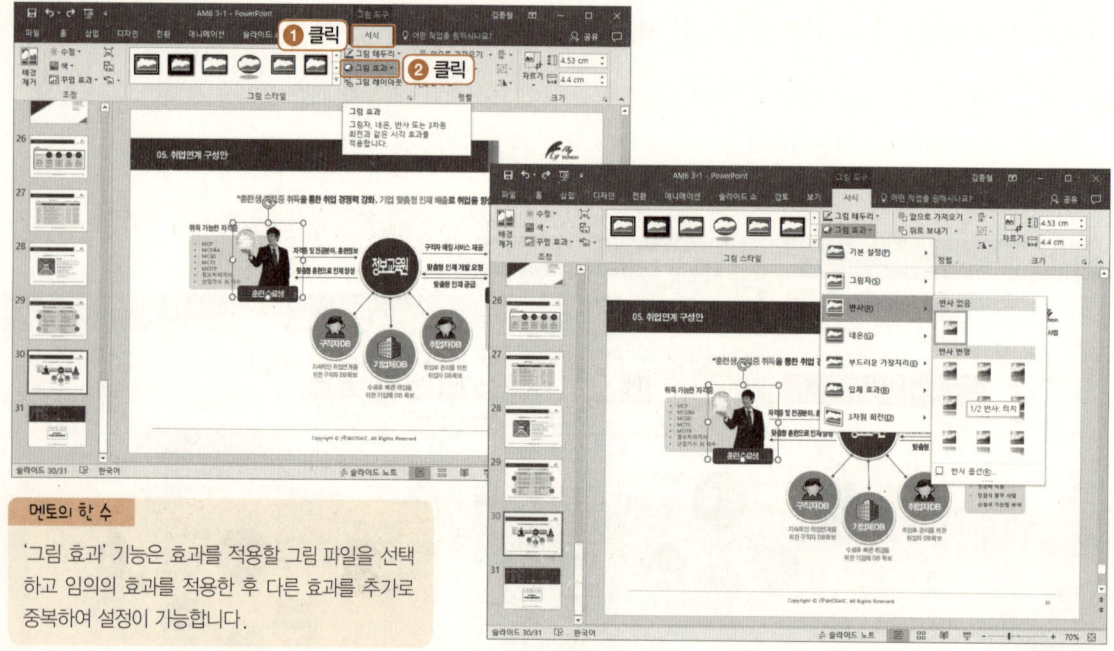

멘토의 한 수

'그림 효과' 기능은 효과를 적용할 그림 파일을 선택하고 임의의 효과를 적용한 후 다른 효과를 추가로 중복하여 설정이 가능합니다.

❹ 그림 레이아웃 : 하나의 슬라이드에 여러 장의 그림 파일을 처리하기에 매우 유용한 기능으로, 여러 그림 파일을 선택한 후 그림 레이아웃을 설정합니다.

[그림 도구]→[서식] 탭→[그림 스타일] 그룹→[그림 레이아웃]

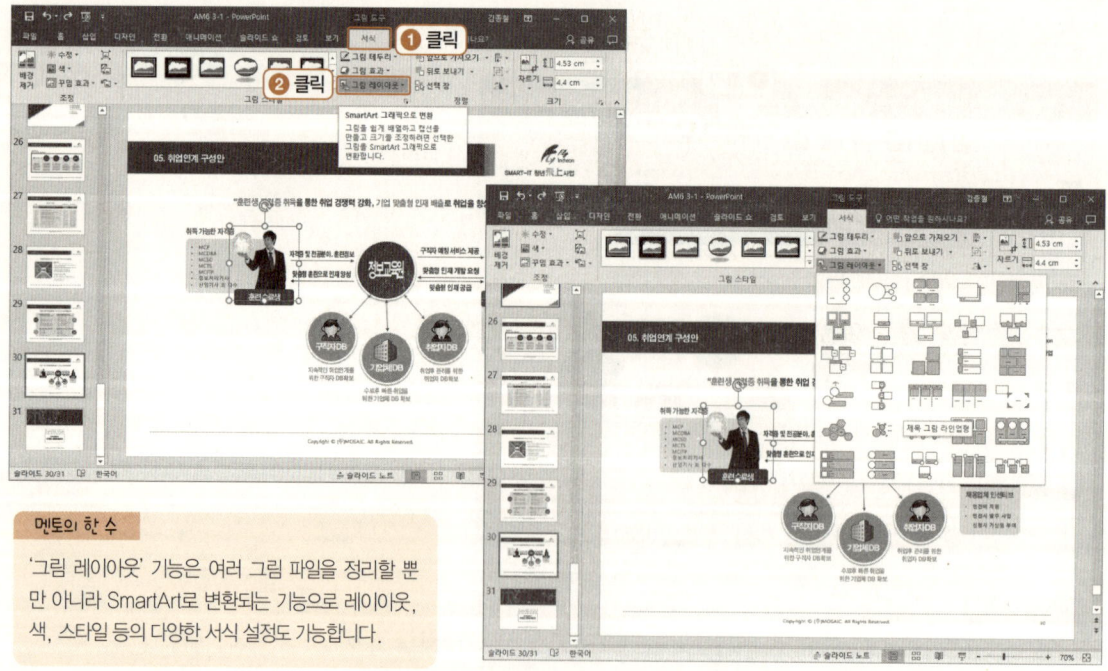

멘토의 한 수

'그림 레이아웃' 기능은 여러 그림 파일을 정리할 뿐만 아니라 SmartArt로 변환되는 기능으로 레이아웃, 색, 스타일 등의 다양한 서식 설정도 가능합니다.

3-1 그림 정렬

하나의 슬라이드에 둘 이상의 그림 및 개체를 활용하여 구성하게 됩니다. 이렇게 삽입된 개체는 드래그를 이용하여 위치를 이동할 수 있으나 정확한 맞춤이 어렵거나 겹쳐진 순서를 변경할 수 없습니다. 이때 그림 정렬 기능을 이용하여 보다 정확하고 겹쳐지는 순서를 변경하게 됩니다.

❶ 순서 : 슬라이드에 삽입된 개체는 먼저 삽입된 개체가 가장 아래에 배치되는데, 이 순서를 변경하는 기능입니다.

[그림 도구]→[서식] 탭→[정렬] 그룹→[앞으로 가져오기]/[뒤로 보내기]

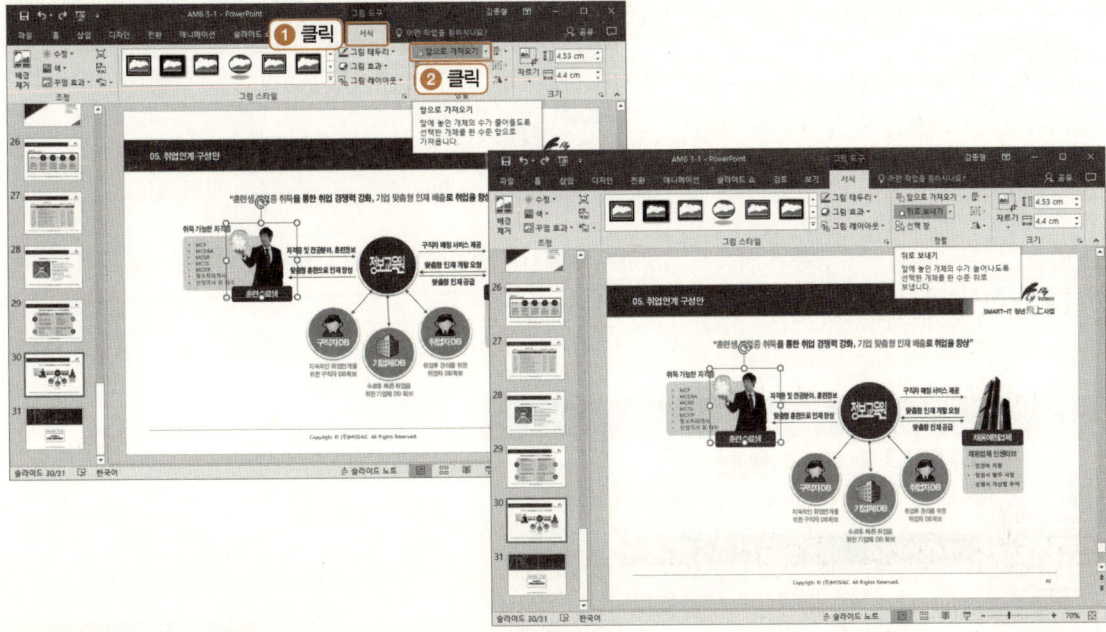

멘토의 한 수

• 앞으로 가져오기 : 선택한 개체를 한 단계 앞으로 배치
• 맨 앞으로 가져오기 : 슬라이드의 모든 개체 중 가장 앞으로 배치
• 뒤로 보내기: 선택한 개체를 한 단계 뒤로 배치
• 맨 뒤로 보내기 : 슬라이드의 모든 개체 중 가장 뒤로 배치

❷ 선택 창 : 현재 슬라이드에 포함된 개체를 개별 또는 모두 표시하고 선택하는 기능으로, 많은 개체가 삽입된 슬라이드일수록 유용하게 사용되는 기능입니다.

[그림 도구]→[서식] 탭→[정렬] 그룹→[선택 창]

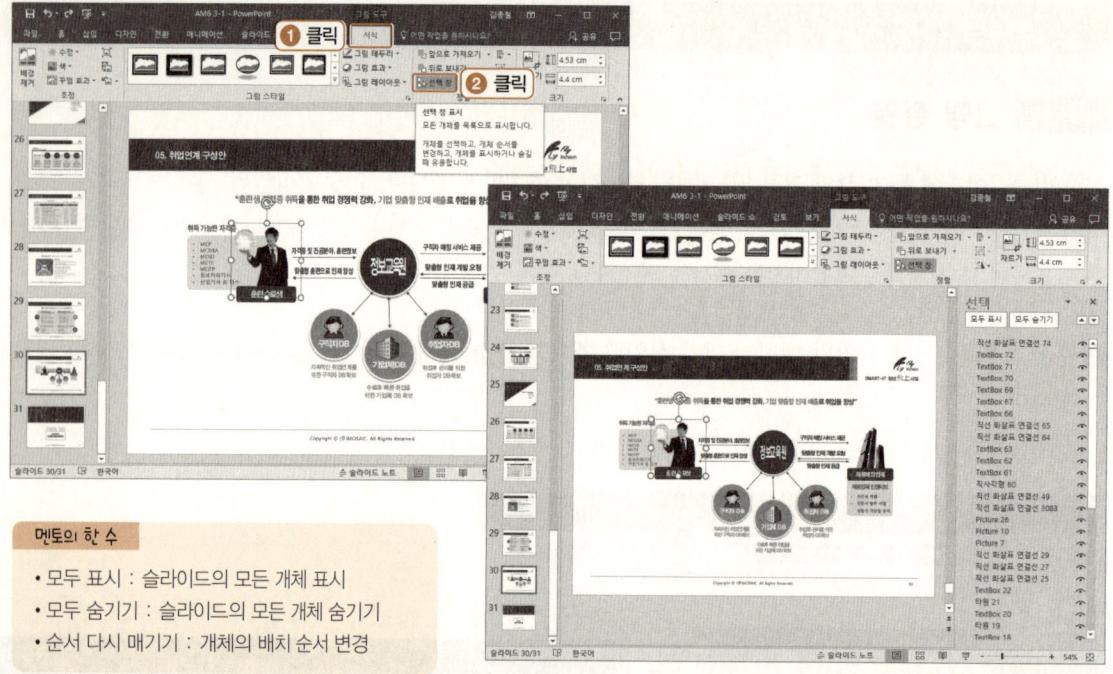

- 모두 표시 : 슬라이드의 모든 개체 표시
- 모두 숨기기 : 슬라이드의 모든 개체 숨기기
- 순서 다시 매기기 : 개체의 배치 순서 변경

❸ 맞춤 : 모든 슬라이드에 공통된 서식을 설정하기 위해서는 슬라이드 마스터 전용 보기 화면으로 전환해야 합니다.

[그림 도구]→[서식] 탭→[정렬] 그룹→[개체 맞춤]

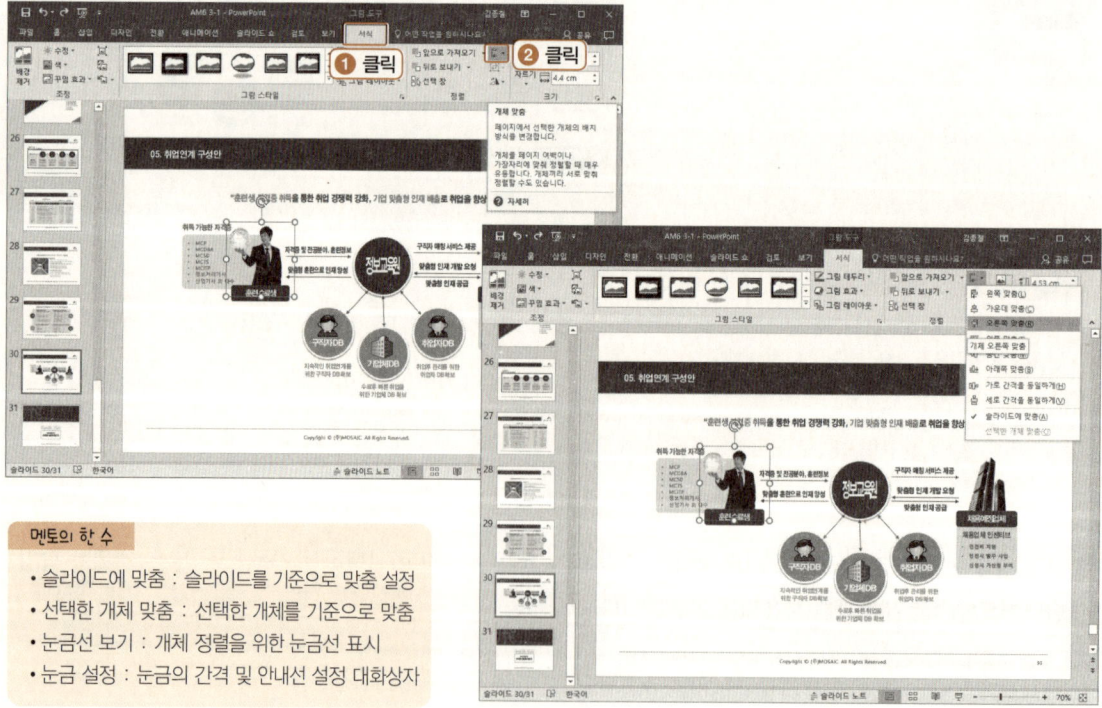

- 슬라이드에 맞춤 : 슬라이드를 기준으로 맞춤 설정
- 선택한 개체 맞춤 : 선택한 개체를 기준으로 맞춤
- 눈금선 보기 : 개체 정렬을 위한 눈금선 표시
- 눈금 설정 : 눈금의 간격 및 안내선 설정 대화상자

❹ 회전 : 선택한 개체에 대한 회전 값 및 상하/좌우 대칭을 설정하는 기능으로, 그림 파일을 선택한 후 녹색의 회전 핸들을 이용해도 됩니다.

[그림 도구]→[서식] 탭→[정렬] 그룹→[개체 회전]

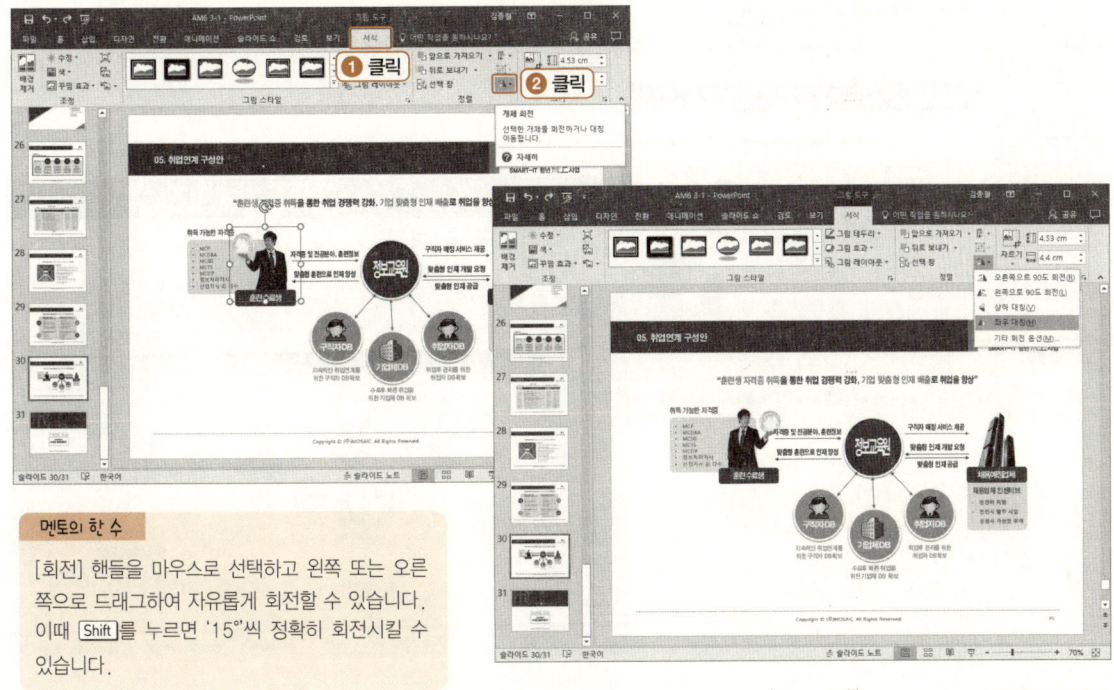

멘토의 한 수

[회전] 핸들을 마우스로 선택하고 왼쪽 또는 오른쪽으로 드래그하여 자유롭게 회전할 수 있습니다. 이때 Shift를 누르면 '15°'씩 정확히 회전시킬 수 있습니다.

❺ 텍스트 상자 : 텍스트 상자는 개체 삽입을 통해 입력할 수 있지만 도형 등의 개체에 직접 입력도 가능합니다. 도형 서식의 텍스트 상자 기능은 이러한 텍스트에 대한 세로 맞춤과 텍스트의 방향 등을 설정합니다.

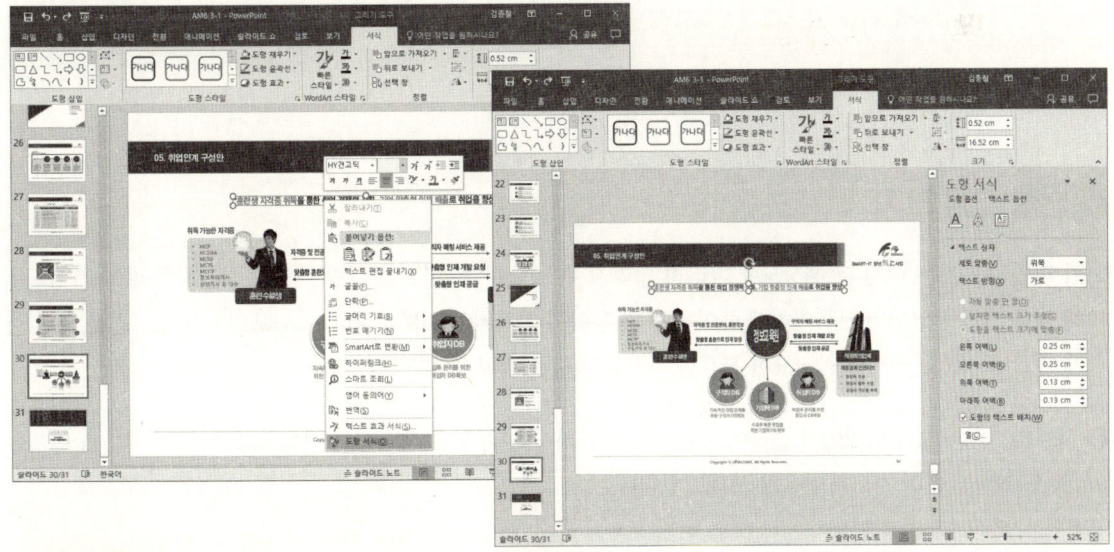

멘토의 한 수

• 텍스트 레이아웃 : 도형 개체 내부의 세로 맞춤과 텍스트 방향 설정
• 자동 맞춤 : 도형 크기에 따른 텍스트 자동 변경 방법에 대한 설정
• 안쪽 여백 : 텍스트의 여백 설정
• 열 : 도형 개체 내부의 열 나누기 및 간격 설정

❻ 위치 : 슬라이드 안의 그림 및 도형 등의 위치 설정은 사용자가 직접 드래그하여 배치하지만 보다 정확한 배치를 위하여 슬라이드를 기준으로 왼쪽 위 모서리 또는 가운데를 기준으로 맞춤을 설정할 수 있습니다.

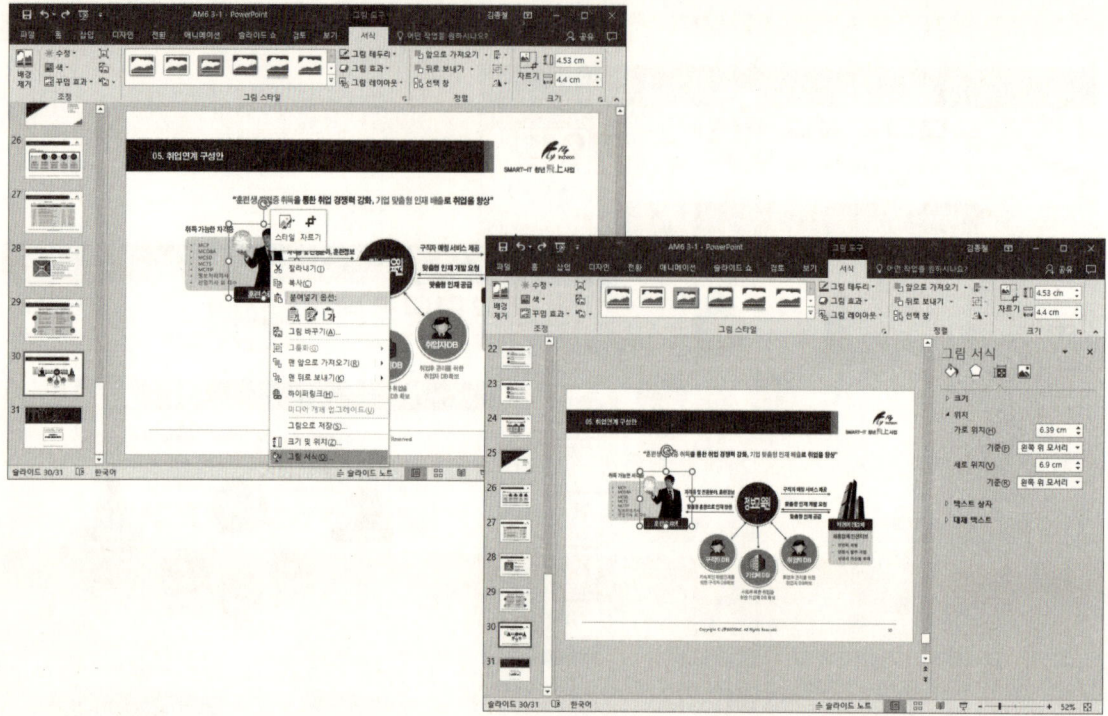

도형 및 그림 파일 등의 이동에 있어 사용자가 직접 드래그를 통해 위치를 변경할 수 있습니다. 이때 Shift 를 누른 상태로 드래그하면 수직/수평 이동이 가능하며, [보기] 탭의 눈금자, 눈금선을 표시하여 개체의 위치를 보다 정확히 배치하게 됩니다.
- 눈금자 : 슬라이드 위쪽과 왼쪽에 자 표시
- 눈금선 : 슬라이드에 모눈종이와 같은 정렬선 표시
- 안내선 : 사용자가 직접 설정 가능한 그리기 선 표시

3-2 그림 크기

그림 파일의 크기는 실제 그 해상도에 따라서 달라질 수 있습니다. 필요한 그림 파일을 삽입했을 때 슬라이드에 비해 매우 크게 삽입되어 부득이하게 줄이는 등의 경험이 여기에서 비롯됩니다. 파워포인트에서는 원본 그림 파일에서 그 크기를 줄이거나 불필요한 부분을 자르는 기능을 제공합니다.

❶ 자르기 : 원본 그림 파일에서 슬라이드 내용과 연관성 없는 부분을 제거하는 기능으로, 자르기 기능을 실행한 후 모서리 및 변의 자르기 핸들을 드래그합니다.

[그림 도구]→[서식] 탭→[크기] 그룹→[자르기]

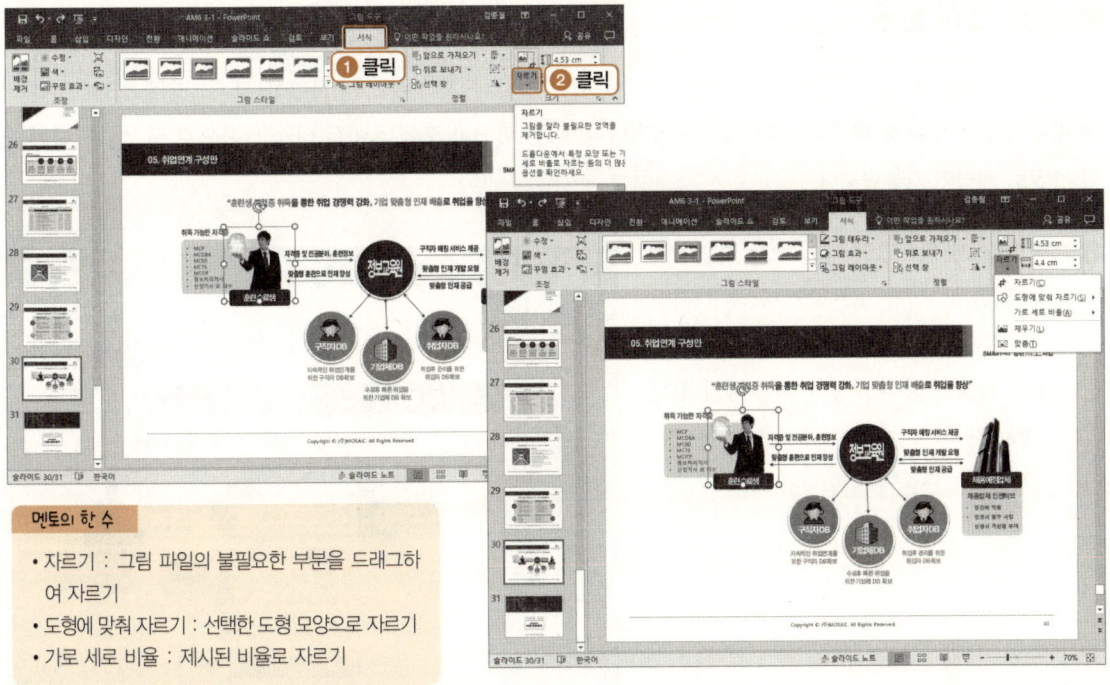

❷ 크기 및 회전 : 선택한 그림 파일에 대한 높이와 너비를 조정하는 기능으로, 직접 드래그를 통해 수정하는 것
보다 정확한 크기와 회전 값을 설정할 수 있습니다.

[그림 도구]→[서식] 탭→[크기] 그룹→[크기 및 위치] 대화상자 표시 단추

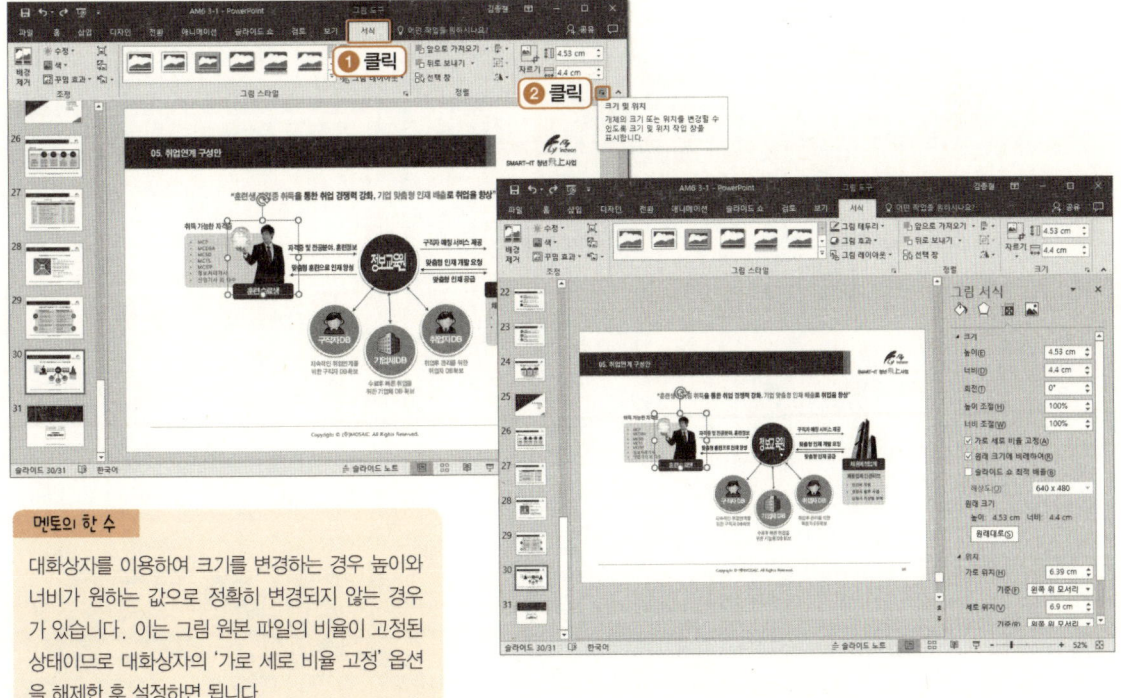

3-3 그림 활용

내 컴퓨터에 저장된 사진과 같은 그림 파일 이외에 파워포인트에서 제공하는 클립아트는 그리기 개체로 변환하여 도형과 같이 일부를 편집하여 활용할 수 있습니다. 이를 편집한 후에는 이를 다시 그룹으로 설정하고 다시 그림 파일로 저장이 가능합니다.

❶ 그림 파일 저장 : 그림 파일 또는 클립아트를 편집한 후 이를 보관하기 위하여 저장할 수 있습니다. 파워포인트에서는 '*.gif, *.jpg, *.png' 등의 다양한 그림 파일 형식을 제공합니다.

마우스 오른쪽 버튼 →[그림으로 저장]

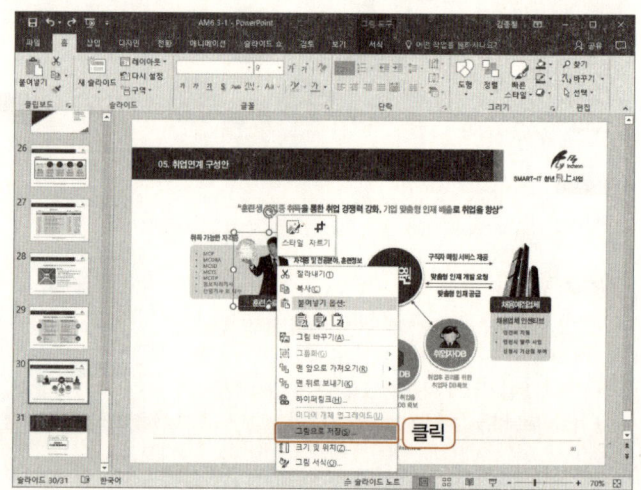

단원 평가

● 예제: C:₩ICDL2016A₩AM6 e3-1.pptx

1 슬라이드 3의 '시간 분석' 도형에 아래 조건대로 서식을 설정하시오.

> – 채우기 색 : 연한 파랑
>
> – 테두리 색 : 파랑
>
> – 테두리 두께 : 3pt

❶ 슬라이드 3의 '시간 분석' 도형을 선택하고 [그리기 도구]→[서식] 탭→[도형 스타일] 그룹→[도형 채우기]→[연한 파랑]을 클릭합니다.

❷ [그리기 도구]→[서식] 탭→[도형 스타일] 그룹→[도형 윤곽선]→[파랑]을 클릭합니다.

❸ [그리기 도구]→[서식] 탭→[도형 스타일] 그룹→[도형 윤곽선]→[두께]→[3pt]를 클릭합니다.

2 슬라이드 3의 '환경 분석' 도형에 아래 조건대로 서식을 설정하시오.

> – 채우기 : C:₩ICDL2016A₩회의실.jpg
>
> – 투명도 : 50%

❶ 슬라이드 3의 '환경 분석' 도형을 선택하고 [그리기 도구]→[서식] 탭→[도형 스타일] 그룹→[도형 서식] 대화상자 표시 단추를 클릭합니다.

❷ '채우기' 항목에서 '그림 또는 질감 채우기'를 선택하고 [파일] 버튼을 클릭합니다.

❸ 예제 폴더에서 '회의실.jpg' 파일을 선택한 후 [삽입] 버튼을 클릭합니다.

❹ '채우기' 항목에서 투명도를 '50%'로 설정합니다.

❸ 슬라이드 3의 '청중 분석' 도형에 텍스트 맞춤을 가로와 세로 모두 가운데에 맞춤 설정한 후 '시간 분석' 도형과 '환경 분석' 도형에 서식을 복사하시오.

❶ 슬라이드 3의 '청중 분석' 도형을 선택하고 [홈] 탭→[단락] 그룹→[가운데 맞춤]을 클릭합니다.

❷ [홈] 탭→[단락] 그룹→[텍스트 맞춤]을 클릭한 후 '중간'을 선택합니다.

❸ '청중 분석' 도형을 선택하고 [그리기 도구]→[홈] 탭→[클립보드] 그룹→[서식 복사]를 더블 클릭합니다.

❹ '시간 분석'과 '환경 분석' 도형을 클릭하여 서식을 적용하고 Esc 를 눌러 종료합니다.

❹ 슬라이드 3의 맨 뒤의 화살표 도형에 아래 조건대로 설정하시오.

– 깊이 : 100pt

– 깊이 색 : 연한 녹색

– 회전(x/y) : 330°/20°

---

❶ 슬라이드 3의 화살표 도형을 선택하고 [그리기 도구]→[서식] 탭→[도형 스타일] 그룹→[도형 서식] 대화상자 표시 단추를 클릭합니다.

❷ 효과의 '3차원 서식' 항목에서 깊이를 '100pt', 색을 '연한 녹색'으로 선택합니다.

❸ '3차원 회전' 항목에서 X, Y를 '330°', '20°'로 설정합니다.

⑤ 슬라이드 3의 '3대 요소 분석' 텍스트 상자에 대해 아래 조건대로 설정하시오.

> – 채우기 : 슬라이드 배경 채우기
> – 위치(가로/세로) : 슬라이드 가운데(−1.2cm/−1.7cm)

❶ 슬라이드 3의 '3대 요소 분석' 텍스트 상자를 선택하고 [그리기 도구]→[서식] 탭→[도형 스타일] 그룹→[도형 서식] 대화상자 표시 단추를 클릭합니다.

❷ 채우기 및 선의 '채우기' 항목에서 '슬라이드 배경 채우기'를 선택합니다.

❸ 크기 및 속성의 '위치' 항목에서 기준을 '가운데', 가로/세로를 '−1.2cm/−1.7'로 설정합니다.

⑥ 슬라이드 3의 '시계' 클립아트 이미지에서 '라임' 배경을 '채우기 없음'의 채우기 색상으로 설정하시오.

❶ 슬라이드 3의 '시계' 클립아트 이미지를 마우스 오른쪽 버튼으로 선택한 후 [그림 편집]을 클릭하고 [그리기 개체 변환] 대화상자에서 [예] 버튼을 클릭합니다.

❷ '시계' 클립아트 이미지에서 '라임' 배경만 선택하고 [그리기 도구]→[서식] 탭→[도형 스타일] 그룹 →[도형 채우기]→[채우기 없음]을 클릭합니다.

⑦ 슬라이드 4의 '3rd' 텍스트가 입력된 그룹 개체에서 '3rd' 텍스트 상자의 순서를 ' 맨 앞으로' 변경한 후 다시 그룹 설정하시오.

❶ 슬라이드 4의 '3rd' 텍스트가 입력된 그룹 개체를 선택하고 [그리기 도구]→[서식] 탭→[정렬] 그룹→[그룹화]→[그룹 해제]를 클릭합니다.

❷ '3rd' 텍스트 상자를 선택하고 [그리기 도구]→[서식] 탭→[정렬] 그룹→[앞으로 가져오기]→[맨 앞으로 가져오기]를 클릭합니다.

❸ 다시 Shift 키를 누른 상태로 3개의 개체를 선택하고 [그리기 도구]→[서식] 탭→[정렬] 그룹→[그룹화]→[그룹]을 클릭합니다.

예제: C:₩ICDL2016A₩AM6 e3-2.pptx

⑧ 슬라이드 1의 그래픽 개체에서 파워포인트의 기능을 이용하여 배경만 제거하시오.

❶ 슬라이드 1의 그래픽 개체를 선택하고 [그리기 도구]→[서식] 탭→[조정] 그룹→[배경 제거]를 클릭합니다.

❷ [배경 제거] 탭→[닫기] 그룹→[변경 내용 유지]를 클릭합니다.

⑨ 슬라이드 1의 그래픽 개체에 대해 아래 조건대로 서식을 조정하시오.

> – 수정 : 밝기 : 0% (표준), 대비 : +20%
>
> – 색 : 회색조
>
> – 꾸밈 효과 : 강조

❶ 슬라이드 1의 그래픽 개체를 선택하고 [그림 도구]→[서식] 탭→[조정] 그룹→[수정]→[밝기 : 0% (표준), 대비 : +20%]를 클릭합니다.

❷ [그림 도구]→[서식] 탭→[조정] 그룹→[색]→[회색조]를 클릭합니다.

❸ [그림 도구]→[서식] 탭→[조정] 그룹→[꾸밈 효과]→[강조]를 클릭합니다.

⑩ 슬라이드 2의 그래픽 개체에 대해 아래 조건대로 서식을 조정하시오.

> – 그림 자르기 : 원본에서 오른쪽 1명만 제거되도록 자르기
>
> – 그림 크기(가로/세로) : 19cm/27cm

❶ 슬라이드 2의 그래픽 개체를 선택하고 [그림 도구]→[서식] 탭→[크기] 그룹→[자르기]→[자르기]를 클릭합니다.

❷ 오른쪽 자르기 핸들을 드래그하여 1명 이미지만 자릅니다.

❸ [그림 도구]→[서식] 탭→[크기] 그룹→[자세히]를 클릭합니다.

❹ '크기' 항목에서 '가로 세로 비율 고정'을 체크 해제하고, 높이와 너비를 '19cm', '27cm'로 설정합니다.

● 예제: C:₩ICDL2016A₩AM6 3-8.pptx

⓫ 슬라이드 5의 그래픽 개체에 대해 아래 조건대로 서식을 조정하시오.

> – 그림 스타일 : 입체 타원, 검정
>
> – 그림 테두리 : 흰색, 배경 1

❶ 슬라이드 5의 그래픽 개체를 선택하고 [그림 도구]→[서식] 탭→[그림 스타일] 그룹→[입체 타원, 검정]을 클릭합니다.

❷ [그림 도구]→[서식] 탭→[그림 스타일] 그룹→[그림 테두리]→[흰색, 배경 1]을 클릭합니다.

Section 04 차트와 SmartArt

1 차트 활용

1-1 차트 삽입

엑셀 차트와 달리 파워포인트의 차트는 파워포인트에서 제공하는 기본 값을 이용하여 바로 차트가 생성됩니다. 따라서 차트가 삽입될 슬라이드를 결정하여 삽입한 후 차트의 원본 데이터를 수정하는 방법을 활용합니다.

❶ 차트 종류 : 데이터의 형식에 따라 다양한 형식의 차트를 생성할 수 있도록 많은 종류의 차트를 지원합니다.

[삽입] 탭→[일러스트레이션] 그룹→[차트]

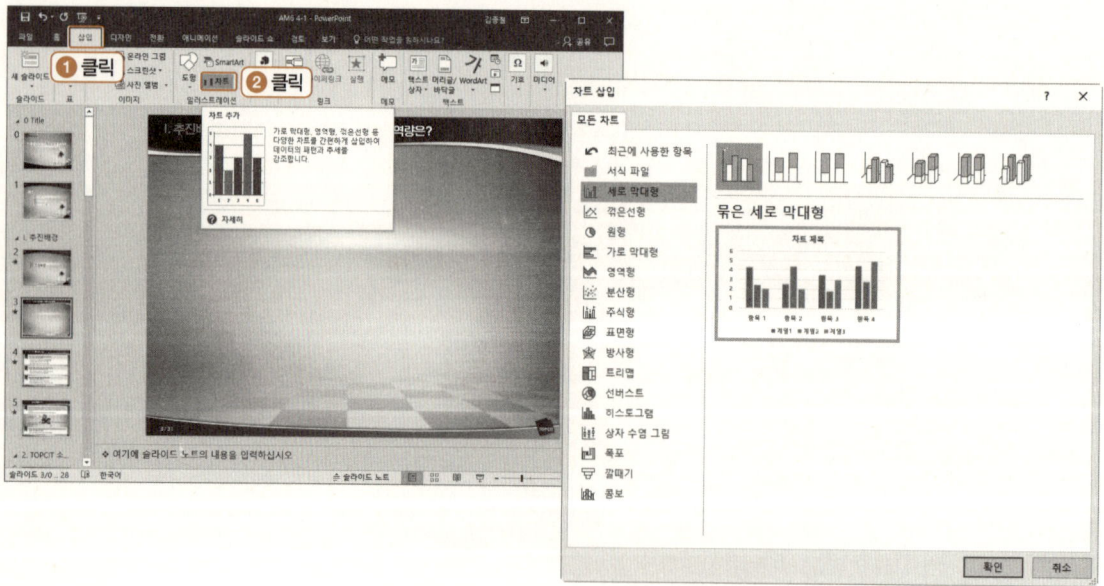

멘토의 한 수

- 가로/세로 막대형 : 시간 경과에 따른 데이터 변동 및 항목별 비교
- 꺾은선형 : 일정 간격에 따라 데이터의 추세를 표시
- 원형 : 각 항목이 전체에 차지하는 비율 표시
- 영역형 : 각 값의 합계를 표시하여 전체에 대한 부분의 관계도 표시
- 분산형 : 과학, 통계 및 공학 데이터와 같은 숫자 값을 표시 및 비교

❷ 차트 원본 : 자동 기본 값으로 엑셀 시트에 입력된 차트의 원본은 사용자가 직접 데이터를 입력 및 수정하여 활용합니다.

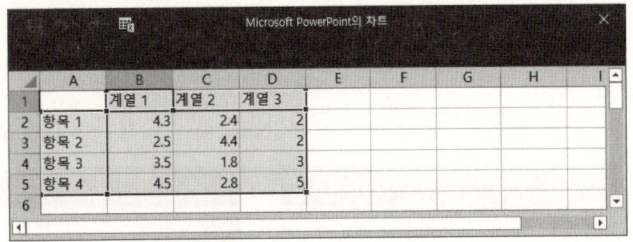

1-2 차트 종류

미리 결정하여 삽입한 차트는 원본 데이터의 형식 변경에 의한 경우 새로 차트를 작성할 필요 없이 기존 차트를 다른 종류로 변경하는 방법을 이용합니다. 차트 삽입 시 차트를 선택하는 방법과 동일한 대화상자를 통해 간단히 변경할 수 있습니다.

❶ 차트 종류 변경 : 데이터의 형식에 따라 다양한 형식의 차트를 생성할 수 있도록 많은 종류의 차트를 지원합니다.

[차트 도구]→[디자인] 탭→[종류] 그룹→[차트 종류 변경]

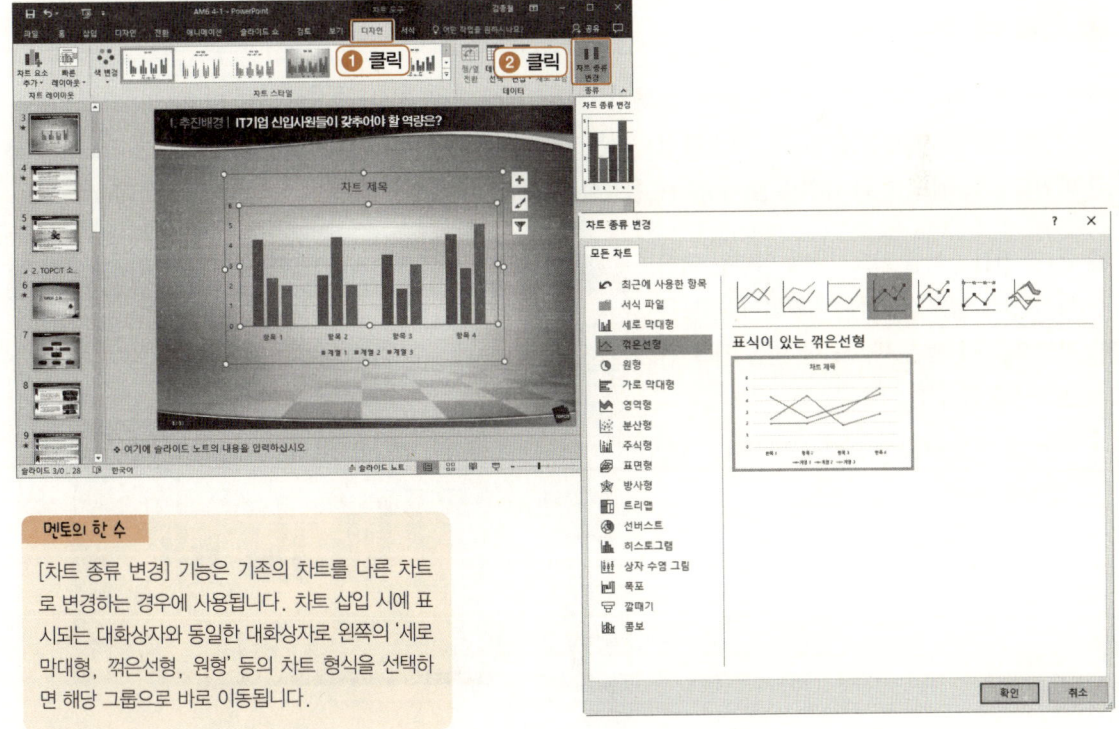

❷ 서식 파일로 저장 : 현재 작성한 차트의 서식과 레이아웃을 이후에 작성할 차트에 바로 적용할 수 있도록 저장하는 기능입니다.

마우스 오른쪽 단추→[서식 파일로 저장]

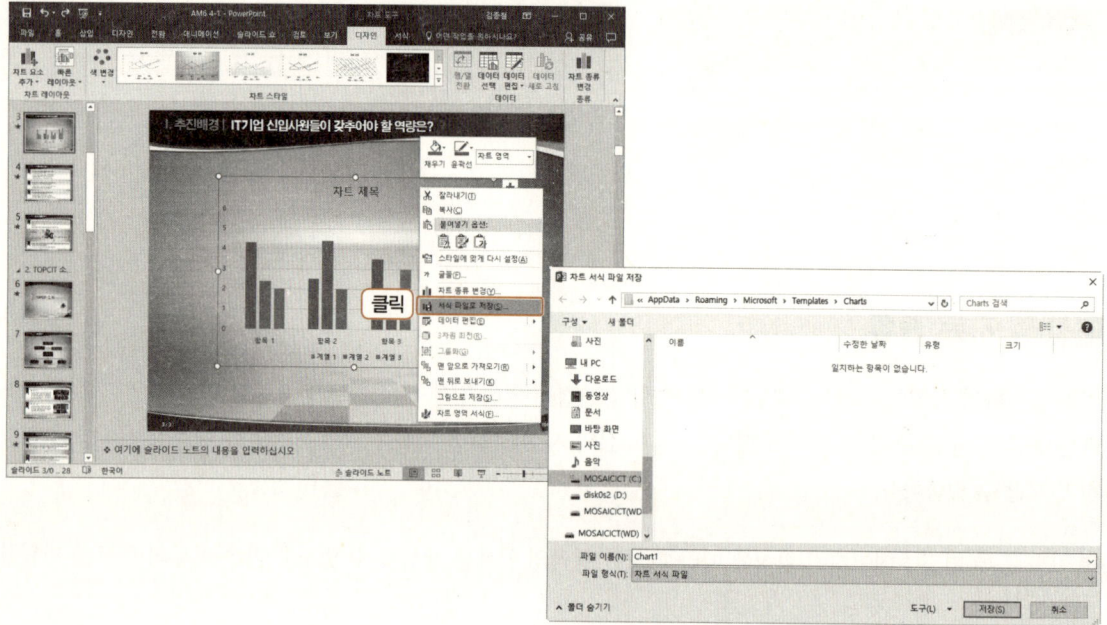

1-3 데이터

차트 작성 시 미리 입력 또는 복사한 데이터는 변경 사항에 대해 행/열 전환, 데이터 선택 및 데이터 편집 기능을 이용하여 다시 편집할 수 있습니다. 차트의 데이터는 워크시트에 직접 입력하는 것 이외에도 표 형식으로 구성된 파워포인트, 워드, 한글 등의 표를 복사하여 활용할 수 있습니다.

❶ 행/열 전환 : 엑셀 워크시트에 입력된 데이터의 행과 열을 전환하는 기능입니다. 토글 기능으로 한 번은 행, 또 한 번은 열로 한 번씩 전환됩니다.

[차트 도구]→[디자인] 탭→[데이터] 그룹 →[행/열 전환]

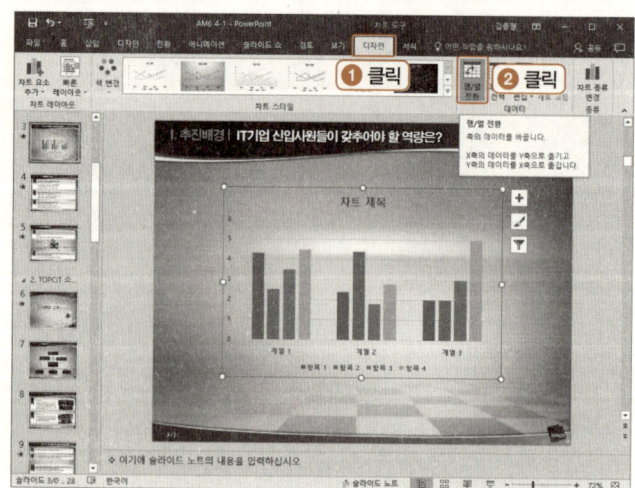

❷ 데이터 원본 선택 : 차트에 사용되는 데이터 원본 영역을 선택하는 기능으로, 계열 또는 항목을 추가하거나 편집할 수 있습니다.

[차트 도구]→[디자인] 탭→[데이터] 그룹→[데이터 선택]

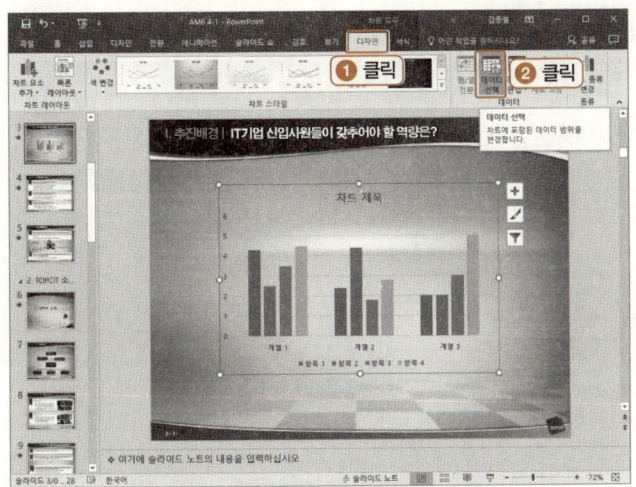

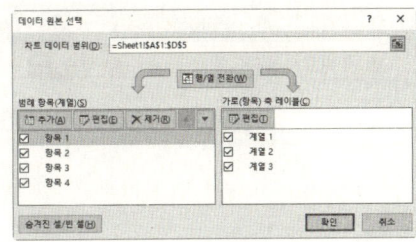

❸ 데이터 편집 : 차트에 사용된 데이터 원본을 편집하는 기능으로, 차트의 엑셀 워크시트를 열고 수정할 데이터를 직접 사용자가 삭제 및 수정합니다.

[차트 도구]→[디자인] 탭→[데이터] 그룹→[데이터 편집]

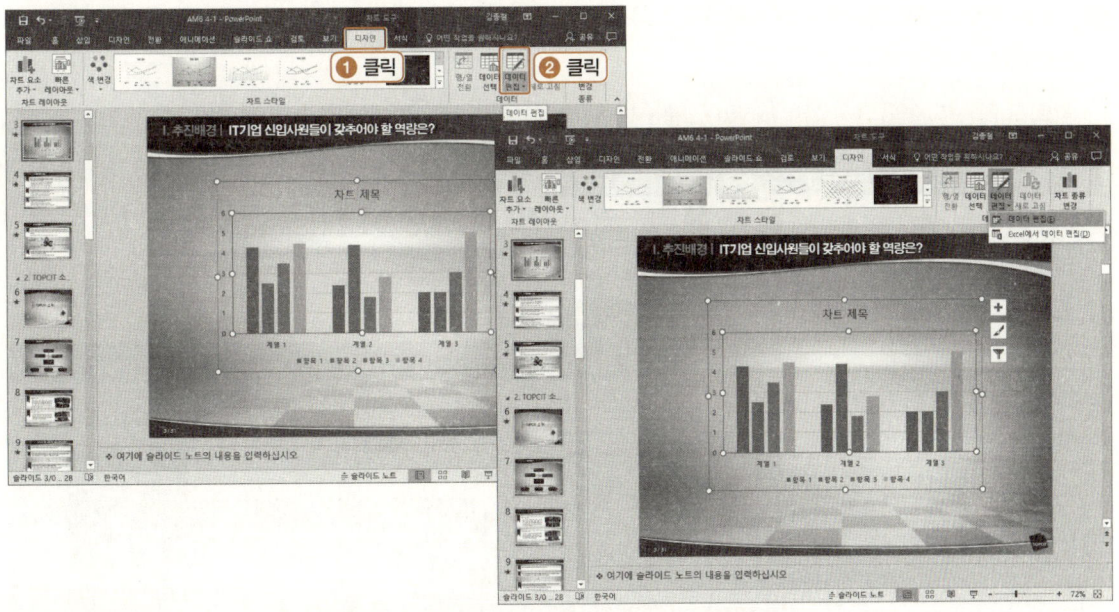

❹ 차트 레이아웃 : 차트를 생성한 후 차트의 모양을 변경하는 가장 편리하고 빠른 기능으로 차트 제목, 범례, 레이블 등의 배치 스타일을 미리 정의한 레이아웃 그룹입니다.

[차트 도구]→[디자인] 탭→[차트 레이아웃] 그룹→[빠른 레이아웃]

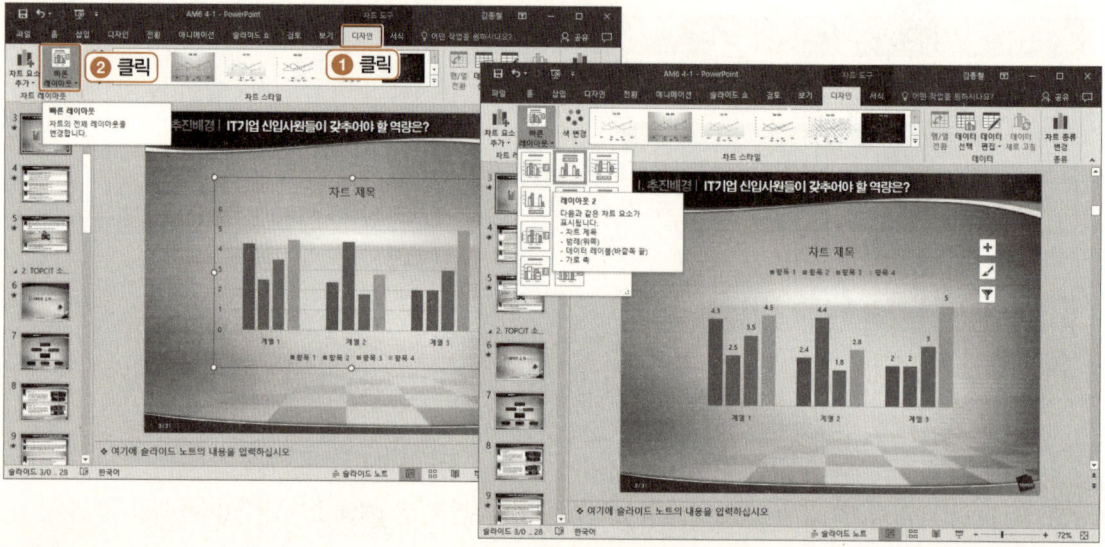

[차트 레이아웃] 기능을 통해 쉽고 빠르게 레이아웃을 설정할 수 있지만 사용자가 원하는 형식이 없을 수 있습니다. 이러한 경우에는 [차트 도구]→[레이아웃] 탭→[레이블] 그룹에서 차트 제목, 축 제목, 범례 등을 직접 수정합니다.

❺ 차트 스타일 : 차트 레이아웃과 마찬가지로 차트의 제목, 범례, 레이블 등에 대한 서식이 미리 정의된 서식 그룹입니다.

[차트 도구]→[디자인] 탭→[차트 스타일] 그룹→[자세히]

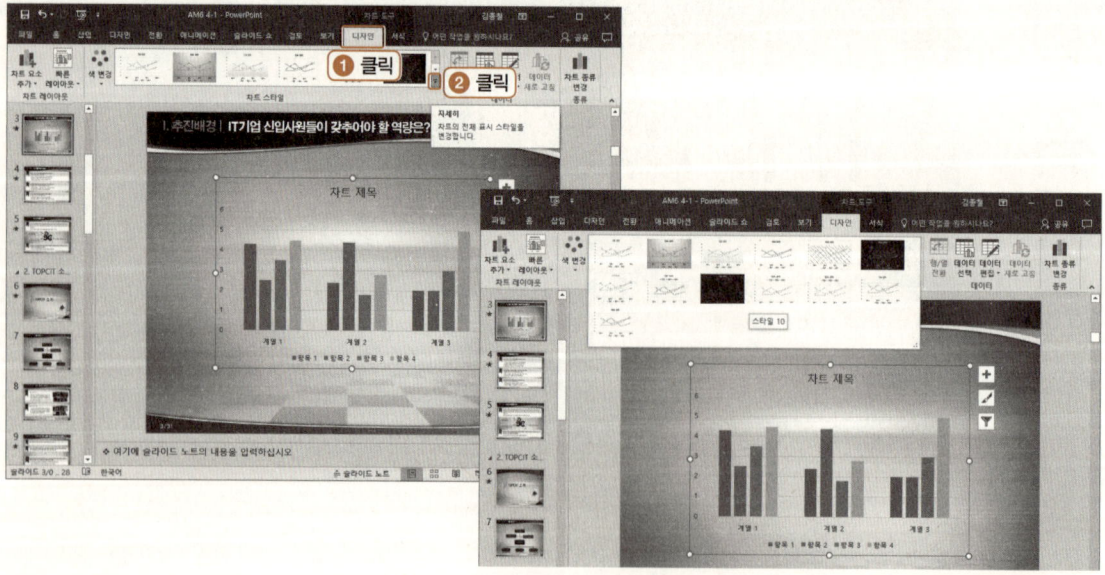

[차트 스타일] 기능은 현재 프레젠테이션에 적용된 테마의 색이 사용되며, 프레젠테이션의 테마를 변경하면 차트 스타일에 표시되는 색도 함께 바뀌게 됩니다. 만일 프레젠테이션의 테마 변경 없이 차트 스타일의 색상을 변경하고자 하는 경우에는 [디자인] 탭→[테마] 그룹→[색]에서 테마 색상만 변경해도 됩니다.

차트 레이아웃

[디자인] 탭의 차트 레이아웃은 차트 제목, 범례, 레이블 등의 배치 스타일을 미리 정의한 레이아웃 그룹인 반면, 사용자가 원하는 형식을 위한 수동으로 차트의 각 영역별 표시, 삭제, 서식 등을 설정할 수 있습니다.

❶ 선택 영역 : 차트는 하나의 개체이면서 차트 제목, 축, 범례, 그림 영역, 차트 영역 등 여러 개의 영역으로 구성되는데, 이에 대한 선택 및 서식 설정을 제공합니다.

[차트 도구]→[서식] 탭→[현재 선택 영역] 그룹→[차트 요소]

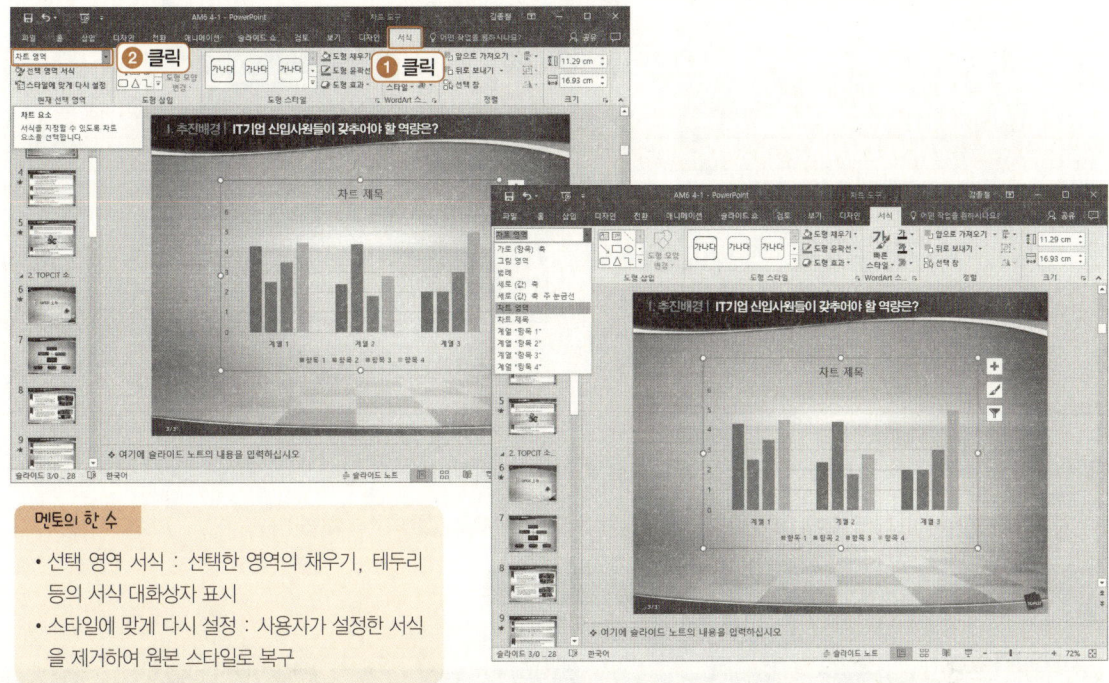

멘토의 한 수

• 선택 영역 서식 : 선택한 영역의 채우기, 테두리 등의 서식 대화상자 표시
• 스타일에 맞게 다시 설정 : 사용자가 설정한 서식 을 제거하여 원본 스타일로 복구

❷ 개체 삽입 : 차트 영역에 삽입되는 개체로 '그림, 도형, 텍스트 상자'를 이용하여 차트 영역 안을 꾸미는 데 사용됩니다.

[차트 도구]→[서식] 탭→[도형 삽입] 그룹→[자세히]

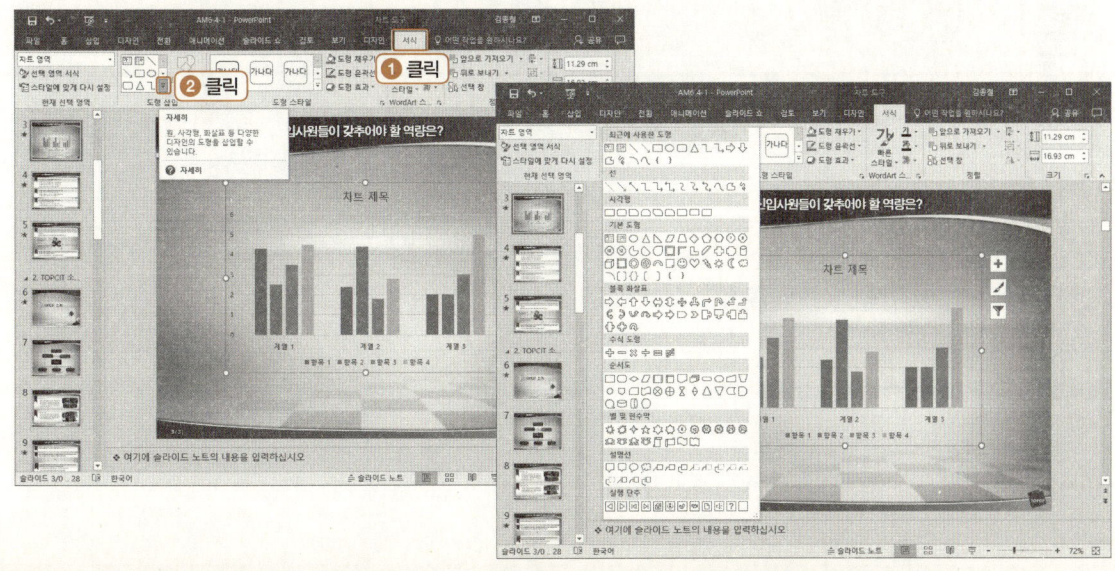

❸ 레이블 : 차트의 각 영역별로 레이블을 표시하거나 제거 또는 세부 옵션을 설정하는 기능으로, [차트 레이아웃]과 달리 사용자가 직접 설정 가능합니다.

[차트 도구]→[디자인] 탭→[차트 레이아웃] 그룹→[차트 요소 추가]→[데이터 레이블]

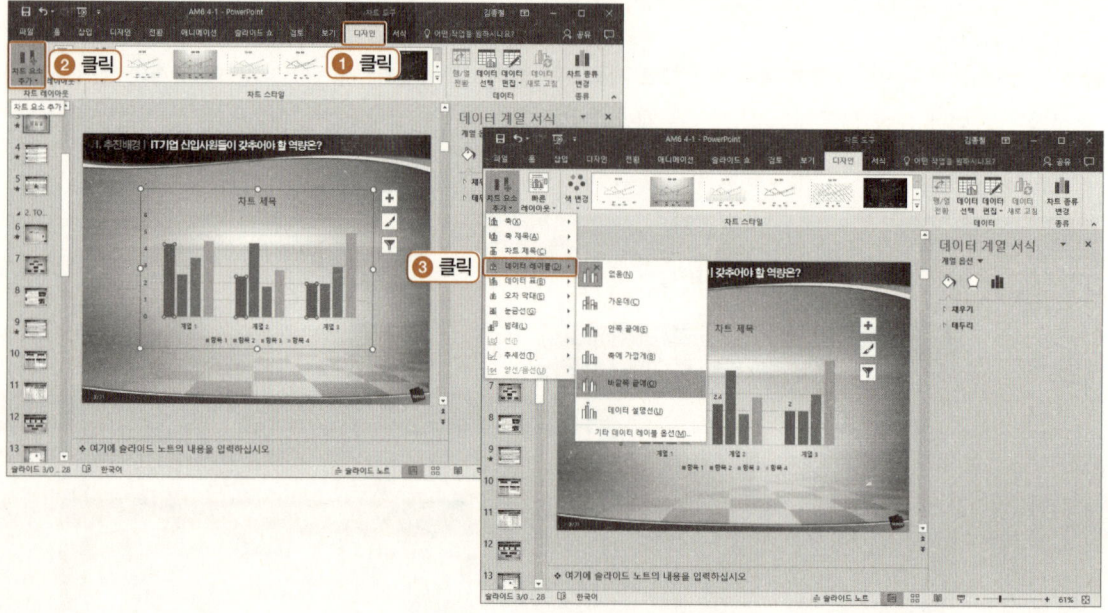

❹ 축 : 차트 축에 대한 표시 및 서식 설정 기능으로 축의 표시 위치 및 표시 형식

[차트 도구]→[서식] 탭→[현재 선택 영역] 그룹→[차트 요소]→[세로 (값) 축]→[축 옵션]

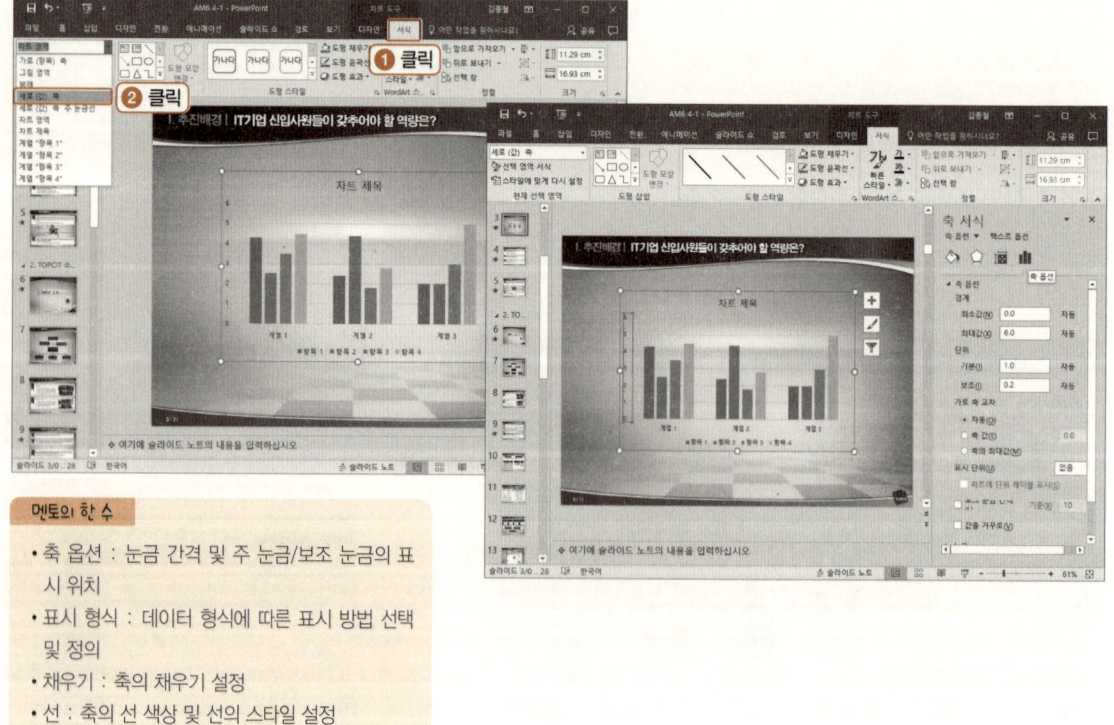

멘토의 한 수

- 축 옵션 : 눈금 간격 및 주 눈금/보조 눈금의 표시 위치
- 표시 형식 : 데이터 형식에 따른 표시 방법 선택 및 정의
- 채우기 : 축의 채우기 설정
- 선 : 축의 선 색상 및 선의 스타일 설정

❺ 이중 차트 : 하나의 차트에 2가지의 차트를 표시하는 방법으로, 데이터 계열 중 차트를 변경할 계열을 선택한 후 [차트 종류 변경] 기능을 실행합니다.

[계열] 선택→[차트 도구]→[디자인] 탭→[종류] 그룹→[차트 종류 변경]

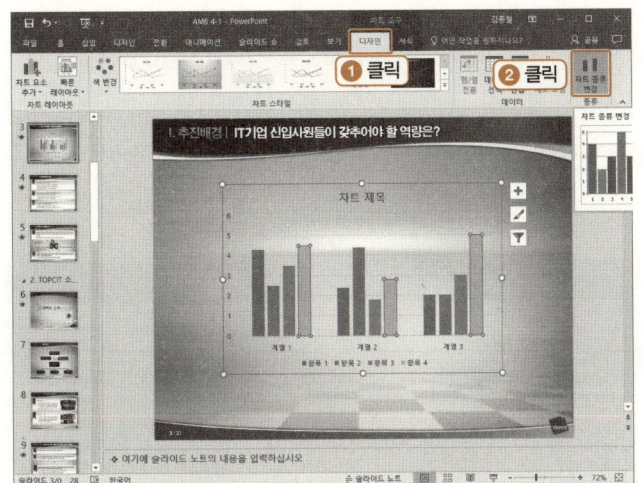
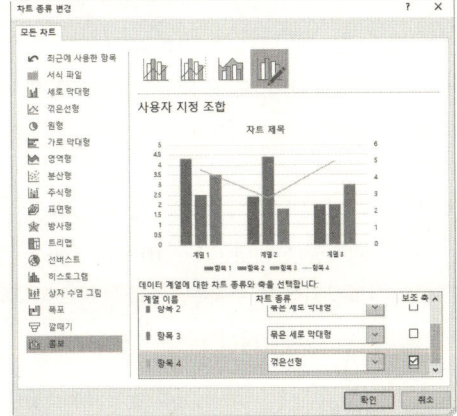

❻ 이중 축 : 이중 차트로 구성한 경우 두 개의 차트에서 데이터 계열의 범위가 큰 경우 사용하는 기능으로, 왼쪽의 기본 축과 오른쪽에 보조 축을 구성합니다.

[차트 도구]→[서식] 탭→[현재 선택 영역] 그룹→[선택 영역 서식]

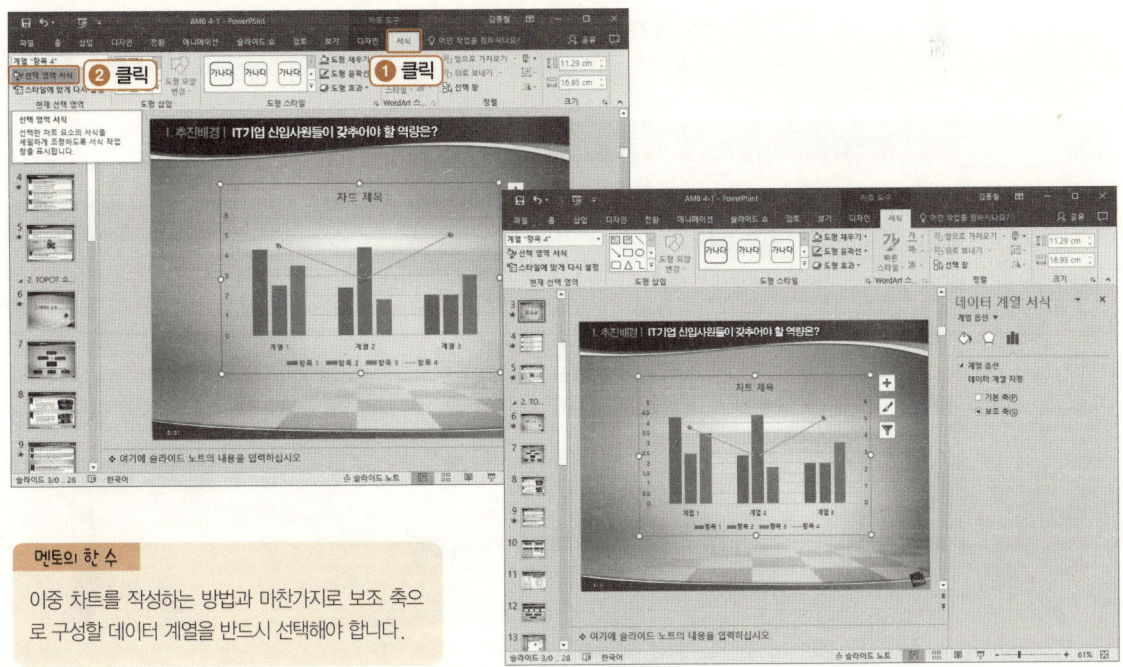

2-1 SmartArt 삽입

조직도나 다이어그램 등은 도형을 조합하여 구성할 수도 있지만 이를 일일이 작성하는 것은 많은 시간과 노력이 필요하게 될 것입니다. SmartArt에서는 목록, 프로세서 다이어그램, 조직도와 같이 자주 사용되는 개체를 미리 구성하여 제공하며, 이에 대한 서식과 변환 기능까지 추가로 제공하여 많은 업무 시간과 노력을 줄여주는 매우 편리한 기능입니다.

❶ SmartArt 종류 : SmartArt를 삽입할 슬라이드 위치를 선택하고 SmartArt 그래픽 선택 대화상자에서 사용할 개체를 선택한 후 텍스트를 입력합니다.

[삽입] 탭→[일러스트레이션] 그룹→[SmartArt]

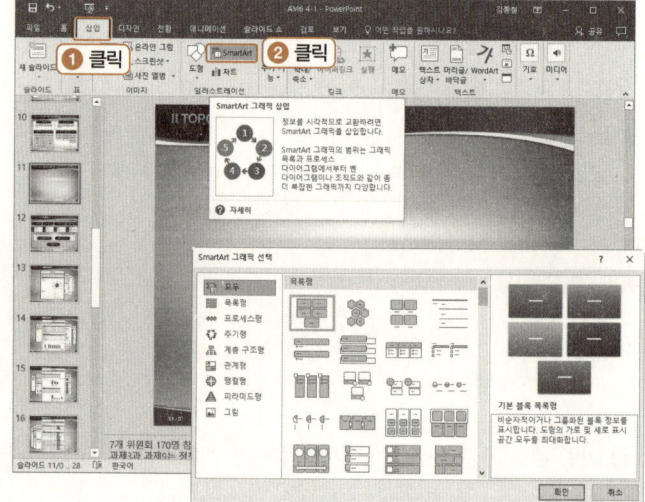

멘토의 한 수

• 목록형 : 비순차적 정보 표시
• 프로세스형 : 연속된 프로세서 표시
• 주기형 : 연속된 프로세서 표시
• 계층 구조형 : 의사 결정 트리/조직도 표시

❷ SmartArt 그래픽으로 변환 : SmartArt를 삽입하기 전 미리 텍스트가 입력된 내용을 SmartArt로 변환하는 기능으로, 각 단락은 수준이 설정되어 있어야 합니다.

[홈] 탭→[단락] 그룹→[SmartArt 그래픽으로 변환]

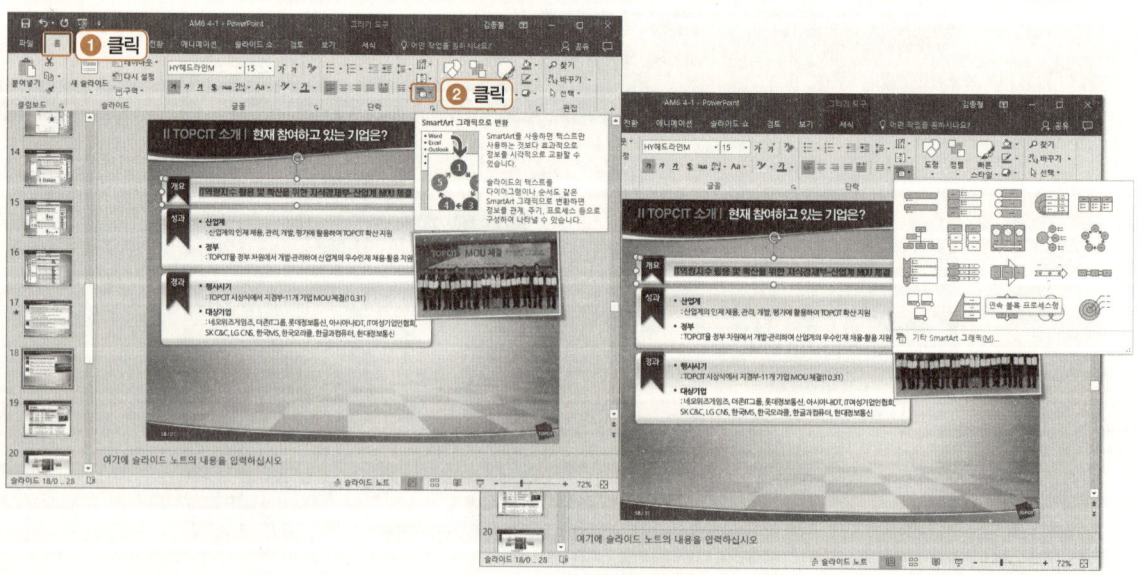

2-2 SmartArt 그래픽 만들기

이미 작성한 SmartArt를 편집하는 기능으로 새로운 내용을 추가할 경우 도형을 추가하고 불필요한 경우 도형을 제거할 수 있습니다. SmartArt의 텍스트 내용을 수정할 경우 직접 도형에서 수정하거나 텍스트 창을 연 후 수정합니다. 또한 기존의 수준을 변경하거나 도형의 순서를 변경하는 기능을 제공합니다.

❶ 도형 추가 : SmartArt에 항목을 추가하는 기능으로 선택한 도형이 기준이 됩니다. 도형을 위쪽, 아래쪽, 뒤쪽, 앞쪽, 보조자 등 SmartArt 종류에 따라 지원되는 도형이 다를 수 있습니다.

[SmartArt 도구]→[디자인] 탭→[그래픽 만들기] 그룹→[도형 추가]

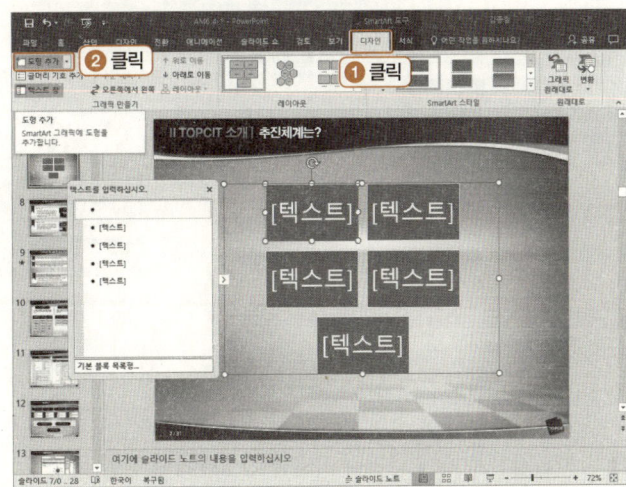

❷ 글머리 기호 추가 : 일반 단락에 글머리 기호를 설정하거나 다른 글머리 기호로 변경하는 기능이 아닌 선택한 계열에 대한 하위 수준 글머리 기호를 추가하는 기능입니다.

[SmartArt 도구]→[디자인] 탭→[그래픽 만들기] 그룹→[글머리 기호 추가]

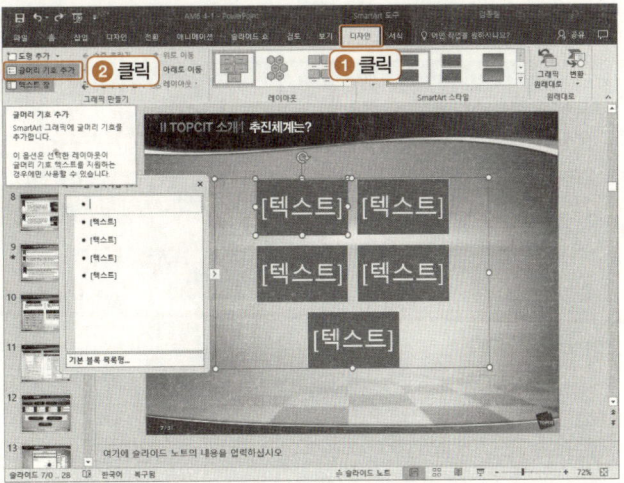

❸ 수준 : SmartArt의 각 항목에 대한 수준을 조절하는 기능으로 선택한 항목 전체에 대한 수준을 올리거나 내리는 기능입니다.

[SmartArt 도구]→[디자인] 탭→[그래픽 만들기] 그룹→[수준 올리기/수준 내리기]

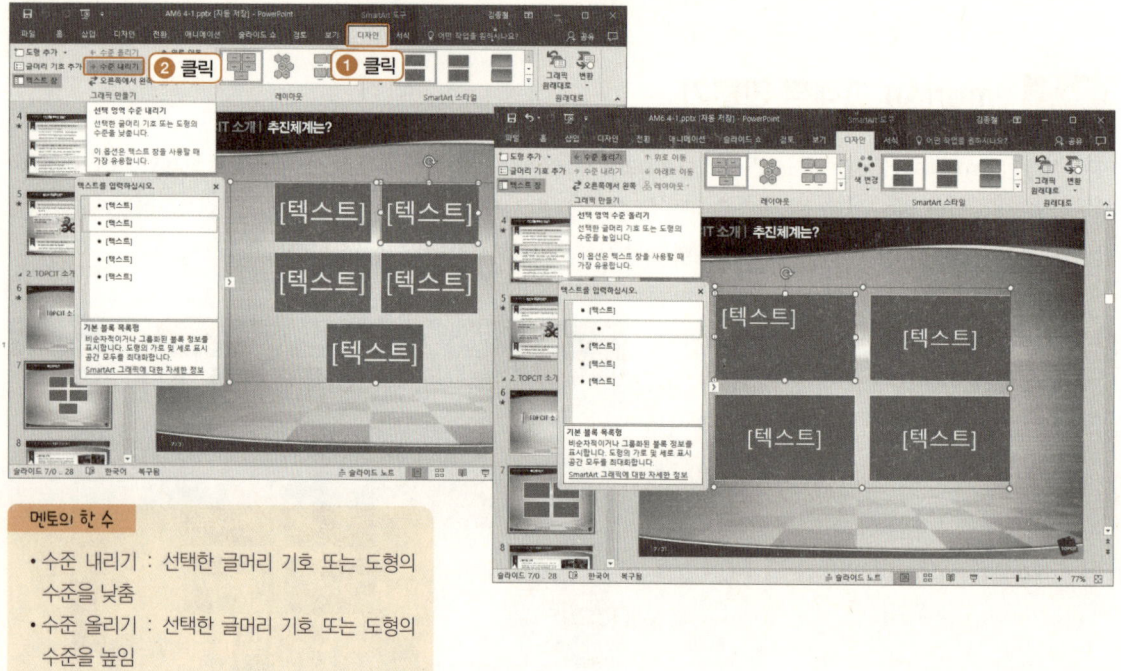

❹ 이동 : 일반 단락에 글머리 기호를 설정하거나 다른 글머리 기호로 변경하는 기능이 아닌 선택한 계열에 대한 하위 수준 글머리 기호를 추가하는 기능입니다.

[SmartArt 도구]→[디자인] 탭→[그래픽 만들기] 그룹→[위로 이동/아래로 이동]

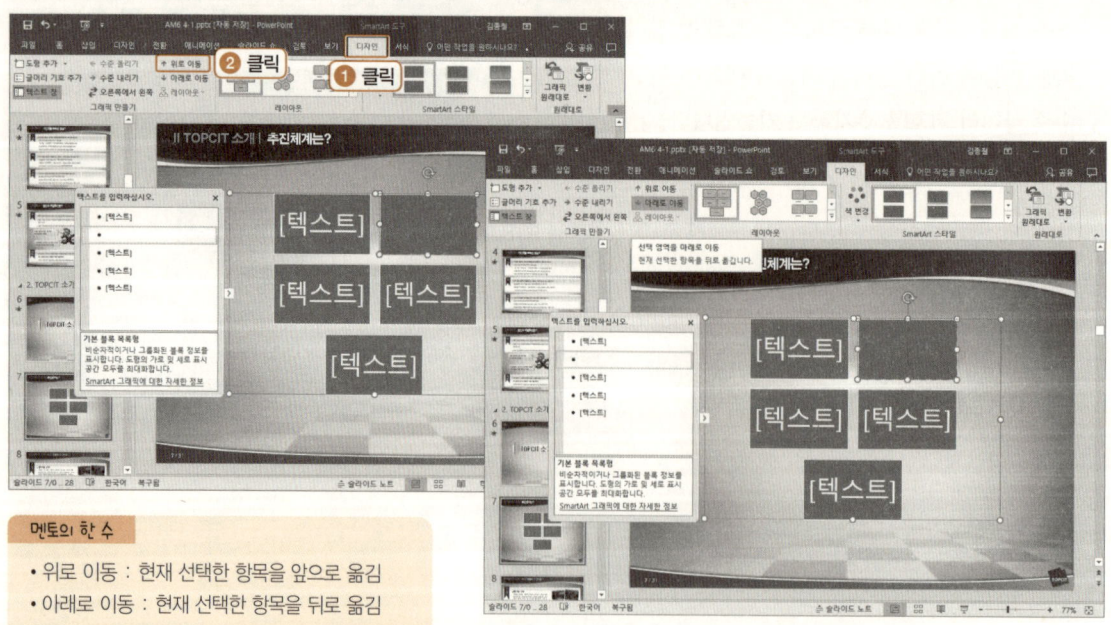

SmartArt 레이아웃

이미 작성한 SmartArt라도 다른 종류의 SmartArt로 변경해야 하는 경우 새로 SmartArt를 작성할 필요 없이 다른 SmartArt로 변경하면 됩니다. 레이아웃 기능을 이용하여 현재 계열과 유사한 종류로 변경하거나 기타 레이아웃 기능을 이용하여 전체 중 다른 종류로 변경합니다.

❶ 레이아웃 : 현재 선택한 SmartArt와 동일한 계열의 종류를 표시하고 클릭하여 다른 종류의 SmartArt로 변경하는 기능입니다.

[SmartArt 도구]→[디자인] 탭→[레이아웃] 그룹→[자세히]

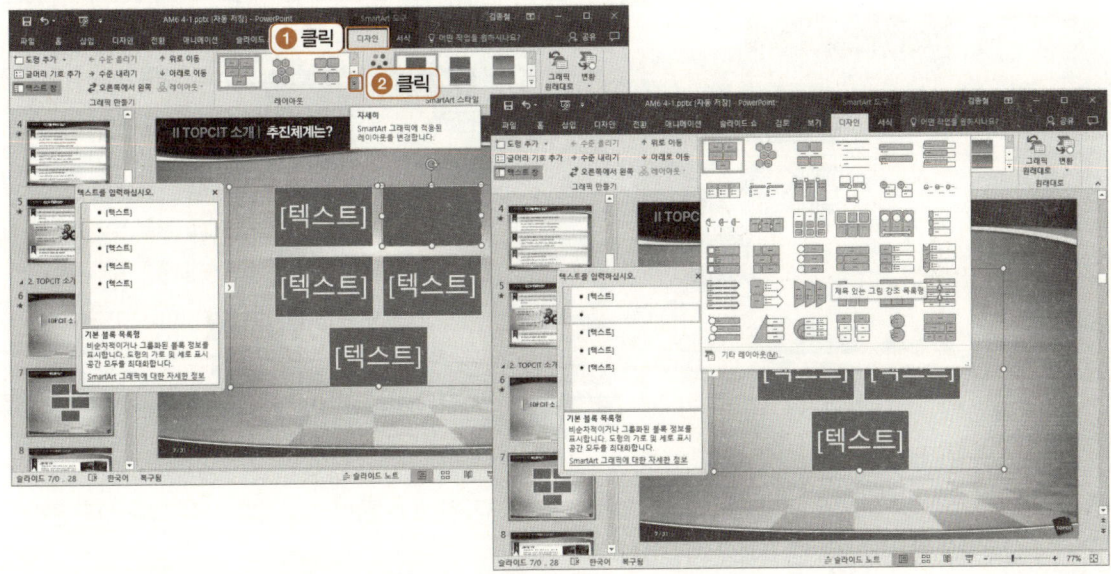

❷ 기타 레이아웃 : SmartArt를 새로 삽입할 경우와 동일한 [SmartArt 그래픽 선택] 대화상자를 통해 다른 종류의 SmartArt로 변경하는 기능입니다.

[SmartArt 도구]→[디자인] 탭→[레이아웃] 그룹→[자세히]→[기타 레이아웃]

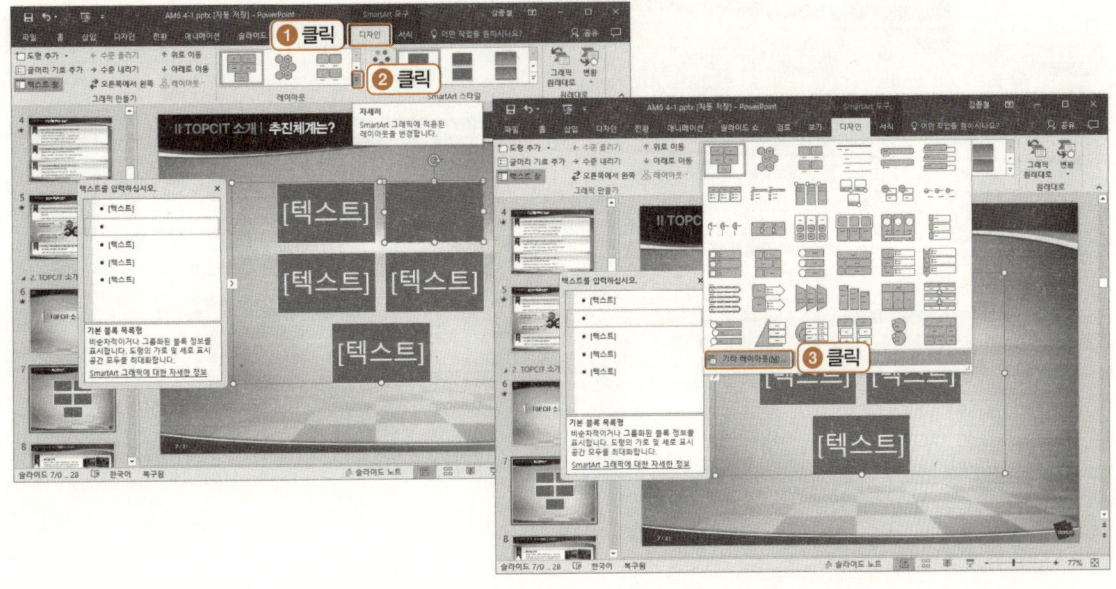

2-4 SmartArt 스타일

도형의 채우기, 테두리, 도형 효과를 설정하는 것과 마찬가지로 SmartArt의 채우기 및 효과를 설정하는 기능입니다. 이에 제공되는 색상은 현재 프레젠테이션에 적용된 테마의 영향을 받습니다.

❶ 색 변경 : 현재 프레젠테이션의 테마 색에서 파생된 색 변형을 SmartArt 그래픽의 도형에 적용합니다.

[SmartArt 도구]→[디자인] 탭→[SmartArt 스타일] 그룹→[색 변경]

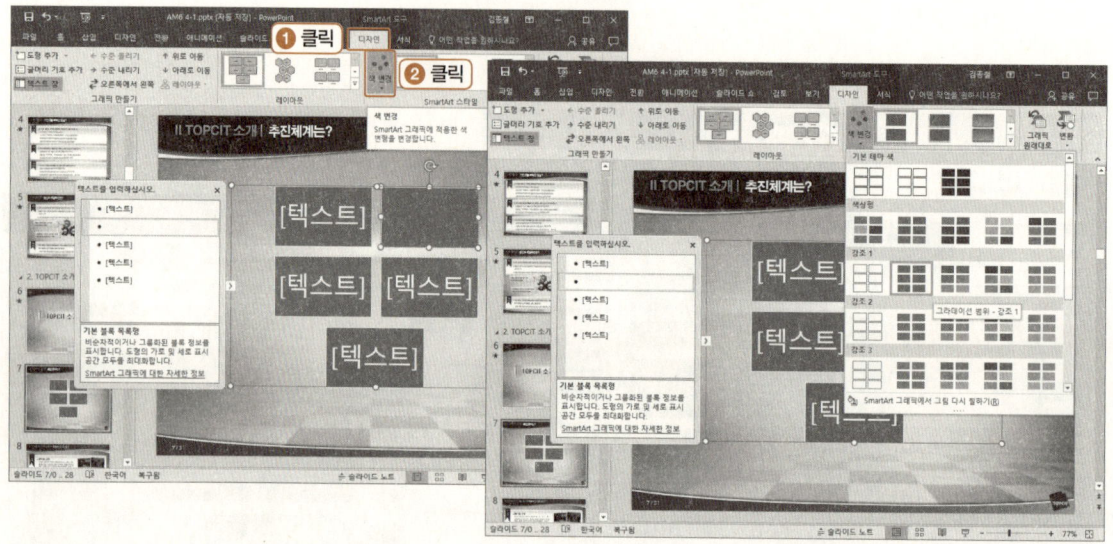

❷ SmartArt 스타일 : SmartArt의 선 스타일, 입체 효과 및 3차원 효과를 미리 설정한 서식 그룹으로 '문서와 가장 일치하는 항목'과 '3차원' 효과를 제공합니다.

[SmartArt 도구]→[디자인] 탭→[SmartArt 스타일] 그룹→[자세히]

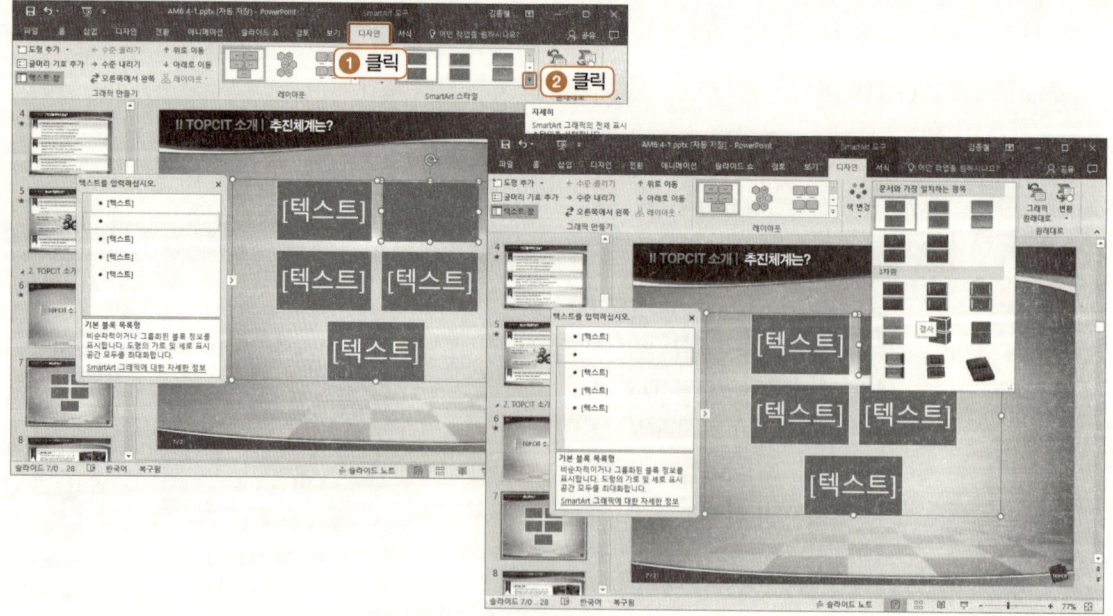

2-5 SmartArt 서식

SmartArt 스타일이 미리 구성된 서식 그룹을 SmartArt에 설정하는 기능이라면, SmartArt 서식은 내부의 각 도형별로 서식을 설정하는 기능입니다. 이때 서식을 설정할 SmartArt의 정확한 도형을 선택한 후 서식을 적용합니다.

❶ 도형 모양 변경 : SmartArt 내의 선택한 도형에 대해 다른 도형의 모양으로 변경합니다.

[SmartArt 도구]→[서식] 탭→[도형] 그룹→[도형 모양 변경]

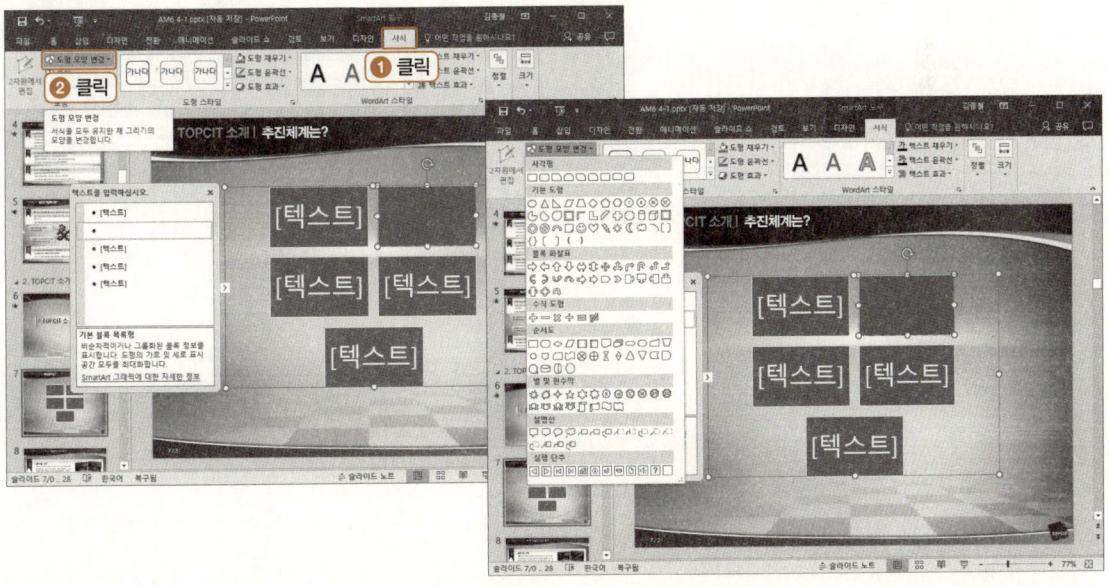

❷ 도형 스타일 : 도형에 대해 채우기, 윤곽선, 효과 등을 설정하듯이 SmartArt 각각의 도형에 대해 서식 및 스타일을 설정하는 기능입니다.

[SmartArt 도구]→[서식] 탭→[도형 스타일] 그룹→[자세히]

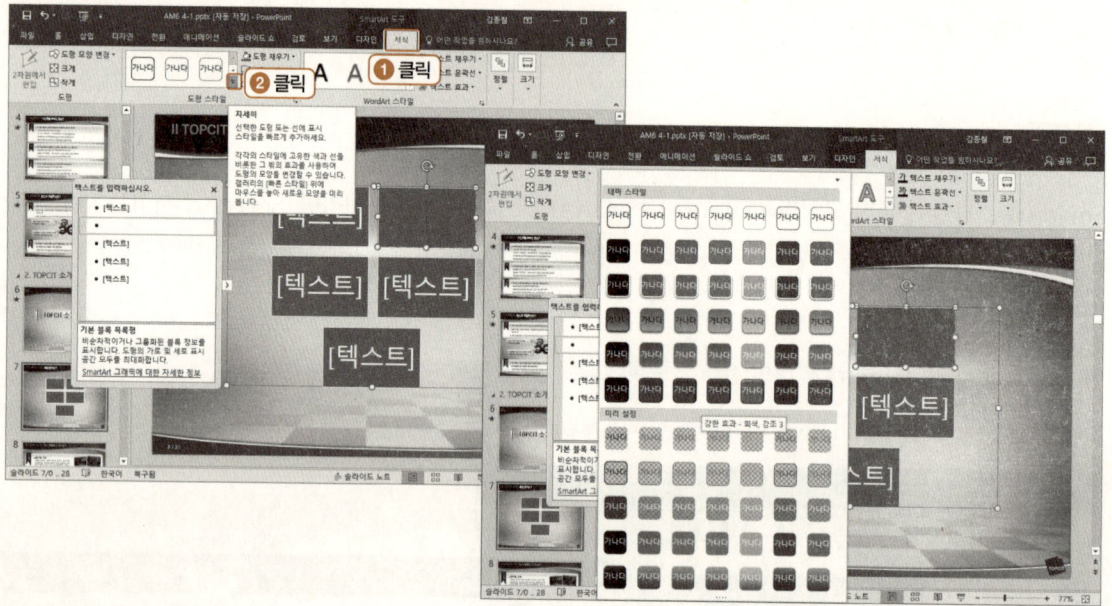

멘토의 한 수

SmartArt의 각 도형에 대한 서식은 [도형 스타일] 그룹에서 설정하고, 도형 안의 텍스트는 [WordArt 스타일] 그룹에서 텍스트 채우기, 윤곽선, 효과 등의 서식을 설정할 수 있습니다.

단원 평가

● 예제: C:\CDL2016A\AM6 e4-1.pptx

❶ 슬라이드 6의 표에서 마지막 행을 제외한 1~3열의 데이터를 이용하여 '묶은 세로 막대형' 차트를 슬라이드 7에 삽입하시오.

❶ 슬라이드 6의 표에서 마지막 행을 제외한 1~3열을 선택하고 [홈] 탭→[클립보드] 그룹→[복사]를 클릭합니다.

❷ 슬라이드 7로 이동하고 [삽입] 탭→[일러스트레이션] 그룹→[차트]를 클릭합니다.

❸ [차트 삽입] 대화상자에서 '묶은 세로 막대형' 차트를 선택하고 [확인] 버튼을 클릭합니다.

❹ 엑셀 워크시트에서 [A1] 셀을 선택하고 [홈] 탭→[클립보드] 그룹→[붙여넣기]→[주변 서식에 맞추기]를 클릭합니다.

❺ D열의 머리글 위에서 마우스 오른쪽 단추를 클릭한 후 '삭제'를 선택합니다. 엑셀의 [닫기]를 클릭합니다.

❻ 차트를 슬라이드 아래쪽으로 드래그하여 적절히 배치합니다.

❷ 슬라이드 7의 차트에 다음의 조건대로 서식을 설정하시오.

> – 차트 레이아웃 : 레이아웃 4
> – 차트 스타일 : 스타일 11

❶ 슬라이드 7의 차트를 선택하고 [차트 도구]→[디자인] 탭→[차트 레이아웃] 그룹→[레이아웃 4]를 클릭합니다.

❷ [차트 도구]→[디자인] 탭→[차트 스타일] 그룹→[스타일 11]을 클릭합니다.

❸ 슬라이드 7의 차트에서 '비율(%)' 계열을 '표식이 있는 꺾은선형' 차트로 변경하시오.

❶ '비율(%)' 계열을 선택하고 [차트 도구]→[디자인] 탭→[종류] 그룹→[차트 종류 변경]을 클릭합니다.

❷ [차트 종류 변경] 대화상자에서 '표식이 있는 꺾은선형' 차트를 선택한 후 [확인] 버튼을 클릭합니다.

4 슬라이드 7의 차트에서 '비율(%)' 계열을 보조 축으로 설정하고 다음 조건대로 설정하시오.

> – 데이터 레이블 : 없음
>
> – 보조 세로 축 최대값 : 50
>
> – 보조 세로 축 주 단위 : 10
>
> – 범례 : 위쪽에 범례 표시

❶ 슬라이드 7의 차트에서 '비율(%)' 계열을 선택하고 [차트 도구]→[서식] 탭→[현재 선택 영역] 그룹 →[선택 영역 서식]을 클릭합니다.

❷ '계열 옵션' 항목에서 '보조 축'을 선택합니다.

❸ '비율(%)' 계열이 선택된 상태에서 [차트 도구]→[디자인] 탭→[차트 레이아웃] 그룹→[차트 요소 추가]→[데이터 레이블]→[없음]을 클릭합니다.

❹ [차트 도구]→[레이아웃] 탭→[축] 그룹→[축]→[보조 세로 축]→[기타 보조 세로 축 옵션]을 클릭 합니다.

❺ [축 서식] 대화상자의 '축 옵션' 항목에서 최대값을 '고정', '50', 주 단위를 '고정', '10'으로 설정한 후 [닫기] 버튼을 클릭합니다.

5 슬라이드 7의 차트에서 보조 가로 축의 글꼴 크기를 '14pt', 범례에 '흰색, 배경1'의 도형 윤곽 선을 설정하시오.

❶ 차트의 보조 가로 축을 선택하고 [홈] 탭→[글꼴] 그룹→[글꼴 크기]→[14]를 선택합니다.

❷ 차트의 범례를 선택하고 [차트 도구]→[서식] 탭→[도형 스타일] 그룹→[도형 윤곽선]→[흰색, 배 경1]을 클릭합니다.

◉ 예제: C:₩ICDL2016A₩AM6 e4-2.pptx

6 슬라이드 3 상단의 SmartArt에서 '자료 수집' 도형 앞에 도형을 추가한 후 '주제 선정'을 입 력하고 다음 조건대로 설정하시오.

> – '자료 수집' 도형 : 아래로 이동
>
> – 레이아웃 변경 : 기본 프로세스형
>
> – 도형 모양 변경 : 폭발 2('3대 요소 분석' 도형)

❶ 슬라이드 3의 SmartArt에서 '자료 수집' 도형을 선택하고 [SmartArt 도구]→[디자인] 탭→[그래픽 만들기] 그룹→[도형 추가]→[앞에 도형 추가]를 클릭합니다.

❷ 삽입된 도형을 선택하고 '주제 선정'을 입력합니다.

❸ '자료 수집' 도형을 선택하고 [SmartArt 도구]→[디자인] 탭→[그래픽 만들기] 그룹→[아래로 이동]을 클릭합니다.

❹ [SmartArt 도구]→[디자인] 탭→[레이아웃] 그룹→[기타 레이아웃]을 클릭합니다.

❺ [SmartArt 그래픽 선택] 대화상자에서 '프로세스형' 항목의 '기본 프로세스형'을 선택한 후 [확인] 버튼을 클릭합니다.

❻ '3대 요소 분석' 도형을 선택하고 [SmartArt 도구]→[서식] 탭→[도형] 그룹→[도형 모양 변경]→[폭발 2]를 클릭합니다.

❼ 슬라이드 5의 내용 단락을 SmartArt로 변경하고 아래 조건대로 설정하시오.

> – 레이아웃 : 세로 갈매기형 수장 목록형   – 순서 : 기획, 디자인, 발표(위에서부터)
>
> – 3차원 : 광택 처리   – 변환 : 도형으로 변환

❶ 슬라이드 5의 내용 단락을 모두 선택하고 [홈] 탭→[단락] 그룹→[SmartArt로 변환]→[기타 SmartArt 그래픽]을 클릭합니다.

❷ [SmartArt 그래픽 선택] 대화상자에서 '목록형' 항목의 '세로 갈매기형 수장 목록형'을 선택한 후 [확인] 버튼을 클릭합니다.

❸ '발표' 도형을 선택하고 [SmartArt 도구]→[디자인] 탭→[그래픽 만들기] 그룹→[아래로 이동]을 클릭합니다.

❹ [SmartArt 도구]→[디자인] 탭→[SmartArt 스타일] 그룹→[광택 처리]를 클릭합니다.

❺ [SmartArt 도구]→[디자인] 탭→[원래대로] 그룹 → [변환]→[도형으로 변환]을 클릭합니다.

Section 05 멀티미디어

1 오디오 및 동영상

1-1 오디오

프레젠테이션을 제작하면서 실제 프레젠테이션을 할 설명 내용을 녹음하여 슬라이드 쇼 실행 시 함께 실행되도록 설정할 수 있습니다. 또한 오디오 파일을 추가하여 프레젠테이션 시작 전에 실행하거나 중간 중간 짧은 오디오를 실행하여 주의 환기에 사용하기도 합니다.

❶ 오디오 파일 추가 : 내 컴퓨터에 저장된 오디오 파일을 삽입하는 방법으로, 삽입할 슬라이드를 선택하고 오디오 파일의 경로를 찾아 삽입합니다.

[삽입] 탭→[미디어] 그룹→[오디오]

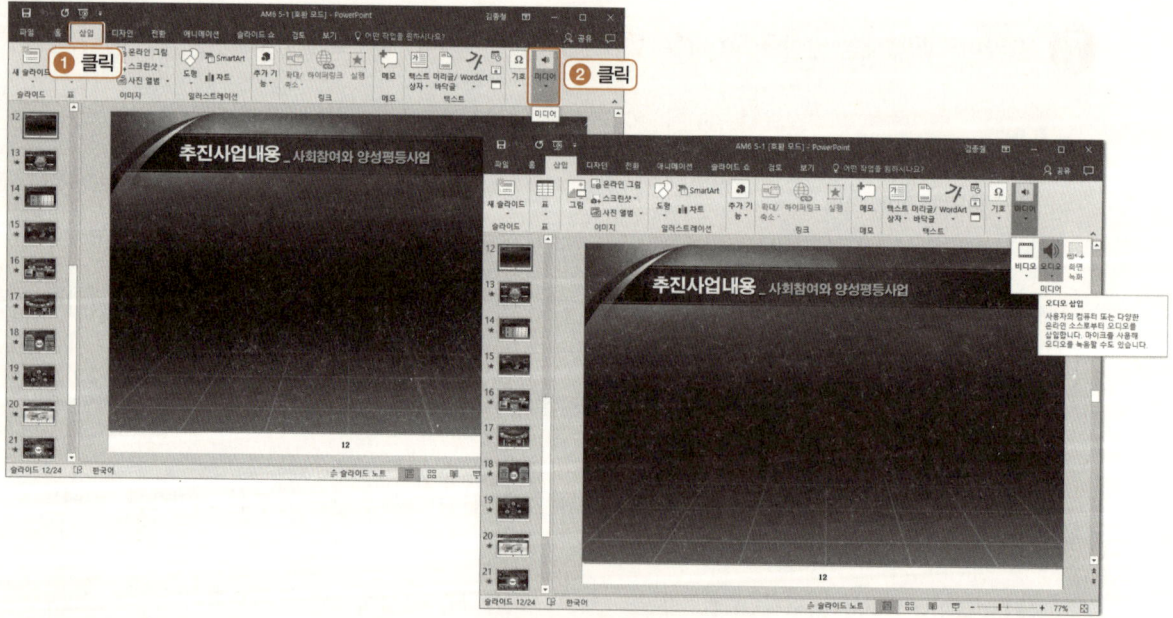

멘토의 한 수

삽입된 오디오 파일은 슬라이드에 오디오 아이콘이 표시되며, 아이콘을 클릭하여 소리를 들을 수 있습니다. 설명 녹음 내용이나 오디오 파일의 소리를 듣기 위해서는 컴퓨터에 사운드 카드, 마이크 및 스피커가 장착되어 있어야 활용이 가능합니다.

❷ 오디오 컨트롤 : 슬라이드에 삽입된 오디오 파일은 오디오 클립 아이콘을 표시하는데, 이를 통해 삽입된 오디오의 내용을 듣거나 음량의 크기를 조정할 수 있습니다.

❸ 오디오 서식 : 슬라이드에 삽입된 오디오 아이콘에 대한 서식 설정 기능으로 그림 스타일, 정렬, 크기, 자르기 등을 설정합니다.

[오디오 도구]→[서식] 탭→[조정] 그룹→[수정/색/꾸밈 효과]

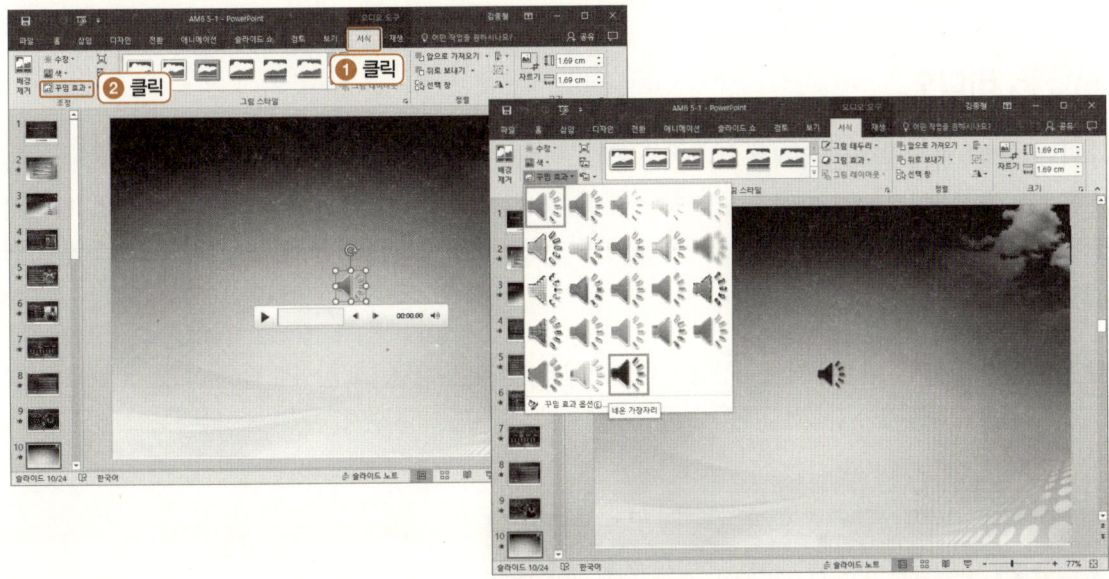

❹ 오디오 편집 : 슬라이드에 삽입된 오디오 파일에 대한 재생, 책갈피, 오디오 트리밍 등을 설정하는 기능으로, 원본 오디오 파일에서 필요한 부분을 사용할 수 있도록 편집하는 기능입니다.

[오디오 도구]→[재생] 탭→[편집] 그룹→[오디오 트리밍]

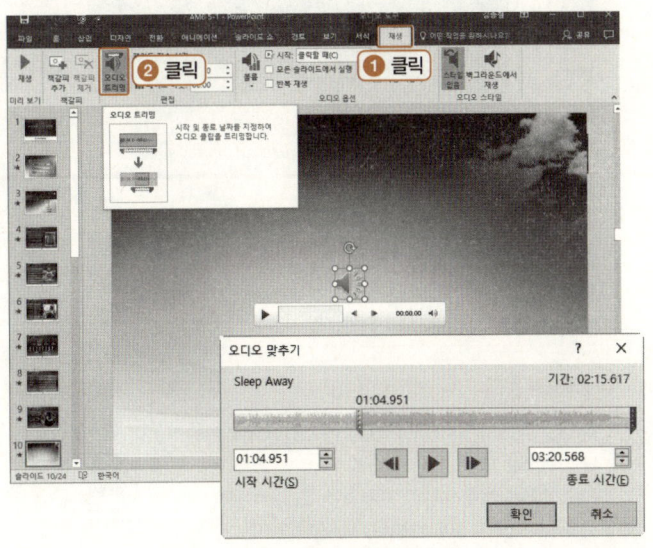

❺ 오디오 옵션 : 슬라이드에 삽입된 오디오 재생 방법에 대한 설정으로, 슬라이드 쇼 실행 시 자동으로 실행되거나 아이콘을 클릭해야 실행하는 등을 설정합니다.

[오디오 도구]→[재생] 탭→[오디오 옵션] 그룹

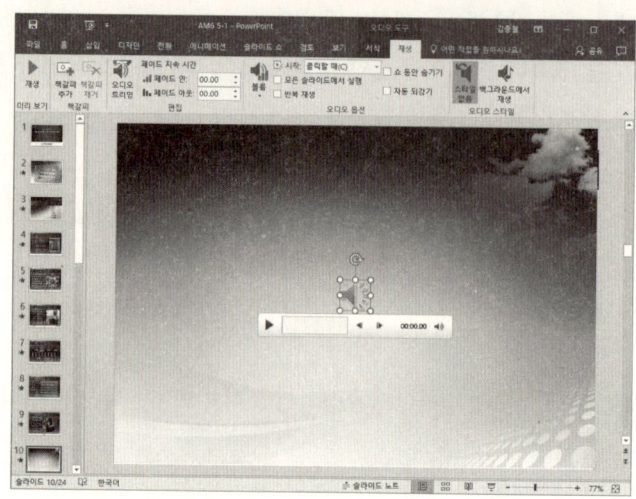

멘토의 한 수
• 볼륨 : 오디오 볼륨 설정
• 시작 : 자동 실행, 클릭할 때, 모든 슬라이드에서 실행 설정
• 쇼 동안 숨기기 : 슬라이드 쇼 실행 시 오디오 아이콘 숨기

1-2 비디오

오디오 파일을 슬라이드에 삽입하는 것과 마찬가지로 비디오 파일을 슬라이드에 삽입하여 현실감 있는 내용을 청중에게 전달할 수 있습니다. 파워포인트 2016에서는 이러한 비디오 미디어 개체에 대해 비디오 파일, 웹 사이트의 비디오, 클립 아트 비디오의 3가지 형식에 대해 비디오 파일을 포함하거나 웹 사이트의 비디오 파일을 연결합니다.

❶ 비디오 파일 추가 : 내 컴퓨터에 저장된 비디오 파일을 삽입하는 방법으로 삽입할 슬라이드를 선택하고 비디오 파일의 경로를 찾아 삽입합니다.

[삽입] 탭→[미디어] 그룹→[비디오]→[내 PC의 비디오]

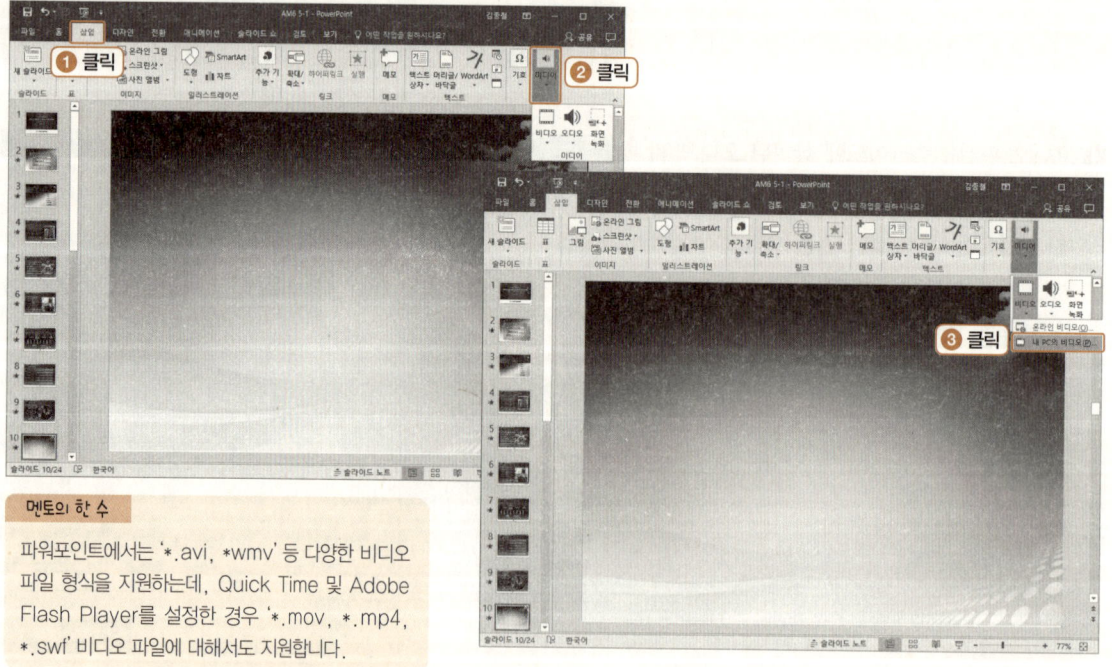

멘토의 한 수
파워포인트에서는 '*.avi, *.wmv' 등 다양한 비디오 파일 형식을 지원하는데, Quick Time 및 Adobe Flash Player를 설정한 경우 '*.mov, *.mp4, *.swf' 비디오 파일에 대해서도 지원합니다.

❷ 웹 사이트의 비디오 추가 : Youtube와 같은 웹 사이트에 게시된 비디오 파일을 슬라이드로 가져오는 기능으로, 실제 파일로 저장되는 것이 아니라 인터넷을 이용하여 연결하는 기능입니다.

[삽입] 탭→[미디어] 그룹→[비디오]→[온라인 비디오]

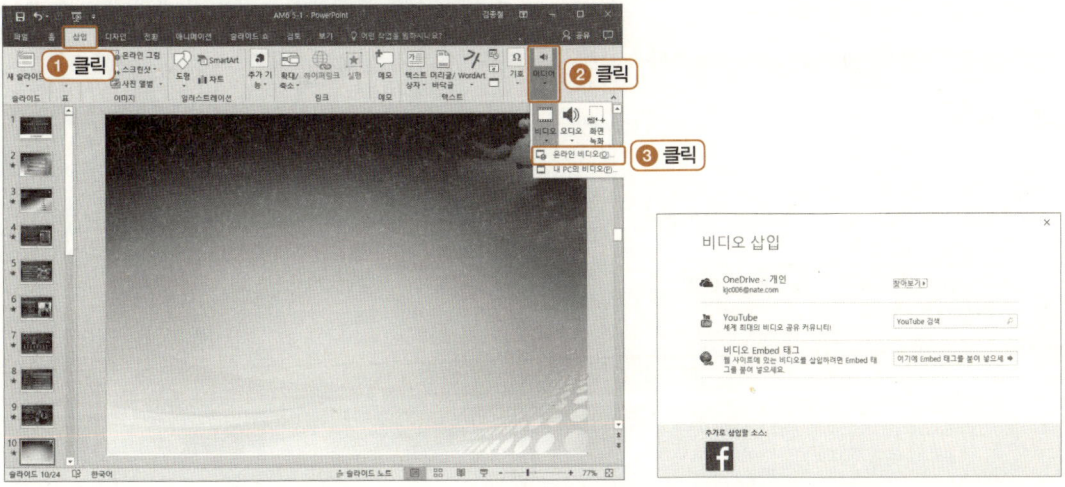

❸ 비디오 서식 : 슬라이드에 삽입된 비디오에 대한 서식 설정 기능으로 미리 보기, 조정, 비디오 스타일, 정렬, 크기 등을 설정합니다.

[비디오 도구]→[서식] 탭

- 포스터 틀 : 비디오 클립의 미리 보기 이미지를 설정
- 디자인 다시 설정 : 비디오에 설정한 서식을 모두 취소
- 비디오 세이프 : 비디오를 선택한 도형 모양으로 변경

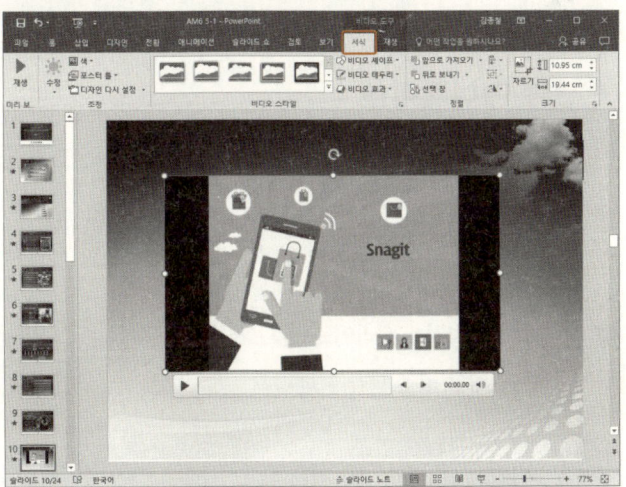

❹ 비디오 편집 : 슬라이드에 삽입된 비디오 파일에 대한 재생, 책갈피, 비디오 트리밍 등을 설정하는 기능으로, 원본 비디오 파일에서 필요한 부분을 사용할 수 있도록 편집하는 기능입니다.

[비디오 도구]→[재생] 탭→[미리 보기/책갈피/편집] 그룹

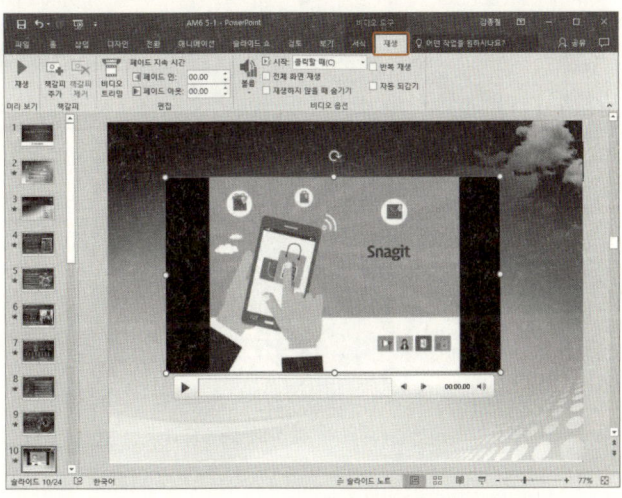

❺ 비디오 옵션 : 슬라이드에 삽입된 비디오 재생 방법에 대한 설정으로, 슬라이드 쇼 실행 시 자동으로 실행되거나 아이콘을 클릭해야 실행하는 등을 설정합니다.

[비디오 도구]→[재생] 탭→[비디오 옵션] 그룹

• 볼륨 : 비디오 볼륨 설정
• 시작 : 자동 실행, 클릭할 때 설정
• 전체 화면 재생 : 비디오를 슬라이드 쇼 전체 화면으로 실행
• 재생하지 않을 때 숨기기 : 재생되지 않을 때 비디오 클립 숨기기

2 애니메이션

2-1 애니메이션

슬라이드에 포함된 그림, 차트, 표, SmartArt, 텍스트 상자 등의 개체에 대한 효과를 설정하는 기능으로, 해당 개체가 나타나거나 사라지는 등의 역동적인 슬라이드 쇼를 구성할 수 있습니다. 하지만 지나친 애니메이션 효과 설정은 청중에게 혼선과 집중을 떨어뜨릴 수 있으므로 꼭 필요한 부분에만 사용하도록 합니다.

❶ 애니메이션 설정 : 슬라이드 안의 개체를 선택한 후 '나타내기, 강조하기, 끝내기, 이동 경로' 등의 그룹에서 효과를 설정합니다.

[애니메이션] 탭→[애니메이션] 그룹

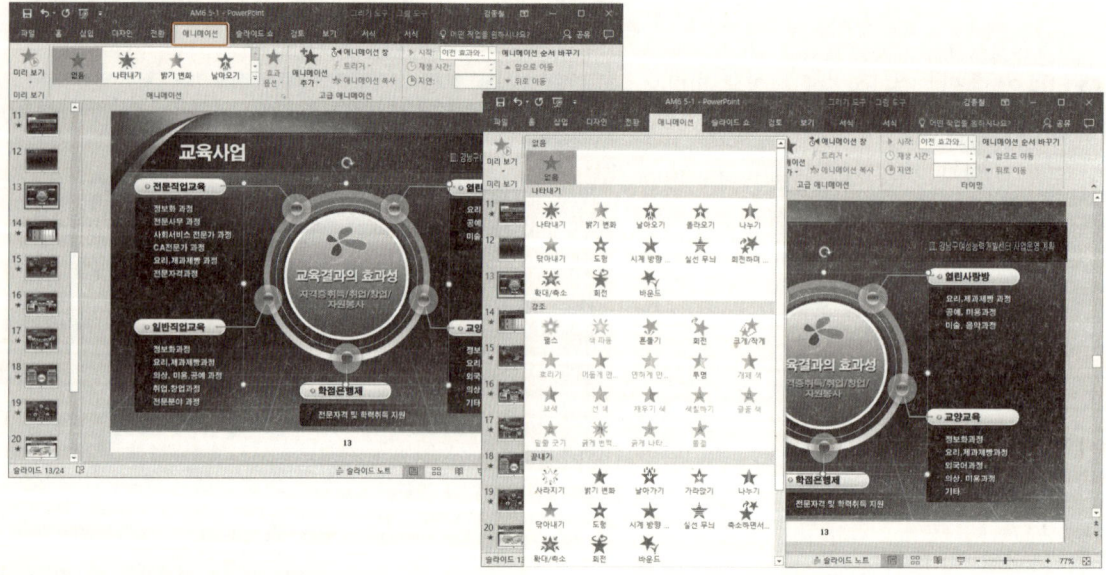

❷ 효과 옵션 : '나타내기, 강조하기, 끝내기, 이동 경로' 등의 그룹을 통해 설정한 애니메이션에서 효과 방향을 설정하고 텍스트가 포함된 개체의 경우 효과 실행 방법에 대한 세부 설정 기능을 제공합니다.

[애니메이션] 탭→[애니메이션] 그룹→[효과 옵션]

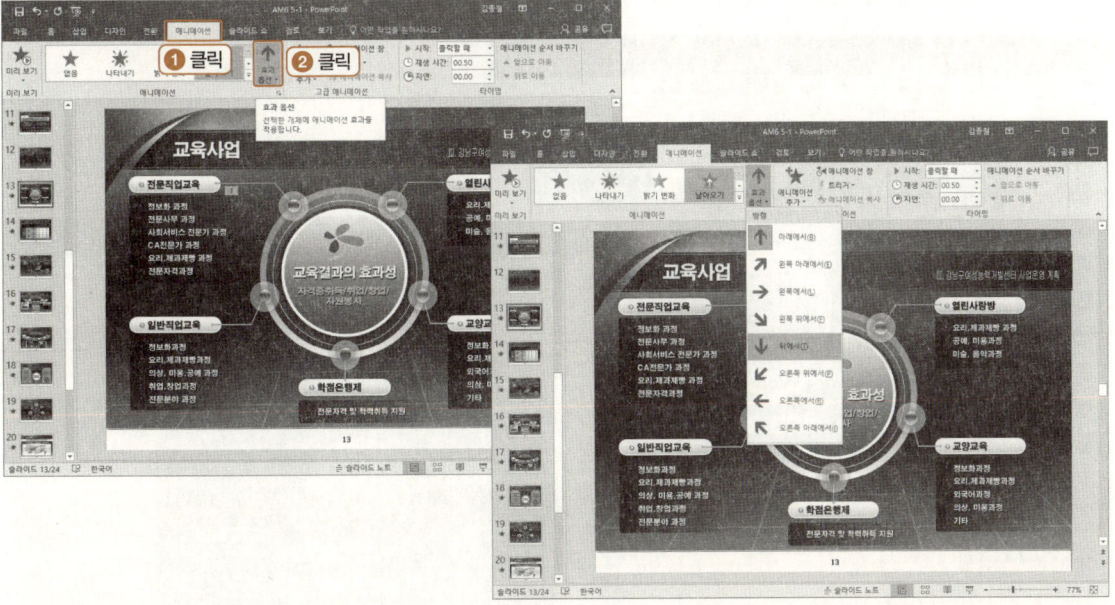

멘토의 한 수

[효과 옵션] 기능이 활성화 되지 않는 경우는 애니메이션이 설정된 개체가 선택되지 않아서 입니다. 다시 한 번 확인해서 다른 애니메이션을 선택한 후 효과 옵션 기능을 실행하면 됩니다.

❸ 애니메이션 추가 : 애니메이션의 특징 중 하나는 하나의 개체에 둘 이상의 애니메이션 설정이 가능하다는 것입니다. 둘 이상의 애니메이션을 설정할 경우에는 반드시 [애니메이션 추가] 기능을 이용해야 합니다.

[애니메이션] 탭→[고급 애니메이션] 그룹 →[애니메이션 추가]

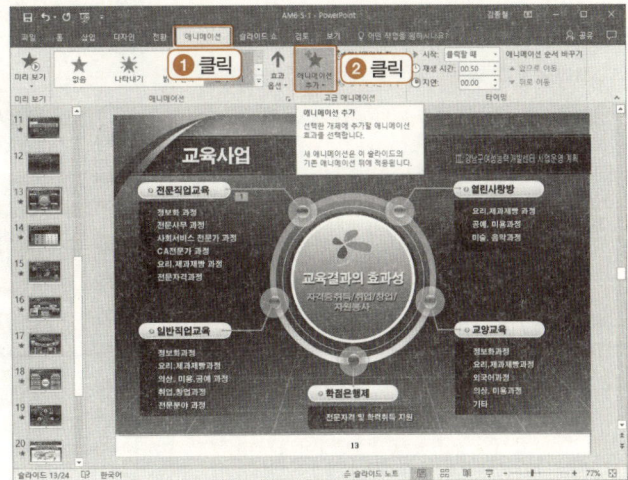

멘토의 한 수

둘 이상의 애니메이션을 설정하는 단계에서 [애니메이션 추가] 기능이 아닌 [애니메이션] 기능을 이용하면 기존에 설정된 애니메이션 효과가 제거되고 새로 변경됩니다.

❹ 애니메이션 창 : 슬라이드 안의 여러 개체에 다양한 애니메이션이 설정될 수 있습니다. 이때 애니메이션 창은 각 개체별로 설정된 애니메이션 순서를 확인하고, 이를 변경하거나 제거하고 세부 효과 옵션에 대한 설정 기능을 제공합니다.

[애니메이션] 탭→[고급 애니메이션] 그룹→[애니메이션 창]

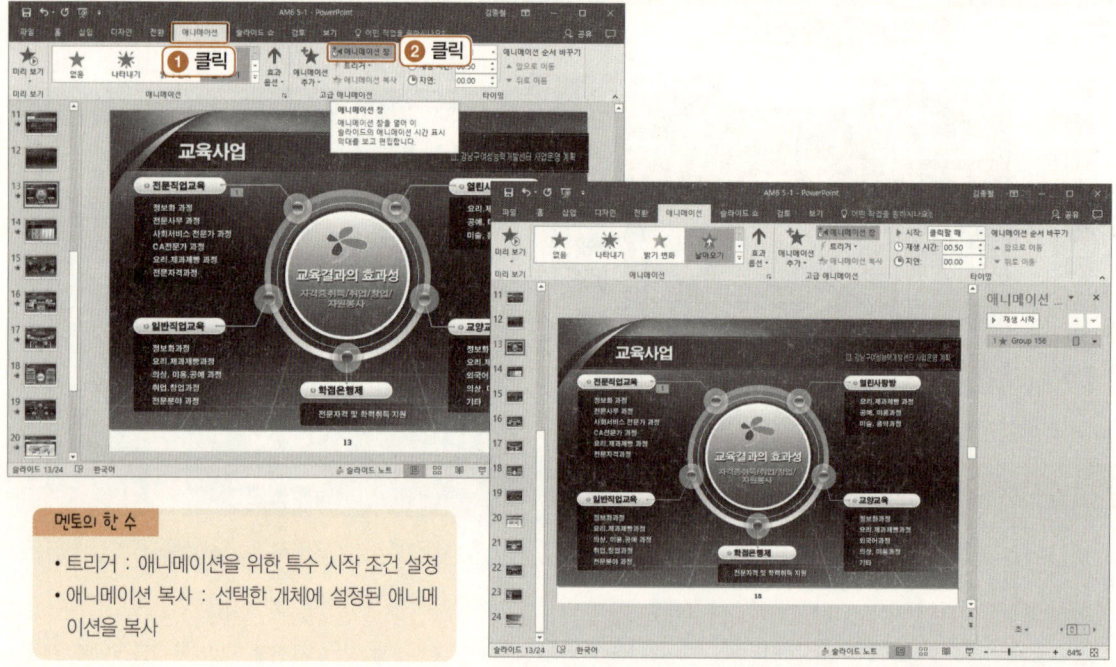

멘토의 한 수
- 트리거 : 애니메이션을 위한 특수 시작 조건 설정
- 애니메이션 복사 : 선택한 개체에 설정된 애니메이션을 복사

❺ 타이밍 : 설정한 애니메이션에 대한 효과 실행 옵션 설정 기능으로 애니메이션의 시작 방법과 재생 시간, 애니메이션의 순서 등을 설정합니다.

[애니메이션] 탭→[타이밍] 그룹

멘토의 한 수
- 시작 : '클릭할 때, 이전 효과와 함께, 이전 효과 다음에'의 시작 방법 설정
- 재생 시간 : 애니메이션 효과의 속도 설정
- 지연 : 애니메이션이 실행되기 전의 대기 시간 설정
- 애니메이션 순서 바꾸기 : 선택한 효과의 순서를 앞으로 또는 뒤로 이동

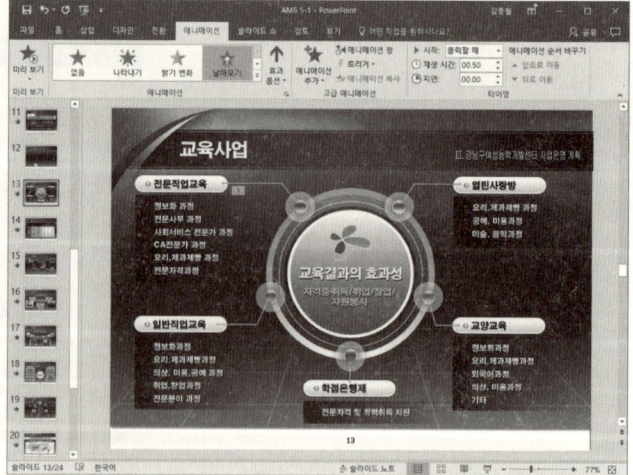

2-2 사용자 지정 애니메이션

일반적인 텍스트, 그림, 도형 등의 개체와 달리 차트는 하나의 개체이지만 여러 가지 요소로 구성됩니다. 특히 청중에게 특정 항목에 대해 강조하여 보이고자 하는 경우 차트의 각 요소별 애니메이션을 설정하게 됩니다. 차트 애니메이션은 우선 설정하고자 하는 애니메이션을 설정한 후 '효과 옵션'을 설정합니다.

❶ 효과 : [애니메이션] 탭의 효과 옵션 기능과 유사하지만 세부적인 효과 설정 기능과 소리 및 애니메이션 후의 작업 설정이 가능합니다.

[애니메이션 창]→[효과 옵션]→[효과] 탭

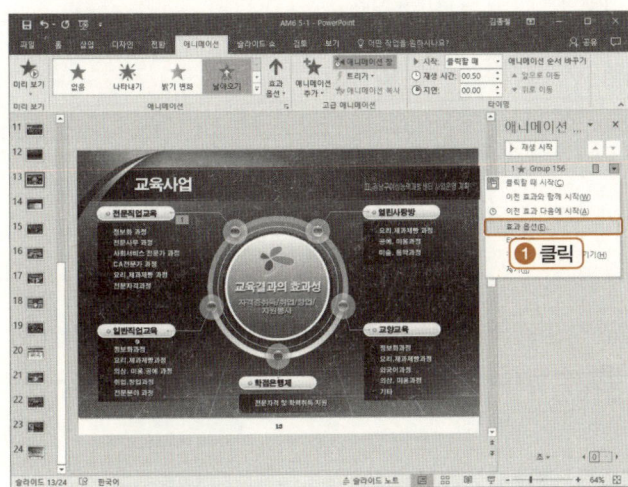 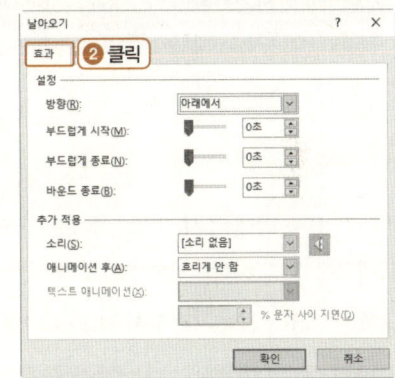

❷ 타이밍 : [애니메이션] 탭의 타이밍 기능과 유사하지만 반복 기능 및 시작 옵션 기능을 통해 클릭에 따른 효과 시작 애니메이션을 제공합니다.

[애니메이션 창]→[타이밍]→[타이밍] 탭

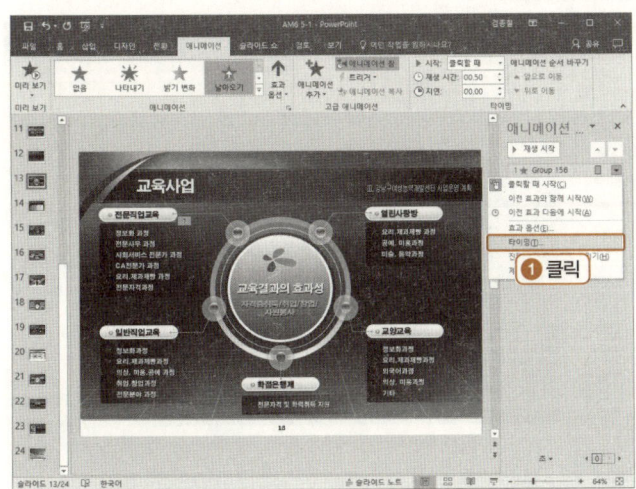 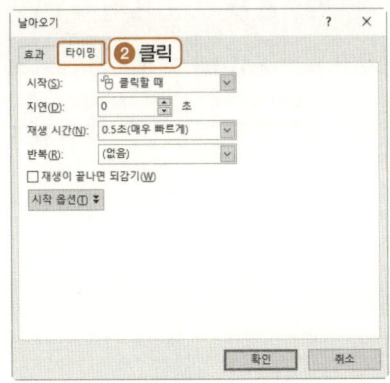

❸ 차트 애니메이션 : 차트의 경우에만 표시되는 탭으로 차트의 구성 요소를 표시하는 방법에 대한 설정 기능을 제공합니다.

[애니메이션 창]→[효과 옵션]→[차트 애니메이션] 탭

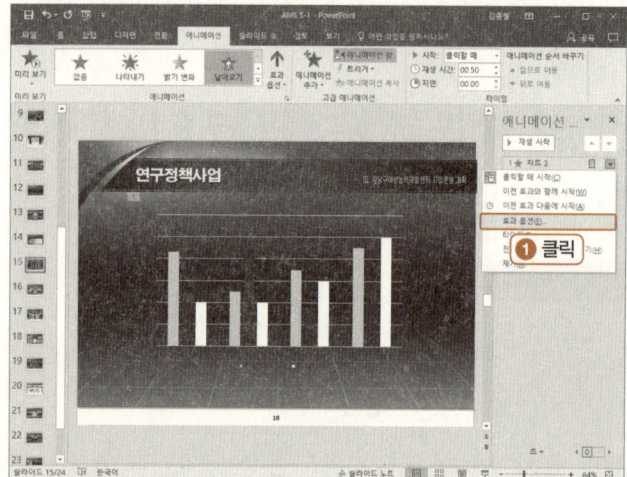
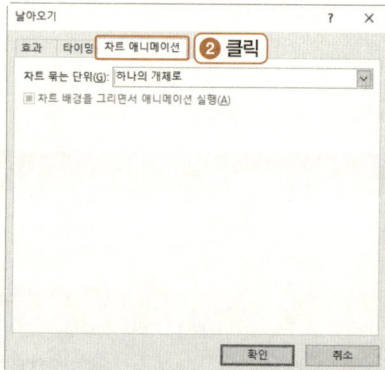

❹ 진행 시간 표시 막대 표시 : 애니메이션 창에 진행 시간 표시 막대를 표시하거나 숨길 수 있으며, 사용자가 직접 드래그를 통해 시작과 끝 시간 및 속도를 수정할 수 있습니다.

[애니메이션 창]→[진행 시간 표시 막대 표시/숨기기]

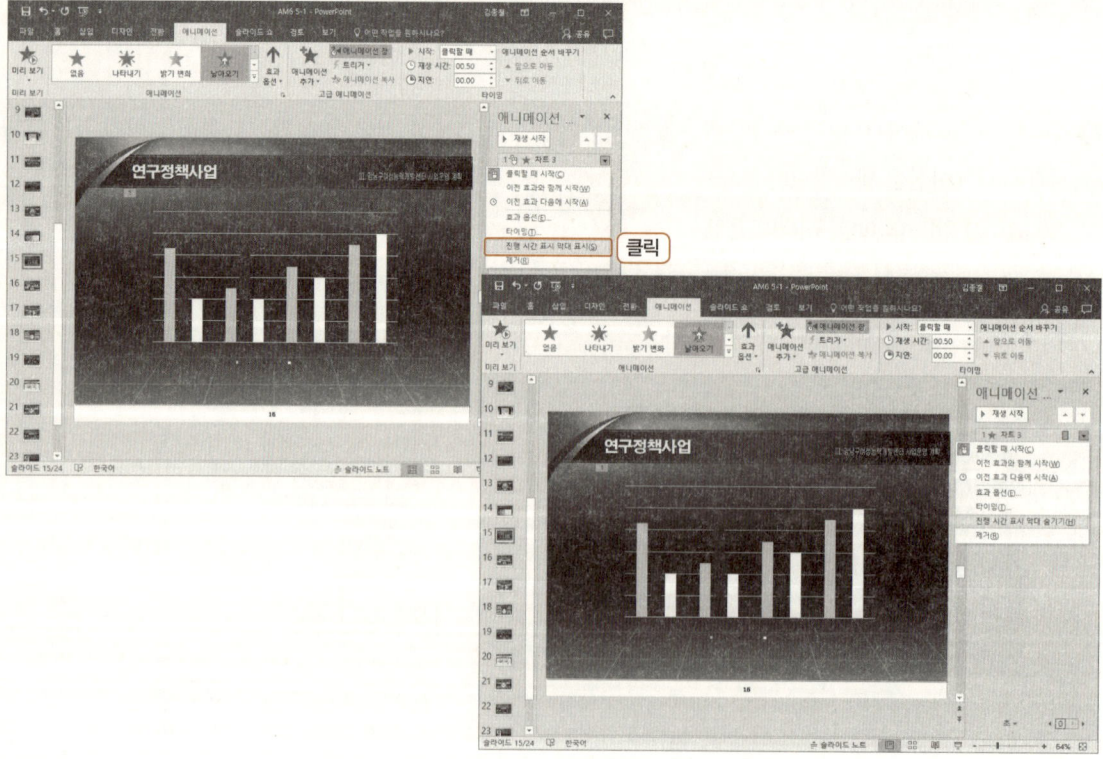

◉ 예제: C:\ICDL2016A\AM6 e5-1.pptx

1 'C:\ICDL2016A\드론.mp4' 비디오 파일을 슬라이드 1에 연결하여 삽입하시오.

❶ 슬라이드 1에서 [삽입] 탭→[미디어] 그룹→[비디오]→[내 PC의 비디오]를 클릭합니다.

❷ 'C:\ICDL2016A\드론.mp4' 파일을 선택한 후 [삽입] 목록 단추에서 [파일에 연결]을 클릭합니다.

2 슬라이드 1의 비디오 파일을 다음 조건대로 편집하시오.

- 비디오 트리밍 : 시작 시간(00:03)/종료 시간(00:10)
- 페이드 인/페이드 아웃 : 1.5.초
- 볼륨 : 음소거
- 시작 : 자동 실행

❶ 슬라이드 1의 비디오 파일을 선택하고 [비디오 도구]→[재생] 탭→[편집] 그룹→[비디오 트리밍]을 클릭합니다.

❷ [비디오 맞추기] 대화상자에서 시작 시간을 '00:03', 종료 시간을 '00:10'을 설정한 후 [확인] 버튼을 클릭합니다.

❸ [비디오 도구]→[재생] 탭→[편집] 그룹에서 페이드 인과 페이드 아웃을 '01.50'으로 설정합니다.

❹ [비디오 도구]→[재생] 탭→[비디오 옵션] 그룹→[볼륨]→[음소거]를 클릭합니다.

❺ [비디오 도구]→[재생] 탭→[비디오 옵션] 그룹→[시작]→[자동 실행]을 클릭합니다.

3 슬라이드 1에 'C:\ICDL2016A\intro.mp3' 오디오 파일을 삽입하시오.

❶ 슬라이드 1에서 [삽입] 탭→[미디어] 그룹→[오디오]→[내 PC의 오디오]를 클릭합니다.

❷ 'C:\ICDL2016A\intro.mp3' 파일을 선택한 후 [삽입] 버튼을 클릭합니다.

④ 슬라이드 1의 오디오 파일에 대해 다음 조건대로 편집하시오.

- 볼륨 : 중간
- 시작 : 자동 실행
- 재생 : 반복 재생
- 표시 : 쇼 동안 숨기기

---

❶ 슬라이드 1의 '오디오' 아이콘을 선택하고 [오디오 도구]→[재생] 탭→[오디오 옵션] 그룹→[볼륨]→[중간]을 클릭합니다.

❷ [오디오 도구]→[재생] 탭→[오디오 옵션] 그룹→[시작]→[자동 실행]을 클릭합니다.

❸ [오디오 도구]→[재생] 탭→[오디오 옵션] 그룹에서 [반복 재생]과 [쇼 동안 숨기기]를 체크합니다.

◉ 예제: C:\ICDL2016A\AM6 e5-2.pptx

⑤ 슬라이드 5의 표 개체에 대해 사라지기 애니메이션 효과를 다음 조건대로 설정하시오.

- 사라지기 애니메이션 : 닦아내기
- 효과 옵션 : 위에서
- 나타내기 애니메이션 추가 : 닦아내기
- 애니메이션 순서 바꾸기 : 나타내기→사라지기

---

❶ 슬라이드 5의 표를 선택하고 [애니메이션] 탭→[애니메이션] 그룹→[자세히]→[추가 끝내기 효과]를 클릭합니다.

❷ [끝내기 효과 변경] 대화상자에서 '닦아내기'를 선택하고 [확인] 버튼을 클릭합니다.

❸ [애니메이션] 탭→[애니메이션] 그룹→[효과 옵션]→[위에서]를 클릭합니다.

❹ 표가 선택된 상태에서 [애니메이션] 탭→[고급 애니메이션] 그룹→[애니메이션 추가]→[닦아내기]를 클릭합니다.

❺ [애니메이션] 탭→[타이밍] 그룹→[앞으로 이동]을 클릭합니다.

6 슬라이드 4에 설정된 애니메이션에 대하여 다음 조건대로 편집하시오.

– 애니메이션 1 : 제거

– 애니메이션 2 시작 : 이전 효과와 함께

– 애니메이션 2 재생 시간 : 1초

---

❶ 슬라이드 4를 선택하고 [애니메이션] 탭→[고급 애니메이션] 그룹→[애니메이션 창]을 클릭합니다.

❷ [애니메이션 창]의 목록에서 첫 번째 애니메이션을 선택하고 Delete 를 눌러 삭제합니다.

❸ [애니메이션 창]의 목록에서 남은 애니메이션을 선택하고 [애니메이션] 탭→[타이밍] 그룹→[시작]→[이전 효과와 함께]를 클릭합니다.

❹ [애니메이션] 탭→[타이밍] 그룹의 재생 시간을 '01.00'을 설정합니다.

Section 06 생산성 향상

1 연결 및 포함

1-1 하이퍼링크 연결

하이퍼링크는 슬라이드 쇼에서 다른 슬라이드, 다른 프레젠테이션 파일 및 웹페이지 등으로 연결하는 기능으로 원활한 프레젠테이션 진행에 꼭 필요한 기능입니다. 설정한 하이퍼링크는 슬라이드 쇼 기능에서만 실행이 가능하며 연결 편집 및 제거 기능도 제공합니다.

❶ 하이퍼링크 삽입 : 하이퍼링크를 연결할 대상인 텍스트 및 개체를 선택한 후 연결될 파일, 웹 페이지 등을 설정합니다.

[삽입] 탭→[링크] 그룹→[하이퍼링크]

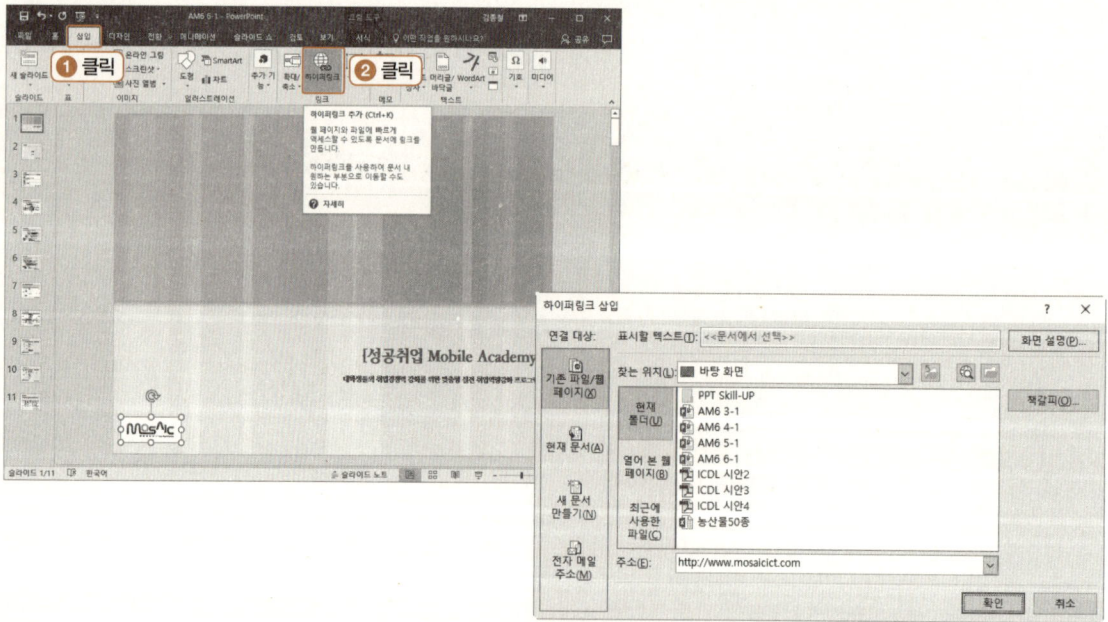

- 기존 파일/웹 페이지 : 내 컴퓨터에 저장된 파일 연결/웹 페이지 연결
- 현재 문서 : 현재 프레젠테이션의 슬라이드 이동
- 새 문서 만들기 : 새 프레젠테이션 시작
- 전자 메일 주소 : 전자 메일 발송 연결
- 표시할 텍스트 : 하이퍼링크가 설정된 텍스트 내용
- 화면 설명 : 슬라이드 쇼 실행 시 하이퍼링크가 설정된 개체에 표시되는 스크린 팁

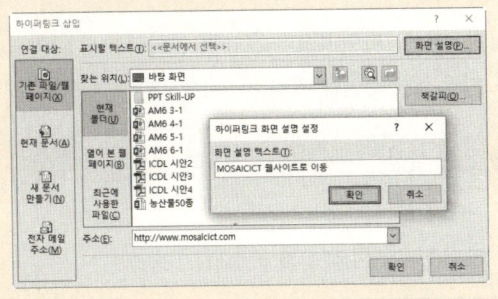

❷ 하이퍼링크 편집 : 기존에 설정된 하이퍼링크를 다른 슬라이드 또는 다른 대상으로 편집하는 기능입니다.

마우스 오른쪽 버튼→[하이퍼링크 편집]

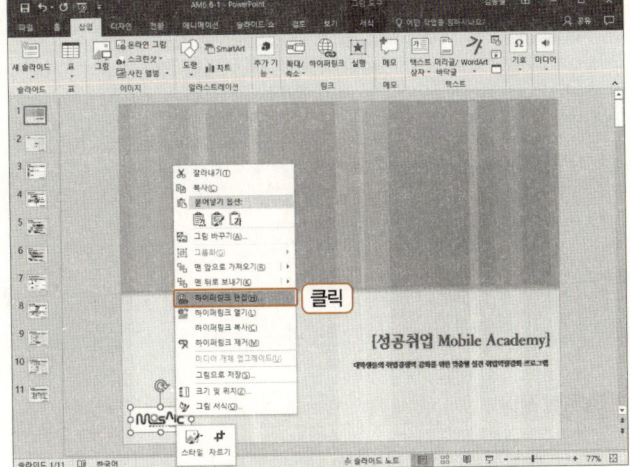

❸ 하이퍼링크 제거 : 기존에 설정된 하이퍼링크를 제거하는 기능입니다.

마우스 오른쪽 버튼→[하이퍼링크 제거]

텍스트에 설정된 하이퍼링크는 텍스트를 지워 제거할 수는 있겠지만 도형 및 그림 등 개체에 설정된 하이퍼링크는 반드시 [하이퍼링크 제거] 기능을 이용해야 피해를 줄일 수 있습니다.

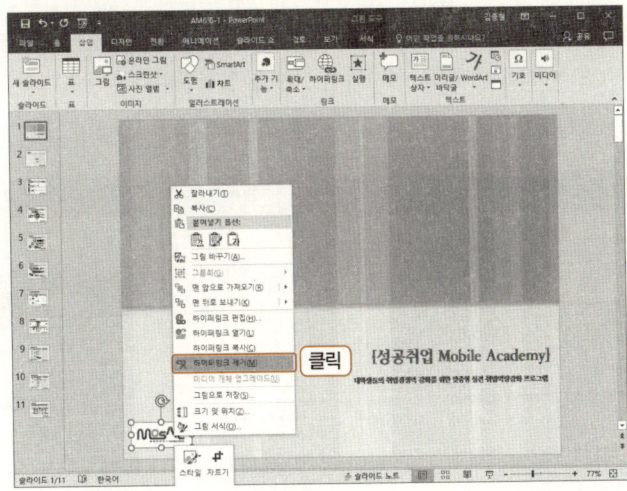

실행 기능은 하이퍼링크 기능과 유사하게 슬라이드 및 다른 대상으로 연결하는 기능이지만 마우스 클릭 이외에도 마우스를 놓았을 때 또는 프로그램 및 매크로, 개체 등의 실행 기능을 포함합니다.

❶ 실행 설정 : 하이퍼링크 기능과 동일하게 대상에 연결할 개체를 선택하고 연결될 대상 및 프로그램 실행 등을 설정합니다.

[삽입] 탭→[링크] 그룹→[실행]

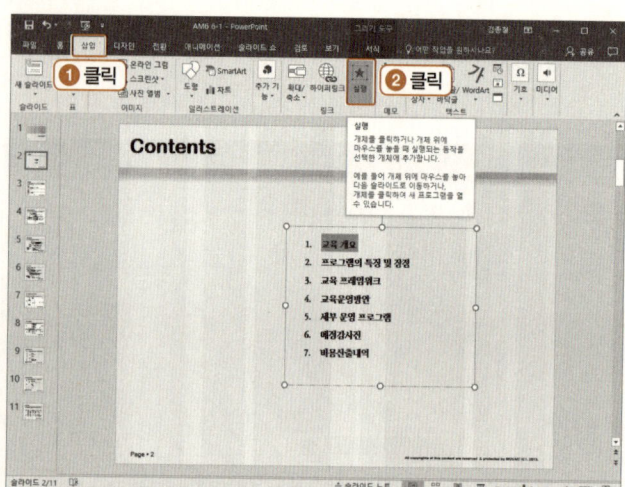
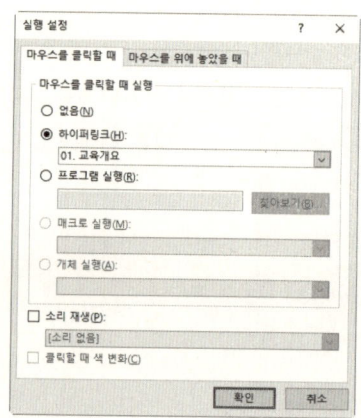

멘토의 한 수

일반적으로 하이퍼링크 기능은 연결 설정된 대상을 클릭해야 하지만 설정 기능은 '마우스를 클릭할 때'와 '마우스를 위에 놓았을 때'를 제공하여 사용자가 필요한 기능을 선택하도록 제공합니다.

❷ 실행 단추 : 슬라이드의 기존 개체를 선택하고 연결을 설정하는 실행 설정 기능과 달리 실행 기능이 가능한 도형(실행 단추)을 추가하여 연결을 설정합니다.

[삽입] 탭→[일러스트레이션] 그룹→[도형]→[실행 단추]

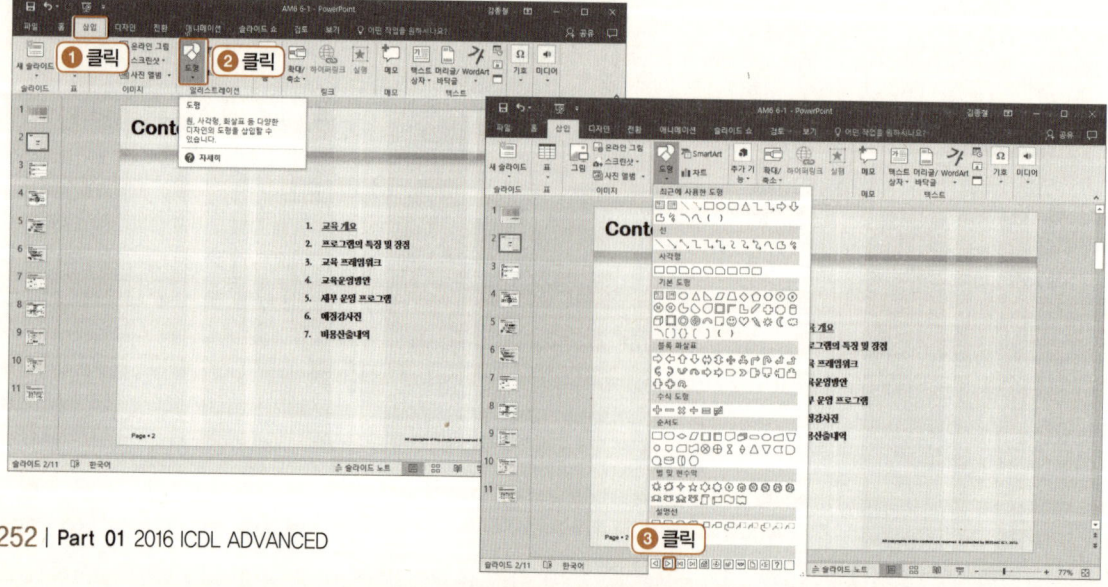

❸ 실행 하이퍼링크 : 하이퍼링크 기능에서 제공하는 모든 기능과 추가로 '쇼 마침, 마지막으로 본 슬라이드' 이동 기능과 '소리 재생' 기능을 포함합니다.

[삽입] 탭→[링크] 그룹→[실행]

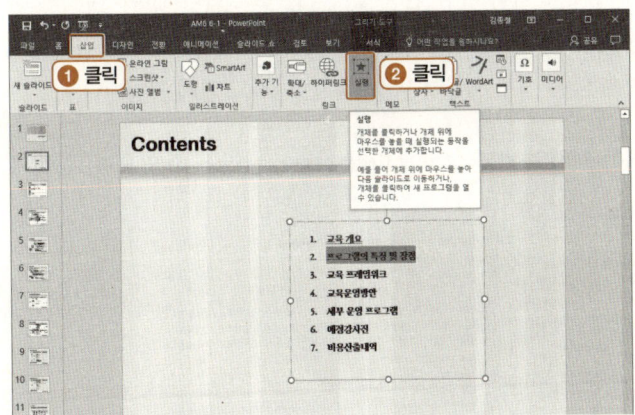 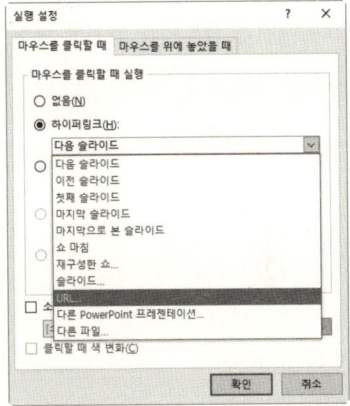

❹ 실행 프로그램 : 실행 기능을 통해 다른 외부 프로그램을 실행시키는 기능으로 슬라이드 쇼 도중 '메모장, 계산기, 그림판' 등을 실행할 수 있습니다.

[삽입] 탭→[링크] 그룹→[실행]

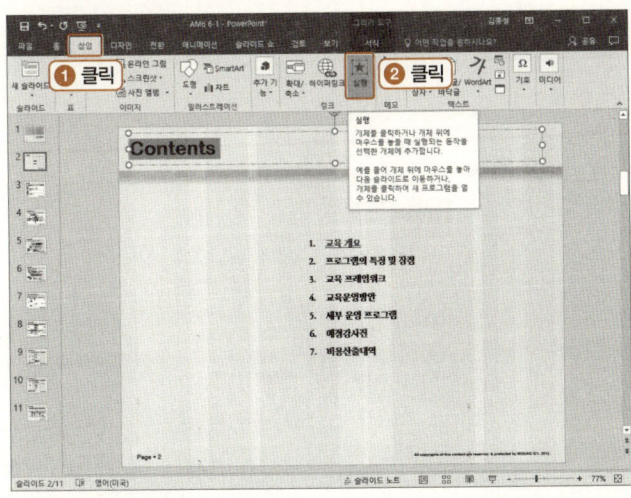 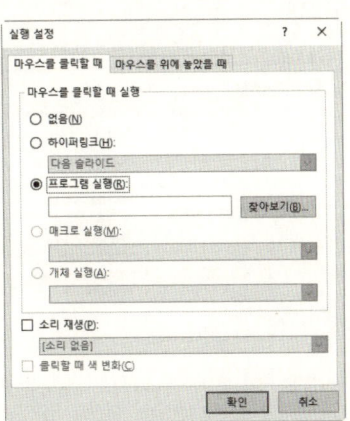

1-3 포함

오디오 및 비디오 파일과 같이 용량을 많이 차지하는 개체의 경우 이를 프레젠테이션 파일에 포함하면 작업이 편리할 수는 있지만 전체 파일의 용량은 증가하고 경우에 따라 끊김 현상이 발생될 수 있습니다. 이러한 경우에는 문서에 포함시키는 것보다는 연결로 설정하는 것이 유리한데, 이때 연결 기능은 프레젠테이션 파일의 부담을 줄인다는 장점이 있는 반면에 함께 파일을 소지하지 않은 경우 오류가 발생된다는 단점도 함께 지닙니다.

❶ 개체 삽입 : 그림 및 오디오, 비디오 등 삽입되는 개체의 파일 형식에 따라 기능이 달라질 수 있으며, 연결 및 삽입 기능에서 선택합니다.

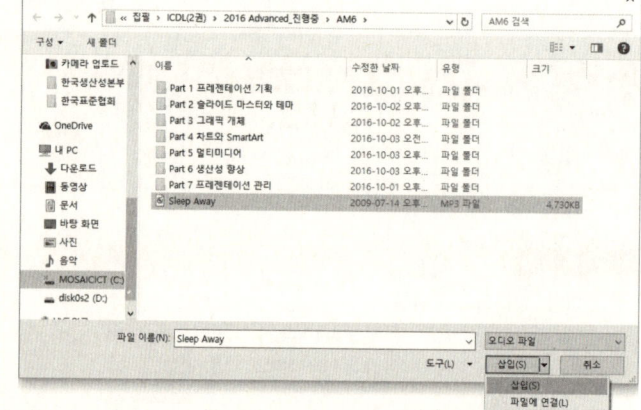

❷ 개체 연결 : 외부 프로그램으로 작성된 파일을 슬라이드에 삽입하는 기능으로 원본 파일의 변경 내용이 프레젠테이션에 적용됩니다.

[삽입] 탭→[텍스트] 그룹→[개체]

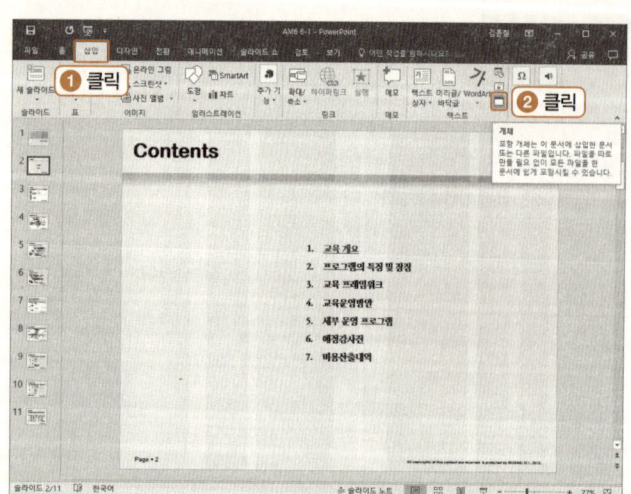

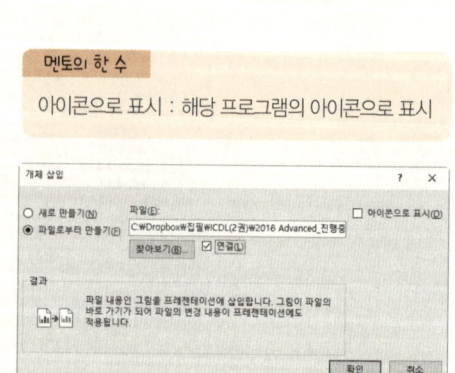

❸ 개체 포함 : 외부 프로그램으로 작성된 파일을 슬라이드에 삽입하는 기능으로 원본 파일의 내용을 그대로 삽
입합니다.

[삽입] 탭→[텍스트] 그룹→[개체]

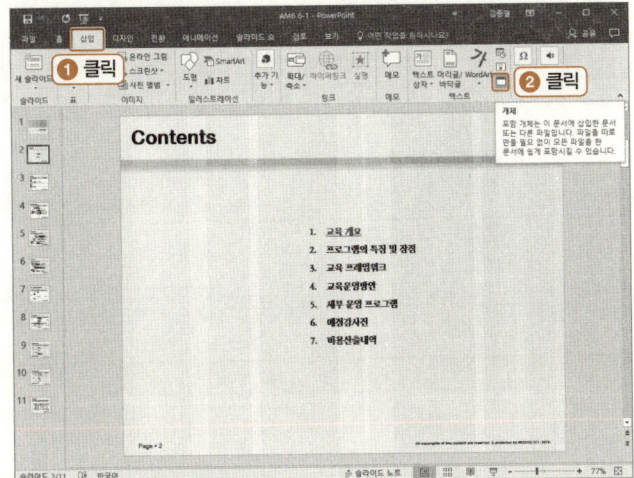

멘토의 한 수

원본 파일의 수정에 따라 프레젠테이션의 내용이
변경되는 [개체 연결] 기능과 달리 현재 원본 파일
의 내용으로 삽입되며, 원본의 변경에 영향을 받지
않습니다.

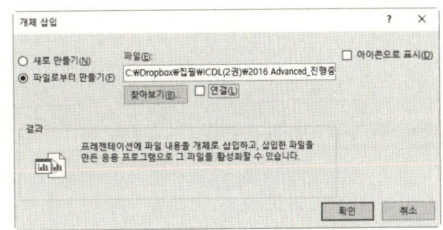

❹ 연결하여 붙여넣기 : 외부 프로그램으로 작성된 파일에서 일부를 복사하여 프레젠테이션 파일의 슬라이드로
연결하는 기능으로, 복사와 선택하여 붙여넣기 기능을 활용합니다.

[홈] 탭→[클립보드] 그룹→[붙여넣기]→[선택하여 붙여넣기]

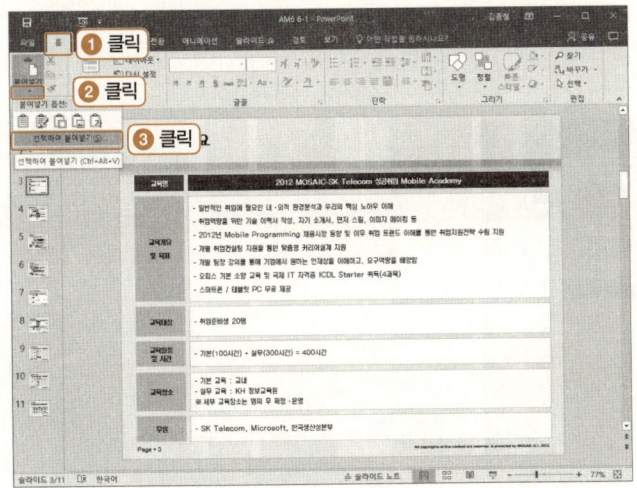

멘토의 한 수

파일 자체를 연결하는 방법과 달리 파일의 일부를
연결할 때 사용하는 기능으로 그 외에는 [개체 연
결] 기능과 동일합니다.

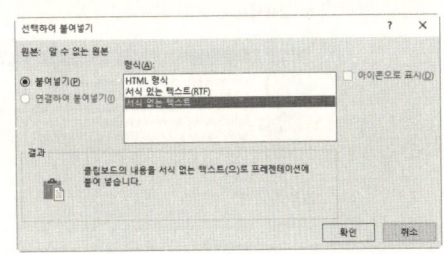

❺ 붙여넣기 옵션 : 외부 프로그램으로 작성된 파일에서 일부를 복사하여 이를 프레젠테이션의 형태에 맞게 변환하여 붙여넣는 옵션을 제공합니다.

[홈] 탭→[클립보드] 그룹→[선택하여 붙여넣기]

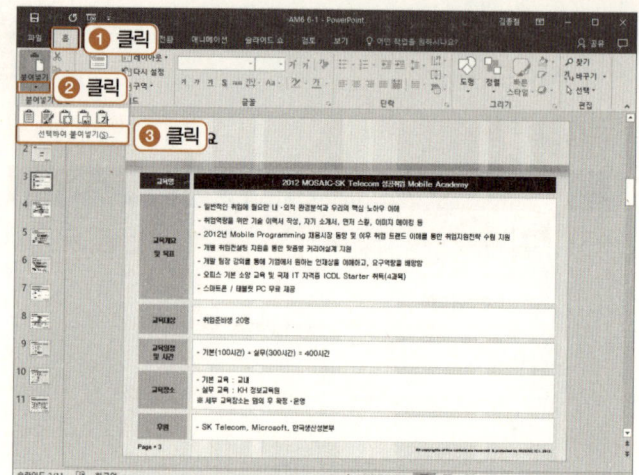

멘토의 한 수

- 대상 스타일 사용(📋) : 현재 슬라이드의 테마로 붙여넣기
- 원본 서식 유지(📋) : 원본의 서식을 유지하여 붙여넣기
- 포함(📋) : 슬라이드에 포함하여 붙여넣기
- 그림(📋) : 그림 개체로 변환하여 붙여넣기
- 텍스트만 유지(📋) : 원본에서 텍스트만 붙여넣기

❻ 개체 새로 만들기 : 미리 만들어진 파일이 아닌 선택한 개체 유형을 삽입하여 외부 프로그램의 기능을 프레젠테이션에서 활용합니다.

[삽입] 탭→[텍스트] 그룹→[개체]

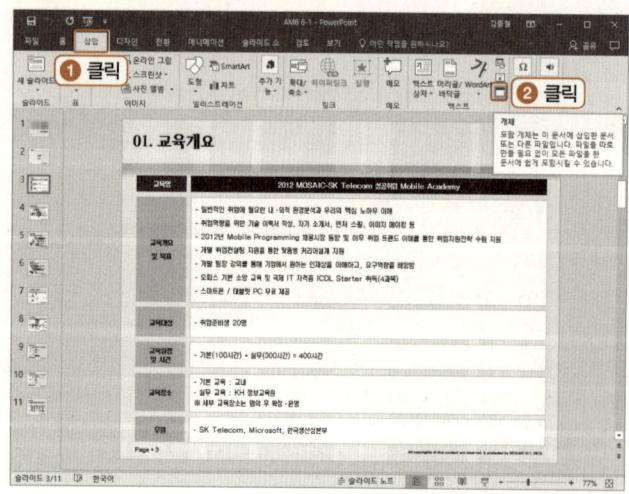

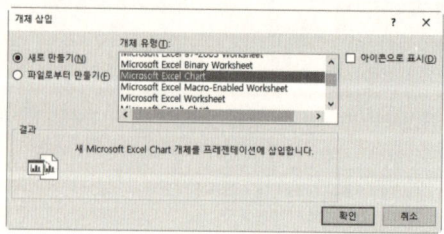

❼ 연결 업데이트 : 연결된 개체의 경우 원본 파일의 변경 사항을 새로 업데이트 합니다.

마우스 오른쪽 버튼→[연결 업데이트]

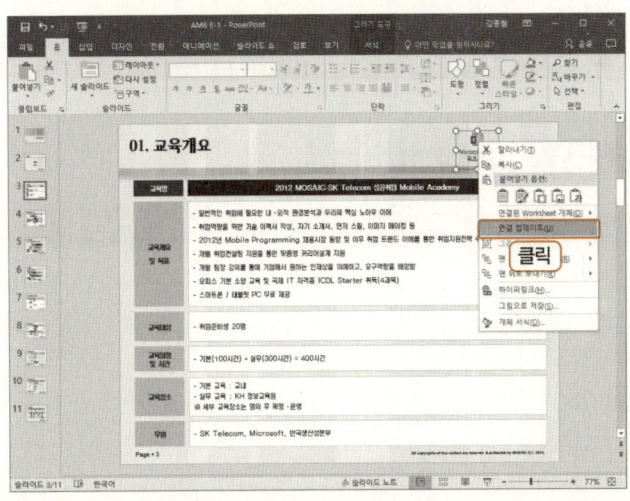

멘토의 한 수

연결된 개체로 삽입한 경우 연결된 개체 편집 및 열기 기능을 이용하여 원본 파일을 직접 열고 편집이 가능합니다.

❽ 연결 끊기 : 연결된 개체에 대해 연결을 끊는 방법으로 리본 메뉴가 없는 기능이므로 별도로 기능을 추가해야 합니다.

[빠른 실행 도구 모음] 탭→[연결 끊기]

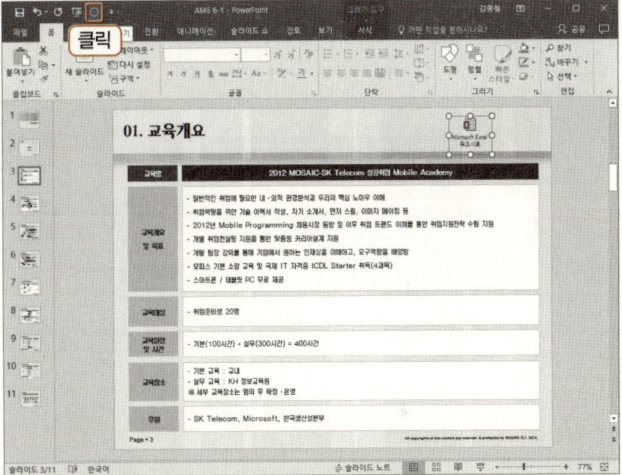

멘토의 한 수

[연결 끊기] 기능은 일반 기능에서 제공하는 기능이 아니므로 [PowerPoint 옵션] 대화상자를 열고 [리본 사용자 지정] 또는 [빠른 실행 도구 모음]에 [연결 끊기] 도구를 추가하여 사용할 수 있습니다.

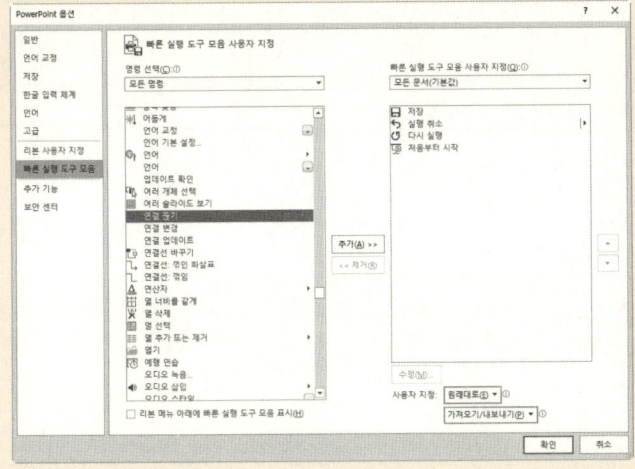

2-1 가져오기

다른 프레젠테이션이나 다른 프로그램으로 작성된 내용을 현재 프레젠테이션으로 가져오는 기능으로 복사하여 붙여넣기와는 다른 기능이며, 파워포인트에서는 다양한 형식의 가져오기 기능을 제공합니다. 우선 사용자는 가져오고자하는 파일의 형식을 이해하고 그에 적합한 기능을 선택해야 합니다.

❶ 슬라이드 복제 : 현재 슬라이드와 동일한 슬라이드를 복사하는 기능으로 현재 슬라이드 뒤에 붙여넣기가 실행됩니다.

[홈] 탭→[슬라이드] 그룹→[새 슬라이드]→[선택한 슬라이드 복제]

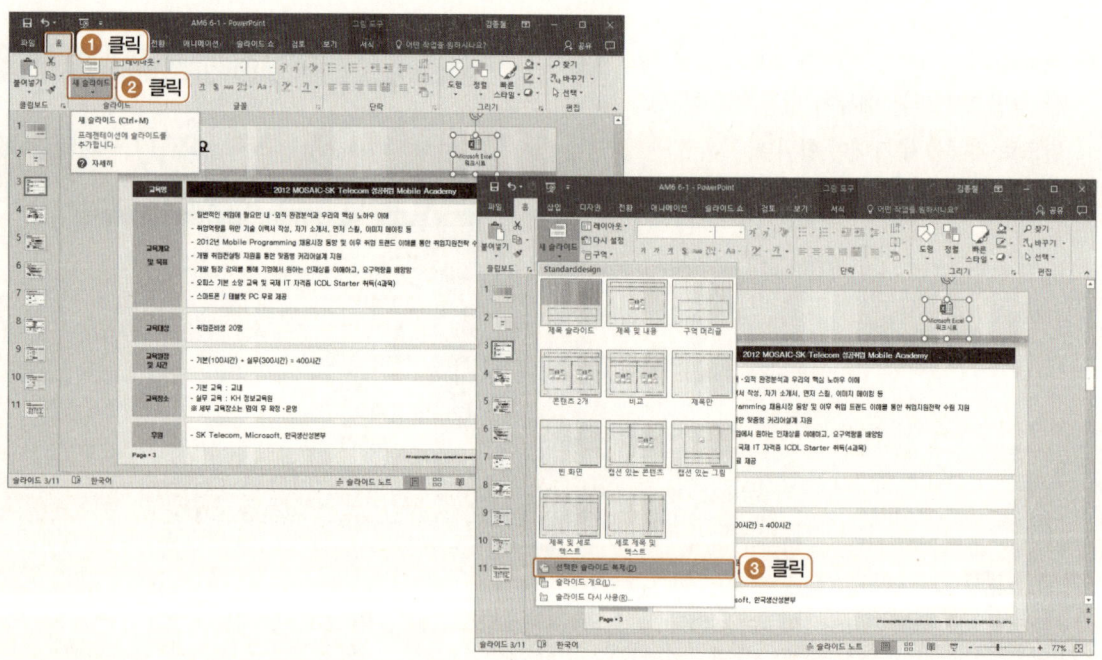

슬라이드 복제 기능은 일반 개체를 복사하여 붙여넣기를 실행하는 것과 동일 기능으로, 이때 반드시 기본 보기 화면의 왼쪽에서 [슬라이드] 탭의 슬라이드를 선택한 후 실행해야 합니다. 슬라이드 복제는 Ctrl + D 를 눌러도 됩니다.

❷ 슬라이드 개요 : 외부 프로그램을 이용하여 제목, 본문, 1수준, 2수준 등의 수준이 설정된 단락의 개요 문서를 가져오는 기능으로, 자동으로 슬라이드 레이아웃에 맞추어 삽입됩니다.

[홈] 탭→[슬라이드] 그룹→[새 슬라이드]→[슬라이드 개요]

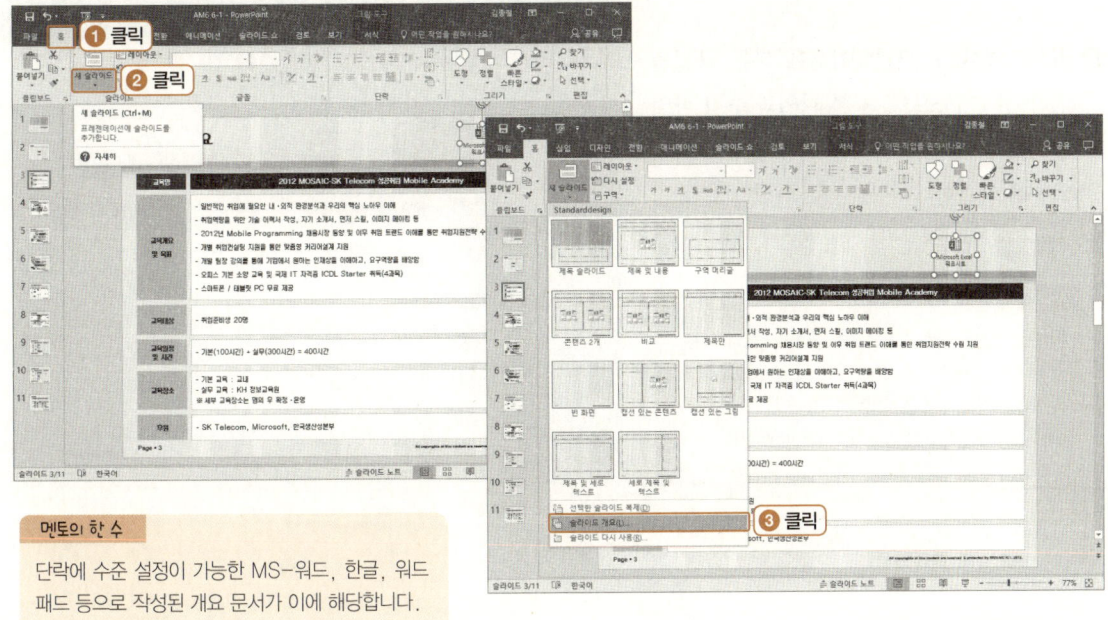

❸ 슬라이드 다시 사용 : 현재 프레젠테이션에 다른 프레젠테이션의 파일 중 특정 슬라이드를 가져오는 기능으
로 목록에 가져올 슬라이드를 클릭합니다.

[홈] 탭→[슬라이드] 그룹→[새 슬라이드]→[슬라이드 다시 사용]

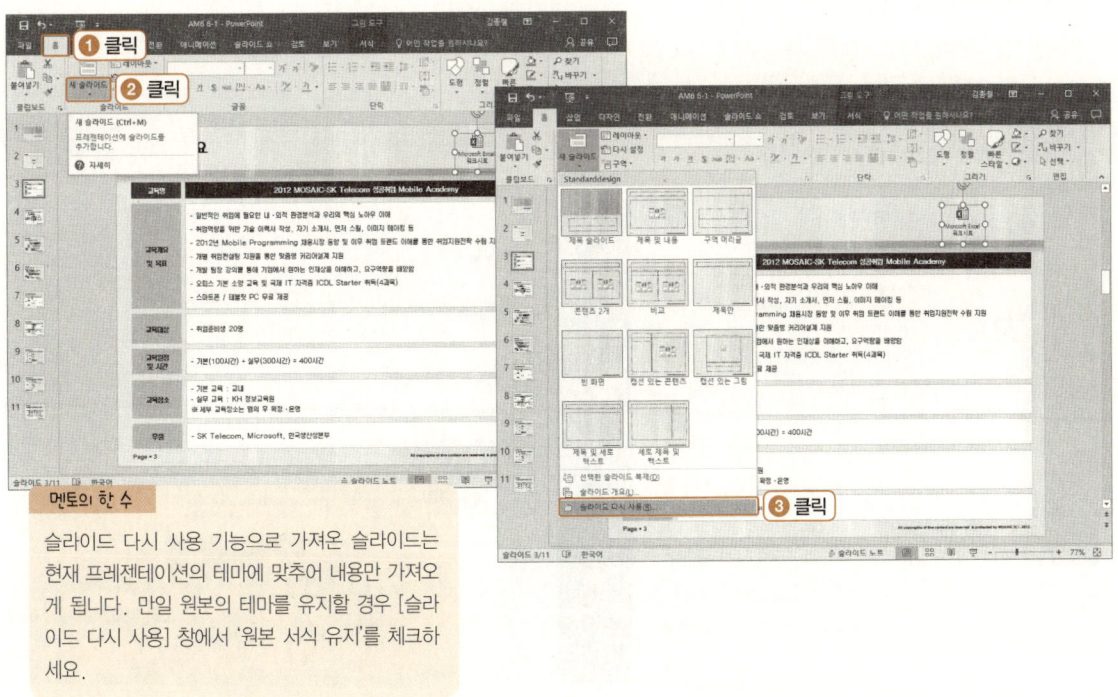

❹ 비교 : 현재 프레젠테이션에 다른 파일을
병합하는 기능으로, 원본 파일과 수정 파일
을 비교하여 변경 사항을 적용 및 취소하는
기능을 제공합니다.

[검토] 탭→[비교] 그룹→[비교]

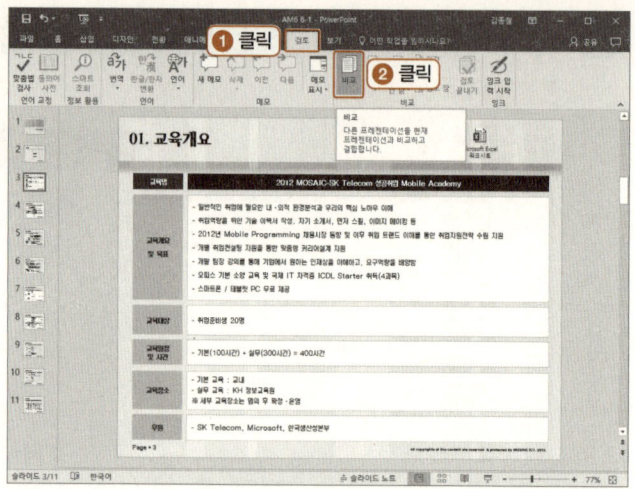

멘토의 한 수

[비교] 기능은 서로 판이하게 다른 파일을 비교하는
기능이 아닌 원본 파일에서 수정 파일을 상호 비교하
여 원본 파일을 유지할 것인지 또는 수정한 내용으로
변경할 것인지를 결정하는 기능으로 이해하세요.

2-2 내보내기

프레젠테이션에 포함된 슬라이드 및 개체를 다른 파일 형식으로 저장하는 기능으로, 특히 슬라이드는 다양한 형
식의 *.jpg, *.gif, *.png 등의 이미지로 내보내는 기능을 제공합니다.

❶ 그림으로 저장 : 선택한 현재 슬라이드 또는 프레젠테이션의 모든 슬라이드를 저장하는 기능으로 다른 이름
으로 저장 기능을 이용합니다.

[파일] 탭→[내보내기]→[파일 형식 변경]→[이미지 파일 형식]

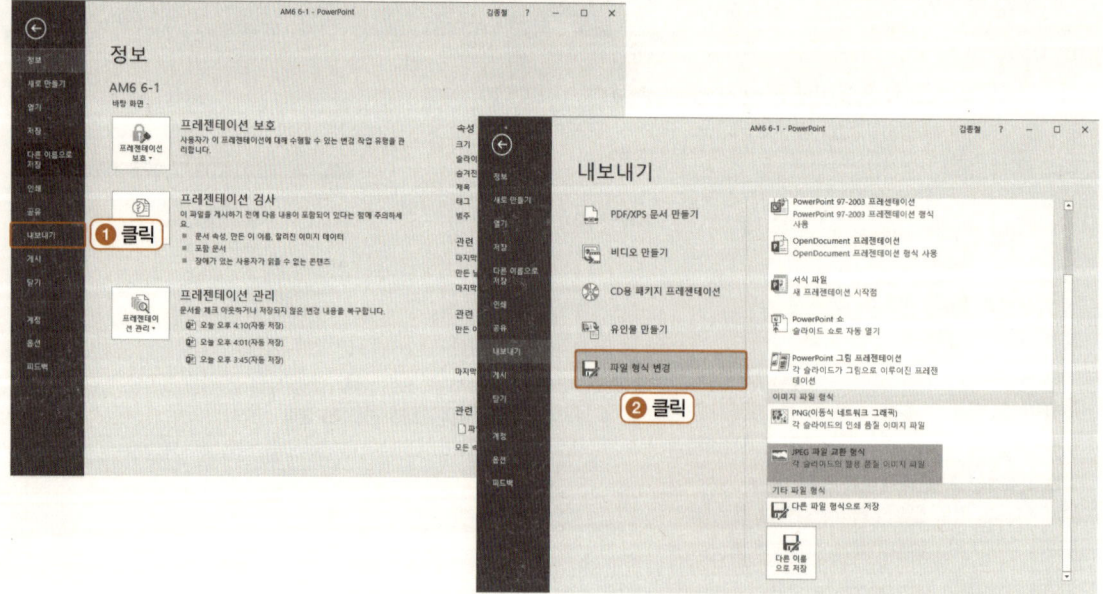

❷ 슬라이드 게시 : 현재 프레젠테이션에서 선택한 슬라이드만 다른 이름 및 다른 위치에 게시하는 기능입니다.

[파일] 탭→[게시]

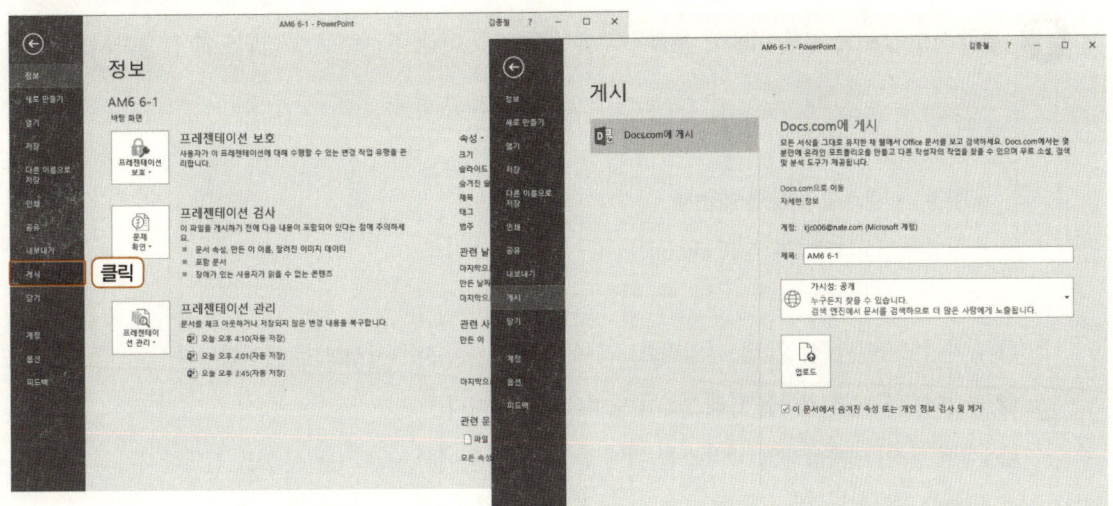

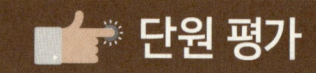

◎ 예제: C:\ICDL2016A\AM6 e6-1.pptx

① 슬라이드 5 제목 왼쪽 여백에 실행 단추를 삽입하고 아래 조건대로 실행되도록 설정하시오.

> – 실행 단추 : 정보
>
> – 실행 : 마우스를 위에 올렸을 때
>
> – 실행할 프로그램 : 계산기(calc.exe)

❶ 슬라이드 5에서 [삽입] 탭→[일러스트레이션] 그룹→[도형]→[정보]를 클릭합니다.

❷ 슬라이드 5 제목 왼쪽을 드래그하여 도형을 삽입합니다.

❸ [실행 설정] 대화상자의 [마우스를 위에 놓았을 때] 탭에서 '프로그램 실행'을 선택한 후 [찾아보기] 버튼을 클릭합니다.

❹ [실행할 프로그램 선택] 대화상자에서 'C:\Windows\system32' 폴더로 이동하고 'calc.exe' 파일을 선택한 후 [확인] 버튼을 클릭합니다.

❺ [실행 설정] 대화상자에서 [확인] 버튼을 클릭합니다.

② 슬라이드 5의 제목에서 '전국 갯벌 분포' 텍스트에 슬라이드 6으로 이동하는 하이퍼링크를 설정하시오.

❶ 슬라이드 5에서 '전국 갯벌 분포' 텍스트를 선택하고 [삽입] 탭→[링크] 그룹→[하이퍼링크]를 클릭합니다.

❷ [하이퍼링크 삽입] 대화상자에서 '현재 문서'에서 '6. 슬라이드 6'을 선택한 후 [확인] 버튼을 클릭합니다.

③ 슬라이드 5의 '전국 갯벌 분포' 텍스트에 설정된 하이퍼링크에서 '갯벌 분포 차트로 연결'이라는 화면 설명을 추가하시오.

❶ 하이퍼링크가 설정된 슬라이드 5의 '전국 갯벌 분포' 텍스트에서 [마우스 오른쪽 버튼]→[하이퍼링크 편집]을 클릭합니다.

❷ [하이퍼링크 편집] 대화상자에서 [화면 설명] 버튼을 클릭합니다.

❸ 화면 설명 텍스트에 '갯벌 분포 차트로 연결'을 입력하고 [확인] 버튼을 클릭한 후 [하이퍼링크 편집] 대화상자에서 [확인] 버튼을 클릭합니다.

④ 슬라이드 7의 빈 여백에 다음 조건대로 예제 폴더의 개체를 연결하여 삽입하시오.

> – 연결 개체 : 갯벌현황.xlsx
> – 표시 방법 : 아이콘으로 표시

❶ 슬라이드 7에서 [삽입] 탭→[텍스트] 그룹→[개체]를 클릭합니다.

❷ [개체 삽입] 대화상자에서 '파일로부터 만들기'를 선택하고 [찾아보기] 버튼을 클릭합니다.

❸ [찾아보기] 대화상자에서 예제 폴더로 이동하고 '갯벌현황.xlsx'를 선택한 후 [확인] 버튼을 클릭합니다.

❹ [개체 삽입] 대화상자에서 '연결'과 '아이콘으로 표시'를 체크한 후 [확인] 버튼을 클릭합니다.

⑤ 슬라이드 7의 개체를 아이콘에서 일반 표시로 변환한 후 개체를 업데이트 하시오.

❶ 슬라이드 7에 삽입된 개체 아이콘을 [마우스 오른쪽 버튼]→[연결된 워크시트 개체]→[변환]을 클릭합니다.

❷ [변환] 대화상자에서 '아이콘으로 표시'를 체크 해제한 후 [확인] 버튼을 클릭합니다.

❸ [마우스 오른쪽 버튼]→[연결 업데이트]를 클릭합니다.

⑥ 슬라이드 7의 개체 연결 상태를 끊으시오.

❶ 빠른 실행 도구 모음에 [연결 끊기] 단추를 추가하기 위하여 [파일] 탭→[옵션]을 클릭합니다.

❷ [PowerPoint 옵션] 대화상자의 [빠른 실행 도구 모음] 항목에서 '모든 명령'을 선택합니다.

❸ '연결 끊기'를 선택하고 [추가] 버튼을 클릭한 후 [확인] 버튼을 클릭합니다.

❹ 슬라이드 7의 개체를 선택하고 빠른 실행 도구 모음의 [연결 끊기] 단추를 클릭합니다.

● 예제: C:\ICDL2016A\AM6 e6-2.pptx

7 엑셀의 '갯벌현황.xlsx' 파일을 열고 다음 조건에 맞게 슬라이드 6 여백에 복사하시오.

> – 복사 영역 : A2:D7
>
> – 복사 형식 : 그림
>
> – 크기(높이/너비) : 7cm/22cm
>
> – 슬라이드 가운데 기준의 위치(가로/세로) : −10cm/−1cm

❶ 엑셀에서 '갯벌현황.xlsx' 파일을 열어 'A2:D7' 영역을 선택한 후 [홈] 탭→[클립보드] 그룹→[복사]를 클릭합니다.

❷ 슬라이드 6으로 이동하고 [홈] 탭→[클립보드] 그룹→[붙여넣기]→[그림]을 클릭합니다.

❸ 그림 개체를 선택하고 [그림 도구]→[서식] 탭→[크기] 그룹→[크기 및 위치] 대화상자 표시 단추를 클릭합니다.

❹ [그림 서식] 대화상자의 [크기] 항목에서 '가로 세로 비율 고정'을 체크 해제한 후 높이/너비를 '7cm/22cm'로 설정합니다.

❺ [위치] 항목에서 가로와 세로의 기준을 '가운데'로 설정하고, 가로/세로를 '−10cm/−1cm'로 설정한 후 [닫기] 버튼을 클릭합니다.

8 슬라이드 6 다음으로 예제 폴더의 '전남 갯벌.docx' 개요 문서를 가져오시오.

❶ 슬라이드 6을 선택하고 [홈] 탭→[슬라이드] 그룹→[새 슬라이드]→[슬라이드 개요]를 클릭합니다.

❷ [개요 삽입] 대화상자에서 예제 폴더의 '전남 갯벌.docx'를 선택한 후 [삽입] 버튼을 클릭합니다.

9 슬라이드 4 다음으로 예제 폴더의 '한국의 갯벌.pptx'에서 모든 슬라이드를 가져오시오.

❶ [홈] 탭→[슬라이드] 그룹→[새 슬라이드]→[슬라이드 다시 사용]을 클릭합니다.

❷ [슬라이드 다시 사용] 창에서 [찾아보기]→[파일 찾아보기]를 클릭합니다.

❸ [찾아보기] 대화상자에서 예제 폴더로 이동하고 '한국의 갯벌.pptx'를 선택한 후 [열기] 버튼을 클릭합니다.

④ 슬라이드 4에서 [슬라이드 다시 사용] 창의 '원본 서식 유지'를 체크하고, 표시된 임의의 슬라이드를 [마우스 오른쪽 버튼]→[모든 슬라이드 삽입]을 클릭합니다.

⑩ 슬라이드 2를 바탕화면에 '청중분석.png'의 이름으로 내보내시오.

❶ 슬라이드 2에서 [파일] 탭→[다른 이름으로 저장]을 클릭합니다.

❷ [찾아보기]를 더블 클릭합니다.

❸ 저장 위치를 '바탕 화면'으로 지정합니다.

❹ [다른 이름으로 저장] 대화상자에서 파일 이름을 '청중분석'으로 입력하고 파일 형식을 'PNG 형식(*.png)'으로 선택한 후 [저장] 버튼을 클릭합니다.

❺ 대화상자에서 [현재 슬라이드만]을 클릭합니다.

⑪ 현재 프레젠테이션에 예제 폴더의 '6-2.pptx'를 병합하고 프레젠테이션의 모든 변경 사항을 적용한 후 검토를 끝내시오.

❶ [검토] 탭→[비교] 그룹→[비교]를 클릭합니다.

❷ [현재 프레젠테이션에 병합할 파일 선택] 대화상자에서 예제 폴더의 '6-2.pptx'를 선택한 후 [병합] 버튼을 클릭합니다.

❸ [검토] 탭→[비교] 그룹→[적용]→[프레젠테이션의 모든 변경 내용 적용]을 클릭합니다.

Section 07 프레젠테이션 관리

1 사용자 지정 쇼

1-1 쇼 재구성

일반적으로 하나의 프레젠테이션을 위하여 하나의 프레젠테이션을 작성하지만, 동일한 주제를 통해 다양한 대상에게 프레젠테이션을 진행해야 한다면 매번 파일을 생성할 필요 없이 대상별 사용자 지정 쇼를 생성하면 됩니다. 우선 모든 대상에 대한 파일을 작성하고 슬라이드 쇼 재구성을 이용하여 쇼마다의 이름을 설정하게 됩니다.

❶ 사용자 지정 쇼 생성 : 현재 프레젠테이션에 주제 또는 이름을 결정하고 필요한 슬라이드만 선택하여 새로 만들기를 실행합니다.

[슬라이드 쇼] 탭→[슬라이드 쇼 시작] 그룹 →[슬라이드 쇼 재구성]→[쇼 재구성]

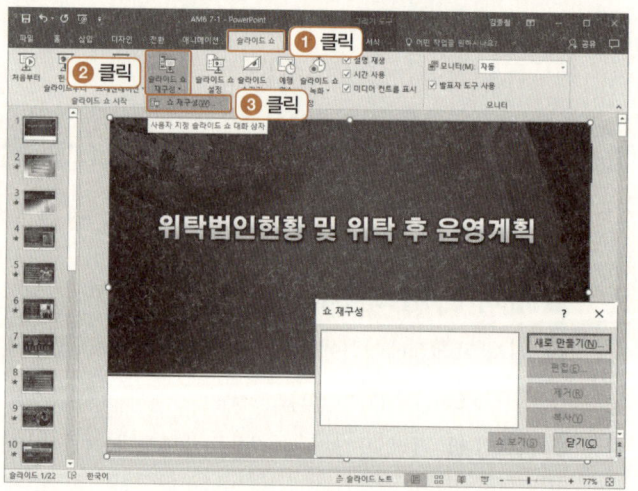

멘토의 한 수

현재 프레젠테이션에서 슬라이드의 쇼 이름을 설정하고, 필요한 슬라이드를 재구성한 쇼의 위치로 추가하여 생성합니다.

❷ 사용자 지정 쇼 편집 : 사용자가 생성한 재구성 쇼를 편집하는 기능으로 기존의 슬라이드에서 추가하거나 제거, 순서 변경 등의 기능을 제공합니다.

[슬라이드 쇼] 탭→[슬라이드 쇼 시작] 그룹→[슬라이드 쇼 재구성]→[쇼 재구성]

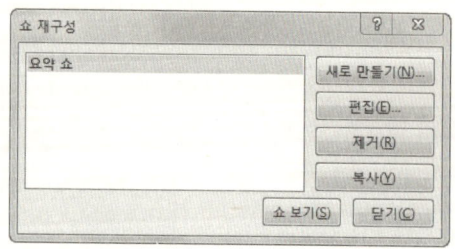

멘토의 한 수

• 편집 : 슬라이드 추가, 제거, 순서 등의 변경
• 제거 : 재구성한 쇼를 제거
• 복사 : 재구성한 쇼를 복사
• 쇼 보기 : 선택한 쇼로 슬라이드 쇼 실행

❸ 사용자 지정 쇼 실행 : 재구성한 쇼를 실행
하는 방법으로 슬라이드 쇼 이름을 확인하
여 실행합니다.

[슬라이드 쇼] 탭→[슬라이드 쇼 시작] 그룹
→[슬라이드 쇼 재구성]→[슬라이드 쇼 이름]

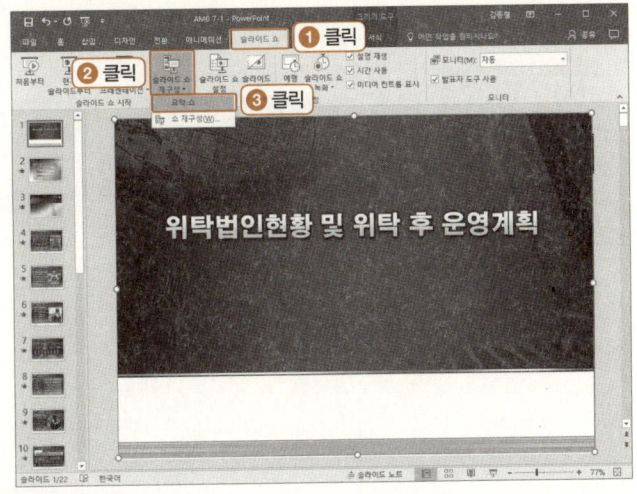

1-2 브로드캐스트

인터넷이 연결된 컴퓨터라면 파워포인트 2016을 이용하여 브로드캐스트 할 수 있습니다. 일반적인 프로젝터를
이용하지 않고 인터넷에 연결된 각각의 청중 컴퓨터를 통해 모니터로 슬라이드 쇼를 실행하게 됩니다.

❶ Office Presentation Service : 파워포인트 Office Presentation Service를 이용하기 위해서는
Microsoft 계정이 있어야 하며, URL을 통해 인터넷에 연결되어 있다면 누구나 참가 가능합니다.

[슬라이드 쇼] 탭→[슬라이드 쇼 시작] 그룹→[온라인 프레젠테이션]→[Office Presentation Service]

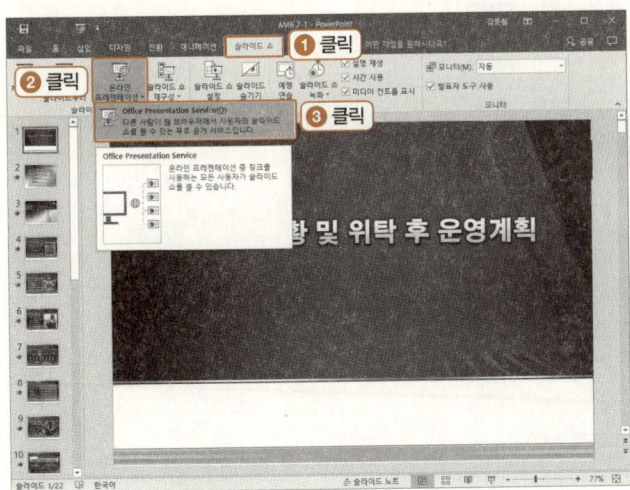

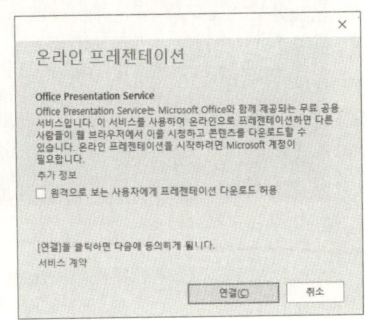

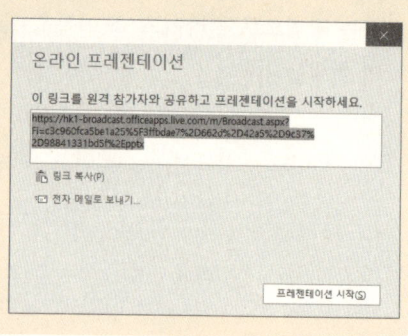

2 슬라이드 쇼 설정

2-1 슬라이드 쇼 설정

슬라이드 쇼를 하는데 있어서 세부적인 설정에 관련된 방법으로, 예를 들어 프레젠테이션을 진행하는 발표자가 있느냐 또는 없느냐, 펜을 사용할 때에 대한 색상 및 레이저 포인터의 색상 등을 설정하게 됩니다.

❶ 쇼 설정 : 슬라이드 쇼 설정을 통해 쇼 형식, 표시 옵션, 실제 쇼에 표시될 슬라이드 범위 등을 설정하게 됩니다.

[슬라이드 쇼] 탭→[설정] 그룹→[슬라이드 쇼 설정]

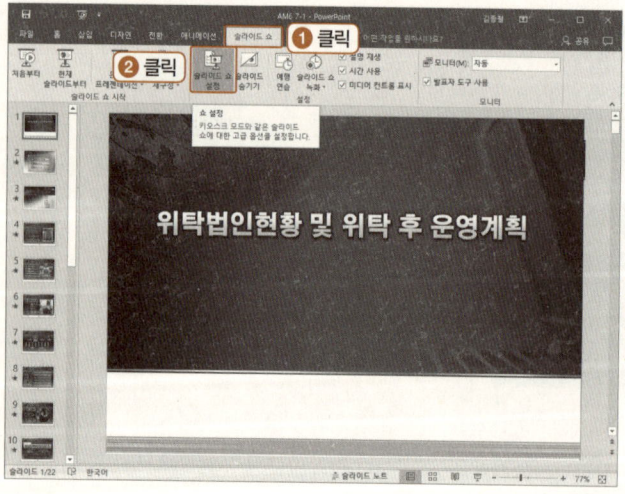

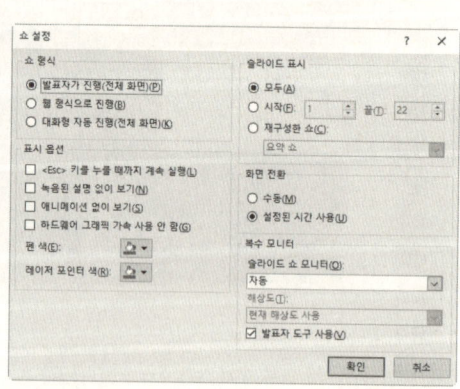

❷ 예행 연습 : 실제 프레젠테이션을 진행하기 전 리허설 기능으로 각 슬라이드의 시간과 전체 프레젠테이션 진행이 기록되어 이를 실제 슬라이드 쇼 전환 시간에 설정할 수 있습니다.

[슬라이드 쇼] 탭→[설정] 그룹→[예행 연습]

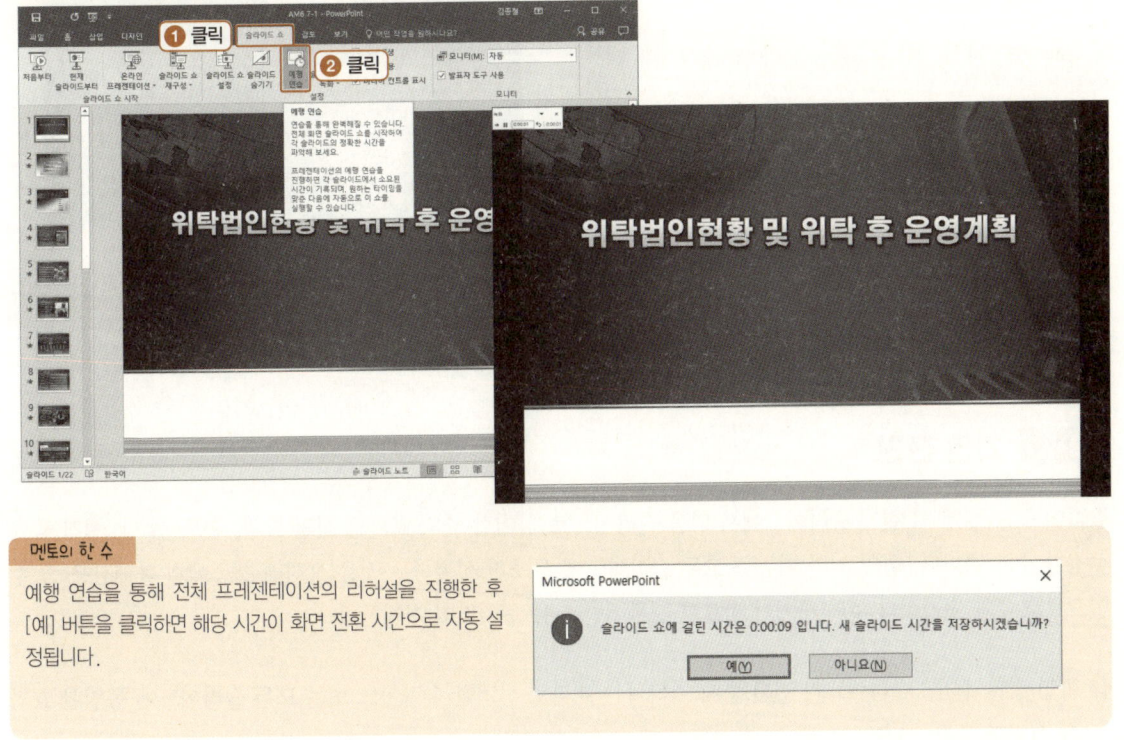

멘토의 한 수

예행 연습을 통해 전체 프레젠테이션의 리허설을 진행한 후 [예] 버튼을 클릭하면 해당 시간이 화면 전환 시간으로 자동 설정됩니다.

❸ 슬라이드 쇼 녹화 : 직접 발표자가 쇼를 진행하지 않고 웹 기반의 슬라이드 쇼인 경우에 유용한 기능으로, 각 슬라이드마다 미리 발표자가 해당 내용을 녹음한 후 쇼를 실행합니다.

[슬라이드 쇼] 탭→[설정] 그룹→[슬라이드 쇼 녹화]

멘토의 한 수

• 처음부터 녹음 시작 : 슬라이드 1부터 녹음 시작
• 현재 슬라이드에서 녹음 시작 : 선택한 슬라이드부터 녹음 시작

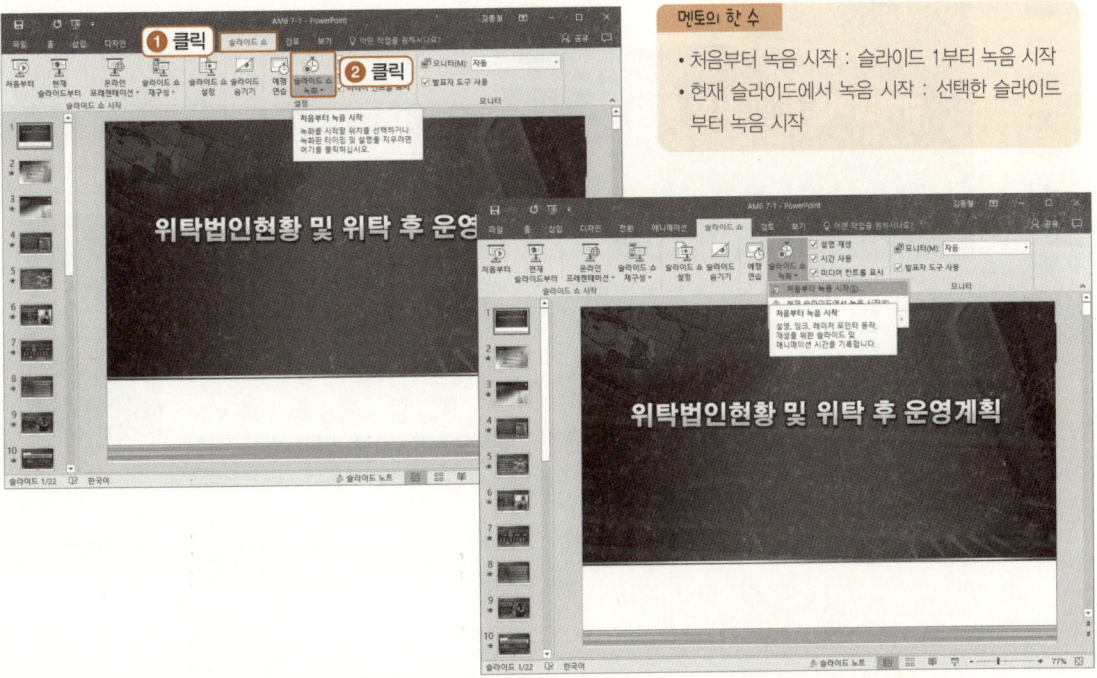

❹ 슬라이드 숨기기 : 선택한 슬라이드를 숨기
는 기능으로, 이는 슬라이드 쇼 실행 시에
만 표시되지 않고 기본 보기 화면에서는 편
집 및 삭제도 가능합니다.

[슬라이드 쇼] 탭→[설정] 그룹→[슬라이드 숨기기]

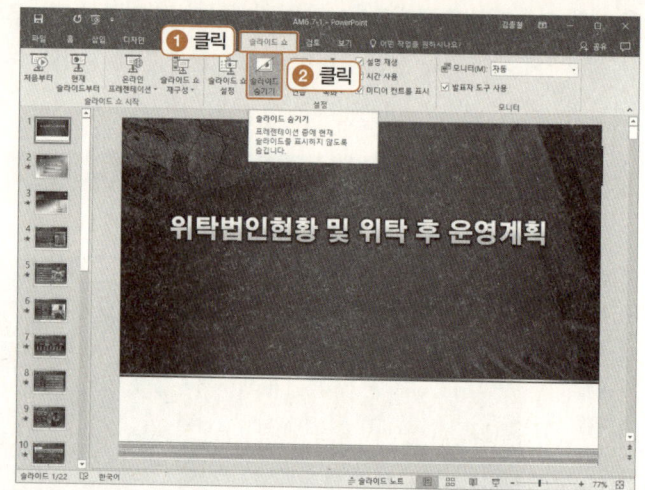

2-2 화면 전환

슬라이드 쇼 실행 시 현재 슬라이드에서 다음 슬라이드로 넘어갈 때의 효과로 전환 효과, 속도, 소리, 시간 등을
설정할 수 있습니다. 화면 전환 기능을 모든 슬라이드에 무조건 설정하는 것은 오히려 청중에게 불쾌감을 줄 수
있으므로 주제 변경이나 주의 환기가 필요한 경우에만 사용하는 것이 적절합니다.

❶ 화면 전환 추가 : 슬라이드가 전환될 때 나타나는 효과로 선택한 슬라이드 또는 모든 슬라이드에 동일한 효과
를 설정할 수 있습니다.

[전환] 탭→[슬라이드 화면 전환] 그룹→[자세히]

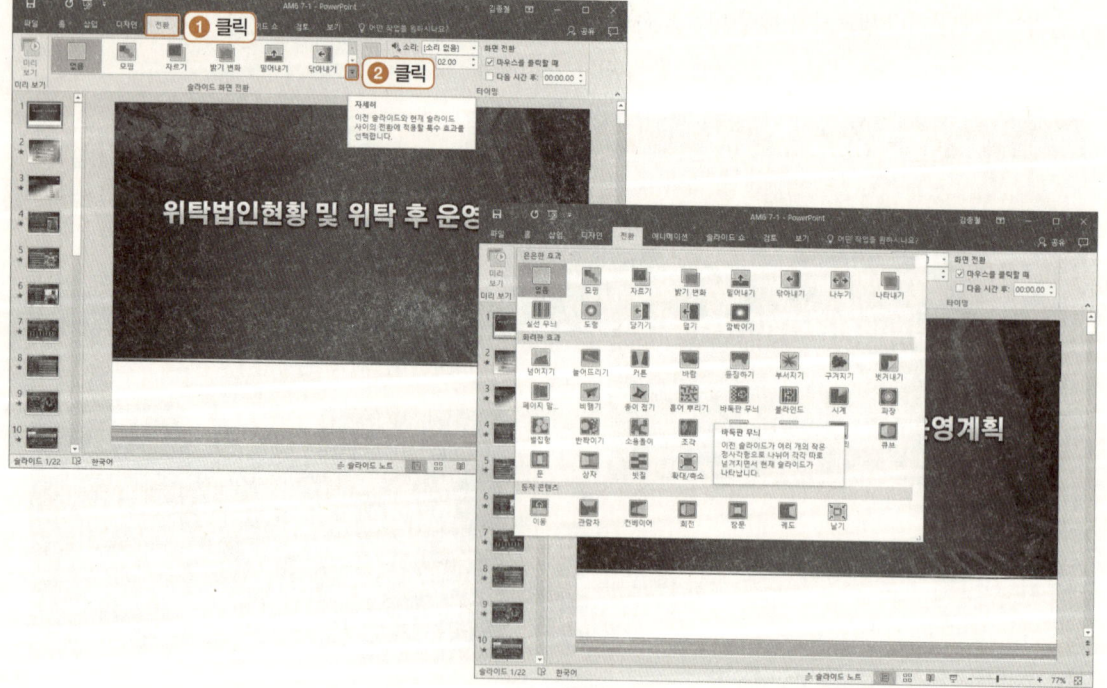

❷ 소리 추가 : 화면 전환 효과와 함께 실행되는 효과음으로 Office에서 제공하는 효과음과 사용자가 가진 오디오 파일(*.wav)을 설정할 수 있습니다.

[전환] 탭→[타이밍] 그룹→[소리]

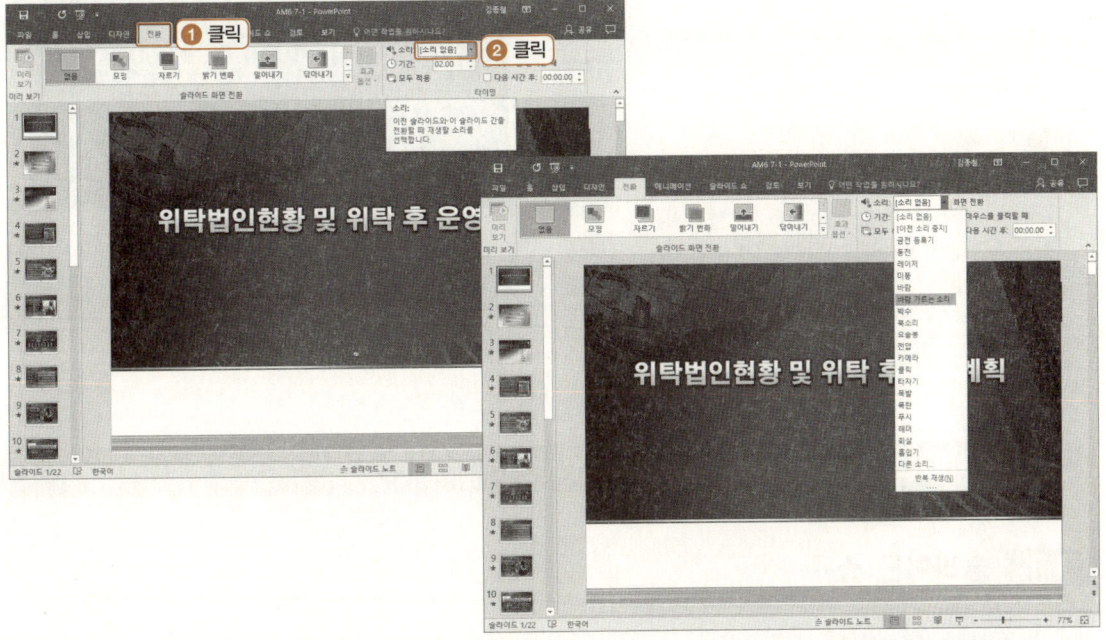

❸ 화면 전환 속도 : 각각의 설정된 화면 전환 효과의 전환 속도를 설정하는 기능으로 설정한 시간 동안 화면 전환이 이뤄집니다.

[전환] 탭→[타이밍] 그룹→[기간]

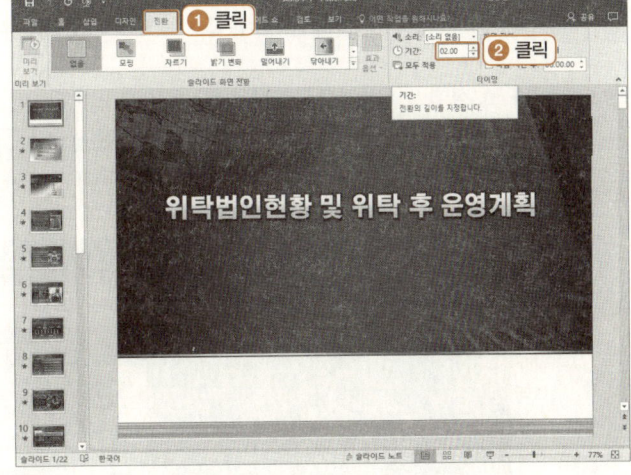

멘토의 한 수

[타이밍] 그룹의 [다음 시간 후] 기능과 혼돈하지 마세요. [다음 시간 후] 기능은 지연 기능으로 설정한 시간 후에 자동으로 화면 전환이 시작됩니다. 또한 [마우스 클릭할 때] 기능은 슬라이드 화면을 클릭하면 다음 슬라이드로 넘어가며, 체크 해제되어 있으면 화면을 클릭해도 넘어가지 않습니다.

❹ 화면 전환 제거 : 지나친 화면 전환 효과 설
정으로 청중에게 방해가 될 수 있다면 이를
제거할 수 있습니다. 화면 전환 효과를 설정
하듯이 효과 항목 중 '없음'을 적용합니다.

[전환] 탭→[슬라이드 화면 전환] 그룹→[없음]

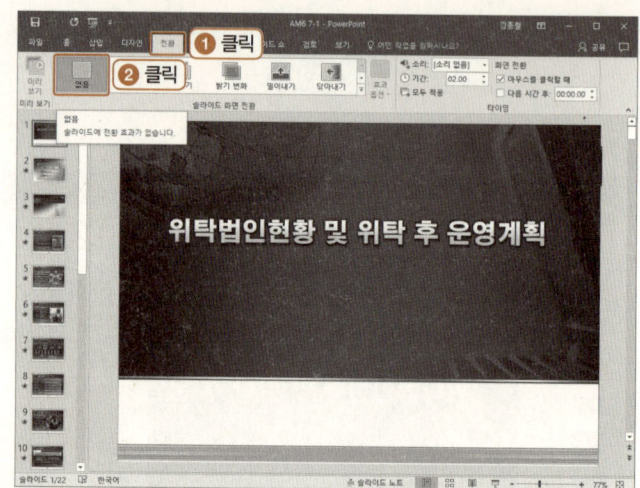

멘토의 한 수

프레젠테이션에 설정된 화면 전환을 한 번에 모두
제거하기 위해서는 모든 슬라이드를 선택할 필요
없이 [화면 전환] 효과의 '없음'을 선택한 후 [타이
밍] 그룹의 [모두 적용]을 클릭합니다.

3 슬라이드 쇼 제어

3-1 슬라이드 쇼

실제 프레젠테이션을 진행하는 기능으로 F5 또는 Shift + F5 키를 눌러 실행합니다. F5 키는 슬라이드 1부터
슬라이드 실행되며, Shift + F5 는 선택한 슬라이드부터 쇼가 실행되는 기능입니다. 매끄러운 슬라이드 쇼 진행
을 위해서는 발표자가 미리 다양한 슬라이드 쇼 제어 기능에 익숙해 있어야 합니다.

❶ 슬라이드 쇼 실행 : 일반적으로 F1 키를 눌러 슬라이드 1에서 실행하고, 쇼 중간 잠시 멈추고 다시 실행하는
경우 Shift + F1 키를 눌러 선택 슬라이드부터 실행하게 됩니다.

[슬라이드 쇼] 탭→[슬라이드 쇼 시작] 그룹→[처음부터]/[현재 슬라이드부터]

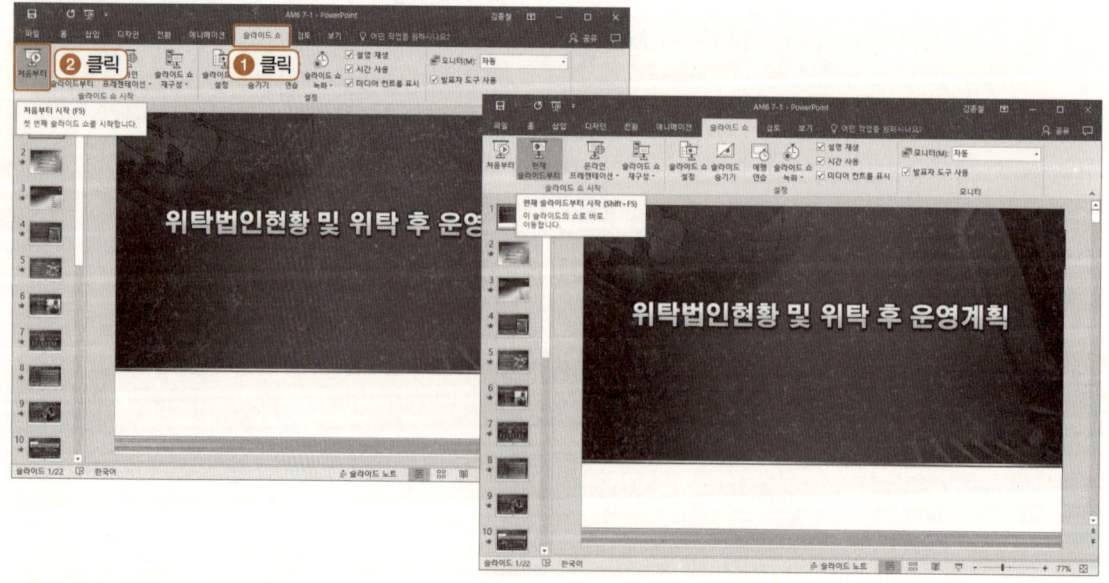

❷ 슬라이드 쇼 화면 : 슬라이드 쇼 도중 청중의 이해를 돕기 위해 화면을 잠시 꺼두는 기능으로 흰색 화면과 검정색 화면으로 설정 가능합니다.

마우스 오른쪽 버튼→[화면]→[화면 어둡게 하기]/[화면을 흰색으로 설정]

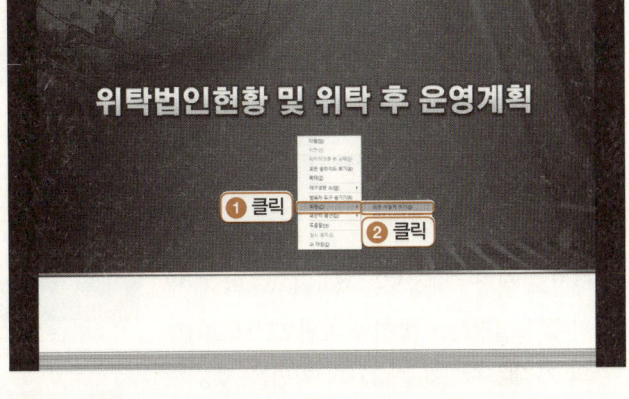

❸ 포인터 옵션 : 슬라이드 쇼 도중 강조하거나 청중의 시선을 유도하고자 하는 경우 사용되는 기능으로 펜과 형광펜을 제공합니다.

마우스 오른쪽 버튼→[포인터 옵션]

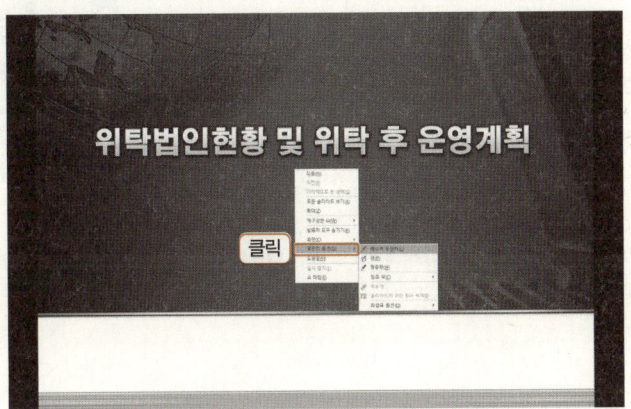

3-2 발표자 도구

원활한 프레젠테이션을 위하여 발표자는 청중에게 전달할 내용을 모두 암기하여 쇼를 진행하는 것이 가장 적합하지만 만일 이러한 상황에 제약이 있다면 모니터 2대를 사용합니다. 이를 통해 실제 쇼에서 청중에게 보여지는 화면과 발표자가 보는 화면을 달리 표시할 수 있는 기능입니다.

❶ 발표자 도구 준비 : 최신의 컴퓨터가 아니라면 이를 위하여 2개의 그래픽 카드를 컴퓨터에 설치해야 합니다.

[슬라이드 쇼] 탭→[모니터] 그룹→[발표자 도구 사용]

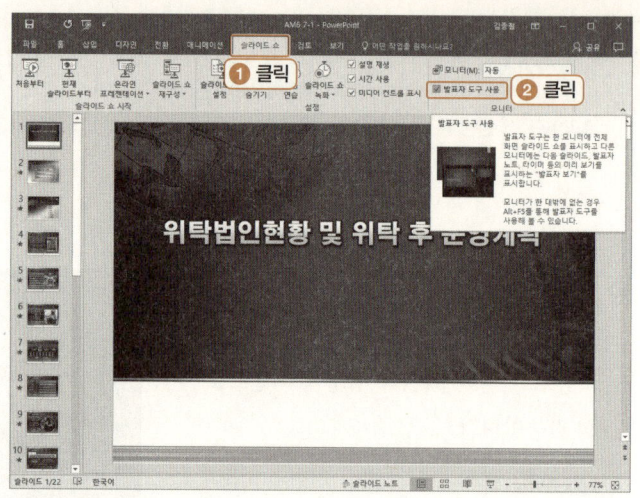

❷ 해상도 설정 : 해상도는 Windows의 제어판에서 설정하는 방법과 파워포인트 2016의 기능을 이용하는 2가지 방법을 제공합니다.

[슬라이드 쇼] 탭→[모니터] 그룹→[모니터]

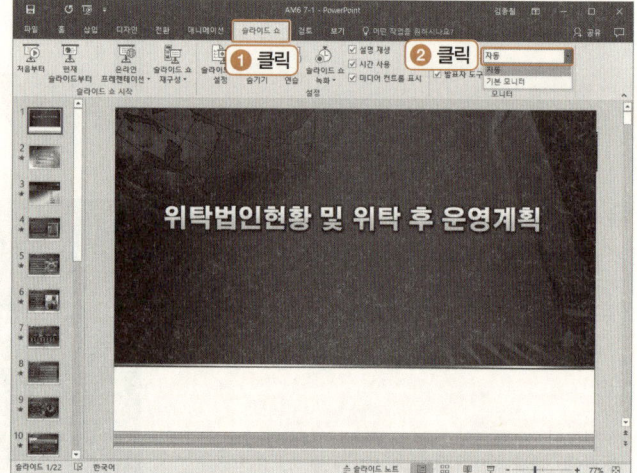

단원 평가

○ 예제: C:\ICDL2016A\AM6 e7-1.pptx

❶ 아래 조건에 맞추어 슬라이드 쇼를 재구성하시오.

> – 쇼 이름 : 프레젠테이션 제작
> – 슬라이드 : 슬라이드 1~4

❶ [슬라이드 쇼] 탭→[슬라이드 쇼 시작] 그룹→[슬라이드 쇼 재구성]→[쇼 재구성]을 클릭합니다.

❷ [쇼 재구성] 대화상자에서 [새로 만들기]를 클릭합니다.

❸ [쇼 재구성하기] 대화상자에서 '슬라이드 쇼 이름 : 프레젠테이션 제작'으로 입력한 후 슬라이드 1~4를 선택하고 [추가] 버튼을 클릭한 후 [확인] 버튼을 클릭합니다.

❹ [쇼 재구성] 대화상자에서 [닫기] 버튼을 클릭합니다.

❷ 현재 프레젠테이션의 '갯벌' 쇼에서 '2. 인천 광역시 갯벌' 슬라이드와 '3. 갯벌의 분포' 슬라이드의 순서를 변경하시오.

❶ [슬라이드 쇼] 탭→[슬라이드 쇼 시작] 그룹→[슬라이드 쇼 재구성]→[쇼 재구성]을 클릭합니다.

❷ [쇼 재구성] 대화상자에서 '갯벌'을 선택하고 [편집] 버튼을 클릭합니다.

❸ [쇼 재구성하기] 대화상자의 '재구성한 쇼에 있는 슬라이드' 항목에서 '2. 인천 광역시 갯벌'을 선택한 후 [아래로] 단추를 클릭합니다.

❹ [쇼 재구성하기] 대화상자에서 변경된 순서를 확인한 후 [확인] 버튼을 클릭합니다.

❺ [쇼 재구성] 대화상자에서 [닫기] 버튼을 클릭한다.

❸ 현재 프레젠테이션에서 '프레젠테이션 제작' 쇼를 제거하시오.

❶ [슬라이드 쇼] 탭→[설정] 그룹→[슬라이드 쇼 재구성]→[쇼 재구성]을 클릭합니다.

❷ [쇼 재구성] 대화상자에서 '프레젠테이션 제작'을 선택한 후 [제거] 버튼을 클릭하고 [닫기] 버튼을 클릭합니다.

④ 슬라이드 2에 다음 조건대로 화면 전환 효과를 설정하시오.

> – 전환 효과 : 갤러리   – 효과 옵션 : 왼쪽에서
>
> – 소리 : 화살   – 기간 : 2.00초

❶ 슬라이드 2에서 [전환] 탭→[슬라이드 화면 전환] 그룹→[갤러리]를 클릭합니다.

❷ [전환] 탭→[슬라이드 화면 전환] 그룹→[효과 옵션]→[왼쪽에서]를 클릭합니다.

❸ [전환] 탭→[타이밍] 그룹→[소리]→[화살]을 클릭합니다.

❹ [전환] 탭→[타이밍] 그룹→[기간]에서 '02.00'을 설정합니다.

⑤ 슬라이드 1~3에 설정된 화면 전환 효과를 제거하시오.

❶ 슬라이드 1을 선택하고 [Shift] 키를 누른 상태로 슬라이드 3을 클릭합니다.

❷ [전환] 탭→[슬라이드 화면 전환] 그룹→[없음]을 클릭합니다.

⑥ 슬라이드 5~9에 아래 조건대로 화면 전환 효과를 설정하시오.

> – 화면 전환 : 조각   – 효과 실행 : 마우스 클릭할 때   – 다음 시간 후 : 3초

❶ 슬라이드 5를 선택하고 [Shift] 키를 누른 상태로 슬라이드 9를 클릭합니다.

❷ [전환] 탭→[슬라이드 화면 전환] 그룹→[조각]을 클릭합니다.

❸ [전환] 탭→[타이밍] 그룹→[마우스 클릭할 때]를 클릭합니다.

❹ [전환] 탭→[타이밍] 그룹→[다음 시간 후]를 '00.03.00'으로 설정합니다.

⑦ 처음부터 슬라이드 쇼를 실행하여 슬라이드 2로 이동하고 형광펜으로 '고려사항' 텍스트를 마킹한 후 주석을 유지하여 쇼를 마치시오.

❶ [슬라이드] 탭→[슬라이드 쇼 시작] 그룹→[처음부터]를 클릭합니다.

❷ 슬라이드 쇼가 실행되면 화면을 클릭하여 슬라이드 2로 이동합니다.

❸ 슬라이드 2에서 [마우스 오른쪽 버튼]→[포인터 옵션]→[형광펜]을 클릭합니다.

❹ 변경된 형광펜으로 '고려 사항' 텍스트를 드래그하여 마킹합니다.

❺ Esc 키를 2번 누르고 대화상자에서 [예] 버튼을 클릭합니다.

⑧ 슬라이드 5에서 슬라이드 쇼를 시작하여 이동 기능을 통해 슬라이드 8로 이동한 후 흰색 화면으로 변경하시오.

❶ 슬라이드 5에서 [슬라이드 쇼] 탭→[슬라이드 쇼 시작] 그룹→[현재 슬라이드부터]를 클릭합니다.

❷ [마우스 오른쪽 버튼]→[슬라이드 이동]→[8 슬라이드 8]을 클릭합니다.

❸ [마우스 오른쪽 버튼]→[화면]→[화면을 흰색으로 설정]을 클릭합니다.

❹ Esc 키를 2번 눌러 쇼를 마칩니다.

⑨ 다음 조건대로 슬라이드 쇼를 설정하시오.

- 실행 : Esc 키를 누를 때까지 계속 실행   – 펜 색 : 노랑
- 슬라이드 표시 : 갯벌

❶ [슬라이드 쇼] 탭→[설정] 그룹→[슬라이드 쇼 설정]을 클릭합니다.

❷ [쇼 설정] 대화상자의 펜 색에서 '다른 색'을 클릭한 후 '노랑' 색상을 선택합니다.

❸ [쇼 설정] 대화상자에서 슬라이드 표시의 '재구성한 쇼'를 선택하여 '갯벌'로 설정한 후 [확인] 버튼을 클릭합니다.

⑩ 파워포인트의 기능을 이용하여 슬라이드 쇼의 해상도를 '1024*768'로 설정하고 슬라이드 9를 숨기시오.

❶ [슬라이드 쇼] 탭→[모니터] 그룹→[해상도]→[1024*768]을 클릭합니다.

❷ 슬라이드 9를 선택하고 [슬라이드 쇼] 탭→[설정] 그룹→[슬라이드 숨기기]를 클릭합니다.

CHAPTER

4

M5

Section 01 데이터베이스 이해

1 데이터베이스 개념

1-1 데이터베이스란?

현재 데이터는 무수히 많은 곳에서 만들어지고 있습니다. 이렇게 무수히 많은 데이터는 어떤 사용자에게는 중요한 정보가 되지만, 다른 사용자에게는 그저 스쳐지나가는 쓸모없는 지식일 뿐입니다. 따라서 수많은 데이터 중에서 사용자에게 필요한 것은 정보라는 이름으로 불립니다. 데이터베이스는 데이터를 모아놓고 관리하는 의미로 컴퓨터 내에서 데이터베이스 파일로 저장되며, 단순히 데이터를 모아놓은 것이 아닌 여러 사람이 공유할 수 있는 '공용 데이터'이어야 하며, 중복 저장되지 않은 '통합 데이터', 사용 목적에 맞는 데이터만을 모아 놓은 '운영 가능한 데이터'이어야 합니다.

1-2 데이터베이스 구성

데이터베이스는 데이터를 테이블로 구성한 집합체라고 볼 수 있습니다. 이러한 테이블은 행(Row)과 열(Column)로 구성되어 있으며, 여기에 수많은 데이터가 저장되어 있습니다. 건물을 만들 때 설계도가 중요한 것처럼 데이터베이스를 구축할 때는 테이블을 설계하는 것이 매우 중요합니다. 모든 데이터베이스 구축이 테이블 설계부터 시작하기 때문입니다.

❶ 테이블

이름	부서명	직책	연락처	급여	성별
김도흔	영업2팀	대리	(031)234-####	2,130,000	남
박재완	관리1팀	대리	(02)568-####	2,350,000	남
이현정	관리2팀	사원	(02)309-####	2,150,000	여
김홍주	총무1과	대리	(02)308-####	2,350,000	여
김찬록	영업1팀	사원	(031)815-####	2,130,000	남
김종명	전산실	대리	(02)2645-####	2,380,000	남

표에서 보는 것과 같이 테이블은 2차원 구조인 행(Row)과 열(Column)로 구성되어 있습니다. 테이블의 행은 '레코드', 열은 '필드'라고 합니다. 또한 레코드를 '튜플(Tuple)', 필드를 '애트리뷰트(Attribute)'라고도 부릅니다. 테이블을 만들기 전에는 먼저 테이블 구조를 설계하는 것이 중요합니다. 이러한 것을 '데이터베이스 디자인'이라고 하는데, 디자인이 잘못되면 데이터베이스를 구축하는 데 많은 어려움이 있다는 것은 누구라도 알 수 있을 것입니다.

1-3 데이터베이스 용도

데이터베이스는 전문가만 사용하는 것은 아닙니다. 이전에는 소수의 컴퓨터 전문가만 사용하였다면 지금은 누구라도 쉽게 데이터베이스를 구축해서 정보를 얻고 업무에 활용할 수 있습니다. 핸드폰에 저장되어 있는 연락처도 하나의 데이터베이스라고 할 수 있습니다.

❶ 사무직 종사자 : 일정 관리, 고객 관리, 판매 관리 등 일반 사무실에서 작업하는 사용자들이 사용합니다.

❷ 자영업자 : 회계 관리, 매출 관리, 재고 관리, 비디오 대여 관리 등 소규모 자영업자들이 데이터베이스 프로그램을 이용하여 데이터를 관리하고 있습니다.

❸ 일반 기업 : 회사 내에서 전 직원이 사용할 수 있는 데이터베이스 관리 시스템인 오라클, MS SQL Server 등을 이용하여 대규모 데이터베이스를 구축해서 사용합니다. 항공권 예약시스템, 은행 계좌 관리, 행정 기관의 대규모 데이터베이스 시스템에 활용됩니다.

❹ 전문직 종사자 : 보험 설계사, 개인 병원 종사자 등 개인적으로 관리하는 데이터가 많을 경우 데이터베이스를 구축해서 사용합니다. 개인에 따라 수많 건이 저장되어 활용됩니다.

1-4 액세스의 구성 요소

액세스는 데이터베이스 관리 도구로 데이터베이스 엔진과 데이터베이스 작업을 동시에 가능하게 해주는 응용 프로그램입니다. 데이터 관리를 중요시하는 분들을 중심으로 사용되다가 현재는 많은 분야에서 활용되고 있는 프로그램입니다.

❶ 테이블(데이터를 저장) : 데이터를 저장
하고 관리하는 곳으로 데이터베이스 관
리 시스템에서 가장 기본이 되는 부분
입니다.

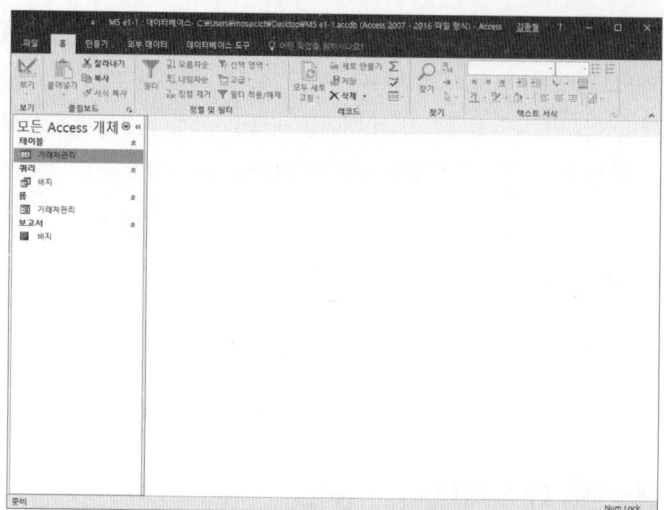

❷ 쿼리(원하는 데이터만 뽑아냄) : 테이블
에 저장되어 있는 데이터에서 필요한
시기에 원하는 조건의 데이터를 다시
불러내 활용합니다.

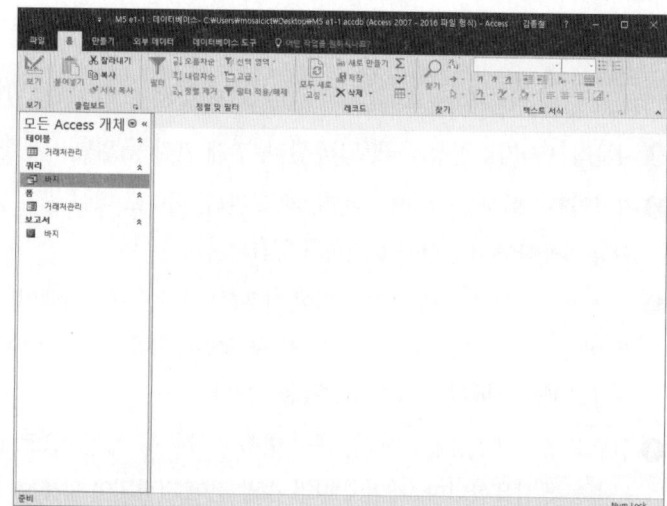

❸ 폼(데이터의 입 · 출력을 담당함) : 사용
자와 직접 대화를 하면서 데이터의 입
력과 출력을 담당하며, 입력된 데이터
를 조회하면서 수정하거나 삭제하는 등
편집 역할을 담당합니다.

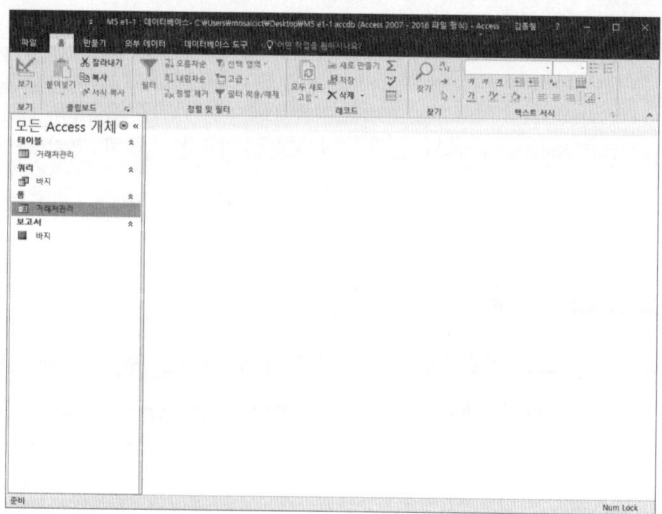

❹ 보고서(각종 결과물을 인쇄함) : 원하는 데이터를 이용하여 보고서를 작성합니다. 보고서 디자인을 통하여 원하는 모양으로 만들 수 있어 매우 편리합니다.

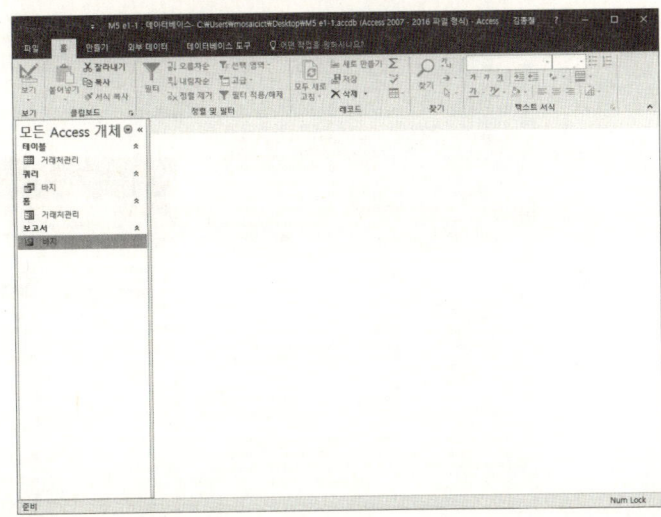

❺ 매크로와 코드(전문 프로그램을 만듦) : 전문 개발 툴을 이용하여 완벽한 데이터베이스 관리 프로그램을 만들 수 있습니다. 자동화된 프로그램에 수동으로 프로그램을 만드는 도구를 제공합니다.

2 데이터베이스 구성 요소

2-1 테이블 구조

데이터베이스의 목적은 데이터를 저장하고 필요한 시기에 불러내어 정보로 활용하는 데 있습니다. 따라서 데이터가 저장되는 테이블이 없으면 데이터베이스가 존재할 수 없을 것입니다.

❶ 액세스는 데이터베이스에 포함되어 있는 전체 테이블을 관리하는 화면과 각각의 테이블을 디자인하는 방법을 제공하고 있습니다. 또한 테이블에 저장되어 있는 레코드를 볼 수 있는 화면(데이터시트)도 사용할 수 있습니다.

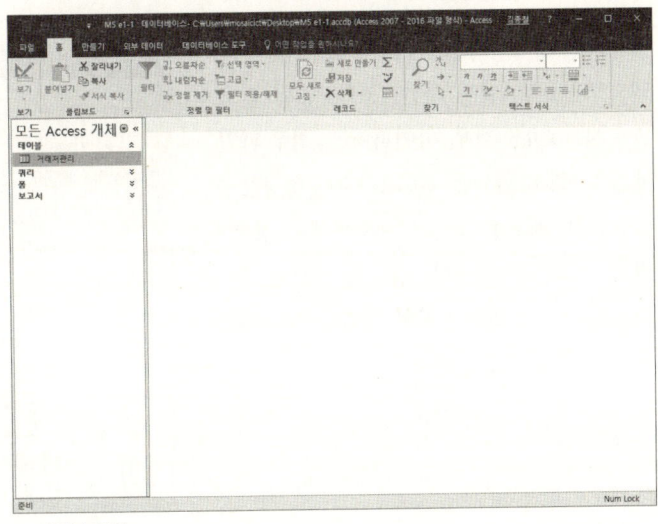

▲ 테이블 화면

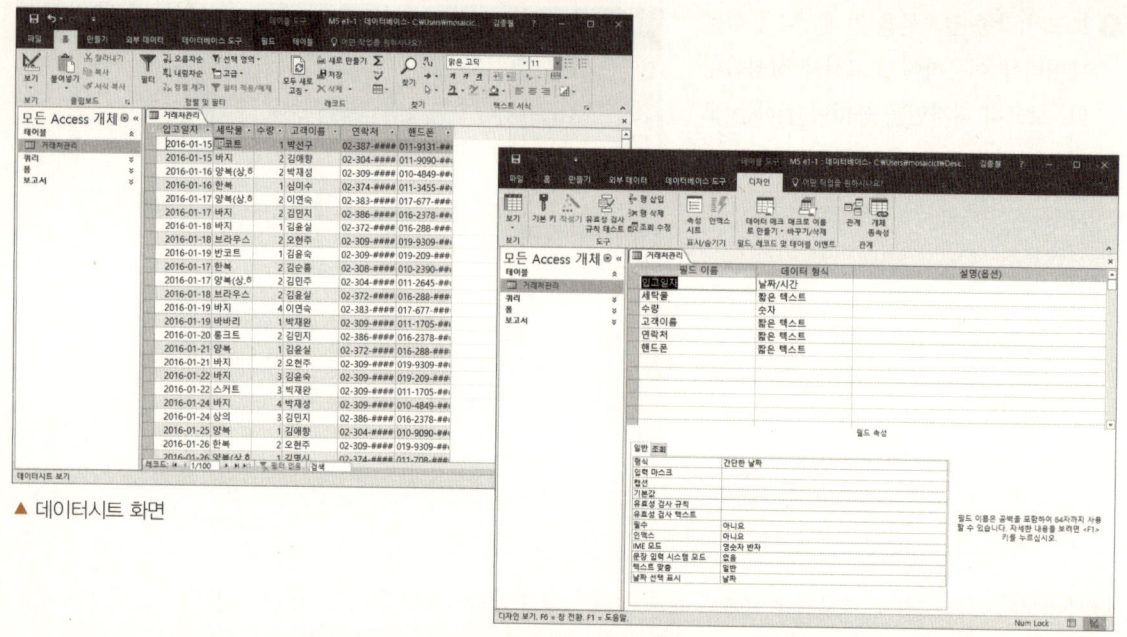

▲ 데이터시트 화면

▲ 테이블 디자인 화면

2-2 데이터 형식

액세스에서 데이터 형식은 짧은 텍스트, 긴 텍스트, 숫자, 날짜/시간, 통화, 일련 번호, Yes/No, OLE 개체, 하이퍼링크, 첨부 파일, 계산, 조회 마법사 등 총 12가지를 설정할 수 있습니다. 필드를 설정하는 화면에서 성격에 맞게 선택하면 됩니다. 필드를 만드는 가장 기본적인 작업으로 정확한 성격을 지정해 주는 것이 매우 중요합니다.

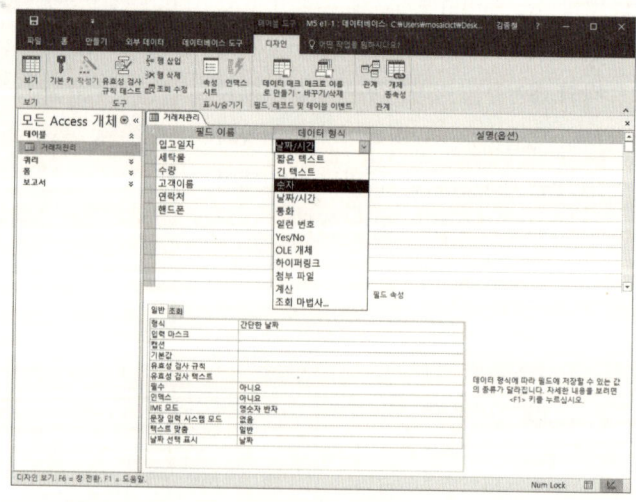

❶ **짧은 텍스트** : 문자 데이터를 입력하는 것으로 255자까지 입력할 수 있습니다. 필드를 만들 때 기본값으로 적용되는 형식으로 숫자처럼 계산할 필요가 없는 필드에 설정합니다.

❷ **긴 텍스트** : 문자 데이터의 크기보다 더 긴 문자열을 입력할 때 사용하는 것으로 65,535자까지 입력이 가능합니다.

❸ **숫자** : 계산을 할 수 있는 숫자 형식을 입력합니다.

❹ **날짜/시간** : 날짜 및 시간을 입력합니다.

❺ **통화** : 숫자 형식을 통화 형식으로 입력합니다.

❻ **일련번호** : 새로운 레코드가 추가되면 자동으로 숫자 값이 삽입되는 것으로 고유 일련 번호(1씩 증가) 또는 무작위로 입력됩니다.

❼ **Yes/No** : 예/아니오, On/Off, True/False 중 하나를 선택합니다.

❽ **OLE 개체** : 이미지, 엑셀, 문서 파일 등 다른 응용 프로그램에서 만든 OLE 개체 복사본을 삽입합니다.

❾ **하이퍼링크** : 인터넷 주소, 전자 메일 등 텍스트로 저장되고 하이퍼링크 주소로 사용되는 텍스트와 숫자의 조합입니다.

❿ **첨부 파일** : 파일을 첨부할 수 있습니다.

⓫ **계산** : '식 작성기'를 이용하여 수식을 입력할 수 있습니다.

⓬ **조회 마법사** : 데이터를 입력할 때 직접 입력하지 않고 목록을 선택하거나 미리 입력되어 있는 값을 참조할 때 사용합니다.

2-3 필드 속성

액세스에서 지정할 수 있는 필드 속성은 필드 크기, 형식, 소수 자릿수, 입력 마스크, 캡션, 기본값, 유효성 검사와 유효성 검사 텍스트, 필수, 빈 문자열 허용, 인덱스, 유니코드 압축, IME 모드 등을 설정할 수 있습니다. 필드의 데이터 형식을 선택한 후 설정하는 화면에서 성격에 맞게 선택하면 됩니다.

일반 조회	
형식	간단한 날짜
입력 마스크	
캡션	
기본값	
유효성 검사 규칙	
유효성 검사 텍스트	
필수	아니요
인덱스	아니요
IME 모드	영숫자 반자
문장 입력 시스템 모드	없음
텍스트 맞춤	일반
날짜 선택 표시	날짜

❶ **필드 크기** : 필드의 크기를 지정하는 것으로 255자까지 설정이 가능합니다. 입력할 데이터에 맞게 작지도 크지도 않게 설정해 주는 것이 좋습니다. 기본 필드 크기는 50으로 설정되어 있습니다.

❷ **형식** : 숫자, 날짜/시간 등의 형식에 맞게 다르게 지정할 수 있습니다. 특히 숫자 형식인 경우에는 통화로 변경할 수도 있습니다.

❸ **소수 자릿수** : 15자리까지 설정할 수 있으며 숫자 형식에서 지정이 가능합니다.

❹ **입력 마스크** : 주민등록번호, 전화번호, 우편번호 등에는 대시(-) 기호가 있습니다. 이러한 데이터를 입력할 때 사용자들은 대시(-) 기호를 입력해야 하는지, 생략해야 하는지에 대해 많은 고민을 합니다. 이러한 경우 '입력 마스크'를 지정하면 데이터 입력 시 대시(-) 기호가 자동으로 삽입되어 사용자들은 숫자만 입력하면 됩니다.

❺ **캡션** : 테이블의 필드 이름 대신에 사용할 수 있는 별명입니다.

❻ **기본값** : 새로운 레코드를 추가하면 자동으로 입력되는 값입니다.

❼ **유효성 검사와 유효성 검사 텍스트** : 사용자들에게 올바른 데이터를 입력받는 방법으로 필드의 값에 미리 정한 값만 입력될 수 있도록 설정할 수 있습니다. 또한 유효성 검사 규칙에 맞지 않는 값이 입력되면 경고 메시지를 나타나게 설정할 수도 있습니다.

❽ **필수** : 설정을 '예'로 하면 필드에는 반드시 값이 포함되어야 레코드를 저장할 수 있습니다.

❾ **빈 문자열 허용** : 공백 문자의 여부를 설정하는 것으로, 이 속성이 지정된 필드에는 빈 문자열을 입력할 수 있습니다.

❿ **인덱스** : 검색 속도와 쿼리 속도를 증가시키는 방법으로 데이터를 검색할 때 유용합니다.

⓫ **유니코드 압축** : 유니코드는 서로 다른 언어 체계로 인해 국가 간의 텍스트 입력에 문제가 발생하지 않도록 하는 것으로 메모, 하이퍼링크 형식에 데이터를 나타낼 때 사용합니다.

⓬ **IME 모드** : 다국어를 입력할 수 있도록 미리 지정한 중국어나 일본어를 입력할 수 있습니다.

3 관계

3-1 기본 키

기본 키란 주민등록번호나 학번 등과 같이 각 레코드에서 유일하게 구분할 수 있는 필드를 말하며, 기본 키로 설정되면 중복된 값이나 Null(값이 없음) 값을 가질 수 없습니다. 기본 키는 반드시 필요한 것은 아니지만 테이블에 적어도 하나의 필드에 설정하는 경우가 많습니다.

테이블 목록에서 기본 키를 설정할 테이블을 선택한 후 '디자인 보기'를 실행합니다. 그런 다음 [테이블 도구]의 상황별 탭인 [디자인] 탭→[도구] 그룹→[기본 키] 도구를 클릭합니다.

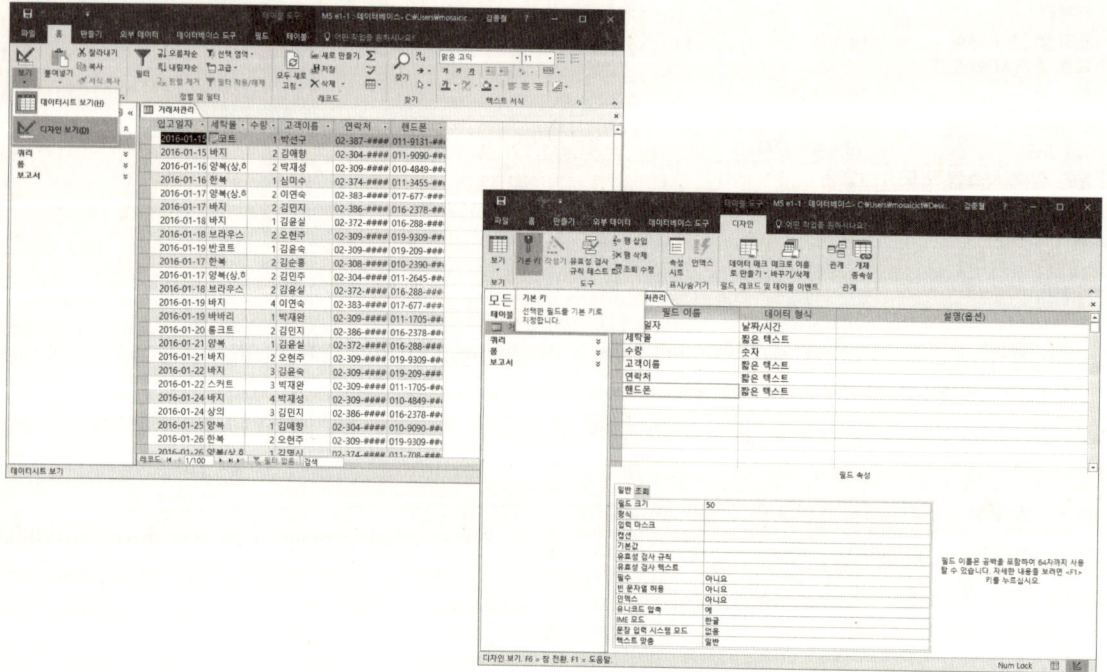

3-2 인덱스

인덱스는 테이블의 검색 및 정렬 속도를 높여주는 기능으로, 인덱스가 설정된 필드는 그렇지 않은 필드에 비해 빠르게 검색을 해줍니다. 단, 테이블에 너무 많은 인덱스를 설정하면 오히려 전체 데이터베이스의 속도에 부담을 줄 수 있기 때문에 주의해야 합니다.

인덱스를 설정할 필드를 선택하고 필드 속성 영역에서 '인덱스' 항목의 목록 단추를 클릭한 후 설정합니다.

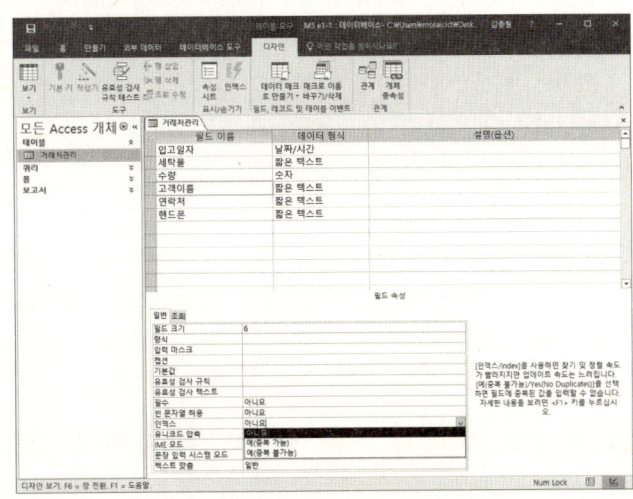

3-3 관계

액세스는 관계형 데이터베이스입니다. 데이터베이스를 하나의 테이블로 만들게 되면 데이터의 중복 저장으로 인하여 실행 속도, 관리, 무결성 유지 등 여러 어려움이 발생할 수 있습니다. 그래서 하나의 테이블을 관련성 있는 여러 테이블로 나누어 데이터베이스를 구축하는데, 이렇게 나누어진 테이블을 서로 연결할 때 '관계'를 이용합니다.

[데이터베이스 도구] 탭→[관계] 그룹→[관계]

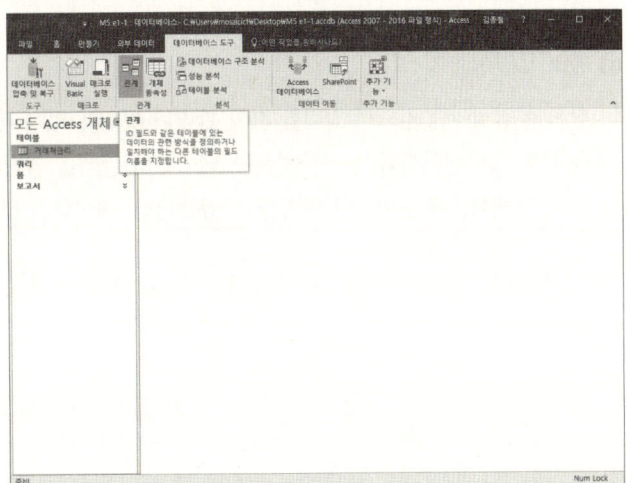

❶ 관계 유형

관계는 주로 두 테이블에서 이름이 같은 필드를 대응시킴으로써 형성되며 일대일, 일대다, 다대다 관계로 설정됩니다. 일대일 관계는 하나의 테이블을 여러 테이블로 나눌 때, 일대다 관계는 하나의 테이블에 저장된 값을 다른 테이블에서 여러 번 참조할 때, 다대다 관계는 두 테이블이 서로 여러 레코드들과 대응시킬 때 사용합니다.

❶ **일대일 관계** : 한 테이블의 각 레코드는 다른 테이블의 하나의 레코드에만 대응됩니다. 설정할 때는 기본 키와 기본 키를 이용해서 대응시킵니다.

❷ **일대다 관계** : 연결하는 쪽의 테이블에서 기본 키 필드가 연결당하는 쪽의 여러 레코드에 대응됩니다. 연결하는 쪽의 테이블에 저장된 값을 연결당하는 쪽의 테이블에서 여러 번 참조합니다.

❸ **다대다 관계** : 테이블이 여러 레코드에 대응되는 것으로 중간에 다른 테이블을 이용하여 설정합니다. 일대일 관계나 일대다 관계처럼 두 개의 테이블을 직접 설정할 수 없습니다.

❷ 조인 유형

'조인'이란 액세스에서 사용하는 '관계'를 설명하는 다른 방법입니다. 액세스의 '조인'이란 내부 조인, 왼쪽 외부 조인, 오른쪽 외부 조인 등 3가지가 있습니다. [관계 편집] 대화상자에서 '조인 유형'을 클릭하면 조인 속성을 변경할 수 있습니다.

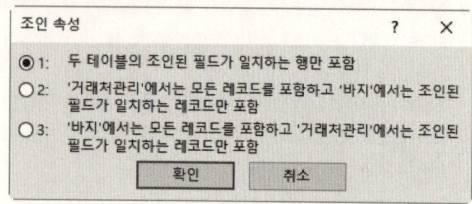

❶ **내부 조인** : 가장 일반적인 조인으로 두 테이블의 연결 필드의 값이 일치하는 레코드만 나타납니다.

❷ **왼쪽 외부 조인** : 관계가 설정된 두 테이블 중 오른쪽 관계 테이블에 일치하는 레코드가 없어도 왼쪽 테이블의 모든 레코드가 포함된 데이터가 나타납니다.

❸ **오른쪽 외부 조인** : 관계가 설정된 두 테이블 중 왼쪽 관계 테이블에 일치하는 레코드가 없어도 오른쪽 테이블의 모든 레코드가 포함된 데이터가 나타납니다.

❸ 참조 무결성 유지

참조 무결성이란 필드에 입력한 값이 관련된 필드에 있는 데이터와 항상 같게 할 때 사용합니다. 예를 들어, '문구코드표' 테이블과 '문구판매현황' 테이블의 관계를 설정할 때 '문구판매현황' 테이블의 '문구코드'가 '문구코드표' 테이블에 있어야만 입력할 수 있습니다. 데이터를 항상 신뢰하게 할 경우 사용하면 좋습니다.

[관계 편집] 대화상자에서 '항상 참조 무결성 유지'에 체크 표시합니다.

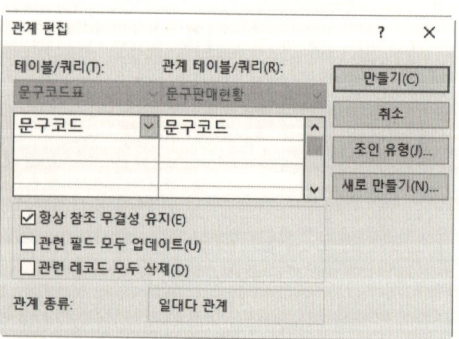

[관계 편집] 대화상자

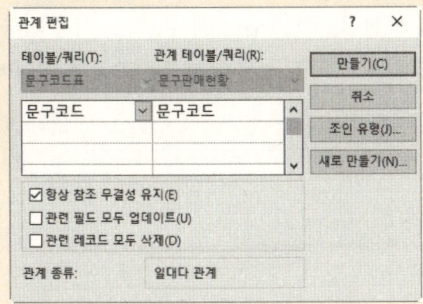

❶ 항상 참조 무결성 유지 : 관계가 설정된 두 테이블 사이에 연결고리가 언제나 똑같은 값으로 연결되는 방식입니다.
❷ 관련 필드 모두 업데이트 : 마스터의 필드가 '문구코드표' 테이블의 '문구코드'를 수정하면, '문구판매현황' 테이블의 '문구코드'도 동시에 변경됩니다.
❸ 관련 레코드 모두 삭제 : 마스터의 필드가 '문구코드표' 테이블의 '문구코드'를 삭제하면 '문구판매현황' 테이블의 '문구코드'도 동시에 삭제됩니다.

4 데이터베이스 운용

4-1 데이터베이스 설계 및 운용

데이터베이스 설계는 사용자의 요구 사항을 토대로 구현 가능한 데이터베이스 구조를 개발하는 작업으로 논리적 설계와 물리적 설계로 나눕니다. 논리적 설계는 개념적인 구조를 다루며, 물리적 설계는 물리적인 저장 장치와 접근 방식을 다룹니다. 이런 설계는 데이터베이스를 구축하는 데 매우 중요한 작업으로 전문가에 의해 만들어집니다. 또한 구축된 시스템은 사용자들에 의해 데이터 입력, 정보 검색, 데이터 관리 등의 작업이 이루어집니다.

❶ 데이터베이스 설계

- 논리적 설계 : 현실 세계에서 발생하는 자료를 컴퓨터가 처리할 수 있는 물리적 저장장치에 저장할 수 있도록 변환하기 위해 특정 DBMS가 지원하는 논리적 자료 구조로 변환시키는 과정으로, 개념 세계의 데이터를 필드로 기술된 데이터 타입과 이 데이터 타입들 간의 관계로 표현되는 논리적 구조의 데이터로 모델화합니다.

- 물리적 설계 : 논리적 설계 단계에서 논리적 구조로 표현된 데이터를 디스크 등의 물리적 저장장치에 저장할 수 있는 물리적 구조의 데이터로 변환하는 과정으로, 데이터베이스 파일의 저장 구조, 레코드의 형식, 접근 경로와 같은 정보를 사용하여 데이터가 컴퓨터에 저장되는 방법을 묘사합니다.

❷ 데이터베이스 운용

데이터베이스 시스템이 구축되면 사용자들은 편리하게 데이터를 활용하여 원하는 업무를 수행할 수 있습니다. 따라서 사용자를 위한 시스템이야말로 진정한 데이터베이스 시스템을 구축하는 목적이 될 것입니다. 특히, 사용자는 시스템을 잘 알지 못하고 그 기능만 사용할 줄 아는 경우가 많기 때문에 시스템을 구축할 때 충분히 고려해서 만들어야 합니다.

4-2 데이터베이스 관리자

데이터베이스 관리자는 데이터베이스를 관리하는 사람으로 데이터의 보전 및 백업, 접근 제어(보안), 사용 가능, 개발 등의 역할을 수행합니다. 성공적인 데이터베이스 시스템을 운영하는 데 반드시 필요한 인력으로 데이터베이스 시스템을 유지하는 제반 활동들을 지휘 감독합니다.

❶ 데이터베이스 관리자의 역할

 - 데이터베이스 시스템의 설계, 구현 및 유지보수
 - 데이터베이스 시스템의 구축
 - 데이터베이스 시스템의 관리
 - 데이터베이스 시스템의 보안, 유지보수
 - 데이터베이스 관리 시스템의 사용

❷ 데이터베이스 관리자의 권한과 임무

 - 데이터의 저장 구조와 접근 방법 결정
 - 백업과 복원을 위한 정책 결정
 - 스키마 정의
 - 데이터베이스 시스템의 보안성 결정
 - 데이터베이스를 구성하는 정보의 내용 정의

멘토의 한 수

데이터베이스 관리자는 DBA(DataBase Administrator)라고도 합니다.

---

1 다음 중 데이터베이스의 특징이 아닌 것은?

❶ 공용 데이터　　　　　　　　　　❷ 통합 데이터
❸ 소멸성 데이터　　　　　　　　　　❹ 운영 가능 데이터

2 다음 중 그 의미가 다른 하나는?

❶ 행　　　　　　　　　　　　　　　❷ 필드
❸ 레코드　　　　　　　　　　　　　❹ 튜플

3 액세스에서 테이블에 저장되어 있는 데이터에서 필요한 시기에 원하는 조건의 데이터를 다시 불러내 활용하는 것은?

❶ 테이블　　　　　　　　　　　　　❷ 쿼리
❸ 폼　　　　　　　　　　　　　　　❹ 보고서

4 액세스에서 설정할 수 있는 테이블의 데이터 형식이 아닌 것은?

❶ 동영상　　　　　　　　　　　　　❷ 메모
❸ 일련번호　　　　　　　　　　　　❹ OLE 개체

5 액세스에서 설정할 수 있는 테이블의 데이터 형식 중 이미지, 엑셀, 문서 파일 등 다른 응용 프로그램에서 만든 OLE 개체를 삽입할 수 있는 것은?

❶ 숫자　　　　　　　　　　　　　　❷ 메모
❸ OLE 개체　　　　　　　　　　　❹ 조회 마법사

6 액세스에서 설정할 수 있는 필드 속성 중 테이블의 필드 이름 대신에 사용할 수 있는 별명은 무엇인가?

❶ 캡션　　　　　　　　　　　　　❷ 유니코드 압축

❸ 입력 마스크　　　　　　　　　　❹ 인덱스

○ 예제: C:\ICDL2016A\M5 e1-1.accdb

7 '문구코드표' 테이블의 '문구코드' 필드에 기본 키를 설정하시오(저장한 후 닫을 것).

❶ 테이블 목록의 '문구코드표'에서 마우스 오른쪽 단추를 클릭한 후 [디자인 보기]를 선택합니다.

❷ 필드 이름 영역에서 '문구코드'를 선택합니다.

❸ [테이블 도구]의 상황별 탭인 [디자인] 탭→[도구] 그룹에서 [기본 키] 도구를 클릭합니다.

❹ '문구코드' 필드에 '기본 키'가 설정됩니다.

❺ '빠른 실행 도구 모음'의 [저장] 도구를 클릭합니다.

❻ '창 닫기'를 클릭합니다.

8 '문구판매현황' 테이블의 '문구코드' 필드에 중복 가능한 인덱스를 설정하시오(저장한 후 닫을 것).

❶ 테이블 목록의 '문구판매현황'에서 마우스 오른쪽 단추를 클릭한 후 [디자인 보기]를 선택합니다.

❷ 필드 이름 영역에서 '문구코드'를 선택합니다. 그런 다음 필드 속성 영역에서 '인덱스' 항목의 목록 단추를 클릭한 후 '예(중복 가능)'를 선택합니다.

❸ '빠른 실행 도구 모음'의 [저장] 도구를 클릭합니다.

❹ '창 닫기'를 클릭합니다.

9 '문구코드표' 테이블의 '문구코드'와 '문구판매현황' 테이블의 '문구코드' 사이에 관계를 설정하시오.

❶ [데이터베이스 도구] 탭→[관계] 그룹→[관계] 도구를 클릭합니다.

❷ [테이블] 탭에서 '문구코드표'를 선택한 후 〈추가〉 단추를 클릭합니다.

❸ [테이블] 탭에서 '문구판매현황'을 선택한 후 〈추가〉 단추를 클릭합니다.

❹ 〈닫기〉 단추를 클릭합니다.

❺ '문구코드표' 테이블의 필드 목록 상자에 있는 '문구코드'를 '문구판매현황' 테이블의 필드 목록 상자
에 있는 '문구코드'로 드래그해서 놓습니다.

❻ [관계 편집] 대화상자에서 〈만들기〉 단추를 클릭합니다.

❼ 관계가 설정됩니다.

❿ 관계에 '항상 참조 무결성 유지'를 설정하시오.

❶ 설정된 관계 위에서 마우스 오른쪽 단추를 클릭한 후 [관계 편집]을 선택합니다.

❷ '항상 참조 무결성 유지'에 체크 표시한 후 〈확인〉 단추를 클릭합니다.

⓫ 다음 중 논리적 구조로 표현된 데이터를 디스크 등의 물리적 저장장치에 저장할 수 있는 물리적 구조의 데이터로 변환하는 과정은?

❶ 논리적 설계   ❷ 이론적 설계

❸ 구조적 설계   ❹ 물리적 설계

⓬ 다음 중 데이터베이스 관리자의 역할이 아닌 것은?

❶ 데이터베이스 시스템의 보안, 유지보수

❷ 데이터베이스 시스템의 판매

❸ 데이터베이스 시스템의 관리

❹ 데이터베이스 시스템의 구축

정답   1. ③   2. ②   3. ②   4. ①   5. ③   6. ①   11. ④   12. ②

Section 02 액세스 사용하기

1 데이터베이스 작업

1-1 액세스 화면 구성 요소

액세스는 데이터베이스를 구축하고 관리를 편리하게 할 수 있도록 도와주는 데이터베이스(Database) 프로그램입니다. 액세스의 특징은 초보자도 쉽게 데이터베이스를 구축해서 활용할 수 있다는 것입니다. 프로그래밍 언어를 몰라도 기존의 전문가가 만든 프로그램과 비교해서 전혀 손색이 없는 데이터베이스를 구축할 수 있습니다.

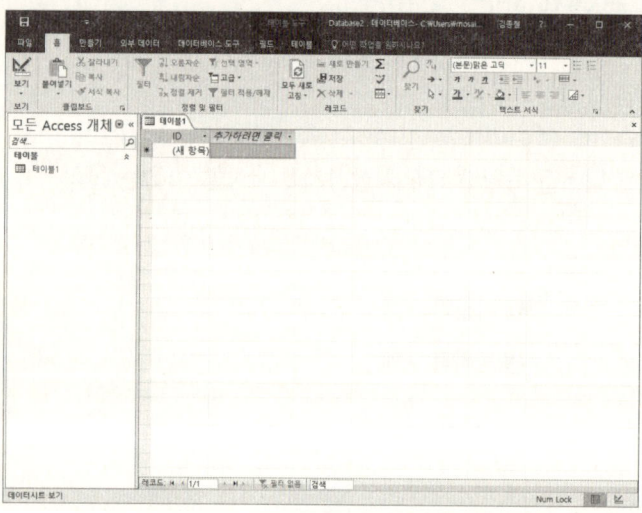

1-2 데이터베이스 열기와 닫기

액세스에서 데이터베이스 문서를 만들면 파일로 저장할 수 있습니다. 이렇게 저장한 데이터베이스 파일은 필요할 때 언제든 다시 불러와 편집할 수도 있습니다.

❶ 데이터베이스 열기

[파일] 탭→[열기]

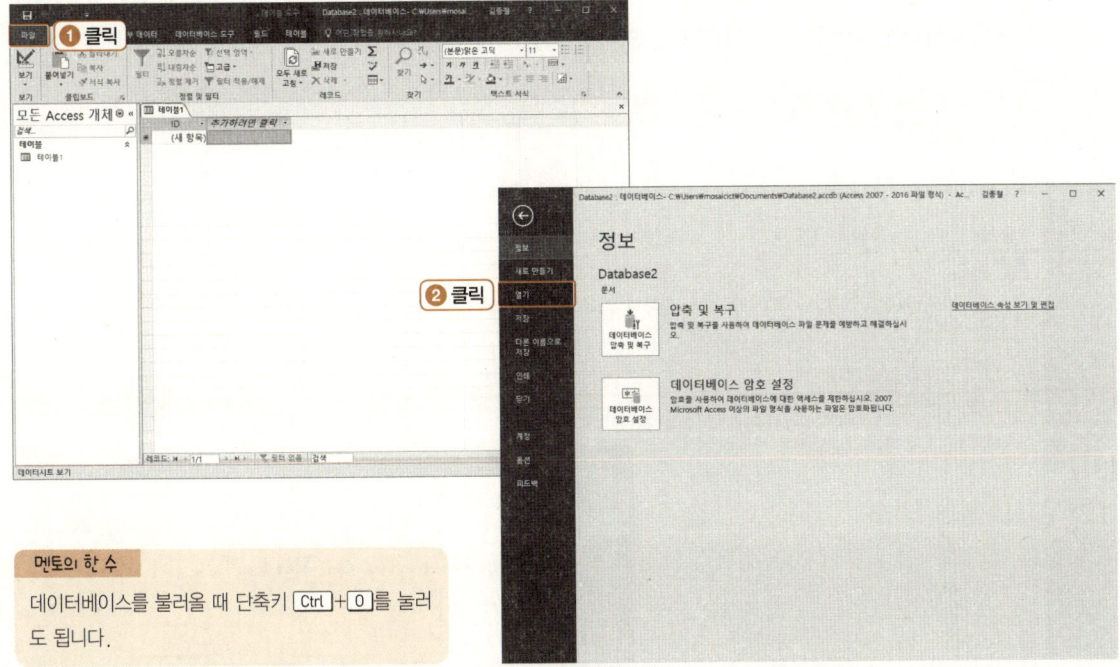

❷ 데이터베이스 닫기

[파일] 탭→[닫기]

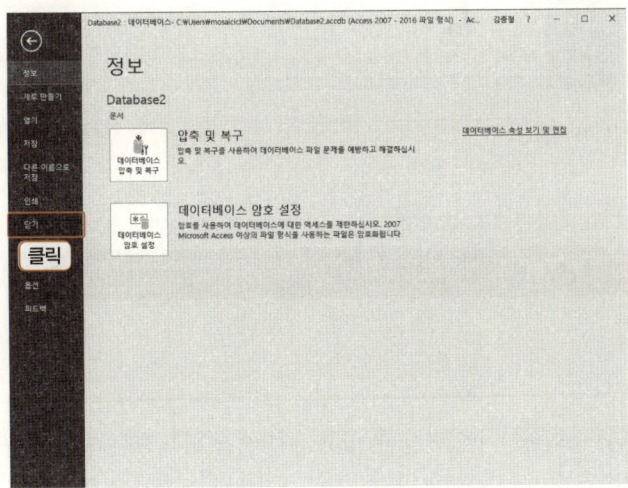

1-3 새로운 데이터베이스 작성

액세스 프로그램 안에는 데이터베이스 문서가 기본적으로 만들어져 있습니다. 이렇게 만들어진 템플릿 파일은 필요에 따라서 편리하게 사용할 수도 있습니다. 또한 비어있는 새로운 데이터베이스 문서를 만들어서 작성할 수 있습니다.

[파일] 탭→[새로 만들기]

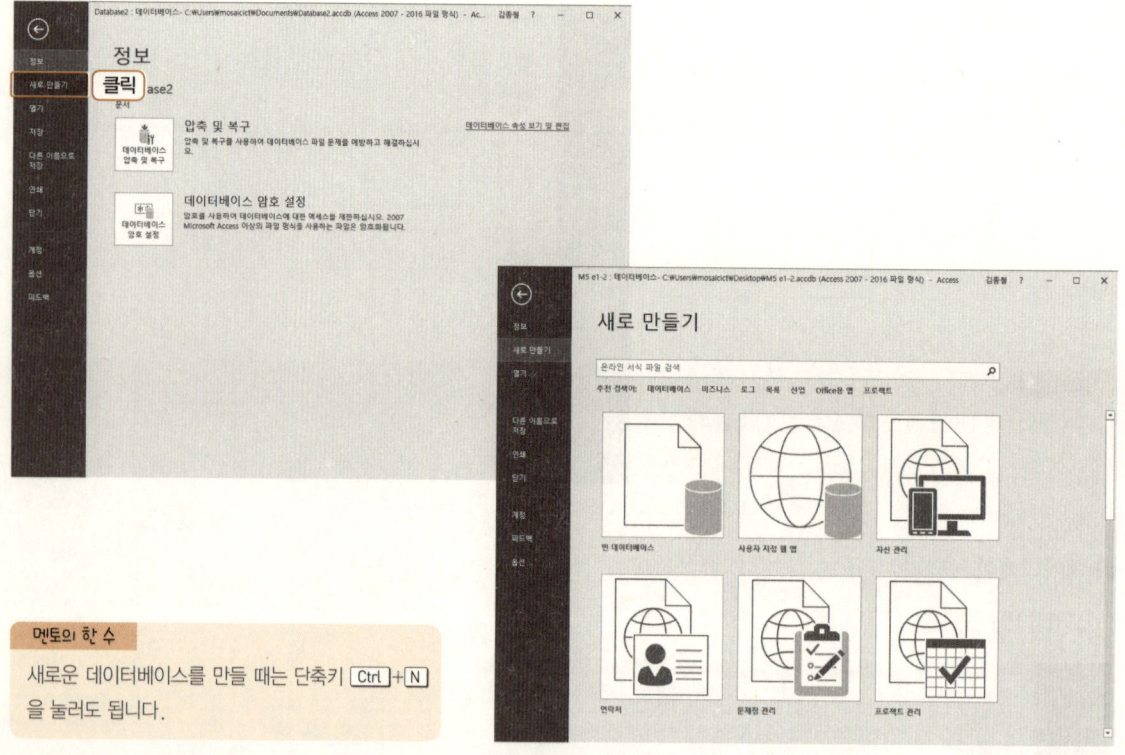

멘토의 한 수

새로운 데이터베이스를 만들 때는 단축키 `Ctrl`+`N` 을 눌러도 됩니다.

2 데이터베이스 개체

2-1 데이터베이스 개체 열기

액세스는 테이블, 쿼리, 폼, 보고서 개체의 데이터를 조회하거나 입력할 수 있고, 보고서를 미리 보는 창과 디자인을 편집할 수 있는 창 두 가지를 제공합니다. 예를 들어, 테이블의 경우 '디자인' 보기에서 각 필드에 대한 여러 가지 옵션을 설정한 후 실제 데이터는 '데이터시트 보기'에서 입력할 수 있습니다. 따라서 디자인 창과 미리 보기 창의 두 가지 방법을 자유자재로 이동하면서 작업해야 합니다.

❶ 개체 열기

'개체' 항목에서 마우스 오른쪽 단추를 클릭한 후 [열기]를 선택합니다.

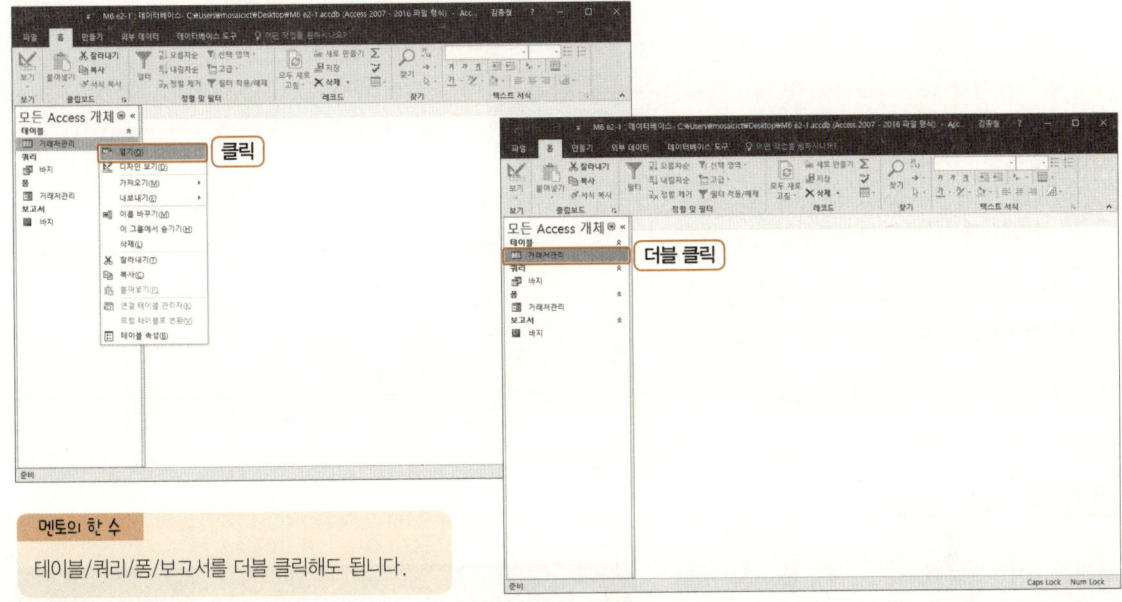

멘토의 한 수

테이블/쿼리/폼/보고서를 더블 클릭해도 됩니다.

❷ 디자인

'개체' 항목에서 마우스 오른쪽 단추를 클릭한 후 [디자인 보기]를 선택합니다.

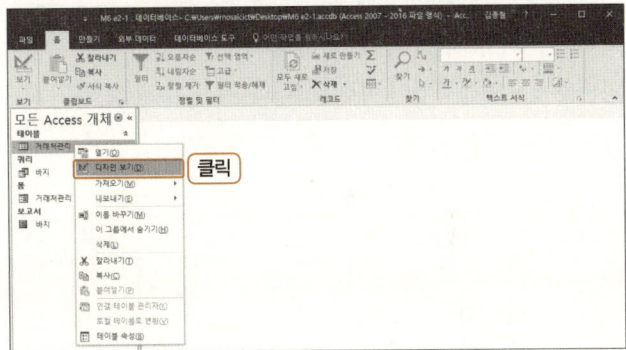

❸ 보기 전환하기

㉠ 데이터시트 보기 → 디자인 보기

[홈] 탭→[보기] 그룹→[디자인 보기]

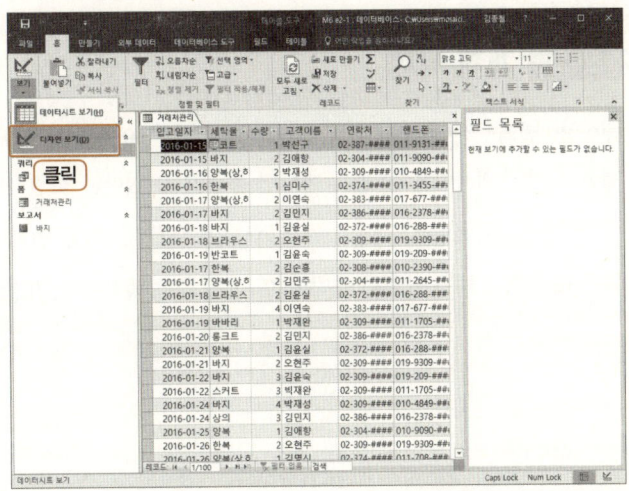

ⓛ 디자인 보기 → 데이터시트 보기

[홈] 탭→[보기] 그룹→[데이터시트 보기]

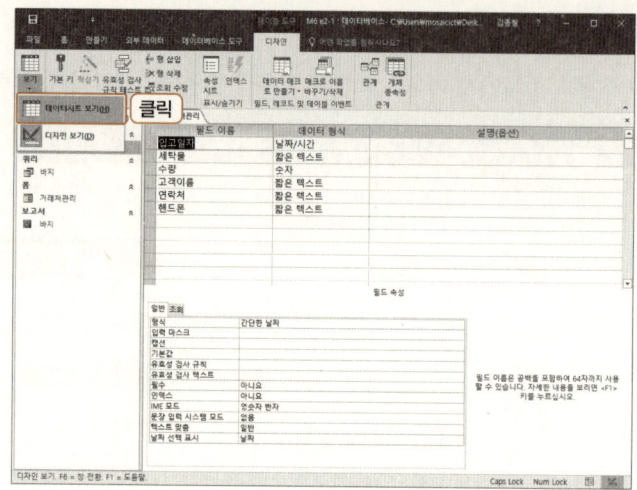

멘토의 한 수

- 데이터시트 보기 : 테이블에서 데이터를 입력, 수정, 삭제하는 등 레코드의 내용을 변경할 수 있습니다.
- 디자인 보기 : 테이블에 새로운 필드를 추가하거나 삭제하는 등 구조를 변경할 수 있습니다.

2-2 개체 전환

액세스 2016에는 테이블, 쿼리, 폼, 보고서의 4가지 유형의 개체를 포함하고 있습니다. 데이터베이스 문서를 만들 때 이러한 개체들 간의 이동은 매우 자유로우며, 각자 유기적으로 연관을 맺으면서 작업이 이루어집니다.

'개체' 항목에서 '테이블 / 쿼리 / 폼 / 보고서' 더블 클릭

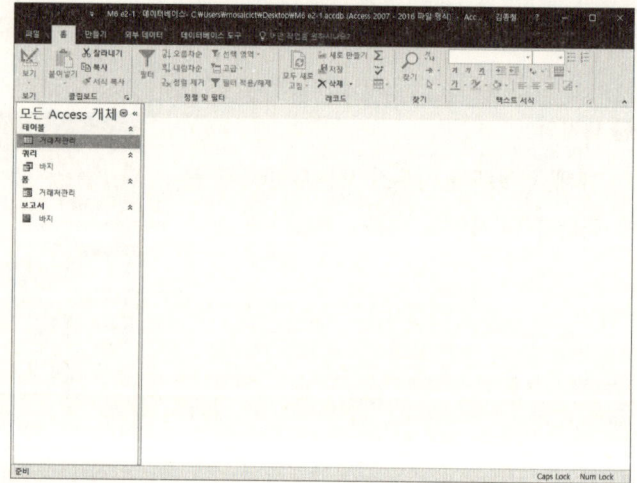

2-3 개체 삭제

테이블, 쿼리, 폼, 보고서 등의 개체는 더 이상 필요가 없는 경우에는 데이터베이스에서 삭제할 수 있습니다. 삭제할 때의 주의사항은 한 번 삭제하면 복구할 수 없다는 것입니다.

'개체' 항목에서 원하는 개체를 클릭하고 테이블 목록에서 원하는 [홈] 탭→[레코드] 그룹→[삭제] 도구를 클릭하거나 마우스 오른쪽 단추를 클릭한 후 '삭제'를 선택합니다. 또한 Delete 를 누릅니다.

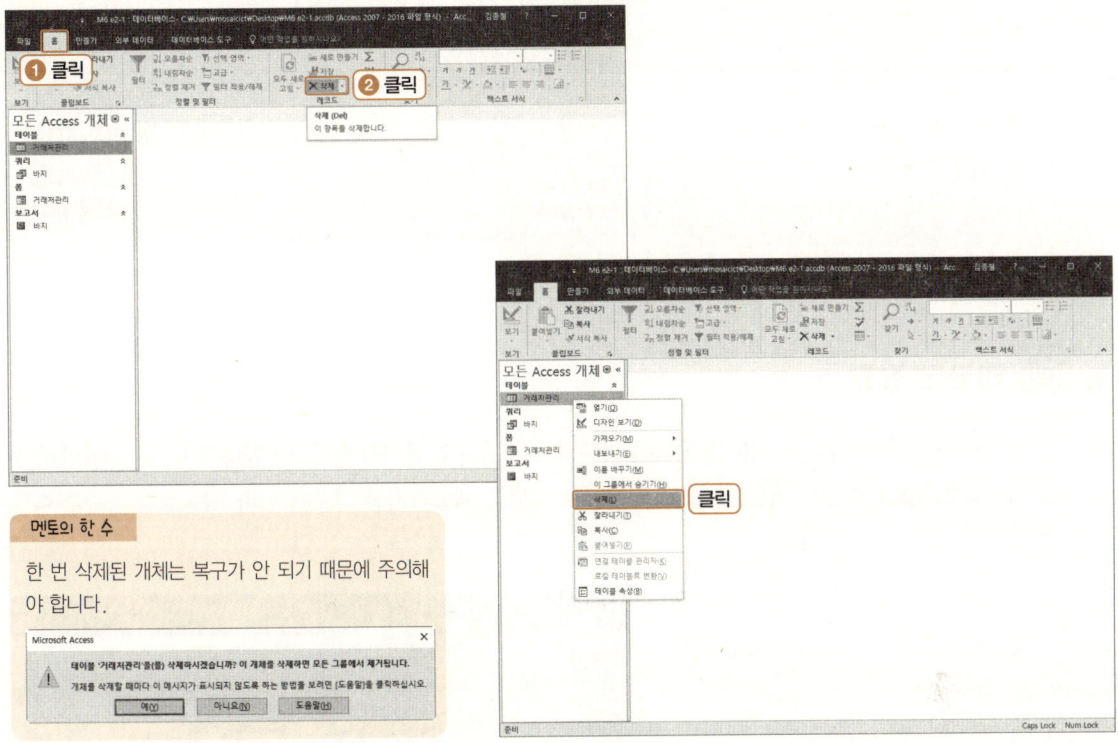

2-4 데이터 찾기와 바꾸기

테이블에 저장되어 있는 수많은 데이터 중에서 원하는 데이터를 쉽게 찾거나 다른 데이터로 바꾸는 작업은 데이터베이스를 사용하는 중요한 이유 중의 하나입니다. 액세스에서도 데이터를 찾고 원하는 다른 데이터로 바꾸는 방법을 제공하고 있습니다.

❶ 찾기

테이블을 '데이터시트 보기'에서 연 후 [홈] 탭→[찾기] 그룹→[찾기] 도구를 클릭합니다. 또한 단축키 Ctrl + F 를 누릅니다.

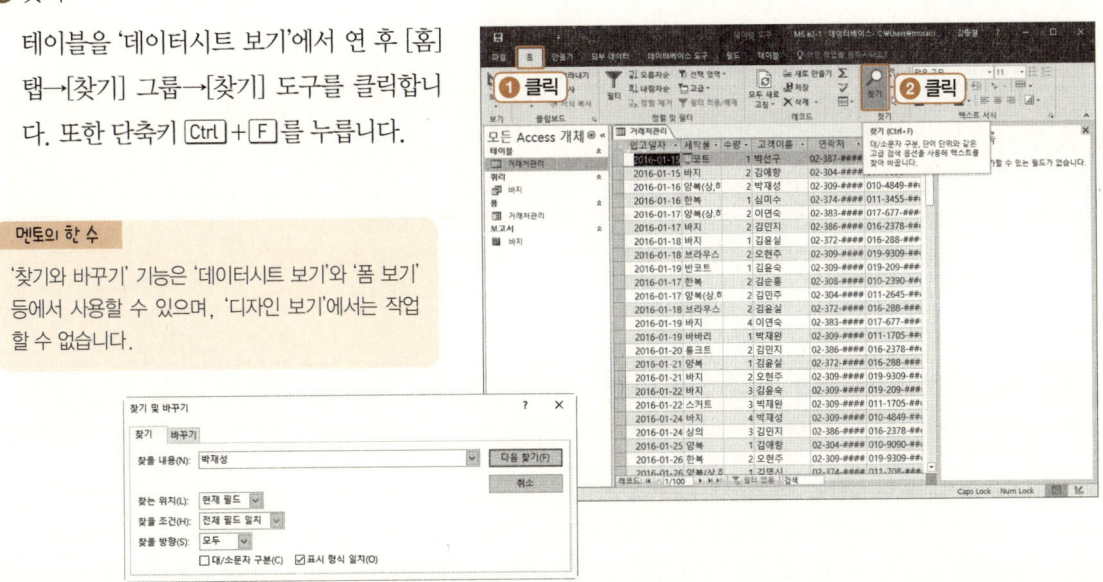

❷ 바꾸기

테이블을 '데이터시트 보기'에서 연 후 [홈]
탭→[찾기] 그룹→[찾기] 도구를 클릭하고
[바꾸기] 탭을 클릭합니다.

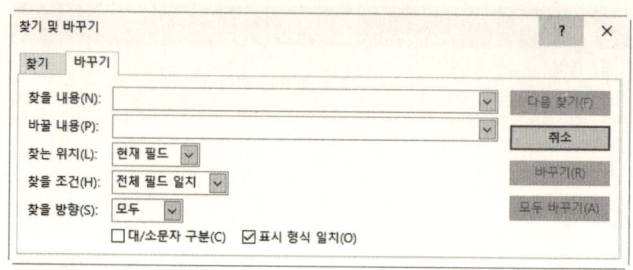

2-5 레코드 정렬

테이블에 저장되어 있는 수많은 데이터를 원하는 기준으로 정렬하면 데이터베이스를 활용할 때 매우 편리할 것
입니다. 기본적으로 오름차순과 내림차순으로 정렬하는 방법을 제공하지만 경우에 따라서는 정렬 기준을 다양
하게 주면서 작업할 수도 있습니다.

테이블을 '데이터시트 보기'에서 연 후 [홈] 탭
→[정렬 및 필터] 그룹→[오름차순/내림차순]
을 클릭합니다.

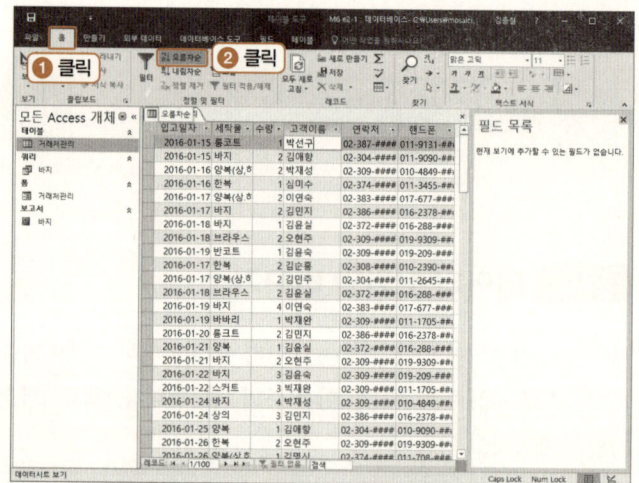

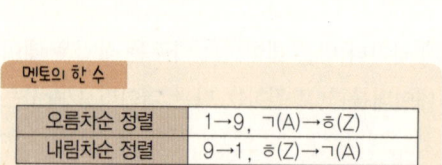

멘토의 한 수	
오름차순 정렬	1→9, ㄱ(A)→ㅎ(Z)
내림차순 정렬	9→1, ㅎ(Z)→ㄱ(A)

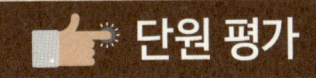

① '고객관리'라는 파일명으로 비어있는 새로운 데이터베이스 문서를 만드시오.

❶ [파일] 탭→[새로 만들기]를 선택합니다.

❷ '빈 데이터베이스'를 클릭합니다.

❸ '파일 이름' 항목에 '고객관리'를 입력한 후 〈만들기〉 단추를 클릭합니다.

❹ 빈 데이터베이스 문서가 만들어집니다.

◉ 예제: C:\ICDL2016A\M5 e2-1.accdb

② '문구판매현황' 폼을 '폼 보기'로 연 후 '디자인 보기'로 전환하시오.

❶ 폼 목록의 '문구판매현황'에서 마우스 오른쪽 단추를 클릭한 후 '열기'를 선택합니다.

❷ 폼의 내용을 담은 '문구판매현황' 폼 보기 창이 나타납니다.

❸ [홈] 탭→[보기] 그룹→[디자인 보기]를 선택합니다.

❹ 폼을 편집할 수 있는 '디자인 보기' 화면이 나타납니다.

③ '쿼리' 개체 화면으로 이동하시오.

❶ '개체' 목록 단추를 클릭한 후 '쿼리'를 선택합니다.

❷ 쿼리와 관련된 개체가 화면에 나타납니다.

④ '문구판매현황' 폼을 삭제하시오.

❶ 폼 목록의 '문구판매현황'에서 마우스 오른쪽 단추를 클릭한 후 '삭제'를 선택합니다.

❷ 폼을 영구적으로 삭제하겠느냐는 메시지가 나타나면 〈예〉 단추를 클릭합니다.

❸ '문구판매현황' 폼이 삭제됩니다.

❺ '문구판매현황' 테이블에서 '소매점'이 '하나문구'인 레코드를 찾으시오.

❶ 테이블 목록의 '문구판매현황'에서 마우스 오른쪽 단추를 클릭한 후 '열기'를 선택합니다.

❷ '소매점' 필드를 선택합니다.

❸ [홈] 탭→[찾기] 그룹→[찾기] 도구를 클릭합니다.

❹ '찾을 내용' 항목에 '하나문구'를 입력한 후 〈다음 찾기〉 단추를 클릭합니다.

❺ '레코드 검색을 끝냈습니다.'라는 메시지가 나올 때까지 〈다음 찾기〉 단추를 클릭하여 데이터를 찾은 후 〈확인〉 단추를 클릭합니다.

❻ '문구판매현황' 테이블에서 '문구코드'가 'M101'인 레코드를 모두 'M1101'로 변경하시오.

❶ '문구코드' 필드를 선택합니다.

❷ [홈] 탭→[찾기] 그룹→[찾기] 도구를 클릭한 후 [바꾸기] 탭을 클릭합니다.

❸ '찾을 내용' 항목에 'M101'을, '바꿀 내용' 항목에 'M1101'을 입력한 후 〈모두 바꾸기〉 단추를 클릭합니다.

❹ 〈예〉 단추를 클릭합니다.

❺ 'M101'이 모두 'M1101'로 변경됩니다.

❼ '문구판매현황' 테이블에서 '구매수량' 필드를 기준으로 '내림차순'으로 정렬하시오.

❶ 테이블 목록의 '문구판매현황'에서 마우스 오른쪽 단추를 클릭한 후 '열기'를 선택합니다.

❷ '구매수량' 필드를 클릭한 후 [홈] 탭→[정렬 및 필터] 그룹→[내림차순]을 클릭합니다.

❸ '구매수량' 필드를 기준으로 레코드가 내림차순으로 정렬됩니다.

Section 03 테이블

1 데이터시트 다루기

1-1 레코드 삽입 및 삭제

레코드를 입력할 때 보통은 폼에서 입력을 하지만 테이블의 데이터시트에서도 작업할 수 있습니다. 또한 더 이상 필요 없는 레코드는 테이블에서 삭제할 수 있습니다. 주의해야 할 사항은 레코드를 삭제하면 완전히 삭제되기 때문에 복구할 수 없는 것입니다.

❶ 레코드 삽입하기

[홈] 탭→[보기] 그룹→[데이터시트 보기]를 클릭한 후 '레코드 탐색' 도구 모음에서 [새(빈) 레코드] 도구를 클릭합니다.

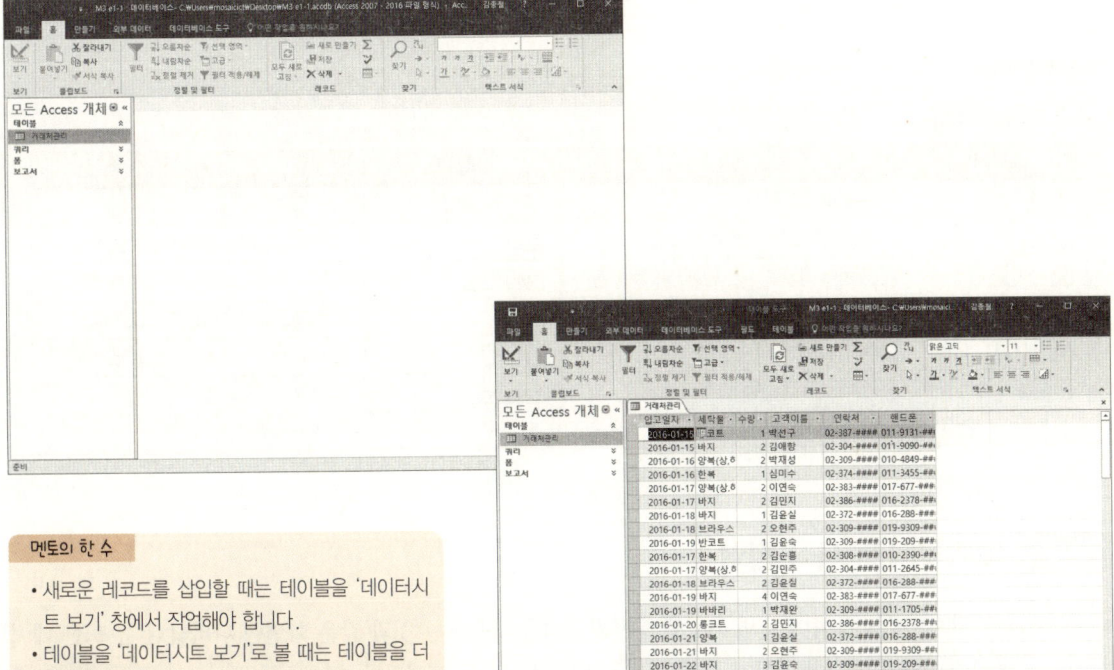

> **멘토의 한 수**
> • 새로운 레코드를 삽입할 때는 테이블을 '데이터시트 보기' 창에서 작업해야 합니다.
> • 테이블을 '데이터시트 보기'로 볼 때는 테이블을 더블 클릭해도 됩니다.
> • '데이터시트 보기' 창에서 입력한 레코드는 별도로 저장하지 않아도 자동으로 테이블에 저장됩니다.

'레코드 탐색' 도구 모음

레코드: ⏮ ◀ 1/100 ▶ ⏭ ▶✱

- **처음 레코드** : 첫 번째(1번) 레코드로 이동합니다.
- **이전 레코드** : 현재 위치에서 한 단계 앞으로 이동합니다.
- **다음 레코드** : 현재 위치에서 한 단계 뒤로 이동합니다.
- **마지막 레코드** : 마지막 레코드로 이동합니다.
- **새 레코드 추가** : 새로운 레코드를 추가합니다.

❷ 레코드 삭제하기

삭제할 레코드를 클릭한 후 [홈] 탭→[레코드]
그룹→[삭제] 도구를 클릭한 후 '레코드 삭제'
를 선택합니다.

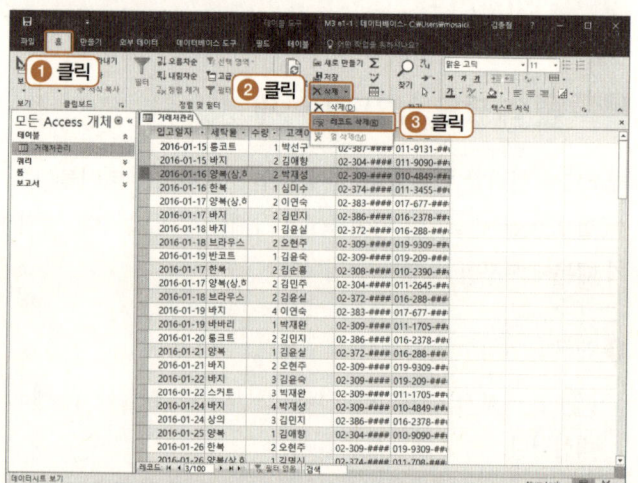

- '행 선택기' 위에서 마우스 오른쪽 단추를 클릭한
  후 [레코드 삭제]를 선택해도 됩니다.
- 레코드를 삭제하면 복구할 수 없기 때문에 주의해
  야 합니다.
- 데이터를 입력할 때 Tab, Enter, 방향키를 누르면
  편리하게 이동할 수 있습니다.

레코드 이동 단축키

단축 키	이동	단축 키	이동
Tab	다음 필드로 이동	Shift + Tab	이전 필드로 이동
Home	현재 레코드에서 첫 번째 필드로 이동	End	현재 레코드에서 마지막 필드로 이동
Ctrl + Home	첫 번째 레코드의 첫 번째 필드로 이동	Ctrl + End	마지막 레코드의 마지막 필드로 이동
↑	이전 레코드의 동일한 필드로 이동	↓	다음 레코드의 동일한 필드로 이동
Ctrl + ↑	마지막 레코드의 동일한 필드로 이동	Ctrl + ↓	첫 번째 레코드의 동일한 필드로 이동
PageUp	한 화면 위로 이동	PageDown	한 화면 아래로 이동

1-2 데이터시트 서식 변경

테이블을 데이터시트를 이용하여 열면 MS 엑셀 프로그램을 사용하는 것과 같은 화면이 나타납니다. 또한 데이
터시트는 엑셀과 마찬가지로 여러 가지 서식을 사용자가 원하는 대로 설정할 수 있습니다.

❶ 데이터시트 글꼴 변경하기

[홈] 탭→[텍스트 서식] 그룹→[글꼴]의 목록 단추를 클릭한 후 원하는 글꼴을 선택합니다.

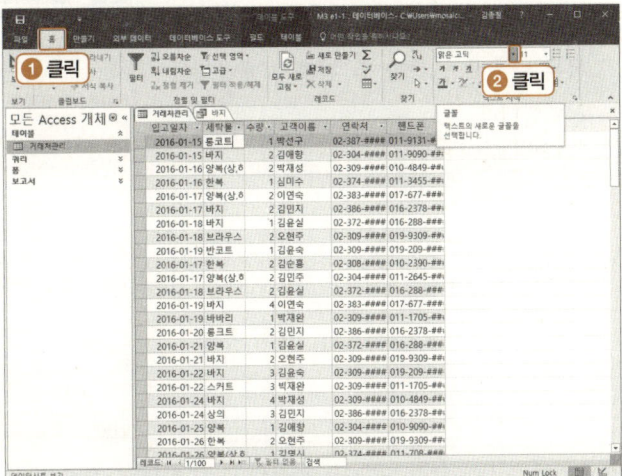

멘토의 한 수

글꼴을 변경하면 모든 레코드의 글꼴이 변경됩니다.

❷ 데이터시트의 '행 높이' 및 '열 너비' 변경하기

[홈] 탭→[레코드] 그룹→[기타]를 클릭한 후 '행 높이' 및 '필드 너비'에서 설정합니다.

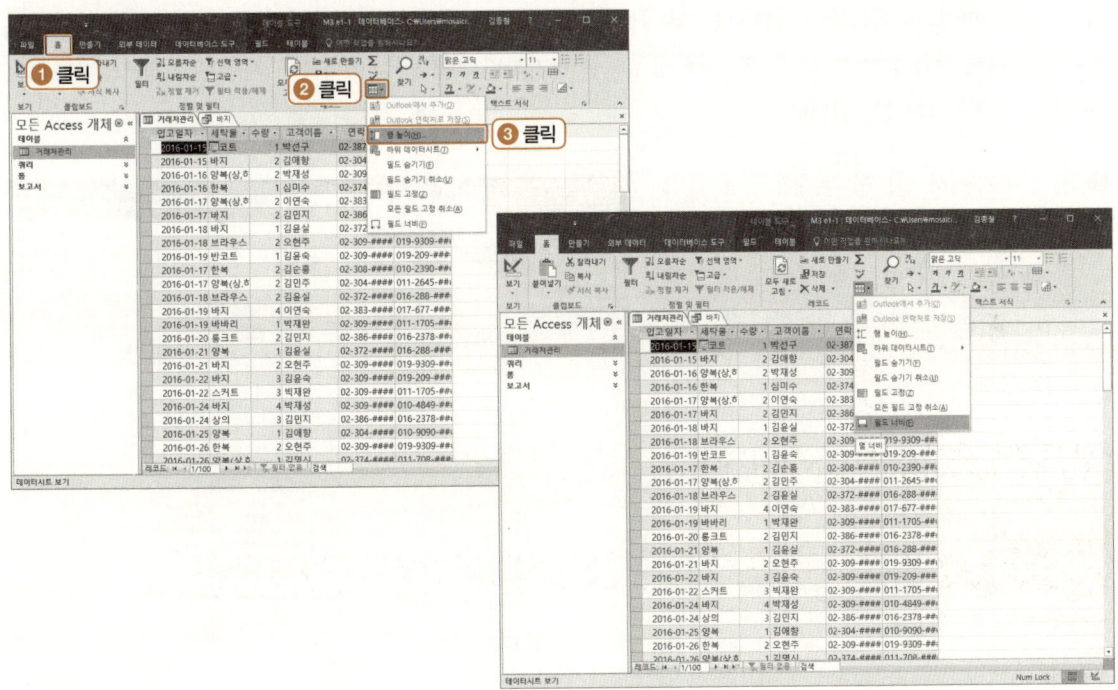

멘토의 한 수

• '행(열) 선택기' 위에서 마우스 오른쪽 단추를 클릭한 후 [행 높이 / 필드 너비]를 선택해도 됩니다.
• '행 높이'와 '열 너비'를 변경할 때는 행(열)과 행(열) 사이의 경계선에 마우스를 올려놓은 후 원하는 크기로 드래그해도 됩니다.
• 데이터시트의 '행 높이'를 다시 기본 크기로 변경할 때는 [행 높이] 대화상자에서 '표준 높이'에 체크 표시를 하면 됩니다.

❸ 데이터시트 배경색 변경하기

[홈] 탭→[텍스트 서식] 그룹→[배경색]의
목록 단추를 클릭한 후 원하는 배경색을
선택합니다.

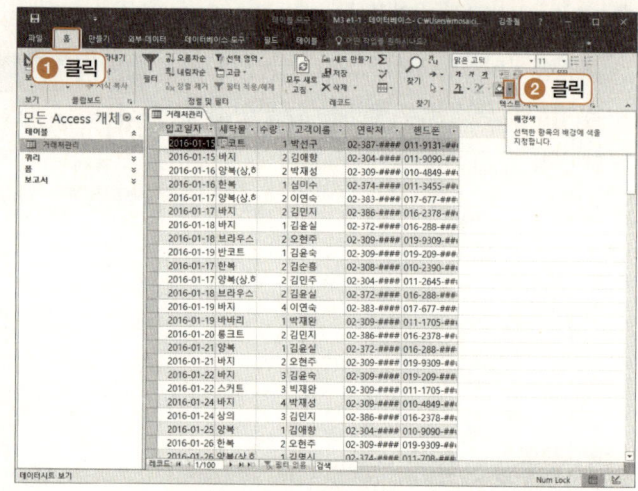

1-3 데이터시트에서 필드 추가

일반적으로 테이블에 필드를 추가할 때는 '테이블 디자인' 창에서 작업을 하는데, 경우에 따라서는 '데이터시트
보기' 창에서도 작업을 할 수 있습니다. 이렇게 필드를 추가하면 '텍스트' 데이터 형식의 기본 설정으로 'Field1,
Field2, …' 이름으로 설정됩니다.

❶ '열 선택기'에서 필드를 추가할 곳을 클릭
한 후 [테이블 도구]의 상황별 탭인 [필드]
탭→[추가 및 삭제] 그룹→[추가 필드]를
클릭하고 원하는 필드를 선택합니다.

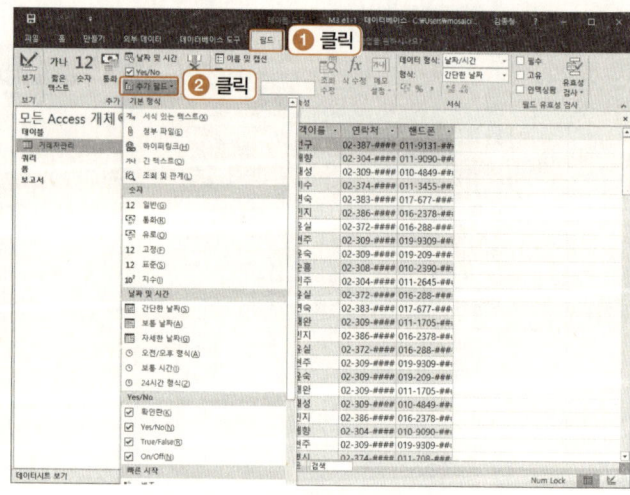

멘토의 한 수

필드를 추가하면 '열 선택기'에서 선택한 필드 뒤에
추가됩니다.

2-1 디자인 보기를 이용하여 새 테이블 작성하기

'디자인 보기'를 이용하여 새로운 테이블을 만들면 필드를 사용자가 원하는 대로 만들 수 있습니다. 즉, 새로운 빈 문서에서 작업을 하는 것과 같이 테이블을 설계한대로 완성해 나가는 것입니다.

❶ 디자인 보기에서 새 테이블 만들기

[만들기] 탭→[테이블] 그룹→[테이블 디자인]을 클릭합니다. '데이터 형식' 항목을 클릭하면 원하는 데이터 형식을 설정할 수 있습니다.

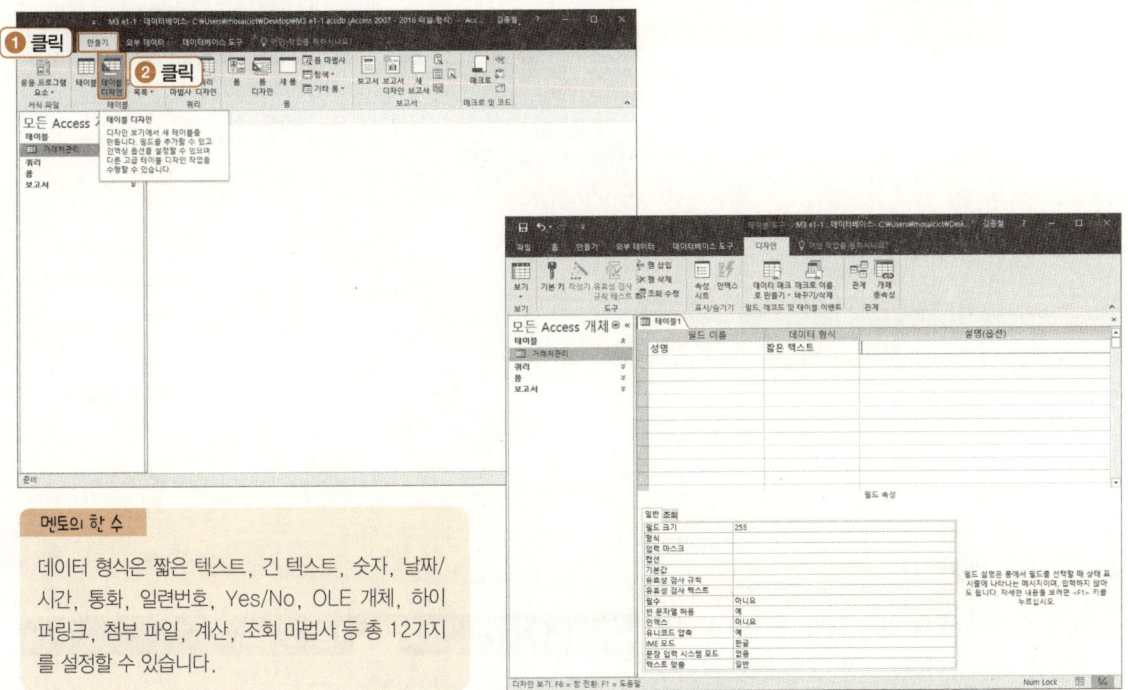

멘토의 한 수

데이터 형식은 짧은 텍스트, 긴 텍스트, 숫자, 날짜/시간, 통화, 일련번호, Yes/No, OLE 개체, 하이퍼링크, 첨부 파일, 계산, 조회 마법사 등 총 12가지를 설정할 수 있습니다.

❷ 테이블 저장하기

'빠른 실행 도구 모음'에 있는 [저장] 도구를 클릭합니다.

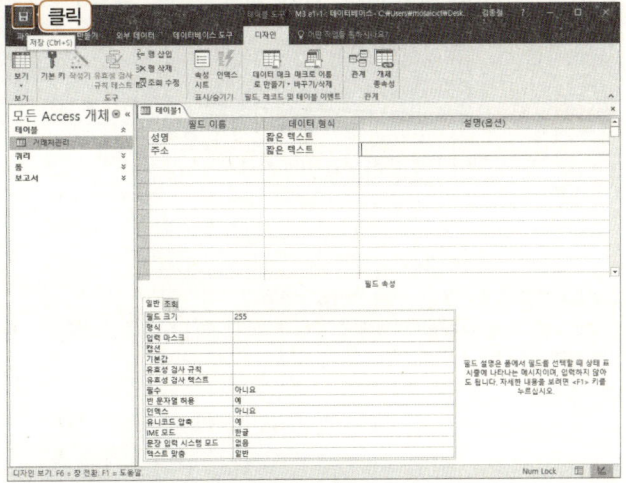

2-2 필드 속성

데이터베이스를 만들 때 테이블은 아주 중요한 부분이기 때문에 필드 크기를 변경하거나 형식을 변경하는 작업은 주의해야 합니다. 올바른 테이블 설계는 데이터베이스의 성능을 향상시킬 수 있는 반면, 그렇지 않은 데이터베이스는 운영하는 데 많은 어려움을 가질 것입니다.

테이블 목록의 수정할 테이블 위에서 마우스 오른쪽 단추를 클릭한 후 [디자인 보기]를 선택합니다.

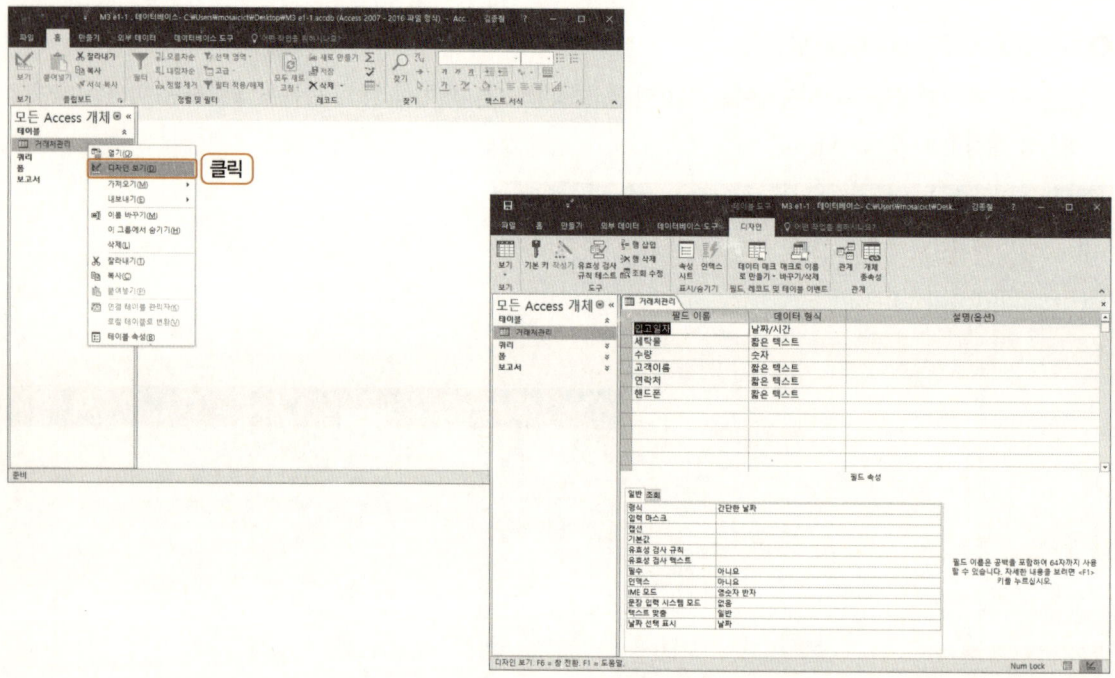

❶ 필드 크기 변경하기

'디자인 보기' 창의 필드 입력 영역에서 테이블을 선택합니다. 그런 다음 필드 크기를 변경하기 위해 필드 속성 영역으로 이동하여 [일반] 탭의 '필드 크기' 항목에서 원하는 크기를 설정합니다.

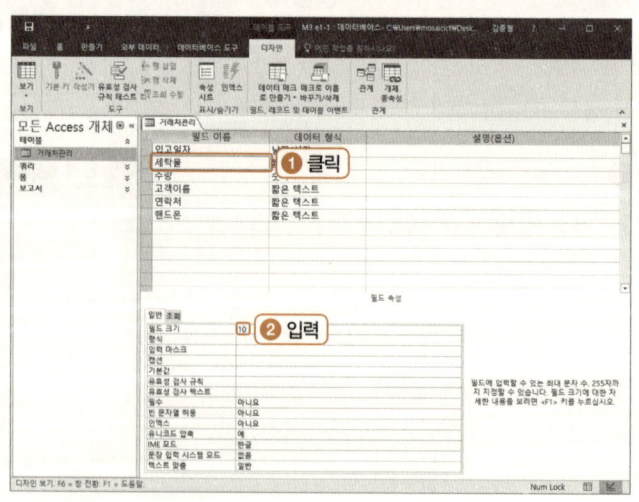

> **멘토의 한 수**
>
> • 필드 입력 영역과 필드 속성 영역 간의 커서 이동 단축키는 F6 입니다.
> • 필드를 새로 만들면 기본 크기 및 최대로 지정할 수 있는 크기는 '255'입니다.
> • 필드 크기를 수정할 때 기존 크기보다 작게 변경하면 기존 데이터 내용이 삭제될 수도 있기 때문에 주의해야 합니다.

❷ 날짜 표시 형식 변경하기

'필드 이름' 항목에서 '입고일자'를 선택한 후 필드 속성 영역으로 이동하여 [일반] 탭의 '형식'에 'yy-mm-dd'를 입력합니다.

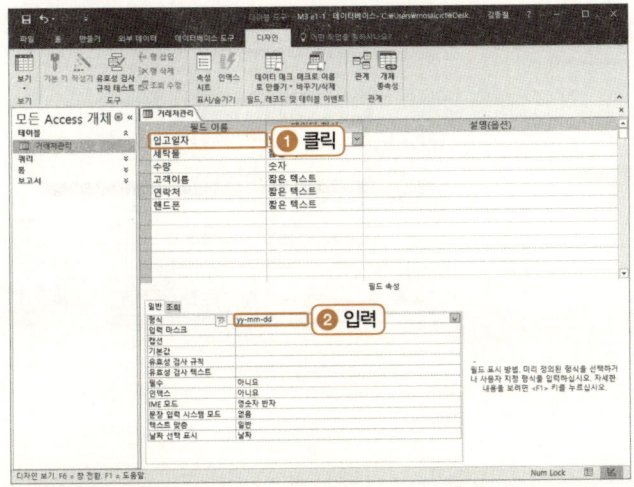

멘토의 한 수

1. 월 서식(2016-8-7 기준)

형식	표시	서식	표시
m	1-12	m/d/yyyy	8/7/2016
mm	01-12	mm/d/yyyy	08/7/2016
mmm	Jan-Dec	mmm d	Aug 7
mmmm	January-December	mmmm d yyyy	August 7 2016

2. 일 서식(2016-8-7 기준)

형식	표시	서식	표시
d	1-31	m/d/yyyy	8/7/2016
dd	01-31	m/dd/yyyy	8/07/2016
ddd	Sun-Sat	ddd m/d/yy	Sun 8/7/16
dddd	Sunday-Saturday	dddd m/d	Sunday 8/7

2-3 입력 마스크

주민등록번호 또는 전화번호, 우편번호 등에는 대시(-) 기호가 있습니다. 이러한 데이터를 입력할 때 사용자들은 대시(-) 기호를 입력해야 하는지, 생략해야 하는지에 대해 많은 고민을 합니다. 이러한 경우 '입력 마스크'를 지정하면 데이터 입력 시 대시(-)가 자동으로 삽입되어 사용자들은 숫자만 입력하면 됩니다.

'디자인 보기' 창의 필드 입력 영역에서 '입력 마스크'를 설정할 필드를 선택한 후 필드 속성 영역에서 '입력 마스크' 항목을 클릭하고 [찾아보기] 도구가 나타나면 클릭합니다.

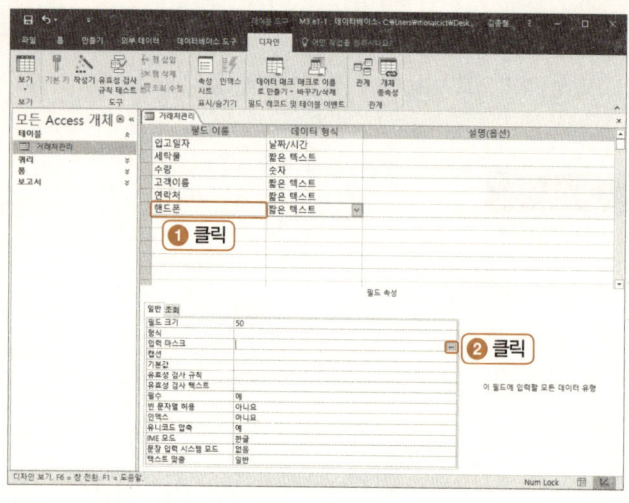

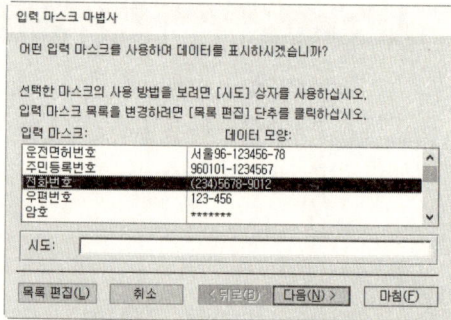

멘토의 한 수

입력 마스크 주요 문자 목록

기호	설명
0	필수 요소로서 0부터 9까지의 숫자를 입력합니다.
9	선택 요소로서 숫자나 공백을 입력합니다.
#	선택 요소로서 숫자나 공백을 입력합니다. 공백은 편집 모드일 때는 빈 칸으로 표시되며, 데이터를 저장하면 제거됩니다.
L	필수 요소로서 A부터 Z까지 영문자를 입력합니다.
?	선택 요소로서 A부터 Z까지 영문자를 입력합니다.
A	필수 요소로서 영문자나 숫자를 입력합니다.
a	선택 요소로서 영문자나 숫자를 입력합니다.
&	필수 요소로서 모든 문자나 공백을 입력합니다.
C	선택 요소로서 모든 문자나 공백을 입력합니다.
〈	모든 문자가 소문자로 변경됩니다.
〉	모든 문자가 대문자로 변경됩니다.
!	입력 마스크가 왼쪽에서 오른쪽으로 표시되지 않고, 오른쪽에서 왼쪽으로 표시됩니다.
\	뒤에 나오는 문자를 표시합니다. 예를 들어 \Z는 Z만 표시됩니다.

멘토의 한 수

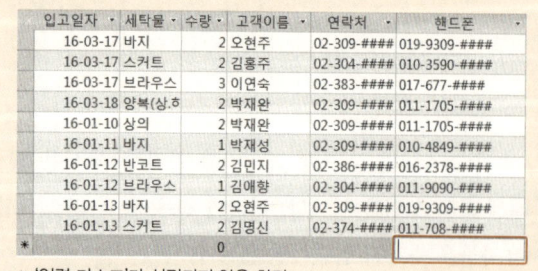

▲ '입력 마스크'가 설정되지 않은 화면   ▲ '입력 마스크'가 설정된 화면

사용자에게 올바른 데이터를 입력받는 방법은 액세스 데이터베이스를 만들 때 매우 중요합니다. 하지만 사용자들은 입력할 때 실수를 많이 하게 됩니다. 이럴 경우 조회 마법사를 이용하면 편리하고 정확하게 데이터를 입력할 수 있습니다.

테이블 위에서 마우스 오른쪽 단추를 클릭한 후 [디자인 보기]를 선택합니다. 그런 다음 '조회 마법사'를 설정할 필드의 '데이터 형식' 항목에서 마우스를 클릭하여 목록 단추를 나타낸 후 '조회 마법사'를 선택합니다.

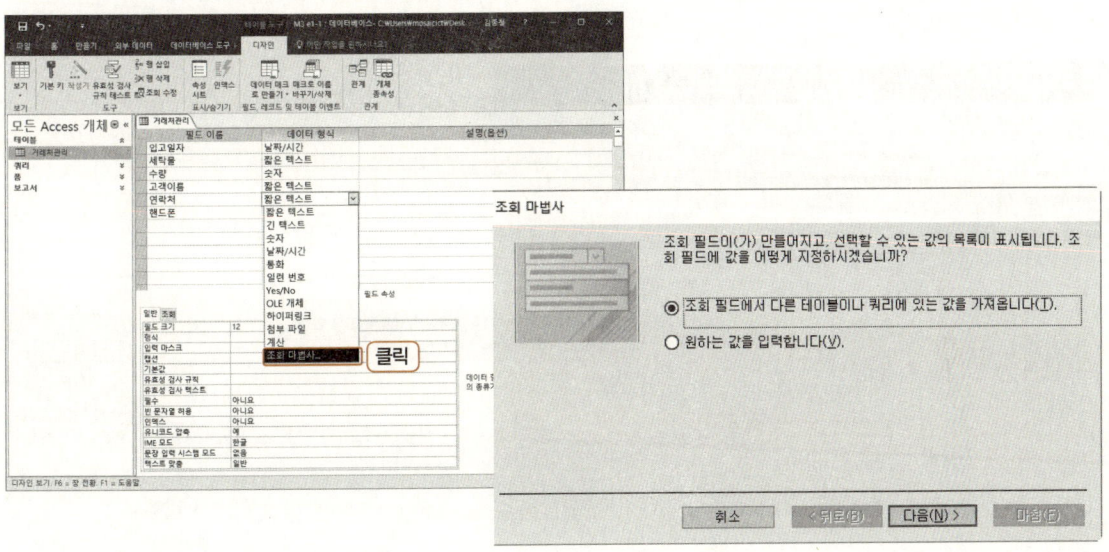

멘토의 한 수

조회 열에 값을 지정하는 방법

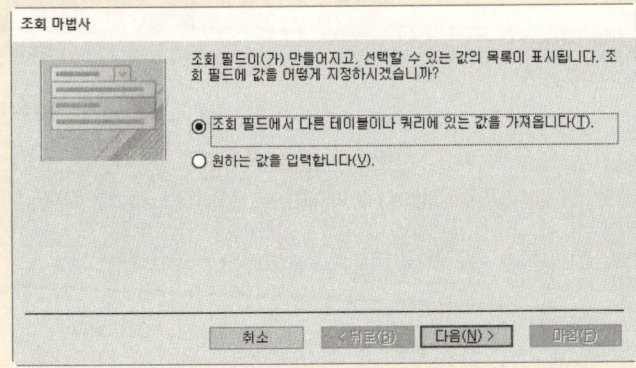

❶ 조회 필드에서 다른 테이블이나 쿼리에 있는 값을 가져옵니다. : 현재 테이블에 있는 필드의 내용 중에서 조회 값을 설정합니다.

❷ 원하는 값을 입력합니다. : 테이블 내의 필드 내용과는 상관없이 별도의 조회 값을 설정합니다.

2-5 유효성 검사 규칙

'유효성 검사'란 테이블에 데이터가 올바르게 입력되도록 규칙을 정해주는 것입니다. 즉, 미리 지정한 범위 안의 데이터가 입력되지 않으면 테이블에 데이터가 입력되지 않음은 물론 별도로 설정한 오류 텍스트를 나타낼 수 있습니다. 모든 필드에 설정할 필요는 없지만 특정 데이터만 입력 받을 때 사용하면 매우 편리한 기능입니다.

테이블 위에서 마우스 오른쪽 단추를 클릭한 후 [디자인 보기]를 선택합니다. 그런 다음 '디자인 보기' 창의 필드 입력 영역에서 '유효성 검사 규칙'을 설정할 필드를 선택한 후 필드 속성 영역에서 '유효성 검사 규칙' 항목에 원하는 규칙을 입력합니다.

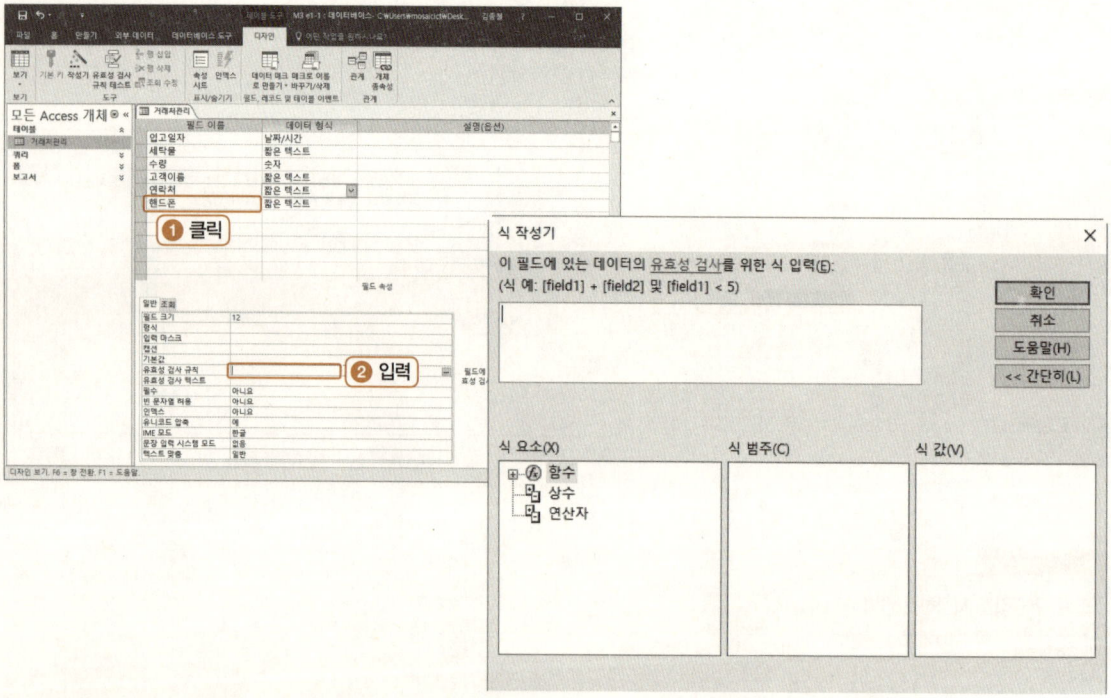

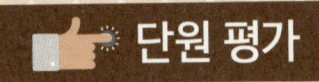

◉ 예제: C:₩ICDL2016A₩M5 e3-1.accdb

1 '거래처관리' 테이블을 '데이터시트 보기'로 나타낸 후 다음과 같은 레코드를 입력하시오.

입고일자	세탁물	수량	고객이름	연락처	핸드폰
2016-3-19	상의	2	박재성	02-309-####	010-4849-####

❶ 테이블 목록의 '거래처관리'에서 마우스 오른쪽 단추를 클릭한 후 [열기]를 선택합니다.

❷ '레코드 탐색' 도구 모음에서 [새(빈) 레코드] 도구를 클릭합니다.

❸ 새로운 레코드를 입력할 수 있는 빈 줄이 나타나면 '입고일자 : 2016-03-19, 세탁물 : 상의, 수량 : 2, 고객이름 : 박재성, 연락처 : 02-309-####, 핸드폰 : 010-4849-####'을 입력합니다.

2 25번째 레코드를 삭제하시오.

❶ '레코드 탐색' 도구 모음의 '현재 레코드' 입력란에 '25'를 수정 입력한 후 Enter 를 누릅니다.

❷ [홈] 탭→[레코드] 그룹→[삭제] 도구를 클릭한 후 '레코드 삭제'를 선택합니다.

❸ 〈예〉 단추를 클릭합니다.

❹ 레코드가 삭제됩니다.

3 1~5번 레코드를 동시에 삭제하시오.

❶ 마우스로 '행 선택기'를 드래그해서 1번 레코드부터 5번 레코드까지 선택합니다.

❷ [홈] 탭→[레코드] 그룹→[삭제] 도구를 클릭한 후 '레코드 삭제'를 선택합니다.

❸ 〈예〉 단추를 클릭합니다.

❹ 5개의 레코드가 삭제됩니다.

4 데이터시트의 글꼴을 '돋움'으로 변경하시오.

❶ [홈] 탭→[텍스트 서식] 그룹→[글꼴]의 목록 단추를 클릭한 후 '돋움'을 선택합니다.

❷ 데이터의 글꼴이 모두 '돋움'으로 변경됩니다.

5 데이터시트의 '행 높이'를 '15'로 설정하시오.

❶ [홈] 탭→[레코드] 그룹→[기타]를 클릭한 후 '행 높이'를 선택합니다.

❷ '행 높이' 항목에서 '15'를 입력한 후 〈확인〉 단추를 클릭합니다.

❸ 데이터시트의 '행 높이'가 변경됩니다.

6 데이터시트의 배경색을 '연한 녹색'으로 설정하시오.

❶ [홈] 탭→[텍스트 서식] 그룹→[배경색]의 목록 단추를 클릭한 후 원하는 '연한 녹색'을 선택합니다.

❷ 데이터시트의 배경색이 '연한 녹색'으로 변경됩니다.

7 '세탁물' 필드 뒤에 새로운 필드(긴 텍스트)를 삽입하시오.

❶ '열 선택기'에서 '세탁물' 필드를 클릭한 후 [테이블 도구]의 상황별 탭인 [필드] 탭→[추가 및 삭제] 그룹→[추가 필드]를 클릭한 후 '긴 텍스트'를 선택합니다.

❷ 새로운 필드가 삽입됩니다.

8 '디자인 보기'를 이용하여 다음과 같은 테이블을 작성하시오.

테이블 이름	문구구매현황
문구구매현황	문구명(짧은 텍스트), 구매일(날짜/시간), 금액(통화)
필드	설정하지 않음

❶ [만들기] 탭→[테이블] 그룹→[테이블 디자인]을 클릭합니다.

❷ '필드 이름' 항목에 '문구명'을 입력합니다. '데이터 형식' 항목을 클릭하면 짧은 텍스트가 자동으로 설정됩니다.

❸ '필드 이름' 항목에 '구매일'을 입력하고 '데이터 형식' 항목의 목록 단추를 클릭한 후 '날짜/시간'을 선택합니다.

❹ '필드 이름' 항목에 '금액'을 입력하고 '데이터 형식' 항목의 목록 단추를 클릭한 후 '통화'를 선택합니다.

❺ '빠른 실행 도구 모음'에 있는 [저장] 도구를 클릭합니다.

❺ '테이블 이름' 항목에 '문구구매현황'을 입력한 후 〈확인〉 단추를 클릭합니다.

❼ 기본 키를 설정하는 지 여부를 묻는 대화상자가 열리면 〈아니요〉 단추를 클릭합니다.

❾ '거래처관리' 테이블에서 '세탁물'의 필드 크기를 '30'으로 설정하시오.

❶ 테이블 목록의 '거래처관리'에서 마우스 오른쪽 단추를 클릭한 후 [디자인 보기]를 선택합니다.

❷ '디자인 보기' 창의 필드 입력 영역에서 '세탁물'을 선택한 후 필드 속성 영역으로 이동하여 [일반] 탭의 '필드 크기' 항목을 '30'으로 수정합니다.

❿ '거래처관리' 테이블에서 '입고일자' 필드의 날짜 형식이 '09-06-30'으로 나타나도록 설정하시오.

❶ 테이블 목록의 '거래처관리'에서 마우스 오른쪽 단추를 클릭한 후 [디자인 보기]를 선택합니다.

❷ '필드 이름' 항목에서 '입고일자'를 선택한 후 필드 속성 영역으로 이동하여 [일반] 탭의 '형식'에 'yy-mm-dd'를 입력합니다.

⓫ '거래처관리' 테이블에서 '우편번호' 필드에 '입력 마스크(우편번호)'를 설정하시오.

❶ 테이블 목록의 '거래처관리'에서 마우스 오른쪽 단추를 클릭한 후 [디자인 보기]를 선택합니다.

❷ '디자인 보기' 창의 필드 입력 영역에서 '우편번호'를 선택한 후 필드 속성 영역에서 '입력 마스크' 항목을 클릭하면 [찾아보기] 도구가 나타납니다. 이를 클릭합니다.

❸ '입력 마스크' 항목에서 '우편번호'를 선택한 후 〈다음〉 단추를 클릭합니다.

❹ 〈다음〉 단추를 클릭합니다.

❺ '기호와 함께'를 선택한 후 〈다음〉 단추를 클릭합니다.

❻ 〈마침〉 단추를 클릭합니다.

⓬ '조회 마법사'를 이용하여 '문구코드표' 테이블의 '문구코드'로 'M101, M201, M301, M401'을 선택할 수 있도록 설정하시오.

❶ 테이블 목록의 '문구코드표'에서 마우스 오른쪽 단추를 클릭한 후 [디자인 보기]를 선택합니다.

❷ '문구코드' 필드의 '데이터 형식' 항목에서 마우스를 클릭하여 목록 단추를 나타낸 후 '조회 마법사' 를 선택합니다.

❸ '원하는 값을 입력합니다.'를 선택한 후 〈다음〉 단추를 클릭합니다.

❹ 'M101', 'M201', 'M301', 'M401'을 입력한 후 〈다음〉 단추를 클릭합니다.

❺ 〈마침〉 단추를 클릭합니다.

⓭ '유효성 검사 규칙'을 이용하여 '문구판매현황' 테이블의 '문구코드'가 'M101, M201, M301, M401'만 입력되도록 설정하시오('유효성 검사 텍스트'는 'M101, M201, M301, M401 데이터 만 입력가능'을 설정할 것).

❶ 테이블 목록의 '문구판매현황'에서 마우스 오른쪽 단추를 클릭한 후 [디자인 보기]를 선택합니다.

❷ '디자인 보기' 창의 필드 입력 영역에서 '문구코드' 필드를 선택한 후 필드 속성 영역에서 '유효성 검 사 규칙' 항목을 클릭합니다.

❸ '유효성 검사 규칙'에 '"M101" Or "M201" Or "M301" Or "M401"'을, '유효성 검사 텍스트'에 'M101, M201, M301, M401 데이터만 입력가능'을 입력합니다.

Section 04 정보 검색

1 필터

1-1 선택 필터

필터는 수많은 레코드 중에서 원하는 데이터를 쉽게 찾고자 할 경우 매우 편리하게 사용할 수 있습니다. 테이블에 저장되어 있는 레코드의 수가 많을 경우 찾기 기능으로만 찾고자 하면 어려움이 많기 때문입니다. 필터는 선택 필터, 폼 필터, 고급 필터가 있는데 사용 방법에 따라 다르게 활용됩니다.

❶ 데이터시트에서 선택 필터로 레코드 검색하기

테이블을 '데이터시트 보기'로 연 후 필터를 실행할 정보가 들어있는 위치로 커서를 이동합니다. 그런 다음 [홈] 탭→[정렬 및 필터] 그룹→[선택 영역]을 클릭합니다.

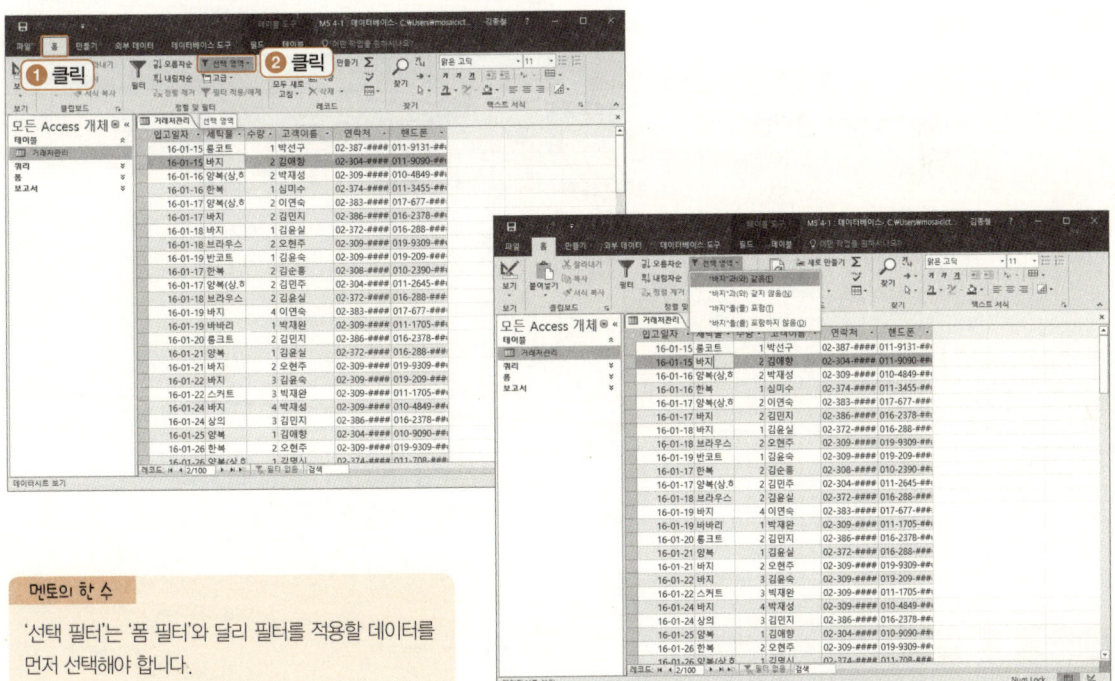

멘토의 한 수

'선택 필터'는 '폼 필터'와 달리 필터를 적용할 데이터를 먼저 선택해야 합니다.

❷ 폼에서 선택 필터로 레코드 검색하기

폼을 '폼 보기'로 연 후 필터를 실행할 정보가 들어있는 위치로 커서를 이동합니다. 그런 다음 [홈] 탭→[정렬 및 필터] 그룹→[선택 영역]을 클릭합니다.

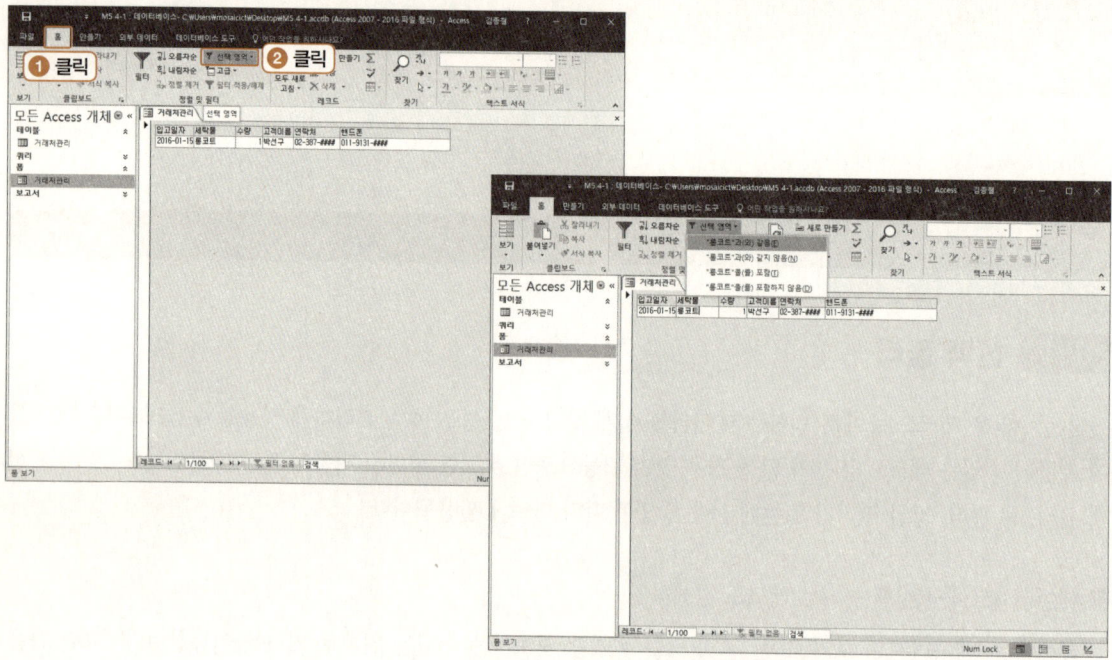

❸ 필터 제거하기

필터를 제거할 때는 [홈] 탭→[정렬 및 필터] 그룹→[필터 적용/해제]를 클릭합니다.

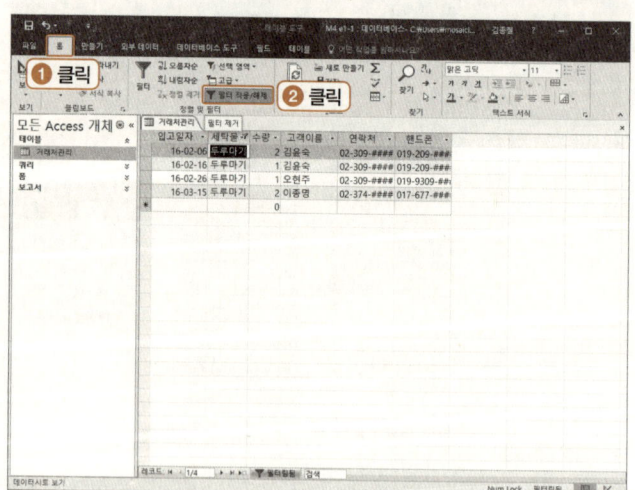

1-2 폼 필터

폼 필터는 선택 필터와는 달리 필터 조건을 여러 개 줄 수 있습니다. 필터 조건을 여러 개 이용할 수 있으면 다양한 조건을 주어 원하는 데이터를 찾을 수 있을 것입니다.

❶ 데이터시트에서 폼 필터로 레코드 검색하기

테이블을 '데이터시트 보기'로 연 후 [홈] 탭→[정렬 및 필터] 그룹→[고급]→[폼 필터]를 선택합니다. 그런 다음 필터를 실행할 필드에서 목록 단추를 클릭한 후 원하는 데이터를 선택합니다. 필터를 적용하기 위해 [홈] 탭→[정렬 및 필터] 그룹→[필터]를 클릭합니다.

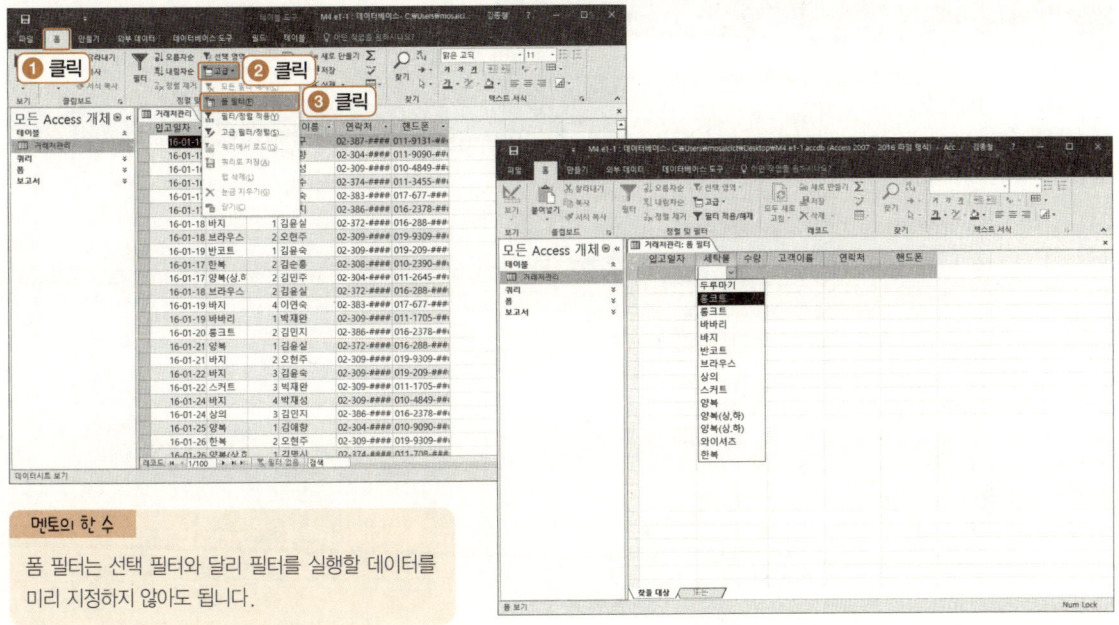

> **멘토의 한 수**
>
> 폼 필터는 선택 필터와 달리 필터를 실행할 데이터를 미리 지정하지 않아도 됩니다.

❷ 폼에서 폼 필터로 레코드 검색하기

폼을 '폼 보기'로 연 후 [홈] 탭→[정렬 및 필터] 그룹→[고급]→[폼 필터]를 선택합니다. 그런 다음 필터를 실행할 필드에서 목록 단추를 클릭한 후 원하는 데이터를 선택합니다. 필터를 적용하기 위해 [홈] 탭→[정렬 및 필터] 그룹→[필터]를 클릭합니다.

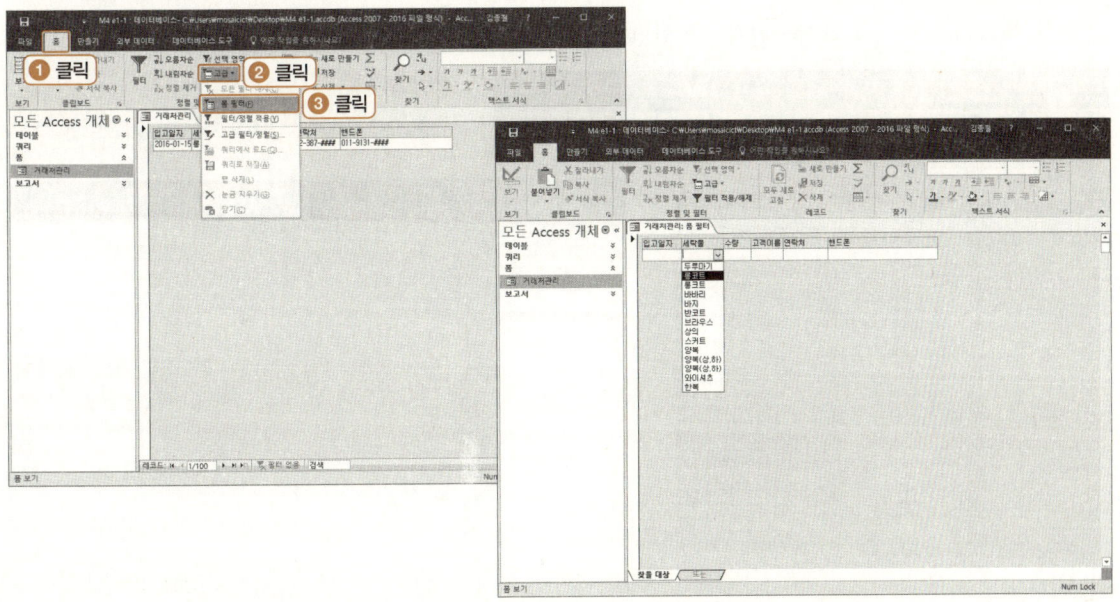

❸ 선택 사항을 제외한 필터로 레코드 검색

필터에는 선택한 레코드를 제외하고 검색할 수 있는 기능의 필터도 있습니다. 이 필터를 이용하면 특정 내용의 레코드는 제외하고 필터를 적용할 수 있어 편리하게 사용됩니다. 선택 사항을 제외하고 레코드를 검색할 때는 [홈] 탭→[정렬 및 필터] 그룹→[선택 영역]을 선택한 후 [같지 않음/포함하지 않음]을 선택합니다.

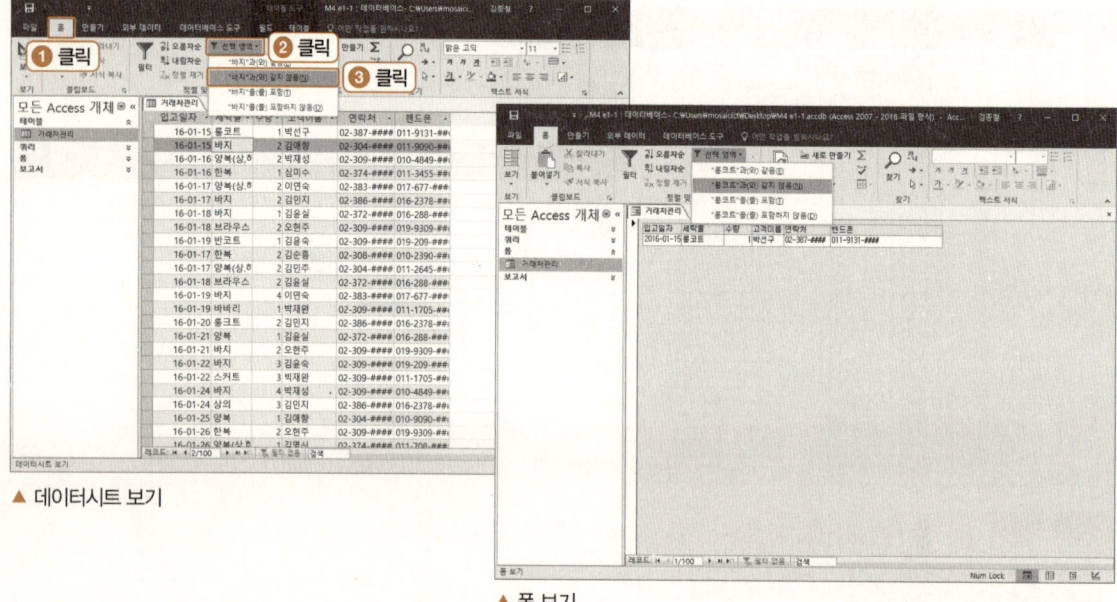

▲ 데이터시트 보기

▲ 폼 보기

1-3 고급 필터

고급 필터는 쿼리와 유사한 QBE(Query By Example) 디자인 창을 이용하여 검색할 수 있는 화면을 제공합니다. 폼 필터나 선택 쿼리보다 다양하게 검색 조건을 지정할 수 있어 편리하게 사용할 수 있습니다.

테이블을 '데이터시트 보기'로 연 후 [홈] 탭→[정렬 및 필터] 그룹→[고급]→[고급 필터/정렬]을 선택합니다. 그런 다음 '필드' 항목의 목록 단추를 클릭하여 필터 시 기준이 될 필드를 선택합니다.

> **멘토의 한 수**
>
> 필드 목록 상자에서 추가할 필드를 더블 클릭해도 됩니다.

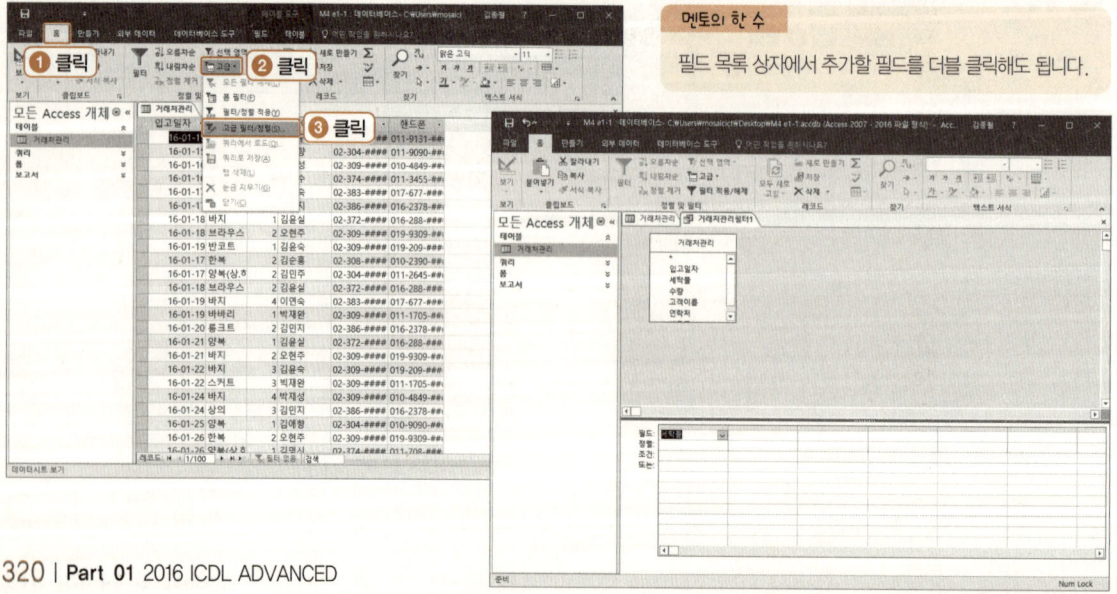

동일한 방법으로 두 번째 기준이 될 필드도 추가합니다. 그런 다음 '고객이름' 필드에서 '조건' 항목을 지정한 후 [홈] 탭→[정렬 및 필터] 그룹→[필터 적용/해제]를 클릭합니다.

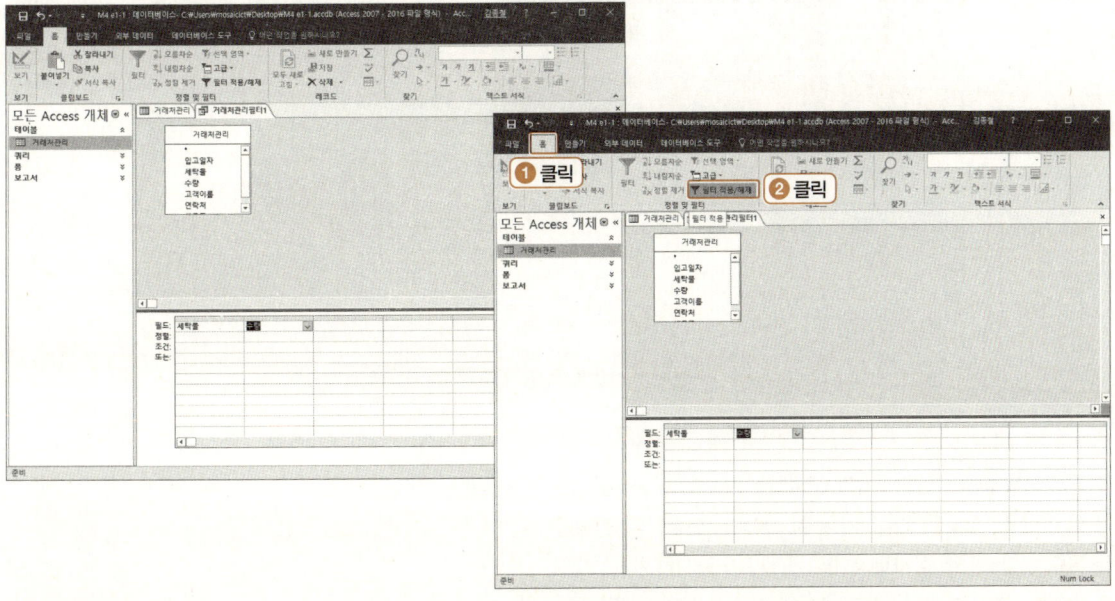

2 쿼리

2-1 쿼리의 개념

데이터베이스에서 테이블만큼 중요한 것이 쿼리(Query)입니다. 쿼리는 테이블에 저장된 데이터를 불러오는 방법을 말합니다. 쿼리는 반드시 테이블이 있어야 합니다. 쿼리는 테이블에서 검색 조건에 맞는 필요한 데이터를 불러내는 역할을 하기 때문입니다. 이와 같이 테이블의 데이터 중에서 쿼리를 통해 검색한 부분을 '레코드셋'이라고 합니다. 레코드셋은 테이블의 구조와 같지만 테이블은 물리적으로 데이터베이스에 존재하는 것이고, 레코드셋은 검색하는 순간만 일시적으로 존재하다가 시스템이 종료되면 함께 메모리에서 사라지는 차이점이 있습니다.

① 쿼리 디자인 보기 창(QBE)

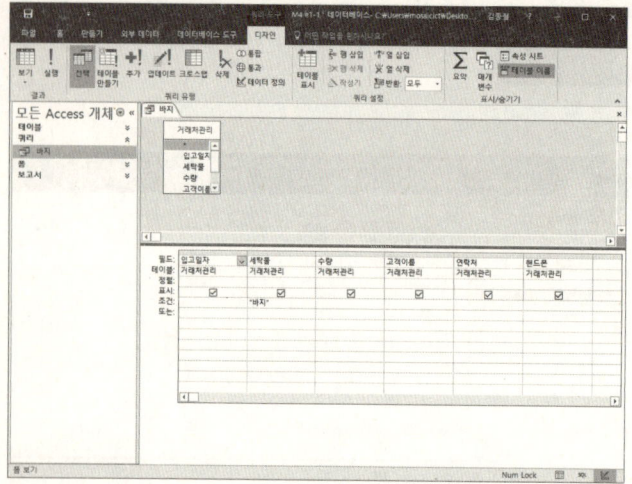

❶ **필드 목록 상자** : 현재 쿼리에 포함되어 있는 테이블의 필드가 표시됩니다.

❷ **열 머리글** : 필드를 선택하거나 필드 너비를 변경할 때 선택합니다.

❸ **필드** : '필드 목록 상자'에서 추가한 필드가 표시됩니다.

❹ **테이블** : 현재 추가된 필드가 속한 테이블 이름이 표시됩니다.

❺ **정렬** : 필드의 내용을 보여줄 때 오름차순/내림차순 정렬로 표시합니다.

❻ **표시** : '확인란'의 체크 표시를 해제하면 쿼리 결과에 나타나지 않습니다.

❼ **조건** : 쿼리 조건을 직접 입력합니다.

❽ **또는** : 기존 쿼리 조건에 추가해서 조건을 만들 때 사용합니다.

② 쿼리의 종류

• **선택 쿼리** : 원본 테이블에서 원하는 조건식에 맞는 데이터만 추출합니다.

• **크로스탭 쿼리** : 원본 데이터를 분석해서 합계, 평균, 개수 등을 요약한 후 표시합니다.

• **테이블 만들기 쿼리** : 원본 테이블에서 원하는 조건으로 데이터를 추출한 후 그 결과로 새로운 테이블을 만듭니다.

• **업데이트 쿼리** : 원본 테이블의 데이터를 일괄적으로 변경할 때 사용합니다.

• **추가 쿼리** : 원본 테이블에 특정 데이터를 추가합니다.

• **삭제 쿼리** : 원본 테이블에 특정 조건의 데이터를 삭제합니다.

• **매개 변수 쿼리** : [쿼리 매개 변수] 대화상자를 보여주면서 사용자에게 검색 조건을 입력 받아 조건에 맞는 데이터를 표시합니다.

2-2 선택 쿼리

쿼리는 크게 두 가지 범주로 분류할 수 있습니다. 즉, 하나는 데이터를 찾기 위한 선택 쿼리이고, 다른 하나는 데이터 조작을 위한 실행 쿼리입니다. 특히, 선택 쿼리는 원본 테이블에서 원하는 조건식에 맞는 데이터만 추출하는 것(가장 많이 사용하는 방법)으로, 불러낸 데이터를 이용하여 새로운 테이블을 만들 수 있습니다.

[만들기] 탭→[쿼리] 그룹→[쿼리 디자인]을 클릭합니다. 그런 다음 [테이블 표시] 대화상자에서 쿼리를 만들 테이블을 선택한 후 〈추가〉 단추를 클릭합니다.

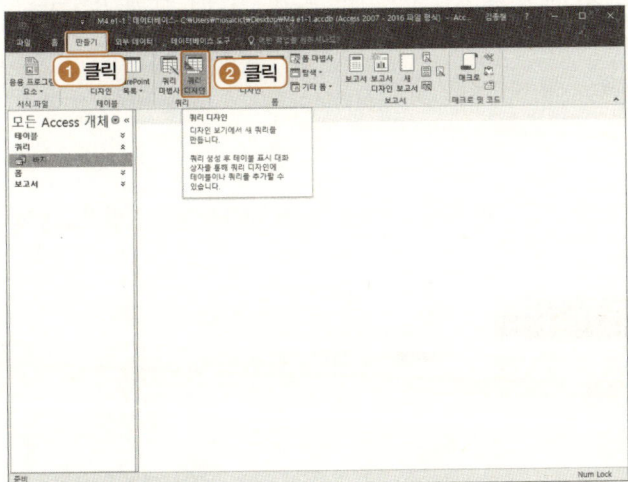

2-3 쿼리 마법사

쿼리 마법사를 이용하면 쿼리를 보다 쉽게 만들 수 있습니다. 쿼리에 익숙하지 않은 사용자들에게 편리한 방법으로 화면에 나타나는 항목을 선택해 주면 쿼리가 만들어집니다.

[만들기] 탭→[쿼리] 그룹→[쿼리 마법사]를 클릭합니다. 그런 다음 만들려는 쿼리를 선택합니다.

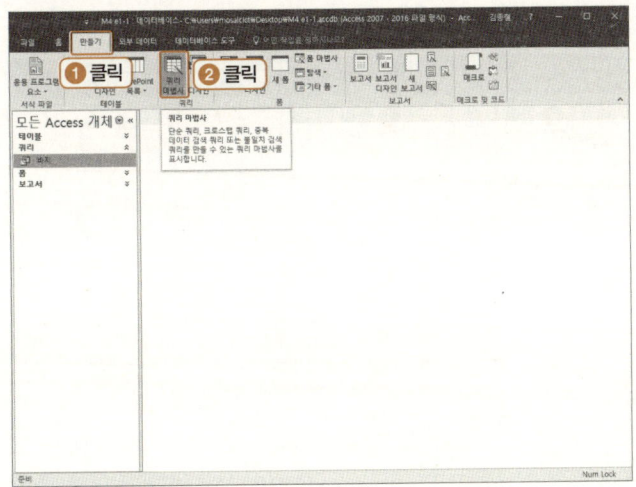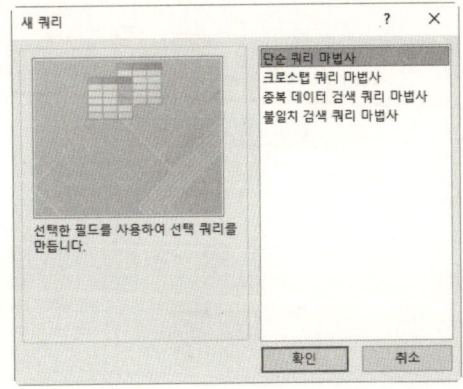

쿼리를 만들 때 조건을 설정해서 원하는 데이터만 찾아낼 수도 있습니다. 쿼리 조건에 원하는 수식이나 텍스트를 입력해 주면 해당 조건에 맞는 데이터만 찾아 주기 때문입니다. 거의 모든 쿼리가 어떤 조건을 주어 그에 맞는 데이터를 찾기 때문에 많이 사용하는 방법입니다.

❶ 텍스트 필터 조건

[만들기] 탭→[쿼리] 그룹→[쿼리 디자인]을 클릭합니다. 그런 다음 [테이블 표시] 대화상자에서 쿼리를 만들 테이블을 선택한 후 〈추가〉 단추를 클릭합니다.

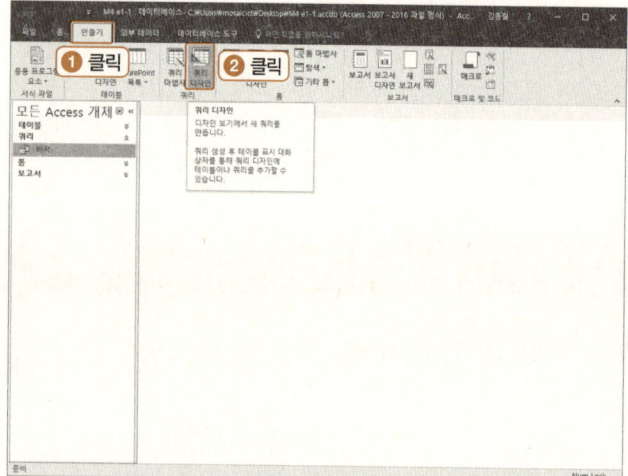

쿼리를 실행할 필드를 추가한 후 필드의 '조건' 항목에 필터를 수행할 조건을 입력합니다. [쿼리 도구]의 상황별 탭인 [디자인] 탭→[결과] 그룹→[실행]을 클릭합니다.

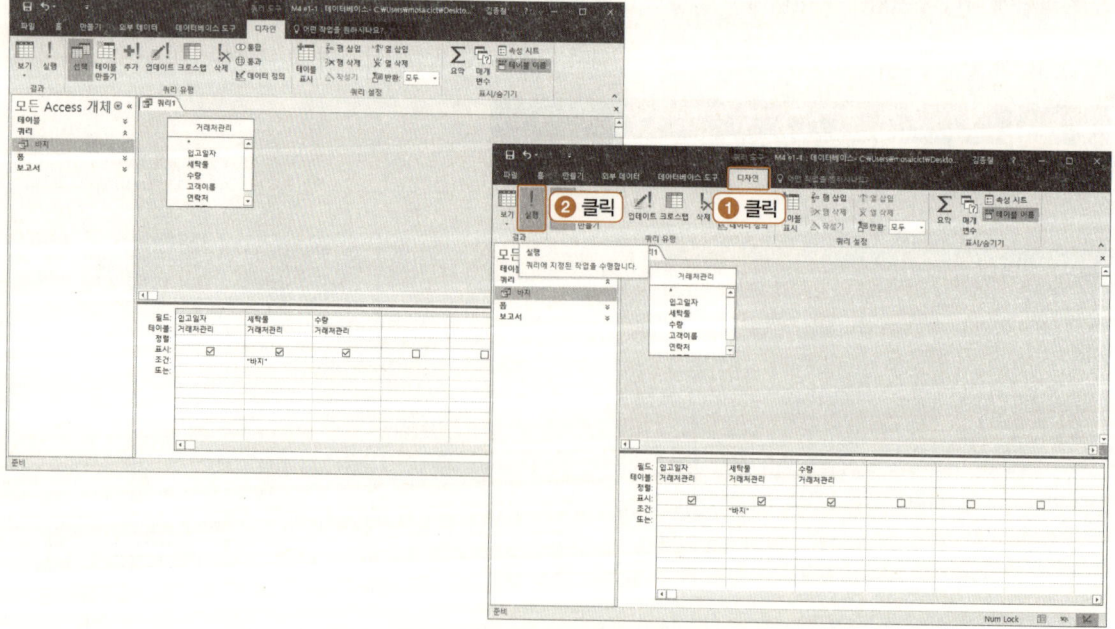

❷ 숫자 필터 조건

필드의 '조건' 항목에 필터를 수행할 조건을 입력한 후 [쿼리 도구]의 상황별 탭인 [디자인] 탭→[결과] 그룹
→[실행]을 클릭합니다.

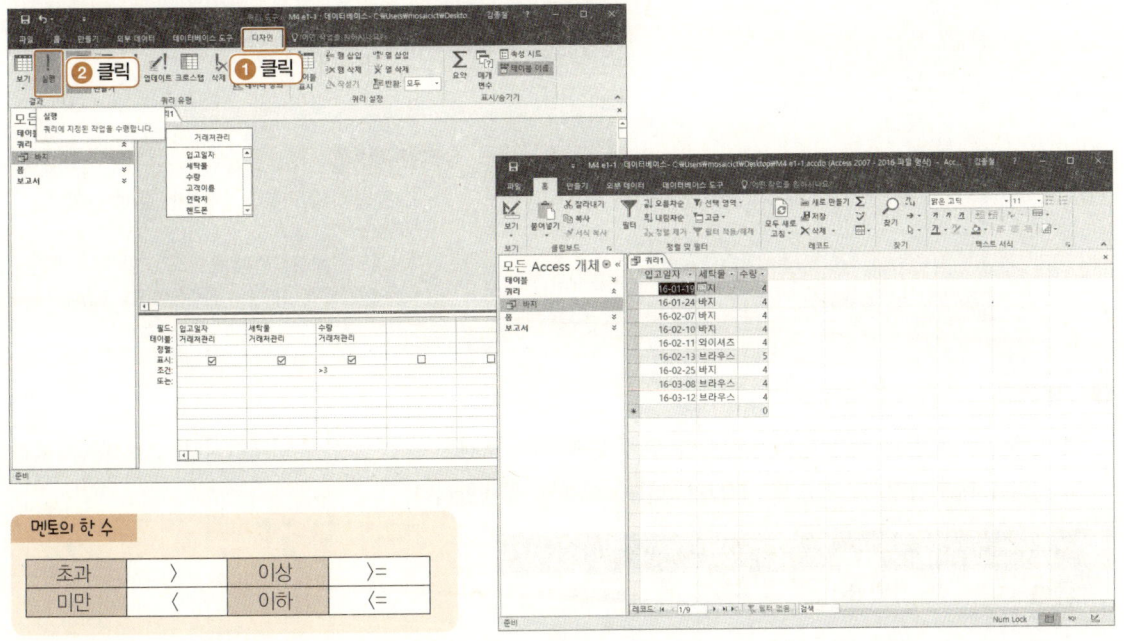

2-5 다중 조건의 쿼리 만들기

쿼리를 만들 때 한 가지 조건이 아닌 여러 개의 조건을 설정해서 원하는 데이터만 찾아낼 수도 있습니다. 즉, 테이
블의 필드에서 여러 개의 필드 조건을 주면 보다 다양한 방법으로 데이터를 찾아 낼 수 있습니다. 동시에 만족하는
조건(AND), 여러 개 중 최소 하나만이라도 만족하는 조건(OR) 등 사용자가 여러 개의 조건을 줄 수 있습니다.

❶ AND 조건

첫 번째 쿼리 조건을 '조건' 항목에 입력한
후 두 번째 쿼리 조건을 '조건' 항목에 입
력합니다. 그런 다음 [쿼리 도구]의 상황별
탭인 [디자인] 탭→[결과] 그룹→[실행]을
클릭합니다.

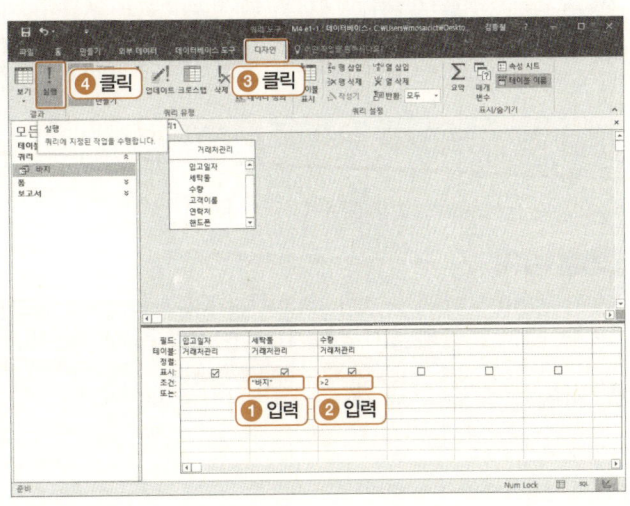

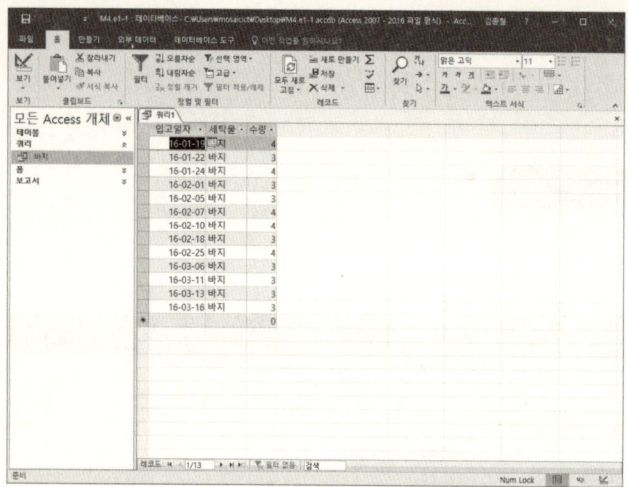

❷ OR 조건

첫 번째 쿼리 조건을 '조건' 항목에 입력한 후 두 번째 쿼리 조건을 '조건' 항목에 입력합니다. 그런 다음 [쿼리 도구]의 상황별 탭인 [디자인] 탭→[결과] 그룹→[실행]을 클릭합니다.

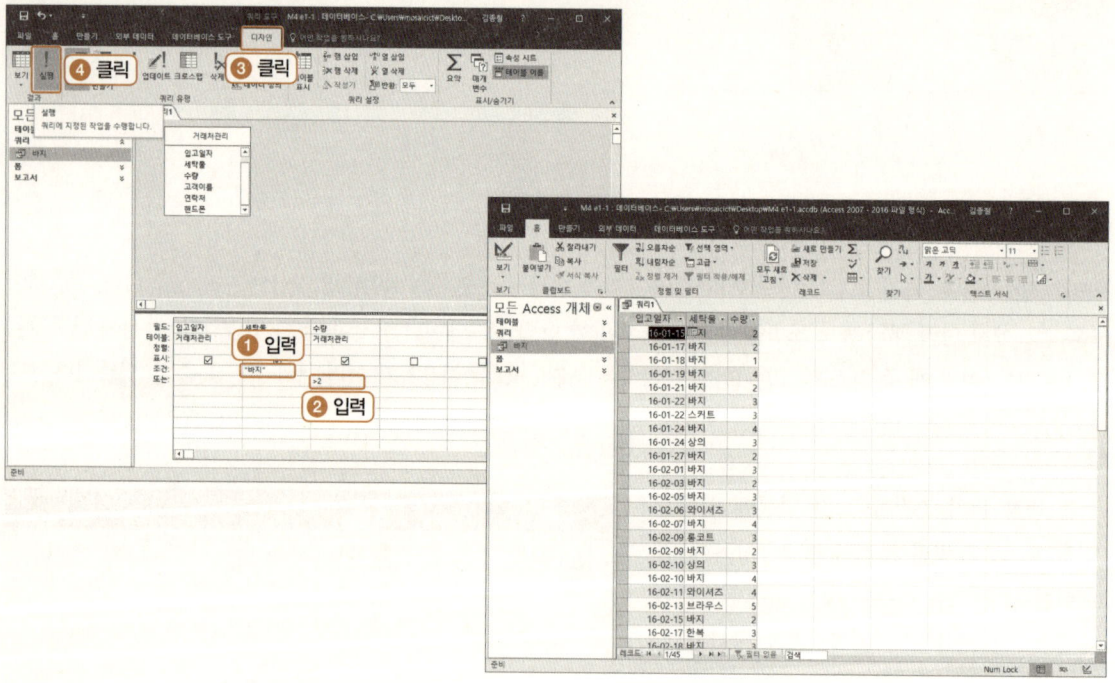

2-6 계산 쿼리 만들기

쿼리의 용도는 테이블에서 원하는 필드를 추출할 때 많이 사용하지만 기존의 필드 데이터를 이용해 새로운 필드를 추가할 수도 있습니다. 가령 테이블에는 없는 계산 필드를 쿼리에 추가해서 테이블에 데이터로서는 보관하지 않지만, 쿼리를 실행할 때 자동으로 필드 값에 계산 결과를 갖는 데이터를 생성할 수 있습니다.

❶ '식 작성기'를 이용한 계산 쿼리 만들기

마지막에 비어있는 필드를 클릭한 후 [쿼리 도구]의 상황별 탭인 [디자인] 탭→[쿼리 설정] 그룹→[작성기]를 클릭합니다. 그런 다음 수식을 입력한 후 〈확인〉 단추를 클릭합니다.

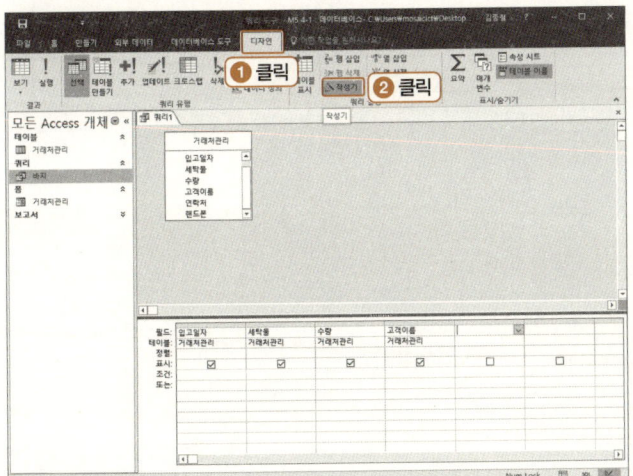
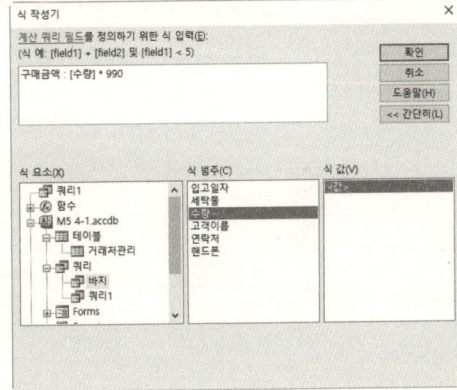

> **멘토의 한 수**
> • 계산 필드명은 반드시 대괄호([ ]) 안에 입력해야 합니다.
> • 추가할 계산 필드에 직접 수식을 입력해도 됩니다.

❷ '직접 수식 입력'을 이용한 계산 쿼리 만들기

마지막의 비어있는 필드에 수식(세금 : [구매금액]*0.1)을 입력합니다.

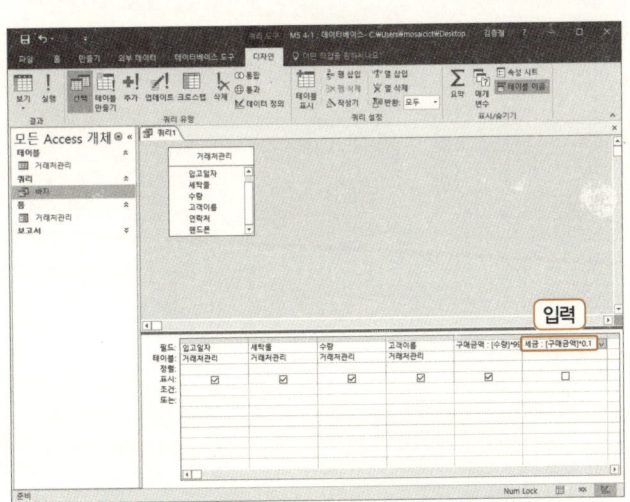

- '쿼리 디자인' 도구 모음에서 [디자인 보기] 도구를 클릭해도 됩니다.
- '0.1' 대신 '10%'를 입력하면 수식 오류가 나타나므로 주의해야 합니다.

와일드카드

쿼리에서는 조건식을 사용할 때 와일드카드를 사용할 수 있습니다. 예를 들어, Like '*지*'라고 입력하면 중간에 '지' 자가 들어간 모든 데이터를 찾을 수 있습니다. 다음은 액세스에서 사용할 수 있는 다양한 와일드카드입니다.

종류	설명
?	한 자리의 수나 문자
(가) *	자릿수에 상관없는 수나 문자
#	한 자리 수(0~9)
[charlist]	차트 목록의 단일 문자
[!charlist]	차트 목록에 없는 단일 문자

◉ 예제: C:₩CDL2016A₩M5 e4-1.accdb

1 '거래처관리' 테이블에서 '폼 필터'를 이용하여 세탁물이 '한복'인 데이터만 표시하시오.

❶ '거래처관리' 테이블을 '데이터시트 보기'로 연 후 [홈] 탭→[정렬 및 필터] 그룹→[고급]→[폼 필터]
를 선택합니다.

❷ '세탁물' 필드에서 목록 단추를 클릭한 후 '반코트'를 선택합니다.

❸ [홈] 탭→[정렬 및 필터] 그룹→[필터 적용/해제]를 클릭합니다.

❹ '세탁물'이 '반코트'인 데이터만 나타납니다.

2 '거래처관리' 테이블에서 '선택 필터'를 이용하여 고객이름이 '박재완'인 데이터만 표시하시오.

❶ '거래처관리' 테이블을 '데이터시트 보기'로 연 후 '고객이름' 필드의 '박재완'이 입력되어 있는 곳을
클릭합니다.

❷ [홈] 탭→[정렬 및 필터] 그룹→[선택 영역]을 클릭합니다.

❸ '"박재완"과(와) 같음'을 선택합니다.

❹ '고객이름'이 '박재완'인 데이터를 볼 수 있습니다.

3 '거래처관리' 테이블에서 '고급 필터'를 이용하여 고객이름이 '김윤숙'이거나 세탁물이 '반코
트'인 데이터만 표시하시오.

❶ '거래처관리' 테이블을 '데이터시트 보기'로 연 후 [홈] 탭→[정렬 및 필터] 그룹→[고급]→[고급 필
터/정렬]을 선택합니다.

❷ '필드' 항목의 목록 단추를 클릭하여 필터 시 첫 번째 기준이 될 '고객이름'을 선택합니다.

❸ 동일한 방법으로 두 번째 기준이 될 '세탁물' 필드도 추가합니다.

❹ '고객이름' 필드에서 '조건' 항목에 '김윤숙', '세탁물'에서 '또는' 항목에 '반코트'를 입력합니다.

❺ [홈] 탭→[정렬 및 필터] 그룹→[필터 적용/해제]를 클릭합니다.

❻ 고객이름이 '김윤숙'이거나, 세탁물이 '반코트'인 레코드가 나타납니다.

● 예제: C:₩ICDL2016A₩M5 e4-2.accdb

④ '문구코드표' 테이블의 '문구코드', '문구명', '단가'와 '문구판매현황' 테이블의 '소매점', '구매수량', '반품수량'을 이용하여 쿼리를 만드시오(쿼리 이름은 '문구쿼리'로 저장할 것).

❶ [만들기] 탭→[쿼리] 그룹→[쿼리 디자인]을 클릭합니다.

❷ [테이블 표시] 대화상자의 [테이블] 탭에서 '문구코드표'를 선택한 후 〈추가〉 단추를 클릭합니다.

❸ '문구판매현황' 테이블을 선택한 후 〈추가〉 단추를 클릭합니다. 그런 다음 〈닫기〉 단추를 클릭합니다.

❹ '문구코드표' 필드 목록 상자의 '문구코드'를 드래그해서 필드에 놓습니다.

❺ 동일한 방법으로 '문구코드표' 테이블의 '문구명', '단가'와 '문구판매현황' 테이블의 '소매점', '구매수량', '반품수량'도 추가합니다.

❻ '빠른 실행' 도구 모음에서 [저장] 도구를 클릭합니다.

❼ '쿼리 이름' 항목에 '문구쿼리'를 입력한 후 〈확인〉 단추를 클릭합니다.

⑤ 쿼리 마법사를 이용하여 '문구판매현황' 테이블의 '문구코드', '구매수량'을 이용하여 쿼리를 만드시오(쿼리 이름은 '구매수량쿼리'로 저장할 것).

❶ [만들기] 탭→[쿼리] 그룹→[쿼리 마법사]를 클릭한 후 '단순 쿼리 마법사'를 선택하고 〈확인〉 단추를 클릭합니다.

❷ '테이블/쿼리' 항목에서 목록 단추를 클릭한 후 '테이블: 문구판매현황'을 선택합니다.

❸ '사용 가능한 필드' 항목에서 '문구코드'를 선택한 후 [추가] 도구를 클릭합니다.

❹ '사용 가능한 필드' 항목에서 '구매수량'을 선택한 후 [추가] 도구를 클릭합니다.

❺ 〈다음〉 단추를 클릭합니다.

❻ 〈다음〉 단추를 클릭합니다.

❼ 쿼리 이름을 '구매수량쿼리'로 수정 입력한 후 〈마침〉 단추를 클릭합니다.

⑥ '문구쿼리'에서 '문구명'이 '클리어파일'인 데이터를 나타내시오(저장은 하지 말 것).

❶ 쿼리 목록의 '문구쿼리'에서 마우스 오른쪽 단추를 클릭한 후 [디자인 보기]를 선택합니다.

❷ '문구명' 필드의 '조건' 항목에 '클리어파일'을 입력합니다.

❸ [디자인] 탭→[결과] 그룹→[실행]을 클릭합니다.

❹ '문구명'이 '클리어파일'인 데이터만 나타납니다.

❼ '문구명'이 '연필'이거나 '구매수량'이 '250'개 이상인 데이터를 나타내시오(저장은 하지 말 것).

❶ 쿼리 목록의 '문구쿼리'에서 마우스 오른쪽 단추를 클릭한 후 [디자인 보기]를 선택합니다.

❷ '문구명' 필드의 '조건' 항목에 '연필'을 입력합니다.

❸ '구매수량' 필드의 '또는' 항목에 '>=200'을 입력합니다.

❹ [디자인] 탭→[결과] 그룹→[실행]을 클릭합니다.

❺ '문구명'이 '연필'이거나 '구매수량'이 '250'개 이상인 데이터가 나타납니다.

❽ '구매금액' 필드를 추가한 후 실행하시오('구매금액'은 '단가×구매수량'으로 구할 것).

❶ 쿼리 목록의 '문구쿼리'에서 마우스 오른쪽 단추를 클릭한 후 [디자인 보기]를 선택합니다.

❷ 마지막에 비어있는 필드에 '구매금액 : [단가]*[구매수량]'을 입력합니다.

❸ [디자인] 탭→[결과] 그룹→[실행]을 클릭합니다.

❹ '구매금액'에 대한 결과 값이 나타납니다.

❾ '세금' 필드를 추가한 후 '데이터시트 보기'로 결과를 확인하시오('세금'은 '구매금액×10%'로 구할 것).

❶ 쿼리를 수정하기 위해 [홈] 탭→[보기]→[디자인 보기]를 선택합니다.

❷ [쿼리 도구]의 상황별 탭인 [디자인] 탭→[쿼리 설정] 그룹→[작성기]를 클릭합니다.

❸ '세금 : [구매금액]*0.1'을 입력한 후 〈확인〉 단추를 클릭합니다.

❹ [디자인] 탭→[결과] 그룹→[실행]을 클릭합니다.

❺ '세금'에 대한 결과 값이 나타납니다.

Section **05** 폼

1 폼 작성

1-1 폼의 개념

폼은 사용자에게 데이터를 입력받는 화면으로 사용하기 편리하고 입력하기 편한 폼을 만들면 정확한 데이터베이스를 구축할 수 있습니다. 따라서 폼은 사용자와의 주요한 대화 통로로 사용자가 원하는 것을 데이터베이스 시스템이 수행되도록 하여 업무의 편의성을 도모해야 하는 임무를 가지고 있습니다.

❶ 폼의 4가지 역할

　㉠ **데이터 입력** : 사용자에게서 입력받은 데이터를 폼을 통해 데이터베이스 테이블에 저장해 주는 기능을 담당하고 있습니다.

　㉡ **프로그램의 흐름 조절** : 폼을 통해서 주어진 명령 단계에 따라 폼을 시작하고 특정 폼을 호출하고, 데이터 작업을 하고, 폼을 닫고 시스템을 빠져 나가는 등 일련의 프로그램 작업을 담당합니다.

　㉢ **대화상자 활용** : 대화상자는 사용자의 요구를 받아들이고 또 받아들인 값에 따라 여러 다양한 기능을 수행할 수 있게 하는 대화 창구 역할을 합니다. 폼이 없다면 사용자는 시스템과 대화할 수 있는 통로가 전혀 없기 때문에 아무 기능도 수행할 수 없는 먹통 시스템이 될 것입니다.

　㉣ **정보 출력** : 요청한 정보를 효과적으로 볼 수 있는 공간으로서 좀 더 효율적으로 읽기 쉽게 사용자에게 정보를 보여주고, 또 그 정보를 통해 사용자가 적절하게 의사결정을 할 수 있도록 도와줍니다.

❷ 폼 모양의 종류

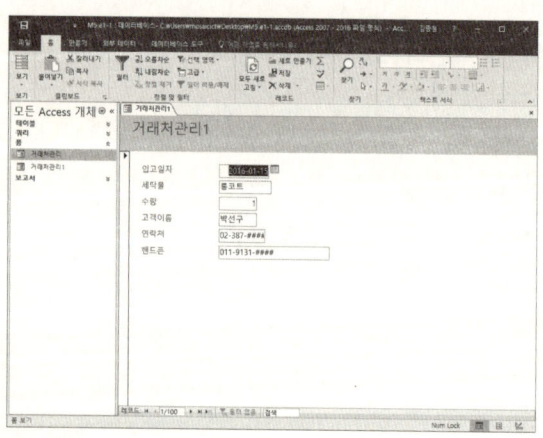

▲ 열 형식

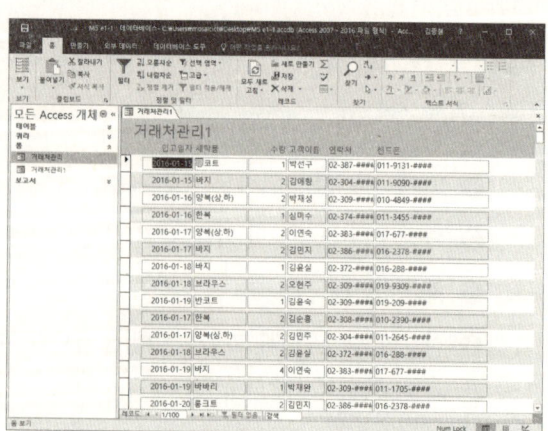

▲ 테이블 형식

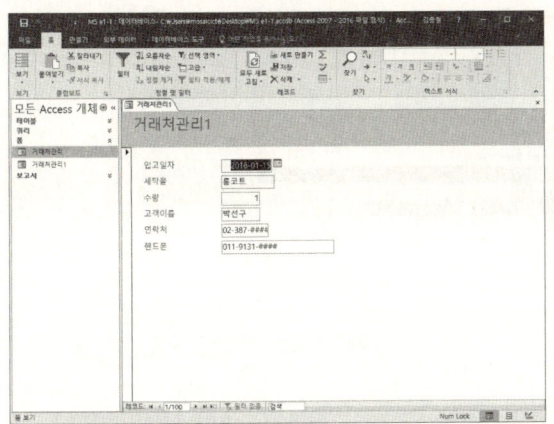

▲ 데이터시트

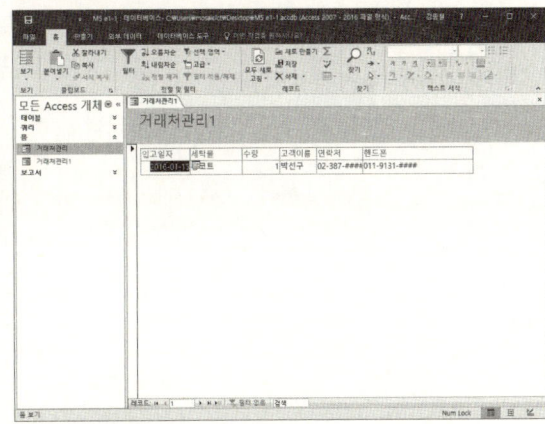

▲ 맞춤

- **열 형식** : 각 필드를 세로 방향으로 배열합니다. 레코드를 한 번에 하나씩 보여줍니다.
- **테이블 형식** : 맨 위에 있는 별도의 열에 필드 이름을 놓은 다음 열 머리글 밑에 데이터 레코드를 한 줄에 하나씩 배열합니다.
- **데이터시트** : 행과 열을 이용하여 테이블 모양의 폼을 만듭니다.
- **맞춤** : 폼 전반에 걸쳐 균등한 행에 필드를 배열합니다.

1-2 폼 마법사

폼 마법사를 이용하면 폼을 보다 쉽게 만들 수 있습니다. 폼에 익숙하지 않은 사용자들에게 편리한 방법으로 화면에 나타나는 항목을 선택해 주면 폼이 만들어집니다.

❶ [만들기] 탭→[폼] 그룹→[폼 마법사]를 클릭합니다.

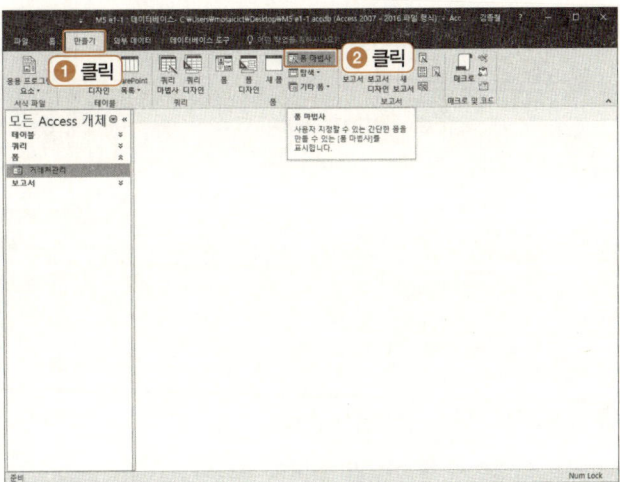

❷ 폼 마법사 1단계 – 테이블 및 쿼리 선택

'테이블/쿼리' 항목에서 목록 단추를 클릭한 후
폼에 사용할 테이블이나 쿼리를 선택합니다.

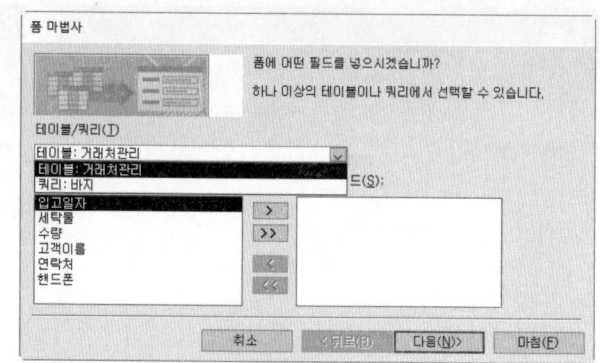

❸ 폼 마법사 2단계 – 필드 추가

모든 필드를 사용하기 위하여 [모두 추가] 도구
를 클릭합니다. 필드 추가가 완료되면 〈다음〉
단추를 클릭합니다.

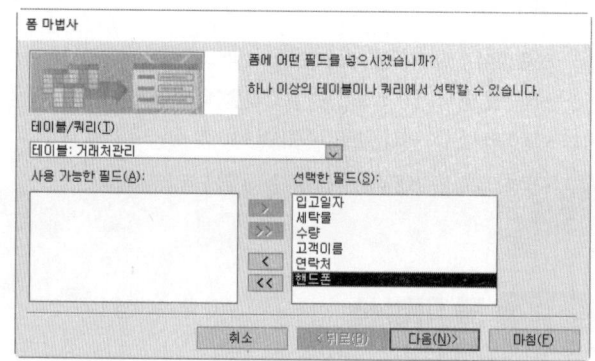

❹ 폼 마법사 3단계 – 폼 모양 선택

폼 모양 목록에서 원하는 모양을 선택한 후 〈다
음〉 단추를 클릭합니다.

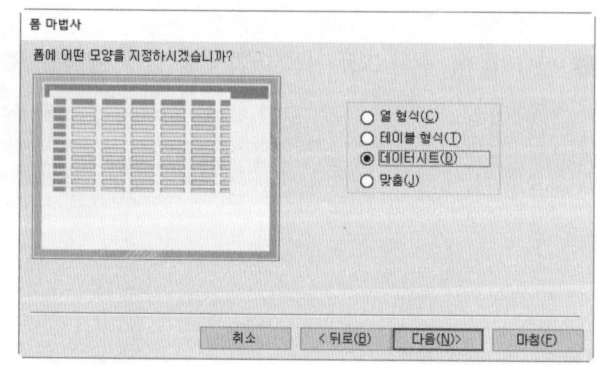

❺ 폼 마법사 5단계 – 마법사 종료

제목 입력란에 폼 이름을 입력한 후 〈마침〉 단
추를 클릭합니다.

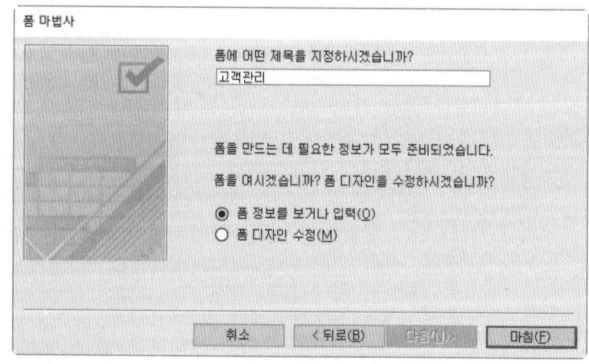

디자인 보기에서 폼 만들기

'폼 마법사'를 이용하면 편리하게 폼을 만들 수는 있지만 다양한 모양의 폼은 만들 수 없습니다. 마법사를 이용하지 않고 폼을 다양하게 꾸미고 싶다면 '디자인 보기'에서 폼 만들기를 수행합니다.

❶ [만들기] 탭→[폼] 그룹→[폼 디자인]을 클릭합니다.

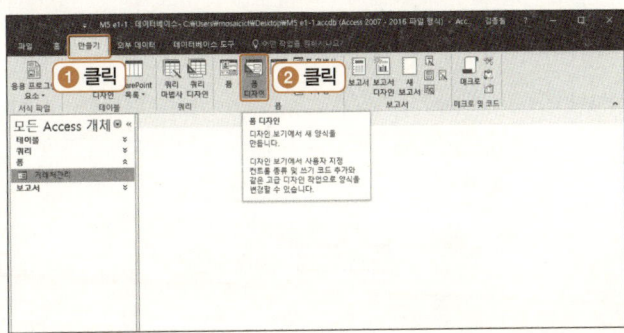

❷ 디자인 보기에서 폼 만들기 1단계 – 테이블 및 쿼리 선택

[폼 디자인 도구]의 상황별 탭인 [디자인] 탭→[도구] 그룹→[기존 필드 추가]를 클릭합니다.

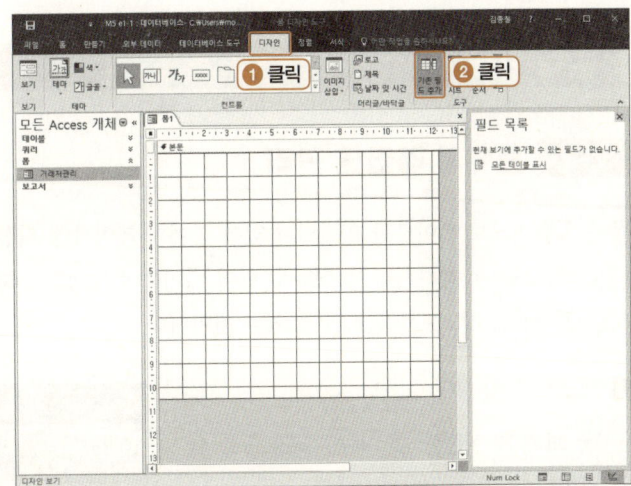

멘토의 한 수

'디자인 보기'로 폼을 만들 때는 반드시 테이블이나 쿼리를 지정해야 합니다.

❸ 디자인 보기에서 폼 만들기 2단계 – 폼에 필드 추가

필드 목록 상자에서 필드를 드래그하여 폼에 놓습니다. 나머지 필드도 추가합니다.

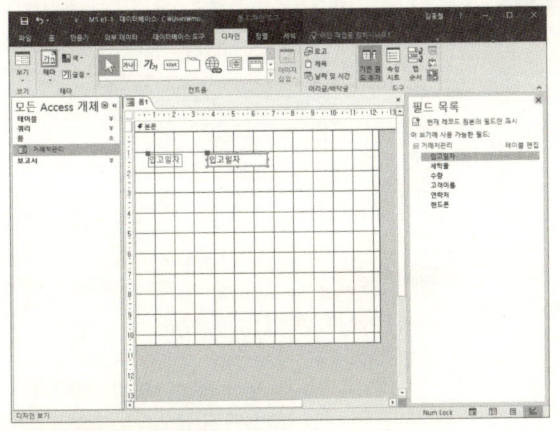 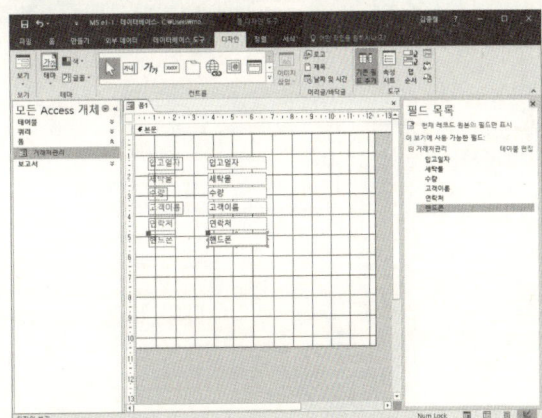

멘토의 한 수

필드 목록에서 더블 클릭해도 됩니다.

❹ 디자인 보기에서 폼 만들기 3단계 – 폼 저장하기

'빠른 실행' 도구 모음에서 [저장] 도구를 클릭한 후 '폼 이름'을 입력합니다.

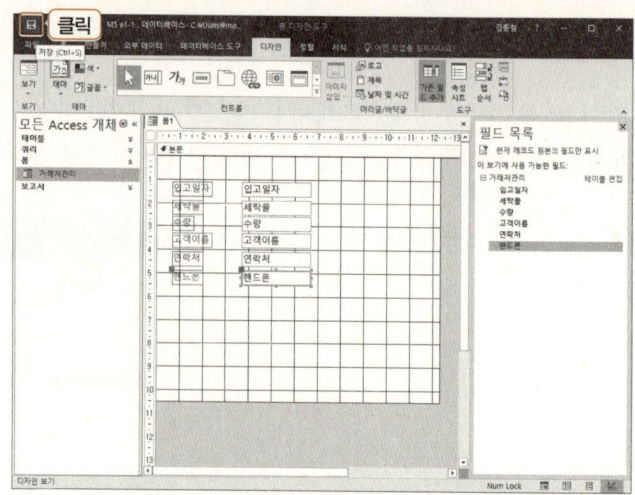

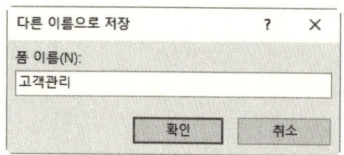

---

2 폼 활용

2-1 폼에서 레코드 관리

폼은 일반적으로 테이블과 연결되어 있어 폼에서 테이블에 저장되어 있는 데이터들을 볼 수 있습니다. 또한 폼에서 레코드를 삭제하거나 추가할 수 있어 테이블과 밀접한 관계가 형성되어 있습니다. 테이블의 데이터시트가 아닌 폼에서도 레코드를 관리할 수 있는 것입니다.

❶ 레코드 삽입하기

'폼 보기'를 실행한 후 '새(빈) 레코드'를 클릭합니다.

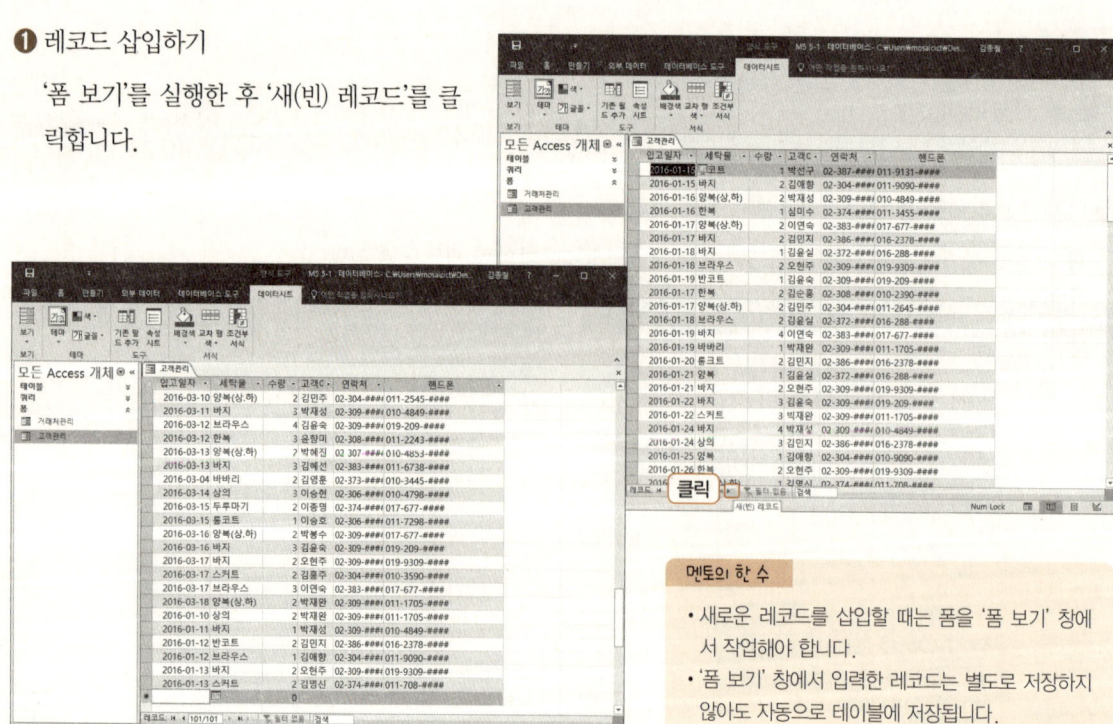

> **멘토의 한 수**
>
> • 새로운 레코드를 삽입할 때는 폼을 '폼 보기' 창에서 작업해야 합니다.
> • '폼 보기' 창에서 입력한 레코드는 별도로 저장하지 않아도 자동으로 테이블에 저장됩니다.

❷ 레코드 삭제하기

'폼 보기'를 실행한 후 [홈] 탭→[레코드] 그룹→[삭제]를 클릭합니다.

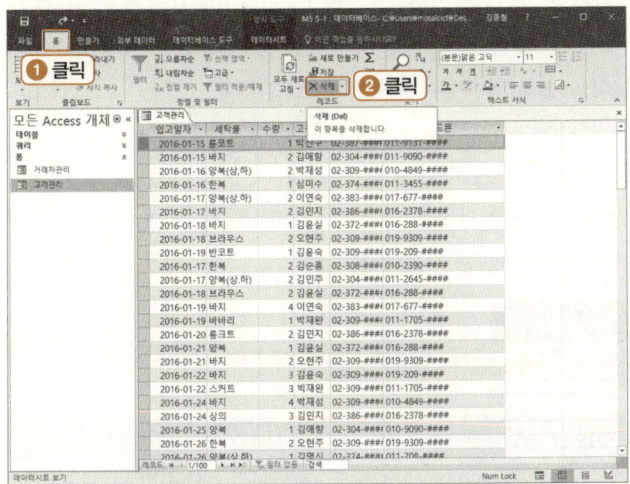

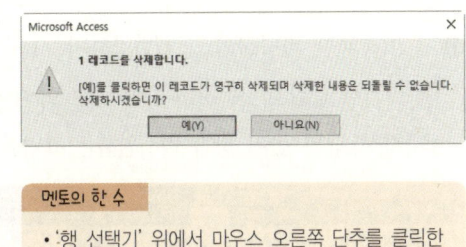

멘토의 한 수

• '행 선택기' 위에서 마우스 오른쪽 단추를 클릭한 후 [레코드 삭제]를 선택해도 됩니다.
• 레코드를 삭제하면 복구할 수 없기 때문에 주의해야 합니다.

❸ 레코드 이동하기

'레코드 탐색' 도구 모음의 '현재 레코드' 입력란에 이동할 레코드 번호를 입력한 후 Enter 를 누릅니다.

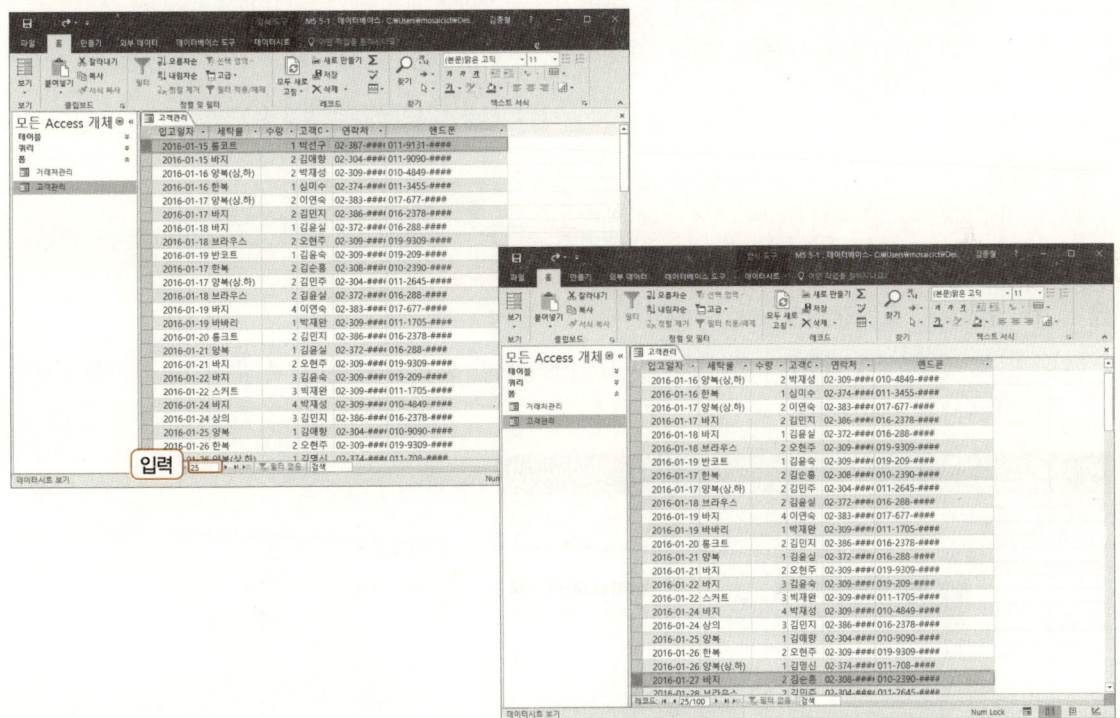

2-2 폼 머리글/바닥글

액세스에서 '폼 구역'은 머리글, 바닥글, 본문을 말합니다. '머리글/바닥글'은 '폼 보기'로 변경했을 때 폼의 위/아래에 반복해서 나타나는 정보나 항목을 넣는 영역입니다. '본문'은 '필드'를 배치하는 곳으로, 폼 디자인에서 가장 중요한 부분입니다. 폼은 사용자가 원하는 대로 서식을 변경하여 멋지게 꾸밀 수 있습니다.

❶ 폼 머리글 및 바닥글의 크기 변경하기

'폼 디자인 보기'의 '폼 머리글/바닥글' 위에서 마우스 오른쪽 단추를 클릭한 후 [속성]을 선택합니다. 그런 다음 [형식] 탭의 '높이' 항목에서 원하는 크기를 설정한 후 Enter 를 누릅니다.

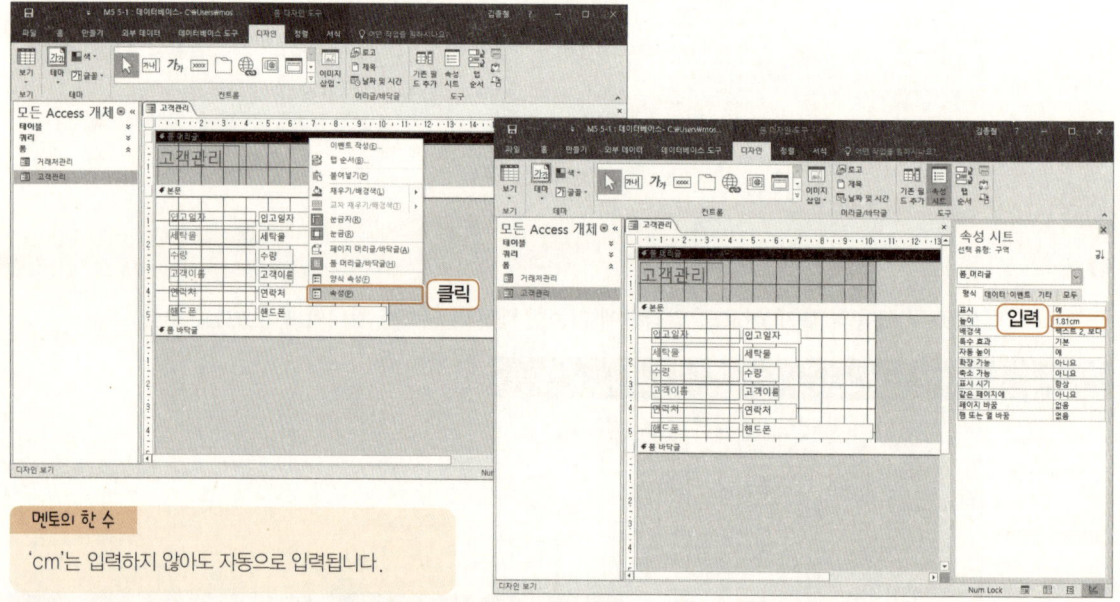

멘토의 한 수

'cm'는 입력하지 않아도 자동으로 입력됩니다.

❷ 폼 머리글에 날짜 및 시간 삽입하기

[디자인] 탭→[머리글/바닥글] 그룹→[날짜 및 시간]을 선택한 후 삽입하려는 날짜 및 시간의 서식을 선택하고 〈확인〉 단추를 클릭합니다.

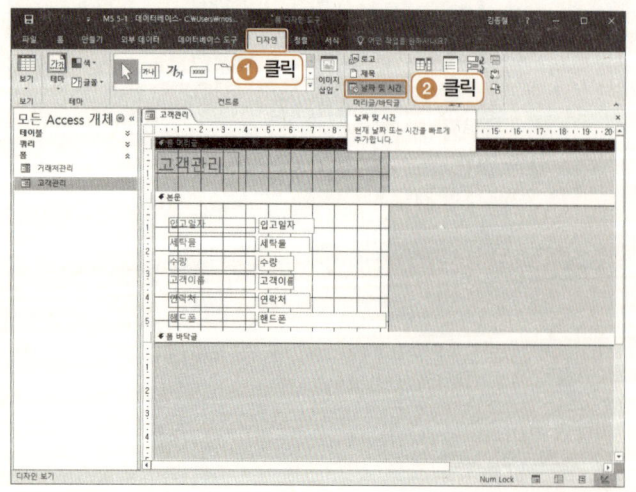

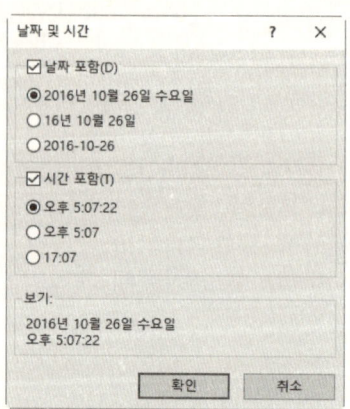

❸ 레이블 삽입하기

[폼 디자인 도구]의 상황별 탭인 [디자인]
탭→[컨트롤] 그룹→[레이블] 도구를 클릭
합니다. 그런 다음 삽입할 곳(머리글, 바닥
글, 본문)을 클릭한 후 원하는 내용을 입력
합니다.

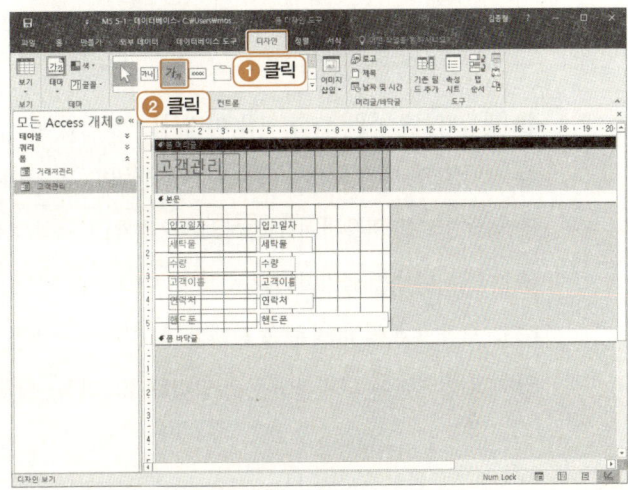

❹ 레이블 서식 변경

레이블을 선택한 후 [홈] 탭→[텍스트 서
식] 그룹→[글꼴] 도구의 목록 단추를 클릭
하여 원하는 글꼴을 선택합니다. 레이블의
크기를 변경할 때는 [홈] 탭→[텍스트 서
식] 그룹→[글꼴 크기] 도구의 목록 단추를
클릭하여 원하는 글꼴 크기를 선택합니다.

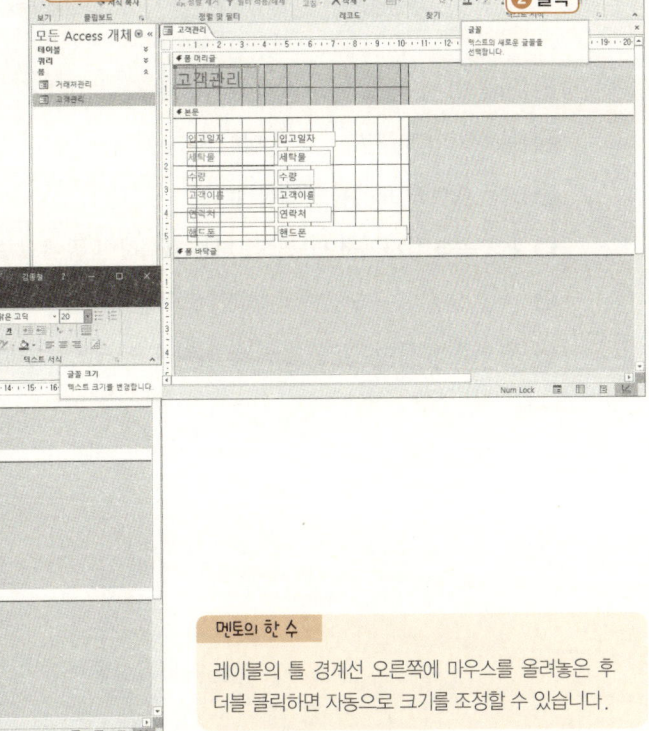

○ 예제: C:₩ICDL2016A₩M5 e5-1.accdb

1 폼 마법사를 이용하여 다음과 같은 폼을 만드시오.

원본 데이터	사용 필드	폼 모양	폼 명
사원관리 테이블	모든 필드	맞춤	사원관리폼

❶ [만들기] 탭→[폼] 그룹→[폼 마법사]를 클릭합니다.

❷ '테이블/쿼리' 항목에서 목록 단추를 클릭한 후 '테이블 : 사원관리'를 선택합니다.

❸ 모든 필드를 사용하기 위하여 [모두 추가] 도구를 클릭합니다.

❹ 〈다음〉 단추를 클릭합니다.

❺ 폼 모양 목록에서 '맞춤'을 선택한 후 〈다음〉 단추를 클릭합니다.

❻ 제목 입력란에 '사원관리폼'을 입력한 후 〈마침〉 단추를 클릭합니다.

2 '디자인 보기'에서 다음과 같은 폼을 만든 후 저장하여 닫으시오.

폼 테이블	폼 디자인	폼 이름
사원관리	임의로 배치	임직원관리

❶ [만들기] 탭→[폼] 그룹→[폼 디자인]을 클릭합니다.

❷ [폼 디자인 도구]의 상황별 탭인 [디자인] 탭→[도구] 그룹→[기존 필드 추가]를 클릭합니다.

❸ '모든 테이블 표시'를 클릭합니다.

❹ 필드 목록 상자에서 필드들을 더블 클릭하여 폼에 놓습니다.

❺ '빠른 실행' 도구 모음에서 [저장] 도구를 클릭합니다.

❻ '폼 이름' 항목에 '임직원관리'를 입력한 후 〈확인〉 단추를 클릭합니다.

③ '사원관리폼'의 머리글을 '3cm'로 설정하시오.

❶ '폼 디자인 보기'의 '폼 머리글' 위에서 마우스 오른쪽 단추를 클릭한 후 [속성]을 선택합니다.

❷ [형식] 탭의 '높이' 항목을 '3cm'로 설정한 후 Enter를 누릅니다.

④ 폼 머리글의 오른쪽에 현재 시간을 삽입하시오.

❶ [디자인] 탭→[머리글/바닥글] 그룹→[날짜 및 시간]을 선택합니다.

❷ '날짜 포함' 항목의 체크 표시를 해제한 후 〈확인〉 단추를 클릭합니다.

❸ 시간을 오른쪽으로 드래그해서 이동합니다.

⑤ 폼 바닥글에 다음과 같은 레이블을 삽입하시오.

내용	글꼴	크기
세탁소 관리	돋움체	16

❶ 폼 바닥글 영역을 드래그해서 넓혀줍니다.

❷ [폼 디자인 도구]의 상황별 탭인 [디자인] 탭→[컨트롤] 그룹→[레이블] 도구를 클릭합니다.

❸ 폼 바닥글을 클릭한 후 '사원 관리'를 입력합니다.

❹ 레이블을 선택한 후 [홈] 탭→[텍스트 서식] 그룹→[글꼴] 도구의 목록 단추를 클릭하여 '돋움체'를 선택합니다.

❺ [홈] 탭→[텍스트 서식] 그룹→[글꼴 크기] 도구의 목록 단추를 클릭하여 '16'을 선택합니다.

❻ 레이블의 틀을 확대해서 글자가 모두 나오도록 설정합니다.

Section 06 보고서

1 보고서 작성

1-1 보고서의 개념

보고서는 데이터베이스에 있는 테이블이나 쿼리의 정보를 사용자가 원하는 양식으로 모니터 화면이나 종이에 출력하는 일을 담당합니다. 사용자들은 모니터에서 결과를 확인하는 것도 중요하지만 각종 보고서를 직접 프린트로 출력하는 경우도 많을 것입니다. 레이블, 엽서, 사무실 양식 등 원하는 보고서를 마음대로 만들 수 있기 때문에 매우 중요한 내용입니다.

❶ 보고서의 종류

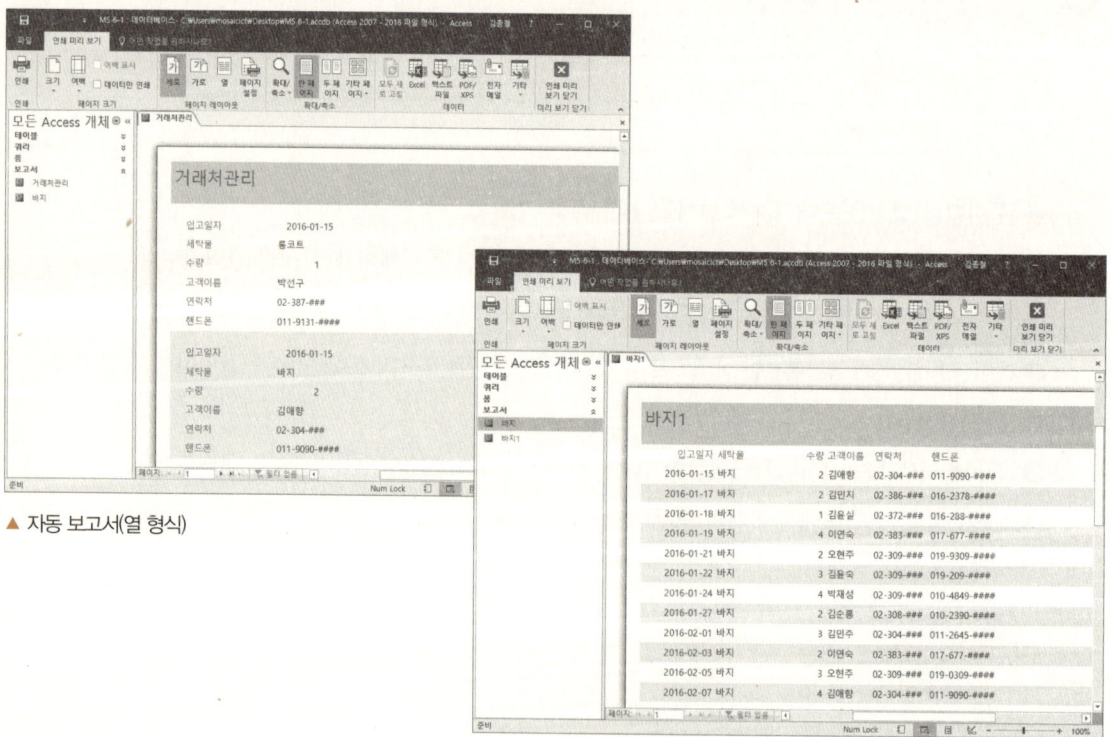

▲ 자동 보고서(열 형식)

▲ 자동 보고서(테이블 형식)

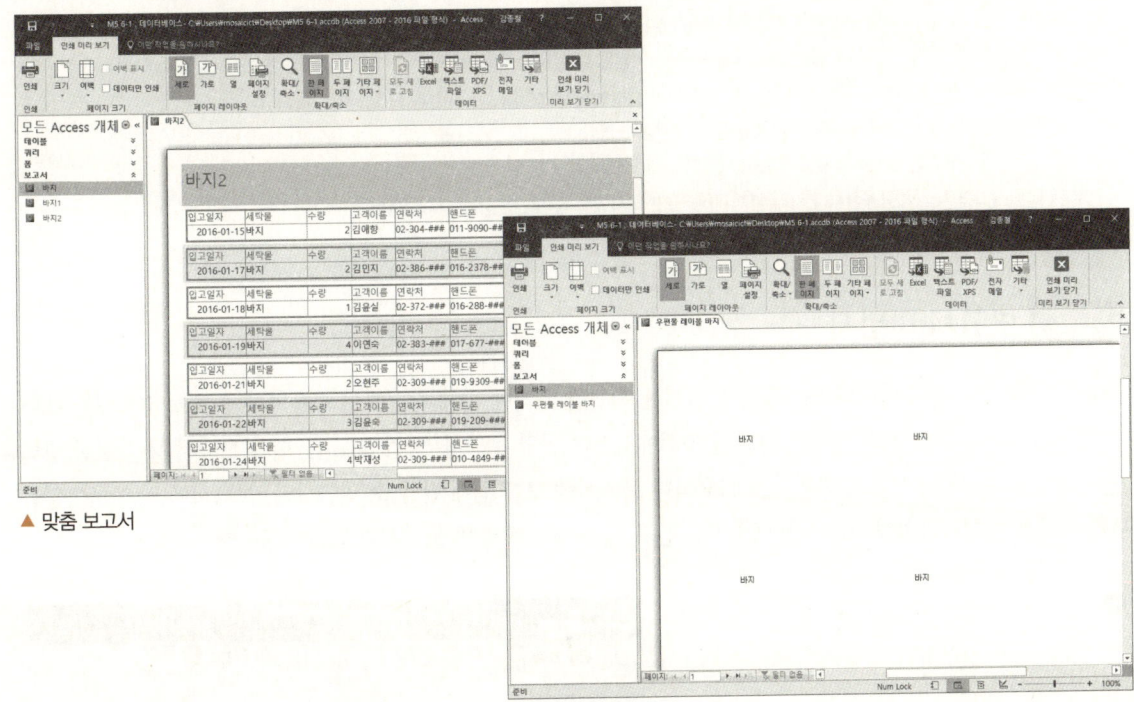

▲ 맞춤 보고서

▲ 레이블 마법사

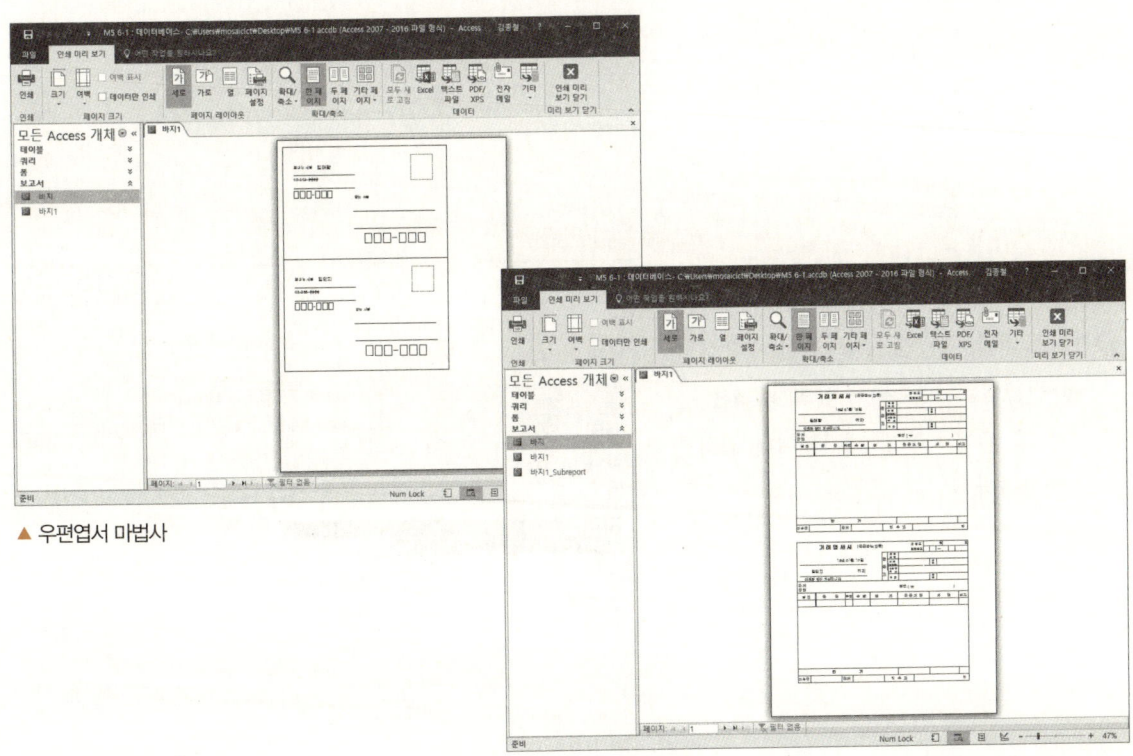

▲ 우편엽서 마법사

▲ 업무 문서 양식 마법사

- 자동 보고서(칼럼 형식) : 각 필드를 세로 방향으로 배열합니다.
- 자동 보고서(테이블 형식) : 맨 위에 있는 별도의 열에 필드 이름을 놓은 다음 열 머리글 밑에 데이터 레코드를 한 줄에 하나씩 배열합니다.
- 맞춤 보고서 : 폼 전반에 걸쳐 균등한 행에 필드를 배열해서 보고서를 만듭니다.
- 레이블 마법사 : 레이블 서식에 맞추어 우편 발송용 보고서를 만듭니다.
- 우편엽서 마법사 : 우편엽서 서식에 맞추어 보고서를 만듭니다.
- 업무 문서 양식 마법사 : 세금계산서나 거래 명세서 등 일반 회사에서 많이 사용하는 보고서를 만듭니다.

1-2 보고서 마법사

보고서는 테이블 내의 데이터들을 필요한 시기에 특별한 목적에 맞게 작성하여 사용자에게 보고서 형태로 보이는 출력물입니다. 보고서의 형태는 단순한 조회에서부터 일일 보고서, 영업 보고서, 회계 보고서 등 다양한 방법을 제공합니다. 특히, 보고서 마법사를 이용하면 보고서를 보다 쉽게 만들 수 있습니다. 보고서에 익숙하지 않은 사용자들에게 편리한 방법으로 화면에 나타나는 항목을 선택해 주면 보고서가 만들어집니다.

❶ [만들기] 탭→[보고서] 그룹→[보고서 마법사]를 클릭합니다.

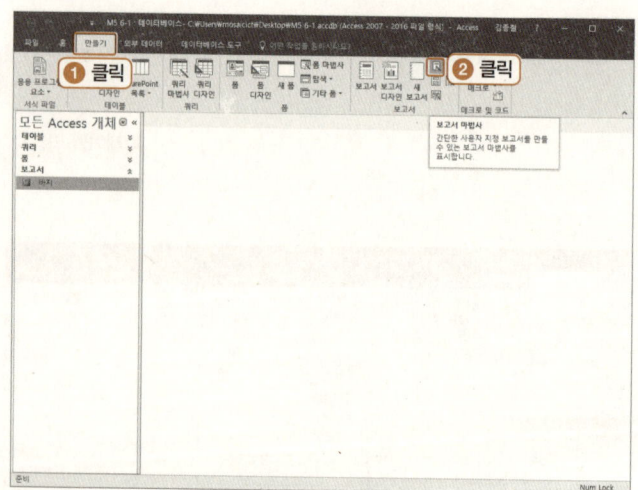

❷ 보고서 마법사 1단계 – 테이블 및 쿼리 선택 '테이블/쿼리' 항목에서 목록 단추를 클릭한 후 폼에 사용할 테이블이나 쿼리를 선택합니다.

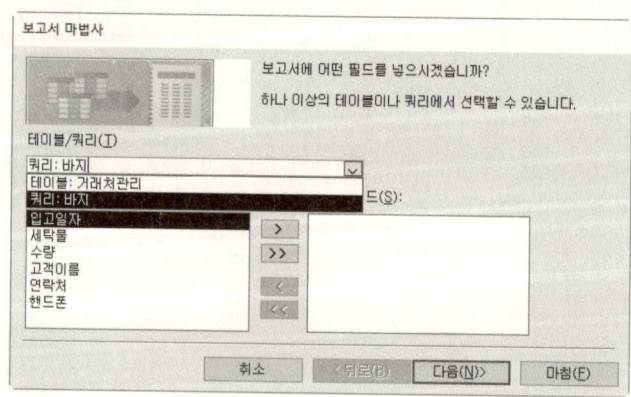

❸ 보고서 마법사 2단계 – 필드 추가

모든 필드를 사용하기 위하여 '모두 추가'
도구를 클릭합니다. 필드 추가가 완료되면
〈다음〉 단추를 클릭합니다.

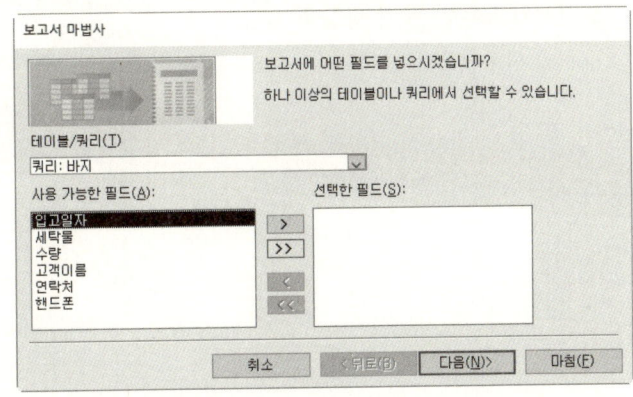

❹ 보고서 마법사 3단계 – 그룹 수준 선택

그룹으로 묶을 필드를 선택한 후 '추가' 도
구를 클릭합니다. 그런 다음 〈다음〉 단추
를 클릭합니다.

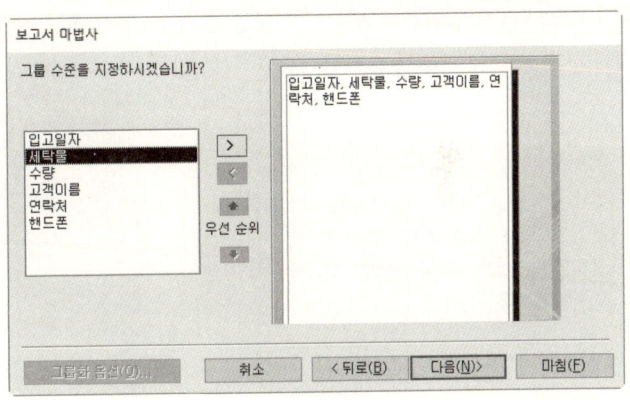

> **멘토의 한 수**
>
> 그룹 수준은 데이터를 계층적으로 분류하는 것으로
> 사용자가 임의로 특정 필드를 기준으로 분류할 때 사
> 용합니다.

❺ 보고서 마법사 4단계 – 정렬

정렬 순서를 지정하기 위해 목록 단추를
클릭한 후 원하는 필드명을 선택합니다.
'오름차순/내림차순'을 설정한 후 〈다음〉
단추를 클릭합니다.

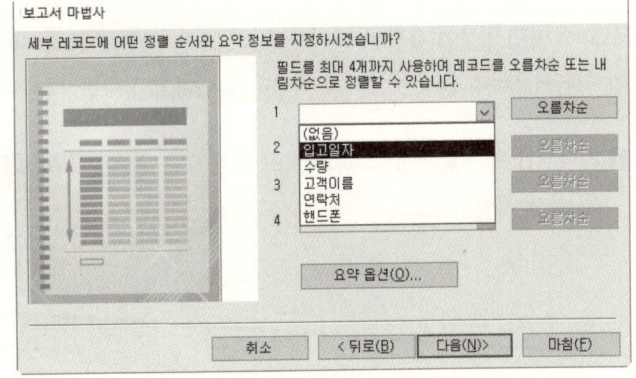

> **멘토의 한 수**
>
> 〈오름차순/내림차순〉 단추는 토글 키로, 클릭할 때마
> 다 '오름차순 내림차순'을 반복해서 나타냅니다.

> **멘토의 한 수**
>
> 요약 옵션
>
> '보고서 마법사 4단계'에서 〈요약 옵션〉 단추를 클릭하면 그룹으로 설정한 필드의 합계,
> 평균, 최대, 최소값을 구할 수 있습니다.

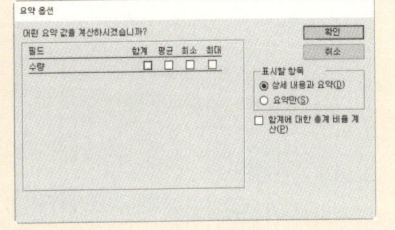

❻ 보고서 마법사 5단계 – 폼 모양 선택

보고서의 모양과 용지 방향을 설정한 후
〈다음〉 단추를 클릭합니다.

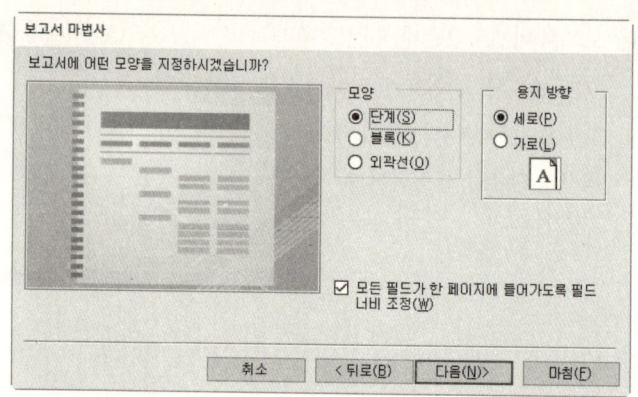

❼ 보고서 마법사 6단계 – 마법사 종료

보고서 제목 입력란에 보고서 이름을 입력
한 후 〈마침〉 단추를 클릭합니다.

멘토의 한 수

'보고서 미리 보기'를 선택하면 보고서 작성 후 '인쇄
미리 보기' 창이 나타나며, '보고서 디자인 수정'을 선
택하면 보고서를 수정할 수 있는 '보고서 디자인' 창
이 나타납니다.

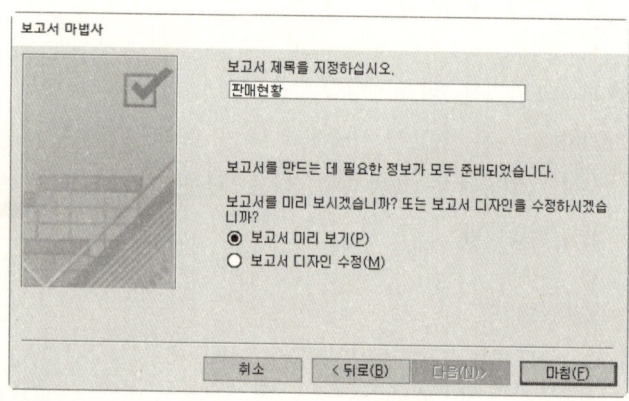

1-3 디자인 보기를 이용하여 보고서 만들기

'보고서 마법사'를 이용하면 편리하게 보고서를 만들 수는 있지만 다양한 모양의 보고서는 만들 수 없습니다. 마
법사를 이용하지 않고 보고서를 다양하게 꾸미고 싶다면 '디자인 보기'에서 보고서 만들기를 수행합니다.

❶ [만들기] 탭→[보고서] 그룹→[보고서 디자
인]을 클릭합니다.

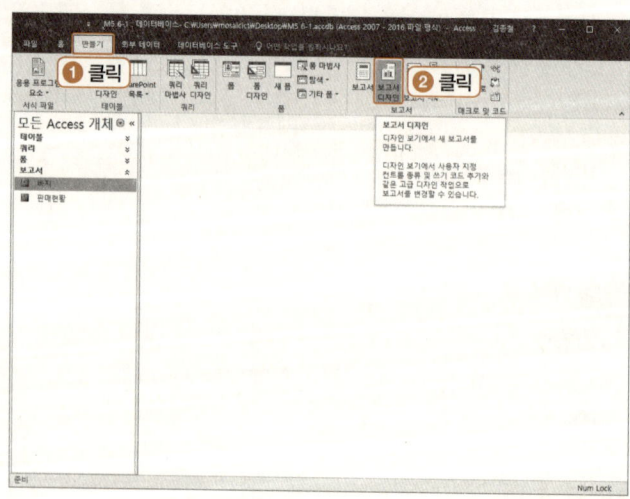

❷ 디자인 보기에서 보고서 만들기 1단계 –
   테이블 및 쿼리 선택

   [보고서 디자인 도구]의 상황별 탭인 [디자
   인] 탭→[도구] 그룹→[기존 필드 추가]를
   클릭합니다.

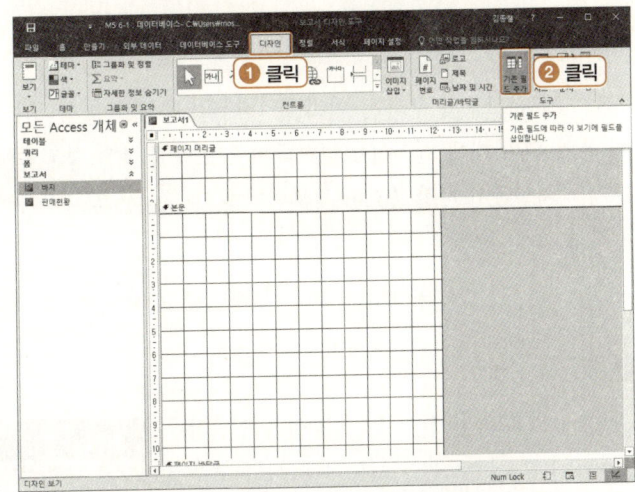

❸ 디자인 보기에서 보고서 만들기 2단계 –
   보고서에 필드 추가

   필드 목록 상자에서 필드를 드래그하여 폼
   에 놓습니다. 나머지 필드들로 추가합니다.

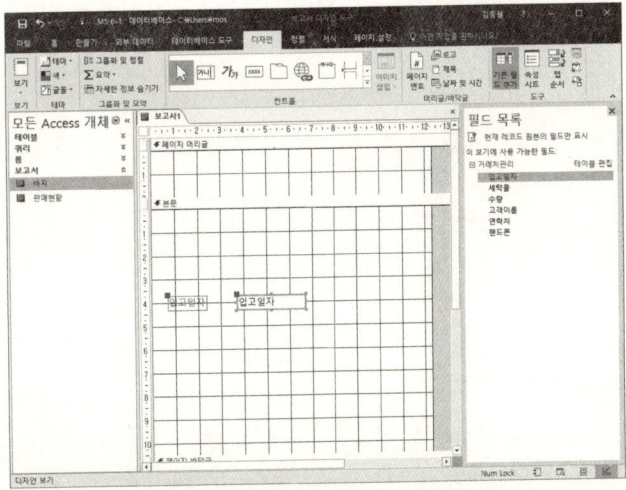

❹ 디자인 보기에서 보고서 만들기 3단계 –
   보고서 저장하기

   '빠른 실행' 도구 모음에서 [저장] 도구를
   클릭한 후 '폼 이름'을 입력합니다.

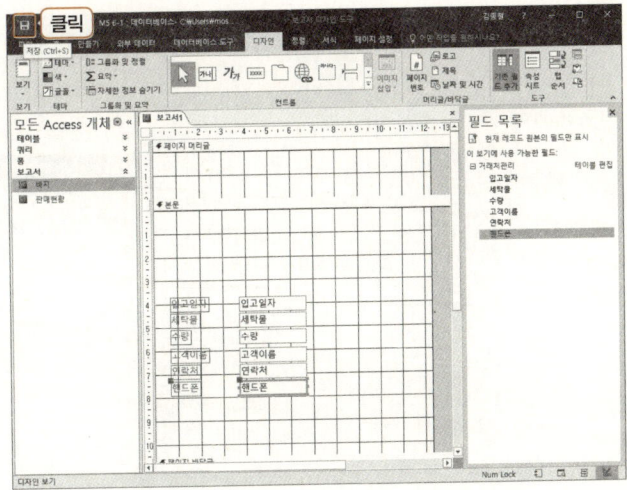

액세스에서 '보고서 구역'은 머리글, 바닥글, 본문을 말합니다. '머리글/바닥글'은 '인쇄 미리 보기'로 변경했을 때 폼의 위/아래에 반복해서 나타나는 정보나 항목을 넣는 영역입니다. '본문'은 '필드'를 배치하는 곳으로, 보고서 디자인에서 가장 중요한 부분입니다. 보고서는 사용자가 원하는 대로 서식을 변경하여 멋지게 꾸밀 수 있습니다.

'보고서 디자인 보기'의 '보고서 머리글/바닥글' 위에서 마우스 오른쪽 단추를 클릭한 후 [속성]을 선택합니다.

❶ 레이블 삽입

[보고서 디자인 도구]의 상황별 탭인 [디자인] 탭→[컨트롤] 그룹→[레이블] 도구를 클릭합니다. 그런 다음 삽입할 곳(머리글, 바닥글, 본문)을 클릭한 후 원하는 내용을 입력합니다.

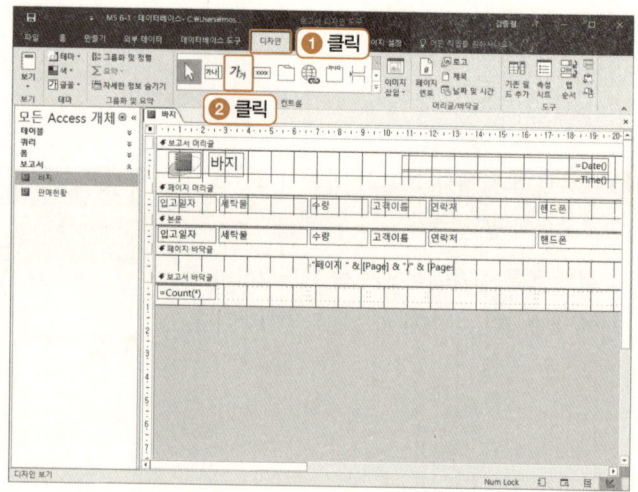

❷ 레이블 서식 변경

레이블을 선택한 후 [홈] 탭→[텍스트 서식] 그룹→[글꼴] 도구의 목록 단추를 클릭하여 원하는 글꼴을 선택합니다. 레이블의 크기를 변경할 때는 [홈] 탭→[텍스트 서식] 그룹→[글꼴 크기] 도구의 목록 단추를 클릭하여 원하는 글꼴 크기를 선택합니다.

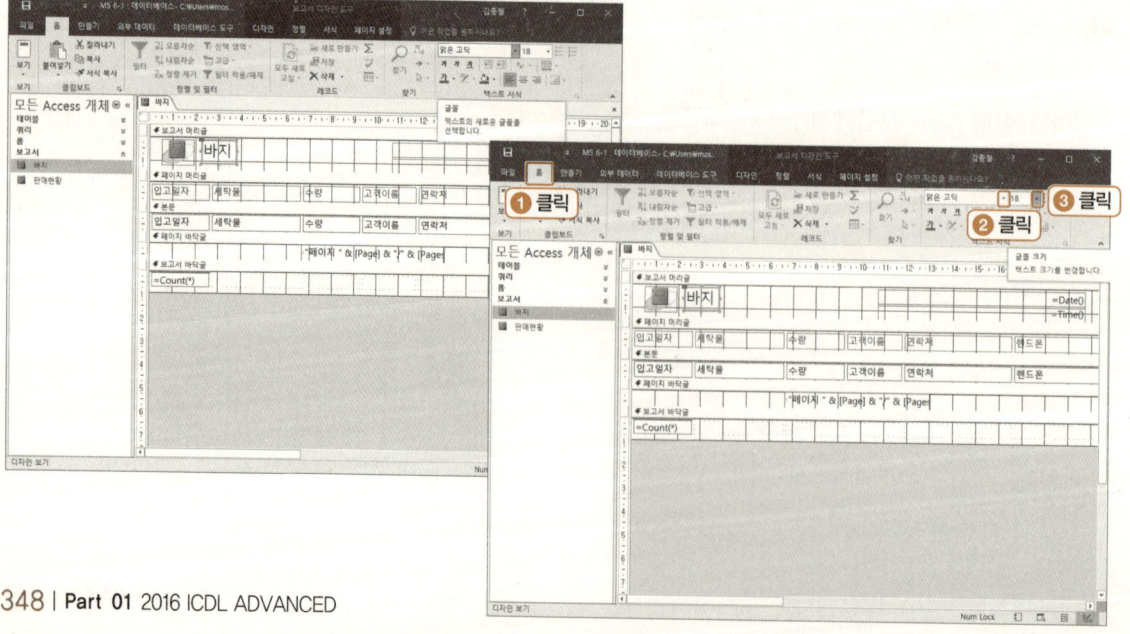

❸ 정렬 및 그룹화

[보고서 디자인 도구]의 상황별 탭인 [디자인] 탭→[그룹화 및 요약] 그룹→[그룹화 및 정렬] 도구를 클릭합니다.

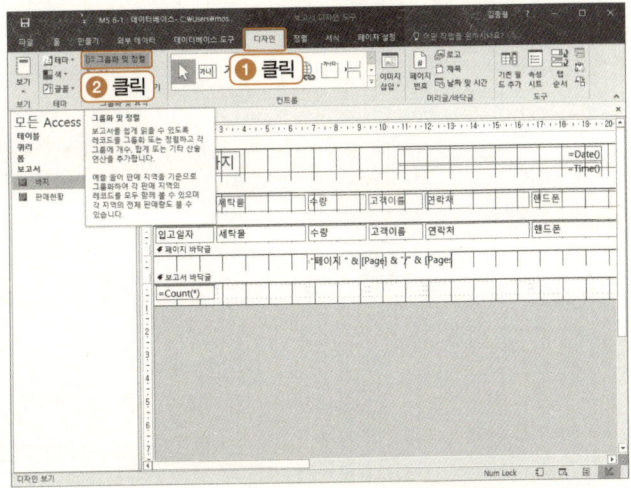

멘토의 한 수

'정렬 및 그룹화' 기능은 특정 필드를 그룹화하여 그룹화한 값의 합계나 평균, 최대값, 최소값을 구할 수 있습니다.

2 인쇄

2-1 보고서 인쇄

보고서의 디자인이 완료되었다면 실제로 프린터로 출력을 할 것입니다. 인쇄를 하기 전에 전체 모양이 완성되었는지를 수시로 확인해야 하는데, '인쇄 미리 보기'를 이용하면 편리합니다. 다른 프로그램과 마찬가지로 인쇄 미리 보기 화면에 나타나는 보고서는 그대로 프린터로 출력이 됩니다.

❶ [파일] 탭→[인쇄]를 클릭합니다.

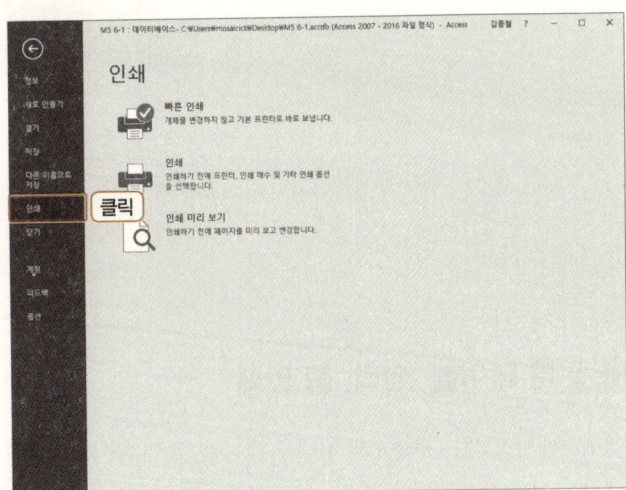

멘토의 한 수

[인쇄] 대화상자를 나타내는 Ctrl + P 를 눌러도 됩니다.

[인쇄] 대화상자의 인쇄 범위

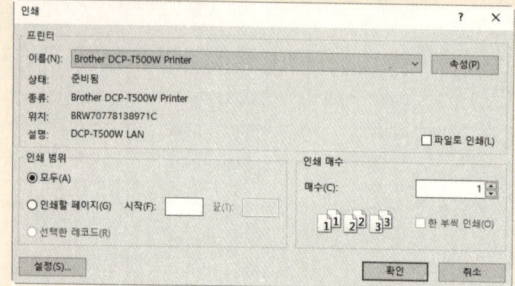

- 모두 : 모든 레코드를 인쇄합니다.
- 선택한 레코드 : 현재 선택되어 있는 레코드만 인쇄합니다.
- 인쇄할 페이지 : 여러 페이지에 인쇄될 경우 특정 페이지만 인쇄합니다.

2-2 페이지 설정

워드나 엑셀같은 프로그램에서 문서를 만들기 전에 페이지를 설정하는 것과 같이 액세스에서도 페이지 설정이나 열 개수 등을 인쇄하기 전에 미리 설정할 수 있습니다. 페이지를 미리 설정해 두면 인쇄 결과물을 보기 좋게 만들 수 있습니다.

❶ [보고서 디자인 도구]의 상황별 탭인 [페이지 설정] 탭을 클릭합니다.

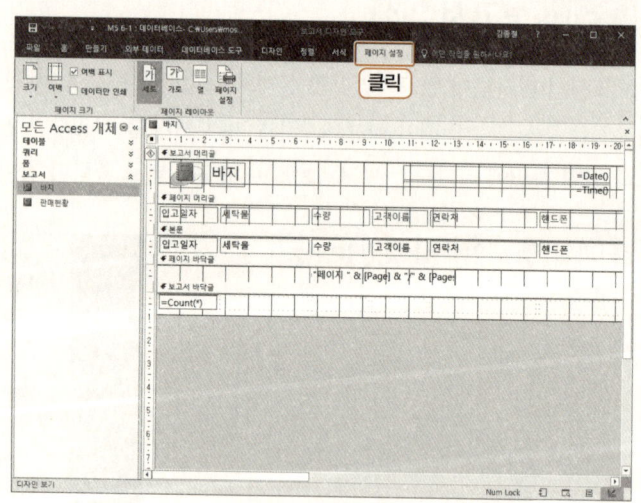

2-3 테이블, 쿼리, 폼 인쇄

액세스에서 인쇄는 보고서뿐 아니라 테이블, 쿼리, 폼 등도 인쇄할 수 있습니다. 인쇄하는 방법은 보고서에서 인쇄하는 것과 동일하면 설정하는 내용에 따라 다르게 인쇄됩니다. 다양한 보고서나 출력물을 얻을 경우 사용하면 매우 편리합니다.

❶ 테이블, 쿼리 및 폼에서 [파일] 탭→[인쇄]를 선택합니다.

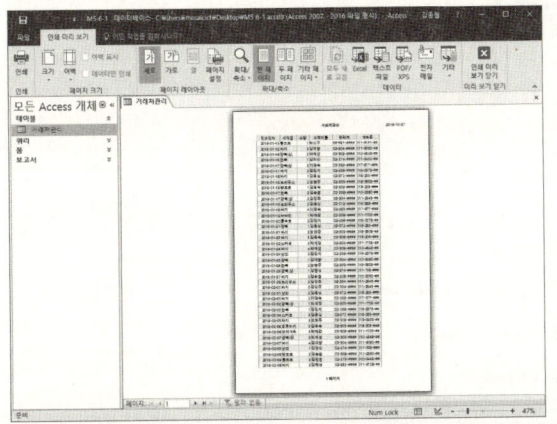

▲ 테이블 인쇄

▲ 쿼리 인쇄

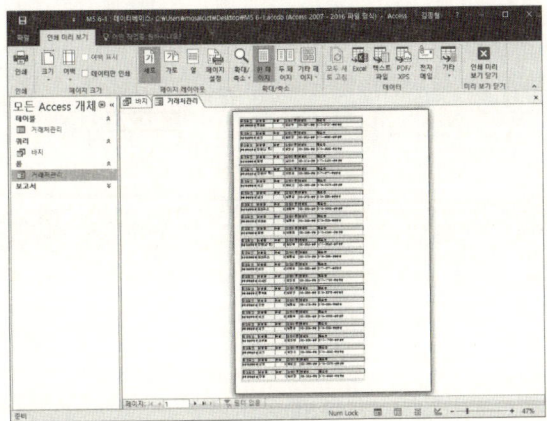

▲ 폼 인쇄

2-4 데이터 내보내기

액세스의 데이터베이스는 다른 프로그램과 호환성이 매우 우수합니다. 테이블에 있는 수많은 레코드는 엑셀, 텍스트, 다른 데이터베이스 프로그램에서 사용할 수 있도록 전환이 매우 쉽고 빠르게 진행됩니다. 또한, 액세스에 포함되어 있는 테이블, 쿼리, 폼은 인터넷 문서인 HTML 파일로 내보낼 수도 있습니다.

❶ [외부 데이터] 탭→[내보내기] 그룹에서 원하는 항목을 클릭합니다.

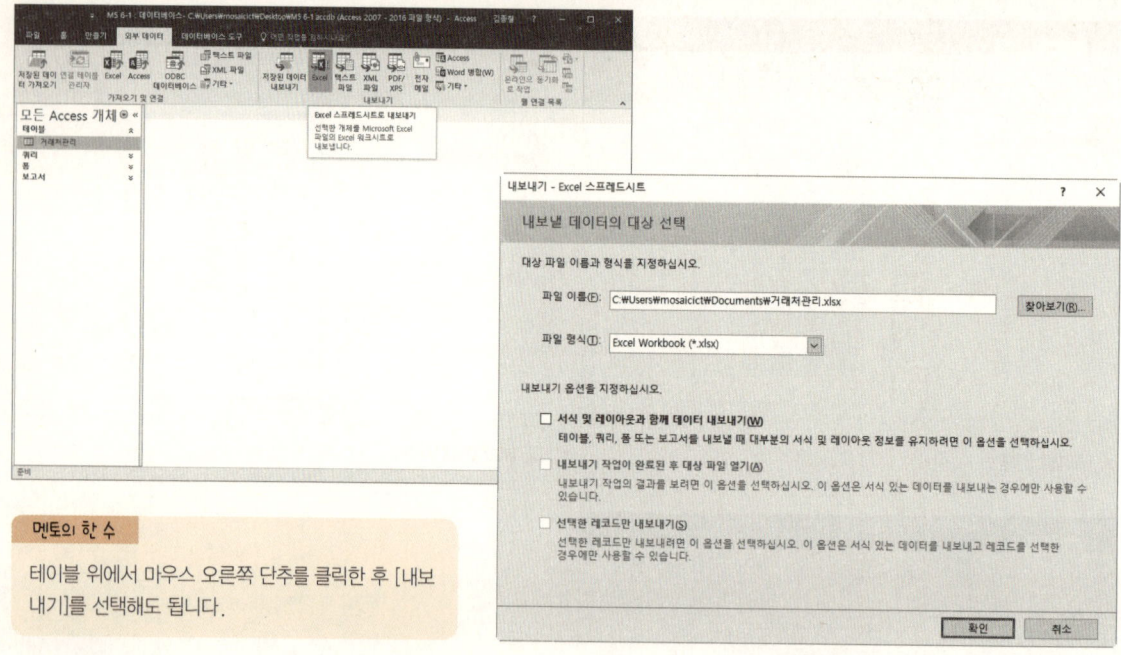

테이블 위에서 마우스 오른쪽 단추를 클릭한 후 [내보내기]를 선택해도 됩니다.

단원 평가

● 예제: C:₩ICDL2016A₩M5 e6-1.accdb

1 [만들기] 탭→[보고서] 그룹→[보고서 마법사]를 클릭합니다.

원본 데이터	보고서쿼리
그룹화	문구코드
정렬	문구명, 내림차순
요약	구매 수량, 반품 수량의 합계
보고서 모양	모양 : 블록, 용지 방향 : 가로
유형	압축
보고서 제목	문구판매현황

❶ '개체' 항목에서 '보고서'를 클릭하고 보고서 목록에서 '마법사를 사용하여 보고서 만들기'를 더블 클릭합니다.

❷ '테이블/쿼리' 항목의 목록 단추를 클릭한 후 '쿼리: 보고서쿼리'를 선택합니다.

❸ 모든 필드를 사용하기 위하여 [모두 추가] 도구를 클릭합니다.

❹ 〈다음〉 단추를 클릭합니다.

❺ '문구코드'를 선택한 후 〈추가〉 단추를 클릭합니다.

❻ 〈다음〉 단추를 클릭합니다.

❼ 정렬 순서를 지정하기 위해 목록 단추를 클릭한 후 '문구명'을 선택합니다.

❽ '내림차순'으로 변경하기 위해 〈오름차순〉 단추를 클릭합니다.

❾ 〈요약 옵션〉 단추를 클릭합니다.

❿ '구매수량', '반품수량'의 '합계' 항목에 각각 체크 표시한 후 〈확인〉 단추를 클릭합니다.

⓫ 〈다음〉 단추를 클릭합니다.

⓬ '모양' 항목에서 '블록'을, '용지 방향' 항목에서 '가로'를 선택한 후 〈다음〉 단추를 클릭합니다.

⓭ '유형' 항목에서 '압축'을 선택한 후 〈다음〉 단추를 클릭합니다.

⓮ 제목 입력란에 '문구판매현황'을 입력한 후 〈마침〉 단추를 클릭합니다.

② 디자인 보기를 이용하여 다음과 같은 새로운 보고서를 작성한 후 저장하시오.

원본 데이터	필드	보고서 이름
보고서쿼리	모두 사용	문구판매

❶ [만들기] 탭→[폼] 그룹→[폼 디자인]을 클릭합니다.

❷ '디자인 보기'를 선택한 후 아래쪽의 목록 단추를 클릭하여 '보고서쿼리'를 선택합니다.

❸ 〈확인〉 단추를 클릭합니다.

❹ 필드 목록 상자에서 제목 표시줄을 더블 클릭한 후 드래그하여 폼에 놓습니다.

❺ '빠른 실행' 도구 모음에서 [저장] 도구를 클릭합니다.

❻ '보고서 이름' 항목에 '문구판매'를 입력한 후 〈확인〉 단추를 클릭합니다.

③ '문구판매' 보고서를 그룹 바닥글에 소계를 구할 수 있도록 '문구명'을 기준으로 그룹화 하시오.

❶ 보고서 목록의 '문구판매'에서 마우스 오른쪽 단추를 클릭한 후 [디자인 보기]를 선택합니다.

❷ [보고서 디자인 도구]의 상황별 탭인 [디자인] 탭→[그룹화 및 요약] 그룹→[그룹화 및 정렬] 도구를 클릭합니다.

❸ '필드/식' 도구 모음에서 목록 단추를 클릭한 후 '문구명'을 선택합니다.

❹ '그룹 바닥글' 항목의 목록 단추를 클릭한 후 '예'를 선택합니다.

④ '문구판매현황' 보고서에서 3페이지만 인쇄하시오.

❶ 보고서 목록의 '문구판매현황'을 선택합니다.

❷ [파일] 탭→[인쇄]를 선택합니다.

❸ '인쇄'를 클릭합니다.

❹ '인쇄 범위' 항목에서 '인쇄할 페이지'를 선택하고 '3부터 3까지'를 설정한 후 〈확인〉 단추를 클릭합니다.

5 '문구판매' 보고서가 가로 방향으로 인쇄되도록 설정하시오.

❶ 보고서 목록의 '문구판매'에서 마우스 오른쪽 단추를 클릭한 후 [디자인 보기]를 선택합니다.

❷ [보고서 디자인 도구]의 상황별 탭인 [페이지 설정] 탭을 클릭합니다.

❸ [페이지 설정] 탭→[페이지 레이아웃] 그룹→[가로] 도구를 클릭합니다.

6 '문구판매현황' 테이블에서 20번째 레코드만 인쇄하시오.

❶ 테이블 목록의 '문구판매현황'을 더블 클릭합니다.

❷ 20번째 레코드를 선택한 후 [파일] 탭→[인쇄]를 선택합니다.

❸ '인쇄'를 클릭합니다.

❹ '인쇄 범위' 항목에서 '선택한 레코드'를 체크 표시한 후 〈확인〉 단추를 클릭합니다.

7 '보고서쿼리'를 인쇄하시오.

❶ 쿼리 목록의 '보고서쿼리'를 더블 클릭합니다.

❷ [파일] 탭→[인쇄]를 선택합니다.

❸ '빠른 인쇄'를 클릭합니다.

8 '문구판매현황' 테이블을 'Excel' 형식으로 내보내시오.

❶ 테이블 목록의 '문구판매현황' 위에서 마우스 오른쪽 단추를 클릭한 후 [내보내기]→[Excel]을 선택합니다.

❷ '파일 형식' 항목의 목록 단추를 클릭하여 'Excel Workbook(*.xlsx)'을 선택합니다.

❸ 〈확인〉 단추를 클릭합니다.

PART 2

2016 ICDL CORE

◦ 학습목표

ICDL 2016 CORE인 M3(MS WORD), M4(EXCEL), M6(POWERPOINT)와 M7(WEB BROWSING AND COMMUNICATION)의 기본적인 사용법 및 예상 문제를 통하여 ICDL 2016 CORE 응시를 완벽하게 준비하는 방법에 대해 알아봅니다.

International
Computer
Driving
Licence

CHAPTER

1

M3

① 예제 서식 파일에서 '보고서(균형 테마)' 파일로 문서를 시작하시오.

❶ [파일] 탭-[새로 만들기]를 클릭합니다.

❷ 주요 서식 파일 목록에서 '보고서(균형 테마)' 서식 파일을 더블 클릭합니다.

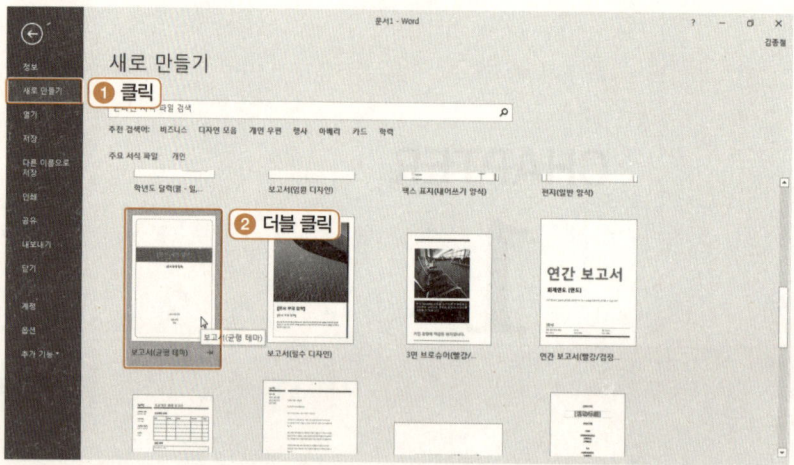

② 현재 문서를 '문서' 폴더에 '마케팅 보고서'의 이름으로 저장하시오.

❶ [파일] 탭-[다른 이름으로 저장]을 클릭합니다.

❷ '찾아보기'를 클릭합니다.

❸ [다른 이름으로 저장] 대화 상자에서 '문서' 폴더로 이동하고, 파일 이름을 '마케팅 보고서'로 입력한 후 [저장] 버튼을 클릭합니다.

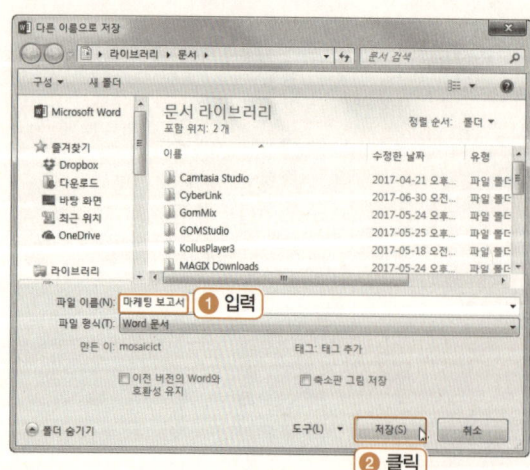

③ 'C:\ICDL 2016A\M3467' 폴더에서 '사업계획' 문서를 열고 다시 '마케팅 보고서' 문서로 창을 전환하시오.

❶ [파일] 탭-[열기]를 클릭합니다.

❷ '찾아보기'를 클릭합니다.

❸ 'C:\ICDL 2016A\M3467' 폴더로 이동하여 '사업계획' 문서를 선택한 후 [열기] 버튼을 클릭합니다.

❹ [보기] 탭-[창] 그룹-[창 전환]-[마케팅 보고서]를 클릭하여 창을 전환합니다.

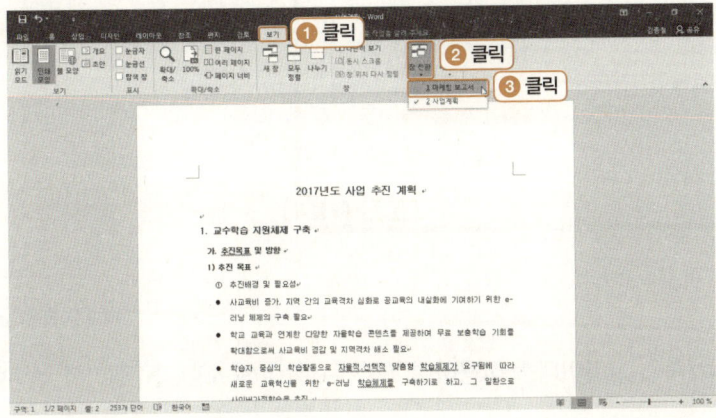

④ 워드 응용 프로그램의 사용자 이름을 'ICDL'로 설정하고 기본 파일의 위치를 'C:\ ICDL 2016A\M3467'로 수정하시오.

❶ [파일] 탭-[옵션]을 클릭합니다.

❷ [Word 옵션] 대화 상자의 '일반' 항목에서 사용자 이름을 'ICDL'로 변경합니다.

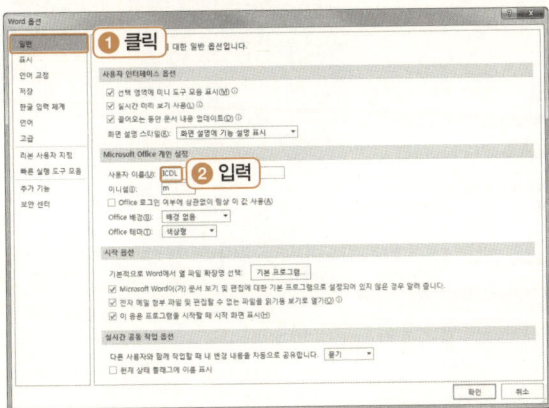

❸ '저장' 항목에서 기본 로컬 파일 위치를 'C:₩ICDL 2016A₩M3467'로 변경한 후 [확인] 버튼을 클릭합니다.

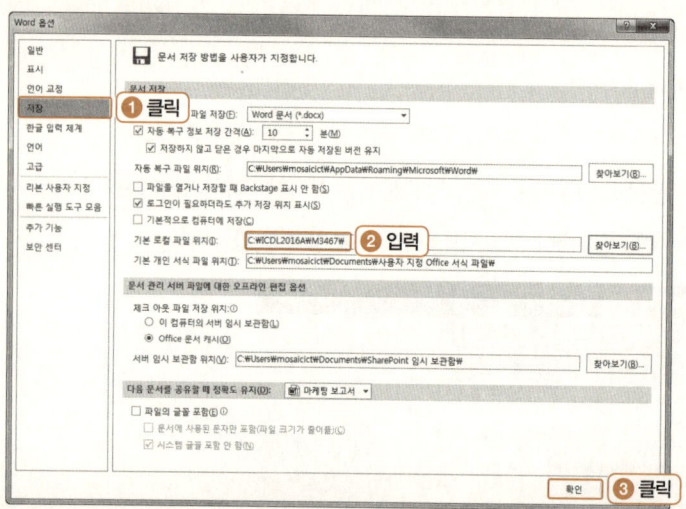

예제 : 사업계획.docx

5 슬라이드 창 아래의 확대/축소 슬라이더를 이용하여 '80%'로 확대/축소한 후 '페이지 너비에 맞게' 확대/축소 하시오.

❶ 오른쪽 아래의 '확대/축소 슬라이더'를 '80%' 위치로 드래그합니다.

❷ [보기] 탭-[확대/축소] 그룹-[페이지 너비]를 클릭합니다.

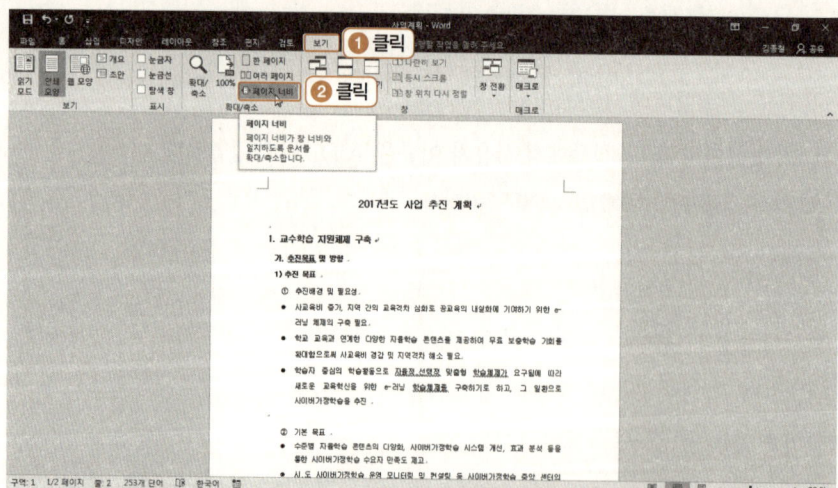

6 현재 문서를 '웹 모양' 보기로 전환한 후 '인쇄 모양' 보기로 복귀하시오.

❶ [보기] 탭-[보기] 그룹-[웹 모양]을 클릭하여 '웹 모양' 보기 화면으로 전환합니다.

❷ [보기] 탭-[보기] 그룹-[인쇄 모양]을 클릭하여 '인쇄 모양' 보기 화면으로 복귀합니다.

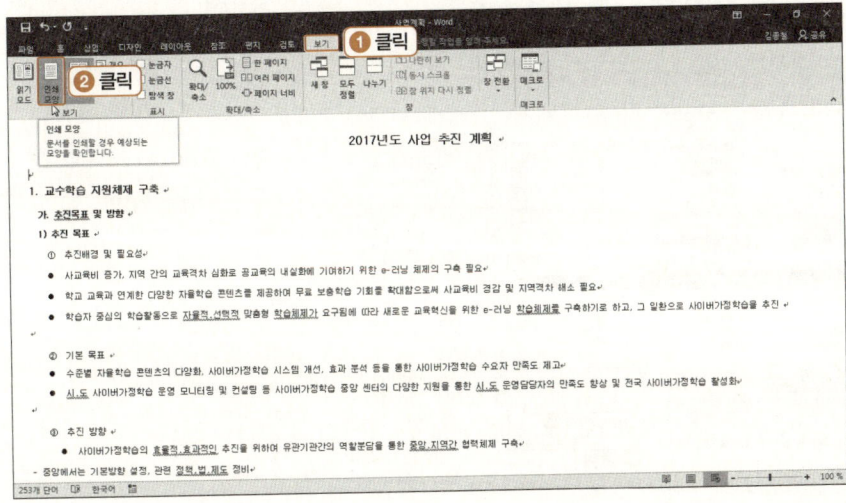

예제 : 국제IT자격 ICDL.docx

7 문서 첫 줄의 제목에서 '국제' 텍스트 뒤에 'IT' 텍스트를 삽입하시오.

❶ 문서 첫 줄의 '국제표준 ICDL' 제목 텍스트 중 '국제' 텍스트 뒤를 클릭하여 커서를 위치한 후 'IT'를
입력합니다.

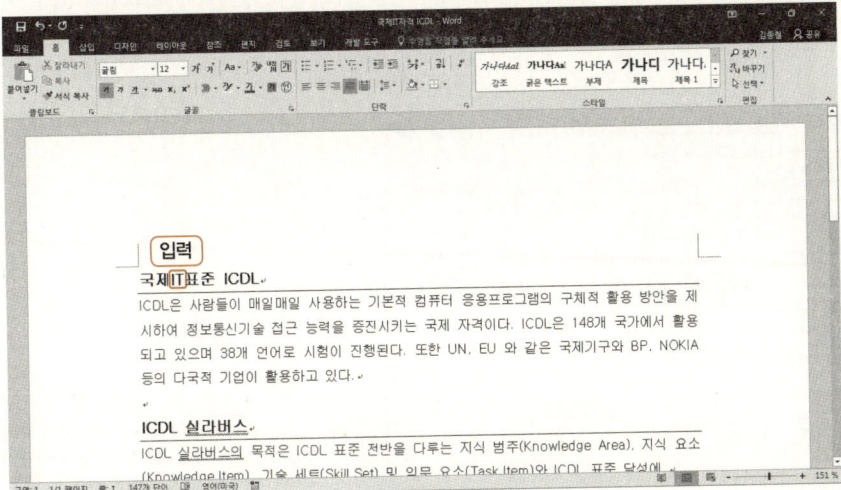

8 문서 마지막의 'ICDL KOREA' 텍스트 앞에 '™'(상표) 특수 문자를 삽입하시오.

❶ 문서 마지막의 'ICDL KOREA' 텍스트 앞을 클릭하여 커서를 위치하고 [삽입] 탭-[기호] 그룹-[기호]-[다른 기호]를 클릭합니다.

❷ [기호] 대화 상자의 [특수 문자] 탭에서 '™'(상표)를 선택하고 [삽입] 버튼을 클릭합니다.

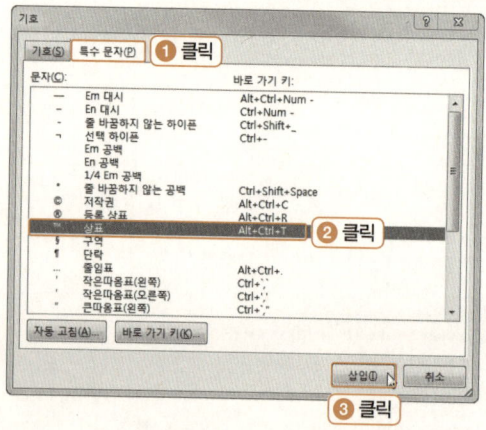

❸ [닫기] 버튼을 클릭합니다.

9 편집 기호 중 '탭 문자, 공백, 단락 기호'를 화면에 표시하시오.

❶ [파일] 탭-[옵션]을 클릭하고 [Word 옵션] 대화 상자의 [표시] 탭을 클릭합니다.

❷ '화면에 항상 표시할 서식 기호' 항목에서 '탭 문자, 공백, 단락 기호'를 체크한 후 [확인] 버튼을 클릭합니다.

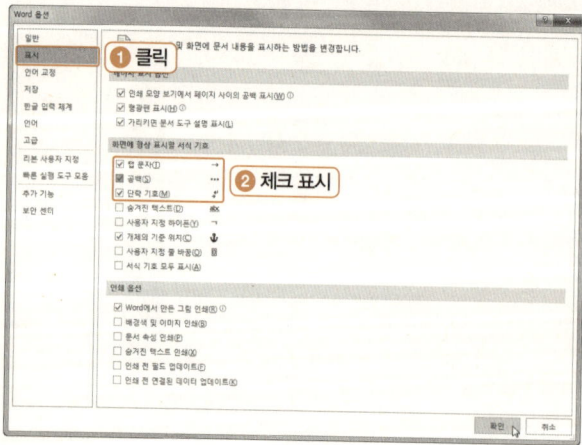

❿ 문서에서 '국제IT표준 ICDL', 'ICDL 실라버스' 두 제목 텍스트를 모두 선택하시오.

❶ '국제IT표준 ICDL' 텍스트를 드래그하여 선택합니다.

❷ Crtl 을 누른 상태로 'ICDL 실라버스'를 드래그하여 선택합니다.

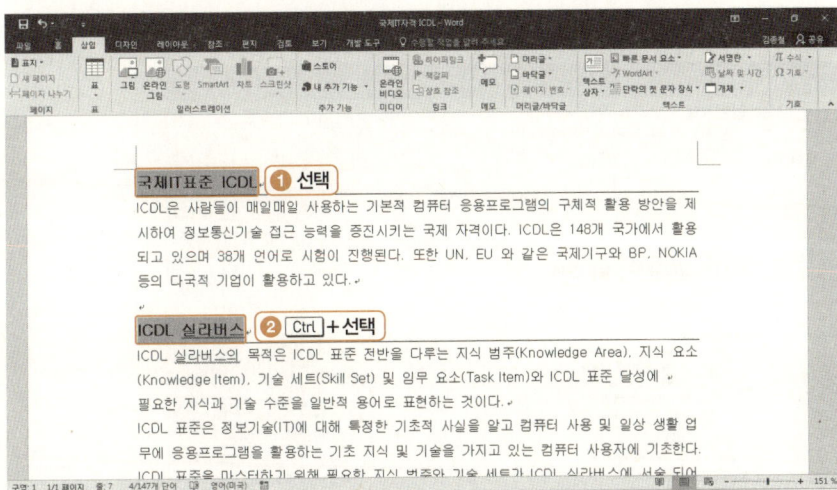

⓫ 문서에서 워드의 적절한 기능을 이용하여 '실라버스'를 모두 'Syllabus'로 수정하시오.

❶ [홈] 탭-[편집] 그룹-[바꾸기]를 클릭합니다.

❷ [찾기 및 바꾸기] 대화 상자의 '찾을 내용'에 '실라버스', '바꿀 내용'에 'Syllabus'를 입력한 후 [모두 바꾸기] 버튼을 클릭합니다.

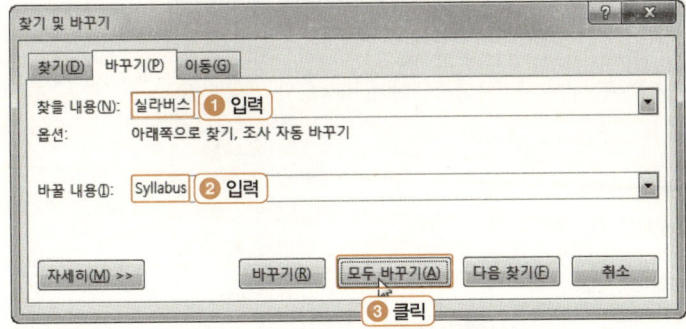

❸ [예] 버튼을 클릭한 후 [닫기] 버튼을 클릭합니다.

⑫ 문서의 제목에 'HY견고딕', '20pt'의 글꼴 서식을 설정하시오.

❶ 문서의 첫 줄 'iTOP 경진대회' 제목을 선택한 후 [홈] 탭-[글꼴] 그룹-[글꼴]-[HY 견고딕]을 클릭하여 변경합니다.

❷ 제목이 선택된 상태에서 [홈] 탭-[글꼴] 그룹-[글꼴 크기]-[20]을 선택합니다.

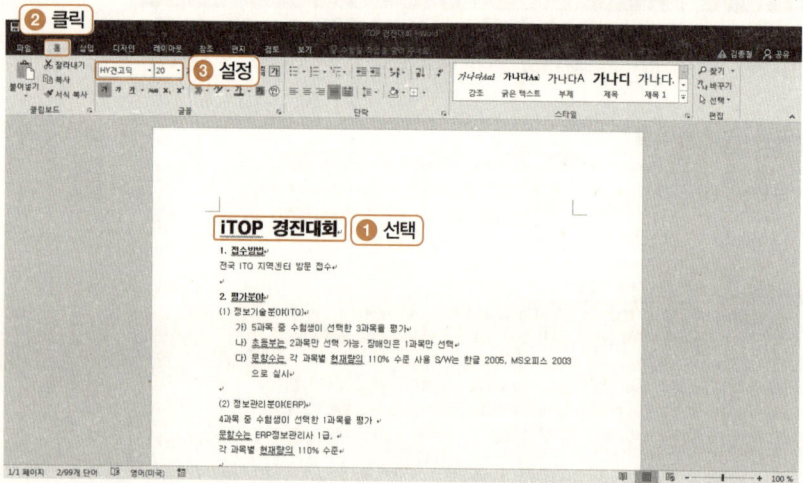

⑬ '(1) 정보기술분야(ITQ)' 내용 항목에서 '2005' 텍스트에 위 첨자 서식을 설정하시오.

❶ '(1) 정보기술분야(ITQ)' 내용에서 '2005'를 선택합니다.

❷ [홈] 탭-[글꼴] 그룹-[위 첨자]를 클릭하여 서식을 설정합니다.

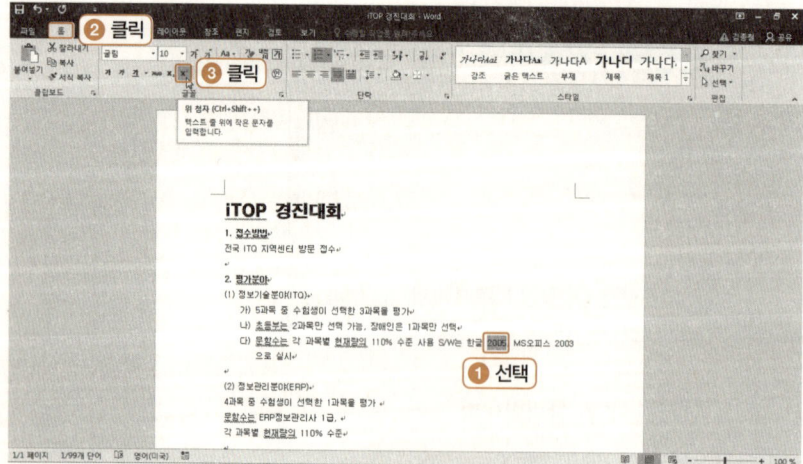

⑭ 문서에 자동 하이픈을 설정하시오.

❶ [레이아웃] 탭-[페이지 설정] 그룹-[하이픈 넣기]-[자동]을 클릭합니다.

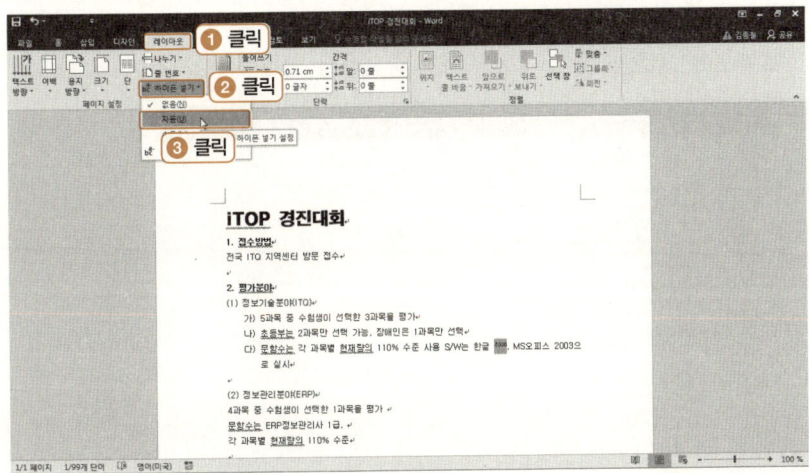

⑮ '(1) 정보기술분야(ITQ)' 내용 중 'S/W는 한글~'부터 새로운 단락으로 나누고, '(2) 정보관리
분야(ERP)' 내용 중 '각 과목별~' 단락을 이전 단락과 병합하시오.

❶ '(1) 정보기술분야(ITQ)' 내용 중 'S/W는 한글~' 텍스트 앞에 커서를 위치한 후 Enter 를 눌러 단락
을 삽입합니다.

❷ '(2) 정보관리분야(ERP)' 내용 중 '각 과목별~' 단락 앞에 커서를 위치한 후 BackSpace 를 눌러 이전
단락과 병합합니다.

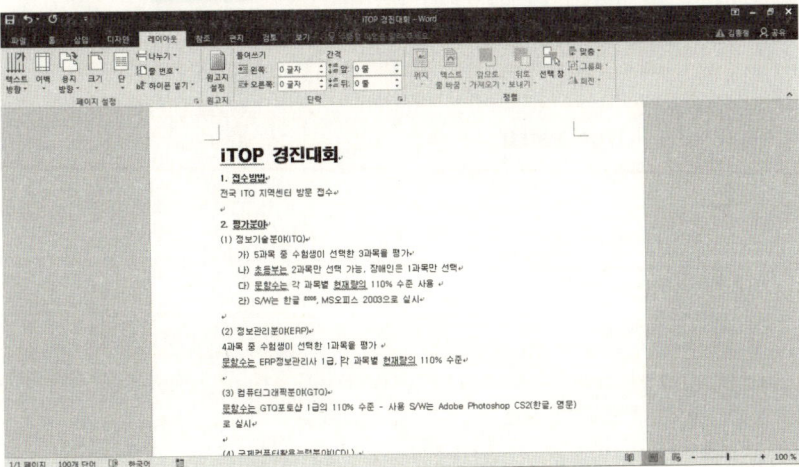

16 '(3) 컴퓨터그래픽분야(GTQ)' 내용 중 'S/W는 Adobe Photoshop~'부터 새로운 줄로 줄 바꿈하시오.

❶ 새로운 줄로 바꿀 '(3) 컴퓨터그래픽분야(GTQ)' 내용 중 'S/W는 Adobe Photoshop~' 텍스트 앞에 커서를 위치한 후 [Shift]+[Enter]를 눌러 단락 유지 줄 바꿈을 삽입합니다.

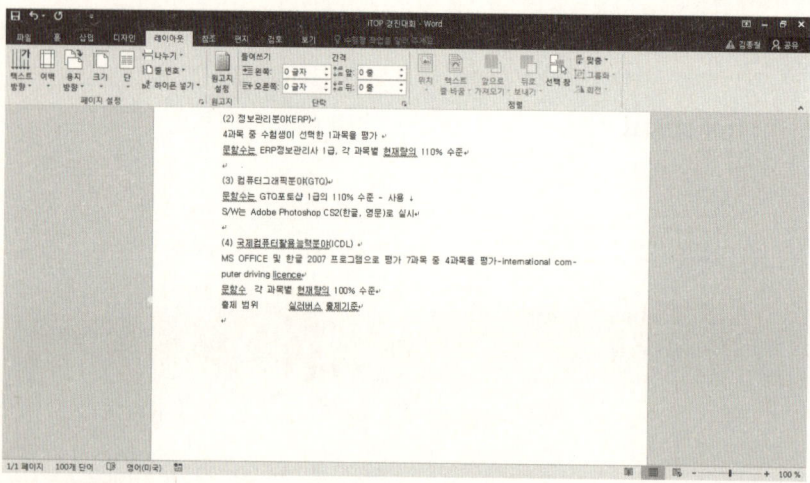

17 문서의 첫 단락에 '가운데 맞춤', 세 번째 단락에 '오른쪽 맞춤'을 설정하시오.

❶ 문서의 제목인 첫 번째 단락을 선택한 후 [홈] 탭-[단락] 그룹-[가운데 맞춤]을 클릭합니다.

❷ 문서의 세 번째 단락을 선택한 후 [홈] 탭-[단락] 그룹-[오른쪽 맞춤]을 클릭합니다.

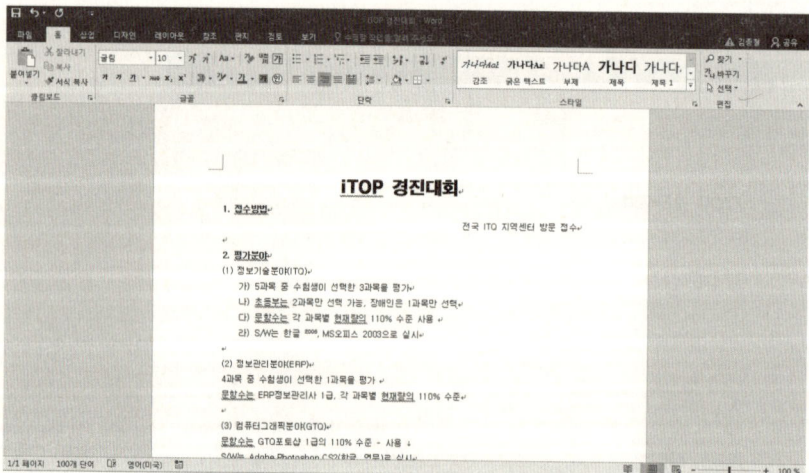

18 문서 내용 중 '(2) 정보관리분야(ERP)' 내용 단락에 대해 '왼쪽 2글자' 들여쓰기를 설정하시오.

❶ '(2) 정보관리분야(ERP)' 내용 단락을 선택한 후 [홈] 탭-[단락] 그룹-[단락] 대화 상자 표시 단추를 클릭합니다.

❷ [단락] 대화 상자의 [들여쓰기 및 간격] 탭에서 '들여쓰기' 항목의 왼쪽을 '2글자'로 설정한 후 [확인] 버튼을 클릭합니다.

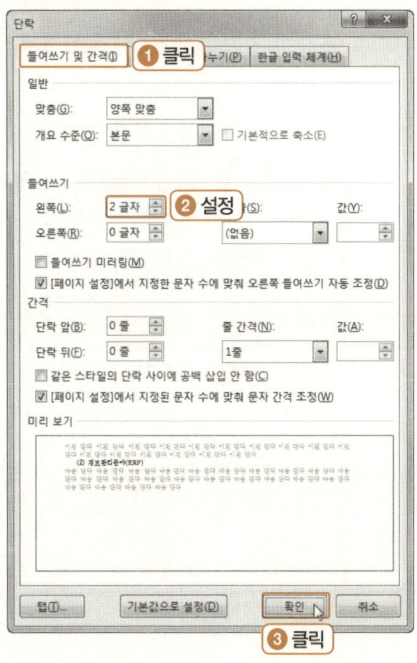

19 문서의 마지막 2개의 단락에 대해 '8글자' 왼쪽 맞춤 탭을 설정하시오.

❶ 문서의 마지막 2개의 단락을 선택하고 [홈] 탭-[단락] 그룹-[단락] 대화 상자 표시 단추를 클릭합니다.

❷ [단락] 대화 상자의 [탭] 버튼을 클릭합니다.

❸ [탭] 대화 상자에서 탭 위치를 '8글자', 맞춤을 '왼쪽'으로 설정한 후 [확인] 버튼을 클릭합니다.

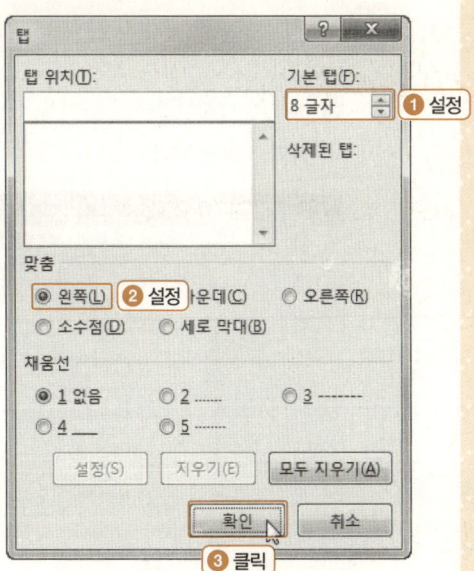

20 문서의 마지막 두 번째 단락과 이전 단락과의 간격을 '2줄' 간격으로 설정하시오.

❶ 문서의 마지막 두 번째 단락을 선택하고 [홈] 탭-[단락] 그룹-[단락] 대화 상자 표시 단추를 클릭합니다.

❷ [단락] 대화 상자의 간격 항목에서 단락 앞을 '2줄'로 설정한 후 [확인] 버튼을 클릭합니다.

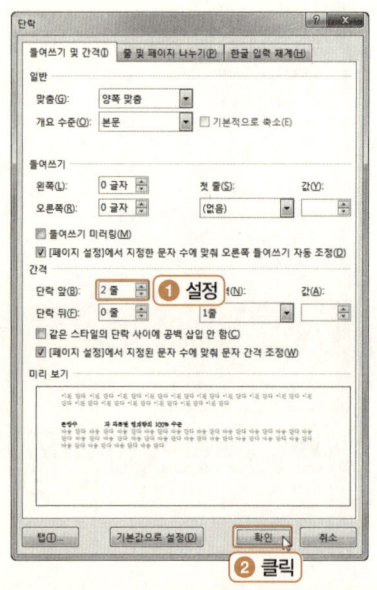

21 문서의 마지막 2개의 단락을 '번호 매기기(A, B, C 형식)'으로 설정하시오.

❶ 문서의 마지막 2개의 단락을 선택하고 [홈] 탭-[단락] 그룹-[번호 매기기]-[A, B, C] 형식을 클릭하여 적용합니다.

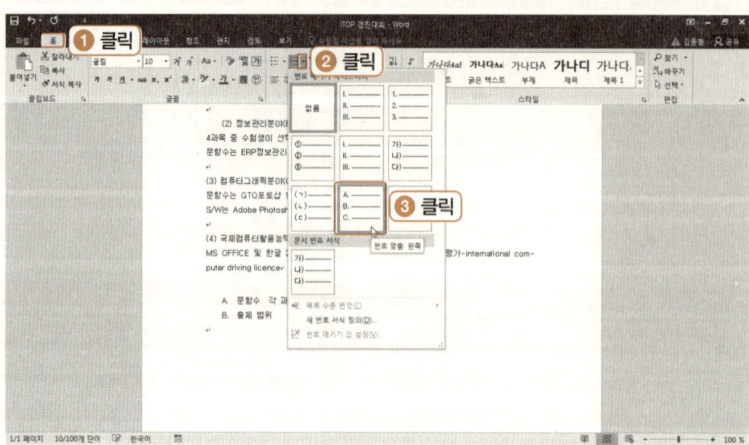

제목 단락에 대해 '상자' 테두리 및 임의의 음영을 설정하시오.

❶ 제목 단락을 선택하고 [홈] 탭-[단락] 그룹-[테두리]-[테두리 및 음영]을 클릭합니다.

❷ [테두리 및 음영] 대화 상자의 [테두리] 탭에서 설정을 '상자'로 선택하고, [음영] 탭에서 채우기를
임의의 색상으로 선택한 후 [확인] 버튼을 클릭합니다.

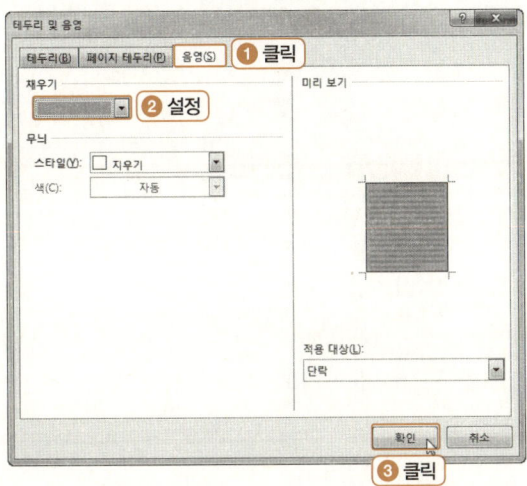

㉓ **세 번째 단락의 '전국 ITQ 지역센터 방문 접수' 텍스트에 '굵은 텍스트' 문자 스타일을 적용하시오.**

❶ 세 번째 단락의 '전국 ITQ 지역센터 방문 접수' 텍스트를 선택합니다.

❷ [홈] 탭→[스타일] 그룹-[자세히 단추]-[굵은 텍스트] 스타일을 클릭하여 문자 스타일을 적용합
니다.

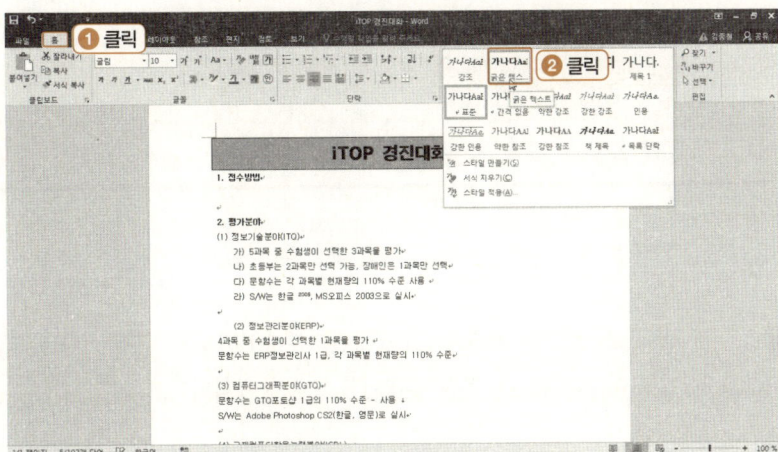

문서 내용 중 '(1) 정보기술분야(ITQ)' 단락에 '제목 1' 단락 스타일을 적용하시오.

❶ 문서 내용 중 '(1) 정보기술분야(ITQ)' 단락을 선택합니다.

❷ [홈] 탭→[스타일] 그룹−[제목 1] 스타일을 클릭하여 단락 스타일을 적용합니다.

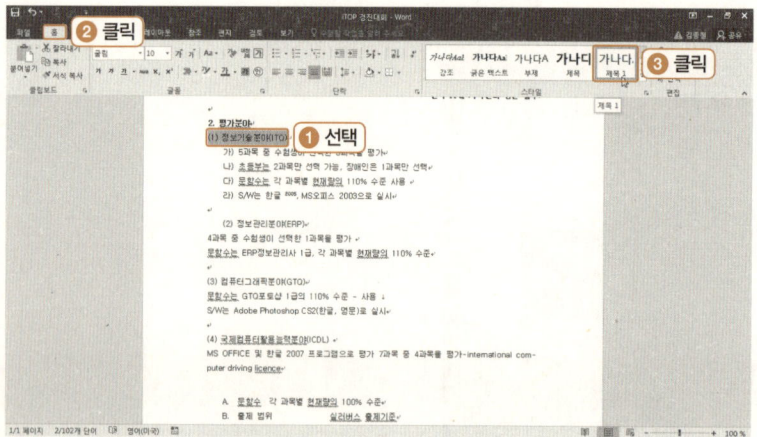

㉕ 문서 내용 중 '(1) 정보기술분야(ITQ)' 단락의 서식을 동일 수준 단락에 모두 복사하시오.

❶ '(1) 정보기술분야(ITQ)' 단락을 선택한 후 [홈] 탭−[클립보드] 그룹−[서식 복사]를 더블 클릭합니다.

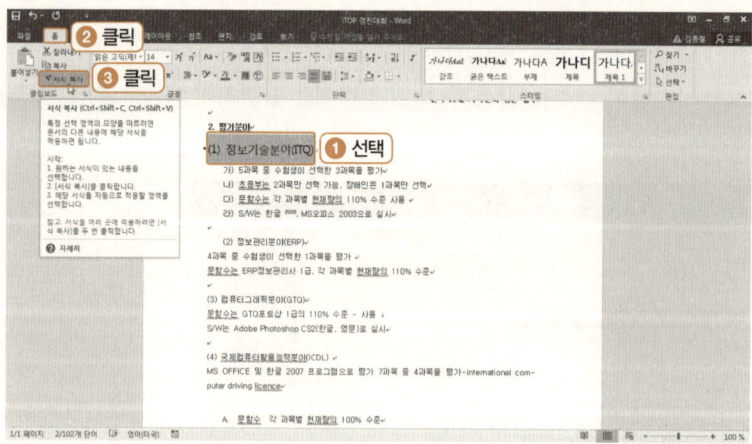

❷ 마우스 모양이 페인트 붓 모양으로 변경된 상태로 '(2) 정보관리분야(ERP)' 제목부터 '(4) 국제컴퓨
터활용능력분야(ICDL)'까지 드래그하여 서식 복사 후 [Esc]를 눌러 종료합니다.

㉖ 문서 마지막에 4행 5열의 표를 삽입하고 1행의 각 셀에 '학과, 학번, 성명, 연락처, 전학기 성적' 텍스트를 입력하시오.

❶ 문서 마지막에 커서를 위치하고 [삽입] 탭-[표] 그룹-[표]를 클릭하고 '5×4 표'를 드래그하여 클릭합니다.

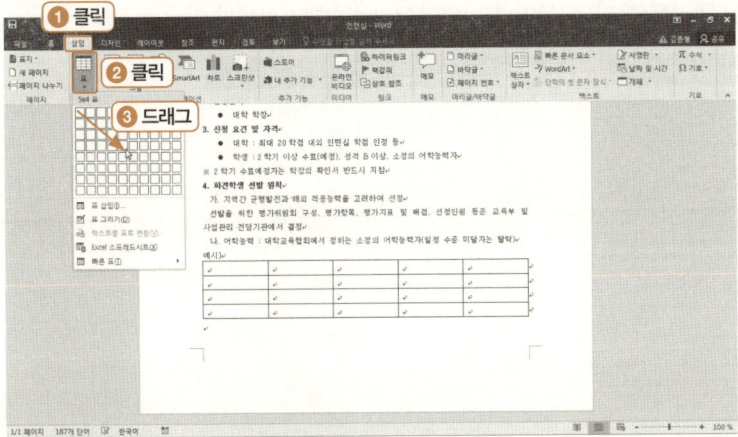

❷ 1행 1열에 커서를 위치하여 '학과'를 입력하고 [Tab]을 눌러 1행 2열로 이동합니다. 동일한 방법으로 '학번', '성명', '연락처', '전학기 성적'을 차례대로 입력합니다.

㉗ 표에서 5열을 삭제하고 1행 아래에 새로운 행을 추가하시오.

❶ 표에서 5열의 임의의 셀을 클릭하여 커서를 위치하고, [표 도구]-[레이아웃] 탭-[행 및 열] 그룹-[삭제]를 클릭하여 '열 삭제'를 선택합니다.

❷ 1행의 임의의 셀을 클릭하여 커서를 위치하고, [표 도구]-[레이아웃] 탭-[행 및 열] 그룹-[아래에 삽입]을 클릭하여 새로운 행을 삽입합니다.

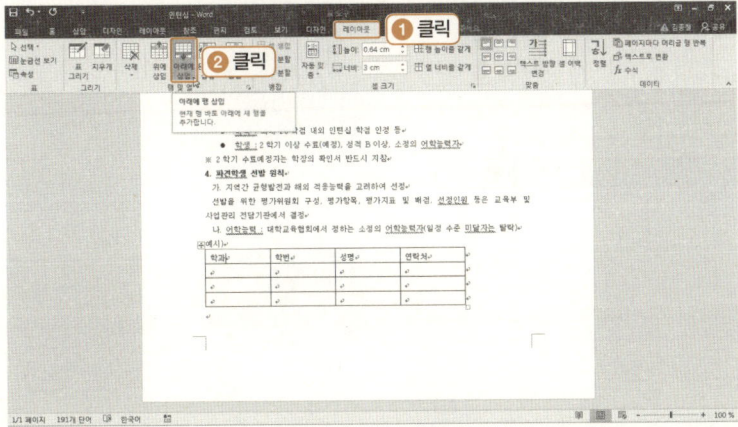

28 표에서 1행의 높이를 '1cm', 1열의 너비를 '2cm'로 변경하시오.

❶ 표에서 1행 1열의 셀을 클릭하여 커서를 위치하고 [표 도구]-[레이아웃] 탭-[셀 크기] 그룹에서 높이를 '1cm'로 변경합니다.

❷ [표 도구]-[레이아웃] 탭-[셀 크기] 그룹에서 너비를 '2cm'로 변경합니다.

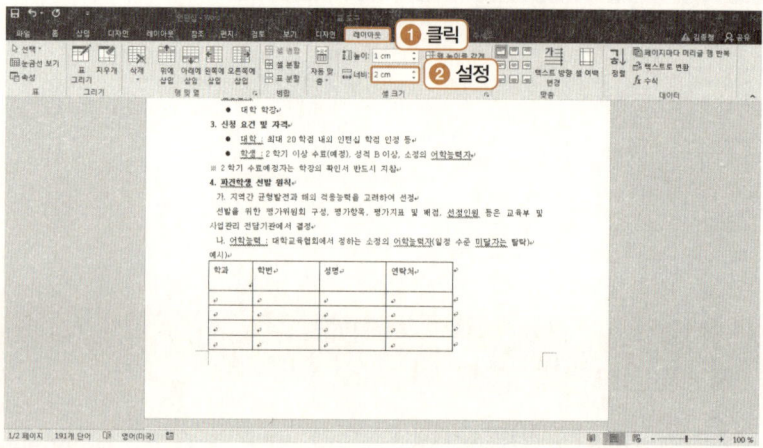

29 1행에 임의의 음영 테마 색을 적용하시오.

❶ 1행을 모두 선택합니다.

❷ [표 도구]-[디자인] 탭-[표 스타일] 그룹-[음영]을 클릭한 후 테마 색 중 임의의 색상을 클릭하여 적용합니다.

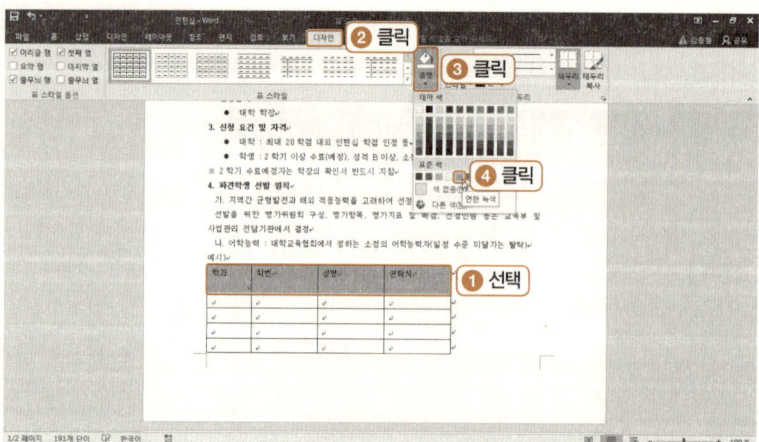

30 'C:\ICDL 2016A\M3456' 폴더의 '서해안.jpg' 그래픽 개체를 1페이지 3줄의 빈 단락에 삽입하시오.

❶ 1페이지 3줄의 빈 단락에 커서를 위치하고 [삽입] 탭-[일러스트레이션] 그룹-[그림]을 클릭합니다.

❷ [그림 삽입] 대화 상자에서 'C:₩ICDL 2016A₩M3456' 폴더로 이동하고 '서해안.jpg'를 선택한 후 [삽입] 버튼을 클릭합니다.

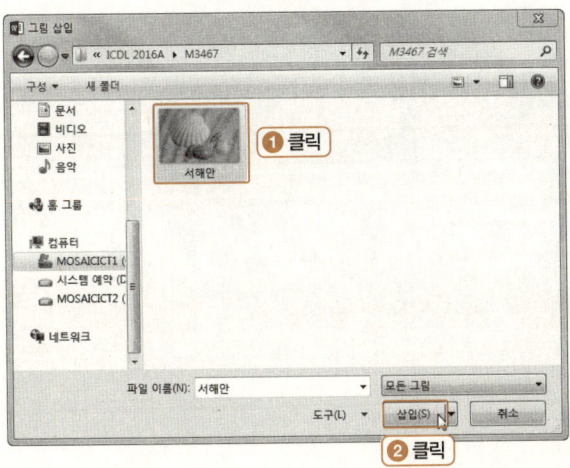

31 문서 마지막의 그래픽 개체에 대해 높이 '8cm', 너비 '16cm'의 크기로 수정하시오.

❶ 문서 마지막으로 이동하여 그래픽 개체를 선택하고, [그림] 도구-[서식] 탭-[크기] 그룹에서 [고급 레이아웃] 대화 상자 표시 단추를 클릭합니다.

❷ [레이아웃] 대화 상자의 [크기] 탭에서 '가로 세로 비율 고정' 항목을 체크 해제하고, 높이와 너비의 절대 값을 각각 '8cm', 너비 '16cm'의 크기로 수정한 후 [확인] 버튼을 클릭합니다.

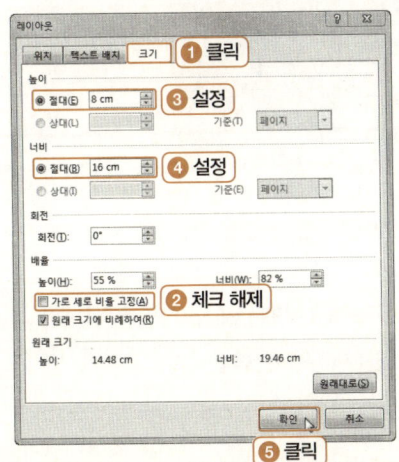

32 현재 문서를 편지 병합을 위한 '편지' 주 문서로 설정하시오.

❶ [편지] 탭-[편지 병합 시작] 그룹-[편지 병합 시작]-[편지]를 클릭합니다.

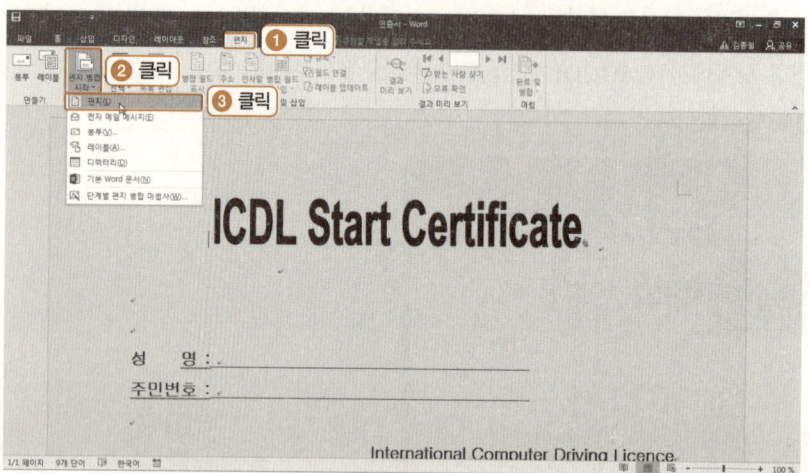

33 주 문서에 'C:\ICDL 2016A\M3467' 폴더에서 '합격자 명단.xlsx'를 찾아 데이터 원본으로 연결하시오.

❶ [편지] 탭-[편지 병합 시작] 그룹-[받는 사람 선택]-[기존 목록 사용]을 클릭합니다.

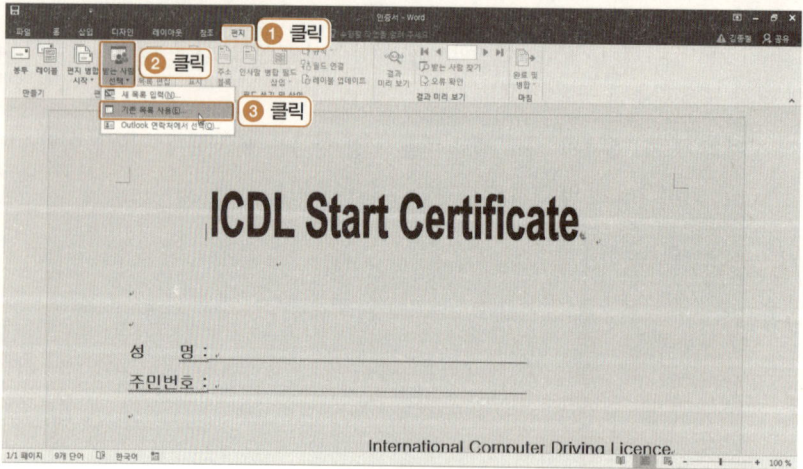

❷ [데이터 원본 선택] 대화 상자에서 예제 폴더로 이동하여 '합격자 명단.xlsx' 파일을 선택한 후 [열기] 버튼을 클릭합니다. [테이블 선택] 대화 상자에서 [확인] 버튼을 클릭합니다.

34 현재 문서의 용지 방향을 '가로'로 변경하시오.

❶ [레이아웃] 탭-[페이지 설정] 그룹-[용지 방향]-[가로]를 클릭합니다.

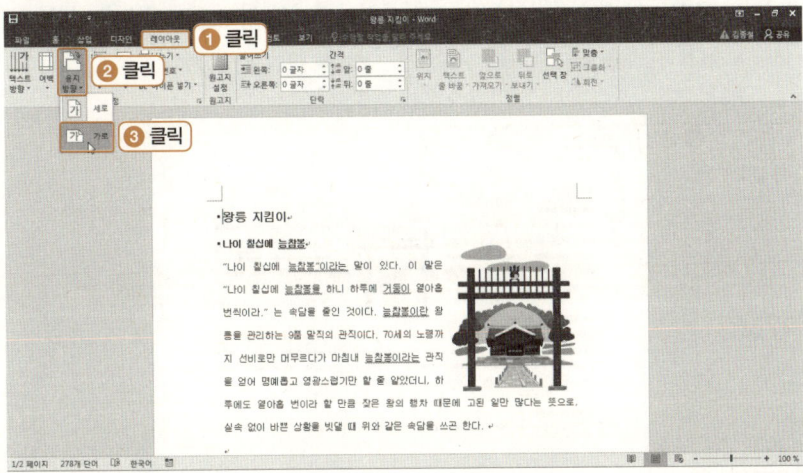

35 문서의 위쪽 여백을 '2cm', 오른쪽 여백을 '3cm'로 설정하시오.

❶ [레이아웃] 탭-[페이지 설정] 그룹-[여백]-[사용자 지정 여백]을 클릭합니다.

❷ [페이지 설정] 대화 상자의 [여백] 탭에서 위쪽과 오른쪽을 각각 '2cm', '3cm'로 수정한 후 [확인] 버튼을 클릭합니다.

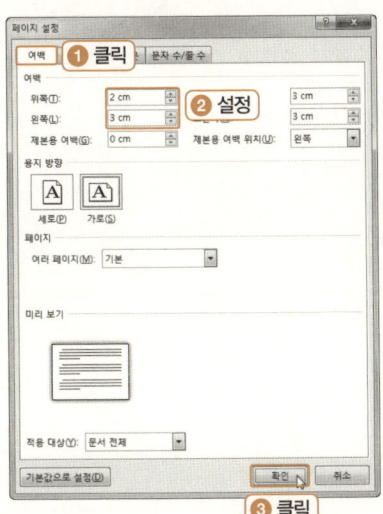

36 현재 문서에서 1페이지만 3매 인쇄하시오.

❶ [파일] 탭-[인쇄]를 클릭합니다.

❷ 설정 항목의 페이지 수를 '1', 인쇄의 복사본을 '3'으로 설정한 후 [인쇄] 버튼을 클릭합니다.

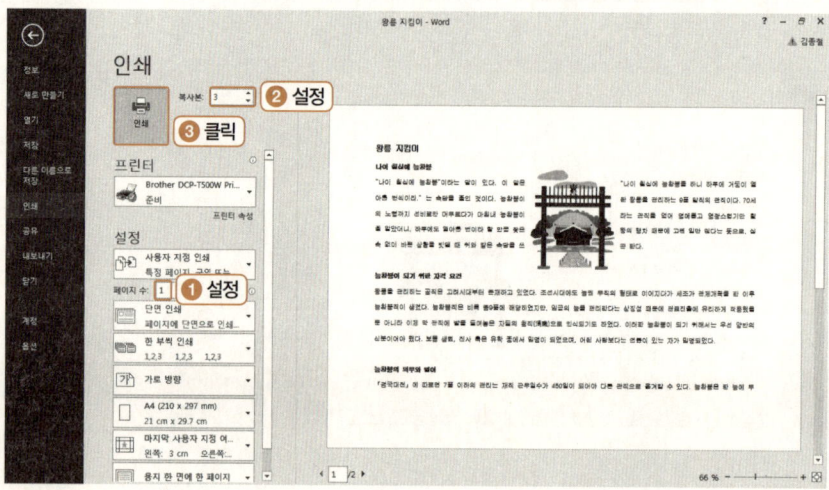

CHAPTER

2

M4

1 엑셀 응용 프로그램의 사용자 이름을 'ICDL KOREA'로 설정하고, 기본 파일의 위치를 'C:\
ICDL 2016A\M3456'으로 수정하시오.

❶ [파일] 탭-[옵션]을 클릭하고 [Excel 옵션] 대화 상자의 '일반' 항목에서 사용자 이름을 'ICDL
KOREA'로 변경합니다.

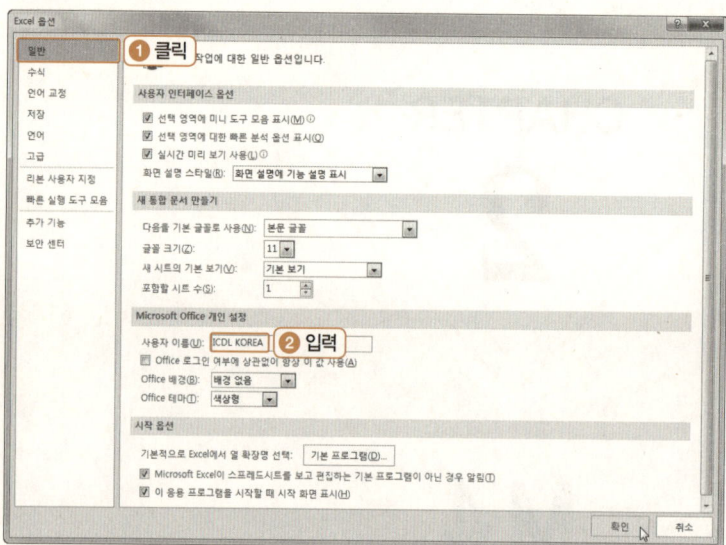

❷ '저장' 항목에서 기본 로컬 파일 위치를 'C:\ICDL 2016A\M3456'으로 변경한 후 [확인] 버튼을
클릭합니다.

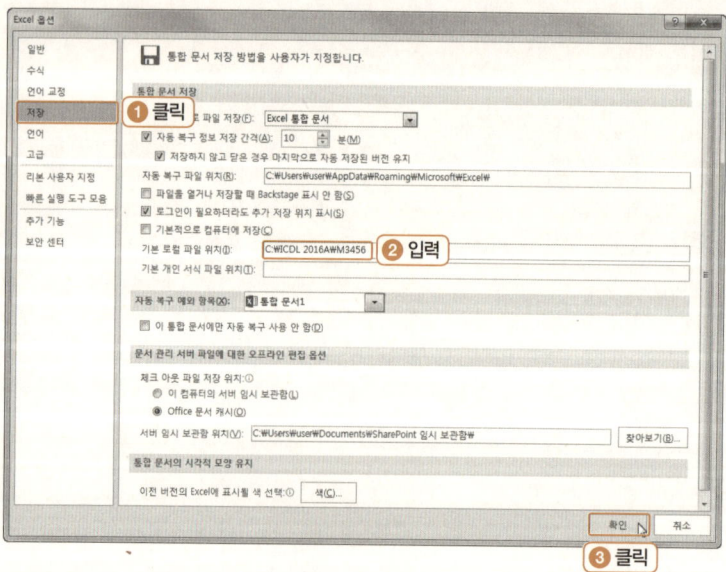

② 'A3:G10'의 영역만 확대/축소하시오.

❶ 'A3:G10' 영역을 드래그하여 선택한 후 [보기] 탭-[확대/축소] 그룹-[선택 영역 확대/축소]를 클릭합니다.

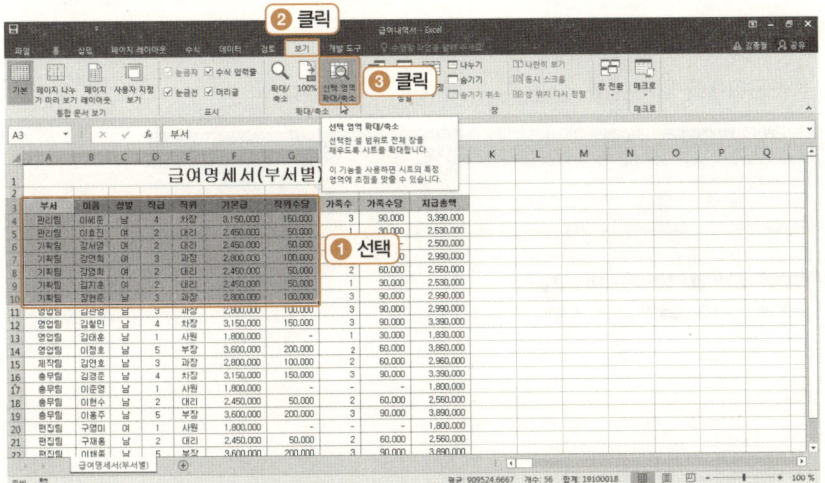

예제 : 성적보고서.xlsx

③ '1학기' 워크시트의 [A2] 셀에 '2017-8-16'의 날짜 데이터를 입력하고, [H2] 셀에 '1학기'의 문자 데이터를 입력하시오.

❶ '1학기' 워크시트의 [A2] 셀을 선택하고 '2017-8-16'을 입력한 후 Enter를 누릅니다.

❷ [H2] 셀을 선택하고 '1학기'를 입력한 후 Enter를 누릅니다.

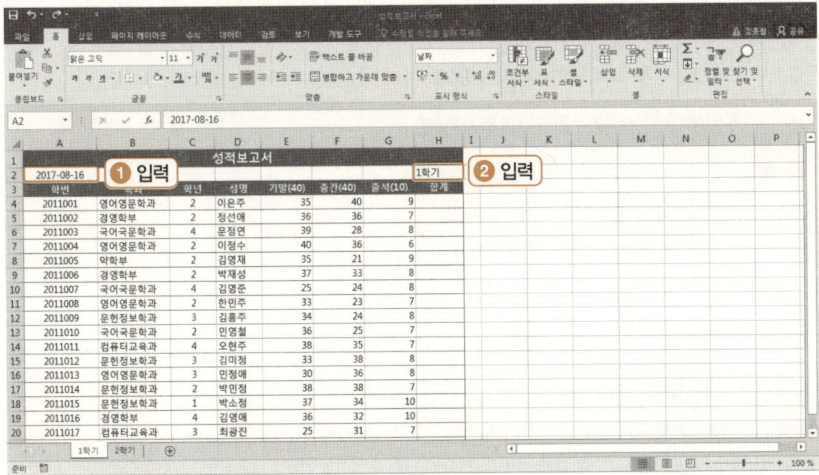

4 1학기 워크시트에서 [A2] 셀의 값을 '2017-8-17'로 편집하고, [G4] 셀의 값을 '10'으로 수정하시오.

❶ 1학기 워크시트의 [A2] 셀을 선택하고 F2를 눌러 편집 상태로 전환한 후, 전체 날짜 중 '16'을 '17'로 변경하고 Enter를 누릅니다.

❷ [G4] 셀을 선택하고 '10'을 입력한 후 Enter를 누릅니다.

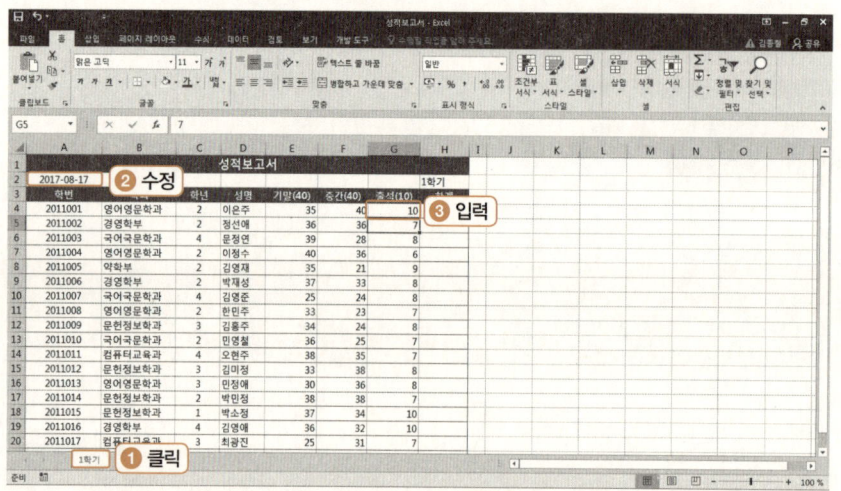

5 현재 통합 문서의 '기계공학부' 데이터를 모두 '전자공학부'로 변경하시오.

❶ [홈] 탭-[편집] 그룹-[찾기 및 선택]-[바꾸기]를 클릭합니다.

❷ [찾기 및 바꾸기] 대화 상자의 바꿀 내용에 '전자공학부'를 입력하고 [옵션] 버튼을 클릭한 후, 범위를 '통합 문서'로 변경하고 [모두 바꾸기] 버튼을 클릭합니다.

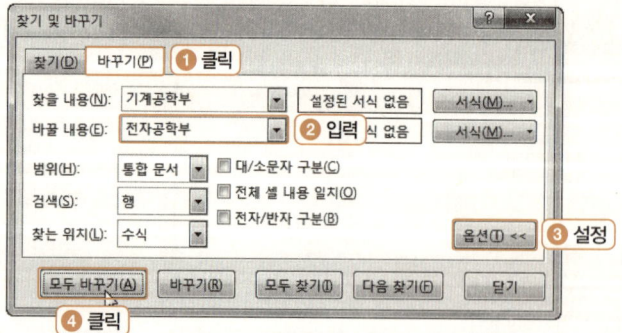

6 1학기 워크시트의 테이블에서 '학과' 필드를 기준으로 '오름차순' 정렬하되, 동일한 데이터는 '성명' 필드로 '오름차순' 정렬하시오.

❶ 1학기 워크시트의 [A3:H21] 영역을 선택한 후 [데이터] 탭-[정렬 및 필터] 그룹-[정렬]을 클릭하고 [정렬] 대화 상자에서 정렬 기준을 '학과', 정렬을 '오름차순'으로 설정한 후 [기준 추가] 버튼을 클릭합니다.

❷ 다음 기준을 '성명', 정렬을 '오름차순'으로 설정한 후 [확인] 버튼을 클릭합니다.

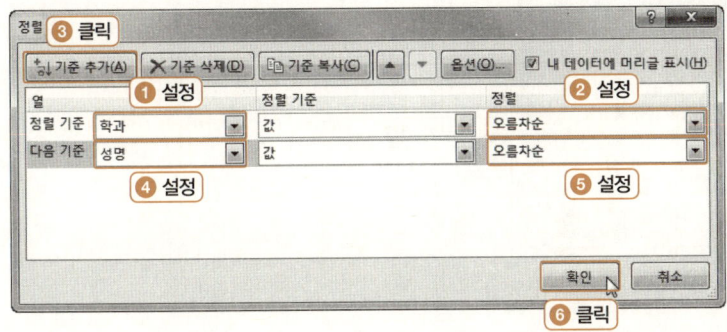

7 1학기 성적보고서 테이블에서 '영어영문학과' 학생 중 '2'학년인 레코드를 추출하시오.

❶ 1학기 워크시트의 [A3:H21] 영역을 선택한 후 [홈] 탭-[정렬 및 필터] 그룹-[필터]를 클릭하고, '학과' 필드의 필터 단추를 눌러 목록에서 '영어영문학과'만 체크한 후 [확인] 버튼을 클릭합니다.

❷ '학년' 필드의 필터 단추를 눌러 목록에서 '2'만 체크한 후 [확인] 버튼을 클릭합니다.

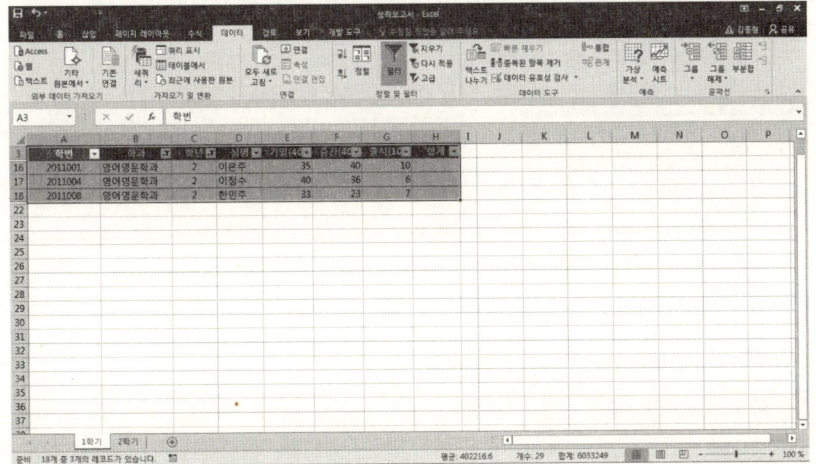

8 2학기 워크시트의 합계 필드를 자동 채우기를 이용하여 수식을 완성하시오.

❶ 2학기 워크시트의 [H4] 셀을 선택하고 해당 셀 오른쪽 아래 자동 채우기 핸들에 커서를 위치합니다.

❷ 자동 채우기 핸들을 클릭하여 [H21] 셀까지 드래그하여 채우기를 완료합니다.

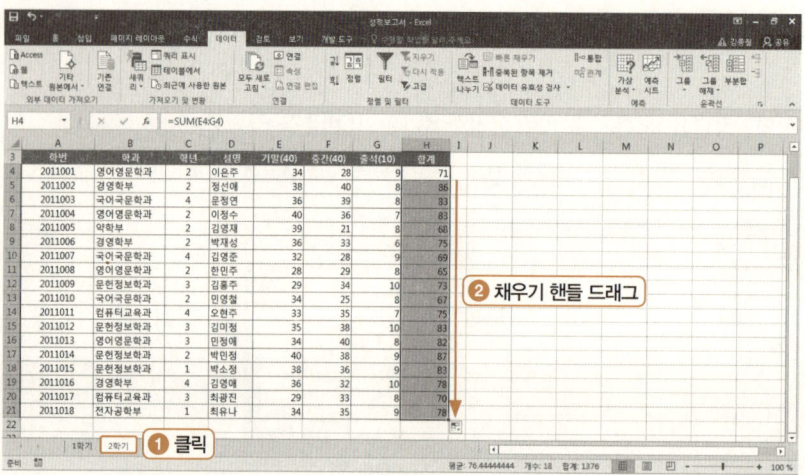

9 2학기 워크시트의 성적보고서 테이블에서 마지막 레코드의 값을 삭제하시오.

❶ 2학기 워크시트의 성적보고서 테이블에서 [A21:H21] 영역을 드래그하여 레코드를 선택합니다.

❷ Delete 를 눌러 레코드 값을 삭제합니다.

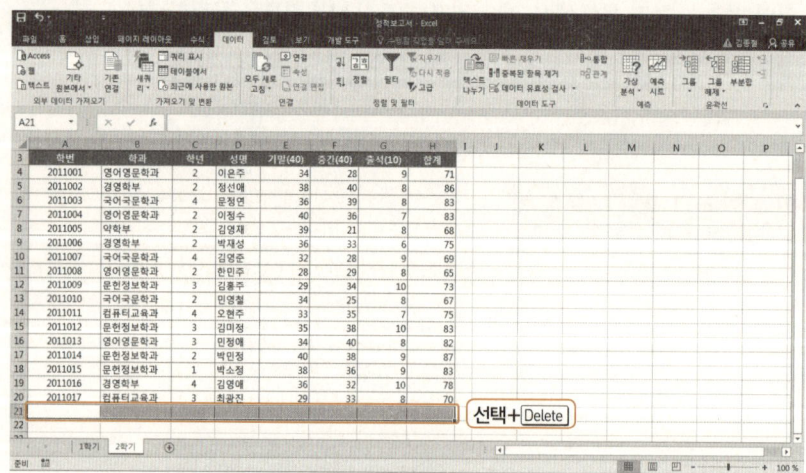

10 1월 워크시트의 1월 월간 계획서 테이블에서 3행에 새로운 2개의 행을 삽입하시오.

❶ 1월 워크시트의 3~4행 머리를 드래그하여 선택합니다.

❷ [홈] 탭-[셀] 그룹-[삽입]-[시트 행 삽입]을 클릭합니다.

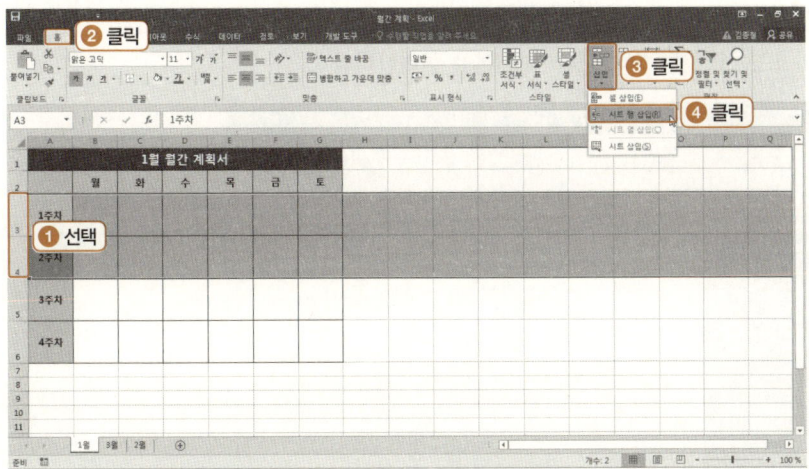

11 1월 워크시트의 1월 월간 계획서 테이블에서 3~4행과 G열을 삭제하시오.

❶ 1월 워크시트의 3~4행의 행 머리를 선택하고 [홈] 탭-[셀] 그룹-[삭제]-[시트 행 삭제]를 클릭합니다.

❷ G열의 행 머리를 선택하고 [홈] 탭-[셀] 그룹-[삭제]-[시트 열 삭제]를 클릭합니다.

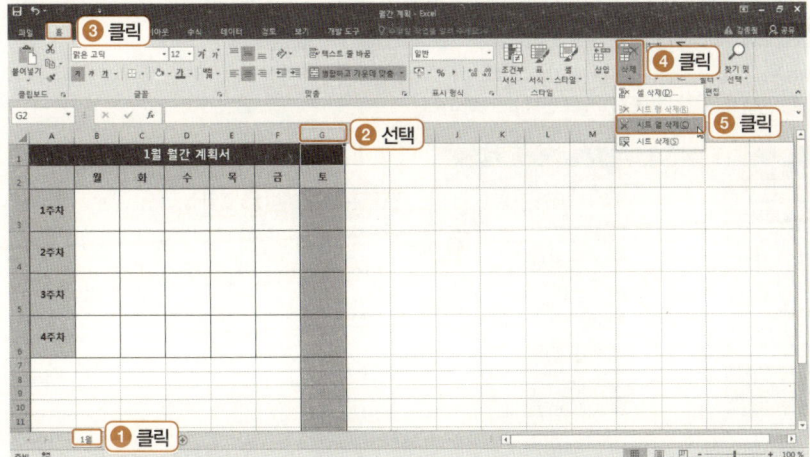

⑫ 1월 워크시트 3~6행의 높이를 '자동 맞춤'으로 설정하고 B~F열의 너비를 '20'으로 설정하시오.

❶ 1월 워크시트에서 3~6행의 행 머리를 선택하고 [홈] 탭-[셀] 그룹-[서식]-[행 높이 자동 맞춤]을 클릭합니다.

❷ B~F열의 열 머리를 선택하고 [홈] 탭-[셀] 그룹-[서식]-[열 너비]를 클릭한 후, [열 너비] 대화 상 자에서 열 너비를 '20'으로 입력하고 [확인] 버튼을 클릭합니다.

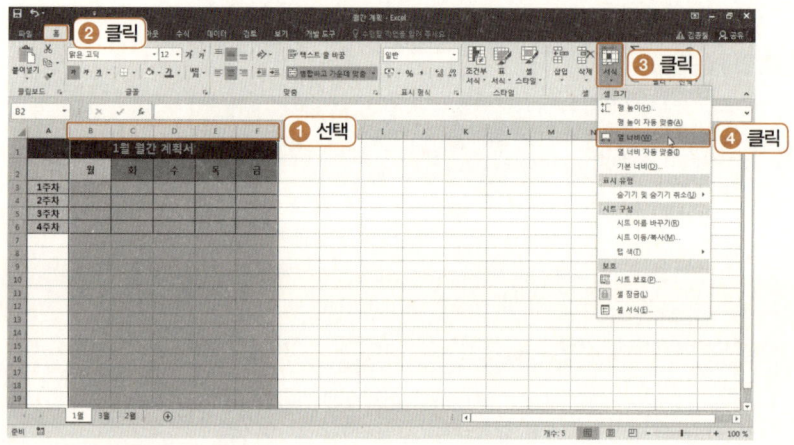

⑬ 1월 워크시트에서 C열, E열을 동시에 숨기고 이를 다시 표시하시오.

❶ 1월 워크시트의 C열과 E열을 선택한 후 [홈] 탭-[셀] 그룹-[서식]-[숨기기 및 숨기기 취소]-[열 숨기기]를 클릭합니다.

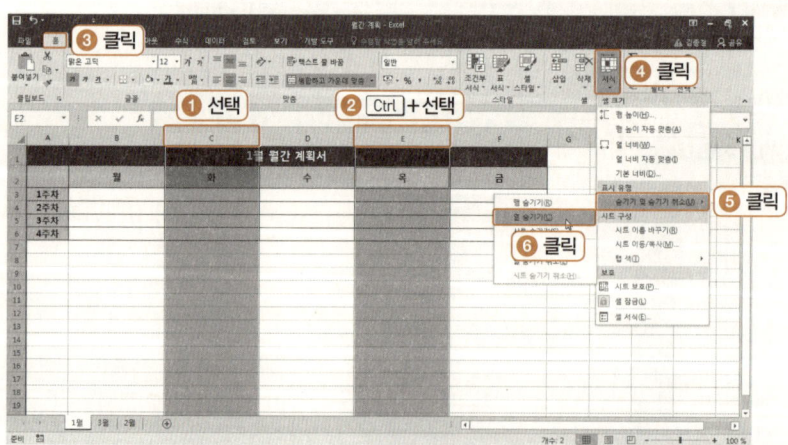

❷ B~F열을 선택한 후 [홈] 탭-[셀] 그룹-[서식]-[숨기기 및 숨기기 취소]-[열 숨기기 취소]를 클릭합니다.

⑭ 1월 워크시트 오른쪽에 새로운 워크시트를 삽입하고 삽입한 워크시트를 삭제하시오.

❶ 워크시트에서 '3월' 워크시트를 선택하고 [홈] 탭-[셀] 그룹-[삽입]-[시트 삽입]을 클릭합니다.

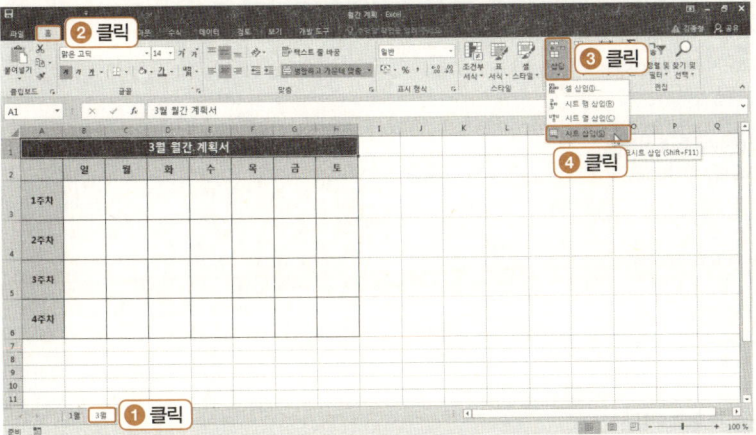

❷ 삽입된 새 워크시트를 선택하고 [홈] 탭-[셀] 그룹-[삭제]-[시트 삭제]를 클릭합니다.

⑮ 각 워크시트의 이름을 '1월 계획', '3월 계획', '2월 계획'으로 수정하시오.

❶ 워크시트에서 '1월' 워크시트 탭을 선택하고 [홈] 탭-[셀] 그룹-[서식]-[시트 이름 바꾸기]를 클릭합니다.

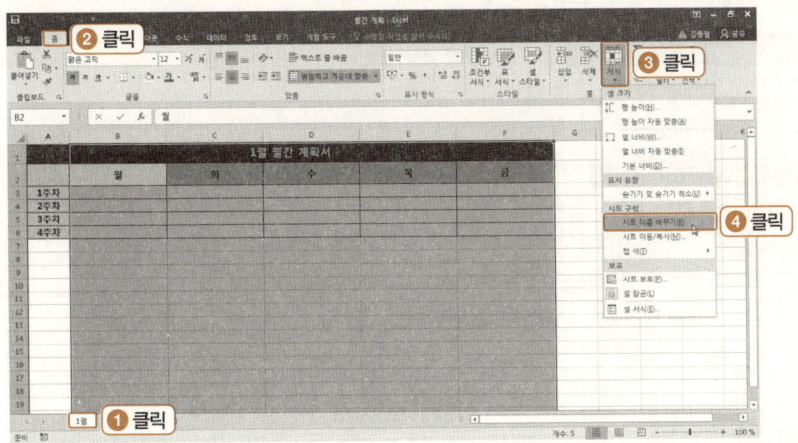

❷ '1월'을 '1월 계획'으로 수정하고 Enter 를 눌러 수정합니다. 나머지 워크시트도 동일한 방법으로 '3월 계획', '2월 계획'으로 변경합니다.

16 현재 통합 문서 내에서 '3월 계획' 워크시트를 마지막 위치로 이동하시오.

❶ '3월 계획' 워크시트를 선택한 후 드래그해서 마지막 위치에 놓습니다.

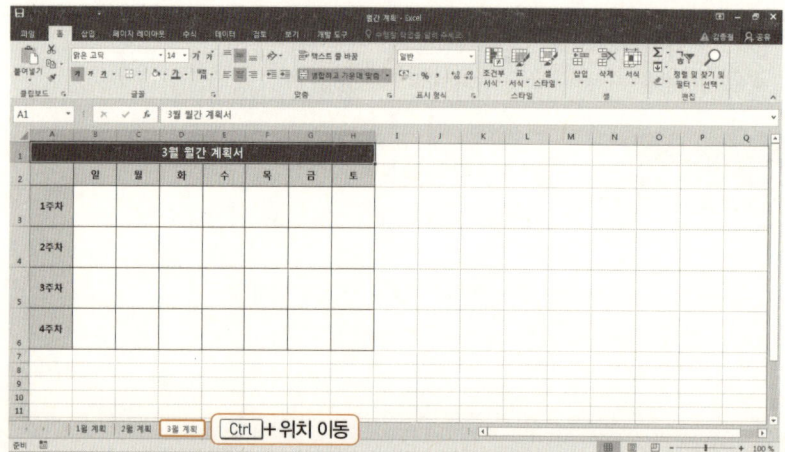

예제 : 수당.xlsx

17 '급여명세서' 워크시트의 [I4] 셀에 연산자를 이용하여 [F4]와 [H4] 셀의 합계를 구하는 수식을 작성하고 지급총액 필드를 수식으로 채우시오.

❶ '급여명세서' 워크시트의 [I4] 셀을 선택하고 '=F4+H4'를 입력한 후 Enter를 눌러 수식을 완료합니다.

❷ [I4] 셀의 채우기 핸들을 [I16] 셀까지 드래그하여 수식을 채웁니다.

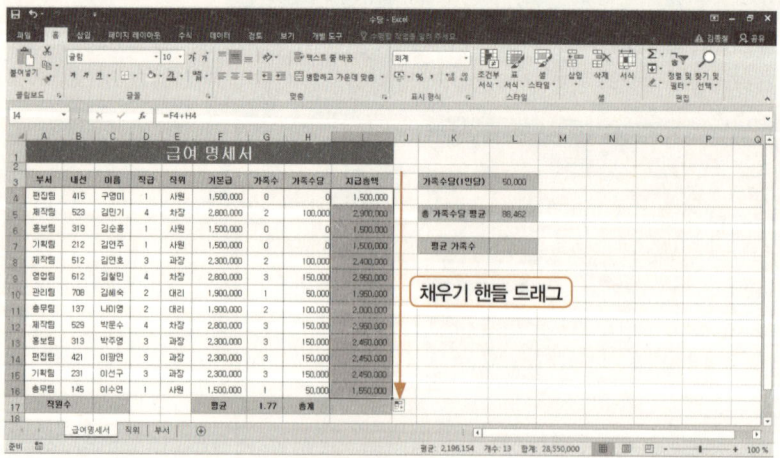

18 함수를 이용하여 '급여명세서' 워크시트의 [I17] 셀에 지급총액의 총계를 구하시오.

❶ '급여명세서' 워크시트의 [I17] 셀을 선택하고 '=SUM(I4:I16)'을 입력한 후 Enter를 눌러 수식을 완료합니다.

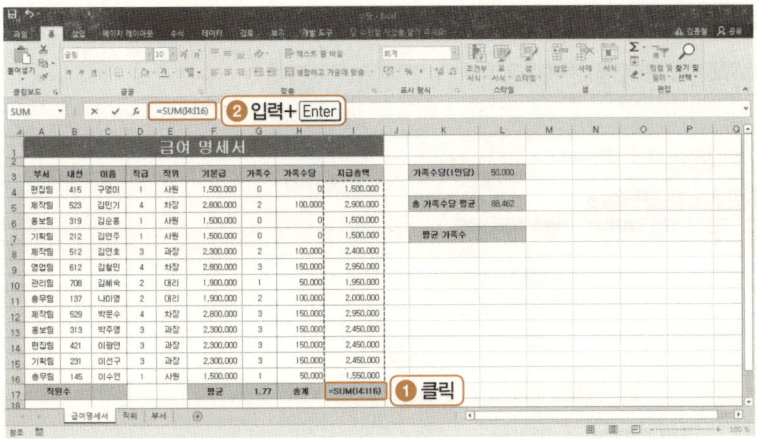

19 '급여명세서' 워크시트의 [C17] 셀에 '이름' 필드(C열)를 이용하여 직원 수를 함수로 구하시오.

❶ '급여명세서' 워크시트의 [C17] 셀을 선택하고 '=COUNTA(C4:C16)'을 입력한 후 Enter를 눌러 수식을 완료합니다.

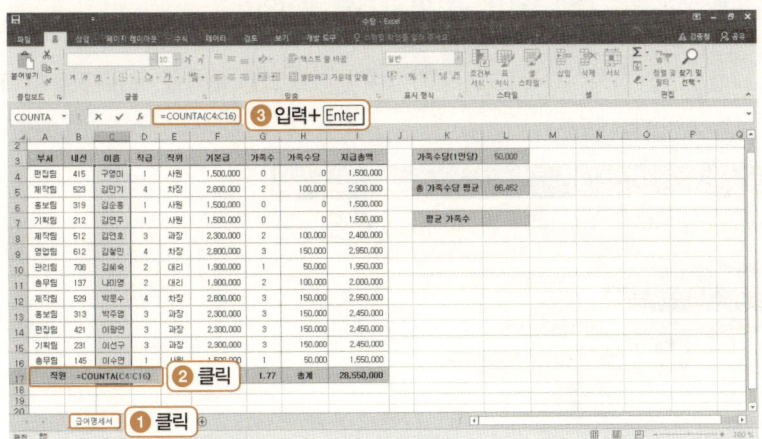

⓴ '부서' 워크시트의 [F4] 셀에 함수를 이용하여 직위가 '차장'인 경우 '300,000', 그렇지 않은 경우 '200,000'의 결과 값이 표시되도록 작성하고 나머지 필드를 채우시오.

❶ '부서' 워크시트의 [F4] 셀을 선택하고 '=IF(E4="차장",300000,200000)'을 입력한 후 Enter를 눌러 수식을 완료합니다.

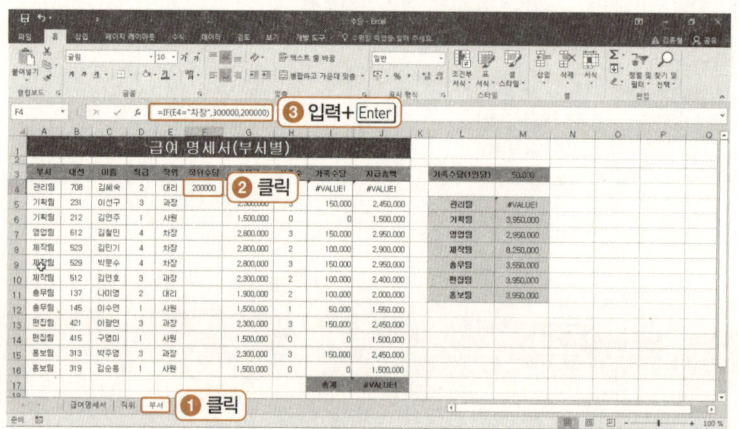

❷ [F4] 셀의 자동 채우기 핸들을 [F16] 셀까지 드래그하여 나머지 필드를 채웁니다.

㉑ '직위' 워크시트의 [H4] 셀에 '가족수*가족수당(1인당)'을 구하는 수식을 작성하고, 나머지 수식이 올바르게 채워지도록 주소를 변환한 후 [H5:H16] 영역에 복사하시오.

❶ '직위' 워크시트의 [H4] 셀을 선택하고 '=G4*L3'을 입력한 후 F4를 눌러 수식을 '=G4*$L$3'으로 수식을 변환하고 Enter를 눌러 완료합니다.

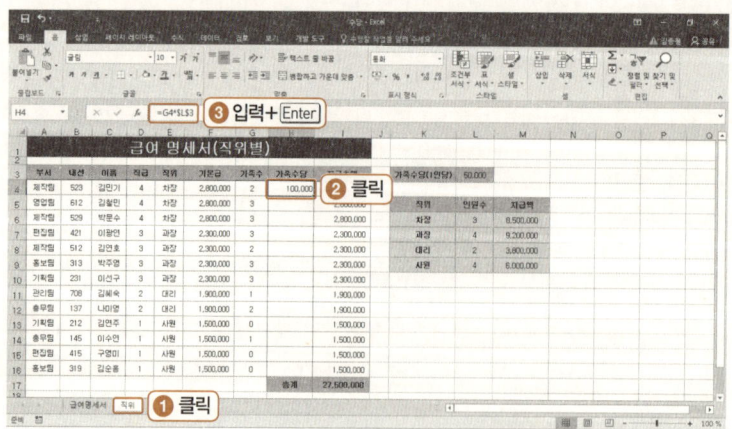

❷ [H4] 셀의 자동 채우기 핸들을 [H16] 셀까지 드래그하여 나머지 필드를 채웁니다.

'부서' 워크시트에서 오류 검사를 실행하여 [I4] 셀의 오류를 확인하고 수식 입력줄에서 편집하시오.

❶ '부서' 워크시트에서 [수식] 탭–[수식 분석] 그룹–[오류 검사]–[오류 검사]를 클릭하고, [오류 검사] 대화 상자에서 [I4] 셀의 오류가 검색되면 [수식 입력줄에서 편집] 버튼을 클릭합니다.

❷ 수식 입력줄에서 '=H4*$I$3'을 '=H4*$M$3'으로 수정한 후 [다시 시작] 버튼을 클릭합니다.

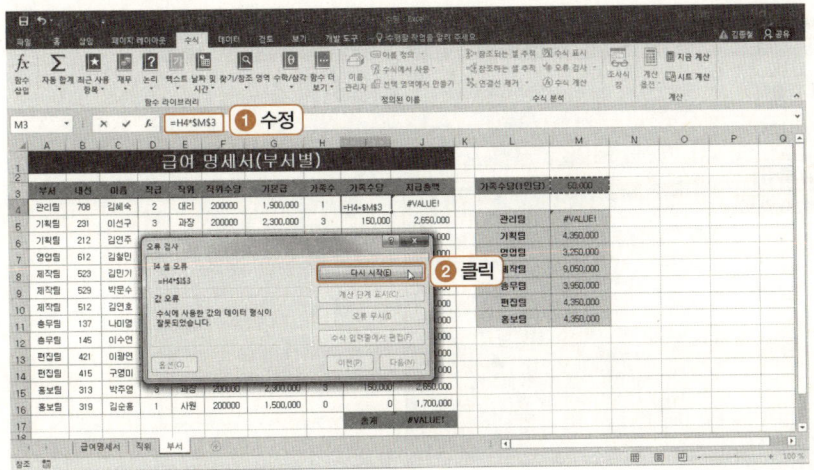

예제 : 응시결과.xlsx

23 **'응시내역' 워크시트의 [A1:K1] 영역을 셀 병합하고 가운데 맞춤을 설정하시오.**

❶ [A1:K1] 영역을 선택하고 [홈] 탭–[맞춤] 그룹–[병합하고 가운데 맞춤]을 클릭합니다.

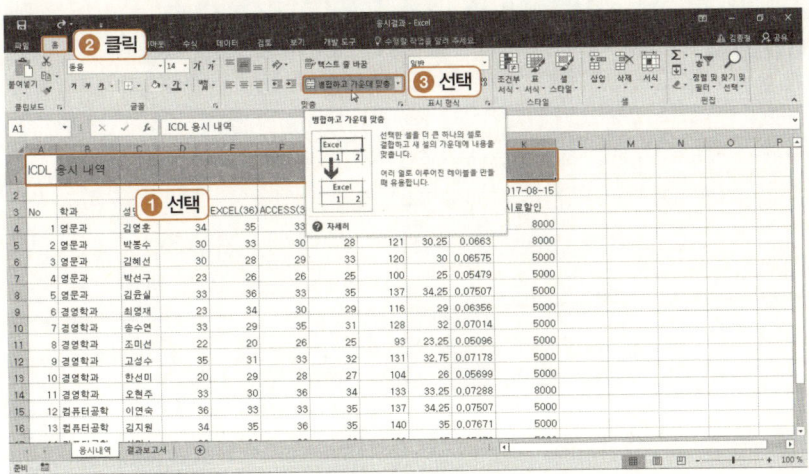

㉔ '응시내역' 워크시트의 [A3:K18] 영역에 모든 테두리를 설정하고, [A3:K3] 영역에 '표준 주황'
의 음영색을 설정하시오.

❶ '응시내역' 워크시트의 [A3:K18] 영역을 선택하고, [홈] 탭-[글꼴] 그룹-[테두리]-[모든 테두리]
를 클릭합니다.

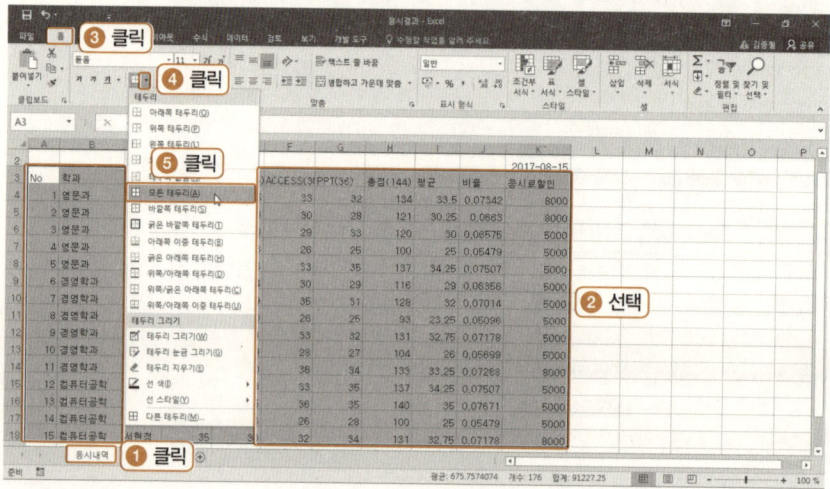

❷ [A3:K3] 영역을 선택하고 [홈] 탭-[글꼴] 그룹-[채우기 색]-[주황]을 클릭합니다.

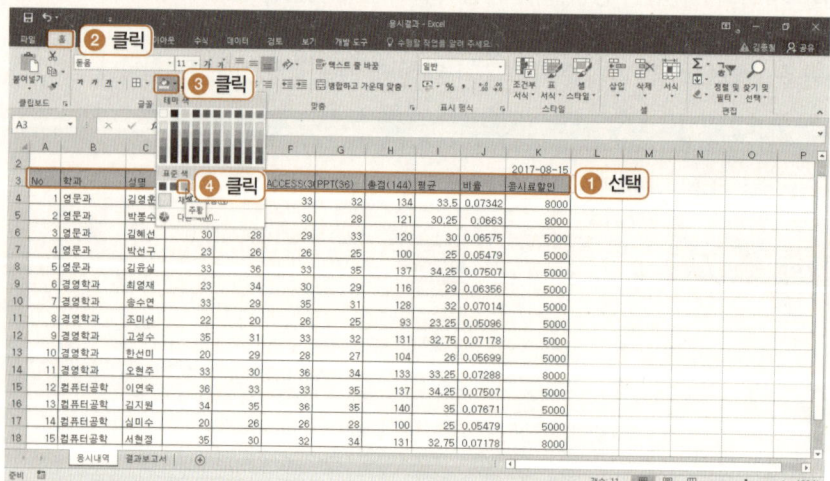

'응시내역' 워크시트의 [A1] 셀에 굵게 서식을 설정하고, [A3:K3] 영역에 가로의 가운데 맞춤 서식을 설정하시오.

❶ '응시내역' 워크시트의 [A1] 셀을 선택하고 [홈] 탭-[글꼴] 그룹-[굵게]를 클릭합니다.

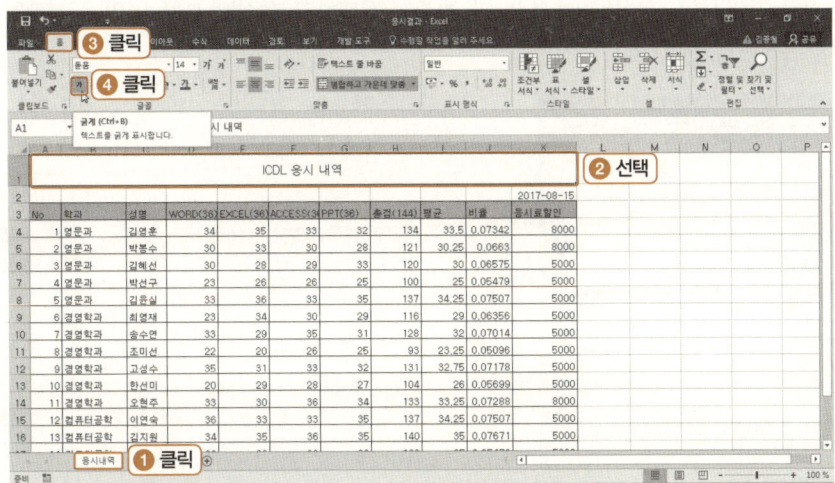

❷ [A3:K3] 영역을 선택하고 [홈] 탭-[맞춤] 그룹-[가운데 맞춤]을 클릭합니다.

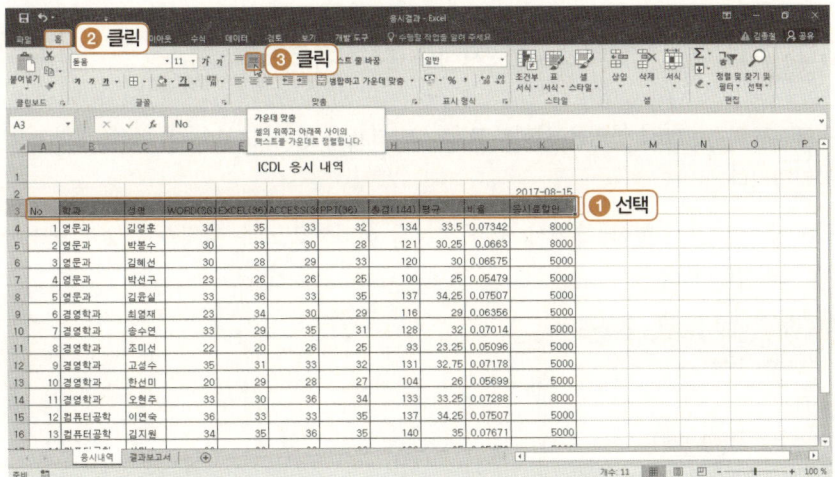

㉖ '응시내역' 워크시트의 [K2] 셀의 날짜 형식을 '3월 14일'과 같은 형식으로 서식을 설정하시오.

❶ '응시내역' 워크시트의 [K2] 셀을 선택하고 [홈] 탭-[표시 형식] 그룹-[셀 서식] 대화 상자 표시 단
추를 클릭합니다.

❷ [셀 서식] 대화 상자의 [표시 형식] 탭에서 '날짜' 범주를 선택하고 '형식'의 '3월 14일'을 선택한 후
[확인] 버튼을 클릭합니다.

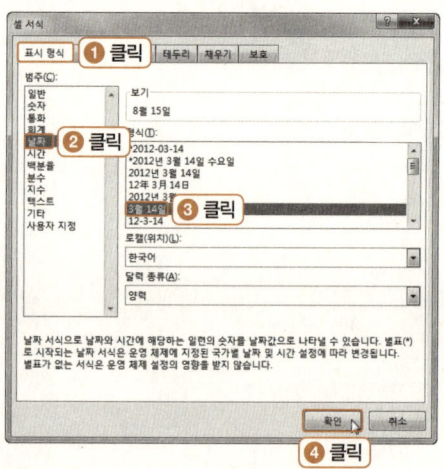

㉗ '응시내역' 워크시트의 '평균' 필드에 소수점 2자리로 설정하시오.

❶ '응시내역' 워크시트의 [I4:I18] 영역을 선택하고 [홈] 탭-[표시 형식] 그룹-[셀 서식] 대화 상자 표
시 단추를 클릭합니다.

❷ [셀 서식] 대화 상자의 [표시 형식] 탭에서 '숫자' 범주를 선택하고 '소수 자릿수'를 '2'로 변경한 후
[확인] 버튼을 클릭합니다.

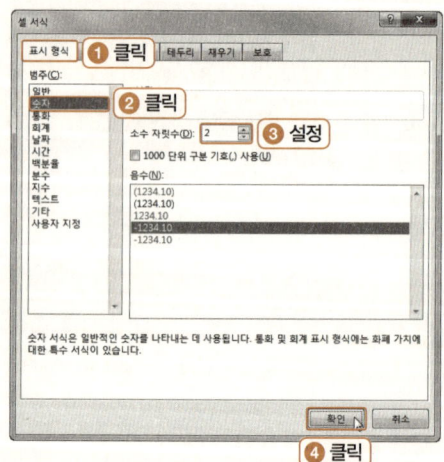

'응시내역' 워크시트의 '비율' 필드에 백분율 서식과 소수점 1자리로 설정하시오.

❶ '응시내역' 워크시트의 [J4:J18] 영역을 선택하고, [홈] 탭-[표시 형식] 그룹-[셀 서식] 대화 상자
표시 단추를 클릭합니다.

❷ [셀 서식] 대화 상자의 [표시 형식] 탭에서 '백분율' 범주를 선택하고, '소수 자릿수'를 '1'로 변경한
후 [확인] 버튼을 클릭합니다.

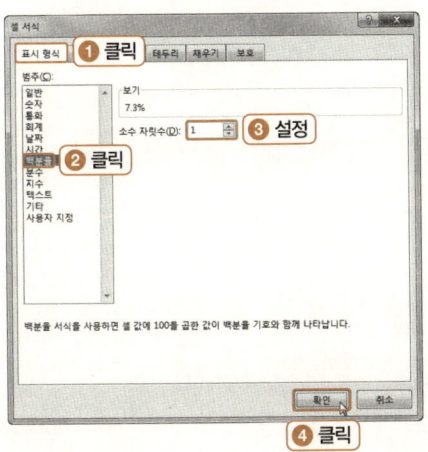

 **'응시내역' 워크시트의 '응시료할인' 필드에 '₩'의 통화 스타일 기호와 '(\1,234)' 빨강색 음수
서식을 적용하시오.**

❶ '응시내역' 워크시트의 [K4:K18] 영역을 선택하고 [홈] 탭-[표시 형식] 그룹-[셀 서식] 대화 상자
표시 단추를 클릭합니다.

❷ [셀 서식] 대화 상자의 [표시 형식] 탭에서 '통화' 범주를 선택하고 '기호'를 '₩', '음수'를 빨강색
'(₩1,234)'로 설정한 후 [확인] 버튼을 클릭합니다.

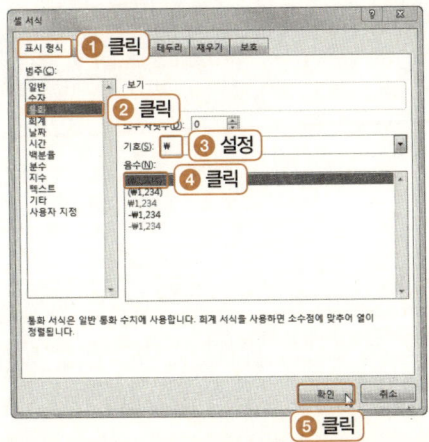

30 '요약' 워크시트의 [A7:B12] 영역의 데이터를 이용하여 '묶은 세로 막대형' 차트를 작성하시오.

❶ '요약' 워크시트의 [A7:B12] 영역을 선택하고, [삽입] 탭-[차트] 그룹-[세로 막대형]-[묶은 세로 막대형]을 클릭하여 차트를 삽입합니다.

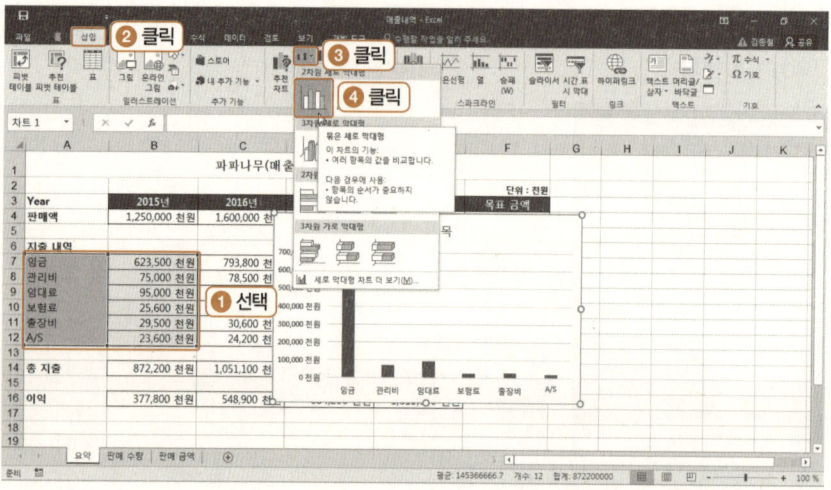

31 '요약' 워크시트의 차트를 '3차원 원형' 차트로 변경하시오.

❶ '요약' 워크시트의 차트를 선택하고 [차트 도구]-[디자인] 탭-[종류] 그룹-[차트 종류 변경]을 클릭합니다.

❷ [차트 종류 변경] 대화 상자의 [모든 차트] 탭에서 '원형' 범주를 클릭하고 '3차원 원형' 차트를 선택한 후 [확인] 버튼을 클릭합니다.

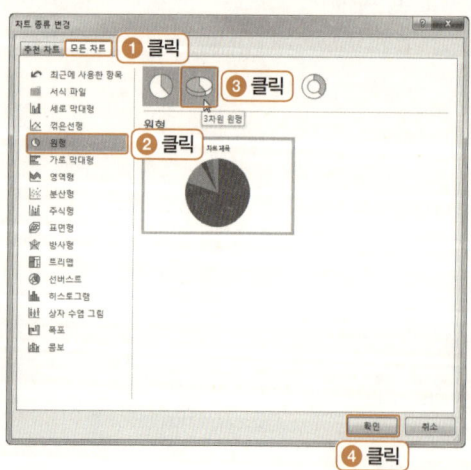

㉜ '요약' 워크시트 차트에서 차트 위에 '2015 지출 내역'이라는 제목을 추가하시오.

❶ '요약' 워크시트의 차트를 선택하고 [차트 도구]-[디자인] 탭-[차트 레이아웃] 그룹-[차트 요소 추가]-[차트 제목]-[차트 위]를 클릭합니다.

❷ 차트 위에 삽입된 제목 텍스트 상자 안을 클릭하여 '2015 지출 내역'이라 입력합니다.

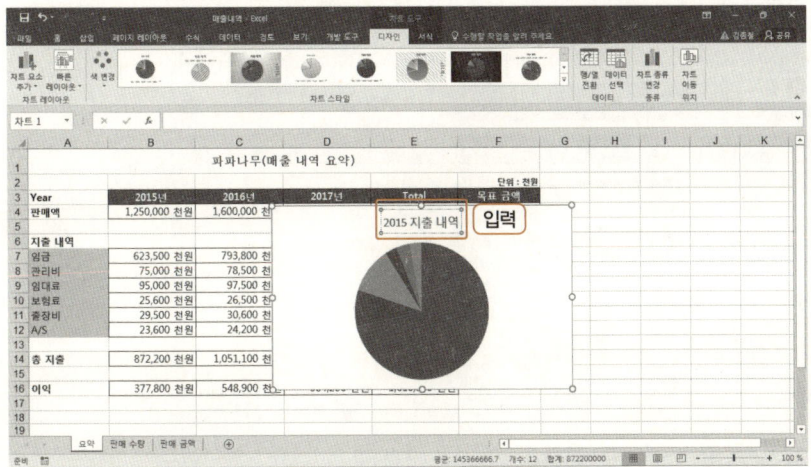

예제 : 판매 보고서.xlsx

㉝ '총 판매내역' 워크시트에서 1~3행이 화면에서 항상 고정되도록 설정하시오.

❶ '총 판매내역' 워크시트에서 4행 머리를 선택하고 [보기] 탭-[창] 그룹-[틀 고정]-[틀 고정]을 클릭합니다.

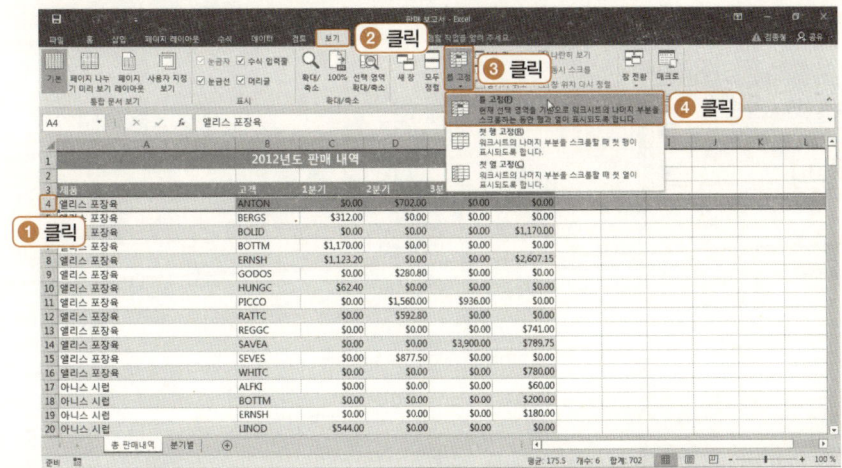

34 현재 워크시트의 용지 방향을 '가로'로 변경하시오.

❶ '총 판매내역' 워크시트에서 [페이지 레이아웃] 탭-[페이지 설정] 그룹-[용지 방향]-[가로]를 클릭합니다.

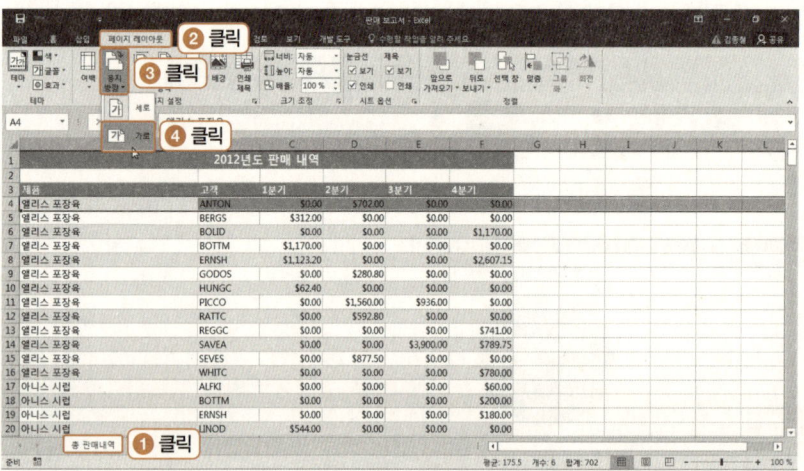

35 '총 판매내역' 워크시트에서 인쇄 시 3행이 모든 페이지에 반복하여 인쇄되도록 설정하시오.

❶ '총 판매내역' 워크시트에서 [페이지 레이아웃] 탭-[페이지 설정] 그룹-[페이지 설정] 대화 상자 표시 단추를 클릭합니다.

❷ [페이지 설정] 대화 상자의 [시트] 탭에서 '반복할 행'에 커서를 위치하고, 워크시트에서 3행 머리글을 클릭한 후 [확인] 버튼을 클릭합니다.

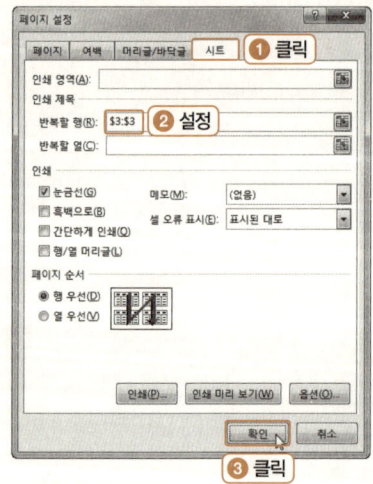

'총 판매내역' 워크시트를 인쇄 미리 보기로 확인하시오.

❶ '총 판매내역' 워크시트에서 [파일] 탭-[인쇄]를 클릭하여 인쇄 미리 보기 화면을 확인합니다.

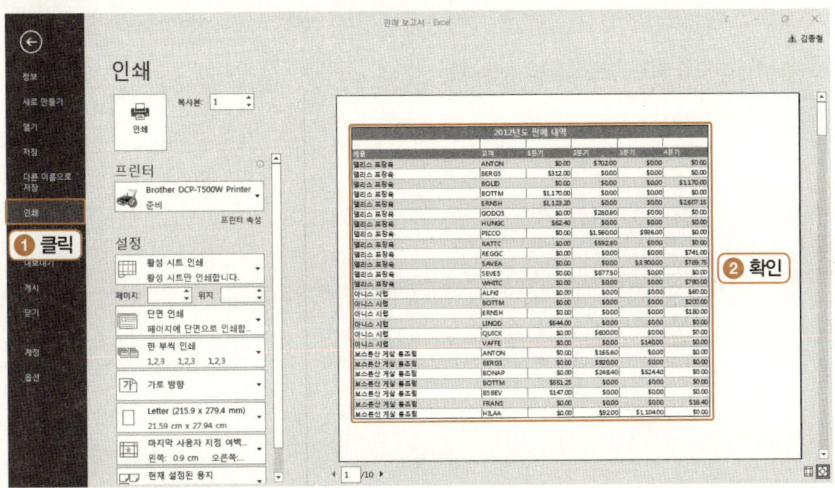

M·E·M·O

CHAPTER
3

M6

1 '디지털 테마'를 이용하여 새 프레젠테이션을 작성하시오.

❶ [파일] 탭-[새로 만들기]-[테마]를 클릭합니다.

❷ '디지털 테마'를 클릭한 후 [만들기]를 클릭합니다.

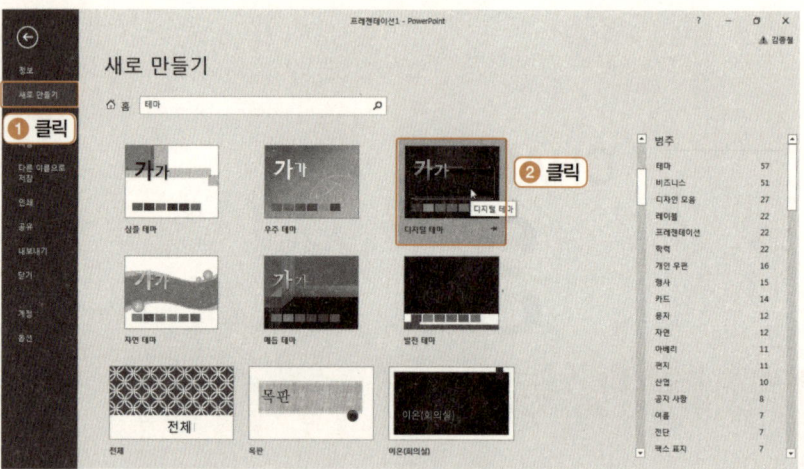

2 파워포인트 응용 프로그램의 사용자 이름을 'ICDL KOREA'로 설정하고, 기본 파일의 위치를
'C:\ICDL 2016A\M3467'로 수정하시오.

❶ [파일] 탭-[옵션]을 클릭하고 [PowerPoint 옵션] 대화 상자의 '일반' 항목에서 사용자 이름을
'ICDL KOREA'로 변경합니다.

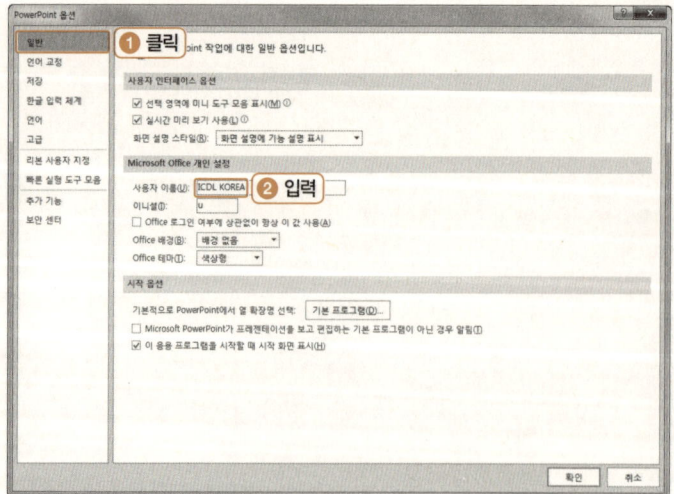

❷ [PowerPoint 옵션] 대화 상자의 '저장' 항목에서 기본 로컬 파일 위치를 'C:₩ICDL 2016A₩M3467'로 변경한 후 [확인] 버튼을 클릭합니다.

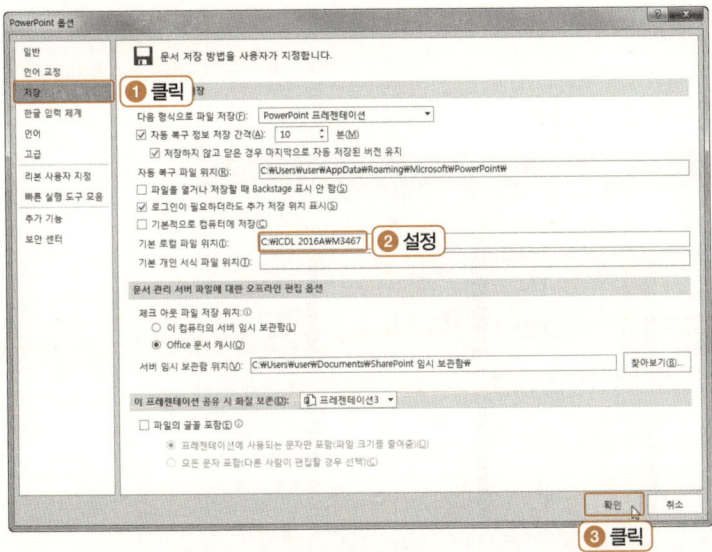

③ 슬라이드를 '100%'로 확대한 후 '창에 맞춤' 기능으로 자동 축소하시오.

❶ 슬라이드 창 아래의 '확대/축소 슬라이더'를 '100%' 위치로 드래그하여 확대합니다.

❷ [보기] 탭-[확대/축소] 그룹-[창에 맞춤]을 클릭하여 창의 크기에 맞게 슬라이드 크기를 자동 축소합니다.

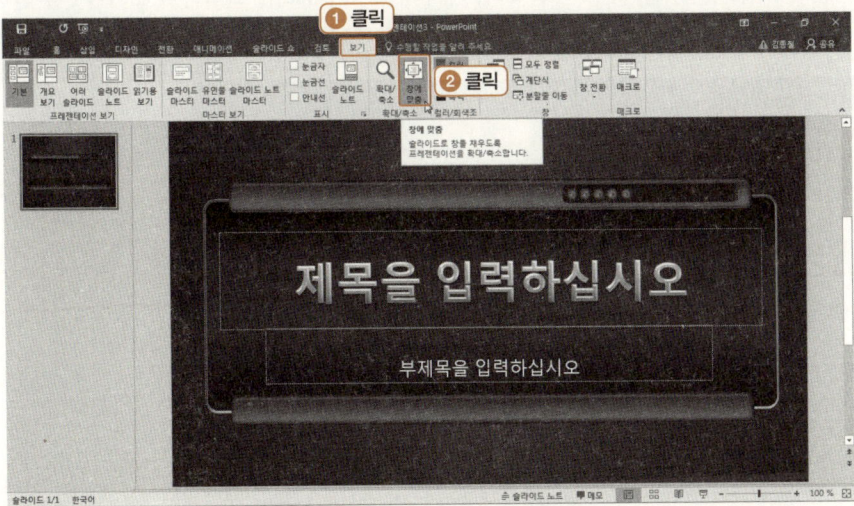

④ 여러 슬라이드 보기로 전환하고, 슬라이드 3으로 이동하여 기본 보기로 전환하시오.

❶ [보기] 탭-[프레젠테이션 보기] 그룹-[여러 슬라이드]를 클릭하여 '여러 슬라이드 보기' 화면으로 전환합니다.

❷ 슬라이드 3을 선택하고 [보기] 탭-[프레젠테이션 보기]그룹-[기본]을 클릭합니다.

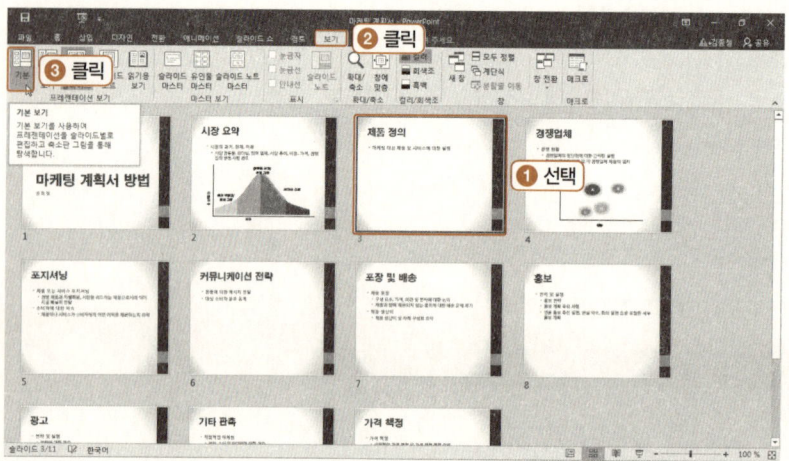

⑤ 슬라이드 3의 레이아웃을 '비교' 레이아웃으로 변경하고, 오른쪽 부제목 텍스트 상자에 '제품 이미지'를 입력하시오.

❶ 슬라이드 3을 선택하고 [홈] 탭-[슬라이드] 그룹-[레이아웃]-[비교]를 클릭하여 레이아웃을 변경합니다.

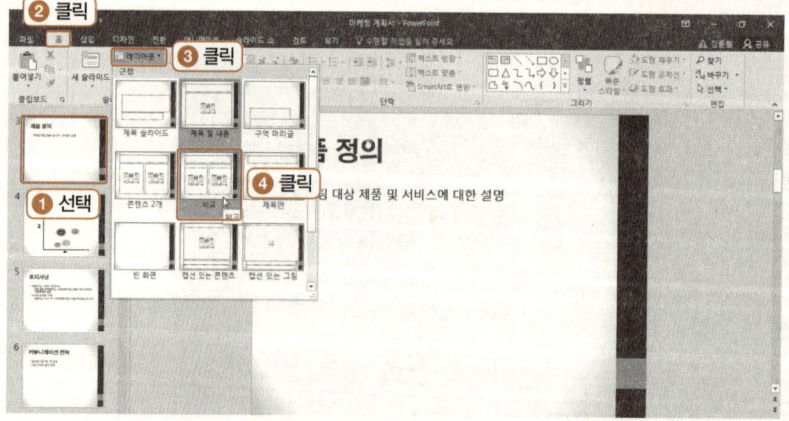

❷ 변경된 레이아웃에서 오른쪽의 부제목 텍스트 상자에 커서를 위치하고 '제품 이미지'를 입력하여 완료합니다.

6 프레젠테이션을 '자연주의' 테마로 변경하시오.

❶ [디자인] 탭-[테마] 그룹-[자연주의]를 클릭하여 프레젠테이션의 테마를 변경합니다.

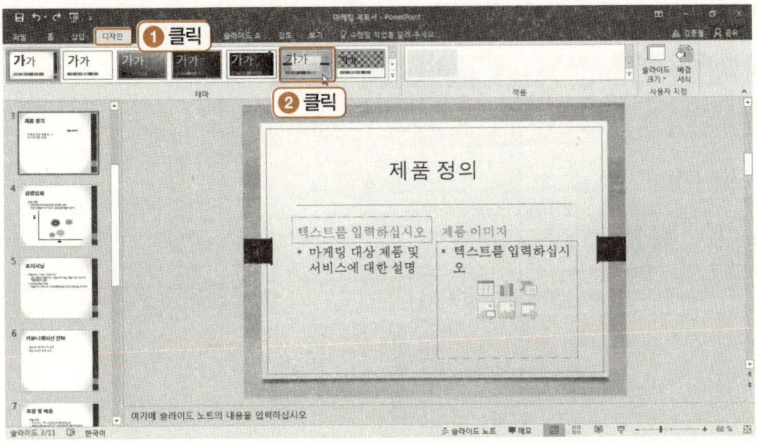

7 제목 슬라이드 다음에 '제목 및 내용' 레이아웃의 슬라이드를 삽입하시오.

❶ 제목 슬라이드를 선택하고 [홈] 탭-[슬라이드] 그룹-[새 슬라이드]-[제목 및 내용]을 클릭하여 제목 슬라이드 다음에 '제목 및 내용' 레이아웃 슬라이드를 삽입합니다.

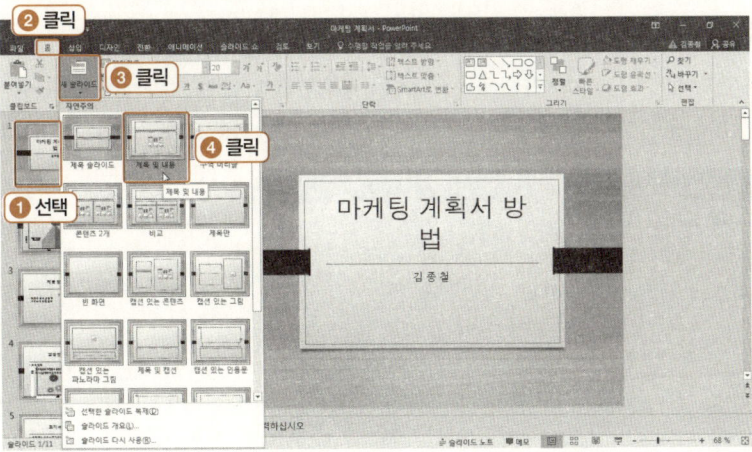

8 슬라이드 3을 제거한 후 슬라이드 4(포지셔닝)를 슬라이드 3의 위치로 이동하시오.

❶ 슬라이드 3을 선택한 후 Delete 를 눌러 삭제합니다.

❷ 슬라이드 4(포지셔닝)를 선택한 후 슬라이드 2 아래로 드래그하여 이동합니다.

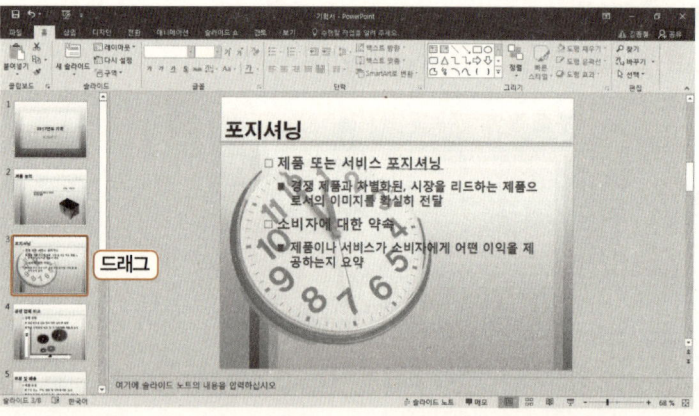

9 슬라이드 마스터를 이용하여 모든 슬라이드 오른쪽 상단에 예제 폴더의 'CI.png' 그래픽 개체를 삽입하시오.

❶ [보기] 탭−[마스터 보기] 그룹−[슬라이드 마스터]를 클릭하여 마스터 보기 화면으로 전환하고 슬라이드 마스터를 선택한 후 [삽입] 탭−[이미지] 그룹−[그림]을 클릭합니다.

❷ [그림 삽입] 대화 상자에서 예제 폴더로 이동하고 'CI.png' 그림 파일을 선택한 후 [삽입] 버튼을 클릭합니다. 삽입된 그림 파일을 선택하여 슬라이드 마스터의 오른쪽 상단으로 드래그하여 이동합니다.

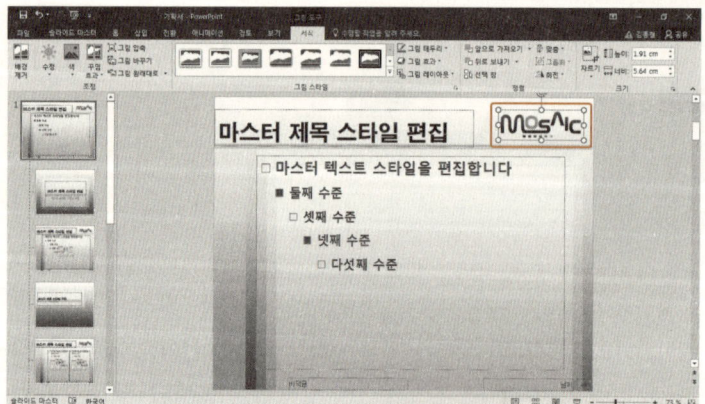

❸ [슬라이드 마스터] 탭−[닫기] 그룹−[마스터 보기 닫기]를 클릭하여 기본 보기 화면으로 전환하면 모든 슬라이드의 오른쪽 상단에 그림 파일이 표시되는 것을 확인할 수 있습니다.

⑩ 프레젠테이션에 'Showcase 2017'의 바닥글을 삽입하시오.

❶ [삽입] 탭-[텍스트] 그룹-[머리글/바닥글]을 클릭합니다.

❷ [머리글/바닥글] 대화 상자의 [슬라이드] 탭에서 '바닥글'을 체크하고 'Showcase 2017'을 입력한 후 [모두 적용] 버튼을 클릭합니다.

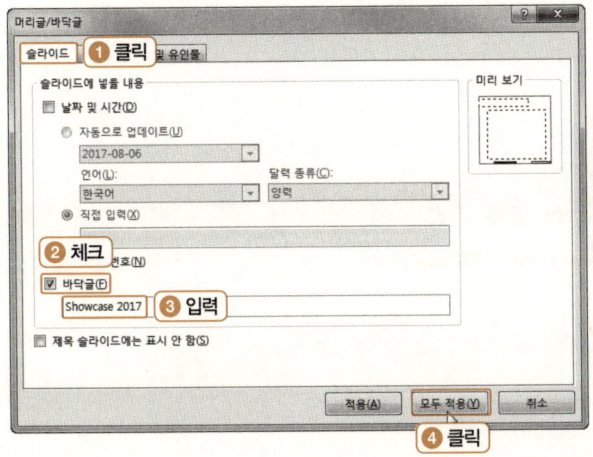

⑪ 슬라이드 3에 자동으로 업데이트되는 날짜와 슬라이드 번호를 삽입하시오.

❶ 슬라이드 3을 선택하고 [삽입] 탭-[텍스트] 그룹-[머리글/바닥글]을 클릭합니다.

❷ [머리글/바닥글] 대화 상자의 [슬라이드] 탭에서 '날짜 및 시간'을 체크하여 '자동으로 업데이트'를 선택하고, '슬라이드 번호'를 체크한 후 [적용] 버튼을 클릭합니다.

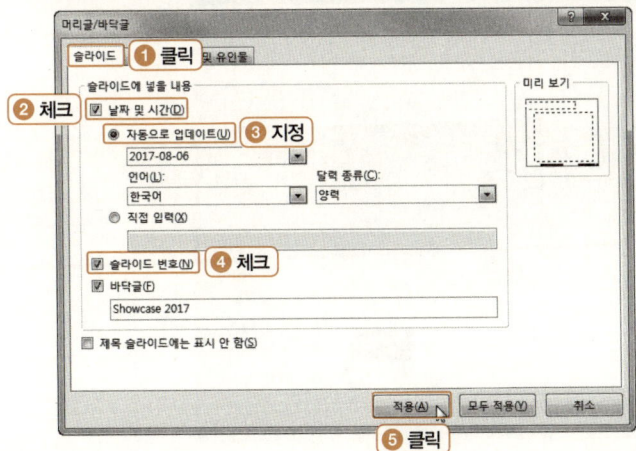

⑫ 프레젠테이션의 제목을 '신 교육 지침'으로 수정하시오.

❶ 제목 슬라이드의 제목 텍스트 상자 안의 '교육 자료'를 드래그하여 선택한 후 '신 교육 지침'을 입력합니다.

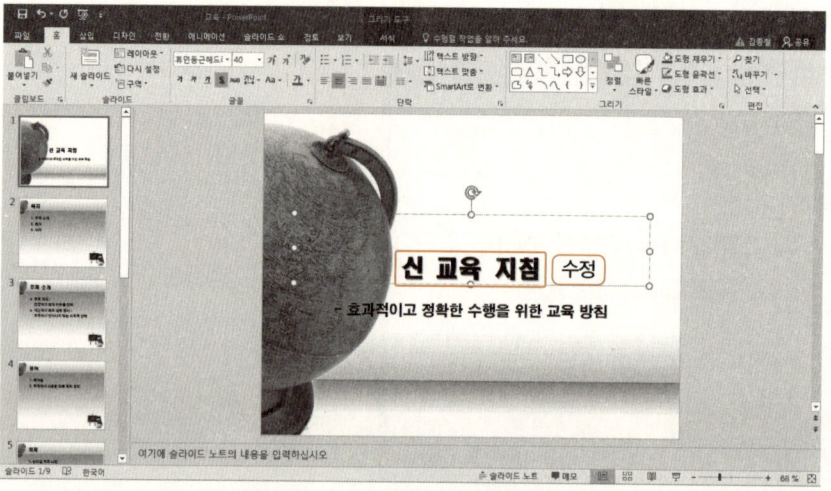

⑬ 슬라이드 2의 내용 중 네 번째 단락을 생성하여 '개요'라는 텍스트를 입력하시오.

❶ 슬라이드 2의 내용 단락에서 '3.의제' 단락 뒤에 커서를 위치한 후 Enter 를 눌러 단락을 삽입합니다.

❷ 새 단락이 생성되면 '개요'를 입력하여 완료합니다.

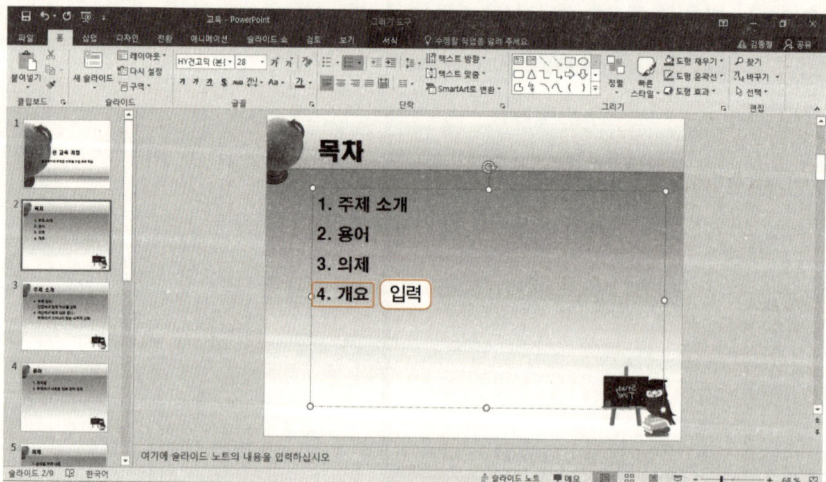

⑭ 제목 슬라이드의 제목에서 '신'을 '신(新)' 형태로 한자 변환하시오.

❶ 제목 슬라이드의 제목에서 '신' 텍스트를 선택하고 [검토] 탭-[언어] 그룹-[한글/한자 변환]을 클릭합니다.

❷ [한글/한자 변환] 대화 상자의 한자 선택에서 '新'을 선택하고, 입력 형태에서 '한글(漢字)'를 선택한 후 [변환] 버튼을 클릭합니다.

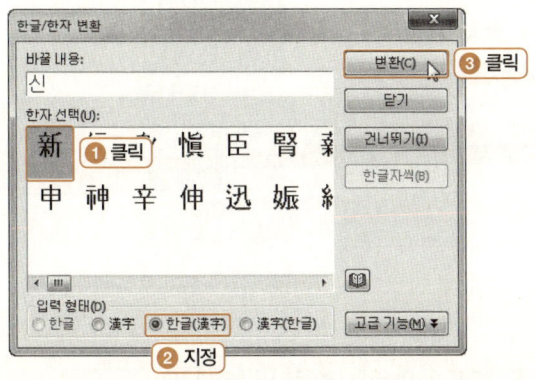

⑮ 제목 슬라이드의 부제목에서 '효과적이고 정확한 수행'이라는 텍스트를 '밑줄, 빨강' 글꼴 색 서식으로 변경하시오.

❶ 제목 슬라이드의 부제목에서 '효과적이고 정확한 수행' 텍스트를 선택한 후 [홈] 탭-[글꼴] 그룹-[밑줄]을 클릭합니다.

❷ [글꼴] 그룹-[글꼴 색]-[표준 색 – 빨강]을 클릭합니다.

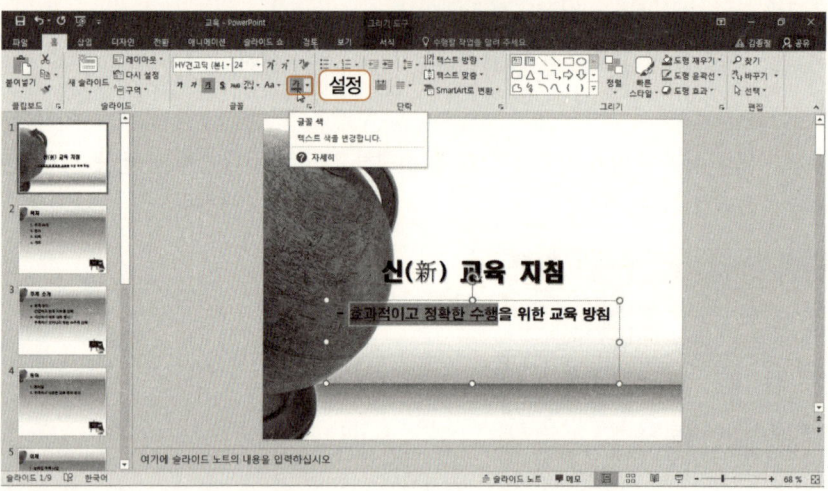

⑯ 슬라이드 3에서 내용 단락의 번호 매기기를 '별표 글머리 기호'로 변경하시오.

❶ 슬라이드 3의 내용 단락을 선택합니다.

❷ [홈] 탭-[단락] 그룹-[글머리 기호]-[별표 글머리 기호]를 클릭합니다.

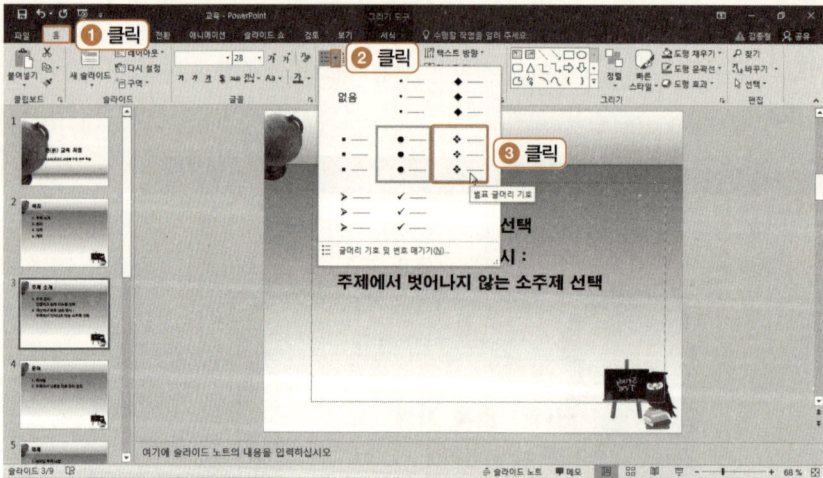

⑰ 슬라이드 3의 내용 단락의 글머리 기호를 '80%' 크기의 '진한 빨강' 색상으로 변경하시오.

❶ 슬라이드 3의 내용 단락을 선택한 후 [홈] 탭-[단락] 그룹-[글머리 기호]-[글머리 기호 및 번호 매기기]를 클릭합니다.

❷ [글머리 기호 및 번호 매기기] 대화 상자에서 텍스트 크기를 '80%', 색을 '진한 빨강'으로 설정한 후 [확인] 버튼을 클릭합니다.

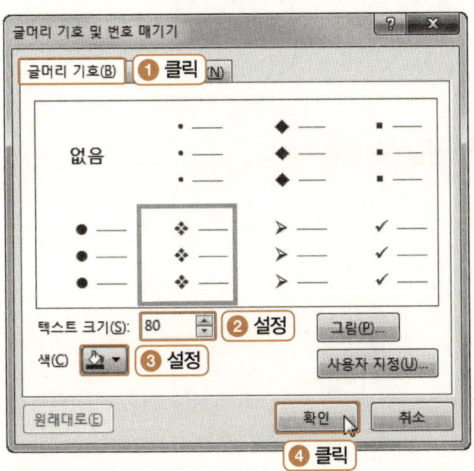

⑱ 슬라이드 3의 내용 단락에서 텍스트 앞 들여쓰기를 '1cm', 첫 줄 들여쓰기를 '2cm'로 설정하시오.

❶ 슬라이드 3의 내용 단락을 선택한 후 [홈] 탭-[단락] 그룹-[줄 간격]-[줄 간격 옵션]을 클릭합니다.

❷ [단락] 대화 상자에서 들여쓰기 텍스트 앞을 '1cm', 첫 줄 들여쓰기를 '2cm'로 설정한 후 [확인] 버튼을 클릭합니다.

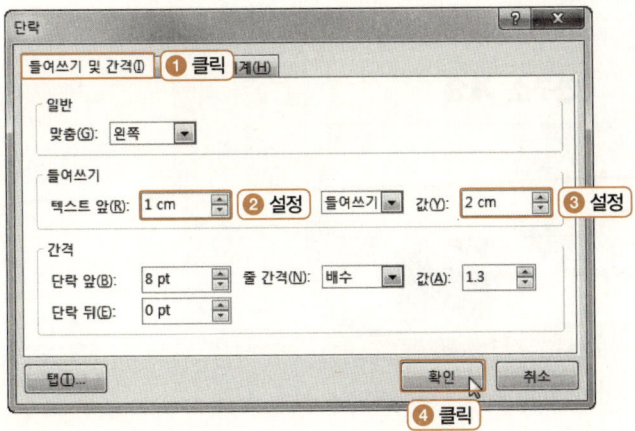

⑲ 슬라이드 7의 영문 내용 단락을 파워포인트의 기능을 이용하여 '각 단어를 대문자로' 형식으로 변경하시오.

❶ 슬라이드 7의 내용 단락을 선택합니다.

❷ [홈] 탭-[글꼴] 그룹-[대/소문자 바꾸기]-[각 단어를 대문자로]를 클릭합니다.

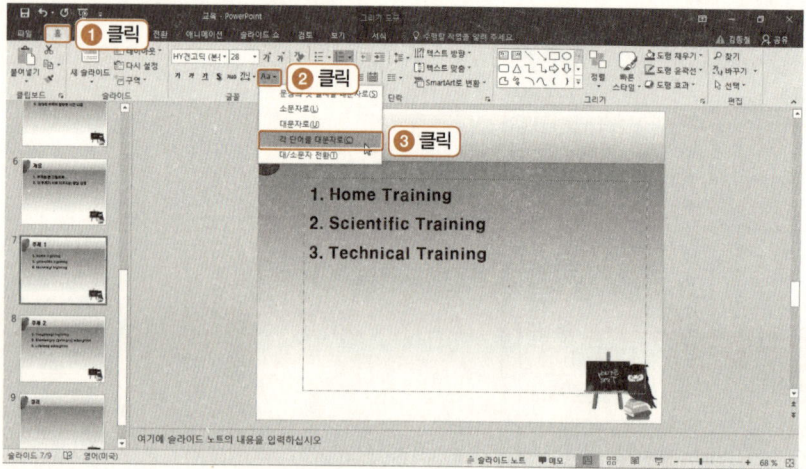

예제 : 자연생태연구.pptx

⑳ 슬라이드 4의 표에서 1열의 각 셀에 '위치, 규모, 사업기간, 연구소 시설'의 내용을 입력하시오.

❶ 표의 1행 1열을 클릭한 후 커서를 위치하여 '위치'를 입력하고, 방향키로 아래 각 셀로 이동한 후 '규모', '사업기간', '연구소 시설'을 입력합니다.

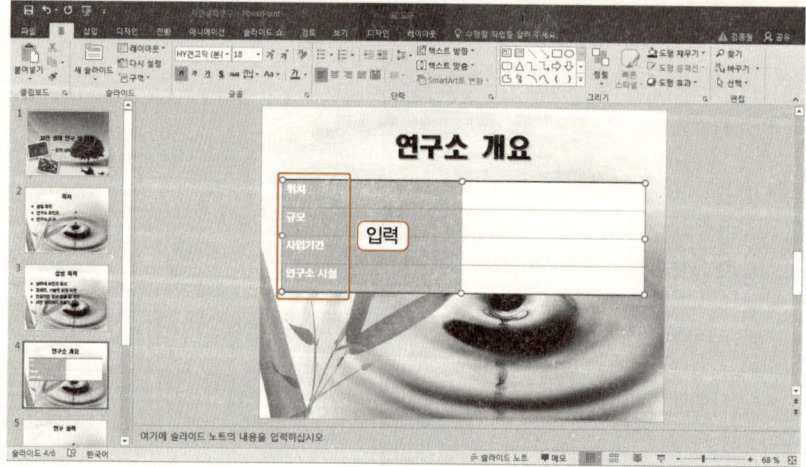

㉑ 슬라이드 4의 표에서 4행 아래에 새로운 행을 삽입한 후 첫 째 셀에 '문의전화'를 입력하시오.

❶ 슬라이드 4의 표에서 4행을 클릭하여 커서를 위치한 후 [표 도구]-[레이아웃] 탭-[행 및 열] 그룹-[아래에 삽입]을 클릭하여 새로운 행을 삽입하고 첫 번째 셀에 '문의전화'를 입력합니다.

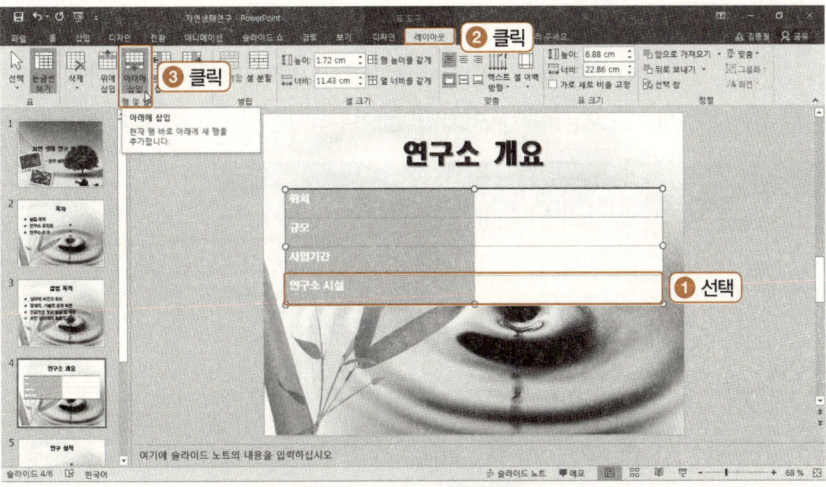

㉒ 슬라이드 4의 표에서 1열의 너비를 '6cm', 모든 행의 높이를 '2cm'로 설정하시오.

❶ 슬라이드 4의 표에서 1행 1열을 클릭하여 커서를 위치한 후 [표 도구]-[레이아웃] 탭-[셀 크기] 그룹에서 높이를 '2cm', 너비를 '6cm'로 입력합니다.

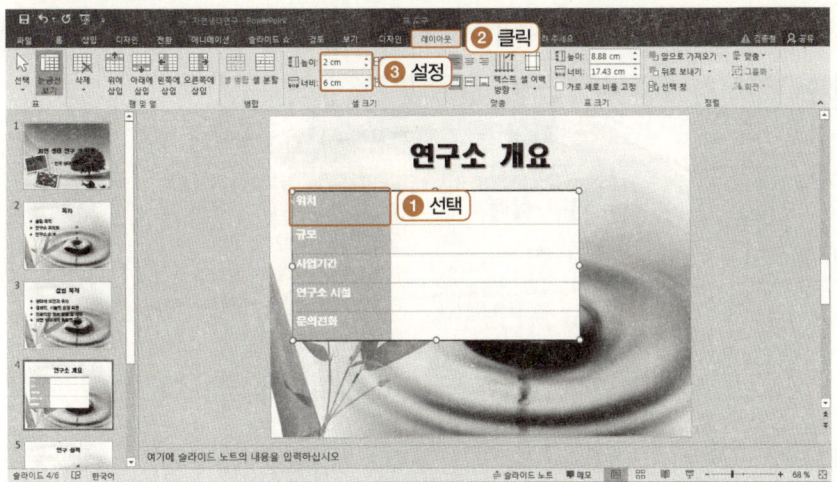

㉓ 슬라이드 5에 '묶은 가로 막대형' 차트를 삽입하고 항목의 이름을 '동물', '식물', '기타'로 수정한 후 값을 '25', '37', '12'로 수정하시오.

❶ 슬라이드 5의 레이아웃에서 '차트 삽입' 단추를 클릭하고 [차트 삽입] 대화 상자의 항목에서 '묶은 가로 막대형'을 선택한 후 [확인] 버튼을 클릭합니다.

❷ 엑셀 시트에서 '항목 1, 2, 3'을 각각 '동물, 식물, 기타'로 수정하고, 항목 4의 5행, 계열 2의 C열, 계열 3의 D열을 각각 선택한 후 마우스 오른쪽 버튼으로 선택하여 [삭제]를 클릭한 후 [닫기]를 클릭합니다.

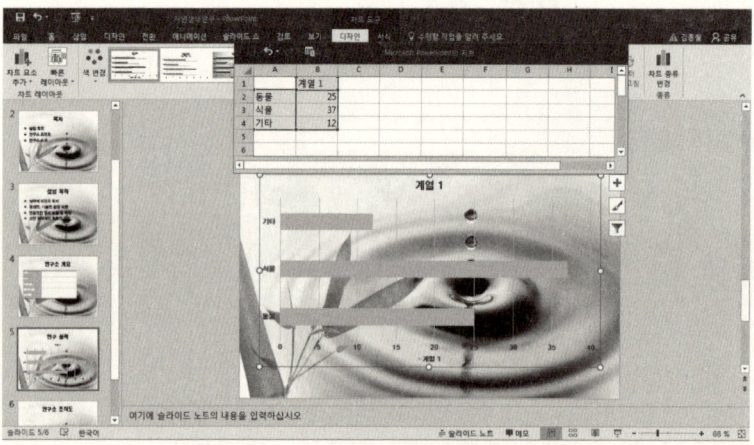

㉔ 슬라이드 5의 차트 종류를 '3차원 원형' 차트로 변경하시오.

❶ 슬라이드 5의 차트를 선택하고 [차트 도구]-[디자인] 탭-[종류] 그룹-[차트 종류 변경]을 클릭합니다.

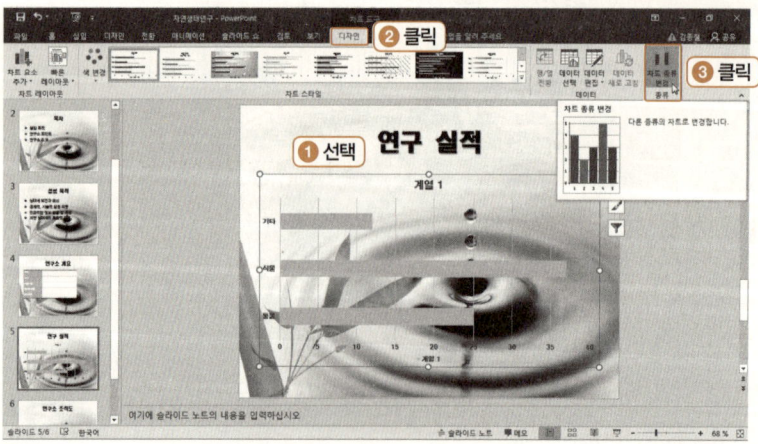

❷ [차트 종류 변경] 대화 상자에서 '원형' 항목의 '3차원 원형'을 선택한 후 [확인] 버튼을 클릭합니다.

25 차트에 백분율을 표시하고 안쪽 끝에 레이블을 위치하시오.

❶ 차트를 선택하고 [차트 도구]–[디자인] 탭–[차트 레이아웃] 그룹–[차트 요소 추가]–[데이터 레이블]–[기타 데이터 레이블 옵션]을 클릭합니다.

❷ '레이블 옵션' 항목에서 레이블 내용에 '값'을 해제하고 '백분율'을 체크한 후 레이블 위치를 '안쪽 끝에'로 설정합니다.

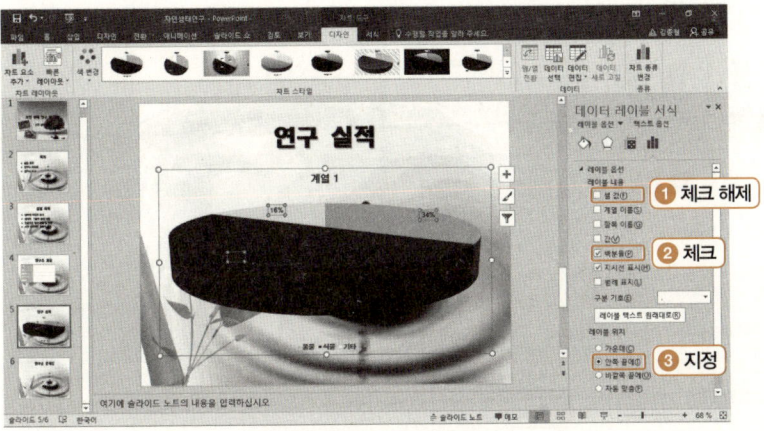

26 슬라이드 6의 1계층에 '연구 소장', 2계층에 '운영담당 과장', '연구교육 과장'의 텍스트를 입력하여 SmartArt의 조직도형을 작성하시오.(빈 도형은 제거할 것)

❶ 슬라이드 6의 슬라이드 레이아웃에서 'SmartArt 그래픽 삽입' 단추를 클릭하고, [SmartArt 그래픽 선택] 대화 상자에서 [계층 구조형]–[조직도형]을 선택한 후 [확인] 버튼을 클릭합니다.

❷ 1계층과 2계층에 순서대로 '연구 소장', '운영담당 과장', '연구교육 과장'을 입력하고, 빈 2개의 도형을 선택한 후 Delete 를 눌러 삭제합니다.

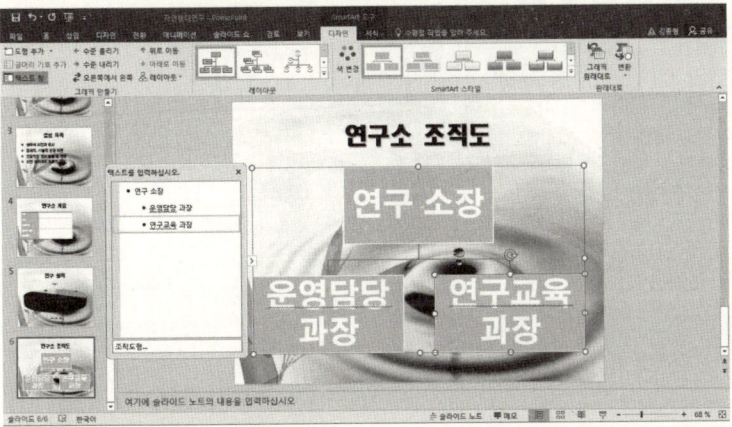

㉗ 제목 슬라이드에 'C:\ICDL 2016A\M3467' 폴더에서 'LOGO.png' 그림 파일을 삽입하시오.

❶ 제목 슬라이드에서 [삽입] 탭−[이미지] 그룹−[그림]을 클릭합니다.

❷ [그림 삽입] 대화 상자에서 'C:₩ICDL 2016A₩M3467' 폴더로 이동하여 'LOGO.png' 파일을
선택한 후 [삽입] 버튼을 클릭합니다.

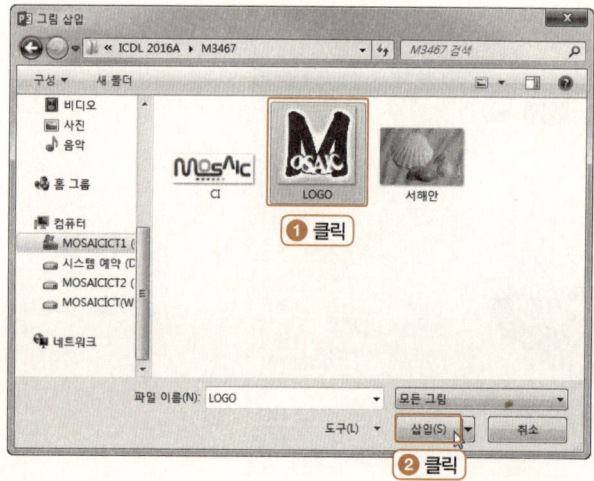

㉘ 제목 슬라이드의 그래픽 개체 크기를 높이/너비 '3cm/3cm', 위치를 슬라이드 왼쪽 위 모서리
를 기준으로 가로/세로 '22cm/0cm'로 수정하시오.

❶ 슬라이드 1의 그래픽 개체를 선택하여 [그림 도구]−[서식] 탭−[크기] 그룹−[크기 및 위치 대화 상
자 표시 단추]를 클릭하고, [그림 서식] 대화 상자의 '크기' 항목에서 '가로 세로 비율 고정' 항목을
체크 해제한 후 높이와 너비를 각각 3cm로 수정합니다.

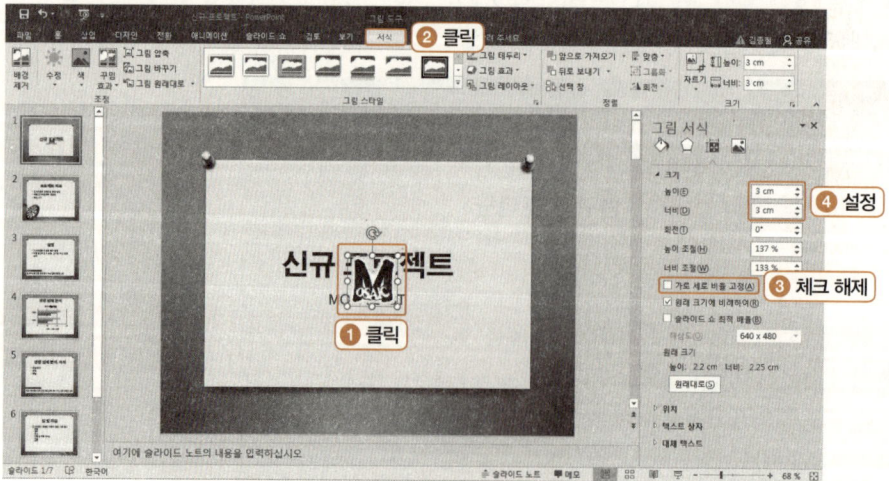

❷ '위치' 항목에서 가로와 세로를 '왼쪽 위 모서리' 기준으로 '22cm/0cm'로 수정한 후 [닫기] 버튼을
클릭합니다.

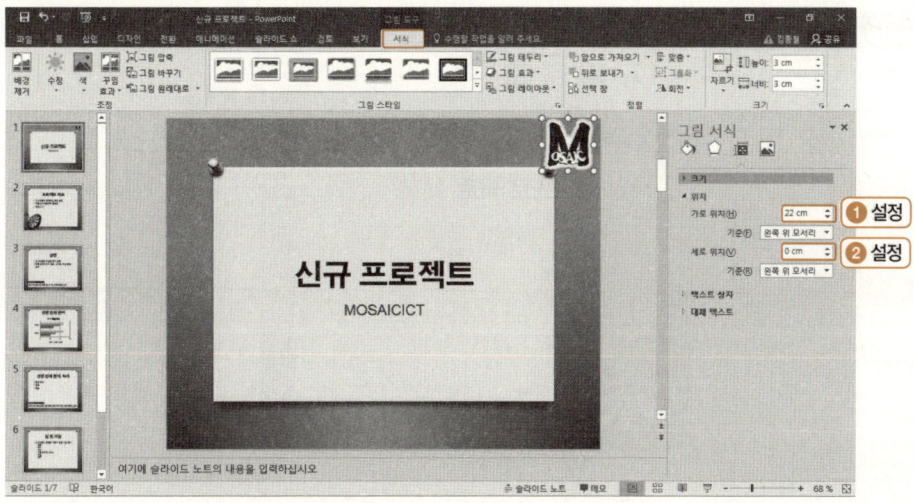

㉙ 슬라이드 2의 그래픽 개체를 '회색조'로 다시 칠하기를 설정하고 '좌우 대칭'으로 회전하시오.

❶ 슬라이드 2의 그래픽 개체를 선택하고 [그림 도구]-[서식] 탭-[조정] 그룹-[색]-[회색조]를 클릭합
니다.

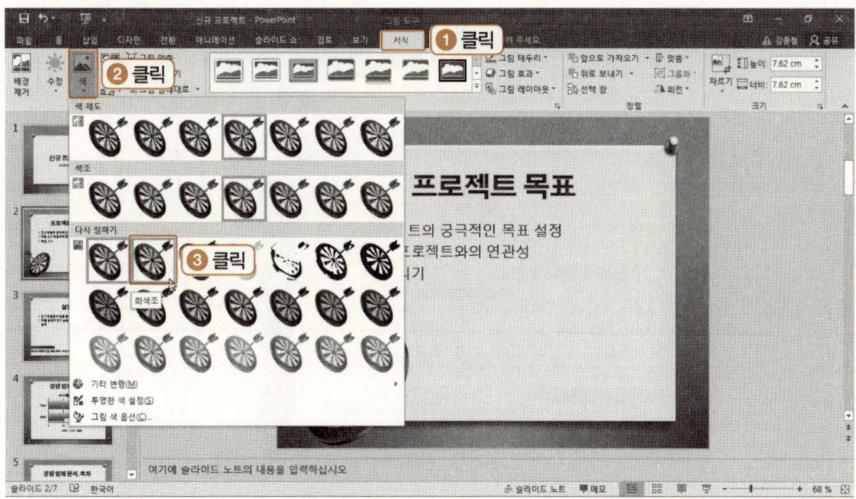

❷ 회색조가 설정된 그래픽 개체를 선택한 상태에서 [그림 도구]-[서식] 탭-[정렬] 그룹-[회전]-[좌우 대칭]을 클릭합니다.

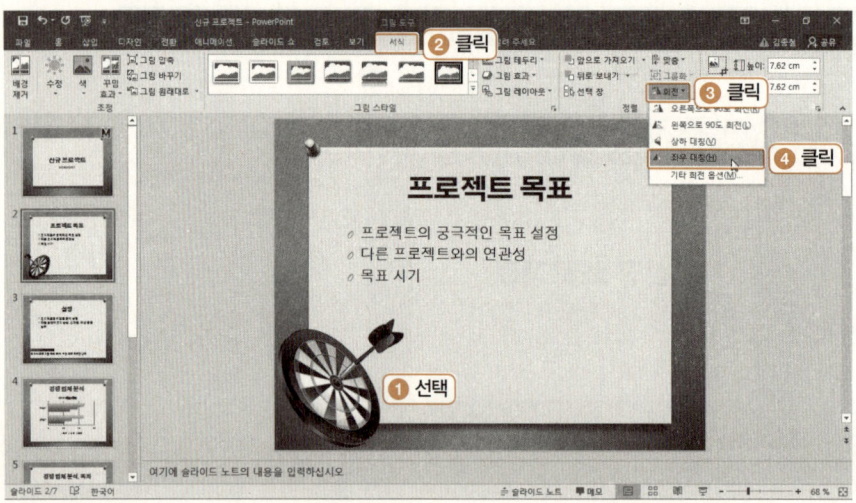

30 슬라이드 7의 1월~12월 텍스트의 위에 겹치도록 화살표 도형을 삽입하시오.

❶ 슬라이드 7에서 [삽입] 탭-[일러스트레이션] 그룹-[도형]-[화살표]를 클릭합니다.

❷ 슬라이드 내용 중 '1월~12월' 텍스트 위를 드래그하여 화살표 도형을 삽입합니다.

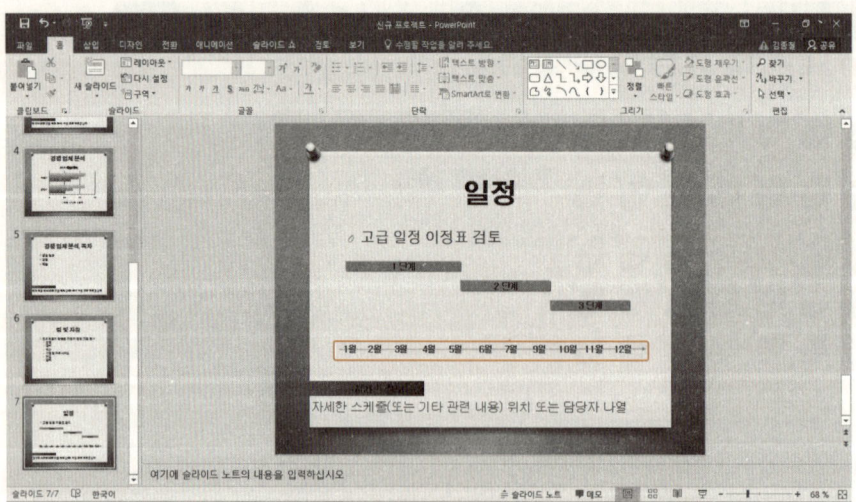

31 화살표 도형에 대해 '2.25 pt'의 윤곽선 두께와 화살표 끝 종류를 '날카로운 화살표'로 설정하시오.

❶ [그리기 도구]–[서식] 탭–[도형 스타일] 그룹–[도형 윤곽선]–[화살표]–[다른 화살표]를 클릭하고, [도형 서식] 대화 상자의 '선 스타일' 항목에서 '너비'를 '2.25 pt'로 입력합니다.

❷ 화살표 꼬리 유형 항목에서 '날카로운 화살표'를 선택합니다.

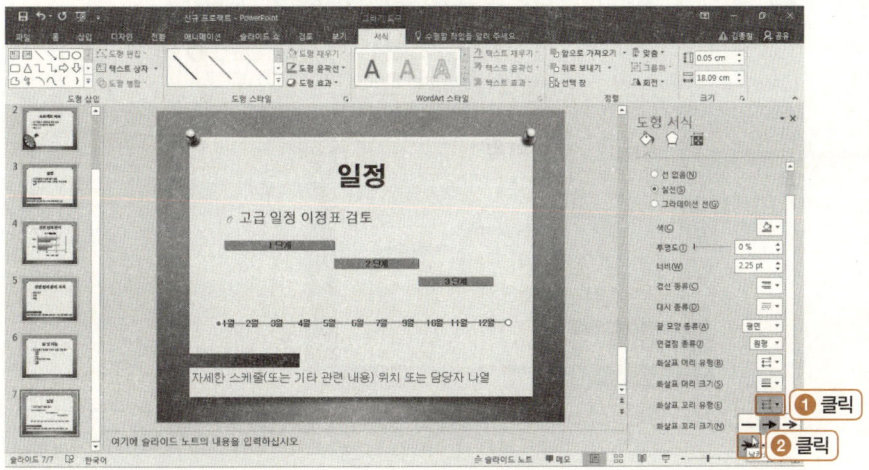

32 화살표 도형 순서를 맨 뒤로 보내시오.

❶ 화살표 도형을 선택한 후 [그리기 도구]–[서식] 탭–[정렬] 그룹–[뒤로 보내기]–[맨 뒤로 보내기]를 클릭합니다.

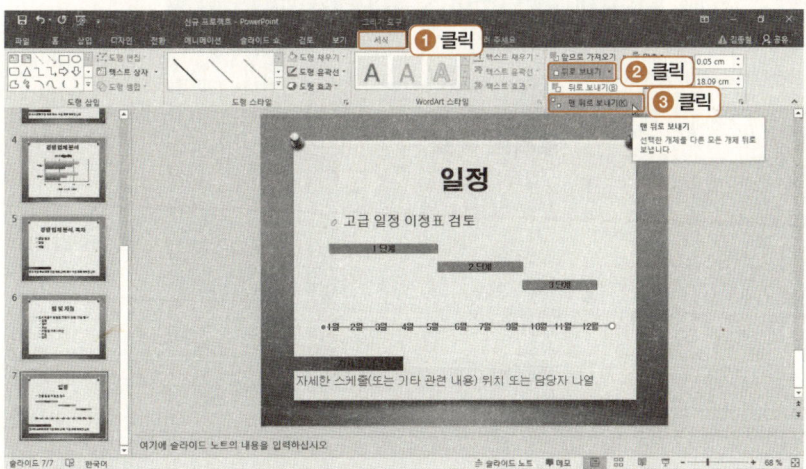

㉝ 프레젠테이션의 모든 슬라이드에 '5초'의 '상자' 효과를 적용하시오.

❶ [전환] 탭-[슬라이드 화면 전환] 그룹의 자세히 단추를 눌러 [상자]를 클릭합니다.

❷ [전환] 탭-[타이밍] 그룹에서 다음 시간 후를 '5초'로 설정하고 [모두 적용] 버튼을 클릭합니다.

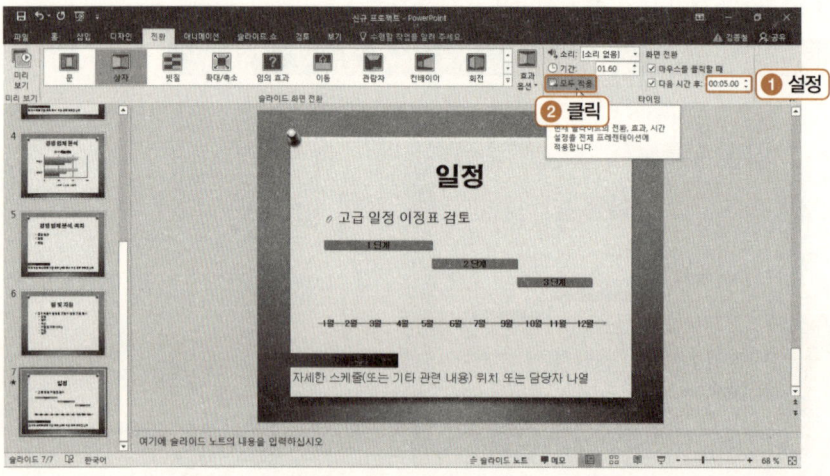

㉞ 슬라이드 2의 그래픽 개체에 '시계 방향 회전'의 '나타내기' 효과를 설정하시오.

❶ 슬라이드 2의 그래픽 개체를 선택하고 [애니메이션] 탭-[애니메이션] 그룹의 자세히 단추를 눌러 [시계 방향 회전]을 적용합니다.

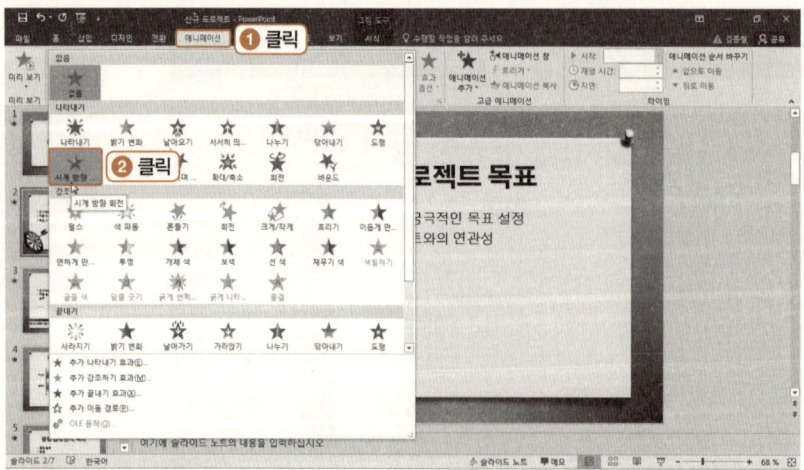

㉟ 제목 슬라이드에 '2017 신규 프로젝트'라는 발표자 노트를 작성하시오.

❶ 슬라이드 1의 슬라이드 노트 창을 클릭하여 커서를 위치하고 '2017 신규 프로젝트'를 입력합니다.

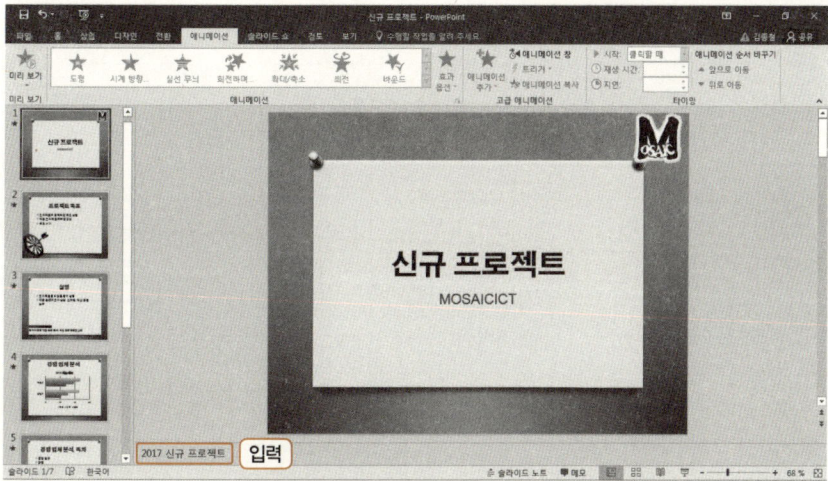

㊱ 슬라이드 쇼에서 슬라이드 2를 숨기시오.

❶ 슬라이드 2를 선택하고 [슬라이드 쇼] 탭-[설정] 그룹-[슬라이드 숨기기]를 클릭합니다.

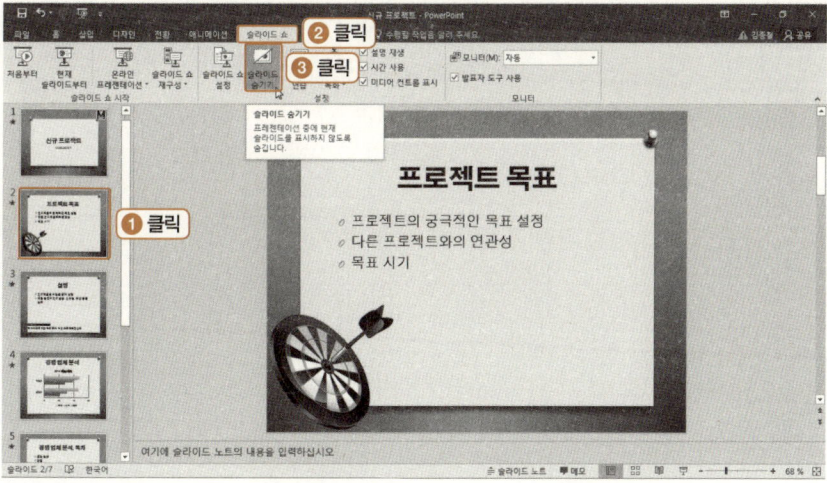

M·E·M·O

CHAPTER
4

M7

1 전 세계 컴퓨터를 다양한 프로토콜로 연결한 거대한 네트워크를 무엇이라 하는가?

2 HTTP 프로토콜을 이용하여 일반 데이터, 이미지, 멀티미디어 등 다양한 데이터를 통합적으로 전송하는 서비스는?

3 개인이나 기업에게 인터넷 사용이 가능하도록 서비스를 제공하는 회사를 가르키는 용어는 무엇인가?

4 인터넷의 특정 페이지로 이동할 수 있도록 주어진 고유한 주소를 무엇이라고 하는가?

5 다음 중 정부기관을 나타내는 도메인은?

① mil   ② com   ③ org

④ net   ⑤ gov

6 뉴스나 블로그와 같은 콘텐츠의 업데이트가 잦은 웹 사이트에서 업데이트 정보를 쉽게 확인할 수 있도록 지원하는 데이터 형식을 무엇이라고 하는가?

7 주로 MP3나 미디어 파일을 정기적으로 또는 업데이트의 정보가 있는 경우 자동으로 구독할 수 있도록 배포되는 디지털 미디어 포맷을 무엇이라고 하는가?

8 네티즌에게 올바른 정보를 제공하고 안전한 인터넷 이용 환경을 조성하기 위해 개인정보보호 협회가 부여하는 제도는 무엇인가?

9 인터넷상에서 금전 및 금융 거래 시 해당 사이트를 신뢰할 수 있도록 특정 인증기관이 발급한 보증서를 무엇이라고 하는가?

정답　**1.** 인터넷(internet)　**2.** WWW(World Wide Web)　**3.** ISP(Internet Service Provider)　**4.** URL
5. ⑤　**6.** RSS　**7.** podcast　**8.** 사이트 안전마크제　**9.** 디지털 인증서

⑩ 다른 사람의 컴퓨터에 몰래 침입하여 중요한 개인 정보를 빼가는 소프트웨어를 무엇이라고 하는가?

⑪ 다음 중 개인 정보에 해당하지 않는 것은?

❶ 이름, 생년월일

❷ 주소, 연락처

❸ 사망자의 이름

❹ 카페 회원의 이메일

⑫ 다음 중 자녀 보호(Parental Control)에 대한 올바른 설명이 아닌 것은?

❶ 컴퓨터 사용 시간을 설정하여 아이의 무분별한 컴퓨터 사용을 사전에 조절할 수 있다.

❷ 인터넷을 통해 각종 성이나 폭력 등의 유해한 정보가 어린이들에게 아무런 여과 없이 쉽게 전달되는 것을 방지할 수 있다.

❸ 온라인 게임에 빠지는 중독을 막는다.

❹ 게임 사이트는 무조건 막는다.

정답　10. 스파이웨어　11. ③　12. ④

⓭ 빈 새 탭을 이용하여 'www.icdl.or.kr'로 이동한 후 메뉴의 '시험접수' 페이지로 이동하시오.

❶ 탭 목록에서 빈 [새 탭]을 클릭하고 인터넷 익스플로러 주소 표시줄에 'www.icdl.or.kr'을 입력한 후 Enter 를 누릅니다.

❷ 이동된 페이지의 메뉴에서 '시험접수'를 클릭하여 해당 페이지로 이동합니다.

⓮ 새 탭을 추가하여 'www.kpc.or.kr' 페이지로 이동하고 탭 목록 단추를 이용하여 'ICDL KOREA' 페이지로 이동하시오.

❶ 탭 목록에서 [새 탭] 단추를 클릭하여 새 탭을 추가하고, 주소 표시줄에 'www.kpc.or.kr'을 입력한 후 Enter 를 눌러 이동합니다.

❷ [탭 목록] 단추를 누르고 'ICDL KOREA'를 클릭하여 [ICDL KOREA] 탭의 페이지로 이동합니다.

⑮ 'www.icdl.or.kr'로 이동한 후 유일한 홈 페이지로 설정하시오.

❶ 'www.icdl.or.kr'의 페이지로 이동한 후 [홈] 단추–[홈 페이지 추가 및 변경]을 클릭합니다.

❷ [홈 페이지 추가 및 변경] 대화 상자에서 '이 웹 페이지를 유일한 홈 페이지로 사용'을 선택한 후 [예] 버튼을 클릭합니다.

⑯ 현재 웹 페이지의 팝업 차단을 허용하고 모든 웹 사이트에서의 쿠키를 모두 차단하시오.

❶ [도구]–[팝업 차단]–[팝업 차단 끄기]를 클릭합니다.

❷ [도구]–[인터넷 옵션]을 클릭하고 [인터넷 옵션] 대화 상자의 [개인 정보] 탭에서 '설정'의 슬라이더를 가장 상단으로 드래그하여 올린 후 [확인] 버튼을 클릭합니다.

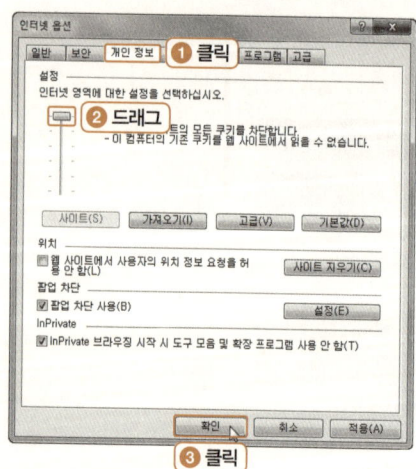

17 인터넷 사용에 대한 모든 검색 기록에 대해 삭제하시오.

❶ [안전]–[검색 기록 삭제]를 클릭합니다.

❷ [검색 기록 삭제] 대화 상자에서 모든 항목을 체크한 후 [삭제] 버튼을 클릭합니다.

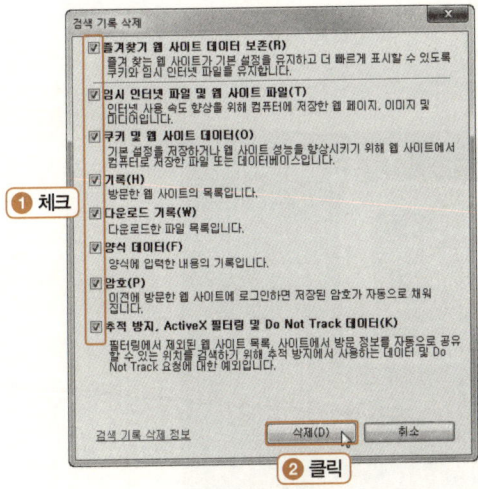

18 '즐겨찾기 모음'을 표시하고 '명령 모음'을 숨기시오.

❶ [보기]–[도구 모음]–[즐겨찾기 모음]을 클릭하여 체크합니다.

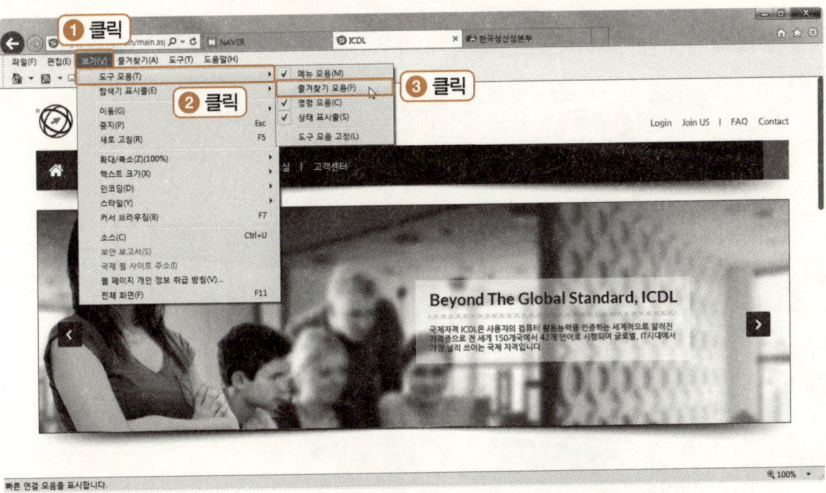

❷ [보기]–[도구 모음]–[명령 모음]을 클릭하여 체크 해제합니다.

⑲ 현재 웹 페이지에서 '시험접수/성적확인'의 하이퍼링크를 실행하고 다시 이전 화면으로 복귀하시오.

❶ 웹 페이지 내용 중 '시험접수/성적확인'을 클릭하여 해당 웹 페이지로 이동합니다.

❷ 주소 표시줄 왼쪽의 [뒤로] 단추를 클릭하여 이전 웹 페이지로 복귀합니다.

⑳ 이전에 방문한 URL에서 'KPC'의 URL 정보를 삭제하시오.

❶ 주소 표시줄의 목록 단추를 누르고 'KPC' 항목에 마우스를 위치한 후 [삭제] 단추를 클릭합니다.

㉑ 현재 웹 페이지를 '자격증 취득'이라는 폴더를 생성하여 즐겨찾기에 등록하시오.

❶ [즐겨찾기] 메뉴–[즐겨찾기 추가]를 클릭하고 [즐겨찾기] 대화 상자에서 [새 폴더] 버튼을 클릭합니다.

❷ [폴더 만들기] 대화 상자에서 폴더 이름을 '자격증 취득'으로 입력하고 [만들기] 버튼을 클릭한 후 [추가] 버튼을 클릭합니다.

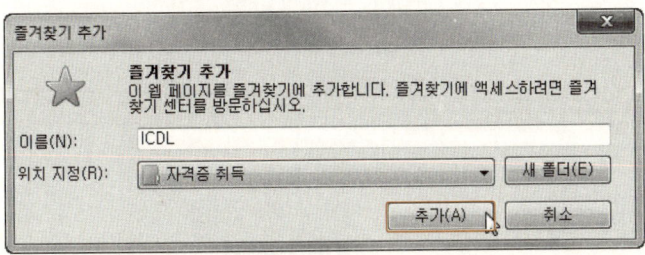

㉒ 구글(www.google.co.kr)에서 'ICDL'을 검색한 후 첫 번째로 검색된 사이트로 이동하시오.

❶ 구글(www.google.co.kr)의 검색창에 'ICDL'을 입력합니다.

❷ 검색된 내용 중 '사이트' 항목에서 첫 번째로 검색된 'ICDL 자격 홈페이지'를 클릭합니다.

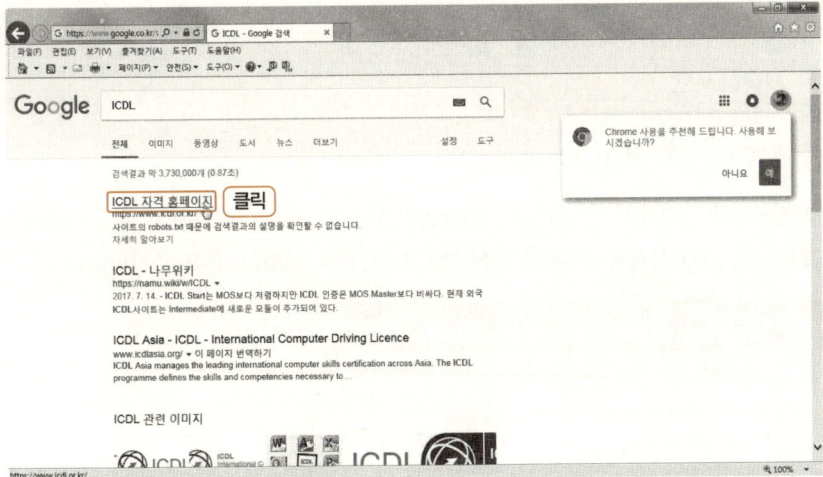

구글(www.google.co.kr)에서 '강남스타일'로 검색하고 '역사' 화면으로 이동하여 편집 내역을 확인하시오.

❶ 위키피디아 백과사전의 검색창에 '강남스타일'을 입력하고 [이동] 버튼을 클릭합니다.

❷ 검색 오른쪽 상단의 '역사 보기'를 클릭하여 해당 내용에 대해 편집 내역을 확인합니다.

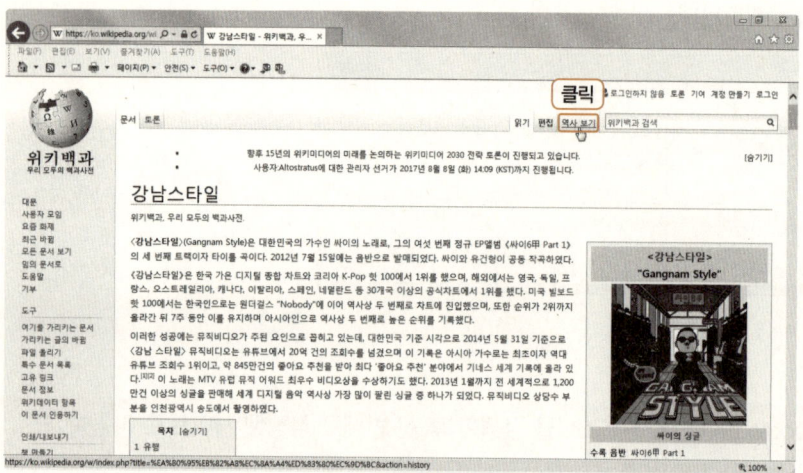

 현재 웹 페이지를 'c:\icdl 2016A\M3467' 폴더에 '모든 웹 페이지' 파일 형식과 '강남스타일' 파일 이름으로 저장하시오.

❶ [파일] 메뉴-[다른 이름으로 저장]을 클릭합니다.

❷ [웹 페이지 저장] 대화 상자에서 'C:₩ICDL 2016A₩M3467' 폴더로 이동하여 파일 이름을 '강남스타일'로 입력하고, 파일 형식을 '모든 웹 페이지'로 선택한 후 [저장] 버튼을 클릭합니다.

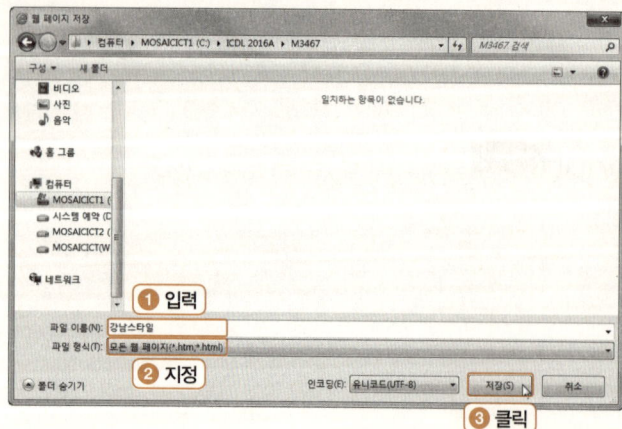

현재 웹 페이지를 '가로' 페이지 크기와 바닥글에 URL 정보가 인쇄되도록 설정하시오.

❶ [파일] 메뉴-[페이지 설정]을 클릭합니다.

❷ [페이지 설정] 대화 상자에서 페이지 크기를 '가로'로 선택하고, 바닥글을 'URL'로 선택한 후 [확인] 버튼을 클릭합니다.

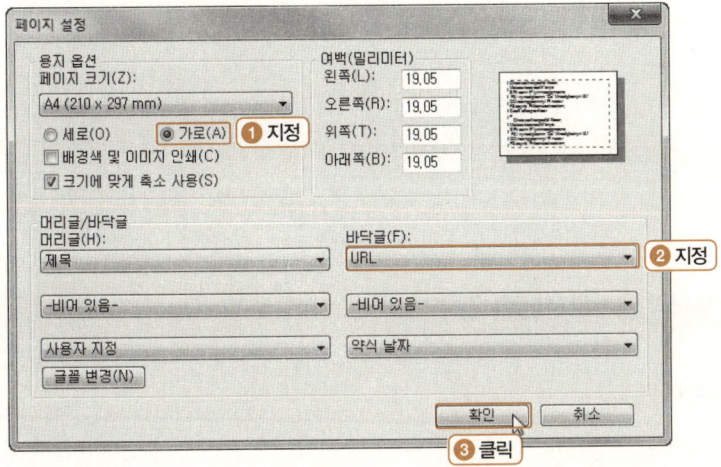

현재 웹 페이지에서 '인쇄 미리보기'를 실행한 후 '2부' 인쇄하시오.

❶ [파일] 메뉴-[인쇄 미리보기]를 클릭하여 인쇄될 내용을 미리 확인한 후 인쇄 미리보기 창을 닫는다.

❷ [파일] 메뉴-[인쇄]를 클릭하고 [인쇄] 대화 상자에서 '매수 : 2'로 설정한 후 [인쇄] 버튼을 클릭합니다.

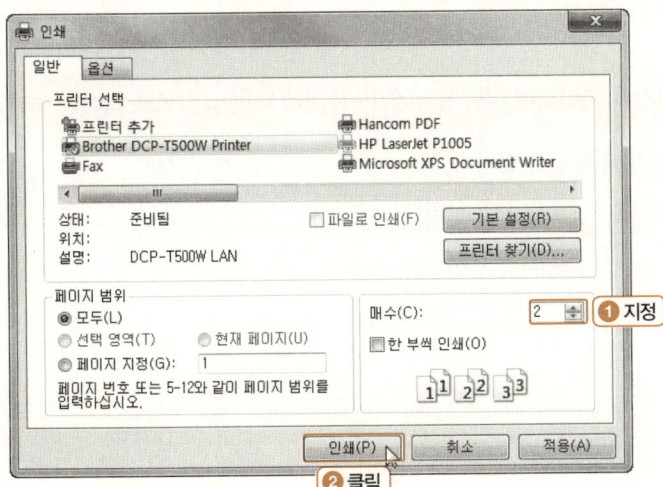

27 다음 중 이메일의 기능으로 올바르지 않은 것은?

❶ 시간과 장소에 구애받지 않는다.

❷ 수신자의 승인이 있어야 발송 가능하다.

❸ 여러 명에게 동시에 발송 가능하다.

❹ 내용과 관련된 파일을 함께 보낼 수 있다.

28 다음 중 이메일 주소의 형식이 올바르지 않은 것은?

❶ dennis-kim@eduils.com

❷ dennis.kim@eduils.com

❸ 1004@eduils.com

❹ dennis!@eduils.com

29 다음 중 이메일을 통해 컴퓨터가 바이러스에 감염될 수 있는 사례에 대한 설명으로 올바른 것은?

❶ 신원 불명을 통해 받은 이메일에 회신을 합니다.

❷ 신원 불명을 통해 받은 이메일의 첨부 파일을 연다.

❸ 본인 계정으로 로그인 한 상태를 오랜 시간 동안 사용합니다.

❹ 모든 수신한 이메일을 완전 제거하지 않고 휴지통에 보관합니다.

30 여러 사람에게 이메일을 발송할 경우 이메일 주소를 공개하지 않고 발송하려면 (   ) 을 (를) 이용합니다.

31 다음과 같은 내용으로 mosaicict@nate.com에게 전자 메일 메시지를 발송하시오.

제목 : ICDL 응시결과

내용 : M7 2010 응시한 결과는 합격입니다.

　　　축하드립니다.

❶ [홈] 탭-[새로 만들기] 그룹-[새 전자 메일]을 클릭합니다.

❷ 받는 사람, 제목, 내용을 아래와 같이 입력한 후 [보내기] 버튼을 클릭합니다.

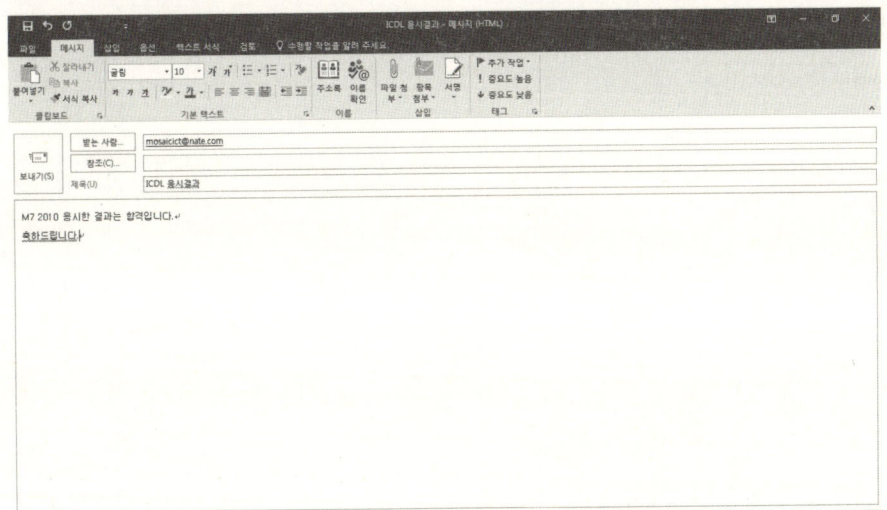

다음과 같은 내용으로 '얼룩말.jpg' 파일을 첨부하여 mosaicict@nate.com에게 전자 메일 메시지를 발송하시오.

숨은 참조 : kjc006@hanmail.net
제목 : 안부
내용 : 즐거운 나날을 보냅니다. ^^

❶ [홈] 탭-[새로 만들기] 그룹-[새 전자 메일]을 클릭하여 아래와 같이 받는 사람, 제목, 내용을 입력하고, [참조] 버튼을 클릭한 후 숨은 참조에 'kjc006@hanmail.net'을 입력하고 [확인] 버튼을 클릭합니다.

❷ [메시지] 탭-[삽입] 그룹-[파일 첨부]를 클릭하여 예제 폴더에서 '얼룩말.jpg'를 선택하고 [삽입] 버튼을 클릭한 후 [보내기] 버튼을 클릭합니다.

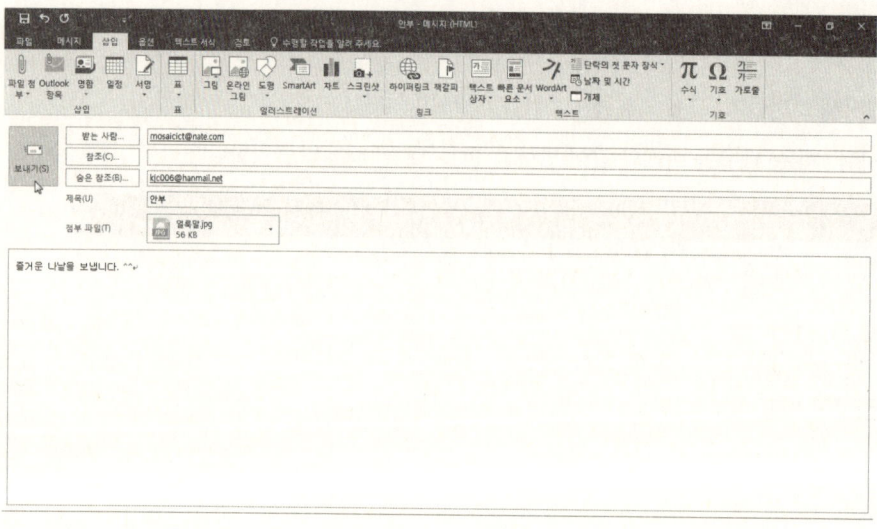

33 현재 작성 중인 새 전자 메일의 중요도를 '높음'으로 설정하여 발송하시오.

❶ [메시지] 탭-[태그] 그룹-[중요도 높음]을 클릭합니다.

❷ [보내기] 버튼을 클릭하여 이메일을 발송합니다.

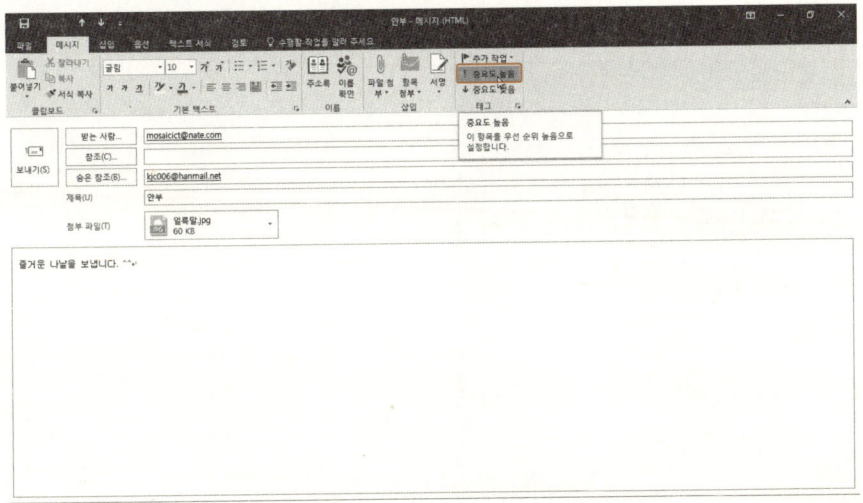

34 수신된 이메일에 대해 회신할 경우 원본 메시지 내용이 포함되지 않도록 설정하시오.

❶ [파일] 탭-[옵션]을 클릭합니다.

❷ [Outlook 옵션] 대화 상자의 '메일' 항목에서 '메시지를 회신할 때'의 목록 단추를 눌러 '원본 메시지 포함 안 함'을 선택한 후 [확인] 버튼을 클릭합니다.

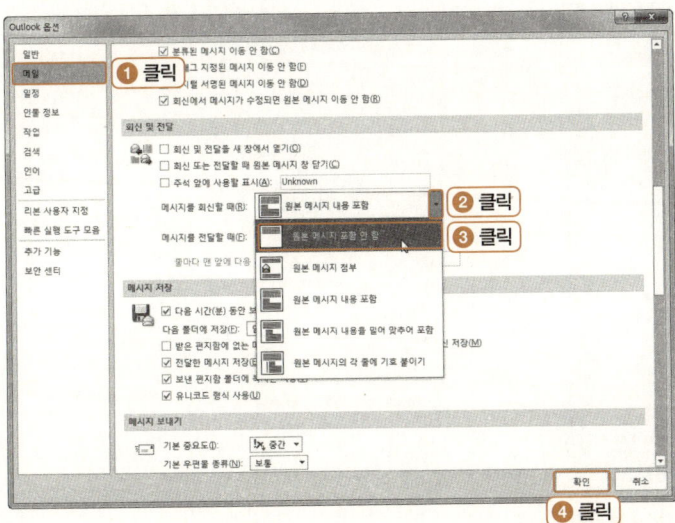

㉟ '받은 편지함' 폴더에서 '받는 사람' 열을 추가하시오.

❶ '받은 편지함' 폴더에서 [보기] 탭–[정렬] 그룹–[열 추가]를 클릭합니다.

❷ [열 표시] 대화 상자에서 '사용 가능한 열'의 '받는 사람'을 선택하고, [추가] 버튼을 클릭한 후 [확인] 버튼을 클릭합니다.

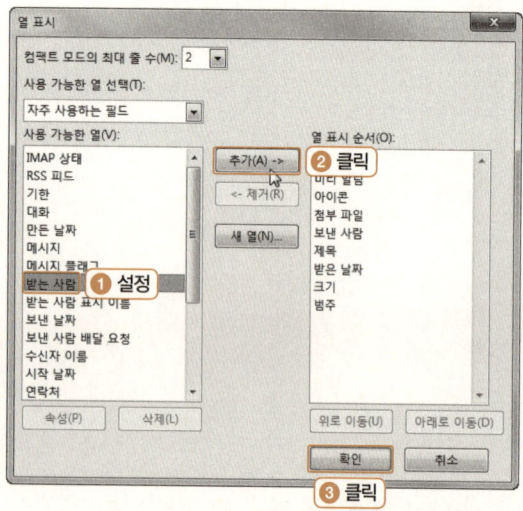

㊱ '보낸 편지함' 폴더에 '업무'라는 이름의 폴더를 생성하시오.

❶ '보낸 편지함' 폴더에서 [폴더] 탭–[새로 만들기] 그룹–[새 폴더]를 클릭합니다.

❷ [새 폴더 만들기] 대화 상자에서 '이름'에 '업무'를 입력하고 [확인] 버튼을 클릭합니다.

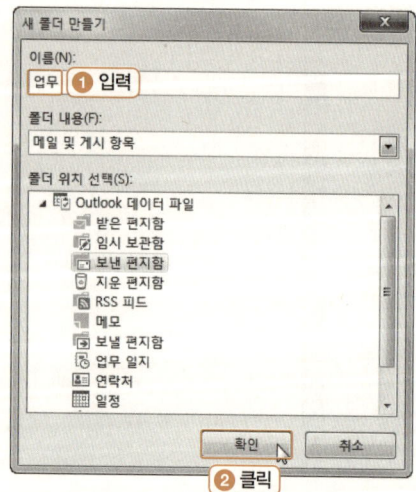

저자 김종철(kjc006@nate.com)

- 현 (주)모자이크아이씨티 CEO
- 전 삼육의명대학 컴퓨터정보과 겸임교수
- 2005년도 평생교육강사대상 수상(한국평생교육강사연합회)
- 한국표준협회 / 삼성에듀 튜터
- MOS Master / ICDL Certificate / ICDL Korea 공인강사
- EBS ICDL / 11번가 쇼핑몰 창업 강의

주요저서
- MOS 2013 Word, Excel, Powerpoint(성안당 최적합)
- MOS 2000/2002/2003(18권) 집필(길벗 시나공)
- ICDL 2003/2010 Word, Excel, PPT, Access 집필(길벗 시나공)

ICDL 2016

2017. 9. 14. 1판 1쇄 인쇄
2017. 9. 21. 1판 1쇄 발행

저자와의
협의하에
검인생략

지은이 │ 김종철
펴낸이 │ 이종춘
펴낸곳 │ BM 주식회사 성안당
주소 │ 04032 서울시 마포구 양화로 127 첨단빌딩 5층(출판기획 R&D 센터)
│ 10881 경기도 파주시 문발로 112 출판문화정보산업단지(제작 및 물류)
전화 │ 02) 3142-0036
│ 031) 950-6300
팩스 │ 031) 955-0510
등록 │ 1973. 2. 1. 제406-2005-000046호
출판사 홈페이지 │ www.cyber.co.kr
ISBN │ 978-89-315-5446-5 (13000)
정가 │ 25,000원

이 책을 만든 사람들
기획 │ 최옥현
진행 │ 최창동
전산편집 │ 인투
표지 디자인 │ 박현정
홍보 │ 박연주
국제부 │ 이선민, 조혜란, 김해영, 김필호
마케팅 │ 구본철, 차정욱, 나진호, 이동후, 강호묵
제작 │ 김유석